Hans P. Sturm

Widerspiegelung des Geistes II/7

Dao einfach, Dao vierfach

Hans P. Sturm

WIDERSPIEGELUNG DES GEISTES II/7

Dao einfach, Dao vierfach

Der Weg/*Dào* 道,
seine Tüchtigkeit/*dé* 德,
Himmel-und-Erde/*tiān dì* 天地,
Myriaden von Dingen/*wàn wù* 萬物

Edition Verstehen – Augsburg 2019

FSC
www.fsc.org
MIX
Papier aus verantwortungsvollen Quellen
Paper from responsible sources
FSC® C105338

Bibliographische Information der Deutschen Nationalbibliothek:
Die Deutsche Nationalbibliothek verzeichnet diese Publikation in der Deutschen Nationalbibliographie; detaillierte bibliographische Daten sind im Internet über http://dnb.dnb.de abrufbar.

Sturm, Hans P.
Widerspiegelung des Geistes II/7. Dao einfach, Dao vierfach. Der Weg/*Dào* 道, seine Tüchtigkeit/*dé* 德,
Himmel-und-Erde/*tiān dì* 天地, Myriaden von Dingen/*wàn wù* 萬物
Augsburg – Edition Verstehen
Verlag der Gesellschaft für transkulturelles Verstehen (GetraV) e.V. 2019
www.getrav.de
ISBN 978-3-937736-10-5

Verlag der Gesellschaft für transkulturelles Verstehen (GetraV) e.V., Augsburg
c/o Prof. Dr. Hans P. Sturm, Schertlinstr. 16 d, D–86159 Augsburg

Satz: Hans P. Sturm
Umschlag: Hans P. Sturm
Thematisches Cover-Emblem: Heiko Helbig
Diagramme und Tabellen incl. Nachgestaltungen von solchen aus der Forschungsliteratur: Hans P. Sturm

Herstellung: BoD - Books on Demand, Norderstedt
Printed in Germany

ISBN 978-3-937736-10-5

上士聞道　勤而行之

中士聞道　若存若亡

下士聞道　大笑之　不笑不足以爲道[1]

„Vernimmt ein höchst Gelehrter Dào, handelt er eifrig danach.

Vernimmt ein mittelmäßig Gelehrter Dào, folgt er ihm einerseits, andrerseits geht er ihm aus dem Weg.

Vernimmt ein niedrig Gelehrter Dào, lacht er laut; lacht er nicht, dann war 's nicht eigentlich Dào."

---

[1] Lǎozǐ, Dào-dé-jīng 41.1-3, ⟨ed.⟩ T. Izutsu, p. 105.

Inhaltsverzeichnis

Abbildungen, Diagramme, Tabellen

Vorbemerkung zu den Teilbänden II/2–7

Da Gedankengang und Gesamtsinn des auf neun Bände konzipierten Werkes ›Widerspiegelung des Geistes‹ im theoretischen Grundlagenband I entfaltet und erörtert wurden, im Einleitungsband der 7-teiligen Abteilung II zudem die spezifischen formalen Konventionen, der wissenschaftliche Stand und Zustand der derzeitigen ‚Philosophie' generell wie ihrer speziellen interkulturellen Spielart, die allgemeine Verfaßtheit dessen, worauf Philosophie gründen sollte oder müßte, wissenschaftliche Rationalität und intellectuelles Verständnis, Wahrheitssuche und Wahrhaftigkeit, aber auch in einer Hinführung der Gegenstand, das Themengebiet der nun zu leistenden Forschungsarbeit dargestellt und diskutiert wurden, werde ich natürlich auch im letzten Band der Studie auf weitere einleitende Worte und Erläuterungen verzichten und nun der Vorbemerkungs-Text hier mit minimalen Anpassungen wiedergeben.

Leser, deren Interesse auf einzelne Themengebiete und bestimmte philosophische Schulen oder Richtungen gewisser Zeitabschnitte meiner strukturell wie gleichermaßen historio-doxographisch ausgerichteten Studien begrenzt ist, werden gebeten, sich das zum Verständnis hilfreiche, in mancherlei Hinsicht notwendige Vorwissen an den einschlägigen Stellen der vorangegangenen Bände zu verschaffen.

Vom Standpunkt des Selbstdenkers aus betrachtet verhält es sich keinesfalls so, daß beim nun anhebenden Durchgang durch das Schrifttum der antiken Stiftertraditionen dessen, was von den Hellenen Philosophie genannt wurde, die Erkenntnisse zur Thematik der »Strukturtheorie der Re–flexion« nicht zu vertiefen, aspektuell zu erweitern und zu ergänzen wären, und sich die Erschließung des gesamten folgend vorzustellenden Gedankenmaterials erübrigen würde. Vielmehr birgt dessen Studium einen mehrfachen Gewinn.

Erstens dient es zur Einübung in die Kunst der Re–flexion, d.h. des transzendentalen Denkens (Meta-Metatheorie); zweitens verschafft es Einblicke in die diesbezüglichen Fertigkeiten von Geistern anscheinend unterschiedlichster Voraussetzungen und Ausrichtungen (Kulturen, Weisheitstraditionen, Religionen, Weltanschauungen); drittens erschließt sich durch die re–flexionsstrukturelle Methode in ihrer Bi-Aspektualiät a) als Technik des Aufweises kognitiver Prinzipien und b) dessen sprachlichen, thetisch-antithetischen Formelhaftigkeit eine verblüffende Hermeneutik, die durch die Anwendung der beiden stufenartigen Einteilungsraster den Aufbau betrachteter Gedankengebäude durchleuchtungsartig freilegt; viertens und letztens schärft es die Einsicht in den ‚Sinn' des Seins und Daseins und versetzt dadurch in die Lage, durch eine entsprechende Lebensführung selbst nicht nur Philo-Soph zu sein, sondern Weiser, σοφός (*sophós*), ज्ञानिन् (*jñānin*), 聖人 (*shèng rén*) zu werden, wahrhafter Mensch (etymologisch von idg. √*men*, skr. √*man*, gr. *maínō*, *manthánō*, lat, *memini*, *mens*, *mentior*, dt. ausdenken, meinen, Mensch): Erdichter, Meinender, Weise/r.

Abstract zum Faszikel II/7
mit spezifischen technischen Hinweisen

Im diesem Abschlußfaszikel der zweiten Abteilung des Gesamtwerks ›Widerspiegelung des Geistes‹ wage ich mich auf ein Forschungsfeld vor, zu dem ich zwar seit Jahrzehnten eine Art Liebhaberverhältnis pflege, das ich wissenschaftlich bis vor einiger Zeit aber nur aus sekundären Quellen beackert und in meinen veröffentlichten Studien nur marginal ins Spiel gebracht habe: die chinesische Philosophie (哲學 *zhé xué*) in ihrer daoistischen Ausprägung (道學 *dào xué*). Im voraus bestätigt durch die Pionierarbeit dreier Sinologen, eines deutschen aus der früheren Zeit dieses Forschungszweigs, eines japanischen und einer französischen Sinologin, der bzw. die bis vor kürzerem wirkte, lege ich mit dieser Studie eine re–flexionsstrukturelle Interpretation des Daoismus aus den Originalen vor, in der nicht nur offensichtlich wird, daß dessen Seinsstaffelung: 道 (*dào* / Weg) und dessen drei Stadien der Vergegenständlichung: 德 (*dé* / Taugen), 天地 (*tiān dì* / Himmel-und-Erde) und 萬物 (*wàn wù* / die Myriade von Dingen) im Einklang mit den Stufenmodellen des Platonismus, des Vedānta und des Buddhismus, besonders des Mahāyāna steht, sondern daß diese, wie bei jenen, eine exakte Entsprechung im menschlichen Erkenntnisvermögen hat (Subjektives wie Objektives weisen eine analoge Hierarchie und entsprechende Dichte- bzw. Diffusionsgrade der Manifestation auf), und die Wiederherstellung der ursprünglichen Vollkommenheit des Weisen mit ihrer Zurückführung, Zurückbildung und Zurücknahme zu vollbringen ist. Dadurch ist wie von selbst die existentielle und soteriologische Relevanz altchinesischer Weisheitsbemühung als mit den altgriechischen wie altindischen Vorstellungen übereinstimmend demonstriert. Daran füge ich noch eine Zugabe: einen hochspekulativen Versuch, drei Passus aus dem ›Dào-dé-jīng‹ so zu deuten, daß sie als Beschreibung des internen Dreiphasen-Gefüges des reinen Geistes aufgefaßt werden können, wie es im Platonismus mit der Trias νοῦς – νόησις – νοητόν expliziert und im Vedānta wie Vijñānavāda wenigstens feststellend bisweilen unter der Bezeichnung *tri-puṭī/trika-sannipāta* geltend gemacht wird. In einer längeren Schlußbetrachtung durcheile ich ausgehend vom Basissatz des Daoismus, dem ersten Spruch Lǎozǐ's nach der gängigen Fassung, noch einmal den ein-vierfachen ‚Weg', dieses Mal aber nicht nach der von mir entwickelten Methode der Strukturtheorie der Re–flexion, sondern indem ich den Kommentar zu besagtem Spruch eines orthodoxen Daoisten aus dem sehr frühen Mittelalter in seinen wesentlichen Gedankenzügen nachzeichne und meiner außergewöhnlichen Interpretation der »Lehre vom Weg und seiner Tauglichkeit« damit eine Überzeugungskraft verleihe, die einige an chinesischer, interkultureller, aber auch allgemeiner Philosophie Interessierte, die bisher an die weitverbreitete Mainstream-Mär glaubten, daß im alten China philosophisch grundsätzlich anders denn im alten Indien, im antiken Griechenland und im Abendland ganz allgemein gedacht worden wäre, ins Grübeln bringen dürfte.

Die als monographisches Gesamtwerk zu verstehenden 7 Faszikel der vorwiegend dokumentarisch verfahrenden ›Widerspiegelung des Geistes II‹ werden nicht mit einem zusammenfassenden schriftlichen Rück- und Überblick, sondern mit der synoptischen Abbildung eines US-amerikanischen Religionswissenschaftlers abgeschlossen. In dieser sind die idealtypischen Vier-Ebenen-Spekulationen des Judentums,

Christentums, Islam, des Hinduismus, Buddhismus und der chinesischen Philosophie- und Religionsauffassung sowohl entlang von Graden des Seins/Nichtselbst (Objektseite) als auch des Bewußtseins/Selbst (Subjektseite) in einer Weise graphisch dargestellt, daß sie, wenn auch mit einigen geringfügigen Abweichungen von meiner ‚Tetraktystik', als Schlußbetrachtung der mehrbändigen Studie hier gelten kann und auch gelten soll.

Hier noch einige Anmerkungen zu den Formalien und Konventionen, die in diesem Faszikel selbstverständlich auf die altchinesische Sprache und Dokumentenlage abgestimmt werden mußten und im einzelnen nicht in die allgemeinen technischen Hinweise und Gestaltungskriterien, die zu Beginn der Teilbände I und II/1 in fast unerträglicher Ausführlichkeit gegeben wurden, aufgenommen werden konnten.

Zunächst ist da eine Mißlichkeit zu nennen, die nicht gänzlich zu vermeiden war: die deutlich voneinander abweichenden Transkriptionen chinesischer Zeichen in lateinische Schrift. Ich selbst hielt mich streng an die mittlerweile als internationaler Standard anerkannte, mit Diakritika versehene Pīnyīn-Romanisierung. In Zitaten mußte ich natürlich die jeweilige Schreibweise des wiedergegebenen Texts übernehmen, was bei unkundigen Lesern bisweilen durchaus Nachdenklichkeit, genauer gesagt, Hilflosigkeit und Unbehagen hervorrufen dürfte. Dem versuchte ich zwar bei gewissen Zitaten abzuhelfen, indem ich original- und umschriftliche Ergänzungen einfügte, doch konnte das bei der Zahl der angeführten Stellen nicht durchweg praktiziert werden.

Nach einigem Experimentieren, reiflicher Überlegung und den Erfahrungen, die ich durch das (ausgebliebene) Echo auf meine bisher veröffentlichten Bücher von nicht gerade zu vernachlässigendem Umfang machte, fügte ich in viele Passagen die chinesischen Schriftzeichen mit Pīnyīn-Transkription als Klammerbegriffe hinter wichtige deutsche Übersetzungsausdrücke ein, in Kauf nehmend, daß es dadurch noch beschwerlicher werden würde, die an sich schon unzumutbar fremdartig anmutenden, da uns entfremdeten Gedankengänge der Strukturtheorie der Re–flexion zusätzlich entlang der den meisten genauso fremdartig vorkommenden sinitischen Philosophie zu verstehen. Mittlerweile erscheint es mir sogar als Vorteil, dem Lesen dadurch eine Geschwindigkeitsbegrenzung aufzuerlegen. Die an der Sache wirklich Interessierten könnten auf diese Weise veranlaßt werden, an so mancher Stelle innezuhalten und sich in die jeweils im Fokus stehende Idee hineinzudenken und hineinzuversetzen, um sie mit ihrem gesamten Wesen zu erfassen und sie nicht nur in abstrakter Unbeteiligtheit vermeintlicher ‚Objektivität' äußerlich und oberflächlich zur Kenntnis zu nehmen.

Wer des Chinesischen mächtig ist, wird feststellen, daß in meiner Dokumentation durch Originaltexte in den Fußnoten und entsprechend innerhalb der gerade angesprochenen Versehung von (wichtigen) Übersetzungsausdrücken mit chinesischen Schriftzeichen und deren Pīnyīn-Transkription diese (auch innerhalb einzelner Ausgaben) in verschiedenen Varianten vorkommen. Das liegt daran, daß die von mir benutzten Ausgaben diese eben verwenden und ich den Text so genau wie irgend möglich wiedergeben wollte. Es ist allerdings nicht auszuschließen, daß diese Vorgehensweise an ganz wenigen Stellen versehentlich nicht eingehalten wurde. Daß es überhaupt möglich ist, an sehr seltene Schriftzeichen ohne größeren Aufwand heranzukommen, verdanken wir uneigennützig Geisteskultur-Schaffenden, die ihre Arbeit auf der Internet-Plattform GlyphWiki ohne Zugangsbeschränkung zur Verfügung stellen.

Die zum Zwecke einer exakten Dokumentation beigegebene Numerierung der im Chinesischen von oben nach unten geschriebenen Zeichenkolumnen, die wiederum von rechts nach links angeordnet sind und unseren Zeilen entsprechen, ein Buch also von hinten nach vorne zu lesen ist, wurde von mir durchweg durch Abzählung ermittelt. Kolumnen innerhalb des Satzspiegels bzw. innerhalb von Textrahmen, die Titel, Kapitelüberschriften mit Kapitelnummern u.ä. enthalten, werden, westlichen Editionskonventionen entsprechend, mitgezählt. Nicht miteinbezogen und mitgezählt werden dagegen zur Hauptzählung hinzugefügte, sehr klein gedruckte Kapitel- und Seitenzählungen und außerhalb von Textrahmen, an den Seitenrändern befindliche oder im Randbereich gedruckte Zusatzspalten und sonstige nicht zum Haupttext gehörende Angaben, die chinesische Art von lebenden und toten Kolumnentiteln sozusagen. Bei wenigen Verweisen auf die von mir verwendeten Ausgaben des ›Daoistischen Schriftenkanons‹ mußte auf die Kolumnennummer verzichtet werden, und zwar dort, wo sie sich auf Abbildungen im Originaltext beziehen.

Viele Fachleute verwenden zur Bezeichnung des ›Daoistischen Schriftenkanons‹ ein Kürzel, und zwar ›Dz‹, ›Dz.‹ oder ›Dào-zàng‹. Dabei handelt es sich um eine Kompilation aus der Zhengtong-Herrschaft der Ming-Zeit, das ›Dà-míng-dào-zàng-jīng‹, meist ›Zhèng-tǒng-dào-zàng‹ genannt. Dessen erstes modernes Reprint aus den Jahren 1923–1926 besteht aus 1120 Faszikeln, die zwischen ca. 100–250 Seiten, grob geschätzt etwa je 175 Seiten umfassen, woraus man unschwer die ungefähre Seitenzahl ermitteln kann. Der Text weist nur eine titel- bzw. kapitelspezifische Paginierung auf. Eine Beispielseite ist als Anhang 3 abgedruckt. Stellenangaben werden von mir dabei folgendermaßen vorgenommen: ZT Faszikel/Textnummer.Kapitel,Seite.Kolumne. Bei den Seiten wird zwischen recto und verso unterschieden; in der Fachliteratur nimmt man deren Kennzeichnung mit a und b vor. Da damit in der Sinologie aber auch die folgend noch zu beschreibenden Textfelder der anderen Ausgaben bezeichnet werden, habe ich, um jegliches Mißverständnis auszuschließen, davon Abstand genommen und mich für r und v entschieden. Dies sieht dann so aus: ZT 508/745.3,8v.9. Die Zählung der Faszikel erfolgt nach der am Schluß dieses Absatzes angegebenen Konkordanz; die Titel-Nummern sind nach den Indizes zum ›Daoistischen Kanon‹ von F. Pregadio, die auf die Vorarbeit von K. Schiffer zurückgreifen (siehe Literaturliste), angegeben. Eine Titelnennung war deshalb mit Ausnahme einiger hervorzuhebender Werke und Autoren nicht notwendig. Von der genannten Edition existieren mehrere Nachdrucke mit unterschiedlich vielen Ursprungsseiten pro Neudruckseite. Einige davon weisen eine durchlaufende Paginierung auf. Da nicht wenige, ja die meisten Fachleute, die in westlichen Sprachen publizieren, ihre Verweise auf Stellen im genannten ersten Nachdruck beziehen, schließe ich mich dieser Gepflogenheit an, doch vermerke ich innerhalb runder Klammern zusätzlich auch die Referenzstellen in der neuesten 36-bändigen Nachdruck-Ausgabe aus dem Jahr 1988, deren Titel schlicht ›Dào-zàng‹ lautet. Von dieser ist eine Beispielseite als Anhang 4 wiedergegeben. Verweise auf Stellen dieser Ausgabe werden in folgender Form angegeben: (DZ Band.SeiteTextfeld). Beispiel: (DZ 16.302b). Die Kolumnennummern können dabei entfallen, da sie bei r-Seiten (recto) des ZT mit diesen identisch sind und bei dessen v-Seiten (verso) einfach 10 hinzuzuzählen ist. Das liegt daran, daß ein mit Rahmen versehenes Textfeld von DZ aus zwei nebeneinander gedruckten Seiten (a+b) von ZT, die jeweils 10 (Haupt-)Zeichenkolumnen umfassen, besteht. Aus dem ›Kanon‹ zitierte Texte entnehme ich jedoch der bis heute einzigen modernen Neuausgabe der Dao-Schriftensammlung, dem ›Daoistischen Kanon Chinas/Zhōng-huá-dào-zàng‹.

Eine Beispielseite ist als Anhang 5 reproduziert. Von den anderen Editionen unterscheidet sich diese darin, daß sie nicht nur einen (leicht) veränderten Text bietet, sondern auch darin, daß sie zusätzliche Texte enthält und interpunktiert ist.[2] Das zur Anwendung kommende Verweisschema hat folgende Form: ZH Band/Titelnummer.Kapitel,SeiteTextfeld.Kolumne. Exemplarisch: ZH 13/002.3,108a.23. Eine Konkordanz der angegebenen Editionen wie zudem der Reprint-Ausgabe des ›Zhèng-tǒng-dào-zàng‹ aus dem Verlagshaus Xīnwénfēng/ Taibei in 60+1 Bänden aus dem Jahr 1977 liegt im Band 49 des ›Zhōng-huá-dào-zàng‹, pp. 5-60, vor.

Das ›Dào-dé-jīng‹ des Alten Meisters Lǎozǐ zitiere ich nach dem Text von Izutsu Toshihiko. Auf Varianten und Emendationen wird darin in Noten am Ende der einzelnen Kapitel/Sprüche hingewiesen. Zugrunde liegt dem Text, wie im Editorial und in dessen Einleitung vermerkt, die Ausgabe von Wáng Bì/Fǔ Sì (226-249).[3] Zeilenumbrüche des in der Schreibrichtung westlicher Sprachen gedruckten chinesischen Texts kennzeichne ich mit Strichpunkten; Leerräume mit Kommata; Kapitelende mit einem Punkt, jeweils natürlich in (moderner) chinesischer Form. Die Zeilennumerierung wurde auch hier durch Abzählen ermittelt. In meiner originalschriftlichen Wiedergabe des ersten Kapitels mit Pīnyīn-Umschrift, durch welche zum rein theoretischen auch ein ästhetischer Eindruck von diesem unerhört tiefgründigen Sinnspruch vermittelt werden soll, weiche ich davon jedoch geringfügig ab. Als Text des ›Nán-huá-zhēn-jīng‹ Zhuāngzǐ's

---

2 Informationen zu den verschiedenen Editionen mit Hinweisen auf Schwachstellen und Korrekturen bei J. M. Boltz, Notes on Modern Editions of the Taoist Canon.

3 Eine kritische Rekonstruktion des ›Dào-dé-jīng-Textes‹ Wáng Bì's wurde von ⟨ed./tr.⟩ R. G. Wagner, A Chinese Reading of the *Daodejing*, pp. 107-387, vorgelegt.

verwende ich die Ausgabe des »Harvard-Yenching Institute« von 1947 im Nachdruck des Jahres 1966 (Sigle: HYIZY). Die Kapitelzählung folgt der von ⟨tr.⟩ V. H. Mair, Wandering on the Way (siehe Literaturliste). Bei modernen chinesischen Werkausgaben gebe ich die Verweise in der Form: Bandnummer.Kapitel.Seite.Kolumne. Stehen nur drei durch Punkte getrennte Zahlen, die letzte Zahl in Kleinschrift da, so fehlt die Kapitelnummer, da eine Kapiteleinteilung nicht vorhanden und damit nicht zu nennen ist. Fehlt die kleingeschriebene Zahl, so entfällt die Kolumnennummer.

Was meine Zitier‚freudigkeit' und bisweilen unerträgliche Dokumentationswut betrifft, verweise ich zu deren Erklärung auf die in der ›Widerspiegelung des Geistes I‹ formulierten Konventionen zurück.[4] Daß mir ein solches Procedere bei der reflexionstheoretisch-transkulturalphilosophischen Auseinandersetzung (‚Zusammensetzung') mit der chinesischen Philosophie angesichts der für Nicht-Sinologen kaum nachprüfbaren, da sehr vage angegebenen Zitatnachweise, der oft unzureichenden und unterschiedlichen Katalogisierung chinesischer Literatur in den bibliographischen Verzeichnissystemen und nicht zuletzt ihrer mangelnden Zugänglichkeit und Verfügbarkeit besonders wichtig erschien, wird jedermann nachvollziehen können, der sich nur ein wenig auf die Thematik eingelassen hat.

Ein letzter Punkt zu den in diesem Faszikel relevanten technischen Konventionen sei besonders für diejenigen noch angemerkt, die das Layout der bisher veröffentlichten Bücher der ›Widerspiegelung des Geistes‹ schon kennen und sich darüber wundern, daß dieser Band Marginalien enthält. Ich habe mich zu solchen trotz der damit einhergehenden setzerischen Beschwernisse entschlossen, damit beim vertieften Lesen die Übersicht darüber, wo man sich thematisch und

[4] Cf. H. P. Sturm, Die vier Stadien des Ent–Setzens, pp. 25–26.

gedanklich gerade befindet, nicht verloren geht und das argumentative Gefüge, das durch feinere Kapiteleinteilungen womöglich zerrissen worden wäre, in seiner Kompaktheit, Konsistenz und Kohärenz, bewahrt bleibt.

1 Zugang: Chinesische Vierheiten

Manchem philosophisch gebildeten Zeitgenossen mögen die Rekonstruktionen der Geistformation, die in meiner Studie vorgenommen werden, zwar weit hergeholt und überzogen erscheinen, bezogen auf die abendländische Philosophie werden einige von ihnen, die sich mit der Materie näher beschäftigten, trotz allem zugestehen, daß es so etwas oder ähnliches gegeben habe, daß es der Erkenntnisfortschritt jedoch längst schon hinter sich und allenfalls als Gegenstand philosophiehistorischer Forschung zurückgelassen habe. Hinsichtlich der indischen Philosophie dürften von diesen nicht mehr viele übrig sein. Selbst von denen, die es für möglich erachten, daß es eine indische Philosophie überhaupt gebe oder gegeben habe, sind wohl nur wenige bereit, darin auch Geist zu erblicken, Geist nämlich im Sinne einer spekulativen Kategorie, deren Untersuchung in einer Disziplin zusammengefaßt wurde, die man in Europa neuerdings Geistmetaphysik nannte. Die dazu geleistete bzw. nicht geleistete Forschung spricht für sich. Zu der These aber, daß auch im alten China entsprechende Bemühungen nachzuweisen sind, dürfte es heute so gut wie keine Zustimmung geben. Jene und ähnliche Projektionen westlichen Imperialdenkens, so sagt man, die naiverweise zu Beginn der Erschließung asiatischen Gedankenguts vorkamen, sind im Zeitalter der kritischen Analyse, ~~Gott~~ Darwin sei Dank, mit der Geisteswissenschaft zusammen von der Bildfläche derselben verschwunden und haben der buchstabengetreuen, sachlichen und den Tatsachen entsprechenden Deskription, der kulturhistorischen Verortung und, so es weit kommt, hermeneutischen Auslegung Platz gemacht, die auch noch den ich weiß nicht wievielten Durchlauf durch den Deutungszirkel beachtet, um auf diese Weise im Sprung in den und vielleicht aus dem Be–zirk eigenen gedanklichen Zirkulierens heraus zu dem Kurz–Schluß zu kommen, daß das asiatische Denken (asiatische Philosophie gibt es nach gewissen neuen Denkern ja weder im Singular und noch weniger im Plural) gar nichts und noch einmal nichts mit der abendländischen gemein habe und wir es nicht auf die Ebene des unsrigen ziehen dürften.

Metaphysik Bhārata : Zhōnghuá

Als ein gegenüber der modernen Weltanschauung ewig Gestriger, der die Errungenschaften der nach ihrem Selbstverständnis am Gipfelpunkt des Wissens angekommenen Gelehrtengeneration noch nicht zu erfassen vermag, möchte ich mich in diesem Teilband nun in penetranter Weise als Ignorant des derzeit zelebrierten politisch korrekten Kulturdifferentismus exponieren, indem ich einige Anmerkungen zur BewußtSeins-Struktur im Daoismus anbringe, die meiner unkritischen denkerischen Gleichmacherei entspringen, welche nicht nur im Anschluß an einen veralteten Autor eine 'Weltlinie der Metaphysik sich durch alle Völker ziehen' sieht,[1] sondern derart weitgehende Übereinstimmungen in

[1] Cf. J. Sauter, Die altchinesische Metaphysik und ihre Verbundenheit mit der abendländischen, p. 90: *„Eine große Weltlinie der Metaphysik zieht sich durch alle Völker hindurch."* Man denke nur an die notorischen, immer noch nicht gänzlich unterlassenen Versuche, die frühe chinesische Philosophie irgendwie, sei es historisch, sei es systematisch, mit der abendländischen, orientalischen oder indischen in Verbindung zu bringen; cf. dazu H. P. Sturm, Weder Sein noch Nichtsein, pp. 247[182]; 490–497; idem, Urteilsenthaltung oder Weisheitsliebe zwischen Welterklärung und Lebenskunst, p. 97[54]; zusätzlich zur dort genannten und zitierten Literatur noch eine minimale Auswahl: H. Maspéro, Le Taoïsme et les religions chinoises, pp. 449–462 = idem, Taoism and Chinese Religion, pp. 413–429 = idem, Mélanges posthumes sur les religions et l'histoire de la Chine, 2.201–218; A. Forke, The Chinese Sophists; R. Moritz, Eine chinesischen Parallele

den Theorien und Praktiken des Philosophierens und philosophischen Lebens zwischen dem frühen China und Indien, daß sie die Vermutung zu Beginn der akademischen Auseinandersetzung mit dem Denken aus dem Reich der Mitte zusammen mit wenigen derzeit führenden Sinologen bis zu einem gewissen Grad für gerechtfertigt hält, „die Lehre des Lao-tse, ... aus Indien entsprungen" annehmen zu können.[2]

---

zur griechischen Eleatik; C. Fu Wei-hsun, Creative Hermeneutics: Taoist Metaphysics and Heidegger; T. T. Tominaga, Taoist and Wittgensteinian Mysticism; Lee Joo-Dong, Taoistische Weltanschauung im Werke Franz Kafkas; A.-T. Tymieniecka ⟨ed.⟩, Heaven, Earth, and In-Between in the Harmony of Life, Analecta Husserliana 47 (1995); viele Beiträge im ›Journal of Chinese Philosophy‹; S. Nagatomo, An Epistemic Turn in the *Tao Te Ching*; S. Shankman, "These Three Come Forth Together, But are Differently Named": Laozi, Zhuangzi, Plato; S. Shankman/ S. Durrant, The Siren and the Sage, pp. 157–224; weitere Autoren und Titel wurden in den vorhergehenden Faszikeln genannt oder zitiert. Es mag noch viel mehr geben. Doch ist festzustellen, daß der metaphysische Aspekt in der Sinologie, Indologie und akademischen Philosophiewissenschaft derart weit in den Hintergrund getreten bzw. verflacht ist, was mit der allgemeinen Trivialisierung philosophischen Denkens zusammenhängen dürfte, daß ich mich kaum mehr dazu motivieren konnte, auch noch die oberflächlichsten Beiträge dazu ausfindig zu machen, um sie hier zu vermerken. Sollte ich dadurch auf die ein oder andere tiefsinnige, hier relevante Studie nicht aufmerksam geworden sein, drücke ich den Verfasserinnen und Verfassern wie der Forscher-Gemeinschaft ganz allgemein, wie ich das entsprechend in der Vorbemerkung zu Band I der ›Widerspiegelung‹ tat, zerknirscht mein Bedauern aus.

[2] Cf. A. Gladisch, Einleitung in das Verständniß der Weltgeschichte, p. 47; E. Guimet, Lao-Tzeu et le Brâhmanisme, pp. 181, 183; L. Wieger, Histoire des Croyances religieuses et des Opinions philosophiques en Chine depuis l'origine jusque'à nos jours, pp. 71, 145. Komparative Bemerkungen und Studien dazu sind verzeichnet an den Stellen meines Buches, ›Weder Sein noch Nichtsein‹, die in der vorigen Fußnote genannt sind. Zudem: B. C. Chaudhury / S. Bose, Tao Teh King & The Vedantic Texts ... in the Eye of 'Prajnā' (Wisdom). K. B. Rao, Taoism

„Diejenigen, die sich die Mühe machen, die gerade zitierten frühen indischen Texte [Chāndogya-Upaniṣad 8.6.6; Maitrī-Upaniṣad 6.25], besonders die klassischen *Upaniṣad-s*, aufmerksam zu lesen, werden feststellen, daß sie die gesamten philosophischen, religiösen und physiologischen Grundlagen des Taoismus, aber nicht seine sozialen und politischen Bestandteile, die ausgesprochen chinesisch sind, erahnen lassen. ... So durchdringend war die indische Einwirkung auf die Entwicklung der taoistischen Metaphysik, daß letztere – speziell in ihren Formationsstadien – nicht ganz zu verstehen ist, ohne ihren yogischen Hintergrund zu berücksichtigen. Unsere Einschätzung des chinesischen Denkens im allgemeinen wird gesteigert durch die Anerkennung, daß es in der Tat eng mit der Weltphilosophie verknüpft ist.“[3]

Demgegenüber das kritisch distanzierte Urteil eines Pioniers universalphilosophischer Doxographie: „Obgleich der Begriff des *Tao* mit dem des indischen *Brahman* eine große innere Verwandtschaft zeigt, so ist doch an eine von manchen

---

and Buddhism; R. N. Jha, Exploring Parallels between the Philosophy of the Upaniṣads and Daoism; man ziehe auch K. Walf, Westliche Taoismus-Bibliographie (WTB) zurate. Spätere und späte Epochen, in denen z.B. der Buddhismus, Manichäismus und Islam das chinesische Denken beeinflußte, sollen hier gar nicht erst angesprochen werden.

[3] V. H. Mair, Lao Tzu, Tao Te Ching, Afterword, pp. 157 ... 160, meine Erläuterung in eckigen Klammern; die Kritik an Mair's Thesen von C. Boyce, The *Dao De Jing* Minus Ninety-six Percent, pp. 10–22, und die Gegenthesen darauf, wenn man das Vorgetragene überhaupt so nennen kann, sind vom philosophischen Standpunkt aus betrachtet derart dürftig, daß ich sie hier nur erwähne, nicht aber näher darauf eingehe; cf. Л. С. Васильев (L. S. Vasil'ev), Дао и Брахман (Dao i Brachman), ⟨tr.⟩ R. Berezkin, Dao and Brahman; A. Conrady, Indischer Einfluß in China im 4. Jahrhundert v. Chr. Vergleiche zwischen der chinesischen und der islamischen Philosophie zieht T. Izutsu, Sufism and Taoism.

angenommene Abhängigkeit des Lao-tse von Indien wohl nicht zu denken, da die Ausgestaltung dieses Begriffs auf beiden Gebieten eine wesentlich verschiedene ist."[4] Auf diese beiden Meinungen kann ich nur mit einem Vorreiter der Sinologie, der den meletischen Aspekt des Daoismus intensiv erforschte, antworten. „Man versuchte für die taoistische Philosophie indische Ursprünge zu suchen. Das wäre sachlich nicht unmöglich: Tchouang-tseu ist Zeitgenosse von Alexander dem Großen und zu dieser Epoche ist es sicher, daß China seit einer gewissen Zeit in mehr oder weniger direkten Beziehungen zum Okzident stand und daß es von diesem einige indische Begriffe mythologischer Geographie sowie astrologisches und astronomisches Wissen geborgt hat. Aber die Möglichkeit eines Faktums impliziert nicht dessen historische Realität und die Vergleiche, die man zwischen den taoistischen Lehren und gewissen religiösen Systemen Indiens angestellt hat, sind zu oberflächlich, um beweiskräftig zu sein; andrerseits genügt der psychologisch reelle gemeinsame Erfahrungsboden, auf dem alle Mystik ruht, um die Ähnlichkeiten zu erklären. ... Es ist völlig unnütz, hinduistische Anleihen dazwischenzuschalten, um einen allen Mystikern gemeinsamen Glauben zu erklären."[5]

Chinesische Metaphysik (?)

Freilich geht es bei solchen Gegenüberstellungen, wenn sie philosophische Relevanz besitzen sollen, nicht um Glauben, nicht um Geschichte, Erfahrungshaft-Psychologisches

---

[4] P. Deussen, Allgemeine Geschichte der Philosophie, 1.3.692*.

[5] H. Maspéro, Mélanges posthumes sur les religions et l'histoire de la Chine, 2.239-240; H. D. Roth, Original Tao, pp. 137-138, schränkt V. H. Mair's These indischen Einflusses auf die Spiritualtechniken des Daoismus von 'notwendig' auf 'möglich' ein und plädiert dafür, hierin parallele Entwicklungen in verschiedenen Kulturen und zu unterschiedlichen Zeiten zu erblicken, wenigstens solange keine evidenten Fakten vorgelegt werden könnten.

reicht auch noch nicht aus, was zudem unumgänglich ist: Metaphysik. Die Forschung, so man angesichts dessen, was auf diesem Gebiet in eineinhalb Jahrhunderten zustandegebracht wurde, überhaupt davon reden kann, ist dabei über den Rang von Popularwissenschaft in kaum einigen Fällen hinausgekommen und liefert statt kategorialer Entsprechungen triviale Aufzählungen und Nebeneinanderstellungen weniger Hauptbegriffe beider Traditionen, unsystematische und jeglicher Methode entbehrende Assoziationen fernab aller epistemologischen Relevanz. Ohne re–flexionsstrukturell überdacht zu sein, fehlt diesen nicht nur die Universalität, die einer Ähnlichkeits- oder Gleichheitsfeststellung bzw. deren Gegenteil Allgemeingültigkeit verleiht, sondern auch der Apriorismus, der ihnen überzeitliche Verbindlichkeit gewährleistet. Insofern bringt die folgend zitierte Feststellung eines chinesischen Gelehrten vor mehr als einem halben Jahrhundert genau das auf den Punkt, was in der »Strukturtheorie der Re–flexion in transkulturaler Anwendung (Transkultural–Philosophie)« verwirklicht wird: „Ich werde zeigen, daß chinesisch-taoistische und gewisse griechische Philosophen bezüglich folgendem übereinstimmten: (I) Metaphysik ist das Studium von Substanz oder Sein (ϒ3); Substanz oder Sein geht individueller oder partikularer Existenz (ϒ2/1) voraus; (III) Substanz oder Sein wird im Begriff des Nichts (ϒ4) letztlich transzendiert. Durch diesen Vergleich hoffe ich eine Thematik zu klären, die gegenwärtig den meisten westlichen Geistern fremd ist, und auf diese Weise die Kluft zwischen chinesischer und westlicher Metaphysik zu verschmälern.“[6]

---

[6] Shien Gi-ming, Being and Nothingness in Greek and Ancient Chinese Philosophy, p. 16; die römischen Ziffern stehen so im Original; meine Skalierung mit indizierten ϒ-Symbolen, insbesondere von (ϒ3), ist in der Argumentation des 9-seitigen Essays geradezu implizit enthalten.

Sollte es vor dem Bekanntwerden des Buddhismus im Reich der Mitte tatsächlich Beeinflussungen der chinesischen Metaphysik durch die indische gegeben haben, so wären selbst diese vom strukturtheoretischen Standpunkt aus betrachtet nicht sehr bedeutend, sondern bestätigten nur, daß ein ähnlicher oder gleicher Gedankenbau Übernahmen sogar über schwer überwindbare Kultur- und Sprachgrenzen hinweg zuläßt. „Eine namentlich hervorragende Rolle spielte Lao-tzŭ's Denken als philosophische Vermittlungsinstanz zwischen dem buddhistischen Indien und China, indem es den Weg zum Verständnis des Begriffs *śūnya* (Leeres) oder *śūnyatā* (Leere) durch chinesische Intellektuelle bereitete, der unbestritten der wichtigste aller philosophischen Schlüsselbegriffe des Mahāyāna-Buddhismus ist und der zuerst durch die Übersetzungen der Prajñāpāramitā (Transzendent(al)e Weisheit) Haupt-Sūtras in China eingeführt wurde. Anfangs war *śūnya* (oder *śūnyatā*) den Chinesen lediglich eine fremdartige, unverständliche und skurrile Idee und sprach den chinesischen Geist überhaupt nicht an. Erst als das *śūnya* mit dem Lǎozǐ'schen *wu* (無 nichts oder Nichts) in Verbindung gebracht und im Sinne des letzteren verstanden wurde, konnte das Leere als Kern buddhistischer Metaphysik die intellektuelle oder spirituelle Vorstellung der Chinesen erfassen. Erst in dieser sinisierten Form konnte die philosophische Weltanschauung von *śūnya* das innere Gefüge der chinesischen Kultur durchdringen. Das so verstandene *śūnya* übte ebenso einen entscheidenden Einfluß auf die philosophische Entwicklung der japanischen Spiritualität aus."[7]

À propos Sprachgrenzen: die Linguistik ist gerade dabei, auf etymologischem Wege die gemeinsame Wurzel indeuropäischer und sinitischer Sprachen in akribischer Detailarbeit

---

[7] T. Izutsu, Lao-tzŭ: The Way and Its Virtue, pp. 15–16, Einleitung.

zu erschließen.[8] Man kann nur gespannt darauf sein, was uns die künftige, derzeit aber fast ausschließlich von Philologen, Doxographen und Historikern, nicht von Philosophiewissenschaftlern betriebene interkulturelle Philosophiewissenschaft zum Zusammenhang indischer und chinesischer Metaphysik zu sagen haben wird, sollte die derzeitige Avantgarde vergleichend arbeitender Sprachwissenschaftler ihre Vermutungen und ersten diesbezüglichen Resultate erhärten und durchsetzen können.

All jenen (post-)modernen Exegeten chinesischen Denkens, die dessen a-metaphysischen, ja anti-metaphysischen Charakter heraus- und westlichem Denken entgegen-, indem sie jenes höherstellen,[9] um Forschungshypothesen, wie die oben geäußerten, als anmaßend und fehlgeleitet abzufertigen, soll mit auf den Weg gegeben werden, ihre metaphysische Unbedarftheit abzulegen, indem sie sich bitte über das gesamte Bedeutungsspektrum von Metaphysik und die Relevanz gewisser ihrer Aspekte informieren, bevor sie sich nicht nur dazu hinreißen lassen, die chinesische Philosophie durch die Brille von Voreingenommenheit gewisser allzu neuer und opportuner Auslegungen der abendländischen Tradition zu lesen, sondern von dieser Projektion aus im Gegenzug wiederum die zurückliegende europäische Denktradition zu kritisieren. Ihr überhebliches Abtun der Metaphysik kann ob des doppelt gebrochenen Verständnisses von dieser nichts als

---

8 Cf. Chang Tsung-tung, Indo-European Vocabulary in Old Chinese. A New Thesis on the Emergence of Chinese Language and Civilization in the Late Neolithic Age; V. H. Mair (siehe die von mir herangezogenen und weitere seiner Studien); Zhou Ji-xu, Correspondences of the Basic Words between Old Chinese and Proto-Indo-European; J. L. Wei, DAO and DE.

9 So penetrant und beispielhaft bei R. T. Ames, Thinking through Comparisons, pp. 95–97.

eine Widerlegung ihrer eigenen Vorstellungen, d.h. Vorurteile sein, die im Umkehrschluß nur bestätigt, daß man, weit davon entfernt, dem Denken im allgemeinen Gerechtigkeit widerfahren zu lassen, keineswegs bereit ist, den vermeintlich überwundenen metaphysischen Imperialismus zugunsten denkimmanenter Gesetzmäßigkeiten, wie sie aufgrund ihrer generellen Gültigkeit in allen Ausdrucksformen echter, nicht aber in verkürzter oder neuzeitlich mißverstandener Metaphysik rund um den Globus be- und geachtet werden, aufzugeben, und damit die subtile Strategie, den im Denken der Asiaten nicht weniger als im Denken der Abendländer seit eh und je und immer noch vorherrschenden Anspruch auf das Rechthaben, aber auch auf die Wahrheit, zu unterminieren.[10] Als ob Un- oder Antimetaphysik keine Metaphysik wäre! Oder sollte man sie besser Kataphysik nennen?

Selbst die berechtigte Kritik am Überstülpen einzelner ideologisch (vor)belasteter Kategorien über die chinesische Philosophie geht nicht selten von einem unkritischen und einseitigen Verständnis von Metaphysik aus, die in sich als hermetisch geschlossen vermeint wird, wodurch man sie oft

---

[10] J. F. Billeter, Gegen François Jullien, pp. 12–43, nennt und kritisiert gegenwärtige und frühere Sinologen und Sinophile, die auf diese Weise einen nicht zu unterschätzenden Einfluß auf die ideologische Entwicklung und Verfassung der China-Wissenschaften und des interkulturellen Verständnisses ausüben bzw. ausübten; in H. P. Sturm, Einleitung in die Strukturphilosophie der Re–flexion in transkulturaler Anwendung (Transkultural–Philosophie), pp. 213–215, ging ich darauf kurz unter dem Stichpunkt des »Orientalismus« ein; der Historismus und Sozio-Politologismus des genannten Kritikers selbst (die hier verwendeten Bezeichnungen sollen die groteske philosophische Naivität solcher Vorgehensweisen eindringlich vor Augen führen) ist dabei nicht weniger immanentistisch als der der Postmodernisten und Kulturdifferentisten, ein unmetaphysisches Wühlen in den Niederungen des Allerweltswissens und seiner blickfeldverengten, methodisch spezialisierten (systematisierten) Form der Objektwissenschaften.

unzulässig generalisiert und damit genau so verfährt, wie es den Dogmatikern vorgeworfen wird. Solche Wert- bzw. Fehlurteile entstammen jedoch weniger dem Durchdenken der Originalschriften, denn der nur vermeintlich kritischen Gegenreaktion gegen die eigenen, christlich-aristotelisch gefärbten Phantasien und Intentionen, die dem krypto-dogmatisch vereinnahmenden Weltverständnis über-, d.h. pseudo-aufgeklärter Wahrheitslibertaristen entspringen.

Natürlich müßte ein riesiges Werk verfaßt werden, um all die Ungereimtheiten, die man der chinesischen, besonders aber der hochspekulativen Philosophie des Dào-Jiā oder des Míng-Jiā (家 *jiā* = Familie, Schule, -isten) unterschoben hat, richtigzustellen und so die annähernd authentische, urphilosophische Lehre, soweit das möglich ist, wiederherzustellen. Dazu wäre ein Expertentum sowohl in der Sinologie als auch der Philosophie erforderlich, das (noch) nicht existiert und aufgrund gesellschaftlich-kultureller Bedingungen, ich meine jetzt nicht nur die Verfaßtheit der gegenwärtig herrschenden Wissenschaften und ihre Einbettung in das ideologische Milieu des Westens, sondern auch das Selbstverständnis der Chinesen, besonders ihrer Meinungsführer, von ihrer eigenen Denk- und Spiritualtradition, gar nicht existiert und auf mittlere, möglicherweise längere Sicht aufgrund der Eigendynamik gewisser soziokultureller Tendenzen auch gar nicht existieren kann.[11] Expertentum ist hier allerdings in der

[11] Eine amüsante und zugleich bedrückende Veranschaulichung der Auseinandersetzung von Literati des Westens und Chinas hinsichtlich ihrer Weltbilder und den damit einhergehenden Überzeugungen bietet Dokumentationsmaterial aus der und zur China-Mission der Jesuiten, das J. Gernet, Christus kam bis nach China, pp. 226–290, wissenschaftlich aufbereitet präsentiert; der kulturdifferentistische Tenor der Kommentierung verharmlost allerdings die Lächerlichkeit der metaphysischen Borniertheit, mit der beide Seiten geschlagen sind.

ursprünglichen lateinischen Wortbedeutung zu verstehen als Erfahrenheit und Erprobtheit auf dem Feld der Weisheitsliebe, am besten der Weisheit selbst.

Die in meinen bisherigen Bänden vorliegenden Ausführungen zur sogenannten abendländischen und indischen Philosophie bewährend und anwendend, werde ich im folgenden drei zentrale Bereiche von Vier- bzw. Mehrfachstufungen der chinesischen, hauptsächlich der daoistischen, Weisheitslehre skizzieren. Dabei handelt es sich um Umrisse, denen aber zugemutet und auch zugetraut wird, Grundlage für eine weiterreichende und tiefergreifende Beforschung der angedachten Sachverhalte zu sein. Selbstverständlich müßte zu jedem der vorgebrachten Fakten und Argumente betreffend daoistisches Weisheitsstreben der Bezug zu den wichtigsten Vergleichsgrößen der bisher in dieser Monographie dargestellten Anschauungen hergestellt werden. Dies ergäbe trotz der zu leistenden Komprimierungsarbeit eine Studie unvorstellbaren Ausmaßes, die in separaten Bänden zu publizieren wäre.

Die drei angesprochenen Aspekte sind einmal die bereits ausführlich behandelten Stufenleitern des BewußtSeins, dann die parallelen Ebenen inneren Erlebens, auf denen sie der dem rechten und tugendhaften Weg Folgende erfahren kann, indem er die psychisch-mentalen Fähigkeiten, die solche Erfahrungen ermöglichen, ausbildet, und als Addendum der Forschungsvorschlag, aus der Spekulation einiger Sprüche des ›Dào-dé-jīng‹ eine Binnenstrukturierung des reinen Geistes, entsprechend den Geistphasen des Platonismus und des Vedānta (wie Vijñānavāda) herauszulesen. „... Laozi's philosophisches System ist ein System der Epistemologie und Ontologie, das durch eine Lebensweise der Selbstkultivierung untermauert wird. In diesem und genau diesem Sinne ist Laozi ein Philosoph."[12] Dergestalt hat dieser Unterband trotz seines vorläufigen und einleitenden auch einen grundlegenden Charakter, durch welchen die nötige Evidenz erzeugt werden soll, kommende Forschungen zu induzieren, ihnen aber auch eine Wegbeschreibung und Landkarte an die Hand zu geben, die es ihnen ermöglicht, sich auf verhältnismäßig sicheren Bahnen des Reflektierens zu bewegen und damit auch bis zu dessen Endpunkt vorzudringen.

Meine Gefährsleute

Abweichend von meiner üblichen Vorgehensweise, bei welcher, abgesehen vom methodischen Vorspann im Kapitel 7 des Faszikels II/1,[13] Gelehrte modernen Stils namentlich und thematisch meist im Hintergrund der Gedankenführung und in den Fußnoten des Texts belassen werden, kann ich in diesem Faszikel zur chinesischen Philosophie nicht umhin, eine Bemerkung vorauszuschicken, die sich um einige Forscherpersönlichkeiten der Gegenwart auf dem Felde der Sinologie, speziell des Daoismus, dreht, Gelehrte und Denker, die wesentlich dazu beitrugen, den strukturellen Aufbau des Daoismus so weit offenzulegen, daß ich in die Lage versetzt wurde, ihn systematisch zu rekonstruieren. Einer davon lebte zu einer Zeit, als die China-Forschung noch in den Kinderschuhen zu stecken schien, Victor von Strauss (1809–1899), der andere war ein Zeitgenosse, der zudem noch einer Kultur entstammte, der japanischen, die Jahrhunderte unter massivem Einfluß der chinesischen stand, Izutsu Toshihiko (1914–1993), dessen Hauptforschungsgebiet in der Islamistik mit Schwerpunkt Iran lag. Dazu kommen noch einige heutige

[12] T. Masami, A Philosophical Analysis of the Laozi from an Ontological Perspective, p. 184.

[13] Cf. H. P. Sturm, Einleitung in die Strukturphilosophie der Reflexion in transkulturaler Anwendung (Transkultural–Philosophie), pp. 145–150.

Wissenschaftstreibende, von denen ich die französische Sinologin Isabelle Robinet (1932–2000) nicht nur wegen ihrer fein- und tiefsinnigen wie umfassenden Darstellungen einzelner, besonders der obersten Prinzipien daoistischer Metaphysik, sondern auch wegen ihrer kenntnisreichen Hinweise auf verwandte Gedankengänge anders-kultureller Traditionen philosophischer Spekulation, besonders des Madhyamaka-Buddhismus, hervorheben möchte. Da die Beherrschung der französischen Sprache, in welcher ihre Studien überwiegend verfügbar sind, im deutschen und angelsächsischen Sprachraum, und nicht nur dort, auch unter Philosophiewissenschaftlern und Philologen antiker oder asiatischer Sprachen keine Selbstverständlichkeit mehr darstellt, werde ich mehrere für meine Forschungsintention und -konzeption wichtige Passus ihres Gesamtwerks, manchmal auch längere, in Übersetzung wiedergeben. Zur Beherrschung und Verwendung der höchst wichtigen Wissenschaftssprachen des Französischen und Deutschen muß ich hier anmerken, daß die gegenwärtige, aus welchem Grund auch immer führende, sich angelsächsisch artikulierende Forschung viele von Gelehrten der ‚Grande Nation' und von ‚Good old Germany' längst erfundene Räder aufs neue erfindet und auf diese Weise beweist, unter dem Anspruch von Universalität Provinzwissen globalisierten Charakters zu verbreiten.

Die von mir herausgehobenen Gelehrten, besonders der japanische Forscher und Denker, haben, das ist der Grund für die Abweichung von meiner üblichen Verfahrensweise, für die hier gewagte Unternehmung eine besondere Bedeutung, weil sie Wegbereiter für ein Verständnis chinesischen Philosophierens sind, das den höchsten Anforderungen reflektorischer Stimmigkeit genügt und damit in eine Reihe mit den Errungenschaften griechischen und indischen Denkens gestellt werden kann, ohne von einer Beeinflussung ausgehen zu müssen. Insofern sind sie Gewährsleute für mein Projekt aus der Perspektive fernster, ja gegensätzlicher Weltsphären, die einen christlich-jüdisch, der andere ostasiatisch-buddhistisch, enkulturiert.

Man wird sich zunächst wundern, warum sich gerade Victor von Strauss unter denen befindet, die Wichtigstes zur abstrakten Fragestellung der strukturphilosophischen Rekonstruktion des Daoismus beigetragen haben, gilt sein Herauslesen christlich-jüdischer Gottesvorstellung aus diesem und Hineinlesen eines solchen in diesen innerhalb kulturell korrekter Sinologen doch geradezu als Ausgeburt hermeneutischen Vorurteils, religiöser Verblendung und missionarischer Aggressivität. Dem ist uneingeschränkt zuzustimmen. Selbstverständlich stellt die ideologische Verchristlichung und Judaisierung des Daoismus, das Hineindeuten christlich-jüdischer Theologie und Gottesformeln in den Daoismus die Vergewaltigung einer Fremdlehre übelsten Ausmaßes und überheblichsten Stiles dar. Sie folgt ohne es zu wissen den Bahnen frei schwebender Spekulation, die in gewissen Abschnitten des Spätwerks von Friedrich Wilhelm Joseph von Schelling (1775–1854) exemplarisch in die Luft gezeichnet werden[14] und verfährt in der Weise einer Rattenfängeresoterik weitverbreiteter Art, in der man aufgrund einer annähernden Homophonie von Wörtern sprachmagisch auf eine Gemeinsamkeit in der Sache schließt. Ich gebe ein Beispiel: weil bei dem biblischen Ausdruck Sintflut ein Anklang an Sindhu, den Fluß namens Indus vorliegt, vermeint man das damit bezeichnete Ereignis zusammen mit dem Glauben an einen

[14] Daß Schelling gegenüber esoterischen Ideen in der Forschung zu China hyperkritisch sein konnte, werde ich anläßlich des Versuchs sinologischer Pioniere dokumentieren, aus ›Dào-dé-jīng 14‹ das Tetragrammaton herauszulesen.

Indienaufenthalt Jesu orientschwärmerisch in Indien verorten zu können.[15] In Wahrheit ist der Terminus aber aus ahd. *sin-*, zusammen, groß, sehr, überall, umfassend, andauernd, immer (idg. √*kom*, gr. *sún, xún*, lat. *cum*), und Flut gebildet und benennt das hebräische Wort מַבּוּל (*mabbu*^{w}*l*), womöglich zusammen mit תְּהוֹם (*t*^{e}*ho*^{w}*m*), Urflut, Abgrundflut.[16]

Solch ein Wortaberglauben allein spricht noch nicht gegen einen Indien- oder Tibetaufenthalt Jesu, nur gegen dessen Art der Plausibilisierung, und soll auch nicht heißen, daß die Inder, wie viele andere Kulturen, nicht ebenso Sintflut-Sagen kennten oder gekannt hätten. Liest man die ›Dào-dé-jīng‹-Exegese v. Straussens jedoch (neu)platonisch, und das heißt hypostatisch, dann ist sie an vielen Stellen so treffend wie kaum eine sonst. Sich analytischen Denkens (nicht zu verwechseln mit der modernistischen Richtung der »Analytischen Philosophie«) zu befleißigen, erfordert halt ein gewisses Maß an Anstrengung, Übung, Ernsthaftigkeit und Meisterschaft, liebe Spaßphilosophen!

So bemerkt ein Zeitgenosse und Forscherkollege Victor von Straussens: „Die bisherige Literatur über diesen schwierigsten der chinesischen Denker, die europäische wie die chinesische, scheint zu beweisen, daß Sprachkenntniß und philosophische Schulung zusammen noch nicht genügen, um zu einer selbständigen richtigen Auffassung des Taò-tek-king zu gelangen. Das Buch verlangt, daß man vom Anfange an mit congenialem, mystisch beanlagtem Geiste an dasselbe herantrete. Für Andere bleibt Laò-tsï` gerade da, wo sein Geist den höchsten Aufschwung nimmt, ein unverständlicher

---

[15] Cf. H. Kersten, Jesus Lebte in Indien, pp. 71–74; Kapitelüberschrift o.c., p. 71: „Die Sindhflut fand in Kashmir statt“.

[16] Cf. Gn. 7.6–7, ⟨ed./tr.⟩ R. M. Steurer, Das Alte Testament, Interlinearübersetzung Hebräisch-Deutsch, 1.34–40.

Schwärmer, und dann ist manchmal der Weg vom Erhabenen zum Lächerlichen gerade so weit, wie der von dem Texte bis zum Kopf des unberufenen Auslegers; denn im nüchternen logischen Verstande spiegelt sich nur zu leicht die Mystik als Fratze. Es scheint, in Victor von Strauß habe der große Chinese seinen ersten geistesverwandten Erklärer gefunden. Auch er mag in einzelnen Fällen zu weit oder fehlgegangen sein, und dann soll man mit ihm rechten. Wer ihn nicht versteht, der hoffe erst recht nicht, in Laò-tsï`'s Sinn einzudringen."[17]

Die mitunter verblüffende Genauigkeit, mit der Victor von Strauss trotz seines christlichen Bias die Prinzipienlehre des ›Dào-dé-jīng‹ trifft, dürfte nicht zuletzt damit zu erklären sein, daß schon die ersten sogenannten christlichen Philosophen ihre weltanschaulichen Gebäude im Stockwerk-Stil platonistischer Metaphysik erbauten. Und später, mit der durch den Islam vermittelten Rezeption der griechischen Spekulation im Mittelalter, gelangt die neuplatonische Hypostatik abermals und in ihren detailliertest ausgearbeiteten Formen in die christliche Lehre,[18] die, wie ich am weltweiten Bestand der alten Philosophie ausweise, die Struktur des BewußtSeins

[17] G. von der Gabelentz, Lao-tse (Laò-tsï`), p. 94s; die in dieser, aus der vorletzten Dekade des 19. Jahrhunderts stammenden Äußerung enthaltene Einschätzung von Mystik, Philosophie und Logik und deren Verhältnis zueinander geht von einem heute immer noch vorherrschenden westlich-akademischen, einem eindimensionalen (Selbst-) Verständnis also der beiden letzteren Disziplinen, doch von einer allseitig-verständnisvollen Auffassung der ersteren aus, was nach wie vor außergewöhnlich ist; radikale Reflexion bringt die drei in einen für gewöhnlich ungeahnten Konnex.

[18] Besonders zu erwähnen die Übersetzung von Proklos' Parmenides-Kommetar Platon's ins Lateinische durch Willem van Moerbeke (ca. 1215–1286), cf. ⟨ed.⟩ C. Steel, Commentarius in Parmenidem (lat.).

in aller Klarheit zum Vorschein bringt und damit natürlich mit allen Denktraditionen kompatibel ist, die diese kannten, anerkannten oder auch nur erahnten. Der »Deutsche Idealismus« konnte davon nicht unbeeinflußt geblieben sein. Kenntnisse seiner transzendentalen Spekulationen müssen denn auch das ihre zur Exegeseleistung von Straussens beigetragen haben. Sie wird im internationalen Rahmen zusammen mit der deutschsprachigen Sinologie der letzten 150 Jahre generell weitgehend ignoriert.

Das gilt, wer weiß warum, auch für die des folgend Vorgestellten Izutsu Toshihiko. Er ist der Hauptgewährsmann meiner Annahmen betreffs des Daoismus. Während die anderen hervorgehobenen westlichen Gelehrten mit ihren Übersetzungen und/oder Deutungen des Daoismus, des ›Dào-dé-jīng‹ und des ›Zhuāngzǐ‹ bzw. Teilen davon meiner Auslegung einzelne Anhaltspunkte und einige Rückendeckung gaben, von einer Vergleichbarkeit mit der platonistischen und der buddhistischen Philosophie, besonders im Bereich des Geist-Prinzips auszugehen, hat unser fernöstlicher Orientalist, Sinologe und Denker die Metaphysik von Lǎozǐ und Zhuāngzǐ (ca. 4./3. Jh.v.Chr.) nicht nur vollständig, sondern auf eine übersichtliche Weise und in kürzester Form durchstrukturiert, so daß seine Ergebnisse unmittelbar in meine Fragestellung aufgenommen und nach meiner Methodik umgestaltet werden konnten. Das dürfte in erster Linie auf seine metaphilosophische Ausrichtung zurückzuführen sein, auf deren programmatische Quintessenz ich mich in der Vorbemerkung zur zweiten Auflage der ›Widerspiegelung des Geistes I‹ und im Kapitel 6 der ›Widerspiegelung des Geistes II/1‹ bezogen habe, um darauf aufmerksam zu machen, daß mein Forschen die verallgemeinerte Fortführung und den systematisch begründeten Beginn dieses Vorhabens darstellt. Da man bei gewissen Anlässen, bei denen es um nichts als die Wahrheit geht, eine Stellungnahme dreimal abgegeben haben sollte, sehe ich mich im Falle der Einsichten des fernöstlichen Gelehrten und Philosophen in der Tat veranlaßt, sein Programm hier zum dritten Mal schriftlich vorzustellen.

„... es ist, denke ich, sehr wichtig, daß die verschiedenen Philosophien des Ostens auf systematische Weise mit der Blickrichtung studiert werden, zu einem umfassenden Strukturrahmen zu gelangen, einer Art Metaphilosophie östlicher Philosophien, mit Hilfe deren die orientalischen Hauptphilosophien zu einem gewissen Niveau struktureller Einheitlichkeit heraufgeführt werden können. ... Der wichtige Punkt ist, daß diese gemeinsame Grundstruktur in der Weise verschieden gefärbt ist, daß jede Schule oder jedes System von anderen durch die Betonung unterschieden ist, die es auf gewisse Spezialaspekte der Struktur legt und ebenso durch den Grad, bis zu dem es seinen Nachdruck auf diese oder jene besondere Hauptkategorie legt. Nun, durch eine weitere Ausarbeitung der Begriffsanalyse der Grundstruktur dürften wir, indem wir gleichzeitig die zwischen verschiedenen Systemen auffindbaren Hauptunterschiede berücksichtigen, hoffentlich zu einer umfassenden Anschauung, wenigstens eines der wichtigsten Typen östlicher Philosophie gelangen, die ferner ertragreich mit ähnlichen Philosophietypen im Westen verglichen werden können. Es ist meine Überzeugung, daß ein wirkliches, tiefes Verständnis zwischen Ost und West nur auf der Basis einer Anzahl von derartigen konkreten Forschungsarbeiten möglich wird, die auf verschiedenen Feldern der Philosophie, westlichen und östlichen, beiden, durchgeführt werden.“[19]

Als Universalist und Kenner der wichtigsten Denk- und

---

[19] T. Izutsu, Creation *and the* Timeless Order *of* Things, pp. 2 ... 34–35 (The Basic Structure of Metaphysical Thinking in Islam).

Spiritualtraditionen aller Kontinente dürfte Izutsu Toshihiko die Stufenmodelle von Wahrheit und Wirklichkeit des gesamten Orients, auch Indiens (und wahrscheinlich auch Europas) gekannt haben, auch wenn er das an keiner Stelle seiner bisher in europäischen Sprachen erschienenen Studien deutlich ausspricht. Wendet er sie auf den Islam an, dann bleibt er gewissermaßen bei den Griechen, ohne sich darüber wohl völlig im Klaren gewesen zu sein, schlägt er die in ihren konstitutiven Denkvollzügen auf griechischen Vorlagen basierende islamische Philosophie doch dem Osten zu,[20] was dann allerdings nicht völlig abwegig ist, wenn man die hellenische Philosophie nicht mit späteren Karikaturen der Philosophie gleichsetzt, die heute die Beifügung ‚europäisch' oder ‚westlich' tragen.[21]

---

[20] Cf. T. Izutsu, Sufism and Taoism, pp. 5-283, 467-493; idem, Creation *and the* Timeless Order *of* Things, pp. 1-37 (The Basic Structure of Metaphysical Thinking in Islam).

[21] Cf. C. C. Evangeliou, Hellenic Philosophy, pp. 174 … 2: „Hinsichtlich der Geographie dürften sich .. die modernen Griechen, wie ihre Vorfahren oder irgendein verständiges Volk, wenn sie das Gesicht der aufgehenden Sonne zukehren, als Abendländer sehen, aber wenn sie sich umdrehen und ihr Gesicht der untergehenden Sonne zukehren, verstehen sie sich als Morgenländer oder wenigstens als Nicht-Abendländer. Auch wenn wir uns zur Unterstützung an die Geschichte wendeten, fänden wir, daß sie zur korrekten Charakterisierung des Ortes von Hellas und der hellenischen Philosophie keine größere Hilfe als die Geographie liefert: westlich oder östlich? Unter dem Aspekt der Geschichte (von der Zeit des Aufstiegs Roms zur politischen Macht im dritten Jh.v.Chr. bis zur italienischen Renaissance im fünfzehnten Jh.) identifizierte sich das klassische und hellenistische Hellas (und sogar das byzantinische christliche Kaiserreich) ausnahmslos mit dem kulturell höher entwickelten Osten. Dies geschah in bewußter Opposition zum römischen Westen, der den hellenischen Augen der Zeit lediglich als Synonym für Barbarei erschien. … Es scheint, als ob die Wesensverwandtschaft der hellenischen Philosophie (…) mit den geographisch entfernten Philosophien Indiens und Chinas bedeutend größer ist als

Es ist jedoch festzustellen, daß sich dieser Ausnahmedenker in seinen in westlichen Sprachen verfaßten oder in diese übersetzten Schriften niemals ausdrücklich auf eine universale Struktur der GeistWelt und ihre transzendentale Erschließung bezieht. Der von ihm nachgezeichnete Aufbau der Dào-Metaphysik umfaßt, der Strukturtheorie der Re–flexion entsprechend, dennoch vier oder fünf Schichten. Doch sind diese zutreffenderweise nicht scharf voneinander abgegrenzt, sondern werden als ineinander übergehend entfaltet. Dazu kommen dazwischenliegende Momente, die demgemäß nur in Sonderfunktionen, speziellen Aspekten oder Nuancen der Hauptprinzipien bestehen. Die Anzahl der grundlegenden Strata erhöht sich dadurch also nicht. Izutsu geht über vier in ausdrücklicher Weise eigentlich nur ganz selten hinaus.

Ganz ähnlich verhält es sich mit den Interpretationen von Isabelle Robinet, denen man wie den meinigen unterstellen darf, vom Denken des Madhyamaka beeinflußt zu sein.[22] Auf diese Weise erscheint der Daoismus exakt als die Leiter, welche die großen Entwürfe der antiken Philosophie der übrigen Welt gleicherweise bereithalten, um den Grundpunkt des Bewußt-Seins mit dessen Gipfelpunkt durch die dazwischenliegenden Sprossen zu verbinden, so daß der Ab- und Aufstieg via Seins- und Erkenntnis-Akolouthie in geordneter Schrittfolge vollzogen werden kann.

„Man muß wohl verstehen, daß trotz der Vergleiche, die angestellt werden können und wir dabei sind anzustellen, der häufig offene und absolute Bruch, der im graeco-okzidentalen

die vermeintliche Wesensverwandtschaft mit der "europäischen Philosophie"." Cf. o.c., pp. 45[55], 81-82, 100, 128[42], 172, 175, 181.

[22] Festzumachen an ihrem Buch I. Robinet, Les commentaires du Tao to king jusqu'au VIIe siècle, und einigen Stellen ihrer anderen Studien, von denen ich einige zitieren werde.

Denken zwischen zwei Termen (Transzendenz/Immanenz, Formen/Sinnendinge, Selbst/Anderes, Subjekt/Objekt, Geist/Materie, Bewegung/Ruhe etc.) existiert, in China vollkommen abwesend ist. Die Welt ist für die Chinesen eine kontinuierliche Totalität, offen und dynamisch, wo alles ohne Unterlaß zirkuliert. Die entgegengesetzten Terme sind nicht kontradiktorisch und setzen einen gemeinsamen Punkt voraus. In semantischer Sprache, die zu diesem Zug chinesischen Denkens perfekt paßt, setzt jede binäre Opposition [(+ϒ1) : (-ϒ1) oder (ϒ1) : (ϒ2)] einen gemeinsamen Nenner voraus, die neutrale semantische Achse von Greimas, die der Abwesenheit von Farbe für Schwarz und Weiß oder von Kontinuität für groß und klein (...), die das «Weder ... Noch» ergibt (ϒ4). Zu diesem Neutrum kommt die «Funktionsweise» *yong* der Artikulation der zwei Terme zwischen ihnen hinzu, das ist der «komplexe Term», das «Sowohl ... Als auch» (ϒ3). Man hat nun vier Terme, ... und die Welt realisiert sich wie eine Sprache nur auf der Basis dieser vier konstitutiven Terme der Struktur des Universums, die sich gegenseitig in latenter oder aktualisierter Weise voraussetzen, und die einen kraft der anderen funktionieren.“[23]

Wirklichkeit und Wahrheit in Vierkant-Struktur. Der hier für das griechisch-westliche Denken konstatierte Bruch und die Kontradiktion von Opposita existiert, wie meine nicht enden wollende, mit diesem Faszikel thematisch aber endlich endende Studie zeigt, re–flexionsstrukturell, d.h. hypostatisch und tetralemmatisch bedacht, wie Sie unter Inanspruchnahme der viergliedrig-struktursemantisch inspirierten, der

[23] I. Robinet, La pensée chinoise et la philosophie occidentale, p. 1268; die Auslassungspunkte in runden Klammern ersetzen den Verweis der Autorin auf A. J. Greimas, Sémantique structurale, p. 23; die Lemma-Zählung in eckigen und runden Klammern wurde, wie durchgehend praktiziert, von mir eingefügt.

erstgenannten zumindest im systematischen Resultat nahekommenden Herangehensweise ja selbst vertreten, zumindest im Altertum, pardon Mme Robinet, ebensowenig oder ebensosehr wie im chinesischen Denken.

Abweichend von einer solchen oder ähnlichen Methode besteht die Vorgehensweise von T. Izutsu in der Exegese, Deskription und Rekonstruktion philosophischer Weltanschauungen mit Hilfe von Hermeneutik und Tiefenpsychologie unter besonderer Berücksichtigung von deren kategorialen Strukturierung. Diese entnimmt er, wie ich in einer Fußnote eines früheren Teilbands des hier vorliegenden Werkes bereits erwähnte, vorwiegend dem Vijñānavāda- oder Yogācāra-Buddhismus.[24] Das schlägt sich in seinem Blick für die Konstituenzien der BewußtSeins-Struktur und diese selbst nieder. Die Frage nach Gültigkeit und Wahrheit der auf diese Weise erschlossenen und dargestellten Lehrmeinungen schwingt in der Art der Argumentation zwar mit, bleibt dabei in expliziter Weise aber ungestellt.

Was der japanische Gelehrte und Denker aber nicht unterlassen hat, das ist, den Unterschied zwischen der begrifflich-rationalen und der erfahrungshaft-kontemplativen Seite der beschriebenen Philosophien wie auch deren Zusammenhang herauszustellen,[25] indem er davon ausging, daß die in ihnen vorkommenden höheren Geistbereiche in objektivierter Form zwar begrifflich expliziert, in ihrer eigentlichen Qualität aber nur durch außerordentliche seelisch-geistige Zustände,

---

[24] Cf. T. Izutsu, Die Entdinglichung und Wiederverdinglichung der „Dinge" im Zen-Buddhismus, pp. 28-31; Bewusstsein und Wesen, pp. 22-23; idem, Toward a Philosophy of Zen Buddhism, pp. 71-77.

[25] Cf. T. Izutsu, The Structure of Oriental Philosophy, 1.39-53, 1.63 (The Absolute and the Perfect Man in Taoism); entlang der Originale auch idem, Sufism and Daoism, pp. 354-374.

durch Kontemplation, Ekstase und mystische Intuition, die ihre Vollendung in der Erleuchtung bzw. absoluten Geistesklarheit (明 *ming*) fänden, unmittelbar erlebt werden könnten.

„Ohne die Rolle der mystischen Erfahrung in irgendeinem von ihnen [sc. Brahmanismus, Sufismus oder der Mystik Meister Eckharts] abzustreiten, bin ich dennoch von dem Ausmaß überwältigt, in dem so etwas wie intellektuelle Anstrengungen in sie alle einfließen. Die Rolle des Intellekts mag, das ist wahr, negativ sein, indem er »falsche« Ansichten von der Realität untergräbt. Wir werden feststellen, daß der historische Chuang-tzu in der Tat ein überaus begeisterter Anwender des Intellekts als eines destruktiven Werkzeugs (wie der buddhistische Philosoph Nāgārjuna) ist. Man hält es sogar für möglich, daß sich der Verfasser des Lao-tzu mit tiefer intellektueller Reflexion über die Rolle der Sprache beschäftigte."[26] Der Konnex zwischen Re–flexionsstruktur und weisheitlicher Verwirklichung ist damit zwar ausgesprochen, nicht aber begründet, welches zu leisten der besondere Anspruch meines Nachdenkens ist.

Izutsu's triaspektuell-hierarchischer onto-, gnoseo- und psycho-meleteologischer Ansatz ist der bisher bedeutendste Bezugspunkt, will man die strukturelle Gleichartigkeit und Gleichwertigkeit der chinesischen Philosophie mit den beiden anderen Stiftertraditionen der Metaphysik offenlegen. Das ist deshalb so wichtig, weil in der modernen akademischen Sinologie mit verwandten Gebieten die zeitgeistlich bedingten Fehleinschätzungen und Verdrehungen der frühen

---

[26] B. I. Schwartz, The World of Thought in Ancient China, p. 199, meine aus dem Kontext des zitierten Originals heraus erfolgte erläuternde Einfügung in eckigen Klammern und stillschweigende Korrektur der Schreibweise des Sanskrit-Namens.

chinesischen Tradition groteske Formen angenommen haben und uns häufig nur Zerrbilder zeichnen, die an transzendentalem Denk-Unvermögen nicht mehr zu überbieten, d.h. an transzendentalem Denkvermögen nicht mehr zu unterbieten sind.

Erfreulicherweise ist zur Korrektur und Zurechtrückung dieser, von der seit längerem bestimmenden chinesischen Nomenklatura verfügten und im Westen aus oberflächlich betrachtet ganz anderen Gründen praktizierten Um- bzw. Fehldeutung und Verkürzung in den vergangenen Jahrzehnten eine sinologische Forschungsausrichtung entstanden, die auf die existentiellen und religiösen Aspekte der chinesischen Denk- und Spiritualtraditionen mit einer fachlichen wie sachlichen Kompetenz und mystologischen Ernsthaftigkeit zu sprechen kommt, welche ob der berühmt-berüchtigten akademischen Betriebsblindheit nur verblüffen kann.[27]

Die hervorgehobenen sinologischen Fachwissenschaftler untermauern meine Auslegung des Daoismus allein schon in doxographischer Hinsicht, indem sie dies aber ohne explizite oder explizit gemachte Überlegungen um den von mir angestellten und vorangestellten transzendentalen Rahmen tun, liefern sie zudem die implizite Bestätigung dafür, daß die Zurückführung der von mir durchgeführten Rekonstruktionen und (Re-)Strukturierungen antiken philosophischen Traditionsguts auf die mehrfach metatheoretisch erschlossene Struktur der GeistWelt uneingeschränkte Berechtigung hat und universale Gültigkeit beanspruchen kann.

---

[27] Hier ist vor allem an die Forschung von H. Maspéro, I. Robinet, A. Seidel, M. R. Saso, S. Nagatomo, L. Kohn, H. D. Roth und einigen mehr (ich bitte mir nachzusehen, wenn ich ihre Namen nicht ausdrücklich nenne oder kenne) zu denken; was bei Genannten aber leider oft unterbelichtet bleibt, ist der re–flektorisch-logische Aspekt.

2 Hergang (Ontologie): Dào (道), Dé (德), Himmel-und-Erde (天地 *tiān dì*) und die Myriade von Dingen (萬物 *wàn wù*)

Beginnen wir also mit der Durchschreitung (道 *dào*) des »Wegs« (道 *dào*). Das Schriftzeichen 道 (*dào*) ist zusammengesetzt aus piktographisch »Fuß« mit der Bedeutung »gehen« (辶 *chuò*) und »Kopf« (首 *shǒu*); die Konnotation reicht generell von nominal: Weg, Pfad, (Wasser-)Lauf, Bahn, Methode, Prinzip, Grundsatz, Art und Weise, Moral, Ethik, bis verbal: gehen, äußern, ausdrücken, artikulieren, sagen, verbalisieren, denken, vermuten, sehen.[1] Dào 道: Nichts ist auf dem Weg

„Das Zeichen für *dào* 道 erscheint zuerst in Bronzeinschriften des westlichen Zhōu, zusammengesetzt aus drei semantischen Elementen: einem Fuß, einer Wegkreuzung und einem verzierten Auge, das einen Kopf andeutet (…). Das entsprechende Zeichen der Orakelknochen würde heute aus dem Zeichen für »gehen« (*chuò* 辶) plus dem Wort für »langes Leben« (*shòu* 壽) bestehen, was zeigt, daß *dào* in frühen Entwicklungsstadien mit choreographierten oder prozessionsartigen Liturgien in Beziehung stand, eine Bedeutung, die heute noch im Wort *dǎo* 禱, »beten« (…), vorhanden ist. Im vorphilosophischen Zeitalter hatte *dào* vier Bedeutungen: ein Weg, den man begehen konnte (Pfad), eine Methode, Dinge zu tun (Kunst), Führung auf einem Weg zur Verfügung zu

---

[1] Cf. 〈ed./tr.〉 V. Kalinke, Laozi: Daodejing, 1.115, Zeichenlexikon und Konkordanz, s.v. 道; zu den Entwicklungsphasen des Dào-Begriffs P. J. Thiel, Das Erkenntnisproblem des Chuang-tzu, pp. 2–8.

stellen oder Anweisung zu geben, wie etwas zu tun ist, i.e. sagen oder sprechen (…). Es beinhaltete demnach den Weg des Gehens oder die Art und Weise des Tuns plus den Vorgang des Gehens oder Tuns und die Führung, die benötigt wird, um zu gehen oder zu tun (…).“[2] Die in den Bronzeinschriften vorliegende bisher älteste Form des Zeichens stellt sich wie folgt dar:  ; Varianten existieren.[3]

Neueste etymologische Forschungen weisen verwandtschaftliche Beziehungen des Wortes, das selbstverständlich nicht nur in schriftlicher, sondern auch in lautlicher Form existiert, bis in den indeuropäischen und semitischen Sprachraum hinein nach.[4] Für die Mainstream-Vertreter befaßter Wissenschaften ist dieses Forschungsresultat nicht nur inakzeptabel, sondern unerträglich und deshalb mit allen Mitteln, pseudo-wissenschaftlichen wie außerwissenschaftlichen, allen eben, zu unterdrücken. Sobald sich diese Forschungsansätze samt ihren Resultaten durchgesetzt haben, wird auch mein re–flexionsstruktureller Ansatz in einem ganz anderen Licht als jetzt, im Zeitalter geistiger Umnachtung, erscheinen.

---

2 L. Kohn, Zhuangzi, p. 78, meine Hinzufügung von Diakritika zur und einmalige Korrektur der Umschrift; die Auslassungspunkte stehen für angegebene Referenzstellen; Chang Chung-yuan, Creativity and Taoism, pp. 24–25, deutet das Piktogramm paläographisch als „Führer und Nachfolgendem, die darin vereint sind, ihren Weg zu finden.“ Doch warum sollte ein Führer seinen Weg finden müssen? Cf. Hsu Sung-peng, Lao Tzu's Conception of Ultimate Reality: A Comparative Study, p. 201, wo Dào gewissermaßen mit Hilfe von Transzendentalien charakterisiert wird: „Was wirklich, wahr und gut ist, muß als "Weg" oder "Führungskraft" (*tao*) des Universums als auch des menschlichen Lebens verstanden worden sein.“

3 Cf. dazu Anhang 1: Paläographisches zu *dào* (道).

4 Cf. V. H. Mair, *[The]* ***File*** *[on the Cosmic]* ***Track*** *[and Individual]* ***Dough****[tiness]*, pp. 22–23; idem, Lao Tzu: Tao Te Ching, Afterword, pp. 132–133, J. L. Wei, DAO and DE, pp. 15–19.

In der daoistischen Philosophie (道家 *dào jiā*) und Religion (道教 *dào jiào*)[5] reichen die Bedeutungen von Dào, wie sollte es sich bei einer echten Philosophie oder Religion auch anders verhalten, ins Metaphysische hinein, Absolutes und Totalität, sich zu allem einzelnen und durch alles einzelne hindurch ausbreitend. Die Übersetzung „SINN" (in Großbuchstaben), die der bekannte deutsche Sinologe Richard Wilhelm (1873-1930) für den Terminus im kategorialen Kontext der Weisheitslehre des Frühdaoismus wählte,[6] wird in hyperkritischen (pseudokritischen) Fachkreisen wegen ihrer vermeintlich deutsch-bildungsbürgerlichen ‚Sinn'-Entstellung zwar belächelt, trifft in semantisch-etymologischer Hinsicht die Grundbedeutungen von Dào jedoch wie kaum eine andere, indem das althochdeutsche Verbum *sinnan,* wovon das Wort Sinn herzuleiten ist, zwei Hauptkonnotationen vereint: fahren, reisen, senden wie streben nach, sinnen, sich kümmern um, beachten, fühlen, denken.[7] Wie aus einer Bemerkung von Richard Wilhelm in der Einleitung zu seiner Übersetzung des ›Dào-dé-jīng‹ eindeutig hervorgeht, wies dieser auf das ursprüngliche Bedeutungsspektrum von »Sinn« etymologisch fachgerecht hin;[8] angesichts dessen wirken die Verurteilungen, die diese Idee von seiten der sogenannten

---

[5] Erläuterung beider Begriffe bei I. Robinet, *daojia* 道家 Taoism; "Lineage(s) of the Way"; zu letzterem cf. T. H. Barrett, *daojiao* 道教 Taoism; Taoist teaching; "Teaching(s) of the Way".

[6] Cf. R. Wilhelm, Laotse. Tao te king. Das Buch vom Sinn und Leben, passim.

[7] Zur schwierigen Etymologie des Worts cf. Th. L. Eichmann, Althochdeutsch *sinnan*, 'streben nach', sanskritisch *san-*, *sā-* 'gewinnen', und hethitisch *sanḫ-* 'erstreben'.

[8] Cf. R. Wilhelm, Laotse. Tao te king. Das Buch vom Sinn und Leben, p. 25.

Fachwelt erfuhr, um so mißlicher und peinlicher, ja vorsätzlich unsachgemäß.

Zunächst wird der ontologische Aspekt der Kategorie »Dào« im Fokus stehen. Dabei werden uns vertraute Elemente in chinesischer Färbung wiederbegegnen, denn im frühen China finden sich entgegen gewissen Forschermeinungen eines längst überholten Zeitraums kultureller Inkorrektheit nicht nur kosmogonische Mythen,[9] an welche, sie übernehmend, die daoistische Metaphysik anschloß und die somit Vorformen philosophischer Prinzipienhierarchien bilden, sondern ihre stringente Entfaltung erinnert in so manchem Passus geradezu an die platonistische Wissens- und Seinshierarchie (Hypostatik), in ihrem weisheitspraktischen Aspekt besonders an die platonistische Lehre von den Seelenteilen und -funktionen.

Daß Lăozĭ und seine Nachfolger diese nicht (nur) naturalistisch oder mythisch, sondern (auch) prinzipientheoretisch verstanden, habe nicht erst ich erkannt. „... Lao-tzŭ beschreibt eine metaphysische Wahrheit oft in zeitlicher Weise. Das heißt, seine Beschreibung einer metaphysischen Wahrheit in Form von Zeit (und Raum) zeigt nicht notwendig an,

---

[9] Dazu die Feststellung eines führenden Experten seiner Zeit aus dem Jahre 1925, A. Forke, The World-Conception of the Chinese, p. 34: „Im Gegensatz zu anderen Nationen haben die Chinesen keine mythologische Kosmogonie; schon die ältesten Quellen versuchen, die Schöpfung auf wissenschaftlichem Wege zu erklären." Mit solchen Mythen räumt P. R. Goldin, The Myth that China Has No Creation Myth, gehörig auf (mit Aussagen von Vertretern dieses Mythos und Gegenbeispielen chinesischer Kosmogonien); cf. o.c., pp. 2 ... 21: „»China hat keinen Schöpfungsmythos« ist, weit entfernt eine nur Eingeweihten zugängliche geheime Wahrheit zu sein, nicht weniger als ein Klischee in der gegenwärtigen Geschichtsschreibung geworden. ... In diesem Sinne sollte betont werden, daß »China hat keinen Schöpfungsmythos« ein typisches Beispiel für einen der größten Irrtümer vergleichender Studien ist."

daß sie seiner Ansicht nach ein zeitlicher Prozeß ist."[10] „Diese Worte: »Zuallererst« bedeuten hier nicht zuerst hinsichtlich der Zeit, sondern zuerst in logischem Sinne. ... Was hier gesagt wird, gehört zur Ontologie, nicht zur Kosmologie. Es hat nichts zu tun mit Zeit und Faktizität. Denn in Zeit und Faktizität gibt es kein Sein; da gibt es nur Seiendes."[11] Und zu einer später von mir noch vorgestellten Kosmogonie des Zhuāngzǐ hören wir. „Chuang-tzŭ beschreibt hier die Situation wiederum in chronologischer Ordnung in der Form einer geschichtlichen Entwicklung. Was er damit aber wirklich zu beschreiben beabsichtigt, ist ganz klar ein metaphysisches Faktum, das nichts mit der 'Geschichte' der Dinge zu tun hat. Die Situation, auf die er sich mit dem Ausdruck 'vor der Erschaffung der Welt' bezieht, gehört dementsprechend nicht der Vergangenheit an; sie betrifft direkt die Gegenwart, wie sie die Vergangenheit betraf und sie wird die Zukunft in alle Ewigkeit weiter betreffen."[12]

Weil dieser Punkt so wichtig, ja entscheidend ist, noch eine Stimme aus der einschlägigen Forschung. „Wang [Bi] gibt dem Wort *dao* 道 eine metaphysische Bedeutung nahe der, die sie im *Zhuangzi* und *Huainan zi* hat. Dao ist *wu* oder Nicht-Sein, eine Abwesenheit von Substanz oder Entität, sogar begrifflich. Es ist unbeschreiblich, einzig und kann nicht mit irgend etwas verglichen werden. Es ist die Quelle der Welt nicht im zeitlichen Sinne, sondern im Sinne einer

---

10 T. Izutsu, Sufism and Taoism, p. 413, cf. idem, Lao-tzŭ: The Way and Its Virtue, Introduction, p. 21; C. Fu Wei-hsun, Creative Hermeneutics: Taoist Metaphysics and Heidegger, pp. 124–126; idem, Daoism in Chinese Philosophy, pp. 558–559.

11 Fung Yu-lan, A Short History of Chinese Philosophy, pp. 95–96; idem, The Spirit of Chinese Philosophy, pp. 62–63.

12 T. Izutsu, Sufism and Taoism, p. 414[5], cf. o.c., p. 396[55].

atemporalen Vorrangigkeit: wie vom *Zhuangzi* gezeigt, kann der Begriff des »Anfangs« nur zu einem *regressus ad infinitum* und zur Abwesenheit jeglichen zeitlichen Anfangens führen."[13] Diese Feststellungen bestätigen aus der Perspektive der Sinologie meinen im Faszikel II/3 vorgestellten und ausgeführten und in den folgenden Faszikeln fortgeführten Ansatz, kosmogonische Mythen als Objektivierungen der metatheoretisch erschlossenen Kognitionsstruktur auszulegen.

Guō Xiàng Von-selbst-Entstehen *zì-rán* 自然

Guō Xiàng, ein Wiederherausgeber und Korrektor des ›Nán-huá-zhēn-jīng/Wahren Buches vom Süd-/Blütenland‹ im 3./4. Jahrhundert polemisierte schon gegen ein normales kausales Verständnis der Dào-Wirkstufung. Seine Absicht dabei war, die Spontaneität des Entstehens in der Art einer „*auto-creatio ex nihilo*"[14] herauszustellen. Der Anlaß dazu war ein Passus im genannten Werk Zhuāngzǐ's, in dem es um die Problematik der Letztbegründung geht, die mit der Frage anhebt, ob man von etwas wissen könne da Himmel (ϒ2) und Erde (ϒ1) noch nicht existierten (未有天地可知邪 *wèi yǒu tiān dì kě zhī xié*). Sie wird mit Bezug auf einen unendlichen Regreß (无已 *wú yǐ*) zurückgewiesen mit der Begründung, daß die Dingheit/Objektität eines Dinges/Objekts kein Ding sei, d.h. das, was ein Ding zu einem Ding mache, selbst kein Ding sei (物物者非物 *wù wù zhě fēi wù*), in welcher Dingheit/Objektität [die Gegensätze] Leben (生 *shēng*) (ϒ1) und Tod (死 *sǐ*) (ϒ2), die doch wohl (邪 *yé*) miteinander in Beziehung stünden (有待 *yǒu dài*), vielmehr in einer Ein- und Ganzheit existierten (皆有所一體 *jiē yǒu suǒ yī tǐ*) (ϒ3), ohne gestern

---

[13] I. Robinet, Wang Bi 王弼 226-49; zi: Fusi 輔嗣, p. 1006; meine Ergänzung in eckigen Klammern.

[14] I. Robinet, Kouo Siang ou le monde comme absolu, p. 75, Überschrift über das thematisch darunter gefaßte Unterkapitel o.c., pp. 75-80.

und morgen, weder mit Anfang noch Ende (无古无今。无始无終 *wú gŭ wú jīn. wú shĭ wú zhōng*) (Υ4).[15]

„Was können wir vor den Dingen/Objekten annehmen? Meiner Meinung nach sind Yīn und Yáng vor den Dingen/Objekten. Aber das bedeutet, daß Yīn und Yáng ebenso nur Dinge/Objekte sind. Was war nun also vor Yīn und Yáng? Meiner Meinung nach war das Natürliche/Von-selbst-Entstehende davor; aber das Natürliche/Von-selbst-Entstehende ist nur das Selbst-So[-Sein] der Dinge/Objekte. Meiner Meinung nach war das tiefste Dào davor. Aber das höchste Dào (至道 *zhì dào*) ist tiefstes Nichts (至無 *zhì wú*). Da es (ein) Nichts ist, wie sollte es dann davor sein? Wenn dem so ist, was ist denn nun vor den Dingen/Objekten? Es existieren doch weiterhin Dinge/Objekte, endlos. Damit ist klar, daß die Dinge von selbst sind (自然 *zì rán*); es gibt kein Seiendes, das sie verursacht hätte."[16]

Aus dieser Argumentation können nun zwei Einsichten abgeleitet werden. Die erste ist die bereits genannte, daß es sich bei solchen Weltentstehungslehren nicht um Beschreibungen von realen Vorgängen handelt, da es keine logisch vertretbare Erklärung für ein grundloses oder unverursachtes

---

15 Cf. Zhuāngzĭ, Nán-huá-zhēn-jīng 22.10, ⟨ed.⟩ HYIZY, p. 60.70-76.

16 Guō Xiàng, Zhuāngzĭ-jí-shì, ⟨edd.⟩ Guō Qìng-fān / Wáng Yiào-yù, p. 764.5 1-3 (22) ≅ ZH 13/002.24,375a.4-11 ≅ ZT 515/745.24,39v.1-6 (DZ 16.555a): 誰得先物者乎哉?吾以陰陽為先物, 而陰陽者卽所謂物耳。誰又先陰陽者乎?吾以自然為先之, 而自然即物之自爾耳。吾以至道為先之矣, 而至道者乃至無也。既以無矣, 又奚為先?然則先物者誰乎哉?而猶有物, 無已,明物之自然, 非有使然也。Text nach erstgenannter Ausgabe; meine Einfügung von Übersetzungsvarianten in eckigen Klammern. ⟨tr.⟩ Fung Yu-lan, A History of Chinese Philosophy, 2.208; cf. o.c. 2.208-212; idem, Chuang-Tzu, p. 58, cf. o.c., pp. 58-59; leicht abweichende Übersetzung dieses Passus ebenso bei L. Kohn, Early Chinese Mysticism, p. 71; cf. I. Robinet, Guo Xiang 郭象 252?-312; *zi*: Zixuan 子玄, pp. 462-463.

Verursacht-Sein von irgend etwas aus irgend etwas, und somit auch nicht aus einem Ur-Irgendetwas oder Ur-Nichtirgendetwas geben kann. Problem erkannt, Problem gebannt? Mitnichten! Eine Unmöglichkeit wurde nur durch eine andere ersetzt. Wenn nämlich, um hier an Platon zu erinnern, der Grund nicht eingesehen ist, wie sollte das Folgende und das Ende da als Wissen behauptet werden können?[17] Aus dem Unbestimmten, das einem Nichts gleichkommt, läßt sich halt nun mal nichts ableiten, auch kein spontanes Entstehen, das uns wieder von der Geltung in die Genesis zurückwirft.

Schauen wir uns einmal das Herumgeeiere an, das dazu in der Fachwelt veranstaltet wird: „Es gibt überhaupt keine Grundlage; es gibt nichts, das der Unterschiedenheit zugrunde liegt, außer das Prinzip der Unterschiedenheit selbst, und darin sind alle Dinge eins. Das ist das große Paradoxon, auf dem die Ontologie Hsiang-Kuo's aufgebaut ist, und das sie sicherlich zu Angehörigen der Schule der »Seinsverehrer« [崇有 *chóng yǒu*] macht. »Sein« (als Totalität) kann nun einmal überhaupt nicht »erzeugt« sein, denn »Nichtsein« ist per definitionem unfähig, irgend etwas zu erzeugen, und jede andere Weise der Erzeugung erfordert die vorherige Existenz von »Sein«. ... Der Transformationsprozeß ist »auf sich selbst gestellt« 獨化 [*dú huà*], i.e. ohne Grundlage oder Schöpferkraft ...“[18] Also doch eine Grundlage, das Prinzip der Unterschiedenheit qua Eines!? Wie sollte das Prinzip der Unterschiedenheit als einheitliches Etwas die Unterschiedenheit als

---

17 Cf. Platon, Politeia 533c5–7.

18 E. Zürcher, The Buddhist Conquest of China, 1.91–92, meine Ergänzung und Transkription in eckigen Klammern. Mit Hsiang-Kuo (Xiàng-Guō) zieht der zitierte Autor die Namen zweier Verfasser von Kommentaren zum ›Zhuāngzǐ‹ zu einem zusammen, Xiàng Xiù (227–272) und Guō Xiàng, der die Arbeit des ersteren vollendet haben soll.

Vielheit aber hervorbringen? Oder enthält das Prinzip der Unterschiedenheit selbst schon Unterschiede? Wird ein Transformationsprozeß, der sich selbst transformiert, nicht zu etwas anderem als er selbst ist, einem Nicht-Transformationsprozeß? Wenn etwas aus sich selbst entstehen soll, muß es dann nicht schon dagewesen sein, bevor es entstanden ist? Um auf solche Fragen keine Antworten geben zu müssen, werden sie in mit philosophisch vermeintem Traditionsgut befaßten akademischen Disziplinen, insbesondere von postmodern angehauchten sogenannten Gelehrten, als unkonventioneller Einfall beklatscht[19] oder von sich rationalistisch gebärdenden vom Typ ‚Analytischer Philosoph' blasiert übergangen bzw. verächtlich abgetan, obwohl seit einiger Zeit in nicht wenigen Wissenschaftsdisziplinen vergleichbare Paradigmata im Schwange sind, die z.B. der Autopoíēsis oder der Selbstorganisation.

Mèng Ān-pái: *zì-rán* ≟ *kōng* 空

Daß man von der Unbestimmtheit oder gar Unbestimmbarkeit der Dinge aus nicht auf ihre Von-selbstheit, ihr spontanes Entstehen schließen kann, dieser Einspruch wurde aus dem Lager des Daoismus selbst vorgebracht, von dem Dao-Gelehrten Mèng Ān-pái (6./7. Jh.) nämlich, der sich intensiv mit buddhistischem Gedankengut auseinandersetzte und es

[19] Cheng Chung-ying, A Taoist Interpretation of "Differance" in Derrida, pp. 25–26, deutet die Selbst-Transformation der Myriade von Dingen (萬物將自化) in Lǎozǐ, Dào-dé-jīng 37.2, ⟨ed./tr.⟩ T. Izutsu, p. 96, die dort im Kontext des Sich-nicht-Einmischens in den Ablauf der Ereignisse durch Intentions- oder Leidenschaftslosigkeit und Seelenruhe thematisiert ist, und die Stelle Zhuāngzǐ, Nán-huá-zhēn-jīng 2.2, ⟨ed.⟩ HYIZY, p. 4.13–14, in die er die entscheidende Aussage von der Natürlichkeit von Vorgängen („It is naturally so."), da sie im Text gar nicht steht, erst hineinliest, im Sinne von J. Derrida's „différance". Daß der Gesamtsinn des Daoismus mit dem heillosen Postmodernismus Derrida's nicht vereinbar ist, erläuterte ich in H. P. Sturm, Die vier Stadien des Ent–Setzens, pp. 114–116.

in seiner Enzyklopädie ›Dào-jiào-yì-shū/Die achsenartige Bedeutung des Daoismus‹ mit diesem verschmolz.[20] Er folgerte daraus zunächst die Leere (空 *kōng*) von allem. Diese sei nun die ungehinderte/freie (虛 *xū*), durchdringende (通 *tōng*) Sicht (目 *mù*); die Anschauung von der Leere sei aber immer noch einseitig (偏空觀者 *piān kōng guān zhě*). Jedoch werde diese einseitige Betrachtung angestellt, damit die Masse der Geborenen die zahlreichen Krankheiten/Unzulänglichkeiten, an denen sie leidet, gemeint ist das Haften am Dinglichen, Objekthaften (ϒ1), allmählich überwinde (謂衆生著有病多故偏說空以遣此病 *wèi zhòng shēng zháo yǒu bìng duō gù piān shuì kōng yǐ qiǎn cǐ bìng*). Dies geschehe, indem man einsehe, daß die Leere (ϒ2) selbst leer (空亦空也 *kōng yì kōng yě*) (ϒ3) ist. Wenn nun aber die Leere selbst leer ist, sei auch die Leerheit der Leere leer (是空亦空空空亦空也 *shì kōng yì kōng kōng kōng yì kōng yě*) (ϒ4).[21]

Dies ist eine, nein, die selbstreferentielle Denkfigur auf der Basis der Relativität von jedem mit jedem, mit allem, mit dem Einen und Keinen, die ich anläßlich der theoretischen Grundlegung der »Strukturtheorie der Re–flexion« in der ›Widerspiegelung des Geistes I‹, ausgehend vom mahāyānistischen Mittigsten Weg (Madhyamaka), der unter dem durchaus mißverständlichen Namen Mittelweg oder Mittlerer Weg (*pratipad madhyamā*) bekannt, berühmt und berüchtigt ist, in (meta-)theoretischen Schleifen – bis es einem schwindlig werden könnte – reflektierte, evidierte und explizierte.

---

20 Cf. L. Kohn, Sitting in Oblivion, pp. 39–43.

21 Cf. Mèng Ān-pái, Dào-jiào-yì-shū, ⟨ed.⟩ ZH 05/031.5,567b.16–19 … c.1–3 ≅ ZT 763/1129.5,5r.5–8 … 5v.3–4 (DZ 24.827a); ⟨tr.⟩ L. Kohn, Sitting in Oblivion, pp. 42–43; Textgrundlage für die englische Übersetzung ist die Ausgabe ZT; eine originalsprachliche Dokumentation gibt die Verfasserin nicht.

Die zweite, mit der ersten eng zusammenhängende Einsicht ist die, daß wenn man die Autopoíēsis der Dinge postuliert, genau darauf zurückgreifen muß, was man eigentlich vermeiden will: nichts oder das Nichts als Erstursache. Dies wäre nicht eine Schöpfung aus nichts (*creatio ex nihilo*), sondern eine Schöpfung durch nichts (*creatio per nihilum/ creatio de nihilo*). „Spontaneität ist ein Name für Dao und vice versa: weil wir den Grund oder den ersten Beweger des Seins nicht kennen, nennen wir ihn *dao, ziran* [Von-selbst-Sein], *zide* [Von-selbst-Bekommen] oder *wu* [Nichts], Worte, die nur darauf abzielen, die Vorstellung zu negieren, daß es vor allen Dingen etwas oder jemand gebe, der sie zu dem macht, was sie sind. Der Prozeß der Schöpfung ist universal und funktioniert überall und nirgends."[22]

Eine irgend etwas seiende Ursache muß auch der Proponent der Autopoíēsis implizit zugeben: die Selbst-Ursache. Doch was/wer ist die Ursache der Selbsterzeugung, des Vonselbst (自然 *zì rán*) des Selbst (自 *zì*)? Anderes! Wirk-lichkeit wird zum schizophrenen Wahn. Diesen pflegt man auf den Daoismus bezogen in etwa folgendermaßen: „Deshalb ist die wahre Idee von Lao-tzŭ's Nichts weder Nihilismus, wie einige Gelehrte annehmen, noch das Unendliche, das allumfassende Prinzip – die Idee des konkreten Tao, wie Fung Yu-lan behauptet. Der Schlüssel zur wahren Bedeutung des Nichts liegt vielmehr in der Spontaneität, die in Vergessen und Unbewußtheit resultiert und deshalb jenseits des Seins ist. Daher resultiert Spontaneität im Nichts."[23]

---

[22] I. Robinet, Guo Xiang 郭象 252?-312; *zi*: Zixuan 子玄, p. 463, meine Übersetzungen in eckigen Klammern; man achte hinsichtlich der Hypostatik auf das Sowohl–als-auch der Formulierung „überall und nirgends".

[23] Shien Gi-ming, Nothingness in the Philosophy of Lao-tzŭ, p. 63.

Die Spontaneität ist, um hier an frühere Bände meiner Studie zurückzuerinnern, auch der griechischen Philosophie bekannt; ein Terminus dafür lautet ἐξαίφνης (*exaíphnēs*), Plötzlichkeit, Unmittelbarkeit.[24] Das Problem betrifft alle metaphysischen Systeme, die Aitiologie mit Strukturbeschreibung vermischen bzw. verwechseln. Sehr gut zu studieren ist es im Neuplatonismus und in der diesen ausschlachtenden christlich-mystischen Theologie. Es ist die Subreption des absoluten Anfangs, des Anfangs, der selbst nicht anfängt, aber von selbst etwas anfängt, der offene oder verkappte Gottesbeweis, den Arthur Schopenhauer sarkastisch, doch irrtümlich aus dem Absoluten herausliest.[25] Wie sollte aus einem Einzigen und Alleinigen, das ja nichts (Gegenständliches) ist, vieles werden? Oder wird aus dem Vielen gar ein Einziges und Alleiniges? Verdient ein Hervorgehen wider alle Begründung überhaupt die Bezeichnung ‚Hervorgehen' oder handelt es sich nur um das willkürliche Abschneiden der Begründungskette und ist noch bedeutungsloser als gar nichts zu sagen? Wäre die korrekte Bezeichnung dafür nicht eher *actus purus*?

zi-rán ≙ [a]ctus purus Wenn dem so ist, dann könnte mit diesem Akt ohne davon verschiedenem Aktresultat bestenfalls die nachgeordnete Hypostase gemeint sein, die bereits eine potentielle Zwei-/Vielheit in sich birgt, mit dem Geist in Verbindung zu bringen wäre und ins Formale übersetzt einigen Sinn ergäbe. Solches liegt fast wörtlich in der neokonfuzianistischen Metaphysik

---

[24] Cf. Platon, Symposion 210e4; W. Beierwaltes, 'Ἐξαίφνης oder: Die Paradoxie des Augenblicks.

[25] Cf. A. Schopenhauer, Arthur Schopenhauers sämtliche Werke, 15. 154–157 (Brief 437 vom 21. 08. 1852 an Julius Frauenstädt); Allegationen zum ambivalenten Verständnis vom »Absoluten« Schopenhauers sind gesammelt in H. P. Sturm, Die vier Stadien des Ent–Setzens, pp. 290[260]–291.

von Zhū Xī (1130–1200) vor, zu dem wir noch in Zusammenhang mit dem berühmten chinesischen Weltenbauplan, dem »Tàijítú«, dem »Diagramm von der Höchstgrenze«, kommen werden: „Das Aktual-Prinzip (實理 *shí lǐ*) [ist/wirkt] von selbst (自然 *zì rán*); wie könnte da Wirken sein? Das genau heißt Urbegrenzung/Äußerstes Extrem (太極 *tài jí*).“[26]

Eins müßte klar sein: eine Erklärung des Entstehens von irgend etwas auf der sinnlichen Ebene hat die Gesetzmäßigkeit der Kausalität zu berücksichtigen. Spontane Genese, eine Wirkung also ohne Ursache oder Ursache aus sich selbst, was auf das gleiche hinausläuft, kann im Wahrnehmbaren nicht logisch gedacht werden; sie ist von einer Ursache ohne Wirkung nicht unterscheidbar. Resultat: weder Wirkung noch Ursache. (Von-)Selbst-Werdung muß also buchstäblich als über-natürlich (形而上 *xíng ér shàng*) angenommen werden. Solches genau versteht man in postmodern-materialistischen Gelehrtenkreisen von heute und morgen, in denen der Glaube vorherrscht, daß die Chinesen Metaphysik nicht gekannt und gehabt hätten, aber unter Meta-Physik. Und diese ist für sie eine Hinterwelt, was heißt, daß sie nicht verstehen, was Metaphysik ist. Zu unterstellen, daß der Daoismus paradox (gewesen) sei, ist selbst im Höchstmaße paradox, eine ‚Von-Selbstentlarvung‘ der derzeitigen Weltanschauung, die zwischen dem, was para-dox der buchstäblichen Bedeutung nach heißt, nämlich jenseits des bloßen Meinens, und dem,

[26] Zhū Xī, Tōng-shū-zhù (Chéng-jǐ-dé 3), ⟨edd.⟩ Zhū Jié-rén et al., Zhū-zi-quán-shū, 13.3.100.6: 實理自然,何為之有!即「太極」也。⟨tr.⟩ J. A. Adler, Reconstructing the Confucian Dao, p. 228; 太極 (*tài jí*) ist bei Zhū Xī gleich Prinzip (理*lǐ*), als das Eine-Alleräußerste (一太極 *yī tài jí*) Einheitsprinzip der Gegensatzpaare von Ruhe-Yīn und Bewegung-Yáng (靜陰 *jìng-yīn* – 動陽 *dòng-yáng*), ja von allem, cf. Chiu Han-sheng, Zhu Xi's Doctrine of Principle, pp. 120–122, und es ist, wie später noch deutlich werden wird, Geist (神*shén*/心*xīn*).

was paradox im gegenwärtigen Wortsinne bedeutet, logisch absurd, ja grotesk, nicht zu unterscheiden weiß.

Wir haben hier eine im sich für Philosophie haltenden frei schwebenden Spekulieren beliebte, im fundierten Denken jedoch als widersprüchlich zurückzuweisende Vorstellung einer Tat ohne Täter oder eines Täters ohne Tat, einer Eigenschaft ohne deren Träger oder einen Träger ohne Eigenschaft, die er trägt, kurz, eines Prädikats ohne Subjekt oder eines Subjekts ohne Prädikat vor uns. Die Autopoíēsis selbst ist *tò autó* und *'ē poíēsis*, eine Zweiheit in der Einheit und kann damit nicht das ultimative Prinzip sein. Die bedingungslose Selbst- oder Von-selbst-Erzeugung wird nicht logischer oder ‚wahrer', ob sie nun von chinesischen, indischen, griechischen oder sonst welchen sich als Philosophen Ausgebenden behauptet wird.

Um hier aber keinem Mißverständnis Vorschub zu leisten, ist anzumerken, daß Guō Xiàng trotz Geltendmachung einer falschen Theorie über die Wirklichkeit, wie Mèng Ān-pái, der, wie gezeigt, diese mit stringenter Argumentation kritisiert, was die Praxis betrifft, zum gleichen Ergebnis kommt, dem vollkommenen Lassen aller sensualen und mentalen Objekte, ein Lassen, das er sogar noch dadurch intensiviert, daß er auch dieses als zu lassen auffordert, um bei einem (Nicht-)Zustand zu enden, in dem weder Gelassenheit noch Nicht-Gelassenheit vorherrschen. Unter Aufrechterhaltung von Logik dürfte diese Konsequenz eigentlich nur dann eintreten, wenn das Von-selbst als Einsicht in die und Eingeständnis der Unerklärlichkeit von Entstehen, und damit von Sein generell, verstanden würde, womit man im Madhyamaka-Buddhismus – oder eben bei Mèng Ān-pái angekommen wäre.

„Nichts gleicht dem Nicht-Geist [der ‚Geist-Losigkeit'] (莫若無心 *mò ruò wú xīn*) (ϒ4): Verwerfen von beidem,

Bejahung und Verneinung (既遣是非 *jì qiǎn shì fēi*) {⟨ϒ4⟩= eigentlich [(-ϒ1-4)=(-ϒ)=(Y5)]}; dann Verwerfen des Verwerfens (遣其遣 *qiǎn qí qiǎn*), Verwerfen und nochmals Verwerfen (遣之又遣 *qiǎn zhī yòu qiǎn*), um bis zum Nicht-Verwerfen zu gelangen (以至於無遣 *yǐ zhì yú wú qiǎn*) (Y6). Danach gibt es weder (Zu-)Verwerfen(des) noch Nicht-(Zu-)Verwerfen(des) (然後無遣無不遣 *rán hòu wú qiǎn wú bù qiǎn*) (Y7), und Bejahung wie auch Verneinung ist man (wie) von selbst entledigt (而是非自去矣 *ér shì fēi zì qù yǐ*).“[27]

Mißgünstig beurteilt heißt das, Guō Xiàng hätte sich seine Theorie sparen und sich ohne auf ihren Umweg zu begeben auf die Praxis der Geistesschulung und deren Ziel konzentrieren können. Das wäre dann allerdings nicht mehr unter die Disziplin der Philo-Sophie im engeren Sinne oder ihr chinesisches Äquivalent, welches immer das sein mag, nennen wir es kontextgemäß hier einmal 道學 (*dào xué*), zu subsumieren. „Die Weisen sind verschieden und mannigfaltig und die »Spuren« [迹 *jì*] der einzigen Wahrheit, »das, wodurch« [所以 *suǒ yǐ*] die Spuren Form annehmen; aber der Heilige (*shengren*) ist einheitlich und lebt in mystischer

[27] Guō Xiàng, Zhuāngzǐ-jí-shì, ⟨edd.⟩ Guō Qìng-fān / Wáng Yiào-yù, p. 79.[1] 3 (2) ≅ ZH 13/002.3,107c.15-18 ≅ ZT 508/745.3,7v.2-4 (DZ 16.302a): 莫若無心, 既遣是非, 又遣其遣。遣之又遣之以至於無遣, 然後無遣無不遣而是非自去矣。Text nach erstgenannter Ausgabe; alternative Übersetzung in eckigen Klammern; cf. I. Robinet, Kouo Siang ou le monde comme absolu, p. 105; eadem, Les commentaires du Tao to king jusqu'au VIIe siècle, p. 111; E. Zürcher, The Buddhist Conquest of China, 1.90. Zu den indischen Vorgaben und den im chinesischen Buddhismus, besonders im Chán (jap. Zen), sehr wichtigen Kategorien Nicht-Geist (無心 *wú xīn*) und Nicht-Denken (無念 *wú niàn*) cf. Jan Yün-hua, A Comparative Study of 'No-Thought' (wu-nien) in some Indian and Chinese Buddhist Texts; zum Gebrauch von Nicht-Geist (無心 *wú xīn*) bei Chéng Xuán-yīng: M. Harack, Cheng Xuanying's Conception of the Sage in the *Zhuangzi*, pp. 53, 68, 72, 92-99.

Eintracht mit dem Universum, das die »Höchste Koinzidenz« ist, wo er sich selbst vergißt und wo es kein Innen oder Außen gibt und alles in einer »geheimnisvollen Vereinheitlichung« und Harmonie erleuchtet wird.“[28]

Zhuāngzǐ, ein Künder, kein Deuter, der die Argumentation um das Uranfangen Guō Xiàng's ja veranlaßte, hat mit seiner darin angewandten Lemmatik ganz nebenbei auf die einzig stimmige Hypostasenstruktur hingedeutet, indem er neben der „Vereintheit- und Ganzheit“ (oben zitierter moderner Kommentar Shien Gi-ming: „das allumfassende Prinzip“; transzendentaler terminus technicus: »Totalität«), die mit der Setzungsformel »sowohl–als-auch« (ϒ3) auszudrücken ist und die Systemkomponente darstellt, die re–flexionsstrukturell als Bindeglied zwischen dem Bedingungslosen im Stile einer Zurückweisung der Opposita durch ein setzungsspezifisches »Weder–Noch«, Zhuāngzǐ's Zeitlosigkeit: „ohne gestern und morgen, weder einen Anfang noch ein Ende“ (zitierter Kommentar Shien Gi-ming [s.o.]: „jenseits des Seins“, transzendentaler terminus technicus: »Transzendenz«) (ϒ4) und dem schlechthin Bedingten, Zhuāngzǐ's „Leben und Tod in Abhängigkeit voneinander“ (ϒ2/1), angenommen werden muß.

Wie man dem Theorem vom Von-selbst (Von-Selbst), von der Spontaneität und dem natürlichen Einfach-so (自然 *zì rán*), damit auch der Anschauung von der Weltwerdung, die Guō Xiàng vorbringt, strukturtheoretisch ‚wohlwollend‘ ausgelegt über meinen hier unterbreiteten Lösungsvorschlag hinaus eine gewisse kategoriale Stimmigkeit abgewinnen

[28] I. Robinet, Guo Xiang 郭象 252?-312; *zi*: Zixuan 子玄, pp. 463-464, meine Einfügungen in eckigen Klammern. Unter dem Weisen ist hier wohl nicht der Sophós, sondern der Philósophos gefaßt, und unter dem Heiligen der Sophós.

könnte, ist entlang meiner Versuche zu studieren, indische Weltanschauungen, die des Madhyamaka (skr. *tathatā* / chin. 彼如 *bǐ rú*/ 一眞如 *yī shēn rú*) oder den Vedānta (skr. *evam eva* / chin. 如是 *rú shì*),[29] und die Lehre vom unbewegt Bewegenden (*tò prõton kinoũn akínēton autó*), der Geisteinsicht der Geisteinsicht (*nóēsis noḗseōs*) Aristoteles' z.B. oder der Authypostasierung des Einen (bzw. Geistes) bei Plotinos re–flexionsstrukturell zu betrachten.[30] An so mancher Stelle des vorliegenden Werkes geschieht dies auch hinsichtlich der chinesischen Klassiker des Denkens; was Guō Xiàng betrifft, wird das anläßlich seiner Deutung des siebenfachen Rückstiegs Zhuāngzǐ's ins Nichts vor dem Nichts vor dem Nichts (das doppelt potenzierte Nichts stellt keinen Schreib- oder Druckfehler meinerseits dar) unternommen.

Um meinem gnoseologischen Ansatz den nötigen Nachdruck und die erforderliche Evidenz zu verleihen, wählte ich für dieses Hauptkapitel die Sprüche aus dem ›Dào-dé-jīng‹, die hinsichtlich der BewußtSeins-Stratifikation einschlägig sind. Weitere Textstellen, die auch hier von Bedeutung wären, werden im Kapitel 4 zur internen Geistgliederung wiedergegeben. Eingestreut in diese Darstellungen sind Kommentare dazu aus unterschiedlichen Epochen und drei sehr alte Weltentstehungs-Lehren von vor einigen Jahrzehnten in Guōdiàn gefundenen Bambustexten und einem Seidentext aus Mǎwángduī. Daran schließt sich eine Kosmogonie aus dem

Ausblick auf Kap. 2.1+2.2

[29] Cf. H. P. Sturm, Die vier Stadien des Ent–Setzens, pp. 126–137, unter Berücksichtigung von Guō Xiàng.

[30] Zu ersterem cf. H. P. Sturm, Alt-Akademische Erledigung der okzidentalen Metaphysik, pp. 210–224; zu zweiterem: idem, Die vier Wissenskonstituenzien (in) der spätantiken westlichen (?) Spekulation, pp. 141–148; zum »Von-selbst«/»Von-Selbst« weiter unten noch eine Bemerkung.

›Lǚ-shì-chūng-qiū‹ (239 v.Chr.) des Lǚ Bù-wéi und dem Lièzǐ (4. Jh.v.Chr.) zugeschriebenen ›Chōng-xū-zhì-dé-zhēn-jīng/Wahren Buch von der überfließenden Leere und dem vollkommenen Taugen‹ (Entstehenszeit zwischen 4. Jh.v. – 3. Jh.n.Chr.)[31] an. Es folgen ein paar Argumentationssequenzen aus dem ›Nán-huá-zhēn-jīng‹ des Zhuāngzǐ, das in etwa auf das 4./3. Jh.v.Chr. zu datieren ist, wobei es auch bei diesem, aus drei Teilen bestehenden Buch, erhebliche exegetische Meinungsverschiedenheiten gibt. Zur Komplettierung stelle ich einige Passus und einiges thematisch Relevante aus dem ›Huáinánzǐ‹ (vor 122 v.Chr.) vor. Dazu noch mehrere signifikante Beispiele aus einer etwas späteren Zeit. Als Zugabe bilde ich gegen Ende von Kapitel 2.2 noch einige Diagramme nach, ein etwa tausend Jahre altes, das »Wújítú« und »Tàijítú« (Diagramm des Grenzenlosen und der Urgrenze), nach Zhōu Dūn-yí (1017–1073) und der Wénchāng-Literatur, eine neokonfuzianistische Verbildlichung der Stufen-Ontologie[32] plus kurzem Kommentar, ausgehend von dem einflußreichen neokonfuzianistischen Denker Zhū Xī, eine Darstellung des »Geheimnisvollen (und) Weiblichen (*xuán pìn tú*)« (nach dem ›Xiū-zhēn-shí-shū‹) und eine wissenschaftlich (nach-)konstruierte Graphik aus der mystischen Tradition des ›Huáng-tíng-jīng/Kanons vom Gelben Hof‹ (ca. 3/4. Jh.), der nach der Legende der Gründerin des Shàngqīng-Daoismus (des Daoismus der Höchsten Klarheit/Lauterkeit), Wèi Huá-cún/Xián-ān (252–334), von den Unsterblichen offenbart wurde. Erstere sollen mehr die formale Konsequenz, letzteres eher

---

[31] Cf. A. C. Graham, Studies in Chinese Philosophy and Philosophical Literature, pp. 216–282 (The Date and Composition of Lieh-tzŭ).

[32] Cf. L. Kohn, Taoist Mystical Philosophy, pp. 83–95; I. Robinet, *Taiji tu* 太極圖 Diagram of the Great Ultimate, pp. 934–936.

die darauf aufbauende symbolische Komplexität chinesischer GeistWelt-Konstrukte vor Augen führen.

Natürlich gilt für die daoistische Philosophie hinsichtlich Seins- und Wissensordnung das gleiche wie für die der meisten anderen Philosophien, daß sie nämlich nur annähernd rekonstruierbar ist, da die Systemkomponenten qua Manifestations- wie in Gegenrichtung Dissolutionsphasen fließend (dynamisch) ineinander übergehen und ebenso gewissen Schwankungen unterliegen, d.h. nicht bei jedem Vorkommen exakt die gleiche Funktion ausüben und einen identischen Stellenwert einnehmen. Schließlich handelt es sich dabei nicht um Strukturtheorie der Re–flexion. Diese liegt gewissermaßen nur implizit vor und ist meist eingelassen in einen Mythos des graduellen Abstiegs zum Vielheitlichen, der Vergegenständlichung und Verkörperung, für gewöhnlich in der Form einer Kosmogonie, und eine Lehre des stufenweisen Aufstiegs zur Ein-/Nullheit, der Entgegenständlichung oder Vergeistigung, der die Kosmogonie kompensiert und Sophogonie genannt werden soll. Diese beiden Phasen bilden das Gesamt eines philosophischen Reiseführers, dessen Beschreibungen dann ‚nur' noch der In-Augenschein-Nahme, der Reise, harren.

Die folgend vorgestellten Skalierungen von Textstellen aus Hauptschriften des Daoismus müßten nach der Vorarbeit, die in den bisherigen Teilbänden entlang des alten, ja uralten Lógos und Mythos unterschiedlicher Erdregionen und Kulturkreise geleistet wurde, ohne weitere Verdeutlichungen und Kommentare einleuchten. Wenn ich ihnen trotzdem einige Erläuterungen voranstelle, dann hat das weniger einen sachlichen, denn einen argumentativen Grund, dem von gewissen Schulen moderner Philosophiewissenschaft verbreitet vorgebrachten Einwand nämlich zu entgegnen, daß bei den Chinesen schon wegen der ganz anderen Schrift bzw. Sprache die Philosophie ganz anders sein müsse und mit keiner Tradition außerhalb (Süd-)Ostasiens sonst vergleichbar sei. Daß dieser Einwand schon durch den Einfluß des aus dem Land des Veda stammenden Buddhismus in China und dessen Durchdringung mit indo-arischen Weltanschauungen (ich spreche ganz bewußt im Plural, um hier auch nicht den leisesten Verdacht aufkommen zu lassen, daß der Buddhismus ein homogenes Gebilde sei) entkräftet ist, soll nur erwähnt, nicht weiter ausgeführt werden. Wir bewegen uns mit unserem Versuch zunächst allerdings in einer Epoche, die dem Vordringen des Buddhismus in das und der Ausbreitung in dem Reich der Mitte um fast ein halbes Jahrtausend vorausliegt. Ginge man wirklich von der Annahme aus, daß auch dieser frühe Zeitabschnitt philosophisch durch den Einfluß Indiens geprägt ist, dann wäre natürlich um so leichter erklärlich, warum sich der Buddhismus in China mit einer solchen Geschwindigkeit derart aus- und tiefgreifend etablieren konnte.

Genug der hinführenden Worte – bewegen wir uns nun also auf den »Weg« zu und auf ihm nun endgültig die BewußtSeins-Steigung hinauf und hinab! Wie jede durchdachte philosophische Lehre kennt und anerkennt der Daoismus drei Hauptstadien, durch die hindurch sich das Urprinzip, in diesem Falle ist das 道 Dào (das Chinesische hat kein Genus und keinen Artikel, weswegen ich Dào als Neutrum behandle) entfaltet. Zählen wir Dào als eigene Größe, so erhalten wir insgesamt ein Gebilde, bestehend aus vier konstitutiven Elementen, ein Sachverhalt, der den Re–flexionstheoretiker nicht überraschen kann. Da ich die konkrete, ohne Hintergrundwissen irreführende Konnotation »Weg« metaphysisch für ungeeignet erachte, behalte ich den Originalbegriff im Bewußtsein einer fernen Menschheitsphilosophie in seiner ursprünglichen Form, pīnyīn-transkribiert allerdings, bei.

2.1 Ausgang (Grundstruktur)

Dào, das Namengebende der Lehre, die mit (und aus) ihm philosophiert, ist als oberste Kategorie das Absolute. Als ‚Transzendenz' ist es allem enthoben, unerkennbar und folglich an sich unaussprechlich – ein namenloses (無名 *wú míng*) Nichts(ein) (無 *wú*, 無無 *wú wú*).[33] In seiner Ursprünglichkeit wird es bildhaft das Einfache, Unbearbeitete, der unbehauene Klotz oder unpolierte Edelstein (璞 *pŭ*) genannt. Es ist der noch unbestimmte, doch auf unerklärliche Weise alles bestimmende Urgrund (始 *shĭ*/泰初 *tài chū*) des Möglichen, das Immerwährende (常 *cháng*)[34] im Veränderlichen und jenseits davon. Indem es das Wirkliche an sich, der Wesenskern von allem und jedem ist, durchdringt und umfaßt es ein jegliches Bewirktes, von welchem man annimmt, daß es aus ihm selbst durch ihn bzw. sein Wirkprinzip »Dé« ‚hervorgebracht' wird. „Dào ist verborgen/latent [groß] und namenlos. Es ist nur Dào, das dazu taugt, zu verleihen und zu vollenden [beides, Anfang und Ende zu sein]."[35] Somit hat Dào sowohl die Bedeutung des vor-seienden bestimmenden Prinzips (ϒ4) als auch mit dem Seienden zusammen die der Ganzheit (同 *tóng*) (ϒ3). Dào + Brahman

Dieserart zeigt es, wie an entsprechender Stelle des

---

[33] Zur Namenlosigkeit und zum Nichts oder Nichtsein des Dào cf. T. Izutsu, Sufism and Taoism, pp. 376–397; idem, The Structure of Oriental Philosophy, 1.54–64 (The Absolute and the Perfect Man in Taoism).

[34] Cf. Lăozĭ, Dào-dé-jīng 1; 4; 16; 28; 32; 34; 37; 52; 55.

[35] Lăozĭ, Dào-dé-jīng 41.17–18, ⟨ed./tr.⟩ T. Izutsu, pp. 105/107: 道隱無名。夫唯道善貸且成。Ergänzung der Măwángduī-Fassung in eckigen Klammern nach Dé-dào-jīng B41, ⟨ed./tr.⟩ R. G. Henricks, pp. 102/103: 道褒無名夫唯道善始且善成。Zu dieser Variante cf. auch ⟨ed./tr.⟩ T. Izutsu, p. 107[10]; textspezifische Bemerkungen dazu bei ⟨ed./tr.⟩ S. Cook, The Bamboo Texts of Guodian, 1.298[92].

Faszikels II/2 schon erwähnt und belegt, eine große Ähnlichkeit mit dem Absoluten und Einen von Herakleitos aus Ephesos. „Der Grieche Heraklit hatte eine ähnliche Ansicht, indem er darlegte, daß alle Dinge vom Einen und dem Einen aller Dinge kommen, aber alle Dinge weniger an Realität besitzen als das Eine, das Gott ist. Er vermittelte ebenso das Spiel der Gegensätze …“[36] Und etwas ausführlicher aus dem Munde eines gefeierten jüdischen Denkers: „Tschuang-Tse war ein Dichter. Er hat die Lehre, wie sie uns in den Worten Lao-Tses gegeben ist, nicht »weitergebildet«, aber hat sie zur Dichtung ausgestaltet. Und zur Philosophie; denn er war ein Dichter der Ideologie, wie Plato. Tschuang-Tse hat auch sonst mancherlei Verwandtschaft mit griechischen Philosophen. Man hat ihn mit Heraklit verglichen; und in der Tat sind Heraklitische Worte, wie die vom unerkennbaren, aber in allem wirkenden Logos (ϒ3), von der Einheit, die namenlos (ϒ4) und benannt (ϒ3) zugleich ist, von ihrer Kundgebung ⟨ϒ2½⟩ als der ewigen Ordnung in der Welt (ϒ1/2), von der ewigen Wandlung aus Allheit zur Einheit und aus Einheit zur Allheit, von der Harmonie der Gegensätze (ϒ3), von dem Verhältnis zwischen Wachen (ϒ1) und Traum (ϒ2) im Dasein des einzelnen, von dem zwischen Leben (ϒ1) und Sterben (ϒ2) im Dasein der Welt (ϒ1/2), nichts anderem mit gleichem Recht zu gesellen wie der Tao-Lehre. Aber darüber hinaus darf Tschuang-Tse vielleicht mit der Gesamtgestalt der griechischen Philosophie verglichen werden, die das vollkommen tat, was bei ihm nur angelegt ist: die die Lehre aus der Sphäre des wahrhaften Lebens in die Sphäre der Welterklärung, der Wißbarkeit und des ideologischen Aufbaues übertrug und damit freilich etwas ganz Eigenes und ganz in sich

---

[36] J. Decaux, les 4 livres de l'empereur jaune, p. 183; cf. H. P. Sturm, Prinzipien-Triadik oder Prinzipien-Tetradik?, pp. 83–84.

Gewaltiges schuf."[37] Bei der dieses Zitat abschließenden Einschätzung der griechischen Philosophie, die in Extremform unter dem Stichwort „griechischer Intellektualismus" in weiten Kreisen der Philosophiegelehrsamkeit im Schwange ist, sei es thematisch auf den Westen allein bezogen, besonders aber im Vergleich mit dem und in Gegenüberstellung zum Osten, und hier wiederum Ostasien, dürfte es sich allerdings um eine gehörige Fehleinschätzung handeln.[38]

---

[37] M. Buber, Werkausgabe, 2.3.124.17-31 (Reden und Gleichnisse des Tschuang-Tse, Nachwort); zur Skalierung der Lehre Heraklits cf. H. P. Sturm, Prinzipien-Triadik oder Prinzipien-Tetradik?, pp. 79-113.

[38] F. Jullien, La pensée chinoise dans le miroir de la philosophie, pp. 437[2]-438 (Le détour et l'accès), ⟨dt.⟩ pp. 299*-300, behauptet, den Ausführungen eines bedeutenden französischen Gelehrten der Philosophiewissenschaft zum Nichts im Neoplatonismus folgend, daß die Auffassungen vom Sein (Positivität) und seinem Verhältnis zur Sprache (Artikulierbarkeit), die den »griechischen Intellektualismus« ausmachten, in der hellenistischen Philosophie des Neuplatonismus durch den Einfluß orientalischer (sc. indischer, cf. o.c., p. 413[1], ⟨dt.⟩ p. 276*) Vorstellungen in eine unauflösbare Spannung zu denen vom Nichts und dessen Unaussprechlichkeit geraten seien, was von unserem Sinologen kritiklos übernommen wird, cf. É. Bréhier, L'idée du néant et le problème de l'origine radicale dans le Néoplatonisme Grec, p. 474 (meine Erläuterung in eckigen Klammern): „Die östlichen Religionen trugen im Gegensatz dazu [sc. zum griechischen Intellektualismus] den Begriff einer höchsten Realität in die griechische Welt, die nicht Gegenstand des Diskurses sein konnte: die Einstellung dieser Realität gegenüber ist nicht die des Philosophen, der zu beschreiben und zu verstehen versucht, sondern die des religiösen Menschen, der sich bemüht, mit seinem Gott gleichgestimmt zu sein und sich mit ihm zu identifizieren. Die religiöse Handlung setzt sich an die Stelle des Erkennens." Eine beträchtliche Zahl der in diesem informativen Essay geäußerten Irrtümer, Halbwahrheiten und Zerrbilder übernehmend, besteht für den erstgenannten trotz seiner Zusammenstellung formal vergleichbarer Philosopheme neoplatonistischer und daoistischer Spekulationen (um das Nichts bzw. das Primärprinzip), cf. F. Jullien, La pensée chinoise dans le miroir de la philosophie, p. 433 (Le détour et

Zudem ist festzuhalten: „Tao deckt sich fast mit *Brahman* oder *Ātman,* dem obersten Weltprinzip der *Upanishads,* welches als das *Jenseitige, Unaussprechliche, Grundlose* und als *Nichtrealität* definiert wird."[39] „Der Weg könnte sehr wohl Brahman's Bruder sein."[40] Wie Brahman-Ātman über alles Seiende hinausragt, so geht es aber auch durch alles Seiende, das es selbst ‚hervorgebracht' hat, hindurch. Die Ähnlichkeit mit dem Dào wird damit fast zur Gleichheit, wobei dem dynamischen Aspekt in beiden Lehren größte Beachtung geschenkt wird.[41] Daß es mit der platonistischen Philosophie ganz ähnlich steht, wird zwar weitgehend bestritten, doch ändert das nichts an dem Tatbestand selbst.[42]

---

l'accès), 〈dt.〉 p. 295, ein gewaltiger Unterschied zwischen beiden: diskontinuierliche Wirklichkeitsschichtung in jenen, kontinuierliche in diesen, Statik dort, Prozessualität hier, Transzendenz bei den Griechen, Immanenz bei den Chinesen, bloßes Theoretisieren, Reflexion wie Abstraktion (Ontologie, Theologie, Metaphysik) im Platonismus, Einwirkung auf das Verhalten des Menschen und sein Schicksal, den Lauf der Dinge (vornehmlich auf politischer Ebene; keine Metaphysik mit ihrer Spaltung der Seinsebenen) wie Leerung im Daoismus usw., cf. o.c., pp. 319-352, 1805-1806, 〈dt.〉 pp. 273-301, 389-390, 401-402. Gedrängte Kritik daran bei I. Robinet, Une lecture de *Zhuangzi,* pp. 123[25]-124, 125[27], 127[28]-128.

[39] A. Forke, Geschichte der alten chinesischen Philosophie, p. 272, raumgreifende Sperrungen von mir durch Obliqueschrift ersetzt; cf. S. Radhakrishnan, India and China, pp. 33-34, 97-112.

[40] R. B. Blakney, Lao Tzu: The Way of Life, p. 42.

[41] Cf. Ṛg-Veda 10.90.3; Bhagavad-Gītā 11.37, 〈ed./tr.〉 S. Gambhīrānanda, pp. 455-456, mit Śaṅkara-Bhāṣya. Zum prozessualen Charakter des Seins in der indischen Philosophie cf. P. T. Raju, Structural Depths of Indian Thought, pp. 11, 185; idem, Spirit, Being and Self, p. 226.

[42] Die dynamische Eigenschaft des Seins in der platonistischen, parallel zur indischen Lehre des Hyper-Nondualismus, wird überzeugend

(ϒ4) „Wie Brahman ist Dào eines, ewig, unendlich, selbstseiend, allgegenwärtig, unveränderlich (unwandelbar) und vollkommen (*pūrṇa*). In einem speziellen Augenblick (um in unserer Sprache zu sprechen, denn Es war damals außerhalb der Zeit) ließ Dào

(ϒ3) Dé, Seine Kraft (Vertu oder Śakti), von sich ausgehen, die in alternierenden Modi,

(ϒ3$_1$) *Yīn* und

(ϒ3$_2$) *Yáng* genannt, wirkt, und erzeugt gewissermaßen durch Verdichtung seiner Feinheit (*śakti ghaṇībhūta*)

(ϒ2) Himmel [*tiān*] und

(ϒ1) Erde [*dì*] und

⟨ϒ1½⟩ die Luft [*qì*] dazwischen, von welchen alle Wesen stammen.

Die beiden Modi Seiner Aktivität, Yīn und Yáng, wohnen dem Ur-Diesen inne und manifestieren sich als Modi seines Dé oder seiner Śakti. *Yīn* ist Ruhe und nach der Schöpfung der phänomenalen Welt deshalb ein Zurückgehen, Rückzug, eine Konzentration auf die Ureinheit (*nivṛtti*), wohingegen *Yáng* Tätigkeit und deshalb das entgegengesetzte Prinzip des Herausgehens oder der Ausdehnung (*pravṛtti*) ist. Diese Modi erscheinen in der Schöpfung unter den wahrnehmbaren Formen von Erde (Yīn) und Himmel (Yáng).“[43]

---

dargestellt von M. Just, Neoplatonism and Paramādvaita, pp. 6–10.

[43] J. Woodroffe, Śakti and Śākta, p. 146, Kursivierungen wie Kleinschreibung der sanskritischen und Modernisierung der Schreibweise der chinesischen Fachbegriffe stammen von mir; ebenso die Ergänzung in eckigen Klammern, die aus seinem Kommentar zum ›Dào-déjīng, Spruch 42‹ zu erschließen ist; o.c., p. 147, distanziert sich unser indologischer Autor von der Unterstellung des Sinologen L. Wieger, Les pères du système taoïste, p. 2, idem, Histoire des Croyances religieuses et des Opinions philosophiques en Chine depuis l'origine

Dieser frühe Befund weitgehender Übereinstimmung zwischen der hierarchischen Prinzipien-Anordnung von Daoismus und gewissen Richtungen der Hindu-Spekulation von seiten der Indologie ist zu ergänzen durch einen vergleichbaren aus der kulturübergreifenden komparatistischen Metaphysik-, Mythos- und Symbolforschung. Dieser kam, wie kaum anders denkbar, ohne re–flexionstheoretische oder gnoseologische Herleitung zustande und skizziert nur die wesentlichen Züge – so wird dabei nur von der Hindu-Tradition, gemeint ist vor allem der Vedānta, im Vergleich zur fernöstlichen Tradition gesprochen –, außerdem sind die vorgebrachten Thesen an dieser Stelle nur spärlich, was die chinesische Weisheitstradition betrifft, so gut wie gar nicht mit Belegstellen dokumentiert. Dennoch stößt der Autor mit

jusque'à nos jours, pp. 147sqq., die Ideen des Daoismus seien 'ein realistischer, kein idealistischer Pantheismus', und am Anfang des Systems stünde ein materielles Prinzip; diese Charakterisierung wirkt frappant, weil an der erstgenannten Stelle zum ›système taoïste‹ zu lesen ist, daß die Ideen des Daoismus denen Indiens des gleichen Zeitalters, der Upaniṣad-s, sehr nahe stünden. Zum „realistischen Pantheismus" à propos Dào folgende Bemerkung von G. Vallin, remarques sur quelques difficultés d'approche de la métaphysique taoïste, p. 178s: „Seine radikale (transpersonale) Transzendenz im Vergleich zu aller Bestimmung macht aus ihm im wahrsten Sinne des Wortes den Gegenstand einer «negativen» Theologie … Folglich ist es in sehr geringem Maße zutreffend, anläßlich dieser Lehre von einem Naturalismus zu sprechen." Wer das nicht aus dem Kategoriengefüge des Daoismus selbst herauszulesen weiß, dem hier nur eine Formel aus Lièzǐ, Chōngxū-zhì-dé-zhēn-jīng 2.4, ⟨ed.⟩Yáng Bó-jùn, p. 49.15: „Die Dinge beginnen im Form-/Bedingungslosen und enden im Unwandelbaren." (則物之造乎不形，而止乎无所化。) ⟨tr.⟩ R. Wilhelm, Liä Dsi: Das wahre Buch vom quellenden Urgrund, p. 51. Die Auslegung des Daoismus in einer vierfachen Prinzipienhierarchie wird augenfällig an der Einteilung des Sachregisters von L. Wieger, Les pères du système taoïste, pp. 513–514, an dessen Anfang vier Bereiche stehen: das Prinzip (ϒ4); die Kraft/Tugend des Prinzips (ϒ3); das Große Ganze (ϒ2); die Natur (ϒ1).

seiner spekulativen Vorgehensweise ziemlich genau auf die Ergebnisse, zu denen ich unter Anwendung der Strukturtheorie der Re–flexion gelangte.

Bevor ich zum eigentlich vorzustellenden Ergebnis, dem Aufweis der Parallelität zwischen dem ‚indischen' und dem ‚chinesischen' Aufbau des Seinsganzen komme, ist eine erläuternde Bemerkung anzubringen, die deutlich macht, unter welchem Vorverständnis es zustande kam. Unser Verfasser geht nämlich davon aus, daß das chinesische Kategorienpaar *tiān dì* (天地), i.e. Himmel-und-Erde, dem hinduistischen von *puruṣa-prakṛti,* d.h. Urmensch-Natur, entspreche. Daß die Feststellung zu *puruṣa-prakṛti* gemäß ihrer Position in der BewußtSeins-Hierarchie nur für gewisse indische bzw. hinduistische Lehrtraditionen zutrifft, und da auch wieder nur unter speziellen Hinsichten, kann hier nicht zum Thema gemacht werden. Interessierte sollten diesbezüglich Informationen zu den sechs Philosophiesystemen (*ṣaḍ-darśana*) der indischen Orthodoxie unter den Stichwörtern »Sāṃkhya«, »Yoga« und einem nicht selten anzutreffenden Synkretismus des »Vedānta« mit diesen beiden als Zwillingspaar geltenden Lehren einholen. Auch für die chinesische Tradition, und hier wiederum für die daoistische, liegen die Dinge nicht so einfach.

Um diese Argumentation verstehen zu können, ist es unumgänglich, das Bezugssystem metaphysischer Prinzipien akribisch zu beachten, daß nämlich die manifeste Dualität in ihrer allgemeinsten Form, ohne nähere Bestimmung also $[(\Upsilon_2)+(\Upsilon_1)$ oder $(\Upsilon_{2/1})]$, nenne ich sie einmal die Subjekt-Objekt-Zwiefalt, nichts anderes ist als der explizite Zustand dessen, was sich der Noologie als vermittelnde Instanz zwischen dem Absoluten und dem Relativen erschließt und aus den impliziten, indifferenzierten Extremen dessen besteht, was wir u.a. Geist nennen: die Subjekt-Objekt-Einfalt. Insofern treten die gruppierten Ultima (zusammen mit ihrem häufig unthematisch bleibenden, da für ungegenständlich oder unwesentlich erachteten, Vermittlungsmoment) in zwei Kontraktions- bzw. Distraktionsgraden auf. Im diskutierten Falle handelt es sich bei den beiden Extremen um Essenz/Himmel/ Urmensch und Substanz/Erde/Natur. Einmal geht es, wohlgemerkt, um den rational-sensualen Aspekt (‚vertikaler' Bezug des Himmels zur Erde), einmal um den intellectualen (‚horizontaler' Bezug des Himmels zur Erde).

Der Unterschied zwischen beiden Betrachtungsweisen, der noumenalen und der phänomenalen, wurde in der sinologischen Fachliteratur selbst schon einmal entlang zweier zentraler Kategorien der chinesischen Philosophie seit Wáng Bì expliziert. Zum besseren Verständnis des Vergleichs zwischen dieser und der indischen und zur leichteren Verortung der dabei thematisierten Kategorien möchte ich diese Feststellung dem angekündigten Zitat zur Parallelisierung beider Denktraditionen vorausschicken.

„Die Begriffe *ti* [體] und *yong* [用] werden unterschiedlich als »Substanz« oder »Wesen« und »Funktion« oder »Gebrauch« oder »Aktivität« respektive übersetzt. Zusammen bilden sie ein Paradigma, das eine wichtige Rolle im chinesischen Denken, wenigstens seit den *Xuanxue (Arkanen Lernen) Spekulationen gespielt hat, als *Wang Bi *ti* einen metaphysischen Sinn gab, indem er es mit Nicht-Sein (**wu* [無]) oder Leere (*xu* 虛) gleichsetzte. Die *ti-yong* Polarität lieferte ebenso einen basalen Begriffsrahmen für das buddhistische Denken, das wiederum vom Taoismus übernommen wurde. // In westlichen Begriffen entspricht die Relation zwischen *ti* und *yong* der zwischen Sein und Werden, Potentialität und Aktualität, Subjekt und Prädikat oder Sprache und Rede (obwohl die Begriffe nicht die gleiche Bedeutung haben, ist die Relation selbst vergleichbar. … // Die Unterscheidung zwischen *ti* und *yong* gehört dem Bereich »infolge der Form« (oder: »unter der Form«, *xing er xia* 形而下), i.e der phänomenalen Welt von Gedanke und Sprache zu; nur in der phänomenalen Welt kann es eine Unterscheidung zwischen Noumenon und Phänomenon, die ein und dasselbe sind, geben. Das *ti* des Dao ist das Ur-Chaos (**hundun* [混沌]) und sein *yong* ist das Große Äußerste (**taiji* [太極]), aber das Große Äußerste ist das *ti* der Fünf Agentien (**wuxing* [五形]). Vom Blickpunkt der phänomenalen Welt aus ist *ti* die noumenale Welt (**xiantian* [先天]) und Beständigkeit (*chang* 常) oder Leere (*xu* [虛]); *yong* ist die phänomenale Welt (**houtian* [後天]) und Wandel (*bian* 變) oder Fülle (*shi* 實, im Sinne von »Realität«). *Yong* ist Ausdehnung, die Bewegung nach außen und Vielheit (*shun* 順 oder »Fortdauer«) und *ti* ist die Rückkehr zum Ursprung, die Bewegung der Rückwendung (*ni* 逆 oder »Umkehr«). *Yong* ist die spezifische Natur jedes Seienden, *ti* ist ihre Einheit. Unter dem Aspekt von Bewegung und Ruhe (**dong* [動] und *jing* [靜]) ist Ruhe *yong* im Verhältnis zu Dao oder der Leere (es ist deren Funktionsweise), aber *ti* im Verhältnis zur Bewegung in dem Sinne, daß sie die Wurzel der spontanen Funktionsweise in Übereinstimmung mit den Gegebenheiten ist. Unter dem Aspekt der Alchemie ist *ti* Merkur und die innere Natur und *yong* ist Blei und die Lebenskraft (siehe **xing* [性] und *ming* [命]). // Das dialektische Verhältnis zwischen *ti* und *yong* ist dasselbe wie das zwischen Nichtsein und Sein (**wu* [無] und *you* [有]). In seinem Kommentar zum *Daode jing* (*Daode zhenjing guangsheng yi* 道德真經廣聖義; CT 725), wendet *Du Guangting die *ti-yong*-Dialektik auf Nicht-Sein und Sein in buddhistischem Sinne an, indem er ein didaktisch-dialektisches Verfahren verwendet, um *li* 理 (das Absolute) und *shi* 事 (die Phänomene) zu analysieren. Wenn man etwa Dao als grundlegendes Nichtsein und *ti* versteht, dann sind sein Name und Wirken Sein und *yong* respektive und alles ist dem Nicht-Sein untergeordnet. Aber man kann Sein als *ti* und Nicht-Sein als *yong* verstehen, um das Nicht-Sein in Funktion zu setzen.“[44] Ich muß und kann mich hier darauf beschränken, dazu nur einen einzigen prinzipientheoretischen Hinweis zu geben, und zwar das Ur-Chaos (混沌 *hùn dùn*) und das Große Äußerste (太極 *tài jí*) als re–flexionsstrukturelle Pendants zur Geistmaterie (gr. *aóristos duás*) bzw. dem geistig Einsehbaren (*noētón*) (‚Subjekt‘-Seite) (ϒ32) und dem Geist selbst (*noũs*) (‚Objekt‘-Seite) (ϒ31) der platonistischen Philosophie zu bedenken.

„Aber das bloße Faktum, die Existenz einer Dualität anzuerkennen und zu verorten, wo sie tatsächlich hingehört, bildet jedoch keineswegs einen «Dualismus», solange die beiden Terme dieser Dualität von einem einzigen Prinzip

---

44 I. Robinet, *ti* and *yong* 體 · 用 substance and function, pp. 973–974; * weist darauf, daß in der Enzyklopädie unter diesem Stichpunkt ein eigener Eintrag vorhanden ist; CT bedeutet ZT; // steht für einen Absatz; originalschriftliche Ergänzungen in eckigen Klammern von mir eingefügt. Zur mißverständlichen Stelle 形而下 (*xíng ér xià*): dieser Ausdruck kann nicht nur, wie im Zitat, mit „unter der Form“ oder „nach der Form“, sondern in diesem Falle in der Bedeutung von „was unter die Erscheinung fällt“ als Gegensatz zu 形而上 (*xíng ér shàng*) = „über dem Phänomenalen“, wörtlich, und grammatikalisch durchaus vertretbar, mit „innerhalb des Formhaften“ wiedergeben werden. Die Logik des Schlußteils des Schlußsatzes dieses Zitats mag sich mir nicht recht erschließen; sollte es nicht eher heißen „um Sein in Funktion zu setzen“? Um das Verhältnis zwischen 理 (*lǐ*) und 事 (*shì*) zu verdeutlichen, weist Chang Chung-yuan, Creativity and Taoism, p. 98, auf die Unterscheidung zwischen Erscheinung und Wirklichkeit in F. H. Bradley, Collected Works, 9.489 (Appearance and Reality). Cf. Hu-Shih, Spinoza and Chuang-Tzu, p. 330: „Chuang-Tzu’s ‘Weg’ ist in allem enthalten. … Gleicherweise ist Spinoza’s Substanz allgegenwärtig. Alle Dinge sind vollständig ein Modell, das durch die ‘eigentümliche Natur der Substanz dargestellt wird; alle Dinge sind durch Gott geformt (*natura naturans*)’. Dies ist genau Chuang-Tzu’s Theorie vom ‘Weg’, der Dämonen und Götter mit Geist beseelt und Himmel und Erde erzeugt.“

herrühren, das als solches einer höheren Wirklichkeitsordnung zugehört. Und das genau ist bei der primären aller Dualitäten der Fall, und zwar der von Essenz und universeller Substanz, zwischen denen, aus einer Polarisierung des Seins oder der Ureinheit entsprungen (ϒ3), sich die gesamte Manifestation ereignet. Das sind die zwei Terme dieser Primärdualität, die in der Hindu-Tradition *Purusha* und *Prakriti* genannt werden und in der fernöstlichen Tradition Himmel (*Tien*) [天] (ϒ2) und Erde (*Ti*) [地] (ϒ1); doch weder die eine noch die andere, ebensowenig wie jede andere orthodoxe Tradition verliert, wenn es sie bedenkt, das höhere Prinzip, dem beide entstammen, aus dem Blick. Bei anderer Gelegenheit haben wir das, was diesbezüglich die Hindu-Tradition betrifft, ausführlich erklärt; was die fernöstliche Tradition angeht, zieht sie das, was sie das «Große Äußerste» (*Tai-ki*) [太極] nennt, als gemeinsames Prinzip von Himmel und Erde nicht weniger klar in Betracht, worin sie unauflösbar im «ungetrennten» und «ununterschiedenen» Zustand vor allem Auseinandertreten geeint sind, und der das reine Sein und als solches identisch mit der «Großen Einheit» (*Tai-i*) [太一] ist. Darüber hinaus setzt *Tai-ki,* das transzendente Sein oder die transzendente Einheit (ϒ3), ein weiteres Prinzip voraus, *Wou-ki* [無極], das Nichtsein oder das metaphysische Zero; ... *Wou-ki* [無極] stimmt in der Hindu-Tradition mit dem neutralen und höchsten *Brahma* überein (*Para-Brahma*) (ϒ4) und *Tai-ki* [太極] mit *Îshwara* oder dem «nicht-höchsten» *Brahma* (*Apara-Brahma*) (ϒ3). ... Über allen anderen Prinzipien ist noch Tao, das in seinem universellsten Sinn Nicht-Sein (ϒ4) und Sein (ϒ3) auf einmal [(ϒ4)+(ϒ3)=(ϒ3')], aber ansonsten nicht wirklich vom Nicht-Sein unterschieden ist, indem es das Sein enthält, das selbst das erste Prinzip aller Manifestation ist und sich in Essenz (ϒ3$_2$) und Substanz

($\Upsilon 3_1$) (oder Himmel ($\Upsilon 3_2$) und Erde ($\Upsilon 3_1$)) polarisiert, um diese Manifestation real ($\Upsilon 2/1$) hervorzubringen."[45]

Der in einer neueren sinologischen Studie angestellte Versuch, eine Entsprechung zwischen den kosmogonischen Urprinzipien (im russischen Text »Hypostasen« (ru. ипостаси) genannt) des Ved(ānt)a und Daoismus einsichtig zu machen, unterscheidet fünf Manifestationsstufen, die trotz ihres uneindeutigen Stellenwerts und ihrer voneinander abweichenden Funktionalität in den indischen Quellenschriften, was Brahman, Ātman, Puruṣa, Eines, Sein und Nichtsein betrifft, aber auch in den daoistischen Ursprungstexen, betreffend analoge Niveaus des Sichtbarwerdens, in folgender, von mir zusammengefaßten und tabellarisch angeordneten Hierarchie nachgebildet werden:[46]

[45] R. Guénon, La Grande Triade, pp. 25–26, mit in den Haupttext aufgenommenen Fnn. p. 26[5], pp. 26[6]–27, ⟨engl.⟩ pp. 18–19[+7,+8]; meine Zufügung chinesischer Schriftzeichen in eckigen Klammern; *dào* und *dé* werden in idem, Aperçus sur l'ésotérisme islamique et le Taoïsme, pp. 113–114, als rein metaphysische Prinzipien verstanden, *dé* also keineswegs in einer sozialen oder moralischen Bedeutung; zu *puruṣa-prakṛti* cf. o.c., pp. 21–22, 32–33, 42, 88–89, 99–100, 162–163, ⟨engl.⟩ pp. 14–15, 24–25, 32, 70–71, 77, 79, 131; idem, L'Homme et son devenir selon le Vêdânta, pp. 57–72, 148–150, 152–153[+1]–155, ⟨engl.⟩ pp. 39–50, 96–97, 99[+9]–100, 101, wo die im Zitat erwähnte 'ausführliche Erklärung' betreffs der Hindu-Tradition 'bei anderer Gelegenheit' geliefert wird.

[46] Cf. Л. С. Васильев (L. S. Vasil'ev), Дао и Брахман (Dao i Brachman), pp. 141–142, 148–149, 152–156, ⟨tr.⟩ R. Berezkin, pp. 11–13, 20–23, 27–33.

Gleichordnung daoistischer und ved(ānt)ischer Schöpfungsprinzipien (nach L. S. Vasil'ev)

V	(Dào als) Großes Nichts; Große Leere; nicht Nicht-seiendes-und-Nichtseiendes («не не-сущий и несущий»); nicht Nicht-sein oder Nicht-sein («не не-сущее» или не-сущее) (an der Grenze des Seienden); ungeformtes Eines :
IV	(Nicht-seiendes); Dào als Eins; geformtes Eines und Hypostase der Absoluten Realität :
III	Dé; Zwei :
II	Qì; Drei; Erste Substanz; Pángŭ :
I	Formen; Dinge; alles Seiende

≅

V	Urchaos (am Rande des Nicht-Seienden); Nicht-Seiendes :
IV	Brahman; ungeformtes; unbenanntes Eines; erhabene, absolute Substanz :
III	Ātman; Vermittler; Manifestation des Brahman in dieser Welt in Form feinster, unfühlbarer Monaden :
II	Puruṣa, Instrument Ātman's bei der Erschaffung der Phänomenwelt, Ursubstanz qua Substanzteilchen (gleich denen des unerschienenen Brahman und den Monaden des Ātman) :
I	konkrete Welt; Phänomene

Der eigentliche Zweck der Schöpfungsberichte, der Weg zurück zum Ausgangspunkt und das Zusammenfließen mit ihm, im alten Indien (via Erkenntnis des Ātman) von jeher Gemeinplatz, sei für China (entsprechend via Erkenntnis von Dé) allerdings erst ab dem Daoismus erkennbar, aber nur dann, wie anläßlich der Kosmogonie im ›Zhuāngzǐ‹, gemeint ist das Kapitel 12.8 des ›Nán-huá-zhēn-jīng‹, auf das ich später noch näher eingehen werde, behauptet wird, wenn der kryptische Textsinn mit Hilfe des Schlüssels der Upaniṣad-s dechiffriert würde.[47]

Für die indische Seite erscheint in der betrachteten Studie die Fixierung des Verhältnisses der Hypostasen Brahman, Ātman und Puruṣa zueinander jedoch einigermaßen erkünstelt. Sie beruht auf der Bildung einer Einheitsbedeutung der jeweiligen Termini, die in verschiedenen Passus der Quellenschriften voneinander abweichende kategoriale Stellwerte besitzen. Dem Puruṣa wird dabei vornehmlich die Funktion zugeschrieben, die er im ›Ṛg-Veda 10.90.5‹ als Erstgeborener und kosmische Gestaltungsgrundlage innehat, nicht aber die des (ersten, ungeborenen) hyperkosmischen Urwesens oder Ādipuruṣa, aus dem alles, und vermittels Lichtmaterie (*virāṭ*) auch der kosmische zweite Puruṣa hervorgeht. Von den drei Puruṣa-s der ›Bhagavad-Gītā‹, dem Höchsten (*puruṣa-uttama*), dem Unvergänglichen (*akṣaraḥ*) und dem vergänglichen (*kṣaraḥ*),[48] müßte das letzterer sein.

Bisweilen fällt ein unverkennbar dinglich-materialistisches Verständnis von Original-Formulierungen auf, was hinsichtlich der monistischen, ja non-dualistischen Lesart des russischen Gelehrten der frühen vedisch-vedāntischen wie auch der Anfänge daoistischer kosmogonischer Überlieferungen eine gewisse Dissonanz hervorruft. Um hier keinen falschen Eindruck zu erwecken, mußte ich von einer Skalierung nach streng re–flexionsstrukturellen Kriterien absehen, mit meiner römischen Numerierung zum Zwecke von Übersichtlichkeit und leichterer Vergleichbarkeit aber wenigstens andeuten, wie die betrachtete Rangfolge unter deren Anwendung aussähe.

---

[47] Cf. Л. С. Васильев (L. S. Vasil'ev), Дао и Брахман (Dao i Brachman), pp. 148–149, ⟨tr.⟩ R. Berezkin, pp. 20–22.

[48] Cf. Bhagavad-Gītā 15.16-18, ⟨ed./tr.⟩ S. Gambhīrānanda, pp. 609–612.

Im Text des Originals sind die vier bzw. fünf Hauptschritte der beiden GeistWelt-Entfaltungen aber unzweifelhaft nachzuweisen. Die genauere Prüfung der Stimmigkeit dieses bemerkens- und bedenkenswerten Forschungsbeitrags anhand meiner Ausführungen im Indien-Teil des vorliegenden Werkes und der nun folgenden Gedankengänge zum Daoismus muß ich dem Leser überlassen, wie auch der künftigen doxographisch-komparatistischen Detailforschung zur Beurteilung anheimstellen.

„… der Weg in seinem ultimativen Stadium *ist* Nichtsein Dào an sich
in zwei Bedeutungen, die sich in einer äußerst schwierigen 常道
und feinen Art und Weise voneinander unterscheiden: absolut (Y4)
und relativ."[49] Der erstere »Weg« ist gekennzeichnet durch seine völlige Transzendenz, der letztere dadurch, daß das nichtseiende Dào noch in Opposition, d.h. in Relation zum Sein steht. „Lao-tzŭ geht sogar noch über den Unterschied von Sein und Nichtsein hinaus. Nichtsein ist sicherlich das ultimative metaphysische Prinzip, die fundamentalste Quelle von Sein. … Und doch kann es nicht das Letzte sein, da es hier begrifflich 'Sein' entgegengesetzt ist. Die grundsätzliche Entgegensetzung muß selbst transzendiert werden. Und Lao-tzŭ sieht jenseits der Entgegensetzung von Sein und Nichtsein Etwas absolut Unaussprechliches, das er symbolisch *hsüan* nennt. Das Wort meint ursprünglich 'schwarz' mit einer Beimengung von Röte, ein sehr geeigneter Terminus für etwas absolut 'unsichtbares', ein unvorstellbares Geheimnis ('schwarz'), das sich aber in einem gewissen Stadium, während es mit den 10000 Dingen ('rot') in ihrem Potentialzustand schwanger ist, offenbart."[50] In die tetralemmatische

[49] T. Izutsu, The Structure of Oriental Philosophy, 1.59 (The Absolute and the Perfect Man in Taoism).

[50] T. Izutsu, Sufism and Taoism, p. 393, cf. o.c., pp. 393, 398-399,

Artikulationsform(el) der Strukturtheorie übersetzt könnte das heißen, daß dieses das gemeinte, thetisch gebundene »Absolute« der Weder–Noch-Kante (Υ4), jenes das tatsächliche, freie Absolute außerhalb des Thesenvierkants (Y5) repräsentiert. Prinzipientheoretische Subtilitäten dieser Art sollen durch eine entsprechende Skalierung der chinesischen Texte, wie sie schon ausgiebig auf Spekulationen der Alten Welt, des Alten Orient und des alten Indien angewandt wurde, verdeutlicht werden.

dé 德 / *hùn-dùn* 混沌 (Υ3) Wie in allen (Geist-)Metaphysiken, nicht nur des Altertums, sondern überhaupt und überall, liegt sowohl der Schwerpunkt als auch der kritische Punkt der Dào-Doktrin in der Übergangszone zwischen dem transzendent und dem immanent zu denkenden Prinzip. In der Hypostasenterminologie des Neuplatonismus ist das der Geist, Noũs, Intellectus, in der Prinzipienhierarchie des späteren Vedānta häufig Īśvara (Herrgott), Saguṇa-, Saviśeṣa-, Apara-Brahman (eigenschaftstragendes, unterschiedsbehaftetes, niederes Brahman), *prājña* (Geist), *prājñāna-ghana* (Geistmasse), in der Kognitionslehre des Yogācāra-Buddhismus *ālaya-vijñāna* (Speicherbewußtsein), *vipāka* (Reifung) oder *nivṛtti-paratantra* (unentfaltet Bezügliches), um hier rekapitulierend nur einige Verbindungslinien zu ziehen. Parallel dazu sollten der analogen Größe des Daoismus, „dem Aspekt, in dem er sich zur empirischen oder phänomenalen Welt wendet“,[51] ähnliche oder gleiche Funktionen und Qualitäten zugeordnet sein.

Das erste, noch hyperkosmische Manifestationsprinzip, vermittelnde Entität zwischen dem An-sich und dem Für-uns, ist a) durch Geistigkeit bestimmt, b) ihm ist kreative

---

411, 481; idem, The Structure of Oriental Philosophy, 1.58–60 (The Absolute and the Perfect Man in Taoism).

[51] T. Izutsu, Sufism and Taoism, p. 398.

Potenz zuzuschreiben und c) es enthält Unterschiedenes in Ungeschiedenheit in einer Art strahlenräumlich-geistmateriellen Ursuppe[52]. Dies genau sind die Kennzeichen der ersten Differentiationsphase des Dào, die sehr oft in mythischer Sprache ausgedrückt sind. Der Aspekt a) wird dementsprechend vornehmlich Geist(er)/Gott (神/神 *shén*) genannt oder mit Dé (德) identifiziert, das die Konnotation Geist mitumfaßt,[53] Geistigkeit vor allem in Form von Tugend und Norm, also Ordnung, Gesetzmäßigkeit, Struktur, Information. Es wurden schon viele Übersetzungen für Dé (德) vorgeschlagen. Neuerdings liegen Forschungsresultate vor, die sein Etymon und Bedeutungsspektrum mit der indeuropäischen Wortwurzel √*deugh* für Tugend, Taugen, Tauglichkeit, Tüchtigkeit in Verbindung bringen.[54] Solches will die etablierte Fachwissenschaft natürlich nicht hören, obwohl es aus ihren

---

52 Zu Hùn-dùn und der Wonton-(Chaos-)Suppe (餛燉 *hún-dùn*) cf. V. H. Mair, Introduction and Notes for a Complete Translation of the *Chuang Tzu,* p. 16, Nr. 22; N. J. Girardot, Myth and Meaning in Early Taoism, pp. 29-38; o.c., p. 30, wird das Hùn-dùn-Thema eine Art „kosmische Ravioli- oder Klößchen-Kosmogonie" genannt. Eine originelle Darstellung und Kommentierung der von Zhuāngzǐ, Nán-huá-zhēn-jīng 7.7, ⟨ed.⟩ HYIZY, p. 21.33-35, erzählten, weiter unten von mir noch übersetzten Fabel von Hún-dùn findet sich bei G. Wohlfart, Zhuangzi, ⟨ed.⟩ 2001, pp. 119-122, 158[302]-159[303], wo im Anschluß an die genannten Studien vom „Misch-Masch-Ursuppen-Kloß" u.ä. die Rede ist.

53 Cf. ⟨ed./tr.⟩ V. Kalinke, Laozi: Daodejing, 1.115, Zeichenlexikon und Konkordanz, s.v. 德.

54 Cf. V. H. Mair, *[The]* ***File*** *[on the Cosmic]* ***Track*** *[and Individual]* ***Dough****[tiness]*, pp. 23-25; idem, Lao Tzu: Tao Te Ching, Afterword, pp. 133-135; J. L. Wei, DAO and DE, pp. 16, 19-20; der Versuch der genannten Wissenschaftler, »Integrity« einzuführen bzw. zu rechtfertigen, ist m.E. philosophisch nicht tauglich, weil er durch die lateinische Grundbedeutung der Unberührtheit, Unversehrtheit, den dynamisch-kreativen Aspekt unberücksichtigt läßt.

eigenen Reihen stammt. „德 paläographisch  (Spur, Auge über Herz u. hervorgehender Strahl) = magische Kräfte ausstrahlen, in actu sein.“[55]

Im philosophischen Daoismus liegt die Betonung häufig auf der Schaffens- und Wirkkraft und reicht bis zu Geist, der in den beiden anderen Urphilosophien, der indischen und griechischen nämlich, sowohl Ordnungsplan wie Organisationsstruktur von allem[56] als auch deren Externalisierungsfunktion und Manifestationspotenz ist. „Ich übersetze *de*, das normalerweise mit »Tugend« übersetzt wird, mit »innewohnende Wirkmächtigkeit« [»inherent potency«]. Der Terminus drückt die manifeste Aktivität von Dao aus, das spirituelle Potential und die inhärente Kraft von Dingen und Menschen, den Sinn innerer Wahrheit, der als Teil von Dao beides ist, formlos und mysteriös, aber auch nur das Individuum betrifft, wie es in der Welt in Tätigkeit versetzt wird. Moralische Gutheit (Tugend) bildet einen Teil des Begriffs, aber er geht darüber hinaus und schließt die Erfüllung der inneren Natur und himmels-gegebenen Bestimmung von jemandem

---

[55] S. Hummel, Polarität in der chinesischen Philosophie, p. 20; siehe dazu Anhang 2: Paläographisches zu *dé* (德); konventionelle Auslegung bei L. Wieger, Chinese Characters, pp. 36–37.

[56] B. I. Schwartz, The World of Thought in Ancient China, pp. 196–197, stellt fest, daß das, was eine Ordnung zu einer Ordnung und eine rituelle Form zu einer rituellen Form macht, selbst an sich unerkennbar, in daoistischer Terminologie Dào und Dé ist, weist damit einhergehend auf die heiligen Formeln der Brāhmaṇa-s und schließt o.c., p. 197, mit folgender Feststellung: „Ich werde auf die Entwicklung des Ausdrucks »Logos« in der neoplatonistischen Philosophie nicht näher eingehen. Es scheint jedoch so zu sein, daß man durch die Kontemplation der ewigen Formen und die Ordnung der Formen, die bei Platon vom Intellect kontempliert werden, zum Einen und Unerkennbaren aufsteigt, das jenseits aller Bestimmungen ist.“

ein – die moralisch im herkömmlichen Sinne sein kann oder auch nicht.“[57]

Um der Bedeutung des ethisch Richtigen und Gesetzeshaften (Tugend, Harmonie, das Rechte schaffen/tun) und von poietischem Schaffen, Wirken und Effizienz (taugen, Tauglichkeit, das rechte Schaffen/Tun) in einem abzudecken, verwende ich vorzugsweise das an die oben erwähnte Etymologie anschließende Wort »Tüchtigkeit«. Meine manchmal mitgelieferte zusätzliche Übersetzung »Geist« also ist nicht nur rein lexikalisch gerechtfertigt, sondern, der daoistischen Hypostatik entsprechend, geradezu gefordert.

Außerdem muß darauf hingewiesen werden, daß nicht nur Dào selbst, sondern auch seine erste Manifestationsform Dé ein konkretes, immanentes, dem Wandel unterworfenes, variables und ein abstraktes, transzendentes, unveränderliches, immerwährendes und konstantes Stadium aufweisen. Das wird uns insbesondere hinsichtlich anderslautender Behauptungen aus den Reihen anerkannter China-Kapazitäten weiter beschäftigen. An dieser Stelle sei schon einmal auf den Spruch 28 des ›Dào-dé-jīng‹ verwiesen, in dem es heißt, daß denjenigen, der zur Schlucht (谿 *xī*) (ϒ3) von allem unter dem Himmel, d.h. des Kosmos (天下 *tiān xià*) (ϒ2/1) geworden (為 *wéi*) sei, das unvergängliche Dé (常德 *cháng dé*) (ϒ3) nicht mehr verlassen (不離 *bù lí*) werde, daß sich derjenige, der zum Vorbild (式 *shì*) (ϒ3) von allem unter dem Himmel (ϒ2/1) geworden, im unvergänglichen Dé (常德 *cháng dé*) (ϒ3) nicht ändere (不忒 *bù tè*) und zurückkehre (復歸於 *fù guī yú*) ins Unendliche (無極 *wú jí*) (ϒ4), und daß wer zum Tal (谷 *gǔ*) (ϒ3) von allem unter dem Himmel (ϒ2/1)

---

[57] L. Kohn, Sitting in Oblivion, p. 7[5], meine verdeutlichende Einfügung eines englischen Originalbegriffs in eckigen Klammern; cf. Fung Yu-lan, A History of Chinese Philosophy, 1.179–180.

geworden, voll des unvergänglichen Dé (常德乃足 *cháng dé nǎi zú*) (Ƴ3) sei und wieder zum (unbearbeiteten) Klotz werde (復歸於樸 *fù guī yú pǔ*) (Ƴ4).[58] „Die Rückkehr (歸 *guī*) zur Wurzel (根 *gēn*) heißt Stille (曰靜 *yuē jìng*). Das nennt man (是謂 *shì wèi*) Wiedererlangung des Lebens [der Ordnung] (復命 *fù mìng*). Die Wiedererlangung des Lebens [der Ordnung] (復命 *fù mìng*) heißt Unvergänglichkeit/Universalität (曰常 *yuē cháng*). Unvergänglichkeit/Universalität (常 *cháng*) zu kennen (知 *zhī*), heißt Erleuchtung/Geistesklarheit (曰明 *yuē míng*).“[59] Dào und Dé als Grundbegriffe einer anzustrebenden Welt- und Überweltphilosophie verstehend, schreibe ich sie in Pīnyīn-Transkription, lasse sie meist unübersetzt

---

58 Cf. Lǎozǐ, Dào-dé-jīng 28.2, 5-6, 8-9 ⟨ed./tr.⟩ T. Izutsu, pp. 79/80: 為天下谿, 常德不離…為天下式, 常德不忒;復歸於無極…為天下谷, 常德乃足;歸於樸…。Chang Chung-yuan, Creativity and Taoism, p. 102: „.. zum Abschluß seines Werks *Appearance and Reality* [F. H. Bradley, Collected Works, 9.489] verkündet er offen, daß die Wirklichkeit geistig ist. Er sagt: »Die Wirklichkeit ist eine einzige Erfahrung, selbsterfüllend und höher als bloße Relationen. Ihr Charakter ist das Gegenteil des erdichteten Extrems, das ärmlich mechanisch ist, und sie ist am Ende die einzige vollkommene Verwirklichung des Geistes. ...« Was ist diese Verwirklichung des Geistigen, von der Bradley spricht? ... Die vollkommene Verwirklichung des Geistigen als »eine einzige Erfahrung« wird von Lao Tzu als eine »Rückkehr zum Unendlichen« ausgedrückt.“ Meine Stellenangabe in eckigen Klammern.

59 Lǎozǐ, Dào-dé-jīng 16.7, ⟨ed./tr.⟩ T. Izutsu, pp. 54/55: 歸根曰靜;是謂復命;復命曰常;知常曰明…。Meine Einfügung von Übersetzungsvarianten zwischen eckigen Klammern. Cf. dazu S. Nagatomo, An Epistemic Turn in the *Tao Te Ching*, pp. 185-187. Modernistischen und postmodernistischen Interpreten der chinesischen Philosophie, die im Daoismus ausschließlich eine Weltanschauung des Wandels sehen und das Bleiben darin nicht wahrnehmen wollen, sei die Allegation zum Begriff 常 (*cháng*) aus den Schriften daoistischer Klassiker in Fung Yu-lan, A History of Chinese Philosophy, 1.180-182, zur Lektüre und zum Studium anempfohlen; im Fortgang meiner Argumentation wird die Problematik weiterhin relevant bleiben.

und drehe bei Dé meine Gepflogenheit der Originaldokumentation um, indem ich die deutsche Übersetzung bisweilen zwischen runden Klammern nachstelle.

Diese Verfahrensweise ergibt, wohlgemerkt, zunächst nur Sinn für gut Informierte und Spezialisten. Will man weitere Kreise von Interessierten an einer universalen Philosophie teilhaben lassen, wird es erforderlich sein, die Bedeutungen der Zentralbegriffe einzelner Überlieferungen anfangs kontextuell so exakt wie möglich in je weltanschauliche Fremdtraditionen zu übertragen, damit in sie hineinzutragen, nicht nur zu über*setzen*, sondern auch *über*zusetzen,[60] daß auf diesem Wege, im Umgang des anderen mit dem eigenen, allmählich ein neues, kompetent philosophisches Bewußtsein für beides, den vertrauten Horizont also überschreitend, entsteht.

Der zweite Aspekt, b) der des sich manifestierenden Dào und somit der Kreativität und Potenz, ist natürlich wieder verknüpft mit der Idee des Dé, was eben auch Wirkkraft, Taugen, Tüchtigkeit als Vermögen, das Richtige, Rechte und Ordentliche (im wörtlichen Sinne) zu schaffen und zu leisten, heißt. „Bei der Untersuchung der Geschichte des Wortes finden wir, daß es viel eher etwas wie das indische karma bedeutet, außer daß sich die Früchte von tê im allgemeinen hier und jetzt manifestieren, wohingegen karma mit einer Theorie der Seelenwanderung verbunden ist, und seine Wirkungen gewöhnlich nicht in diesem Leben, sondern in einer folgenden Inkarnation gesehen werden. ... Aber die frühen Chinesen betrachteten das Pflanzen von Samen ebenso als

---

60 Cf. H.-D. Gondek, Das Übersetzen denken: *Über*setzen und Über*setzen*, mit Verweisen auf Stellen bei Martin Heidegger, besonders o.c., pp. 47–50; die diesbezüglichen Implikationen des Heideggerschen Denkens sind zwar zu erwägen, von mir jedoch nicht (mit-)gemeint.

ein tê. Die Wörter ‘pflanzen’ (altchinesisch dhyek) und tê (alt tek) sind verwandt und in der frühesten Schrift teilen sie sich ein gemeinsames Zeichen. Daher ist tê mit der Idee von Potentialität verbunden. … Daher bedeutet tê eine latente Kraft, eine ‘Tugend’, die einer Sache innewohnt.“[61]

Dé wird im ›Dào-dé-jīng‹ in die Bilder vom Weiblichen (牝 *pìn*), Mütterlichen (母 *mǔ*), der Korn-, Schatz- oder Geheimkammer (奥 *ào*), je nach Auslegung auch dem Tor, Aus-, Ein- oder Durchgang (門 *mén*), der Wurzel (根 *gēn*), hohlen Schale bzw. dem leeren Gefäß (冲 *chōng*) und der Schlucht (谿 *xī*) oder dem Tal (谷 *gǔ*)[62] gekleidet, womit wir schon im Übergang zum dritten Aspekt wären, c) Chaos, Durcheinander, Wasser, Nieselregen, Verschwommenheit, Trübheit, Brodem, Dunst(schleier), Vernebelung, Dunkelheit, Vagheit, Undeutlichkeit, Obskurität, Mysterium, Verborgenheit, Versunkenheit, Tiefe, Abgründigkeit, Leere etc.[63] Oft steht dafür der chinesische Terminus *hùn-dùn* (混沌), der ob seiner Wichtigkeit nicht übersetzt, sondern einfach in das Wörterbuch

---

[61] ⟨tr.⟩ A. Waley, The Way and Its Power, pp. 31–32 (Introduction); die Bemerkung zur Lehre vom Karma stimmt in dieser Vereinfachung allerdings nicht, da in deren ausgefeilten Drei-Phasigkeit, die von einer Zahl indischer Metaphysiksysteme anerkannt wird, nicht nur ein insgesamt angesammeltes (*sañcita*), ein gegenwärtig und zukünftig erzeugtes, sich künftig (*vartamāna*/*āgāmi*), sondern auch ein sich vom angesammelten (*sañcita*) momentan auswirkendes (*prārabdha*) Karma angenommen wird, cf. R. K. Rai, Encyclopedia of Yoga, p. 56.

[62] Auf die Problematik, daß die genannten Begriffe nicht trennscharf vom Dào an sich unterschieden werden können, werde ich noch eingehen; in diesem Zusammenhang werde ich zum Tal(谷 *gǔ*)-Geist(神 *shén*) an der relevanten Stelle eine spezielle Skalierung vorlegen.

[63] Die Chaos-Kategorie, wie auch die des Einen, Seins, des Qì usw. hat in den verschiedenen chinesischen Lehrtraditionen und ihren Vertretern einen unterschiedlichen kategorialen Stellenwert, dazu viele Stellen bei I. Robinet, Un, deux, trois; dazu gleich und später mehr.

der Universalphilosophie aufgenommen gehört. Bei Zhuāngzǐ wird diesbezüglich auf den Ausgleich des Himmels (天鈞 *tiān jūn* [der Terminus 鈞 *jūn* wird uns in seiner symbolträchtigen Alltags-Bedeutung nochmals begegnen], 曼衍 *màn yǎn*; 天倪 *tiān ní*) die Gleichmachung der Dinge (齊物 *qí wù*), die Grenzenlosigkeit (無竟 *wú jìng*) oder parallele Begriffe wie weites und indistinktes Chaos (混茫 *hùn máng*; 渺茫 *miǎo máng*) und ununterschiedener/wüster/weiter Dunst (茫霧 *máng wù*) hingewiesen,[64] welche sowohl die Urmaterie symbolisieren als auch die Umrisse, Andeutungen, Bilder und Archetypen des darin angelegten Kosmos (Himmel-und-Erde) mit der noch unentfalteten Myriade von Dingen: Indifferenz und Einheit des Vielen.[65]

Eine Übersicht über das »Chaos« der chinesischen Weltanschauung, die von der Thematik des Ursprungs, des Beginns (ohne Beginn) und der (ewigen) Entstehung (von Welt) (*creatio continua*) ausgeht, was dem platoni(sti)schen Noũs wenigstens in seinen abstrakten Bestimmungen sehr nahe kommt: (erste) Einheit, Vereinigung, Koexistenz und Umfassung des Gegensätzlichen, präkosmische Unbestimmtheit, Grenze, Korrelation, (Kon-)Fusion, Dynamik, Herumwirbeln, Keim, Trieb, Ei, oder bildhafter, Dunkelheit, Wüste, Absenz, Unbeweglichkeit, Steppen-, Graslandschaft, Wäßrigkeit und Feuchtigkeit verschiedenster Ausprägung, Wehen und Wind, Fett/Schmalz als Nährendes, Höhle, Leere, Einung, Ödnis, Offenheit, Negation aller Merkmale, und nicht zu vergessen, erste und unmittelbare Gewißheit – so gut wie alle Begriffe sind in meiner Studie hier originalsprachlich

---

[64] Cf. T. Izutsu, Sufism and Taoism, pp. 325, 364, mit Noten; idem, The Structure of Oriental Philosophy, 1.29^{+42}–30 (The Absolute and the Perfect Man in Taoism).

[65] Cf. Lǎozǐ, Dào-dé-jīng 14, ⟨ed./tr.⟩ T. Izutsu, pp. 50/51.

genannt –, liegt in der sinologischen Fachliteratur,[66] ebenso wie eine Studie zur gleichen Thematik unter dem Aspekt des Mütterlichen und Tiefgründig-Weiblichen,[67] vor.

Angesichts dessen darf nicht vergessen werden, darauf aufmerksam zu machen, und das ist nicht nur wichtig, sondern entscheidend, daß sich die Charakterisierungen des Dào als Geist-, Seins-, Kreations- oder Chaoskategorie (ϒ3) und als Absolutum, Leere oder Nichts (ϒ4) sehr oft nicht unterscheiden,[68] was gerade dort zu Fehleinschätzungen führen kann, von welchen auch meine Darstellungen und Skalierungen aufgrund der Ambiguität der Originale nicht ganz frei sein dürften, wo nur noch Apophatik zum Einsatz kommt und die Formelhaftigkeit der Absolutheits-Terminologie, die eigentlich auf die Beschreibung des Primärprinzips beschränkt sein müßte, auf die Begrifflichkeit des weltkonstitutiven sekundären Prinzips angewandt ist.

Als Paradebeispiel für diese Überlappung oder Überlagerung, ich belege sie seit der theoretischen Grundlegung der »Strukturtheorie der Re–flexion« in meinem Buch ›Die vier Stadien des Ent–Setzens‹ mit dem terminus technicus »mysti(zisti)sche Plus-Koinzidenz« [(ϒ4)+(ϒ3)=(ϒ3')], möchte ich hier die beißend-hintersinnige Geschichte von Hún-dùn,

---

[66] Cf. I. Robinet, Genèses, pp. 121-127, mit jeweiliger Nennung der chinesischen Kategorie; die Gelehrte rückt das chinesische Chaos des Anfangens und Schaffens o.c., p. 122, an das der Orphik und von Hesiod heran und zitiert o.c., p. 138[45], einen Passus aus der Sekundärliteratur zu Damaskios von É. Bréhier, L'idée du néant et le problème de l'origine radicale dans le Néoplatonisme Grec, p. 465, zusätzlich auf Nāgārjuna verweisend, um das Aufkommen des Bewußtseins in Verbindung mit dem Einen komparatistisch zu veranschaulichen; cf. I. Robinet, LAO ZI et le Tao, pp. 99-101.

[67] Cf. I. Robinet, La «mère» et la «femelle obscure» de Lao zi.

[68] Cf. I. Robinet, Genèses, p. 125.

dem (Ur-)Chaos(-Klumpen), Durch–einander, Mischmasch oder Einheits(ϒ4)–Brei(ϒ3) des Mitten(be)reichs (ϒ3') wiedergeben, wie sie Zhuāngzǐ völlig unprätentiös und ohne erhobenen Zeigefinger erzählt. „Der Herrscher über das Südreich hieß Blitzschnell (ϒ1); der Herrscher über das Nordreich hieß Schlagartig (ϒ2); und der Herrscher über das Mittelreich hieß Durch–einander (渾沌 *hún dùn*) (ϒ3'). Blitzschnell und Schlagartig kamen von Zeit zu Zeit im Land von Durcheinander zusammen. Durcheinander nahm sie sehr zuvorkommend auf. Blitzschnell und Schlagartig planten, Durcheinanders Liebenswürdigkeit zu vergelten und sagten sich: Alle Menschen haben (im Kopf) sieben Öffnungen, um zu sehen, zu hören, zu essen und zu atmen, nur er hat keine. Versuchen wir sie ihm zu bohren/stechen. Sie bohrten/stachen ein Loch pro Tag. Nach sieben Tagen war Durcheinander tot."[69]

Für die Ebene des Dào als Eines (oder Geist), weniger aber für andere GeistWirklichkeits-Niveaus, trifft die aus dem christlichen Platonismus stammende und von Izutsu Toshihiko gebrauchte Bezeichnung *coincidentia oppositorum* oder, wie Isabelle Robinet sagt, Koinzidenz, prinzipienhierarchisch und -funktional zwar zu[70] – eine Feststellung, welche

---

[69] Zhuāngzǐ, Nán-huá-zhēn-jīng 7.7, ⟨ed.⟩ HYIZY, p. 21.33-35: 南海之帝為儵。北海之帝為忽。中央之帝為渾沌。儵與忽時相與遇於渾沌之地。渾沌待之甚善。儵與忽謀報渾沌之德。曰。人皆有七竅。以視聽食息。此獨无有。嘗試鑿之。日鑿一竅。七日而渾沌死。

[70] Cf. T. Izutsu, Sufism and Taoism, pp. 364, 366, 380; idem, The Structure of Oriental Philosophy, 1.36; 1.53; 1.66 (The Absolute and the Perfect Man in Taoism); I. Robinet, Genèses, pp. 122, 126-127; eadem, Guo Xiang 郭象 252?-312; *zi*: Zixuan 子玄, p. 464; es wird unten noch deutlich werden, daß dieser terminus technicus in Zusammenhang mit dem behandelten daoistischen Philosophem schon wesentlich früher eingeführt wurde.

der Mainstream-Gelehrtenschaft auf dem weiten Feld des historio-doxographischen, also quasi-empirisch geltend gemachten ‚philosophischen' Kulturdifferentismus dieser Tage allenfalls ein abschätziges Lächeln oder An-den-Kopf-Langen abringen dürfte –, doch lockt sie allgemein und in anderen Kontexten, insbesondere des kreativ (miß)verstandenen Absoluten, auf falsche Fährten. „Im Stadium des Einen findet man den Weg bereits irgendwie 'bestimmt', obwohl er noch nicht voll 'bestimmt' oder 'begrenzt' ist. … Und als solcher ist es ein Zwischenstadium zwischen reinem Nichtsein und reinem Sein. Es steht am Ende des Nichtseins und am Anfangspunkt des Seins. Das Eine ist dieserart noch nicht *aktuell* Sein, sondern es ist potentiell Sein. Es ist eine metaphysisch homogene Einzelebene, die noch nicht deutlich nach außen getreten ist; es ist eine Einheit, die dabei ist, sich zu diversifizieren und in der die schöpferische Aktivität des Weges voll manifestiert sein wird. … Das Eine ist, wie wir gerade sahen, die metaphysische Einheit aller Dinge, die Ureinheit, in der alle Dinge in einem 'Chaos'-Zustand verborgen liegen, ohne schon als die 10000 Dinge aktualisiert zu sein."[71] Und weil dieser Sachverhalt so wichtig ist, dazu ein weiteres Expertenurteil. „Ich verstehe sie [die Einheit] als zwei Dinge, als einen Substitutionsbegriff für Dao und als Ausgangszustand der Einheit bei Anbruch der Schöpfung."[72] Es ist anzunehmen, daß es sich dabei nicht nur um das namentragende (名 *míng*) Dào, entsprechend dem mit Zeus/Leben benennbaren versus dem damit nicht benennbaren Einen/Weisen des Herakleitos,[73] sondern womöglich um Dào als Namen, als unveränderlichen, immerwährenden Namen

---

[71] T. Izutsu, Sufism and Taoism, p. 400.

[72] Wang Zhong-jiang, Daoism Excavated, p. 88, meine kontextuell erforderliche Erläuterung in eckigen Klammern.

(常名 *cháng míng*) handelt, was funktional mit dem heraklitisch-(mittel-)platonistischen Lógos und der vedāntischen *Vāk* übereinstimmte und auf daoistischer Seite nachfolgend anhand von Textstellen einsichtig gemacht werden wird. „Es bedarf jedoch nur einer Vergleichung der Kapitel 25, 32 und 52, um sich zu überzeugen, dass Laò-tsè die »Mutterschaft« Taò's, die Gestaltung der Weltwesen, immer mit dem Namenhabenden Taò's verbinde, das Werden der Dinge auf ihn, nirgends aber auf das abstrakte Seyn zurückführe."[74] Die Sache mit der Namenlosigkeit, dem Namen-Haben und dem Urnamen bzw. immerwährenden Namen wird uns weiter beschäftigen.

Insofern ist die Übersetzung von Dào nach der ersten noch verfügbaren Übertragung des ›Dào-dé-jīng‹ in eine westliche Sprache, das Lateinische nämlich, durch den Missionar Jean-François Noëlas (1669–1740) mit »Ratio æterna« und der Erläuterung »Verbum æternum«, »Divina et æterna sapientia«, »Ens divinum« und »λόγος«,[75] nicht so verkehrt, wie uns das eine Zahl, ja die Mehrzahl der wenigen Sinologen, die davon überhaupt Kenntnis besitzen, einreden will.[76] Dies gilt vor allem unter dem Gesichtspunkt der Strukturtheorie.

---

73 Cf. H. P. Sturm, Prinzipien-Triadik oder Prinzipien-Tetradik?, pp. 88–106.

74 V. v. Strauss, Laò-Tsè's Taò tĕ kīng, p. 6, zu Dào-dé-jīng 1.

75 Cf. C. v. Collani / H. Holz / K. Wegmann, Uroffenbarung und Daoismus. Jesuitische Missionshermeneutik des Daoismus, pp. 94–98, insbesondere p. 106.

76 Beispielhaft sei V. Kalinke, Laozi: Daodejing, 3.40, genannt (die falsche Akzentsetzung des Griechischen steht so im Text): „... in ihr wimmelte es an Fehldeutungen. 道 wurde mit λὸγος wiedergegeben, was einem wohlmeinenden Kurzschluß zwischen der griechischen und der chinesischen Philosophie gleichkommt."

Da dieser außer in der Transzendentalphilosophie, die sich bisher nicht oder kaum um kulturüberschreitend-vergleichende Belange des Denkens kümmert, unbekannt ist oder außer acht bleibt, wird um so mehr in den Vordergrund gerückt, daß die genannten Kategorien bedeutungsmäßig nur Umschreibungen des christlichen Gottes darstellten. Dieser Umstand läßt die Kritik daran selbstverständlich als höchst gerechtfertigt erscheinen und verdeckt auf diese Weise um so eleganter deren Oberflächlichkeit.

Eine hochgelehrte, weitgehend neutrale, durch griechische Philosophie-Texte inspirierte Assoziation von Dào, λόγος, raison und sogar νοῦς wurde ca. 100 Jahre später in französischer Sprache vorgelegt.[77] Was diesen frühesten Vergleichen freilich fehlt, ist die re–flexionsstrukturelle Exaktheit bei der Phaseneinteilung sowohl auf seiten des Dào als auch auf seiten des Lógos, die genaue Differenzierung zwischen dem namenlosen Primärprinzip (ϒ4), dem Sekundärprinzip als zeitlosem Namen (ϒ3), dem Prinzipiierten der Namen (ϒ2) und dem, was mit Namen benannt werden kann (ϒ1). Aber was tun, wenn es den Quellentexten schon daran mangelt?

Weil die meisten Fachwissenschaftler von den Wissensbeständen, die außerhalb ihrer Disziplin angesiedelt sind, kaum eine Ahnung haben, zugleich aber von ihrem Spezialwissen als dem einzig umfassenden und richtigen derart überzeugt sind, daß sie jene auch beurteilen können, wurden diese frühen Hinweise auf den Zusammenhang zwischen hellenischen und sinitischen Philosophemen bisher nicht ernst genommen, viel weniger noch eingehend überprüft und schon gar nicht weitergedacht. Unter diesen Umständen muß(te) das

---

[77] Cf. J.-P. Abel-Rémusat, Mémoire sur la vie et les opinions de Lao-Tseu, pp. 18–31.

chinesische Denken selbstverständlich das ganz andere sein und bleiben.

Da die meisten der für dieses Entfaltungsstadium des Dào zusammengestellten Begriffe, besonders die Unzahl davon zum (kreativen) Chaos, in den folgend präsentierten Texten genannt werden,[78] erübrigt sich hier eine exakte Dokumentation der Originaltermini. Im vorletzten Kapitel werde ich dann noch versuchsweise anhand von drei Sprüchen des ›Dào-dé-jīng‹ den Nachweis antreten, daß Lǎozǐ schon die internen Komponenten des Geistbereiches im Stile der dem Noũs der Neuplatoniker immanenten Funktionen gekannt und beschrieben haben dürfte.

Wenn die Stellung der chaotischen Indifferenz und des Urprinzips (Nichts etc.) in den frühen Daoschriften allerdings so eindeutig und konstant vorfindlich wäre, wie es so manche Prinzipiengliederung hier vorgibt, dann wäre die Skizze eines Kategorienstammbaums der daoistischen BewußtSeins-‚Genese' ganz einfach und es genügte ein Beispiel zur Veranschaulichung. „Cheng Taizhi [Chéng Tài-zhī] (724. 2.30b-31a) ist diesbezüglich vielleicht am klarsten: *wu* [Nichts] (ϒ4) erzeugt *you* [Sein] und kann deshalb nicht *you* sein, so bleibt es ebenso ewig *wu;* gleicherweise gibt es ein ewiges *you* (ϒ3), das Seiendes (ϒ2/1) erzeugt, aber es ist nicht dieses Seiende – das bedeutet, daß es ein Fall eines *you* im Prinzipien-Kontext ist, das das produktive Potential ist (ϒ3)."[79]

Dào-Nichts
Dào-Geist

[78] Ausführlich dazu T. Izutsu, Sufism and Taoism, pp. 398-417, Kapitel 8: »Das Tor der Myriaden von Wundern«; cf. idem, The Structure of Oriental Philosophy, 1.65-70 (The Absolute and the Perfect Man in Taoism).

[79] I. Robinet, The Diverse Interpretations of the *Laozi,* p. 139, alle Einfügungen in eckigen Klammern stammen von mir; Originaltext zu

Leider ist die Sache insgesamt schon aufgrund dessen nicht ganz einfach, weil, wie auch schon für die spekulativen Traditionen anderer Länder und Völker nachgewiesen, im Daoismus zwei Hauptgestaltungen kosmogonischer Anfangszustände vorkommen. Darauf bitte ich beim Lesen das Augenmerk zu richten. Ich will diese beiden gemäß dem Vorkommen im Veda zum einen den Nāsadīya- (›Ṛg-Veda 10. 129‹), zum andern den Puruṣa-Typus (›Ṛg-Veda 10.90‹) nennen. Ersterer beginnt, ich verfahre idealtypisch, mit einem Unbestimmtheitszustand und stellt an die zweite Stelle eine Einheits- und Bestimmungs- bzw. Bestimmtheitsgröße (Urei, Urkeim, Ursame, (Ur-)Eines), in welcher die folgenden Differenzen bereits undifferenziert schlummern, während es sich bei zweiterem so verhält, daß am Anfang das aktive Einheits-, Bestimmungs- und Bestimmtheitsprinzip steht. In der Terminologie der Polaritätenlehre von Yīn-Yáng (陰陽) einiger Schulen wäre das das reine Yáng (純陽 *chún yáng*) oder Ur-Qì (元氣 *yuán qì*), das sich in das Ur-Yīn (元陰 *yuán yīn*) und Ur-Yáng (元陽 *yuán yáng*) oder wahre Yīn (眞陰 *zhēn yīn*) und wahre Yáng (眞陽 *zhēn yáng*) spaltet, um durch Vereinigung und Mischung das kosmische Qì (氣) hervorzubringen, das sich wiederum in Himmel-und-Erde (天地 *tiān dì*) oder kosmisches Yīn (陰) bzw. Yīn-in-Yáng (陽中之陰 *yáng zhōng zhī yīn*) und kosmisches Yáng (陽) bzw. Yáng-in-Yīn (陰中之陽 *yīn zhōng zhī yáng*) teilt, was man Öffnung des Himmels (開天 *kāi tiān*) nennt, worauf beide zusammen durch ihre unmittelbar erfolgende Vereinigung die Myriade

---

der nicht ganz wörtlichen Übersetzung, der keine Textdokumentation beigefügt ist, ZH 12/006.2,294c.14-16: ≅ ZT 432/724.2,30v.2-4 (DZ 14.105c): 無之能生有, 而不自為有者, 乃能常其無也。有之能生物, 而不自為物者, 乃能常其有也。

von Dingen (萬物 *wàn wù*), alles Differente und Diskrete also, entstehen lassen.[80]

In der sinologisch-mythologischen Forschung spricht man mitunter von zwei Haupttypen der Weltentstehung bei den Chinesen, dem Typus der Trennung (Separation) und dem der Umwandlung (Transformation), welche sich allerdings vermischt hätten.[81] Wer die ausgefeilten Kosmogonien der verschiedenen Mythologie- und Metaphysik-Traditionen nur einigermaßen kennt, weiß selbstverständlich, daß diese Feststellung nicht nur für China gilt und daß sie selbst für China zu kurz greift. Dadurch, daß die bestimmende Anfangsgröße selbst oft als unbestimmbar oder z.B. eminenter und symbolisch bestimmt ist, sind solche Emanations- oder Derivationssysteme allerdings nur dann sinnvoll auszulegen, wenn die beiden Urprinzipien, da dem transdimensionalen Geistbereich zugehörig, als gleichursprünglich angenommen werden, während zugleich der hierarchisch-kumulative Aspekt der Art, daß das zweithöchste Prinzip (ϒ3) genau gesprochen das höchste (ϒ4) und ein dazukommendes zweites: (ϒ4)+(ϒ3)=(ϒ3') beinhaltet – wir erinnern uns an Zhuāngzǐ's urkloßförmigen Herrscher über das Reich der Mitte, Húndùn –, nicht aus dem Blick verloren werden darf. Streng genommen sind natürlich auch die anderen beiden Prinzipien oder GeistWelt-Kategorien, das Kosmisch-Seelische und das Dinglich-Sinnliche, zusammen mit den beiden überweltlich-geistigen,

---

[80] Cf. F. Pregadio, *xiantian* and *houtian* 先天 · 後天 “before Heaven” and “after Heaven”; “prior to Heaven” and “posterior to Heaven”; precelestial and postcelestial, pp. 1094–1095; in dem genannten Artikel wird auch die Zuordnung der Strichsymbole des ›Yì-jīng‹ zu den einzelnen Prinzipien vorgestellt, was hier unterlassen wurde, weil das später in Zusammenhang mit der Abbildung des »Geheimnisvollen (und) Weiblichen« (玄牝 *xuán pìn*) noch geschehen wird.

[81] Cf. N. J. Girardot, Myth and Meaning in Early Taoism, pp. 12–13.

gleichursprünglich, da ja auch sie nur Strukturelemente darstellen, die durch die re–flektorische Fixierung in Begriffen zustandekommen. Auch in diesem Punkt stimmen chinesische mit anderen Kosmogonien also überein und ich werde im Fortgang der Darstellung an gegebenen Stellen darauf aufmerksam machen.

Der Übergang vom absoluten Nicht(s)akt-Dào (無為之道 *wú wéi zhī dào*) zum Geist oder Seinsakt-Dào (有為之道 *yǒu wéi zhī dào*), Dé oder dem Einen (一 *yī*), ist fließend. Dieser Sachverhalt ist bis auf das ›Dào-dé-jīng‹ zurückzuverfolgen.[82] „... der Unterschied zwischen dem Tao und dem Einen ist bei Chuang-tse nicht immer deutlich“[83]. Ebenso verhält es sich mit dem Übergang von letzterem zum nächsttieferen Stadium der Dào-Wirklichkeit. „Tao-te-ching chi-kuei 1, 8b gibt über das Verhältnis des Einen zum Tao instruktive Aufklärung:

(Ƴ3) »Das Eine ist
(Ƴ4) des Tao
(Ƴ3) Kind und

[82] Cf. Lǎozǐ, Dào-dé-jīng 37.1, ⟨ed./tr.⟩ T. Izutsu, p. 96: 道常無為，而無不為。(„Dào tut permanent nichts, doch nichts bleibt/ist ungetan.“) R. Guénon, Aperçus sur l'ésotérisme islamique et le Taoïsme, pp. 114, 124, konstatiert, daß das daoistische Nicht-Handeln (無為 *wú wéi*) im Grunde dieselbe Bedeutung wie das Aristotelische »unbewegte Bewegende« habe und letzteres den Okzidentalen dabei helfen könnte, ersteres zu verstehen; wie in meinen diesbezüglichen Ausführungen zum Stagiriten in H. P. Sturm, Alt-Akademische Erledigung der okzidentalen Metaphysik, pp. 210–224, angedeutet, ist es nicht ganz abwegig, das erste, unbewegte Bewegungsprinzip (*tò prõton kinoũn akínēton autó*) an die Spitze der BewußtSeins-Hierarchie zu stellen (Ƴ4), während es gleichermaßen die Funktion der Geisthypostase im platonistischen Verständnis ausübt und an zweiter Stelle (Ƴ3) zu verorten wäre.

[83] K. Albert, Chuang-tse: Die Welt, p. 26.

(ϒ2) der Geister
(ϒ3) Mutter …

Im Verhältnis zu den Geistern ist es ein Nichtseiendes (wu 無), im Verhältnis zum Tao ein Seiendes (yo 有) … Darum ist es ein Wesen.«"[84] Da die innerkosmische Kreativiät, d.h. die kontinuierliche Bildung (造 *zào*) und Umbildung (化 *huà*) der Dinge nicht messerscharf vom puren Schaffensakt (生 *shēng*) des Geistprinzips,[85] genauso wenig aber auch vom

[84] E. Erkes, Spuren einer kosmogonischen Mythe bei Lao-tse, p. 25[1]; die Geister dürften hier der Ebene des kosmischen Gottes und Souveräns zuzuordnen sein.

[85] Wenn R. Guénon, La Grande Triade, p. 164[3], ⟨engl.⟩ p. 132[12], feststellt „… die wohlbekannte Definition Gottes als eines «puren Akts» ist in Wirklichkeit nicht, wie manche glauben, auf das Sein selbst anzuwenden, sondern nur auf den aktiven Pol der Manifestation; in fernöstlicher Terminologie würde man sagen, daß sie sich auf *Tien,* und nicht auf *Tei-ki* bezieht.", und o.c., p. 164, ⟨engl.⟩ p. 132, mit Hinweis auf Aristoteles' Unterscheidung von Aktualität und Potentialität spezifiziert: „purer Akt und pure Potenz in bezug auf die Totalität der universellen Manifestation, relativer Akt und relative Potenz bezüglich jedes anderen, bestimmteren und beschränkteren Niveaus als diesem, d.h. immer und alles in allem «Wesen» und «Substanz» in den verschiedenen Bedeutungen, die wir mehrfach erklärt haben.", dann dürfte damit eine Unterscheidung zwischen dem kontrahierten und distrahierten Zustand hinsichtlich des actus einhergehen und der actus purus durchaus vom Seinsbereich, jedoch dessen Aktpol (陽*yáng*), ausgehen; nach re–flexionsstruktureller Skalierung wäre in dieser Phase vielleicht das Symbol ⟨ϒ2½⟩ angebracht, das ich normalerweise für ein Schöpfungsprinzip mit kosmischem Bezug (Gott, Prajāpati etc.) verwende; liest man o.c., p. 165, ⟨engl.⟩ p. 133, zudem den Satz: „Haben sich die beiden Seinsweisen (*yin-yang*) im ursprünglichen Sein (*Tai-ki*) [einmal] differenziert, [dann] hat ihr Umlauf begonnen und sich daraus der kosmische Wandel ergeben.", der irrtümlicherweise zwischen die Anführungszeichen des Zitats Zhuāngzǐ, Nán-huá-zhēn-jīng 21.4, ⟨ed.⟩ HYIZY, p. 55.28, das erst mit „L'apogée du *yin* … (Der Höhepunkt von *yin* …)", beginnt, gesetzt ist und als zu diesem gehörig

regungslosen genetischen Urimpuls (無為 *wú wéi*) des Nichts-Dào (虛無 *xū wú*) zu differenzieren ist, besteht auch hier eine Grauzone der Bestimmung, in der, was exakte Zuordnungen angeht, nur gemutmaßt werden kann. Hier nur ein einziges schlagendes Beispiel aus der westlichen Tradition, das unter Berücksichtigung der platonistischen Hypostatik unmittelbar einleuchtend den Unterschied zwischen dem Absoluten und dessen Manifestationsinstanz aufzeigt: „Gott wirkt, die Gottheit wirkt nicht, ... Gott und Gottheit haben einen Unterschied im Wirken und im Nicht-Wirken."[86] Von den indischen Äquivalenten brauche ich gar nicht mehr anfangen zu reden, dazu wurden in den vorangehenden Faszikeln genügend Beispiele angeführt.

Man bedenke doch bitte einmal das folgende längere Zitat einer Sinologin, die ich ob ihrer Exaktheit bei der Auslegung des Daoismus zu Anfang dieser Studie namentlich heraushob, und vergleiche dessen Inhalt mit Entsprechendem der re–flexionsstrukturellen Transkultural–Philosophie. Die Leser, die die Strukturtheorie der Re–flexion in transkulturaler Anwendung bereits entlang der vorhergehenden Teilbände mitvollzogen haben, können auf diese Weise selbst prüfen, worin die Abweichungen bestehen und entscheiden, welche

---

erscheint, wo u.a. von einem unsichtbaren, formlosen (而莫見其形 *mò jiàn qí xíng*) Lenker/‚Strippenzieher' (或為之紀 *huò wéi zhī jì*) (des Kosmos) gesprochen wird, dann dürfte sich meine Auffassung noch erhärten; wie es sich in diesem Zusammenhang mit Qì (氣) verhalten könnte, werde ich noch im Kapitel hier ansprechen.

[86] Meister Eckhart, Predigt 56 (Nolite temere eos, qui corpus occidunt, animam autem occidere non possunt – Math. X, 28), 〈ed.〉 F. Pfeiffer, p. 181.10-13: *Got wirket, diu gotheit wirket nicht, ... Got unde gotheit hât underscheit an würken und an nichtwürken.* Cf. M. Wilde, Das neue Bild vom Gottesbild, pp. 219-222.

Rekonstruktion und welche Zuordnung von Vergleichsgrößen sie für zutreffender erachten.

„Das visionäre und an der Peripherie befindliche Bewußtsein ist ein Mittelbegriff zwischen dem Zustand reiner Gegenwart in der Welt, das nur in der Enstase oder durch Lichtblitze erfahren werden und sich nicht aufrechterhalten kann, doch unauslöschliche Spuren hinterläßt, und dem Allerweltsbewußtsein der Menschen. Es ist dieser dritte Begriff, der die Rolle des Mittlers spielt, der das Absolute und die Alltagswirklichkeit (oder das Reine und Unreine, Gott und den Menschen) verbindet, der die *Beziehung* zwischen zwei Begriffen und mehr als das Absolute der wahre Gegenstand aller Religionen ist (der Mittelweg, das achte Bewußtsein – *âlaya-vijñâna* – im Buddhismus, das Geist-Herz-Mentale *xin* im Buddhismus und Taoismus, der taoistische Heilige, das Zentrum, Christus), denn dies ist es, was erkennbar ist, nicht die ursprüngliche Indifferenz, aus der es seine Kraft schöpft. Es ist diese « Drei » von Lao zi, die den 10000 Wesen zur Geburt verhilft, die zweite Einheit, nicht-ursprünglich, die Abdruck der Mischung, da sie aus der Vereinigung der « zwei Prinzipien », Rückkehr aus dem Anderen zum Selben und Einung (...), hervorgeht, diese « Stille », die Rückkehr *nach* der *und durch* die Sprache ist, dieses Überschreiten der Metaphysik, die Vervollständigung ist.“[87]

---

[87] I. Robinet, Une lecture de *Zhuangzi*, pp. 151–152; cf. eadem, Primus movens et création recurrante, pp. 29, 55; die Lehre von den acht Bewußtseinsaspekten: fünf Sinnesfunktionen (*pañca-indriya-vijñānāni*) samt Denkbewußtsein (*mano-vijñāna*) als sechstes, siebtens der Mittler-Geist (*manas*) und als achtes das Speicherbewußtsein (*ālaya-vijñāna*), ist eine Doktrin des Vijñānavāda und schon in Asaṅga, Mahāyāna-Saṅgraha, nachweisbar, cf. G. Sparham, Ocean of Eloquence, pp. 5–12; dabei handelt es sich um eine Feingliederung des kognitiven Aspekts der Hypostatik (*tri-svabhāva*) des Yogācāra.

Wie in der platonistischen Philosophie die Noũs-Sphäre qua Indifferenz und vielheitliche Einheit vom nächsttieferen Emanationsgrad, dem Kosmos und der Weltseele, die bereits eine vereinte Vielheit bilden, nicht abgetrennt ist, ja dieser Konnex bis zum Einen oder Absoluten hinauf gilt, so verhält es sich analog im Daoismus. „Das Mysterium des Tao ist, daß es eine endlose Serie von Miniatur»schöpfungen« oder Rückkehren zum Chaos mit sich bringt, welches für beides, die nahtlose Einheit und die grenzenlose Vielfalt des Lebens, verantwortlich ist. »Transformation« als andauernder Schöpfungsprozeß folgt dem Modell der »großen Form« des Anfangs."[88]

Lassen wir alle inhaltlichen Bestimmungen beiseite und betrachten ausschließlich den systematischen Aspekt, so muß jedem auch noch so oberflächlichen Kenner des heidnischen Neuplatonismus wie der durch diesen unübersehbar geprägten christlichen Mystik in die Augen springen, daß es sich beim Daoismus um eine ‚Emanationslehre' in Form einer andauernden Schöpfung (生生 *shēng shēng / creatio continua*)[89] ohne Schöpfer handelt. Um hier einen einzigen Hinweis auf eine Forschungsunternehmung für die vergleichende Philosophie- und Religionswissenschaft zu geben, weise ich nur auf das Bild vom Fluß bei Meister Eckhart, dessen Wasser stillstehend ausfließen, kreisförmig weiter- und in sich selbst zurückfließen.[90] An meiner dem Sinn der Originalstellen und

[88] N. J. Girardot, Myth and Meaning in Early Taoism, p. 80.

[89] Cf. I. Robinet, Genèses, pp. 125–126.

[90] Meister Eckhart, Traktat 2 (Von der edelkeit der sêle), ⟨ed.⟩ F. Pfeiffer, p. 387.38-39: *Alsô ist der vluz vervlozzen in sich selber, als sant Dionysius sprichet.* Als Referenzstelle kommt (Pseudo-)Dionysios Areopagita, De divinis nominibus 4.14, ⟨ed.⟩ B. R. Suchla, (1.)160.1-15 (3.712C–713A), in Frage. Cf. Meister Eckhart, ⟨ed.⟩ F. Pfeiffer, pp.

dem Gesamtsinn der Schriften, aus denen sie stammen, entsprechenden Formulierung ist allein schon abzulesen, daß es sich bei der Deutung derartiger, von der re–flexionsstrukturellen Vorgehensweise und deren Minimalismus abweichenden und in die Metaphorik oder Phantastik ideologischer Konstrukte hineingelesenen Metaphysik um ein Unterfangen handelt, das äußerstes gedankliches Feingefühl (‚Feindenken') erfordert und nur gelingen kann, wenn der Überblicksstandpunkt des Metameta-Theoretikers eingenommen und unverrückbar beibehalten wird.

Wie schon eingangs dieses Kapitels mehrfach erwähnt und dokumentiert, handelt es sich bei kosmogonischen Spekulationen dieser Art nicht um Theorien über die Weltentstehung, die uns heutzutage mit einfältiger Dreistigkeit von der Astrophysik und angrenzenden sogenannten exakten Wissenschaften und deren Sprachrohren vorgegaukelt und den Profiteuren solch kruder Ideologien unter 's Volk gestreut werden, sondern um eine Selbstauslegung der Kognition, die hohen transzendentalphilosophischen Ansprüchen genügt, wenn man durch ihre lokal und temporal (= kulturell) gefärbte Darstellungsform hindurchblickt. Dies gilt auch für den metaphysischen Aspekt mysti(zisti)scher Richtungen des Christentums, wenigstens bis zur beginnenden Neuzeit, von denen ich beispielhaft die (Trinitäts-)Lehre des Mystikers und Scholastikers Meister Eckhart anführe. „Der auf dieser

509.14-21; 511.24-27; 515.22-29; 518.16-15; 527.37-528.8; idem, Die deutschen Werke, 2.504.4-505.9 (Predigt 52: Beati pauperes spiritu); R. Otto, West-östliche Mystik, pp. 235-254 (die darin geltend gemachte Entgegensetzung Eckharts zum Advaita Śaṅkara's ist systematisch betrachtet nicht aufrechtzuerhalten); G. Stephenson, Gottheit und Gott in der spekulativen Mystik Meister Eckharts, pp. 109-187. Zum Kreis als Denkfigur cf. H. Leisegang, Denkformen, pp. 61-142, mit Beispielen, o.c., pp. 70-72, auch aus dem Buddhismus und Daoismus.

Grundlage aufgebaute göttliche Selbsterkenntnisprozeß ist eindeutig neuplatonisch gedacht und in die christlichen Trinitätsbegriffe eingekleidet. Diese Tatsache können auch andersgeartete Interpretationsversuche nicht leugnen. Plotins Dreifaltigkeitsmetaphysik kehrt hier wieder."[91]

Dazu heißt es in einer kleinen, schon etwas älteren Studie: „Die Seele ist in Wahrheit ja das göttliche Denken selber, ihr Sein zugleich Grund ihres Daseins. Sie ist die »Natur in Gottheit,« in der das ewig in sich wesende, bestimmungslose Denken zum bestimmten Denken wird, in der der Denkakt sich zum Subjekt-Objekt auseinanderfaltet und zugleich doch der Einheit sich bewußt bleibt, in der alle Werte aufblühen, um als wesenhaftes Tuen ins Leben zu treten und weiter zu wirken."[92] Wie sonst sollten wir von einer mehrstufigen Manifestation des Dào, des Einen oder einer Gottheit, oder wie man das genus maximum auch bezeichnen möchte, wissen, denn durch unser eigenes Denken? Und warum in aller Welt sollten wir dessen Einsichten dann nicht als unsere anerkennen und unser Wesen ausmachende in Anspruch nehmen?

Wenn die jesuitischen China-Missionare ihrer in lateinischer Spache verfaßten (Teil-)Übersetzung des ›Dào-dé-jīng‹, der ältesten bisher bekannt gewordenen überhaupt aus den Anfangsjahrzehnten des 18. Jahrhunderts, einen Kommentar zur ersten Gnome im Stile einer erstaunlich durchdachten

---

[91] G. Stephenson, Gottheit und Gott in der spekulativen Mystik Meister Eckharts, p. 123.

[92] M. Haacke, Der Gottesgedanke und das Gotteserlebnis bei Eckehart, p. 74; cf. o.c., pp. 9–28. Zur ausführlichen Darstellung des emanatorischen und trinitarischen Prozesses als Denkstruktur bei Meister Eckhart cf. A. Poraj-Zakiej, Der Begriff der Ich-Struktur in der Mystik Meister Eckharts und im Zen-Buddhismus, pp. 66–112.

Trinitätsspekulation beifügten,[93] die bekanntlich neuplatonistisch-porphyrianisch inspiriert und geprägt ist,[94] so ist das, da mit christlichen und von den Griechen stammenden Begriffen, Inhalten und Bildern versehen, zwar als Ausdruck ihrer Bekehrungs- und Bemächtigungswut zu werten, indem dabei rein systematisch betrachtet eine Art transzendentalphilosophisches Denken angewandt wurde, billigte man den alten Weisheitslehrern aus dem Reich der Mitte damit gleichzeitig aber nicht nur ein hohes Maß an Reflexionsvermögen zu, sondern bekundete damit, wohl nicht mit voller Absicht, auch, daß die Selbstauslegung der Kognition zu den universalen Möglichkeiten des Menschseins gehört. „Zusammenfassend – und von einer in etwa kritischen Warte aus – kann gesagt werden, daß wir es hier mit einem Gedankengebäude zu tun haben, daß hinter seiner dogmengeschichtlichen ‚materialen' Einkleidung sich ein formales begründungslogisches Gerüst verbirgt, das gegenüber den von ihm getragenen Inhalten grundsätzlich neutral ist. M.a.W. ist es durchaus denkbar, daß anstelle der dreieinigkeitstheoretischen Gehalte irgendwelche anderen, so z.B. diejenigen gänzlich inhaltsfreier Variablen träten und gleichwohl das formale Theoriengerüst seine Gültigkeit beibehielte."[95]

Insofern sind, um den Gedanken zur Hierarchie des Dào fortzusetzen, das (Geist-)Eine (一 *yī*) oder (Geist-)Sein (有

---

[93] Edition des lateinischen Übersetzungs- und Kommentartexts von ›Dào-dé-jīng 1‹ mit Übertragung ins Deutsche: C. v. Collani / H. Holz / K. Wegmann, Uroffenbarung und Daoismus. Jesuitische Missionshermeneutik des Daoismus, pp. 96/145; Publikation unvollendet.

[94] Cf. H. P. Sturm, Die vier Wissenskonstituenzien (in) der spätantiken westlichen (?) Spekulation, pp. 188–197.

[95] H. Holz, Zur theologischen Tradition der jesuitischen Hermeneutik, pp. 52–53.

yǒu), das Dào als Nichts und Himmel-und-Erde zwar dasselbe, doch sind Nichts und Himmel-und-Erde wie die Ober- und die Unterseite des ersteren. „In diesem Passus [Spruch 21] versucht Lao-tzŭ das absolut Eine zu beschreiben, das beides ist, Nichtsein und Sein zur gleichen Zeit. Die beiden Aspekte sind in der Tat voneinander ununterscheidbar. Aber wenn wir unsere Aufmerksamkeit auf die positive Seite konzentrieren, erscheint der Weg zuerst als vages und obskures Bild von irgend etwas, dann als reine Wirklichkeit, die ewig schöpferisch ist. In diesem Aspekt und auf dieser Stufe hat der Weg einen ewigen Namen: *yu* oder Sein.“[96] Ohne es zu erwähnen, wird hiermit eine Charakterisierung gegeben, die man fast bruchlos auf den platonistischen Geist/Noũs übertragen könnte, das »Sowohl–Als-auch« (Υ3) als dessen Beschreibungsformel inclusive.

Einen hinsichtlich der re–flexionsstrukturellen Darstellung unerläßlichen Hinweis auf den Konnex zwischen dem Manifestationsprinzip und seiner formelhaften Artikulation mit Hilfe abstraktester Gegensatzbegriffe im Stile des Aussagevierkants (chin. 四句 *sì jù* / skr. *catuṣkoṭi*) darf ich hier noch anfügen. Natürlich kann das nicht geschehen, indem die Wendung von mir in den Daoismus hineingelesen wird, was ein Leichtes wäre, sondern indem ich ihn von einer anerkannten Expertin aus den Originalen herauslesen lasse. Das Chaos „.. ist also weder nichts noch etwas, weder *wu* noch *you*, sondern die paradoxe Gegenwart von etwas im Zustand des Nichtseins *wu zhong zhi you* 無中之有, das inhärente Nichtsein in diesem Etwas *you zhong zhi wu* 有中之無. «Es ist nicht Nichtsein, *wu*, denn Nichtsein hat Sein, *you*, zur Folge; es ist nicht Leeres, denn Leeres hat Volles zur Folge (nun

[96] T. Izutsu, Sufism and Taoism, p. 395[36], meine erläuternde Einfügung in eckigen Klammern.

aber ist es «allein», «einzig») [...]; es ist das Nichtsein, das nicht nichtseiend ist und das Sein, das nicht ist» (*Dz.* 3.1.8a–b) (ϒ3), jenseits von Nichtsein und Sein (ϒ4), gleichermaßen jenseits und diesseits, vor aller Spaltung [(Y5), evtl. (ϒ3')], somit zwei scheinbar widersprüchliche, doch eng miteinander koexistierende Arten, zu sein und nicht zu sein einschließend, wie aufeinander bezogene Begriffe (ϒ2) in der Phänomenwelt (ϒ1).“[97]

Die Benennung oder Bezeichnung »Sein«,[98] allerdings Himmel-und-Erde *tiān-dì* 天地 (ϒ2)

---

[97] I. Robinet, Genèses, pp. 125–126, eingeklammerte Einfügungen, außer Symbole zum Zwecke der mutmaßenden Skalierung, sind die der ziemlich freien französischen Übersetzung; die Auslassungspunkte in eckigen Klammern darin sind nicht an der richtigen Stelle gesetzt, was anhand meiner anschließenden Textdokumentation zu korrigieren ist. Nicht wiedergegebener Text nach ZT 13/3.1,8r.10–v.3 (DZ 1. 428a) ≅ ZH 11/002.1,163a.23–b.4: 莫過於無，莫過於空，然無即與有對，空即與實對，…然後為一。所謂一者，是無非無，是有非有，… In der zitierten Studie der französischen Sinologin wird o.c., pp. 124–127, bei der Charakterisierung des Chaos dieses traditionsgemäß sowohl mit dem Weder–noch der ‚Transzendenz‘ (ϒ4) als auch mit dem Sowohl-als-auch der ‚Totalität‘ (ϒ3) in Verbindung gebracht [(ϒ4)+(ϒ3)=(ϒ3')], die hypostatische Differenz beider wird als solche nicht hervorgehoben.

[98] Die chinawissenschaftliche Erkenntnis, 有*yǒu* nicht als »sein« oder dessen Paronyme, sondern als »haben« aufzufassen, was schon die ersten Übersetzer des ›Dào-dé-jīng‹, die jesuitischen China-Missionare wußten, cf. C. v. Collani / H. Holz / K. Wegmann, Uroffenbarung und Daoismus. Jesuitische Missionshermeneutik des Daoismus, pp. 96/101 (Literaturnachweise zu modernen Studien in der folgend genannten Literatur), wird hinsichtlich ihres Allgemeingültigkeitsanspruchs überzeugend von A. Rump / Chan Wing-tsit, Wang Pi: Commentary on the *Lao Tzu,* pp. 6[11]–7; I. Robinet, Les commentaires du Tao to king jusqu' au VIIe siècle, pp. 62–66, widerlegt und zurückgewiesen. Die Idee, aufgrund des Prozeß-Charakters der Dào-Wirklichkeit durch die Wechselwirkung von Gegensätzen, die zugleich Korrelationen darstellten, zum jeweils nächsten Stadium überzuleiten und deshalb 有*yǒu* mit »Individuierung« oder »differenzierende Aktualisierung« und 無*wú* mit

nicht als platterdings unveränderliche/ewige, trägt auch die Welt. „Sein (Himmel und Erde)“.[99] „Der erste ‘Namen’, der vom Absoluten in seiner kreativen Aktivität angenommen wird, ist Sein (*yu*). Lao-tzŭ nennt letzteres, indem er ein Zugeständnis an populäre Ausdrucksweisen macht, Himmel und Erde (*t'ien ti*). Genau genommen ist der Weg in diesem Stadium noch nicht wirklich Himmel und Erde. Er ist Himmel und Erde nur *in potentia.*“[100] Für diese Potentialform, bei der Himmel-und-Erde noch nicht aus dem Geist-Urei geschlüpft sind, steht in meiner Studie hier Himmel-Erde (ϒ3). Demzufolge ist das All (Himmel-und-Erde) das ausdifferenzierte Eine (Himmel-Erde), das Sein in geschwächter Kohärenz, während das Eine das indifferente All, das Seiende in verstärkter Kohärenz ist. Davon war bereits die Rede in der Unterscheidung zwischen dem kontrahierten und dem distrahierten Zustand der Urdifferenz.

„Wo Himmel und Erde zusammen genannt werden, bedeuten sie nichts anderes als den Kosmos.“[101] Meine ich diesen als eigene Hypostase, so wähle ich die Schreibweise

---

»Desindividuierung« oder »harmonisierende Indifferenzierung« zu übersetzen, cf. F. Jullien, La pensée chinoise dans le miroir de la philosophie, pp. 416–417 (Le détour et l'accès), ⟨dt.⟩ p. 279, zeugt nicht nur von einem eigenartigen philologischen Verständnis, sondern auch und besonders von einem Irregeleitet-Sein durch den Zeitgeist und folglich einem Mißverständnis metaphysischen Denkens. Was den Gegenbegriff des Nichts(eins) betrifft, Entsprechendes, cf. o.c., p. 438[2], ⟨dt.⟩ p. 300*: „Denn *wu* ist nicht «Nicht-Sein», sondern das, was den individuierten Charakter von *you* «nicht hat» (was sich noch nicht manifestiert hat oder ins Undifferenzierte zurückgekehrt ist).“ Und WAS ist das?

[99] T. Izutsu, Sufism and Taoism, p. 481.

[100] T. Izutsu, Sufism and Taoism, p. 386; cf. idem, The Structure of Oriental Philosophy, 1.57 (The Absolute and the Perfect Man in Taoism).

Himmel-und-Erde (天地 *tiān dì*) und vorzugsweise die Skalenwerte (ϒ2) bzw. (ϒ2/1), während ich sonst den Paarbegriff auseinanderziehe und der daoistischen Kosmologie gemäß den Himmel als Repräsentant von Aktiv-Lichthaft-Geistigem (陽 Yáng) mit (ϒ2) und die Erde als Manifestation des Passiv-Dunklen-Körperlichen (陰 Yīn) mit (ϒ1) skaliere. „Der Himmel ist im Kompositum *tiandi* 天地 oft mit der Erde gepaart. Dieses bedeutet Natur, das sichtbare Universum (...)."[102]

Es ist sogar zu fragen, ob unter gewissen Umständen bei diesem Paar, horizontal verstanden, der Himmel nicht der neuplatonischen Psychē und die Erde dem Kosmos entsprechen könnte. Das mögen Kompetentere erforschen und beantworten. Läse man vertikal, dann wäre die chinesische Kategorie Erde der neoplatonistischen von Dingen (*prágmata*) mit Materie (*'úlē*) analog. Das gälte besonders unter Berücksichtigung der folgenden Feststellung. „Man muß daran festhalten, daß die Ausdrücke Himmel und Erde gerade bei Liä Dsï, wie übrigens auch sonst im chinesischen Denken, keine individuellen Begriffe sind, sondern Modi des Seins, die man ebensowohl als Geist und Materie, wie auch als Denken und Ausdehnung bezeichnen könnte, wodurch klar wird, inwiefern die geistleibliche Daseinsform, die Mensch genannt wird, ebenfalls zu den kosmischen Potenzen gerechnet werden kann."[103] Um in diesem Kontext noch einen wichtigen Hinweis auf Vergleichsgrößen der indischen Weisheitstraditionen zu geben, sei auf die in den Faszikeln II/2

---

101 A. Forke, Geschichte der alten chinesischen Philosophie, p. 270.

102 L. Kohn, Zhuangzi, p. 78.

103 R. Wilhelm, Liä Dsi: Das wahre Buch vom quellenden Urgrund, p. 23.

und II/6 der ›Widerspiegelung des Geistes‹ behandelten Kategorien von *nāma* (Konzeptionelles) und *rūpa* (Perzeptionelles) hingewiesen.[104]

„Fassen wir zusammen: die Chinesen haben zwischen dem Einen »außerhalb der Zahlen« und »unfähig zu erzeugen«, (auf einen Punkt) zusammengezogen, ungeteilt, das, indem es transzendent ist, mit Tao identifiziert wird, und das mit der Ununterschiedenheit, Stetigkeit und Gleichheit auf einem Fuße steht, und dem Einen, der ersten Zahl, Wirk- (*De*) und Schöpferkraft, seiner eigenen Schöpfung immanent, wodurch Himmel und Erde und alle Dinge das sind, was sie sind, unterschieden. Dieses vereinheitlichte Eine ist der Anlaß/Logos, der der Produktivität zugrunde liegt, indem der Erzeugungsvorgang des Einen der Einheit intrinsisch ist (der Weise des Einen gemäß geschieht). Es manifestiert zugleich die Identität der zehntausend Wesen und des Einen, die Einheit der Totalität, ähnlich dem Taiji, ...“[105] Und weil dieser Zusammenhang für unsere Argumentation nicht nur wichtig, sondern entscheidend ist, möchte ich ihn ein weiteres Mal aus der gegenwärtigen Interpretationsliteratur, wenn auch derselben Sinologin, dokumentieren, nicht aber, ohne darauf

---

[104] Cf. H. P. Sturm, Prinzipien-Triadik oder Prinzipien-Tetradik?, pp. 27–77; idem, Indische Vierfüßler, passim.

[105] I. Robinet, Un, deux, trois, p. 214, mit Anlaß/Logos habe ich das großgeschriebene, bedeutungsmäßig schillernde „la Raison“ übersetzt, das in der zitierten Studie öfters, doch in dieser Schreibweise nur einmal vorkommt und aufgrund des Versals in Anspielung auf die philosophisch-theologische Tradition des Westens eminenter gemeint sein müßte; die Studie stellt eine ausführliche Darstellung der diversen und kontroversen alten chinesischen Vorstellungen vom »Einen« dar; cf. eadem, L'unité complexe de la pensée chinoise, pp. 1595–1596; eine Sammlung von Übersetzungen einschlägiger Schriftstellen findet sich in eadem, La pensée chinoise et la philosophie occidentale, pp. 1278–1281.

hingewiesen zu haben, daß seine Darstellung an anderen Stellen ihrer Werke nicht immer klar und deutlich, nicht immer eindeutig ist.

„So existieren zwei Begriffe von Dao: einer, der unbestimmt ist, und der andre, der zugleich die Quelle aller Dinge und ihrer Hervorbringung ist. Genauso gibt es zwei Begriffe der urspünglichen Einheit. ... Vielleicht zwei Traditionen (die von Laozi und die des Yijing oder des Xici, seines ›Großen Anhangs‹), doch tatsächlich zwei komplementäre Konzeptionen, die man ebenso im westlichen Denken findet. ... Auf diese Weise werden von vielen zögerlichen Kommentatoren zwei scheinbar kontradiktorische Begriffe zusammengebracht: das Eine im *Laozi,* das vom *Dao* hervorgebracht ist, und das Eine, das *Dao* ist. Das Eine, das *wu* im Sinne purer und einfacher Negation ist, und das Eine, das der Ursprung des Seienden ist. Aber das verursacht eine Menge von Problemen, deren sich die Chinesen sehr wohl bewußt sind, und die nicht auf diese spezielle Denkweise begrenzt sind. E. Bréhier sagt z.B. in seiner Erläuterung dieser Themen, wie sie den Neoplatonismus betreffen, über das »Nicht-Sein«, das die Quelle alles Seienden ist ... Einerseits ist das absolute und transzendente Eine leer, formlos und kann bei Strafe, zweifach zu werden, keine Bestimmung zulassen (ϒ4). Andrerseits ist das dynamische und produktive Eine (das Zwei hervorbringt) (ϒ3) in den Prozeß des Beginns der Welt in einer Kette sukzessiver Hervorbringungen, die eine Genealogie bilden, einbezogen, und konstitutiv für die Einheit des Kosmos (ϒ2) und jedes Dinges an sich (ϒ1).“[106]

---

[106] I. Robinet, The Diverse Interpretations of the *Laozi,* p. 137, mit von mir in den Haupttext integrierter Endnote, o.c., p. 158[20], zwischen den ersten und zweiten Auslassungspunkten (die letzten Auslassungspunkte ersetzen ein längeres Zitat aus É. Bréhier, L'idée du néant et le problème de l'origine radicale dans le Néoplatonisme Grec, p. 443); cf.

Nach diesen Gedankengängen sollte man sich des Eindrucks einer essentiellen Ähnlichkeit mit dem Platonismus, dem Vedānta und Vijñānavāda nicht mehr erwehren können. Dieser wird aber noch verstärkt, so man berücksichtigt, daß wie bei den Griechen das Pneuma und bei den Indern *prāṇa* bei den Chinesen in diese Abfolge mitunter Qì (氣), das flüchtige, konturlos-leere, geistartige Atemwindfluidum, die im Kosmos wie im Menschen fließende hauchartige Lebensenergie, nicht selten in Zusammenhang oder zusammen mit den beiden polaren Urqualitäten Yīn (Dunkles, Schweres) und Yáng (Lichtes, Leichtes), eingeflochten wird, wenn auch deren Funktion und Stellenwert von Denker zu Denker und von Schule zu Schule schwankt.

Myriade von Dingen *wàn-wù* 萬物 (♈1)

Unter Himmel-und-Erde (gr. *kósmos*) befindet sich prinzipientheoretisch dann noch die Myriade von Dingen (萬物 *wàn wù*). „»Zehntausend Dinge« ist ein besonderer chinesischer Ausdruck für »alle Dinge in der Welt«. In der hierarchischen Struktur von Lao-tzŭ's Ontologie stellen »Himmel und Erde« ein höheres Stadium dar …“[107] Die Myriade Seiender (gr. *prágmata*) ist eben das, was »unter dem Himmel« (天下 *tiān xià*), Kosmos, Welt, Diesseits (≙ 天地 *tiān dì*), genannt wird. In meiner Skalierung werden diese, wie, um das zu wiederholen, die Erde für sich genommen, mit dem untersten Wert belegt (♈1).

Aus der Vereinigung von Himmel und Erde geht an manchem Passus der chinesischen Spekulation noch eine weitere

---

dazu o.c., p. 132: „Viele Kommentatoren haben auf Beschreibungen sukzessiver Genesis zurückgegriffen, die mit *Dao* oder der Leere beginnen und durch ein langsames Fortschreiten einen Zustand chaotischer Verschmelzung und des Einen hervorbringen, vor er dem Kosmos Platz macht.“

[107] T. Izutsu, Lao-tzŭ: The Way and Its Virtue, Noten, p. 29[6].

Größe hervor. Oft ist es der Mensch (人 *rén*) oder Herrscher (王 *wáng*), was dann die Drei Mächte (三才 *sān cái*) ergibt,[108] denen die Myriade von Dingen untergeordnet ist. Wenn, wie noch anhand einer Textstelle aus dem ›Nán-huá-zhēn-jīng‹ demonstriert werden wird, damit eine Beurteilung einhergeht, falsch oder wahr, nein oder ja, dann bedeutet das die Beschädigung des Dào, seine Perversion, da durch Fixierung und Verdinglichung der Flußcharakter von allem unterbrochen und der allseitige Konnex zerrissen wird. „Die drei Stadien sind alle authentisch ontologische Stadien. Das vierte hat demgegenüber nichts mit der objektiven Struktur der Wirklichkeit zu tun. Es ist ein Produkt des menschlichen Gemüts. In diesem Sinne ist es ein pseudo-ontologisches Stadium."[109] Die Dingwelt damit ein Hirngespinst. Nur beiläufig sei daran erinnert, daß sowohl im Yogācāra-Buddhimus als auch im Neoplatonismus eine entsprechende Lehre vertreten wird: hier wie dort gibt es nur drei Urprinzipien, dort *trisvabhāvāḥ,* hier *treĩs 'upostáseis*; und im ›Ṛg-Veda 10.90‹ findet sich, wie wir sahen, Analoges: nur ein Fuß/Viertel des Urwesens wird als die Wesen und das Seiende hier existent,

[108] R. Guénon, La Grande Triade, pp. 88-93, ⟨engl.⟩ pp. 129-134, weist auf die Analogie zwischen den chinesischen Drei Mächten (三才 *sān cái*) und einer Form des hinduistischen Dreifachkosmos (*tribhuvanallokatraya*), o.c., pp. 95-99, ⟨engl.⟩ pp. 75-79, zusätzlich auf die Parallelität zwischen letzterem und der pythagoreisch-platonischen Gliederung von Geist, Seele und Körper, wobei die Korrespondenz zwischen der indischen und griechischen Hierarchie mit der chinesischen nur in statischer oder funktionaler, nicht aber in genealogischer Hinsicht gelte.

[109] T. Izutsu, The Structure of Oriental Philosophy, 1.72 (The Absolute and the Perfect Man in Taoism).

drei Füße/Viertel bleiben hoch erhaben und unsterblich im Himmel.[110]

T. Izutsu: Dào-Totalstruktur

Bevor ich das gerade Explizierte, ohne es ausführlich zu kommentieren, dies wurde zur besseren Orientierung soeben ja vorweggenommen, entlang der Originaltexte bzw. deren Übersetzungen erweise, möchte ich zur Überleitung einfach noch die zwei schematischen Rangeinteilungen der Metaphysik von Lǎozǐ und Zhuāngzǐ wiedergeben, die den Daoismus-Auslegungen von Izutsu Toshihiko, welche ausdrücklich von einer Textpassage aus dem ›Nán-huá-zhēn-jīng‹ ausgehen, die ich unten zitieren werde,[111] ihre spezielle Form verleihen. Dabei darf nicht unerwähnt bleiben, daß meine auf der Strukturtheorie der Re–flexion beruhende Gradation mit jener im Ergebnis zwar weitgehend übereinstimmt, obwohl ich auch leicht abweichende Stufungen für nicht unplausibel erachte, darauf werde ich bei der Vorstellung des 1. Spruchs des ›Dào-dé-jīng‹ gleich noch kurz eingehen, doch aufgrund deutlich unterschiedener Überlegungen, re–flexionstheoretischer eben, zustandekommt.[112] Erstens nun die Schichtung, bei welcher das Eine (一 *yī*) fehlt und woraus folglich hervorgeht, daß das Sein oder namentragende Dào ein niederes Eines bzw. das Eine ein höheres Sein ist, welche letztlich also auf eine Vierfachheit hinausläuft. „Es wird klar sein, daß von den drei Hauptaspekten des Absoluten, die Lao-tzŭ unterscheidet:

---

[110] Cf. H. P. Sturm, Indische Vierfüßler, pp. 27–28.

[111] Es handelt sich hier um Zhuāngzǐ, Nán-huá-zhēn-jīng 2.7, ⟨ed.⟩ HYIZY, p. 5.40–43.

[112] Das würde besonders deutlich, wenn man die Textstelle T. Izutsu, Sufism and Taoism, p. 387, mit der (zu erwartenden) Argumentation der Strukturtheorie der Re–flexion zur selben Thematik vergliche.

⟨Y5⟩ das Mysterium (*hsüan*),
(Υ4) Nichtsein (*wu*)
(Υ3/2) und Sein (*yu*)

allein der erste derjenige ist, auf den das Wort 'Weg' eigentlich und direkt zutrifft. Der Rest, das heißt

(Υ4) Nichtsein,
(Υ3/2) Sein und sogar
(Υ1) die 'zehntausend Dinge',

die aus letzterem ausströmen, sind alle ohne Ausnahme der Weg, aber nicht primär."[113] Und zweitens die Variante des gleichen Denkers, in der das Eine integriert ist und die ich zusätzlich zur originaltextlichen Skalierung innerhalb runder Klammern außerhalb des Zitats mit den auf die Strukturtheorie der Re–flexion bezogenen Skalenwerten (Y5)-(Υ1) versah, um zu demonstrieren, daß sie dieserart von der re–flexionsstrukturell erschlossenen kaum abweicht.

⟨Y5⟩ „(1) Mysterium des Mysteriums [*xuán zhī yòu xuán*];
(Υ4) (2) Nichtsein (Nichts oder Namenloses) [*wú* (*wú* oder *wú míng*)];
(Υ3) (3) Eines [*yī*];
(Υ2) (4) Sein (Himmel und Erde) [*yǒu* (*tiān dì*)];
(Υ1) (5) Die zehntausend Dinge [*wàn wù*]."[114]

Um bei dem derzeit aufgrund des ideologischen Klimas sehr

---

[113] T. Izutsu, Sufism and Taoism, p. 398.

[114] T. Izutsu, Sufism and Taoism, p. 481, mit Ordinalskala des Originals in runden Klammern; von mir in eckigen Klammern mit der Pīnyīn-Umschrift der altchinesischen Begriffe versehen.

heiklen Forschungsgegenstand der chinesischen Philosophie von vorneweg jeglichen Verdacht abzuwenden, meine Interpretationen seien nur Projektionen eigener Vorurteile in das Auszulegende hinein, werde ich meine Kommentierung der folgenden Übersetzungen von Originalpassagen ausgiebig mit Zitaten aus der Sekundärliteratur belegen. Meine Sichtweise spiegelt sich auf diese Weise zwar immer noch in der Auswahl dieser wider, doch wenigstens indem dokumentiert ist, daß es sich hierbei nicht nur um rein private Einbildungen handelt. Was sich aber durchaus zeigen könnte, ist, daß alle davon deutlich abweichende Lesarten private Einbildungen sind.

Dào-dé-jīng 1 Meine Geistreise durch die Welt des Wegs und den Weg durch die Welt muß nicht nur wegen seiner exponierten Stellung am Anfang der Grundschrift der Lehre vom Weg mit deren ersten Wahrspruch beginnen, sondern auch und besonders wegen seiner Eigenschaft, eines der tiefsinnigsten (Verzeihung, zu werten ist ja unwissenschaftlich; natürlich nur, wenn man nicht dem Mainstream angehört) aller bekannten Zeugnisse altertümlicher kosmogonisch-‚sophogonischer' Spekulation der Menschheit zu sein.

道德經 第一章 (DÀODÉJĪNG 1)

道可道 非常道
名可名 非常名
無名天地之始
有名萬物之母
故
常無欲 以觀其妙
常有欲 以觀其徼
此兩者同出而異名
同謂之玄
玄之又玄
衆妙之門

[1.1] 道可道 *dào kě dào*，非常道 *fēi cháng dào*。

[1.2] 名可名 *míng kě míng*，非常名 *fēi cháng míng*。

[1.3] 無名天地之始 *wú míng tiān dì zhī shǐ*；

[1.4] 有名萬物之母 *yǒu míng wàn wù zhī mǔ*。

[1.5] 故 *gù*：常無欲 *cháng wú yù*，以觀其妙 *yǐ guān qí miào*；

[1.6] 常有欲 *cháng yǒu yù*，以觀其徼 *yǐ guān qí jiào*。

[1.7] 此兩者同出而異名 *cǐ liǎng zhě tóng chū ér yì míng*；

[1.8] 同謂之玄 *tóng wèi zhī xuán*。

[1.9] 玄之又玄 *xuán zhī yòu xuán*：

[1.10] 衆妙之門 *zhòng miào zhī mén*。[A]

[A] Lǎozǐ, Dàodéjīng 1, 〈ed./tr.〉 T. Izutsu, pp. 28–29 (mit Übersetzungsvarianten); meine graphische Anordnung der Schriftzeichen, Pīnyīn-Transkription und Satzzeichen; cf. V. v. Strauss, Laò-Tsè's Taò tě kīng, pp. 3–9; S. Hummel, Zum ontologischen Problem des Dauismus (Taoismus), pp. 13–32.

DÀODÉJĪNG 1

	(M)EINE LESART	AUCH (M)EINE LESART
(Υ_2)	Dào *(dào)*, das »Dào« *(dào)* sein kann *(kě)*: nicht *(fēi)*	Sinn *(dào)*, auf den gesonnen *(dào)* werden kann *(kě)*: nicht *(fēi)*
(Υ_4)	immerwährendes/absolutes *(cháng)* Dào *(dào)*.	immerwährender/absoluter *(cháng)* Sinn *(dào)*.
(Υ_2)	Eine Benennung *(míng)*, die genannt *(míng)* werden kann *(kě)*: nicht *(fēi)*	
(Υ_3)	immerwährende/absolute *(cháng)* Benennung *(míng)*.	Benennung *(míng)* des Immerwährenden/Absoluten *(cháng)*.
(Υ_4)	Nicht(s)-Benennung *(wú míng)*: Urgrund/Uranfang *(shǐ)*	»Nichts« *(wú)*: Benennung *(míng)* des Urgrunds/Uranfangs *(shǐ)*
(Υ_2)	von *(zhī)* Himmel *(tiān)* und Erde *(dì)*.	
(Υ_3)	Ist-Benennung/Benennendsein *(yǒu míng)*: Mutter *(mǔ)*	»Sein/Ist« *(yǒu)*: Benennung *(míng)* der Mutter *(mǔ)*
(Υ_1)	der *(zhī)* 10000 Dinge *(wàn wù)*.	
(Υ_4)	Deshalb *(gù)*: in immerwährender *(cháng)* Leidenschaftslosigkeit *(wú yù)* ist dessen *(qí)* Ungreifbares/Unerklärliches *(miào)* zu gewahren *(guān)*.	Deshalb *(gù)*: immerwährendes *(cháng)* Nichts *(wú)* intendierend *(yù)*,
	(Υ_3) Immerwährendes *(cháng)* Sein *(yǒu)* intendierend *(yù)*, ist dessen *(qí)* Limit/Umriß *(jiào)* zu gewahren *(guān)*.	$(\Upsilon_{2/1})$ In immerwährendem *(cháng)* Leidenschaftlich-Sein *(yǒu yù)* sind dessen *(qí)* Be-/Abgrenzungen *(jiào)* zu gewahren *(guān)*.
(Υ_4) + $(\Upsilon_{1\text{-}3})$ = $(\Upsilon_{3'})$	Diese *(cǐ)* beiden *(liǎng)* sind selbig *(tóng)*, doch *(ér)* erschienen *(chū)*, verschiedener *(yì)* Benennung *(míng)*; in ihrer Selbigkeit *(tóng)* werden sie Unergründliches *(xuán)* genannt *(wèi zhī)*,	Diese *(cǐ)* beiden *(liǎng)* sind selben *(tóng)* Ursprungs *(chū)*, doch *(ér)* verschiedener *(yì)* Benennung *(míng)*;
$\langle Y_5 \rangle$	noch Unergründlicheres des Unergründlichen/des Okkulten Okkultestes *(xuán zhī yòu xuán)*, Ausgang/Öffnung *(zhī mén)* alles *(zhòng)* Tief-/Abgründigen/Unfaßbaren *(miào)*.	

Bei genauer Betrachtung sind in diesem Hymnus an den Weg zwei Ursprünge zu erkennen, der des Uranfangs/Urgrundes (始 *shǐ*), der dem namenlosen, absoluten Dào zugehört und streng genommen nicht schafft und nichts hervorbringt (無為 *wú wéi*) und der des Mutterschoßes (母 *mǔ*), der Verursacherin, welche dem (weiblichen) Dàogeist und Bewirker wie Ordner der Welt (有為 *yǒu wéi*) im eigentlichen Sinne zuzurechnen ist.[115] „Hier haben wir ebenso [wie im Yì-jīng] eine Zweifachheit; die Vorstellung des mysteriösen Anfangs aus dem »Nicht-Sein« und das Resultat, beruhend auf dem Sein, der (kreativen) »Mutter aller Dinge«."[116]

„Die Unterscheidung, die Lao zi (Kapitel 1) zwischen dem zu machen scheint, «das keinen Namen hat» und «das der Anfang von Himmel und Erde» ist, d.h. des Universums einerseits und andrerseits «das einen Namen hat» und das «die Mutter der zehntausend Wesen» ist, hat jedoch den Weg zu einer Unterscheidung zwischen «Anfang» und «Mutter» eröffnet, die perfekt mit der übereinstimmt, die die Chinesen, und speziell das «Buch der Wandlungen» *Yi jing*, zwischen dem Vater oder auch dem Himmel (Vater der Welt), der Initiator ist, und der Mutter oder der Erde, die das durch den

[115] Zum Mütterlichen cf. V. v. Strauss, Laò-Tsè's Taò tĕ kīng, pp. 8^5, 33^1; I. Robinet, La «mère» et la «femelle obscure» de Lao zi; eadem, Genèses, p. 126, setzt abweichend von meiner streng re–flexionsstrukturell orientierten Terminologie das Chaos qua ersten und unbestimmten (Leer-)Aspekt des Dào und unbestimmte Wirkkraft Dé mit der Autopoiēsis ohne agierenden Akteur der Spontaneität des Schaffens (自然 *zì rán*) und dem Nicht-Handeln (無為 *wú wéi*) gleich, nicht aber ohne darauf hingewiesen zu haben, daß im Gegensatz zum Dào-Dé im Chaos oft ein gewisser Koeffizient von Passivität mitgegeben sei, obwohl „die Texte dieselben Begriffe anwenden, um dieses wie das Tao zu beschreiben, …"

[116] H. Wilhelm, Heaven, Earth, and Man in the Book of Changes, pp. 37–38, meine erläuternde Ergänzung in eckigen Klammern.

Vater begonnene Werk fortsetzt, die nährt, erhält und wachsen läßt, trafen. Der «Anfang» ist also «Nichtsein» *wu* in dem Sinne, als es ein Anfang ist, der niemals angefangen hat, der fortwährend anfängt, und der «leer» ist, d.h. daß er ohne Fundament ist, was bedeutet, daß er unerkennbar ist, aber auch, daß die Wesen und die gesamte Welt aus nichts auftauchen, sich selbst erzeugend. Hingegen ist die Mutter das Sein *you,* d.h. die Manifestation des Tao, die Fruchtbarkeit der Leere, der erkennbare und lebbare («taoisierbare», d.h. gleichzeitig, daß man ihn aussprechen und ihm folgen kann) Aspekt dieser abwesenden Quelle, die so ihre Anwesenheit gänzlich bekräftigt, indem sie sich entzieht. Die Vereinigung des Vaters und der Mutter, die eine Nachkommenschaft hervorbringen, ist dieselbe wie die des Himmels und der Erde, die zu zweit das Universum hervorbringen, und auch dieselbe wie die enge Verbindung des leeren Nichtseins und des vollen Seins, die nicht ohne dieses Durcheinander, das der «Mittelweg» der von den Taoisten perfekt assimilierten buddhistischen Dialektik ist: eine Leere, die nur durch das Sein hindurch erscheint, in dem sich seine Leere und seine Produktivität zugleich manifestiert."[117] Die Gründungsverhältnisse stellen sich somit in einer Alternendo-Proportionalität dar: A : C = B : D oder

Dào (ϒ4) : Himmel-und-Erde (ϒ2) =
= Mutter(schoß) (ϒ3) : Myriade von Dingen (ϒ1).[118]

---

[117] I. Robinet, La «mère» et la «femelle obscure» de Lao zi, pp. 139-140; man beachte, daß der letzte Satz des Zitats eine stark ostasiatisch inspirierte Ausdrucksweise für den buddhistischen Mittelweg bzw. dessen Dialektik darstellt, den man von den indischen Quellenschriften aus beurteilt nicht teilen muß.

[118] Eine Alternendo-Proportionalität ont-epistemologischer Art findet

In der Măwángduī-Fassung ist diese Alternendo-Proportionalität nicht vorfindlich, da Himmel-und-Erde, der Kosmos, durch die Myriade von Dingen ersetzt ist, diese also zweimal genannt sind und einmal vom Urprinzip einmal vom prinzipiierten Prinzip ausgehen.[119] Damit kommt ein Glied der Manifestationskette, das der Myriade von Dingen, doppelt vor, ein anderes, das von Himmel-und-Erde, fehlt.

Urgrund *xuán* 玄 Was die spekulativen Feinheiten von ›Dào-dé-jīng 1‹ betrifft, scheiden sich auch die tiefen Geister der Interpretation, und das vom chinesischen Altertum an bis zur Jetztzeit in westlichen Regionen, von den zahlreichen seichten Ausdeutern möchte ich gar nicht anfangen zu reden. Ein durchdachter moderner Versuch, das einfach Unergründliche (玄 *xuán*), das Feingeistige/Ab-/Hintergründige (妙 *miào*) und die Selbigkeit bzw. Identität (同 *tóng*) von Urgrund-Namenlos und Ursache-Name der „coincidentia oppositorum der Mystiker" gleichzusetzen, „womit der in Ich-Du-Beziehung subjektiv-objektive Charakter des 同 [*tóng*] vielleicht am besten gekennzeichnet wird", was nach gemeintem und in der Fußnote gleich genanntem Autor (ϒ4/3) bzw. [(ϒ4)+(ϒ3)=(ϒ3')], nach meiner strukturellen Skalierung aber eher (ϒ3) wäre, das Okkulteste des Okkulten (玄之又玄 *xuán zhī yòu xuán*) jedoch dem absoluten, namenlosen, leeren Dào (ϒ4), das

sich im Liniengleichnis von Platon, cf. Cf. H. P. Sturm, Alt-Akademische Erledigung der okzidentalen Metaphysik, pp. 93–103. Ähnliches kennen wir, um hier einmal freier zu assoziieren, aus dem Pythagoreismus, in dem etwas Ewiges und Göttliches innerhalb des Kosmos angenommen wird, das Grenzenlose (*ápeiron*) sozusagen in ihm, der Sternenhimmel, und ein Wandelbares, das Irdische oder Erdnahe, cf. (Pseudo-)Philolaos, DK B21, dazu T. M. Robinson, [Philolaus] Fr 21 DK and the *Timaeus,* p. 189, das analog in Korrelation zur Urgrenze (*péras*) stehen könnte.

[119] Cf. Lăozĭ, Dé-dào-jīng A1, ⟨ed./tr.⟩ R. G. Henricks, pp. 188/189.

nicht einmal erlebbar, da es „das Jenseits des Bewußten und Unbewußten, das Jenseits der Namen und der Namenlosigkeit, das Jenseits der Begriffe und das Jenseits von Sehnen und Gerichtetheit" sei,[120] weder–noch, ergäbe insgesamt ein Vierfachgebilde, so man das 'Jenseits von Namen und Namenlosigkeit und der Begriffe' nicht als Jenseits des Aussagevierkants ⟨Y5⟩ verstehen wollte.

Die führende Forschungsliteratur nahm davon, ohne sich wohl im Klaren darüber zu sein, welche Implikationen die darin niedergelegte Einsicht für die universale Metaphysik hat, einiges vorweg: „Der Hauptbeitrag des *Daode jing* zum Taoismus und chinesischen Denken liegt in der neuen Bedeutung, die dem Wort *dào* 道 gegeben wurde. Allgemein und weithin als »Weg«, »Methode« oder »Lebensregel« verstanden, nimmt *dào* zum ersten Mal im *Daode jing* die Bedeutung Ultimative Wahrheit an, einzig und transzendent, unsichtbar (*yí* 夷), unhörbar (*xī* 希) und unwahrnehmbar (*wēi* 微; Abschnitt 14), nicht brauchbar und nicht nennbar (Abschnitt 1). Da Dao jenseits jeglichen Differenzverhältnisses und Urteils ist, kann es nicht »ge*dao*t« oder »gesagt« (*dào*) oder als Weg praktiziert werden. Man kann es nicht gebrauchen, da es »weder dies noch das« ist (ϒ4). Trotz dieses apophatischen oder negativen Zugangs wird Dao durch seine Wirksamkeit (..*dé*) Quelle allen Lebens, »Mutter«, »durchwaltend« (*tōng* 通), »an Versprechungen reich« und der einzig gewisse Bezugspunkt (Abschnitt 25) genannt; in diesem Sinne ist es »sowohl dies als auch das« (ϒ3). Alles, was gesagt (*dào*) werden kann und einen Namen hat, ist vergänglich und gehört zur Welt (ϒ2/1); nur Dao, das keinen Namen hat, ist

[120] Cf. S. Hummel, Zum ontologischen Problem des Dauismus (Taoismus), pp. 13–14, 28–31.

beständig. »Benennen« und Sprache werden jedoch »Mutter« (Ƴ3) aller Dinge (Ƴ1) genannt."[121]

Dem steht die Einteilung nicht fern, die die Selbigkeit als absolute Identität versteht und an die oberste, die Absolut-Stelle des Schemas setzt, wie es vergleichsweise im Advaita-Vedānta praktiziert wird und ebenso ein Quadrupel ergäbe. „Die Identität des unnennbaren Urwesens [(Ƴ4)+(Ƴ3)=(Ƴ3')], des überseyenden Absoluten (Ƴ4), mit dem aussprechlichen, also sich offenbarenden Gott (Ƴ3) ist das Aeusserste, wozu die Erkenntnis aufsteigen kann; diese Identität (thûng) selbst lässt aber keine weitere Forschung zu, hier verliert sich für das Erkennen alle Unterscheidung, man schaut in absolute Tiefe, die nur sich selber zum Untergrund hat, des Tiefen abermal Tiefes. Die Gränze aller Speculation, aber zugleich ihr unerschöpflicher Quellborn."[122] Ist hier beide Male eine Art von Koinzidenz gemeint?

Fragt sich freilich, was darunter zu verstehen ist. Wie in der ›Widerspiegelung des Geistes I‹ gezeigt, ist die einfache *coincidentia oppositorum* qua »Sowohl–Als-auch« der Geistebene (Ƴ3) zuzurechnen. Der Zusammenfall von „Geist" (Ƴ3) – nach kumulativer Hypostasenkonstitution ist damit meist die

---

[121] I. Robinet, *Daode jing* 道德經 Scripture of the Dao and Its Virtue, pp. 312-313, meine Zufügung diakritischer Zeichen zur einfachen Pīnyīn-Umschrift. Im Kapitel 4 zu den Geist-Phasen werde ich eine Präzisierung der Zuordnung der Eigenschaften von „unsichtbar" (夷 *yí*), „unhörbar" (希 *xī*) und „unwahrnehmbar" (微 *wēi*) vorschlagen – bei den (recht freien) Übersetzungen der drei altchinesischen Ausdrücke handelt es sich natürlich um die der Verfasserin; statt dem Sowohl-Als-auch der ersten Manifestationsphase des Dào (Ƴ3) spricht sie die drei Privations-Begriffe nämlich dem Weder–Noch des Absolut-Dào (Ƴ4) zu; bitte beachten Sie diesbezüglich auch den hier anschließenden Haupttext.

[122] V. v. Strauss, Laò-Tsè's Taò tĕ kīng, pp. 33^2 (zu Spruch 6), 3, 8-$9^{6\&7}$ (zu Spruch 1), Zitat o.c., pp. 8^6-9.

„Totalität“ (ϒ{1-}3) gemeint – und „Absolutem“ oder „Transzendenz“ (ϒ4) – die jeweiligen Anführungsstriche sind bedeutsam – besagt, wie dort erklärt, jedoch eine intensivierte, eine Plus-Koinzidenz [(ϒ{1-}3)+(ϒ4)=(ϒ3’)]. Faßte man unter der Absolutheit nicht nur die gedachte, im Thesenvierkant objektivierte (ϒ4), sondern die tatsächliche, durch *ab-solutio* von allen Aussagepositionen [(-ϒ1-4)=(-ϒ)] unmittelbar erfahrbare (Y5), das Absolute also ohne Gänsefüßchen, und wäre man dessen eingedenk, die Texte sprechen hier meist nicht deutlich und schon gar nicht eindeutig, daß in der Bestimmungslosigkeit des Ent–Setzens (skr. *catuṣkoṭi-vinirmukta*/*catuṣkoṭika-bāhya* / chin. 遠離(於)四句 *yuǎn lí (yú) sì jù*/ 超(過)四句 *chāo (guò) sì jù*/ 出於四句 *chū yú sì jù*) das Relative oder Immanente (ϒ), wozu auch das (gedachte, geschriebene, ausgesprochene) „Absolute“ (ϒ4) gehört, mit dem wirklich Absoluten oder Transzendenten (Y5) zusammenfällt, so wäre nach der in der ›Widerspiegelung des Geistes I‹ eingeführten Terminologie von einer noch höheren und qualitativ ganz anderen, der Meta-Koinzidenz (Y6) zu sprechen. Diese bedeutet die *restitutio* der Diesseitigkeit (Immanenz) *ad integrum* des Jenseitigen (Transzendenz) und in Gegenrichtung gleichermaßen, die Einsetzung des Heilen oder Heils in die entsetzliche, heillose Welt.[123]

Diese Nuancen breite ich nicht aus, um die Denkergemeinde zu verwirren oder Denkakrobaten herauszufordern, ihr Steckenpferd zu reiten. Indem sie die alles entscheidende Gipfelregion der Re–flexion differenziert aufgefächert und exakt formuliert abbilden, tragen sie vielmehr zur Erschließung von Feinheiten philosophischer Texte bei, die die

[123] Cf. H. P. Sturm, Die vier Stadien des Ent–Setzens, pp. 96, 118-121 (mit Zitat Nāgārjuna, Mūlamadhyamaka-Kārikā 25.19-20), 375, 472.

historio-doxographisch und philologisch ausgerichtete Philosophiewissenschaft (von der PhiloSophistik gar nicht zu reden) bei Denkern alter Zeit und ferner Weltgegenden gar nicht vermutet. Das ist eben der besondere und einzigartige Beitrag der »Strukturtheorie der Re–flexion« zur Grundlegung der kommenden Philosophie, die ich, die Erläuterung dazu gab ich im einleitenden Faszikel II/1, »Transkultural–Philosophie« nenne.[124] Die Betonung dieser Subtilität im vorliegenden Teilband halte ich auch deshalb für unumgänglich, weil ich mich darin ausdrücklich auf eine denkgewaltige Forscherin berufen kann, Isabelle Robinet, deren Überlegungen zur daoistischen Weisheitslehre in diese Sphären vordrangen, welche mit Hilfe der Re–flexionsmethode in ihrem außerordentlichen Sinn erst augenfällig und klar verständlich werden.

Um die Problematik des Geistigen, Feinen (妙 *miào*) zu klären, möchte ich bemerken, daß es sich bei ihm inhaltlich nach dem Exegeten S. Hummel um ausschließlich intuitiv Erfahrbares, doch gemäß einer Bedeutung von 妙 (*miào*), verstandesgemäß nicht Deutliches oder Begreifbares zu handeln scheint. Damit sei die Mutter aller Wesen als Aspekt des (von diesem so übersetzten) Geistig-Hintergründigen (妙 *miào*) qua Schaubarem zwischen absolut Grenzenlosem und Begrenztem gemeint. Dafür spräche das jeweilige Gewahren, Einsehen oder Intuieren (觀 *guān*), das sowohl mit als auch ohne Intentionalität, Gerichtetheit oder Leidenschaft (欲 *yù*)[125] angeführt werde und beide zusammen die primäre

---

[124] Cf. H. P. Sturm, Einleitung in die Strukturphilosophie der Re–flexion in transkulturaler Anwendung (Transkultural–Philosophie), p. 162.

[125] Cf. S. Nagatomo, An Epistemic Turn in the *Tao Te Ching*, p. 176: „Das Zeichen »Begierde [yü]« wird wahlweise als »Suchen« und

Tiefenstufe des Unergründlichen (玄 *xuán*) darstelle (ϒ3), während das namenlose Leer-Dào das Mehr-als-Unergründliche (玄之又玄 *xuán zhī yòu xuán*) repräsentiere (ϒ4), das, weil es in keiner Weise einzusehen sei und niemals eine Benennung annehmen könne, nicht in die Selbigkeit oder Identität (同 *tóng*) mit dem Begrenzten, Äußerlichen wie in das einfach Unergründliche, innerhalb dessen ein geistiges Schauen sehr wohl noch stattfinde, einbezogen werden dürfe.[126] Die Interpretation entbehrt nicht einer gewissen Plausibilität, leidet aber an dem Umstand, daß das Intuieren des Äußerlich-Begrenzten nichts Okkultes, Verborgenes oder Mystisches ist und solches auch nicht mit dem Gewahren des Geistig-Abgründigen zusammen werden bzw. sein kann.

Stringenter scheint die Deutung zu sein, die den ‚Gegenstand', sprich Nicht-Gegenstand des Gewahrens im Modus der unvergänglichen Intentionslosigkeit oder, um eine grammatikalisch ebenso mögliche Lesart zu wählen, das Erstreben des unvergänglichen Nichts als etwas Un(be)greifbares/Unerklärliches (妙 *miào*) auffaßt, von dem man auf irgendeine Weise irgendwie benannt ein theoretisches (begrifflich-denkerisches) Wissen haben kann – wird es denn nicht als unvergängliches Dào (常道 *cháng dào*), Uranfang (始 *shǐ*), Nichts (無 *wú*) erkannt und anerkannt – und das darüber hinaus hypernoetisch oder supraintuitiv zu gewahren und erfahren (觀 *guān*) ist (ϒ4)? Von einem immer, überall und überhaupt

---

»Intendieren« übersetzt. Was den drei Wiedergaben bedeutungsmäßig gemeinsam ist, ist die Gerichtetheit im Rahmen eines noetischen Akts; ich suche *etwas*, ich intendiere *etwas*, ich begehre *etwas*." Das eckig Eingeklammerte steht so im englischsprachigen Original.

[126] Resümee der Argumentation von S. Hummel, Zum ontologischen Problem des Dauismus (Taoismus), pp. 24–31.

Unerfahrbaren und Unerkennbaren – könnten wir davon auch nur den Hauch eines Begriffs und Wissens haben?[127]

Urwort *cháng míng* 常名

Demgemäß handelte es sich bei dessen im unvergänglichen (!) Einsehen intuierten Unterseite um den zeitlosen Namen aller Namen – „Intuition oder der NAme selbst“[128] –, der das Benennen, Namengeben, »Aussprechen« an sich (chin. 常名 *cháng míng* / gr. *lógos* – skr. *vāk*) verkörperte und sowohl indirekt aus der zweiten Perikope des Verses 1 als auch aus den Dikta 21 und 25, die im abschließenden Kapitel noch näher betrachtet werden, wie vielleicht der Strophe 52, wohl auch Spruch 32 des ›Dào-dé-jīng‹, und den allgemeinen kosmogonischen Bildeprinzipien der Spekulation alter Kulturen zu erschließen sind. „Absolut-Dào (道常 *dào cháng*) ist namenlos/un(be)nennbar (無名 *wú míng*), ein Klotz (樸 *pú*), wiewohl unscheinbar (雖小 *suī xiǎo*) (Υ4). … Beginn (始 *shǐ*) der Bearbeitung/Herstellung (制 *zhì*) ist der Name/Lógos (有名 *yǒu míng*). Ist der Name/Logós einmal (名亦既有 *míng yì jì yǒu*), so wird man hinwiederum im Wissen ankommen [anzukommen wissen] (夫亦將知止 *fú yì jiāng zhī zhǐ*); wenn man im Wissen angekommen ist

[127] Cf. dazu mein Zitat und die Stellenangaben aus Johann G. Fichtes »Wissenschaftslehren« in H. P. Sturm, Die vier Stadien des Ent–Setzens, pp. 272–273.

[128] T. Izutsu, Lao-tzŭ: The Way and Its Virtue, p. 65[9], Erläuterung zu Spruch 21; Name im englischen Original mit Majuskel am Anfang, von mir deshalb mit zwei großen Anfangsbuchstaben geschrieben! Bei der Übersetzung der beiden ersten Zeilen von Lǎozǐ, Dào-dé-jīng 1, ⟨tr.⟩ L. Geldsetzer, Lao Zi Dao De Jing, p. 28718: „Kann das Dao Dao sein, wenn es nicht das immerwährende Dao ist? Können Namen bezeichnen, wenn sie nicht die immerwährend-richtigen Namen sind?“, die aus der Auffassung des 非 (*fēi*) als negative Fragepartikel resultiert, kommt es darauf an, ob wir verneinend oder bejahend antworten, um einen immerwährenden Urbegriff bzw. ein Urbegreifen annehmen zu können oder nicht.

[anzukommen weiß] (知止所以 *zhī zhǐ suǒ yǐ*), gibt es keine Gefahr (不殆 *bù dài*) (ϒ3). Wie Dào (道 *dào*) im Vergleich zu (譬 *pì*) dem unter dem Himmel [sc. der Welt] (之在天下 *zhī zài tiān xià*), so (猶 *yóu*) die Bäche (川 *chuān*) (ϒ1) und Flüsse (谷 *gǔ*) (ϒ2) zu (於 *yú*) den Strömen (江 *jiāng*) (ϒ3) und dem Ozean (海 *hǎi*) (ϒ4).“[129] In diesem Zusammenhang kann ich nicht umhin, an das proportionalitätsschematische Denken von Herakleitos aus Ephesos zu erinnern, das im thematisch entsprechenden Kapitel des Faszikels II/2 vorgestellt wurde.[130]

---

[129] Lǎozǐ, Dào-dé-jīng 32, ⟨ed./tr.⟩ T. Izutsu, pp. 88/89: 道常無名；樸雖小，…始制有名；名亦既有，夫亦將知止；知止所以不殆；譬道之在天下，猶川谷之於江海。Übersetzungsvariante in eckigen Klammern: meine Übertragung steht der gängigen, die auch vom genannten Übersetzer gewählt wurde: „… Wenn die Namen einmal entstanden sind, müssen wir wissen, wo anzuhalten ist. Zu wissen, wo anzuhalten ist, bedeutet frei von Gefahr zu sein. …“, diametral gegenüber, da ich für 止 *zhǐ* nicht verbal stoppen, unterbinden, unterlassen, zurückhalten, sondern das philologisch ebenso mögliche ankommen, anhalten bei, abzielen auf, setze; diese Variante sollte zumindest einmal bedacht werden, ist sie auf Spezialistenseite doch schon vor längerem angedacht worden, ⟨tr.⟩ J. Grill, pp. 92–93: „Sobald es (– das Tao –) zu schaffen und zu ordnen beginnt, hat es einen Namen. Ist aber sein Name wirklich einmal da, so wird (sollte) man es wohl auch (in seinem Wert) erkennen und dabei beharren. Durch solches erkennen und Beharren gelangt man dahin, daß man aller Gefahr entnommen wird.“ K. Jaspers, Die großen Philosophen, p. 905, übernimmt die ersten beiden Sätze des Zitats mit dem vorangestellten Kommentar: „Nicht an sich, nur als in dem Weltsein offenbart wird Tao nennbar. Das Hervorgehen der Dinge aus dem nennbaren Tao ist selbst immerfort das Entstehen von Nennbarem:“ Auf Textstellen zur Metapher vom im Meer mündenden Strom, welche in allen bedeutenden Philosophietraditionen, besonders der indischen, vorfindlich sind, weise ich in H. P. Sturm, Urteilsenthaltung oder Weisheitsliebe zwischen Welterklärung und Lebenskunst, pp. 149[82]–151; zudem Lǎozǐ A 11.20 (R 32B), ⟨ed./tr.⟩ S. Cook, The Bamboo Texts of Guodian, 1.255–256.

[130] Cf. H. P. Sturm, Prinzipien-Triadik oder Prinzipien-Tetradik?, pp.

Hat der Primärbegriff, Urname oder Lógos die Manifestationsfunktion des Dào inne, dann ist er prinzipientheoretisch eben Dé gleichzustellen. „Sobald es zur Tat schreitet, hat es einen Namen. Wenn es einmal diesen Namen hat, können (die Menschen) in ihm zu verweilen wissen."[131] Zu dieser Übersetzung von ›Dào-dé-jīng 32‹ gibt der Übersetzer selbst folgenden Kommentar: „Die 'Ur-Einfachheit' in § 2 ist Tâo in seiner einfachsten Konzeption, allein und an sich, und das 始制 [*shǐ zhì* = Beginn der Verfertigung] in § 4 ist, daß Tâo in Funktion tritt und Teh wird, Teh, das dem Menschen ein Gesetz gewährt."[132] Das Benennen zu sein oder die Ist-Benennung ist also mitnichten dasselbe, wie benennbar zu sein oder das »Ist«-Genannte – metatheoretisch besehen ist eben auch die Unbenennbarkeit als Ausdruck der letztmöglichen theoretischen Einsicht (Evidenz), des systematischen Sokratischen Nichtwissens, der *docta ignorantia*, 知不知 (*zhī bù zhī*), eine Benennung, und zwar des unvergänglichen, überzeitlichen Namens (常名 *cháng míng*). „Die Grenze (極 *jí*) der höchsten Wahrheit (至眞 *zhì zhēn*) kann keinen Namen annehmen (不可得名 *bù kě dé míng*). »Namenlosigkeit« (無名 *wú míng*) ist deshalb ihr Name (則是其名也 *zé shì qì míng yě*)."[133] Das sagt kein moderner Transzendentalist,

93-101.

[131] ⟨tr.⟩ J. Legge, The Texts of Tâoism, 1.75, Übersetzung aus Lǎozǐ, Dào-dé-jīng 32.

[132] J. Legge, The Texts of Tâoism, 1.74-75, meine Einfügung der Pīn-yīn-Umschrift in eckigen Klammern.

[133] Wáng Bì, Dào-dé-zhēn-jīng-zhù 21.6, ⟨ed.⟩ Lóu Yǔ-liè, 1.53.7; Text nach ⟨ed./tr.⟩ R. G. Wagner, A Chinese Reading of the *Daodejing*, pp. 187/189: 至眞之極不可得名無名則是其名也. Für die Zurverfügungstellung digital(isiert)er Fassungen seiner Hauptwerke spreche ich Professor Wagner meinen Dank aus. ⟨tr.⟩ R. J. Lynn, The Classic of the

sondern der bedeutendste Editor und Kommentator des ›Dào-dé-jīng‹ im Altertum, Wáng Bì. Natürlich müssen wir durch exakte Reflexion zwischen dem »absoluten Namen«, den die gedankliche Rekonstruktion abbildet, und dem darin abgebildeten absoluten Namen selbst, dem Geist an sich nämlich, unterscheiden.

Wenn man eine Aussage des für die vorhin gegebene Interpretation Zeichnenden S. Hummel vor dem Hintergrund der Reflexionstheorie betrachtet, könnte man einen solchen Sinn sogar aus ihr herauslesen, nur muß man die Begriffsbildung nicht psychologisch, sondern überindividuell verstehen, die Betonung ist auf -bildung bzw. -bilden (verbal, actus) zu legen. Heißt es dort doch: „Das Namen-haben als Ursprung eines jeden Einzelwesens ist eine Funktion der Existenz von Begriffsbildung. Psychologisch und von daher vom wahrnehmenden und duhaft bezogenen Ich gesehen, ist die Begriffsbildung eine Leistung aus 欲 ([*yù*]= leidenschaftliches Sehnen), das als eine Weise der dem absoluten Dau eigenen, mächtigen dynamisch-polaren Gerichtetheit angesehen werden muß. Da diesem Sehnen die Begrenzung, das 徼 [*jiào*] ... gehört und das in Ich-Du aufgegliederte absolute jenseits der Begriffswelt liegende Dau mit der Aufgliederung selbst Ausdruck von Grenzziehung ist, muß 欲 [*yù*] zur Entfaltung in Ich und Du in derselben Weise dem absoluten Dau als dem ○ innewohnen wie die Gliederung in Himmel und Erde als ☯. 有欲 [*yǒu yù*] bzw. 無名 [*wú míng*] hat mit der in dem 有名 [*yǒu míng*] begründeten Begrenzung bzw. mit der auf 無名 [*wú míng*] beruhenden Unbegrenztheit gemeinsamen Ursprung (...), die Begriffsbildung ist wesentlich

---

Way and Virtue, p. 87; ⟨tr.⟩ A. Rump / Chan Wing-tsit, Wang Pi: Commentary on the *Lao Tzu*, p. 66; ⟨tr.⟩ P. J. Lin, A Translation of Lao Tzu's Tao Te Ching and Wang Pi's Commentary, p. 39.

als Funktion des Ich-Du Verhältnisses anzusehen und nicht nur eine Auswirkung dieses Verhältnisses als sekundäre Erscheinung; das ins Psychologische verlagerte 欲 [*yù*] bleibt wiederum zugleich ins Jenseits des Ich-haften verwiesen. Vergleiche Guan Yin Dsï [Guānyǐn Zǐ] (L. V. Nr. 29) 4, 9[a]: 凡造化所有皆吾魄 [*fán zào huà suǒ yǒu jiē wú pò*] = »Alles Geschaffene, was es auch gibt, (das ist) ganz meine Seele« und weiter sagt er von Dau in 2, 3[b]: 物物皆包之 [*wù wù jiē bāo zhī*] = »Alle Wesen ganz umfaßt (es) sie.« Der Hinweis auf 欲 [*yù*] verankert in seiner Weise das 有名 [*yǒu míng*] in die ihm zukommende Tiefe, zeigt den Urgrund, aus dem auch Himmel und Erde entstanden sind."[134]

Da die Formulierungen „Ausdruck von Grenzziehung", „Darstellung der urtümlichen Begrenztheit", „Urbegrenzung" und „der in Ich-Du-Beziehung subjektiv-objektive Charakter des 同 [*tóng*]", die der zitierte Forscher in diesem Zusammenhang verwendet, m.E. nichts anderes denn »Ur-Definition«, also »Ur-Ausdruck«, bedeuten kann, darf, ja muß man im Sinne seiner Argumentation, doch gegen seine ausdrücklichen Aussagen, der u.a., daß es einen grenzenlosen,

[134] S. Hummel, Zum ontologischen Problem des Dauismus (Taoismus), p. 24; meine Stellennachweise der beiden Zitate im Kanon: ZH 8/002.4,12c.15; 8/002.2,9b.8 ≅ ZT 347/667.4,15r.9-10; 347/667.2,5v.5 (DZ 11.518b; 11.515a). Zum einzelnen als Einheit des Gegensätzlichen cf. o.c., p. 44; idem, Polarität in der chinesischen Philosophie, p. 25: „»Das Namen-haben ist der Ursprung eines jeden Einzelwesens« als Leistung der Begriffsbildung aus 欲 ([*yù*]= leidenschaftliches Sehnen). Die darin begründete Begrenzung (bzw. die auf 無名 [*wú míng*] beruhende Unbegrenztheit) hat aber wiederum mit dem 欲 [*yù*] (bzw. mit dem 無欲 [*wú yù*] einen gemeinsamen Ursprung (同出 [*tóng chū*])." Meine Pīnyīn-Transkription in eckigen Klammern.

unfaßbaren Begriff nicht gibt,[135] durchaus auch von einem bei Lǎozǐ vorfindlichen Ur-Sprachgeist ausgehen.

Dieser immerwährende oder stetige, laut Spruch 21 nie unter- oder verlorengehende Name (名不去 *míng bù qù*), „Sein NAme als »Weg«, »Mutter aller Dinge« etc.“[136], d.h. Großmutter der Myriade von Dingen, der bisweilen auch »Sein« lautet, bezeichnet kein Einzelnes des Vielen, ist

---

[135] Cf. S. Hummel, Zum ontologischen Problem des Dauismus (Taoismus), p. 27: „Der grenzenlose Begriff existiert nach Zeile 4 nicht, Begriff ist stets als solcher faßbar (Zeile 3), ist er grenzenlos, so übersteigt er eben die Faßbarkeit. Das gilt auch von dem ewigen Namen bei v. Strauß.“ Nebenbei bemerkt, ist es philologisch grenzwertig, 常名 (*cháng míng*) mit „grenzenloser (absoluter) Begriff“ zu übersetzen; neben dauerhaft, stetig, immerwährend, (gleich)bleibend, ständig, unvergänglich, üblich, gewöhnlich, regulär, käme für *cháng* am ehesten noch »allgemein« in Frage: die allgemeine Bezeichnung; damit wären wir schon rein philologisch nahe bei der von mir vorgeschlagenen philosophisch-prinzipientheoretischen Bedeutung, die für 常 (*cháng*) „absolut“ verlangt, was einige der bedeutendsten Daoismus-Forscher denn auch bestätigen, cf. T. Izutsu, Lao-tzǔ: The Way and Its Virtue, Noten, p. 29[1], Erläuterung zu Spruch 1: „»ewig« = wirklich, absolut“. Damit wird vermieden, sowohl das trans-dimensional gemeinte Absolut-Dào (*cháng dào*) als auch den trans-dimensional gemeinten Absolut-Namen (*cháng míng*) irgendwie in Zeit und Raum zu verstricken. Zudem ist zu beachten, daß in den früh(er)en daoistischen Schriften für 常 (*cháng*) häufig 恆 / 恒 (*héng*) = immerwährend, stetig, permanent, konstant, andauernd, dauerhaft, kontinuierlich, gewöhnlich, normal, regulär, auch in Zusammenhang mit Dào, steht, cf. Xing Wen, Early Daoist Thought in Excavated Bamboo Slips, pp. 106–108; Zheng Wan-geng, A brief explanation of the Chu bamboo slips *Hengxian*, pp. 419–420. Synoptisch mustergültig Hsu Sung-peng, Lao Tzu's Conception of Ultimate Reality: A Comparative Study, p. 202: „Der Begriff “konstant” (*ch'ang* 常) wird im *Tao Te Ching* oft als Äquivalent für Tao verwendet. Einerseits bezeichnet er die Absolutheit und unveränderliche Natur des Wesens des Tao und andrerseits bezeichnet er die konstante Bewegung der Funktion des Tao gemäß Prinzipien.“

[136] T. Izutsu, Lao-tzǔ: The Way and Its Virtue, Noten, p. 65[4], zu

insofern nicht gewöhnlicher Name und im Sinne einer Dingbezeichnung natürlich nicht anwendbar.[137] Als Lógos-Noũs ist er Manifestationspotenz (有為 *yǒu wéi*/ 德 *dé*), Sein als Urbegreifen oder Urbegriff des Seins (有常名 *yǒu cháng míng*), (Be-)Nennen als Fähigkeit zu identifizieren und differenzieren in einem (unmittelbaren Evidierungsakt) und überhaupt, totale In–Differenz, vollkommenes Durch–Einander der Gegensätze, Sowohl–Als-auch, wie es eindringlich im ersten Teilband des vorliegenden Werkes einsichtig gemacht wurde, oder, wie davon nicht abweichend gleich noch gezeigt werden wird, unergründlich weiblicher (玄牝 *xuán pìn*) bzw. mütterlicher (母 *mǔ*), und damit an die ved(ānt)ische *Vāk* (Urartikulation) erinnernder Geist (神/神 *shén*) wie Strebevermögen bzw. Extroversionsdrang (有欲 *yǒu yù*) des Dào in Richtung innerkosmisches Sein (有 *yǒu*) von Himmel-und-Erde (天地 *tiān dì*), das dem niederen (*apara*), eigenschaftstragenden (*saguṇa*) und unterschiedsbehafteten (*saviśeṣa*) Brahman entsprechend nur aspektuell von der absoluten Selbstheit (Ātman) bzw. dem höchsten (*para*), eigenschafts- (*nirguṇa*) und unterschiedslosen (*nirviśeṣa*) Brahman des Advaita verschieden ist.

À propos einen unveränderlichen Namen gibt es nicht: zu diesem Statement fühlt sich die Mehrzahl sogenannter Spezialisten bemüßigt. „Und da dieses *tao* ein unteilbares Ganzes

---

Spruch 21; Name im englischen Original, wie in anderem Zusammenhang und aus einem anderen Passus desselben Autors bereits zitiert, mit Anfangsmajuskel!

[137] Auf die kontrovers geführte Diskussion zu Aristoteles, Analytica posteriora 92^{b}12–15, daß das Sein (*eĩnai*/*ón*) weder Wesen (*ousía*) noch Gattung (*génos*) ist, welche hier ins Spiel gebracht werden könnte, möchte ich nicht eingehen; Überblick zu »sein« in Hellas und Zhōngguó bei J.-P. Reding, Comparative Essays in Early Greek and Chinese Rational Thinking, pp. 167–194 (‘To Be’ in Greece and China).

ist, sind alle Namen, die wir dem geben, was wir für Teile davon halten – Namen, die genannt werden können –, keine ewigen Namen, denn es kann keine irgend ewige Realität dafür geben, die zu bezeichnen wäre, außer die eine große Realität, die unmöglich genannt werden kann.“[138] Und schon ist sie mit einem Namen versehen und heißt „große Realität“! Denn wie könnte ich von einer großen Realität wissen, wenn ich sie nicht benennen könnte, d.h. keinen Begriff davon und dafür hätte? Der Name mag sich ändern, wenn es jedoch eine große Realität geben sollte, wird es für immer und ewig irgendeinen Namen dafür (ein Wissen davon) geben müssen, und das ist der ewige Name, der auf Dauer ‚Namhaftung‘ trägt. Denn eine Objektwelt ohne ein diese erkennendes Subjekt bilden sich nur die leidlos an Objektivitis Leidenden ein. Johann G. Fichte, transzendentalphilosophischer Denker von kompromißloser Folgerichtigkeit, nennt den immerwährenden Namen denn auch absolutes Wissen, Urbegriff und Wort.[139]

Aus der Feststellung, daß der ewige Name nicht genannt werden könne, den Schluß zu ziehen, der ewige Name existiere nicht, entspräche genau dem, daß aus der Aussage, das ewige Dào könne nicht genannt werden, geschlossen wird, dieses ‚existiere‘ nicht. Unter Mißachtung des Gesamtaufbaus des daoistischen categorial frameworks und seiner Maximalkategorie(n), deren Beachtung unabdingbare Voraussetzung einer sachgemäßen Auslegung ist, wird uns von Experten nicht nur untergejubelt, daß es keinen absoluten

---

[138] H. G. Creel, On the Opening Words of the *Lao-Tzu,* p. 320.

[139] Siehe Register der einzelnen Bände der »Wissenschaftslehre« (Gesamtausgabe der Bayerischen Akademie der Wissenschaften) und/oder H. P. Sturm, Die vier Stadien des Ent–Setzens, pp. 286-287, 303-304, 449-450, 540-541.

Namen gebe, aus dem Text wird überdies herausgelesen, daß es in der Tat kein immerwährendes (常 cháng), d.h. kein absolutes Dào gebe. Ein Beispiel: „Der Weg, der als wahrer Weg gelten kann, ist keinesfalls ein beständiger Weg. Die Begriffe, die als wahre Begriffe gelten können, sind in keiner Weise beständige Begriffe."[140] Nur diejenigen Namen/Begriffe seien zutreffend, die „diese beständige Nicht-Beständigkeit ausdrücken"[141]! Unbeständiges als das Wahre; wenn das keine Errungenschaft der Geistevolution ist. Dazu die Wiederholung einer zentralen Einsicht aus der 16. Sentenz des ›Dàodé-jīng‹: „Das Unvergängliche/Immerwährende (常 *cháng*) zu kennen (知 *zhī*), heißt Erleuchtung/Geistesklarheit (日明 *yuē míng*)." Beim ‚Ewigen' handelt es sich, wie wir sahen, um das ewige Leben, ein Leben in Stille und völliger Übereinstimmung mit der ewigen kosmisch-hyperkosmischen Ordnung. Selbstverständlich mußte den Satz auch unser Wandel-Prediger in seine Gesamtübersetzung aufnehmen: „Wer dieses Beständige (Gesetz) kennt, heißt erleuchtet."[142] Einen Kommentar dazu hat er aber vermieden.

Der geneigte Leser möge es mir nachsehen, wenn ich auf solchen Ergüssen modern-postmoderner Daoismus-Exegese,

---

[140] ⟨tr.⟩ J. J. L. Duyvendak, Tau-te-tsjing, p. 28; H. G. Creel, On the Opening Words of the *Lao-Tzu,* p. 310, hält diese Übersetzung für nicht befriedigend; nach o.c., p. 313, habe sie zwar eine innere Konsistenz, doch sei sie weder mit Lǎozǐ insgesamt noch mit Zhuāngzǐ konsistent.

[141] J. J. L. Duyvendak, Tau-te-tsjing, p. 29, I., Kommentar; die Begründung für seine Übersetzung und Deutung wird o.c., pp. 28–30, I., Kommentar, vorgelegt.

[142] ⟨tr.⟩ J. J. L. Duyvendak, Tau-te-tsjing, p. 71: *Wie deze bestendige (wet) kent, heet verlicht.* „(Gesetz)", nl. „(*wet*)" ist eine Ergänzung des Übersetzers, die für 命 (*mìng*) steht, was man auch mit Leben, Bestimmung, Schicksal, Himmlisches Geschick übersetzen könnte.

die, das soll nicht verschwiegen werden, chinesische Vorläufer bis in die Antike zurück hat, herumhacke, aber ich sehe es nun einmal als meine Aufgabe an, Reflexionsverweigerung und Unlogik zum Zwecke der Förderung eines genuinen philosophischen Verständnisses aus der theoretischen Philosophie, der kulturübergreifenden zumal, hinauszuwiderlegen. Um darin eine gewisse Fertigkeit bei wahrhaft Interessierten, denen also, denen an stringentem Denken gelegen ist, denen nicht schon jegliches Kriterium für Sachgemäßheit (Korrespondenztheorie), ja Wahrheit im allgemeinen, umfassenden Sinne abhanden gekommen ist, vorwärtszubringen, statuiere ich mit Hilfe einer vorerst letzten Negativfolie zu diesem Themenkomplex, die sachlich direkt an die vorhergehende anschließt, ein abschließendes Exempel der reductio ad absurdum, und zwar der Behauptung, daß alles, ich wiederhole, alles, dem Wandel unterworfen sei, worunter ja auch der Wandel selbst fällt. „Das chin. *chang*, ‚beständig, dauernd, üblich‘ wurde häufig irreführend durch ‚ewig‘ übersetzt. Gemeint ist aber hier nichts ‚Ewiges‘ im Sinne eines ‚Überzeitlichen‘, ‚unabänderlich-ewig Bestehenden‘, sondern vielmehr der ‚ewige‘, d.h. dauernde, stetige Wechsel, das ständige Entstehen und Vergehen.“[143] Fragt sich, verehrter Herr modernistischer Antidogmatiker, der Metaphysiker, was immer er sich darunter vorstellt, gerne der Brunnenfroschmentalität bezichtigt, ob die von Ihnen gehuldigten „nachmodernen Chaosmo-Exzentriker“[144] nicht viel eher den Spott verdienten, den Sie über diejenigen gießen, in deren biederes ideologisches Gewebe wenigstens noch einige Zierfäden echter Metaphysik eingewirkt sind und zumindest sporadisch über

[143] G. Wohlfart, Zhuangzi, ⟨ed.⟩ 2001, p. 139[97].

[144] G. Wohlfart, Zhuangzi, ⟨ed.⟩ 2003, p. 34.

den Sumpflochrand des gerne bemühten Frosches (鼃 *wā*) im ›Zhuāngzǐ‹[145] hinausblicken. Trifft es nämlich zu, daß der Wechsel selbst stetig wechselt, dann kann es doch nicht anders sein, als daß er ‚ewig' zu dem hinüberwechselt, was er selbst nicht ist, ein Nicht-Wechsel. Wenn sich Veränderung verändert, dann ändert sie sich doch nicht zur Veränderung, sondern zur Nicht-Veränderung, und das ist Unveränderlichkeit, Unwandelbarkeit, Bleiben, Verharren, Stetigkeit, Beständigkeit, Konstanz, Währen, Dauerhaftigkeit, Ewigkeit. Lassen wir sie sich überdies über ihre Kategorienzugehörigkeit[146] hinaus verändern, dann verändert sie sich womöglich sogar zu einem Sumpflochfrosch oder zu Herrn W. Veränderung bleiben kann sie keinesfalls. Wer wissen, nicht bloß glauben will, sollte Begriffe todernst nehmen. Anders ausgedrückt: ist der Wandel Element des Alls, ist er also immanent, dann muß er sich, wenn alles dem Wandel unterworfen ist, selbst mitverwandeln, kann also nicht dauernd, stetig und beständig Wandel sein; ist er aber konstant, also unwandelbar, folgt daraus, daß er nicht zum All gehören kann, er also transzendent sein muß, ‚Ewiges' folglich sehr wohl vorauszusetzen und anzunehmen ist, ohne ihm Gegenständlichkeit zuzusprechen. „Daß mir darum keiner sagt: *Was* ist das absolute."[147]

Denken sollte man eben nicht mit dem Darm, sondern mit dem Hirn und beide aufgrund ihrer Windungen nicht miteinander ver–wechseln. Es sei den modern-postmodernen

---

[145] Cf. Zhuāngzǐ, Nán-huá-zhēn-jīng 17.4, ⟨ed.⟩ HYIZY, p. 45.69.

[146] Zur Kategorienlehre cf. die Schriften von A. K. Gangadean, die in der Literaturliste verzeichnet sind.

[147] J. G. Fichte, Gesamtausgabe, 2.7.30.17 (W. L. Innerer Geist. Konzeptionen zur Wissenschaftslehre 1804, Erster Vortrag); cf. o.c., 1.9. 110.23–111.21 (Die Anweisung zum seeligen Leben, oder auch die Religionslehre), Fichte Werke, 5.470–471.

Gedankenzauberern noch gesagt, daß die Logik der Re–flexion mit der am äußersten Punkt ihres Vollzugs unabwendbar auftauchenden Aporie heute, morgen und übermorgen genauso gilt wie vor tausenden von Jahren. Doch läßt sich diese denkerisch nicht durchbrechen. Das meinen die PhiloSophisten der schon jetzt stattfindenden Zukunft zwar auch, doch anstatt sich demzufolge auf die Schwäche der menschlichen Vernunft zu berufen und uns einzureden, damit auf immer und ewig von der Wahrheit abgeschnitten zu sein, ist diese Einsicht als die höchstmögliche zu schätzen und zu fragen, welcher Schluß daraus zu ziehen ist. Auch diesbezüglich sollte man sich bei Johann Gottlieb Fichte kundig machen.[148] Das Wissen von der Unlösbarkeit der Aufgabe des Denkens i s t die Lösung, aber nur der theoretischen Philosophie. Es stellt erst die Diagnose und den Therapieplan dar. Damit ist aber noch niemand geheilt. Die Gesundung hat durch die Praxis der Aufgabe des Denkens zu erfolgen. Was das bedeutet, wurde entlang der Entfaltung der Re–flexionstheorie und ihrer Evidierung wie Verifizierung in den Texten der (bisher) bekannten antiken Stiftertraditionen bis zum Überdruß demonstriert. Dieser Aspekt des Philosophierens wurde im Westen jedoch in einer seit vielen Jahrhunderten andauernden Gehirnwäsche aus dem Bewußtsein der Menschen getilgt. Deshalb wird er in der antiken Philosophie Zhōnghuá's, Hellas' und Bhārata's auch nur von wenigen wahrgenommen, und am wenigsten von denen, die sich dieser Gehirnwäsche in geistig weitgehend geschlossenen höheren Bildungsanstalten am längsten und intensivsten unterzogen haben.

Nachdem er den „idealen Philosophen" als einen porträtiert hat, der erstens nicht nur sich selbst gründlich geprüft, die natürliche wie kulturelle Welt sorgfältig beobachtet, die

---

[148] Cf. H. P. Sturm, Die vier Stadien des Ent–Setzens, pp. 271-273.

Werke anderer großer Geister studiert, mit Freunden die großen Fragen des Lebens frei diskutiert, lange ernsthaft nachgedacht hat und darüber vernünftige Rechenschaft ablegen wie auch Wissensdürstige darüber belehren kann, sondern zweitens sein erworbenes Wissen auch in die Tat, in eine der „*philosophia*" entsprechende „Lebensweise" umsetzt, sich an einen höheren ethischen Standard hält als das die Gesellschaft von der Mehrheit der Leute verlangt und auf die philosophische Freiheit höheren Wert als auf das Leben selbst legt, stellt ein in den Vereinigten Staaten lehrender Professor der Philosophie mit griechischem Namen zu seiner Charakterisierung fest: „Wenn man nach den beiden oben spezifizierten Kriterien urteilt, wie sie durch die hellenischen Philosophen {Oder, so kann man hinzufügen, die indischen und chinesischen Philosophen, deren Spekulationen in einer Art und Weise, in der es keine westlichen "Philosophen" bis vor kurzem hätten sein können, frei von theokratischen Dogmen waren} festgelegt wurden, ist es zweifelhaft, ob man viele oder irgendeinen sogenannten europäischen "Philosophen" finden können wird, welcher in der Lage wäre, diesen Kriterien, besonders dem zweiten, gerecht zu werden."[149]

Und hier, geneigte Leserin, geneigter Leser, die Sie so tapfer den »Weg« mit mir zusammen gehen, noch eine Denkaufgabe. Finden Sie, wenn Sie möchten, doch einmal heraus, wie viele sachliche und logische Ungereimtheiten im folgenden Statement zur Eröffnungssequenz des ›Dào-dé-jīng‹ eines sich philosophisch gerierenden Philologen, Historio-Doxographen und Literaten enthalten sind. Sollten Sie in dem einen Satz weniger als drei davon entdecken, so dürften

---

[149] Paraphrase und Zitat in meiner Übersetzung: C. C. Evangeliou, Hellenic Philosophy, p. 177, Endnote o.c., p. 178[+39], in geschweiften Klammern von mir in den Haupttext eingefügt.

Sie bei der Lektüre der ›Widerspiegelung des Geistes‹ nicht scharf genug mitgedacht haben. „Die »Unbeständigkeit« des Weges und der Namen führt bereits in diesem fulminanten Eröffnungssatz den Evolutionsgedanken ein, der das gesamte Daodejing durchzieht. Weil sich das Dao ständig ändert, läßt es sich genaugenommen nicht beim Namen nennen. Über das Dao kann nicht gesprochen werden und dennoch wird in den 81 Kapiteln des Daodejing und auch sonst in der chinesischen Philosophie fast ausschließlich über das Dao gesprochen – darin besteht das unaufgelöste Paradoxon des Daodejing. Die Verfasser konstruieren keine abstrakte Typentheorie, sondern helfen sich aus der Misere, indem sie die Unzulänglichkeit der Sprache eingestehen."[150] Man kann dem Verfasser dieser fulminanten Einsicht nur empfehlen, die Philosophie einmal unter dem Blickwinkel einer selbstreferenziell verfahrenden (mehrwertigen) Reflexionslogik,[151] der transzendental (nicht transzendent) ausgeführten »Wissenschaftslehre« eines Johann Gottlieb Fichte oder der meta-metatheoretisch vollzogenen »Strukturtheorie der Re–flexion« zu betrachten, zu bedenken und zu reflektieren, um das Paradoxon des ›Dào-dé-jīng‹ aufzulösen und Geistesriesen wie Lǎozǐ oder Zhuāngzǐ denkerisch gerecht zu werden.

Noch genauer genommen, um auf die erste Sentenz des ›Dào-dé-jīng‹ zurückzukommen und ihre Betrachtung einem Ende entgegenzuführen, birgt diese womöglich einen weiteren, einen dritten Ursprung, nennen wir ihn Ur-Ungrund (Y5), das Profundiusquam-Okkultum oder Profundissimum-Okkultum, also ein noch tiefer, ein zutiefst Unergründliches

Ungrund
xuán xuán
玄玄

[150] V. Kalinke, Laozi: Daodejing, 3.65.

[151] Gemeint ist der selbstreferentielle, mehrwertig-formallogische Ansatz von U. Blau, Die Logik der Unbestimmtheiten und Paradoxien; idem, Grundparadoxien, grenzenlose Arithmetik, Mystik.

(玄玄 *xuán xuán*). Ob man das zugesteht, hängt davon ab, an welcher Stelle der Hierarchie man das einfache Unergründliche oder Abgründige (玄 *xuán*), die Identität/Selbigkeit (同 *tóng*) von, wovon?, auch das ist eine Frage, verortet, auf dem Rang der Koinzidenz der Gegensätze (Υ3), der Koinzidenz der Gegensätze zusammen mit dem Gegensätzlichen [(Υ3)+(Υ2/1)], dem des Gegensatzes zu allem Gegensätzlichen (Υ4) oder irgendwo dazwischen.

Dementsprechend müßte der Ausgangspunkt eingestuft werden, der das untergründigst Abgründige ist bzw. hat: Tor, Durchgang, Ausgang, Öffnung (門 *mén*) der Unmenge, Masse oder Totalität (衆 *zhòng*) des Geistigen, Fein(sinnig)en, Tief(gründig)en, Ungreifbaren, Metaphysischen (妙 *miào*)[152]. Es ist all das, was sich der Konkretion oder Faßlichkeit, des Manifesten wie Empirischen, der vordergründig-deutlichen Begrenzung und dem Umkreis (徼 *jiào*)[153] entzieht, demgegenüber un- und übersinnlich, d.h. rein geistig, intellectual, noetisch und nur mit dem entsprechenden Spiritualvermögen erfahrbar oder noch darüber ist. Zur Kategorie des »All-Geistigen« möchte ich nur anmerken, daß sie beim Kenner indischer Metaphysik spontan die Assoziation an die Geistmasse (*prajñāna-ghana*) des Vedānta weckt.[154] Hinsichtlich des Skalenwerts ist allerdings Bedacht geboten.

Bei genauer Abwägung fällt also auf, daß der Ur- oder Abgrund selbst seinerseits wieder eine Untergrunddimension aufweist, indem er sich selbst zum Grund und somit zum

[152] Mit „Metaphysisches“ übersetzt K. Wulff, Acht Kapitel des Tao-tê-king, pp. 84–91.

[153] Mit „Empirisches“ übersetzt wiederum K. Wulff, Acht Kapitel des Tao-tê-king, pp. 84–91.

[154] Cf. Māṇḍūkya-Upaniṣad 5, ⟨ed.⟩ J. L. Shastri, Upaniṣatsaṅgrahaḥ, p. 20.

Ungrund hat, was als eigenständige Kategorie aufgefaßt werden kann, ja muß, eben das Okkulteste des Okkulten. Damit sind wir bei der Auslegung von T. Izutsu und bei der Problematik, auf die speziell entlang der Erläuterung frühester indischer Weltentstehungsvorstellungen aufmerksam gemacht wurde. So würde ich die soeben zitierte Jenseitigkeit von Bewußtem und Unbewußtem, von »Namen« und »Namenlosigkeit« gerade auf der fünften (Nicht-)Stelle des 4/5-fachen Ent–Setzungs-Kants verorten, oder besser, ortlos machen: das Lassen aller Kanten, Hinter- oder Untergrund des Thesenvierkans (Y5).

Wáng Bì: Geist Leere Stille Nichts

In diese Richtung kann man, die Betonung liegt auf kann, den Kommentar von Wáng Bì lesen. Darin heißt es, ich paraphrasiere sprachlich frei und komprimierend, doch eng am Textsinn entlang, darin heißt es also, daß das »Abgründige« tief/dunkel ist (玄者冥也 *xuán zhě míng yě*), stilles Nicht-Sein (默然無有也 *mò rán wú yǒu yě*) (ϒ4). Daraus ist sowohl die Mutter {var. lect. das Nichts} (ϒ31) als auch der Ausgang (ϒ32) hervorgegangen (始母{毋}之所出也 *shǐ mǔ {wú} zhī suǒ chū yě*), zu Beginn »Anfang« (ϒ32), am Ende »Mutter« (ϒ31) genannt (在首則謂之始在終則謂之母 *zài shǒu zé wèi shǐ zài zhōng zé wèi zhī mǔ*). Sie sind un(be)nennbar, können nur uneigentlich »Abgründiges« (ϒ4) genannt werden (不可得而名故不可言同名曰玄 *bù kě dé ér míng gù bù kě yán tóng míng yuē xuán*), weshalb Namen diesbezüglich grandios scheitern (名則失之遠 *míng zé shī zhī yuǎn*) und deshalb vom »Abgründigen des Abgründigen« als dem für beide selbigen Ausgang, dem Tor alles Übersinnlichen, gesprochen wird (故曰玄之又玄也衆妙皆從同而出故曰衆妙之門也 *gù yuē xuán zhī yòu xuán yě zhòng miào jiē cóng tóng ér chū gù yuē zhòng miào zhī mén yě*) (Y5).[155]

155 Cf. Wáng Bì, Dào-dé-zhēn-jīng-zhù 1.5, ⟨ed.⟩ Lóu Yǔ-liè, 1.2.4-8;

In seinem Kommentar zum ›Yì-jīng‹ erklärt Wáng Bì, daß das totenstille Nichts (寂然至無 *jì rán zhì wú*) die Wurzel (本 *běn*) der 10000 ablaufenden Umwandlungen (運化萬變 *yùn huà wàn biàn*) und der Fülle von Dingen (富有萬物 *fù yoǔ wàn wù*) innerhalb von Himmel-und-Erde (天地 *tiān dì*), die Wurzel von Himmel-und-Erde aber der Geist (天地以本為心者也 *tiān dì yǐ běn wéi xīn zhě yě*) ist (是其··矣 *shì jí .. yǐ*). Hätte Himmel-und-Erde Geist aber für Sein gehalten (若其以有為心 *ruò qí yǐ yoǔ wèi xīn*), so hätten die verschiedenen Arten keine Fähigkeit zu leben/existieren/sein erhalten (則異類未獲具存矣 *zé yì lèi wèi huò jù cún yǐ*),[156] da, so ist zu erläutern, in einem emanativen oder derivativen System, und als solches kann man den Daoismus in Anbetracht seiner Struktur und Funktionen durchaus auffassen, die Bestimmung (Erschaffung, Aktivierung und Informierung) immer vom höheren Prinzip ausgeht.[157]

Wenn alle Aktivität auf der Erde zum Stillstand kommt

Text nach ⟨ed./tr.⟩ R. G. Wagner, A Chinese Reading of the *Daodejing*, pp. 120/122–123: 兩者始與母也同出者同出於玄也異名所施不同也在首則謂之始在終則謂之母玄者冥也默然無有也始母之所出也不可得而名故不可言同名曰玄而言謂之玄者取於不可得而謂之然也謂之然則不可以定乎一玄若定乎一玄而已則是名則失之遠矣故曰玄之又玄也衆妙皆從同而出故曰衆妙之門也. Textvariante zwischen geschweiften Klammern; cf. dazu auch ⟨tr.⟩ P. J. Lin, A Translation of Lao Tzu's Tao Te Ching and Wang Pi's Commentary, p. 4**. Übersetzung auch in ⟨tr.⟩ R. J. Lynn, The Classic of the Way and Virtue, p. 52; ⟨trr.⟩ A. Rump / Chan Wing-tsit, Wang Pi: Commentary on the *Lao Tzu*, pp. 2–3; ⟨tr.⟩ E. Zürcher, The Buddhist Conquest of China, 1.89.

156 Cf. Wáng Bì, Zhōu-yì-zhù, ⟨ed.⟩ Lóu Yǔ-liè, 1.336.14–337.2: 復者, 反本之謂也。天地以本為心者也。…是其··矣。…若其以有為心, 則異類未獲具存矣。⟨tr.⟩ R. J. Lynn, The Classic of Changes, p. 286; ⟨tr.⟩ idem, The Classic of the Way and Virtue, pp. 45[53]–46, 99[1]; ⟨tr.⟩ E. M. Chen, In Praise of Nothing, p. 108.

157 Cf. Fung Yu-lan, A History of Chinese Philosophy, 2.181.

(故動息地中 *gù dòng dī dì zhōng*), dann (erst) offenbart sich der Geist von Himmel-und-Erde (乃天地之心見也 *nǎi tiān dì zhī xīn jiàn yě*).[158] „Denn obwohl Himmel-und-Erde weit sind, haben sie das Nichts zum Geist (無為心 *wú wéi xīn*); obwohl der weise Herrscher groß ist, beruht seine Herrschaft auf der Leere (虛為主 *xū wéi zhǔ*). Deshalb ist zu sagen, daß wenn man unter dem Aspekt der Rückkehr (復 *fù*) darauf schaut, sich der Geist von Himmel-und-Erde offenbart (天地之心見 *tiān dì zhī xīn jiàn*).“[159] „Dào ist gestaltlos (無形 *wú xíng*) und unverbunden/unabhängig/absolut (不繫 *bù jì*); das Unvergängliche (常 *cháng*) kann nicht benannt werden (不可名 *bú kě míng*); infolgedessen besagt Unvergänglichkeit Namenlosigkeit (以無名為常 *yǐ wú ming wéi cháng*). … Der (unbehauene) Klotz als solcher (樸之為物 *pǔ zhī wéi wù*) hat demnach das Nichts zum Geist (以無為心也 *yǐ wú wéi xīn yě*) und dieser ist ebenso namenlos (亦無名 *yì wú míng*).“[160]

[158] Cf. Wáng Bì, Zhōu-yì-zhù, ⟨ed.⟩ Lóu Yǔ-liè, 1.337.1-2: 故動息地中，乃天地之心見也。⟨tr.⟩ R. J. Lynn, The Classic of Changes, p. 286; ⟨tr.⟩ idem, The Classic of the Way and Virtue, pp. 45, 99; ⟨tr.⟩ E. M. Chen, In Praise of Nothing, p. 108.

[159] Wáng Bì, Dào-dé-zhēn-jīng-zhù 38.2, ⟨ed.⟩ Lóu Yǔ-liè, 1.93.8-9; Text nach ⟨ed./tr.⟩ R. G. Wagner, A Chinese Reading of the *Daodejing*, pp. 237/242: 是以天地雖廣以無為心聖王雖大以虛為主故曰以復而視則天地之心見. ⟨tr.⟩ R. J. Lynn, The Classic of the Way and Virtue, p. 120; ⟨trr.⟩ A. Rump / Chan Wing-tsit, Wang Pi: Commentary on the *Lao Tzu*, p. 109; ⟨tr.⟩ P. J. Lin, A Translation of Lao Tzu's Tao Te Ching and Wang Pi's Commentary, p. 70.

[160] Wáng Bì, Dào-dé-zhēn-jīng-zhù 32.1, ⟨ed.⟩ Lóu Yǔ-liè, 1.81.8; Text nach ⟨ed./tr.⟩ R. G. Wagner, A Chinese Reading of the *Daodejing*, pp. 223/224: 道無形不繫常不可名以無名為常…樸之為物以無為心也亦無名; ⟨tr.⟩ R. J. Lynn, The Classic of the Way and Virtue, p. 108; ⟨trr.⟩ A. Rump / Chan Wing-tsit, Wang Pi: Commentary on the *Lao Tzu*, p. 96; ⟨tr.⟩ P. J. Lin, A Translation of Lao Tzu's Tao Te Ching and Wang Pi's Commentary, p. 58.

„Verfolgt man das leere Nichts (虛無 *xū wú*) bis zur Grenze, erlangt man das Ewige des Seienden (物之常 *wù zhī cháng*) und gelangt so zum Äußersten/Ultimum (極 *jí*) der Unerschöpflichkeit (不可窮 *bù kě qióng*).“[161] Daß das Ziel der Mystik durch andauernde Leidenschafts- oder Intentionslosigkeit (常無欲 *cháng wú yù*) erlangt wird, kennen wir schon von Lǎozǐ, daß dieser Zustand aber als einer der absoluten Leere oder Leerheit der Leere (空虛 *kōng xū*) betont wird,[162] stellt nicht nur eine Steigerung in der Ausdrucksweise, sondern einen deutlichen Hinweis auf die größtmögliche Prinzipienreichweite über alle begrifflich faßbaren „Prinzipien“ hinaus dar.

Die Ruhe, die eintritt, wenn alle Aktivitäten aufhören (凡動息則靜 *fán dòng xī zé jìng*), ist der Aktivität aber nicht entgegengesetzt (靜非對動者也 *jìng fēi duì dòng zhě yě*), wie auch die Stille, die eintritt, wenn alle Rede aufhört (語息則默 *yǔ xī zé mò*), der Rede nicht entgegengesetzt ist (默非對語者也 *mò fēi duì yǔ zhě yě*).[163] Das bedeutet, daß Ruhe und Stille

---

[161] Wáng Bì, Dào-dé-zhēn-jīng-zhù 16.12, ⟨ed.⟩ Lóu Yǔ-liè, 1.37.6; Text nach ⟨ed./tr.⟩ R. G. Wagner, A Chinese Reading of the *Daodejing*, pp. 170/172: 窮極虛無得物之常則乃至於不可窮極也；⟨tr.⟩ R. J. Lynn, The Classic of the Way and Virtue, pp. 76–77; ⟨trr.⟩ A. Rump / Chan Wing-tsit, Wang Pi: Commentary on the *Lao Tzu*, p. 51; ⟨tr.⟩ P. J. Lin, A Translation of Lao Tzu's Tao Te Ching and Wang Pi's Commentary, p. 29. Cf. parallel Wáng Bì, Dào-dé-zhēn-jīng-zhù 16.1; 16.3; 48.2, ⟨ed.⟩ Lóu Yǔ-liè, 1.35.12; 1.36.2; 1.128.2; Text nach ⟨ed./tr.⟩ R. G. Wagner, A Chinese Reading of the *Daodejing*, pp. 167–168/170; 279/280.

[162] Cf. Wáng Bì, Dào-dé-zhēn-jīng-zhù 1.3, ⟨ed.⟩ Lóu Yǔ-liè, 1.1.11; Text nach ⟨ed./tr.⟩ R. G. Wagner, A Chinese Reading of the *Daodejing*, pp. 119/122.

[163] Cf. Wáng Bì, Zhōu-yì-zhù, ⟨ed.⟩ Lóu Yǔ-liè, 1.336.14–337.1: 凡動息則靜, 靜非對動者也；語息則默, 默非對語者也。⟨tr.⟩ R. J. Lynn, The Classic of Changes, p. 286; ⟨tr.⟩ idem, The Classic of the Way and Virtue, pp. 45[53]–46, 99[1]; ⟨tr.⟩ E. M. Chen, In Praise of Nothing, p. 108.

im Sinne allerhöchster Errungenschaften bzw. allertiefster Gelassenheit nicht als polare weltkonstitutive Gegensätze zu Aktivität und Verlautbarung, sondern als Zusammenfall der Gegensätze (*coincidentia oppositorum*) (ϒ3), womöglich sogar als Gegensatz des Gegensätzlichen (*oppostitio oppositorum*) (ϒ4), als Dào-Transzendentalien, wenn ich das für Kenner der christlich-mittelalterlichen Ontotheologie einmal so sagen darf, zu verstehen sind.

Letzteres kann aus einer Bemerkung geschlossen werden, die Wáng Bì in einer kurzen Biographie zugeschrieben wird. Darin heißt es, daß die Myriade von Seienden (萬物 *wàn wù*) ihr Wahrsein (誠 *chéng*) vom Nichts (無 *wú*) erhielten (資 *zī*), über das der Weise [sc. Konfuzius] (聖人 *shèng rén*) allerdings nur ungern gesprochen (莫肯致言 *mò kěn zhì yán*), während sich Lǎozǐ (老子) endlos darüber ausgebreitet hätte (申之無已 *shēn zhī wú yǐ*). Der Weise (聖人 *shèng rén*) hätte nämlich das Nichts verkörpert (體無 *tǐ wú*); das Nichts wiederum könnte nicht gelehrt werden (無又不可以訓 *wú yòu bù kě yǐ xùn*), weshalb er sich dazu nicht geäußert hätte (故不說也 *gǔ bù shuō yě*). Hingegen wäre Lǎozǐ (老子) ein ins Sein/Seiende Verstrickter [ein ‚Ont(olog)iker'] gewesen (是有者也 *shì yǒu zhě yě*), weshalb er permanent über das Nichts geredet hätte (故恆言無 *gù héng yán wú*), was inadäquat/unzureichend gewesen wäre (所不足 *suǒ bù zú*).[164] Daraus ist ersichtlich, daß es Wáng Bì beim Nichts nicht um einen Begriff, um irgend etwas Begriffenes oder Begreifbares, um das „Nichts" (ϒ4), das „Nicht-Sein" (ϒ3) oder „Nichtseiende" (ϒ2) also,

164 Cf. Wáng Bì, Hé-shào-wáng-bì-zhuán, ⟨ed.⟩ Lóu Yǔ-liè, 2.639.4-6: 「夫無者誠萬物之所資也, 然聖人莫肯致言, 而老子申之無已者何?」弼曰:「聖人體無, 無又不可以訓, 故不說也;老子是有者也, 故恆言無所不足。」 Meine Erläuterungen in eckigen Klammern; ⟨tr.⟩ R. J. Lynn, The Classic of Changes, pp. 11, 14; ⟨tr.⟩ idem, The Classic of the Way and Virtue, pp. 11-12.

sondern um die übersprachliche, unmittelbare (Erfahrung der) Ein- oder besser Nullheit in absolutem Stilleschweigen (Y5) geht.

Vergleichen wir die Exegese des 24. von 64 Hexagrammen (卦 *guà*) des ›Yì-jīng‹ ䷗ 復 (*fù*), Rückkehr, Wiederkehr, Aus- und Rückgang, Wiederherstellung, Wiedererlangung, Wiederholung (die Nennung der daran anklingenden platonistischen Begriffe schenke ich mir hier), mit Wáng Bì's Auslegung von ›Dào-dé-jīng 1‹ dann entspricht der Geist hier dem Ausgang und der Mutter (nach Textvariante Ausgang und Nichts) dort (nach zweiter Lesart ein idealtypischer Zusammenfall der Gegensätze von Sein und Nichts, platonistisch *aóristos duás* als Geistcharakterisierung).

Zugegeben, Wáng Bì differenziert zwischen Transzendenz und Totalität nicht gerade deutlich. Das Nichts als solches 無之為物 *wú zhī wéi wù*), heißt es jedoch an einer Stelle, sei unversehrbar (不能害 *bù néng hài*) und unzerstörbar (不能殘 *bù néng cán*), so es vom Geist in Aktion gesetzt bzw. angewendet würde (用之於心 *yōng zhī yú xīn*).[165] Dieser solle hinwiederum nicht(s) sein (心宜無有 *xīn yí wú yǒu*), Qì zu frönen, führe demgegenüber zu Gewalt/Zwang (使氣則強 *shǐ qì zé qiáng*),[166] sagt doch schon der Meister selbst, man solle

165 Wáng Bì, Dào-dé-zhēn-jīng-zhù 16.13, ⟨ed.⟩ Lóu Yǔ-liè, 1.37.8-9; Text nach ⟨ed./tr.⟩ R. G. Wagner, A Chinese Reading of the *Daodejing*, pp. 170/172; ⟨tr.⟩ R. J. Lynn, The Classic of the Way and Virtue, p. 77; ⟨trr.⟩ A. Rump / Chan Wing-tsit, Wang Pi: Commentary on the *Lao Tzu*, p. 51; ⟨tr.⟩ P. J. Lin, A Translation of Lao Tzu's Tao Te Ching and Wang Pi's Commentary, p. 29.

166 Wáng Bì, Dào-dé-zhēn-jīng-zhù 55.8, ⟨ed.⟩ Lóu Yǔ-liè, 1.146.7; Text nach ⟨ed./tr.⟩ R. G. Wagner, A Chinese Reading of the *Daodejing*, pp. 305/306; ⟨tr.⟩ R. J. Lynn, The Classic of the Way and Virtue, p. 156; ⟨trr.⟩ A. Rump / Chan Wing-tsit, Wang Pi: Commentary on the *Lao Tzu*, p. 158; ⟨tr.⟩ P. J. Lin, A Translation of Lao Tzu's Tao Te Ching and

den Geist leeren und den Bauch füllen (虛其心實其腹 *xū qí xīn shí qí fù*).[167] „Der Weise ist es, der den leeren Geist verkörpert."[168] Dabei soll weder das Handeln unterdrückt noch das Verlangen ausgelöscht werden, sondern es sei mit einem Nicht-Geist, dem restlos leeren Geist, zu realisieren. „Deshalb ist nicht (不 *bù*) jemandes Handeln (為 *wéi*) anzugreifen (攻 *gōng*), sondern es ist dazu zu veranlassen (使 *shǐ*), daß mit Nicht-Geist (無心 *wú xīn*) gehandelt wird (為 *wéi*); nicht (不 *bù*) ist jemandes Verlangen (欲 *yù*) anzufechten (害 *hài*), sondern es ist dazu zu veranlassen (使 *shǐ*), daß Nicht-Geist (無心 *wú xīn*) im Verlangen (欲 *yù*) ist."[169]

„Der Geist ist für Wang Pi leere Spontaneität. Leere (*hsü* [虛]) ist seine Substanz und Spontaneität (*tzu-jan* [自然]) seine Funktion. Des weiteren ist die Natur dieses Geistes, in perfekter Übereinstimmung mit seinen Objekten zu sein, seien es (1) äußere Dinge und Ereignisse oder (2) innere Emotionen und Notionen."[170] Weder Leere noch Spontaneität

---

Wang Pi's Commentary, p. 104.

[167] Cf. Lǎozǐ, Dào-dé-jīng 3, ⟨ed./tr.⟩ T. Izutsu, p. 32, mit Kommentar Wáng Bì, Dào-dé-zhēn-jīng-zhù 3.2, ⟨ed.⟩ Lóu Yǔ-liè, 1.8.6; ⟨ed./tr.⟩ R. G. Wagner, A Chinese Reading of the *Daodejing*, pp. 128/129.

[168] Chang Chung-yue, Wang Pi on the Mind, p. 99.

[169] Wáng Bì, Lǎozǐ-wēi-zhǐ-lì-lüè B 6.11-12, ⟨ed.⟩ Lóu Yǔ-liè, 1.198.7; Text nach ⟨ed./tr.⟩ R. G. Wagner, A Chinese Reading of the *Daodejing*, pp. 97/99-100: 故不攻其為也，使其無心於為也；不害其欲也，使其無心於欲也。⟨tr.⟩ R. J. Lynn, The Classic of the Way and Virtue, p. 37; ⟨tr.⟩ Chang Chung-yue, Wang Pi on the Mind, p. 99.

[170] Chang Chung-yue, Wang Pi on the Mind, p. 99, meine Einfügungen chinesischer Schriftzeichen in eckigen Klammern. Cf. den Lösungsvorschlag für die Problematik des (Sprach-)Handelns in völliger Unbewegtheit bei Zhuāngzǐ von J.-F. Billeter, Arrêt, vision et langage, pp. 42-43, unter dem Stichwort „zweifacher Modus" (régime double); die gleiche Thematik wird unter der gleichen Kapitelüberschrift, doch

erklären jedoch irgendein Entstehen. Wenn das Wesen leer und das Funktionieren unerklärlich ist, sich beides aber entspricht, was bleibt dann übrig? Im Sinne mystischer Lehren vielleicht eine höhere Art von Koinzidenz: Plus-Koinzidenz [(ϒ3)+(ϒ4)=(ϒ3')], so die Bezeichnung in der Strukturtheorie der Re–flexion; im Sinne des Madhyamaka ist das womöglich die Indifferenz von Absolutem und Relativem, die re–flexionsstrukturell Meta-Koinzidenz (Y6) genannt wird. Damit ist die Behauptung widerlegt, Wáng Bì sei es zwar gelungen zu erklären, wie der leere Geist des Weisen mit Emotionen kompatibel sei, nicht jedoch wie mit (intuitivem wie intellektuellem) Wissen.[171]

Nur indem man die Leere als Dé (Taugen/Wirksamkeit/Geist) erfaßt (唯以空為德 *wéi yǐ kōng wéi dé*), stellt man sicher, daß die Handlungen Dào folgen (然後乃能動作從道 *rán hòu nǎi néng dòng zuò cóng dào*).[172] Dé erhält (得德 *dé dé*) man jedoch von Dào (由乎道 *yóu hū dào*); vervollkommnet (盡 *jìn*) wird Dé aber, indem das Nichts in Aktion/Funktion gesetzt wird (無為用 *wú wéi yòng*); geschieht das Funktionieren/Agieren durch das Nichts (以無為用 *yǐ wú wéi yòng*), wird kein Seiendes nicht (unt)erhalten (則莫不載也 *zé mò bù*

---

in geänderter Darstellungsweise in idem, Études sur Tchouang-tseu, pp. 129–133, ausgeführt.

171 Die Behauptung stammt von Chang Chung-yue, Wang Pi on the Mind, p. 100.

172 Wáng Bì, Dào-dé-zhēn-jīng-zhù 21.1, 〈ed.〉 Lóu Yǔ-liè, 1.52.10; Text nach 〈ed./tr.〉 R. G. Wagner, A Chinese Reading of the *Daodejing*, pp. 186/188: 唯以空為德然後乃能動作從道; 〈tr.〉 R. J. Lynn, The Classic of the Way and Virtue, p. 86; 〈trr.〉 A. Rump / Chan Wing-tsit, Wang Pi: Commentary on the *Lao Tzu*, p. 65; 〈tr.〉 P. J. Lin, A Translation of Lao Tzu's Tao Te Ching and Wang Pi's Commentary, p. 38.

zài yě).[173] Sein/Seiendes funktioniert durch das Nichts (有以無為用 *yǒu wú wéi yòng*); dieses stellt dessen Umkehr(ung)/Rückbezüglichkeit dar (此其反也 *cǐ qí fǎn yě*) ... Wer sich zurückbezieht, agiert dào-gemäß (反者道之動也 *fǎn zhě dào zhī dòng yě*).[174] „Alles unter dem Himmel [sc. der gesamte Kosmos] (天下之物皆 *tiān xià zhī wù jiē*) nimmt seinen Ausgang vom Sein (有為生 *yǒu wéi shēng*); der Anfang des Seins (有之所始 *yǒu zhī suǒ shǐ*) hat seinen Ursprung im Nichts (以無為本 *yǐ wú wei běn*); will Seiendes vollendet sein (將欲全有 *jiāng yù quán yǒu*), muß es sich auf das Nichts zurückbeziehen (必反於無也 *bì fǎn yú wú yě*).“[175] Sieht man

---

[173] Wáng Bì, Dào-dé-zhēn-jīng-zhù 38.2, 〈ed.〉 Lóu Yǔ-liè, 1.93.7-8; Text nach 〈ed./tr.〉 R. G. Wagner, A Chinese Reading of the *Daodejing*, pp. 237/242: 何以得德由乎道也何以盡德以無為用以無為用則莫不載也; 〈tr.〉 R. J. Lynn, The Classic of the Way and Virtue, p. 119; 〈trr.〉 A. Rump / Chan Wing-tsit, Wang Pi: Commentary on the *Lao Tzu*, p. 109; 〈tr.〉 P. J. Lin, A Translation of Lao Tzu's Tao Te Ching and Wang Pi's Commentary, p. 70.

[174] Wáng Bì, Dào-dé-zhēn-jīng-zhù 40.1, 〈ed.〉 Lóu Yǔ-liè, 1.109.15; Text nach 〈ed./tr.〉 R. G. Wagner, A Chinese Reading of the *Daodejing*, pp. 256/257: 有以無為用此其反也…反者道之動也; cf. o.c. 11.1; 〈ed.〉 Lóu Yǔ-liè, 1.27.1; 〈ed./tr.〉 R. G. Wagner, p. 154; für beide Stellen: 〈tr.〉 R. J. Lynn, The Classic of the Way and Virtue, pp. 130; 69; 〈trr.〉 A. Rump / Chan Wing-tsit, Wang Pi: Commentary on the *Lao Tzu*, pp. 123; 36; 〈tr.〉 P. J. Lin, A Translation of Lao Tzu's Tao Te Ching and Wang Pi's Commentary, pp. 77; 19.

[175] Wáng Bì, Dào-dé-zhēn-jīng-zhù 40.3, 〈ed.〉 Lóu Yǔ-liè, 1.110.6; Text nach 〈ed./tr.〉 R. G. Wagner, A Chinese Reading of the *Daodejing*, p. 257: 天下之物皆以有為生有之所始以無為本將欲全有必反於無也; 〈tr.〉 R. J. Lynn, The Classic of the Way and Virtue, p. 130; 〈trr.〉 A. Rump / Chan Wing-tsit, Wang Pi: Commentary on the *Lao Tzu*, p. 123; 〈tr.〉 P. J. Lin, A Translation of Lao Tzu's Tao Te Ching and Wang Pi's Commentary, p. 77. In den vorliegenden Übersetzungen des Kommentars von Logion 40 wird 反 (*fǎn*) unterschiedlich übertragen; R. J. Lynn und A. Rump / Chan Wing-tsit verstehen darunter beide Male Umkehr, Umwendung, Rückkehr, Rückbezug, R. G. Wagner und P. J.

den Unterschied zwischen übersinnlichem Wesen und Wirken, hyperkosmischer Substanz und Funktion?[176]

Ein weiteres Indiz für die Prinzipienstufung zwischen Nichts und Geist kann beigebracht werden. Auch dieses ist nicht ganz eindeutig, doch verleiht es unserer These weitere Plausibilität. Im Kommentar zu ›Dào-dé-jīng 42‹ wird folgende Frage gestellt: „Wodurch wird das Eine verursacht (何由致一 *hé yóu zhì yī*)? Durch das Nichts wird es verursacht (由於無也 *yóu yú wú yě*). Da das Eine durch das Nichts verursacht ist (由無乃一 *yóu wú nǎi yī*), könnte das Nichts doch Eins genannt werden (一可謂無 *yī kě wèi wú*)."[177] Aus der

---

Lin in 40.1 (negativen) Gegensatz, Opposition, in 40.3, wie erstere, Rückbezug etc. In erstgenanntem Falle bedeutet das, daß nur ein Nichts-Begriff, der des absoluten Nichts, impliziert ist, in zweitgenanntem, daß zwei Nichts-Begriffe ins Spiel gebracht werden, das relative Nichts oder Nichtseiende als (definitorisches) Oppositum zum Seienden, wie es z.B. in Lǎozǐ, Dào-dé-jīng 2.3, ⟨ed./tr.⟩ T. Izutsu, pp. 30/31 vorkommt: 故有無相生 (*gù yǒu wú xiāng shēng*) „deshalb bringen Seiendes und Nichtseiendes einander hervor", und das absolute Nichts als Urgrund. Beide Möglichkeiten sind denkbar, als Kommentar zu Logion 40 des ›Dào-dé-jīng‹ ist die erste Variante (beide Male Rückwendung/Umkehr) geradezu gefordert, da darin, wenn man nicht ziemlich extravagant, wie R. G. Wagner, übersetzt, vom Gegensatz keine Spur zu finden ist.

[176] Cf. dazu Wáng Bì, Dào-dé-zhēn-jīng-zhù 38.2, ⟨ed.⟩ Lóu Yǔ-liè, 1.94.9-12; Text nach ⟨ed./tr.⟩ R. G. Wagner, A Chinese Reading of the *Daodejing*, pp. 239/245; ⟨tr.⟩ R. J. Lynn, The Classic of the Way and Virtue, pp. 121-122; ⟨tr.⟩ P. J. Lin, A Translation of Lao Tzu's Tao Te Ching and Wang Pi's Commentary, p. 71; ⟨trr.⟩ A. Rump / Chan Wing-tsit, Wang Pi: Commentary on the *Lao Tzu*, p. 112.

[177] Wáng Bì, Dào-dé-zhēn-jīng-zhù 42.1, ⟨ed.⟩ Lóu Yǔ-liè, 1.117.11; Text nach ⟨ed./tr.⟩ R. G. Wagner, A Chinese Reading of the *Daodejing*, pp. 265/266: 其歸一也何由致一由於無也由無乃一一可謂無; ⟨tr.⟩ R. J. Lynn, The Classic of the Way and Virtue, p. 135; ⟨trr.⟩ A. Rump / Chan Wing-tsit, Wang Pi: Commentary on the *Lao Tzu*, p. 128; ⟨tr.⟩ P. J. Lin, A Translation of Lao Tzu's Tao Te Ching and Wang Pi's Commentary,

letzten Feststellung mag nun geschlossen werden, daß Dào, Nichts und das Eine identisch seien.[178] Das ist wegen der vorhergehenden Feststellung, daß das Eine durch das Nichts bewirkt wird, aber nicht haltbar. Die Aussage, daß das Nichts »Eines« genannt werden könnte, man beachte ihre Möglichkeitsform, bedeutet strukturtheoretisch vielmehr, daß Absolutes/Nichts und Geist/Sein nur zwei Seiten ein und derselben Medaille darstellen, ersteres Himmel-und-Erde abgewandt und namenlos, letzteres dem zugewandt und ‚namhaft', was in der Frage, die sich an den soeben wiedergegebenen Text unmittelbar anschließt, seinen Ausdruck findet: „Da es bereits »Eins« genannt wird, wie sollte es da kein Wort für es geben (已謂之一豈得無言乎 *yǐ wèi zhī yī qǐ dé wú yán hū*)?"[179] Dieses Wort ist das unvergängliche Wort, der immerwährende Name/Lógos (常名 *cháng míng*) des Dào, die Widerspiegelung des Nichts als Geist. Wáng Bì selbst gibt das, wie bereits zitiert und hier der Wichtigkeit wegen wiederholt, zu verstehen. „Die Grenze (極 *jí*) der höchsten Wahrheit (至眞 *zhì zhēn*) kann keinen Namen annehmen (不可得名 *bù kě dé míng*). »Namenlosigkeit« (無名 *wú míng*) ist deshalb ihr Name (則是其名也 *zé shì qì míng yě*)."[180]

Nehmen wir eine Tiefengliederung zwischen dem Nichts

---

p. 81.

[178] Das suggeriert R. J. Lynn, The Classic of the Way and Virtue, p. 142[1].

[179] Wáng Bì, Dào-dé-zhēn-jīng-zhù 42.1, 〈ed.〉 Lóu Yǔ-liè, 1.117.11; Text nach 〈ed./tr.〉 R. G. Wagner, A Chinese Reading of the *Daodejing*, pp. 265/266; 〈tr.〉 R. J. Lynn, The Classic of the Way and Virtue, p. 135; 〈trr.〉 A. Rump / Chan Wing-tsit, Wang Pi: Commentary on the *Lao Tzu*, p. 128; 〈tr.〉 P. J. Lin, A Translation of Lao Tzu's Tao Te Ching and Wang Pi's Commentary, p. 81. Im Original folgt eine aufsteigende Zahlenreihe im Stile der ‚Arithomogonie' von Zhuāngzǐ, Nán-huá-jīng 2.8, 〈ed.〉 HYIZY, p. 5.52-55.

an sich (ϒ4) und dem Geist (ϒ3) an, das drängt sich durch die parallele Prinzipienfolge von Nichts (ϒ4) und Ausgang–Mutter/Nichts (ϒ3) im Kommentar zum ersten Logion des ›Dào-dé-jīng‹ ja geradezu auf, so ergibt sich zusammen mit den durch Leidenschaft, durch Begehren bzw. Intentionalität wahrnehmbaren Be-/Ab-/Umgrenzungen oder Endpunkten (徼 *jiào*)[181] (ϒ2/1) für dieses eine 4/5fach-Gliederung wie aus einer hypostatischen Musterkollektion.

Aufgrund der Bedeutung von Wáng Bì's Kommentaren zu Klassikern für die spätere chinesische Philosophie, besonders des Daoismus,[182] sehe ich mich veranlaßt, hier noch eine Präzisierung und Ergänzung zu seinem Ansatz anzubringen. Dieser ist nicht unumstritten, hat man ihn doch bezichtigt, sich einer Art Negativismus hingegeben zu haben. „Wáng Bì's Fixierung auf den Urgrund als Nichts und die Bestimmung aller Wesen, im Nichts zu enden, enthält einen Unterton des Weltpessimismus, der vielleicht den Zeiten geschuldet war, zu denen er lebte. Das buddhistische Nirvana ist ein Nichts, das nicht zur Welt zurückkehrt, um alle Wesen zu unterhalten; Dao ist jedoch »die Mutter aller unter dem

[180] Wáng Bì, Dào-dé-zhēn-jīng-zhù 21.6, ⟨ed.⟩ Lóu Yǔ-liè, 1.53.7; Text nach ⟨ed./tr.⟩ R. G. Wagner, A Chinese Reading of the *Daodejing*, pp. 187/189: 至眞之極不可得名無名則是其名也。⟨tr.⟩ R. J. Lynn, The Classic of the Way and Virtue, p. 87; ⟨tr.⟩ A. Rump / Chan Wing-tsit, Wang Pi: Commentary on the *Lao Tzu*, p. 66; ⟨tr.⟩ P. J. Lin, A Translation of Lao Tzu's Tao Te Ching and Wang Pi's Commentary, p. 39.

[181] Die Interpretation Wáng Bì's von 徼 (*jiào*) mit 徼歸終也 (*jiào guī zhōng yě*) 'Limit ist nämlich der Endpunkt der Rückkehr' in Zusammenhang mit den Leidenschaften bzw. der Intentionalität trifft m.E. nicht den Sinn des Originals; siehe die beiden Vorschläge in meiner Übersetzungstabelle von ›Dào-dé-jīng 1‹ und ⟨ed./tr.⟩ T. Izutsu, pp. 28–29.

[182] Cf. Fung Yu-lan, A History of Chinese Philosophy, 2.178–180.

Himmel« (Daodejing Kap. 25), »leer und doch unerschöpflich, sich bewegend und doch gießt es immerfort aus« (Kap. 5).“[183] Da haben wir ihn wieder, den notorischen Eskapismus-Vorwurf an indische Weisheitslehren! Und das an einen chinesischen Vertreter einer orthodox-sinitischen Weltanschauung noch vor der Buddhismus im Reich der Mitte Platz gegriffen hatte.

Wáng Bì habe das 24. Hexagramm des ›Yì-jīng‹ einseitig und somit falsch gedeutet, indem er nur die Rückkehr des Seienden zum Nichts, aber nicht die Rückkehr des Seienden aus dem Nichts thematisiert habe.[184] In platonistische Terminologie übersetzt würde das heißen, daß er die Epistrophē ohne Próodos postulierte. Das ist sachlich unzutreffend und gilt, wenn überhaupt, nur hinsichtlich der Betonung, vielmehr wird dabei vergessen, daß sich mit der Apokatástasis (復 *fù*) das jenseitige Dào erst in seiner Fülle, nein, Leere diesseitig manifestiert. Der Verweis auf das Nirvāṇa ist, wenigstens wenn man sich auf das Mahāyāna bezieht, doppelt falsch, sowohl hinsichtlich des Daoismus als auch des Buddhismus. Die Berufung auf ›Dào-dé-jīng 40‹, wo im Anschluß an 復 (*fù*) und die Schwäche, Weichheit (弱 *ruò*) als Wirkweise (用 *yòng*) des Dào eine Genealogie angeführt wird, daß das Seiende nämlich aus dem Sein und das Sein aus dem Nichts hervorgeht,[185] dazu werden wir noch kommen, untermauert die Kritik nicht im geringsten, da darin trotz der Ableitung des Seienden aus dem Nichts der Schwerpunkt im Nichts verbleibt, somit ein Prinzipiengefälle hin zum Absolut- oder Stille-Dào besteht, der Akzent allen Rückkehrens

---

[183] E. M. Chen, In Praise of Nothing, p. 109.

[184] Cf. Fung Yu-lan, The Spirit of Chinese Philosophy, p. 99.

[185] Cf. E. M. Chen, In Praise of Nothing, pp. 106–109.

und Wiederherstellens also auf dem Nichts liegt. Das wird überdeutlich in dem, was man Wáng Bì's Leitmotiv nennen könnte: „Das Buch (書 *shū*) von Lǎozǐ (老子) kann praktisch in einem Satz (一言 *yī yán*) zusammengefaßt werden (蔽 *bì*), und zwar: sich der Wurzel zuwenden (崇本 *chóng běn*), den Wipfel (sein)lassen (息末 *xī mò*) [oder: die Wurzel hochachten, den Wipfel geringschätzen]. Nicht mehr (而已矣 *ér yǐ yǐ*).“[186] Buddhistisch? Philosophisch! Man müßte eben den Sinn von Philo-Sophie erfaßt haben.

Der Blick auf Wáng Bì soll mit einem Überblick über sein BewußtSeins-Konstrukt abgeschlossen werden. Dazu bediene ich mich eines originalen Textstücks, das zwar ein späterer Denker, Hán Kāng-bó (4. Jh.), aufschrieb, indem er die Arbeit am ›Yì-jīng‹ im Geiste Wáng's jedoch zu Ende schrieb, kann sie diesem mit gutem Gewissen zugeschrieben werden.[187] „Was ist Dào? Es ist ein Name (稱 *chēng*) des Nichts (无 *wú*). Es gibt nichts, was es nicht durchdringt (通 *tōng*), nichts, das nicht von ihm verursacht (由 *yóu*) wird; analog wird es Dào genannt. Still und immateriell (寂然无體 *jì rán wú tǐ*), kann es nicht verbildlicht werden (不可為象 *bù kě wéi xiàng*). An der (äußersten) Grenze des Funktionierens des Seins/Seienden (有之用極 *yǒu zhī tōng jí*) allerdings wird der

---

[186] Wáng Bì, Lǎozǐ-wēi-zhǐ-lì-lüè B 6.11–12, ⟨ed.⟩ Lóu Yǔ-liè, 1.198.3; Text nach ⟨ed./tr.⟩ R. G. Wagner, A Chinese Reading of the *Daodejing*, pp. 97/98: 老子之書，其幾乎可一言而蔽之。噫！崇本息末而已矣。Cf. o.c. A 2.44, ⟨ed.⟩ Lóu Yǔ-liè, 1.196.11; Text nach ⟨ed./tr.⟩ R. G. Wagner, A Chinese Reading of the *Daodejing*, pp. 87/90: 崇本以息末，守母以存子；(„sich der Wurzel zuwenden, den Wipfel seinlassen; sich an die Mutter halten, ihr Kind bleiben“); ⟨tr.⟩ R. J. Lynn, The Classic of the Way and Virtue, pp. 37, 33; E. M. Chen, In Praise of Nothing, p. 107.

[187] Cf. R. J. Lynn, The Classic of Changes, p. 5; B. Nielsen, A Companion to *Yi Jing* Numerology and Cosmology, p. 98, s.v. HAN BO 韓伯 (?332–?380).

Wert des Nichts offenkundig (无之功顯 *wú zhī gōng xiǎn*). So sehr Geistiges (神 *shén*) ortlos, unveränderlich (无方而易 *wú fāng ér yì*) und immateriell ist (无體 *wú tǐ*), kann sich Dào dennoch offenbaren (道可見 *dào kě jiàn*): der Geist (神 *shén*) ist durch sorgfältige Betrachtung des Wandelbaren zu vollenden (窮變以盡 *qióng biàn yǐ jìn*) und durch Geist (神 *shén*) ist hinwiederum das Dào zum Vorschein zu bringen (明道 *míng dào*). Obwohl Yīn (陰) und Yáng (陽) unterschieden (殊 *shū*) sind, werden sie als Eines im/des Nichts (无一 *wú yī*) behandelt (待 *dài*). Im Yīn-Zustand ist es [noch] nicht [aktuell] Yīn, durch Yīn entsteht es [erst]; im Yáng-Zustand ist es [noch] nicht [aktuell] Yáng, durch Yáng entsteht es [erst]. Deshalb sagt man: sobald Yīn, sobald Yáng [i.e. wechselweise Konstitution von Yīn und Yáng] (一陰一陽 *yī yīn yī yáng*).“[188]

Insgesamt enthalte ich mich bei der Auslegung und Skalierung der Strophe 1 des ›Dào-dé-jīng‹, wie an mancher Stelle metaphysischer Quellenschriften auch, eines apodiktischen

[188] Hán Kāng-bó (Wáng Bì), Zhōu-yì-xì-cí-shàng, 〈ed.〉 Lóu Yǔ-liè, Zhōu-yì-zhù, 2.541.13-15: 道者何？无之稱也, 无不通也, 无不由也, 況之曰道, 寂然无體, 不可為象。必有之用極, 而无之功顯, 故至乎神无方而易无體, 而道可見矣。故窮變以盡神, 因神以明道, 陰陽雖殊, 无一以待之。在陰為无陰, 陰以之生；在陽為无陽, 陽以之成, 故曰「一陰一陽」也。 Meine Erläuterungen in eckigen Klammern. Cf. 〈tr.〉 R. J. Lynn, The Classic of Changes, p. 53; dort ist 神 (*shén*) mit „das Numinose“ (the numinous) übersetzt (zum Terminus 神 (*shén*) cf. G. Linck, Yin und Yang, pp. 40–41, 82–86). Zu deren Verständnis ziehe man die von mir weiter unten dargestellte Stelle aus dem Appendix zum ›Yì-jīng‹ zu Rate, das von Hán Kāng-bó (Wáng Bì) ja interpretiert wird und wo anläßlich der Bildung des Urprinzipienpaars aus dem Großen Äußersten festgestellt wird, cf. o.c., 2.553.10, 〈tr.〉 R. J. Lynn, p. 65: „Sein nimmt seinen Ursprung notwendigerweise aus dem Nichts; dem entsprechend bildet das Große Äußerste das Prinzipien-/Standard-/Idealpaar (夫有必始於无, 故太極生兩儀也。).“ Ebenso vergleiche man das Tàijítú von Zhōu Dūn-yí, und die Kommentare von Zhū Xī, die von mir noch vorgestellt werden.

Exaktheits- und Ausschließlichkeitsanspruchs und räume gewisse Schwankungsbreiten ein, innerhalb welcher das Logion mit Sinn gelesen und interpretiert werden kann und auch interpretiert wurde und wird. In der Multi-Aspektualität der Bedeutung liegt ja gerade der Tiefsinn echt metaphysischer Texte. Heutzutage wird das oft als Ungenauigkeit verkannt. Entscheidend ist zunächst, die zugrundeliegende Vierfachstruktur, ja die Darstellung überhaupt erst als Prinzipientheorie onto-gnoseologischer Art zu erkennen, über Nuancen, seien es Zwischenglieder, Unterteilungen, Akzentuierungen, Ausschmückungen und sonstiges, kann und sollte man sich dann in wissenschaftlicher Vorbildlichkeit, indem man sich also zusammensetzt, auseinandersetzen, und nicht, wie in der Mainstream-Gelehrsamkeit, gemäß Machtkonstellation im Forschungsbetrieb Unerwünschtes unterdrücken, ausschließen, verunglimpfen oder verleumden.

Tài-yī-shēng-shuǐ Kosmogonie

Um bei den tiefsinnigsten und ältesten mytho-metaphysischen Spekulationen Chinas zu bleiben, möchte ich hier einen Bambustext erwähnen, der vor einigen Jahrzehnten in einem Grab in Guōdiàn gefundenen wurde und thematisch in direktem Zusammenhang mit dem ›Dào-dé-jīng‹ gesehen wird. „Er ist der älteste bekannte chinesische kosmogonische Text. Er stellt fest, daß Taiyi Wasser erzeugte, dann mit Hilfe von Wasser den Himmel und dann mit Hilfe des Himmels die Erde. Danach erzeugten Himmel und Erde zusammen die Geister und Himmelskörper (*shenming* 神明), die wiederum Yin und Yang erzeugten u.s.w., wobei jedes Paar ein weiteres, das zur atmosphärischen Ebene gehört, erzeugt. Die Sequenz endet mit dem Jahr, nach welchem der Text in umgekehrter Reihenfolge zu Taiyi zurückkehrt. Die Schlußbemerkungen befassen sich mit Taiyi und Dao in einer Ausdrucksweise, die zeigt, daß Taiyi hier nicht als Astralgott bezeichnet wird, sondern als das Eine Prinzip an der Basis des Universums.“[189] Hier meine tentative Übersetzung mit zugegebenermaßen konjekturaler, an die Reflexionsstruktur angelehnter und das gnoseologische Gestaltungsprinzip augenfällig werden lassender Skalierung.

(ϒ4) Das Höchste Eine (太一 *tài yī*) bringt
(ϒ3) das Wasser (水 *shuǐ*) hervor (生 *shēng*); zurückgekehrt (反 *fǎn*) zum Höchsten Einen (太一 *tài yī*), dieses unterstützend (輔 *fǔ*), verfertigt (成 *chéng*) das Wasser (水 *shuǐ*) so (是以 *shì yǐ*)
($ϒ3_2$) den Himmel (天 *tiān*); der Himmel (天 *tiān*) kehrt zum Höchsten Einen (太一 *tài yī* zurück 反 *fǎn*) und verfertigt (成 *chéng*) auf diese Weise (是以 *shì yǐ*), dieses unterstützend (輔 *fǔ*),
($ϒ3_1$) die Erde (地 *dì*).
(ϒ3) Himmel-Erde (天地 *tiān dì*) [unterstützen sich wiederholt] und verfertigen (成 *chéng*) auf diese Weise (是以 *shì yǐ*)
⟨ϒ2½⟩ die Geist- und Lichtwesen [Himmelskörper?] (神明 *shén míng*);[190] die Geist- und Lichtwesen [Himmelskörper?] (神明 *shén míng*) unterstützen sich in der Tat gegenseitig (相輔也 *xiàng fǔ yě*) und verfertigen (成 *chéng*) so (是以 *shì yǐ*)
(ϒ1) Yīn (陰)
(ϒ2) und Yáng (陽); Yīn und Yáng (陰陽) unterstützen sich in der Tat gegenseitig (相輔也 *xiàng fǔ yě*)
($ϒ1_4$) und verfertigen (成 *chéng*) (是以 *shì yǐ*) so die vier Jahreszeiten (四時 *sì shí*); die vier Jahreszeiten (四時 *sì*

[189] I. Robinet, Guodian manuscripts, p. 465.

[190] Zu 神明 (*shén míng*) cf. ⟨ed./tr.⟩ R. G. Henricks, Lao Tzu's *Tao Te King*, pp. 217[21]-218, mit Bezug auf A. C. Graham, A Neglected Pre-Han Philosophical Text: *Ho-kuan-tzu*, p. 515.

shí) unterstützen sich (輔也 *fŭ yĕ*) wiederholt (復 *fù*) und verfertigen (成 *chéng*) so (是以 *shì yĭ*)

(ϒ1$_3$) kalt und heiß (滄然 *cāng rán*); kalt und heiß (滄然 *cāng rán*) unterstützen sich in der Tat wiederholt (復相輔也 *fù xiāng fŭ yĕ*) und verfertigen (成 *chéng*) so (是以 *shì yĭ*)

(ϒ1$_2$) feucht und trocken (滋燥 *zī zào*); feucht und trocken (滋燥 *zī zào*) unterstützen sich in der Tat wiederholt (復相輔也 *fù xiāng fŭ yĕ*) und verfertigen (成 *chéng*) so (是以 *shì yĭ*)

(ϒ1$_1$) das Jahr (歲 *suì*) – und Schluß (而止 *ér zhĭ*). Deshalb (故 *gù*) wird das Jahr (歲 *suì*)

(ϒ1$_2$) von Feuchtem und Trockenem (滋燥 *zī zào*) hervorgebracht (所生 *suŏ shēng*); Feuchtes und Trockenes (滋燥 *zī zào*) werden

(ϒ1$_3$) von Kaltem und Heißem (滄然 *cāng rán*) hervorgebracht (所生 *suŏ shēng*); Kaltes, Heißes (滄然 *cāng rán*)

(ϒ1$_4$) und die vier Jahreszeiten (四時 *sì shí*) werden

(ϒ2/1) von Yīn und Yáng (陰陽) hervorgebracht (所生 *suŏ shēng*); Yīn und Yáng (陰陽) werden

⟨ϒ2½⟩ von den Geist- und Lichtwesen [Himmelskörper] (神明 *shén míng*) hervorgebracht (所生 *suŏ shēng*); die Geist- und Lichtwesen [Himmelskörper] (神明 *shén míng*) werden von

(ϒ3) Himmel-Erde (天地 *tiān dì*) hervorgebracht (所生 *suŏ shēng*); Himmel-Erde (天地 *tiān dì*) werden

(ϒ4) vom Höchsten Einen (太一 *tài yī*) hervorgebracht (所生 *suŏ shēng*). Deshalb (是故 *shì gù*) ist das Höchste Eine (太一 *tài yī*)

(ϒ3) ver-/geborgen im Wasser (藏於水 *cáng yú shuĭ*), bewegt sich (行 xíng)

(ϒ1$_4$) mit den Jahreszeiten (於時 *yú shí*), eine Umdrehung (舟 *zhōu*), und dann wieder (而又 *ér yòu*),

(ϒ3) [deshalb ist diese Phase (故以紀為 *gù yǐ jì wéi*)] die Mutter (母 *mǔ*)

(ϒ1) der Myriade von Dingen (萬物 *wàn wù*), …

(ϒ1) Unten, das ist der Erdboden, weshalb man »Erde« sagt (下土也,而謂之地 *xià tǔ yě ér wèi zhī dì*);

(ϒ2) oben, das ist der Luftraum, weshalb man »Himmel« sagt (上氣也而謂之天 *xià qì yě ér wèi zhī tiān*). Gleichermaßen (亦 *yì*) ist »Dào« (道) seine (其 *qí*) Bezeichnung (字 *zì*).

(ϒ3) »Darf man fragen (請問 *qǐng wèn*), was sein (其 *qí*) Name (名 *míng*) ist?«

(ϒ4) Um mit Dào etwas anzufangen (以道從事 *yǐ dào cóng shì*),

(ϒ3) sollte man es in seinem Namen tun (必詑其名 *bì tuó qí míng*), damit (故 *gù*) die Unternehmungen (事 *shì*) erfolgreich sind und sich entwickeln (成而身長 *chéng ér shēn cháng*). Auch (亦 *yì*) der Weise (聖人 *shèng rén*), der seine Unternehmungen befördert (從事 *cóng shì*), tut es in dessen Namen (詑其名 *tuó qí míng*), weshalb sein Handeln erfolgreich ist (故功成 *gù gōng chéng*) und er selbst keinen Schaden erleidet (而身不傷 *ér shēn bù shāng*). Himmel und Erde (天地 *tiān dì*), Name und Bezeichnung (名字 *míng zì*) stehen (立 *lì*) zueinander in Entsprechung (並 *bìng*);

(ϒ4) falls (故 *gù*) wir über diesen Bereich (方 *fāng*) hinausgehen (過 *guò*), ist nichts (不..相 *bù .. xiāng*) [Richtiges/Angemessenes (當 *dàng*)] zu denken (思 *sī*).“[191]

[191] Tài-yī-shēng-shuǐ, ⟨ed./tr.⟩ R. G. Henricks, Lao Tzu's *Tao Te King*, pp. 126/123–124, C:5 “Taiyi shengshui”, Part I (a) 1–7 … (b) 1–4: 太一生水, 水反補太一, 是以成天, 天反輔太一, 是以成地。天地[復相輔]

Was die Prinzipienfolge betrifft, an dieser Stelle nur zwei Bemerkungen, zum Teil (a) des Texts. Schwierigkeiten bereitet die Einordnung von Himmel (ϒ2) und Erde (ϒ1) oder Himmel-und-Erde (ϒ2/1) oder Himmel-Erde (ϒ3). Um dabei eine re–flexionslogisch stimmige Abfolge der kosmogonischen Sequenz zu erhalten, müssen sie bei der ersten Nennung in ihrer hyperkosmischen, also nicht-manifesten, archetypischen

---

也, 是以成神明。神明復相輔也, 是以成陰陽。陰陽復相輔也, 是以成四時。四時復輔也, 是以成滄然。滄然復相輔也, 是以成滋燥。滋燥復相輔也, 成歲而止。故歲者, 滋燥之所生也。滋燥者, 滄然之所生也。滄然者, 四時者, 陰陽之所生。陰陽者, 神明之所生也。神明者, 天地之所生也。天地者, 太一之所生也。是故太一藏於水, 行於時, 舟而又[故, 以紀為]萬物母, …下, 土也, 而謂之地。上, 氣也, 而謂之天。道亦其字也。請問其名?以道從事者必託其名, 故事成而身長;聖人之從事也, 亦託其名, 故功成而身不傷。天地名字並立。故過其方不思。相[當]。 Die Textergänzung des Editors in eckigen Klammern halte ich für verzichtbar, je nachdem wie man den Textsinn rekonstruiert, sogar für problematisch. Cf. die an manchen Stellen abweichende Übersetzung von ⟨ed./tr.⟩ S. Cook, The Bamboo Texts of Guodian, 1.343–354. Text mit Teilübersetzung auch in P. R. Goldin, The Myth that China Has No Creation Myth, pp. 15–16, mit Hinweisen auf zwei weitere Übersetzungen: T. Michael, The Pristine Dao, pp. 23–24; M. J. Puett, To become a god, pp. 160–163. Zur Skalierung des Abschnitts (b) gaben mir die Erläuterungen von ⟨adnot.⟩ R. G. Henricks, Lao Tzu's *Tao Te King,* pp. 123–125, den ersten Hinweis, eine prinzipientheoretische Unterscheidung zwischen »Dào« und Dào zu treffen; auf eine EMail-Anfrage gab mir Prof. Henricks in einer Antwort vom 29. 09. 2016 sowohl philologische Auskunft als auch Auskunft über den Textsinn; dabei bekräftigte er seine Übersetzung, nach welcher zwischen einer Benennung (謂*wèi*) oder Symbol-Bezeichnung (字*zì*) und dem Namen (名 *míng*) als der Sache selbst differenziert wird, die aber an sich namenlos sei. In dem Zusammenhang möchte ich einmal auf einen archetypischen Namen des Dào qua platonistischem Lógos-Noũs oder vedāntischer Vāk anspielen. Die Prinzipien-Einteilung nach re–flexionsstrukturellem Muster auch in diesem Falle zur Geltung zu bringen, dazu inspirierte mich die Übersetzung von ⟨edd./trr.⟩ R. T. Ames / D. L. Hall, *Daodejing,* pp. 229–231, in welcher bei den modernen Äquivalenten für altertümliche Schriftzeichen statt, wie bei Henricks, nicht

Form, als Prinzipien-Urpaar (兩儀 *liăng yí*), verstanden werden. Dies geht aus zwei Aussagen des Textes selbst hervor. Erstens daraus, daß in der ersten, absteigenden Ordnung bis zur Konstitution der Erd-Idee (地 *dì*), also bis zu Himmel-Erde (天地 *tiān dì*) als Primordial-Polarität sowohl das Ur-Wasser (水 *shuĭ*) als auch der archetypische Himmel (天 *tiān*) zur Hervorbringung der nächsten Einheit der übersinnlichen Gesamtgestaltung jeweils zum Höchsten Einen (太一 *tài yī*) zurückkehren (反 *făn*), d.h. eine transzendente Kreisbewegung vollführen, um aus der Ein-Zweiheit Himmel-Erde Immanent-Kosmisches: Energetisches, Zeitliches, Räumliches und Sinnlich-Dingliches, die Dimensionen von Himmel-und-Erde zu erschaffen. Zweitens dürfte es kein Zufall sein, daß in der aufsteigenden Ordnung Himmel-Erde direkt als aus dem Höchsten Einen (太一 *tài yī*) hervorgegangen beschrieben wird und insofern die Stelle des Wassers der deszendierenden Abfolge einnimmt. Das ganze macht den Eindruck einer Kreisbewegung oder eines Aus- und Rückflusses. Hypostatisch scheint es nicht unbedeutend zu sein, daß das Wasser im Kontext des Kreislaufs der vier Jahreszeiten mit dem gleich darauf genannten Mütterlichen, das die Myriade von Dingen gebiert, in Verbindung gebracht wird und auf diese Weise die Parallelität zu Spruch ›Dào-dé-jīng 1‹ mit seiner diesbezüglichen Alternendo-Proportionalität hergestellt wird. Das Bild vom im Wasser verborgenen oder geborgenen Höchsten Einen stellt mytho-metaphysisch keine

---

詑其名, sondern 托其名 steht (auf solche philologischen Subtilitäten kann ich aus leicht verständlichen Gründen hier nicht näher eingehen) und die Übersetzung „im Namen des *Dao*“ (in the name of *dao*) und „in seinem Namen“ (in its name) lautet. In der englisch-deutschen Übersetzung auf der Basis eines minimal geänderten Textes von H. Klaus, The Tao of Wisdom, pp. 366–367, kann ich einen solchen Sinn nicht erkennen.

Einzigartigkeit dar, sondern drückt die emanatistische Vorstellung aus, daß sich das ‚Absolute' im Vorgang seiner Manifestation als solches hinter dieser verbirgt, indem es deren Gestaltungen offenbart, in diesen aber unbemerkt präsent bleibt. Ur-Wasser und Ur-Eines: die zu den wichtigsten zählenden Hymnen des Ṛg-Veda (10.90 und 10.129) enthalten, wie im Faszikel II/6 expliziert, beides in hypostatisch jeweils umgekehrter Stufung.[192] Wäre es nicht denkbar, diese zwei Typen in der hier diskutierten frühchinesischen Kosmogonie, den einen im Modus der ‚Evolution', den andren im Modus der ‚Involution' vorzufinden?

Héng-xiān Kosmogonie

Eine zusätzliche Information zum Thema Kosmogonie aus der neuesten sinologischen Forschung möchte ich den geneigten Leserinnen, Lesern und Mitdenkenden nicht vorenthalten. Es handelt sich um eine solche, die ebenso aus sehr alten Originalen, dreizehn beschrifteten Bambusstreifen, rekonstruiert wurde bzw. immer noch rekonstruiert wird, welche aus der Zeit der Streitenden Reiche (476–221) stammen sollen und wie das ›Tài-yī-shēng-shuǐ‹[193] in besagter Grabanlage in Guōdiàn gefunden wurde. Doch ist bei der nun vorzustellenden, ›Héng-xiān/Die Unvergänglichkeit am Anfang‹, genannten Schrift, wie bei den übrigen zwei hier präsentierten kosmogonischen Texten, ja vielen solcher neu entdeckten Texte, die Bedeutung einzelner Stellen mindestens genauso umstritten wie namentlich die Reiche, aus deren Herrschaftsbereich sie stammen, da zu den Schwierigkeiten paläographischer Entzifferung und philologischer Bedeutungszuordnung die Ungewißheit über die Zahl, d.h. die Vollständigkeit der Informationsträger, deren Anordnung

---

192 Cf. H. P. Sturm, Indische Vierfüßler, pp. 21–23, 40–46, 49, 61.

193 Aufeinanderfolgende Darstellung beider Schriften in Wang Zhongjiang, Daoism Excavated, pp. 30–83.

und Reihenfolge, und was noch gravierender ist, über die Herkunft und Weitergabe, die Echtheit der Fundstücke als solche kommt.[194] Die Struktur(meta)theorie hat damit keine Probleme; selbst wenn sich diese Sensationsfunde allesamt als Fälschung herausstellten, würde das an ihrer Gültigkeit nicht rütteln. Beim ›Héng-xiān‹ begnüge ich mich mit einer Teildarstellung, jedoch so, daß sowohl die Hauptschichten der GeistWelt als auch die Gesamtausdehnung dieses Gebildes sichtbar wird.

(ϒ4) „Die Unvergänglichkeit war zuerst (恆先 *héng xiān*), nichtseiend (無有 *wú yǒu*),[195] einfach (樸 *pǔ*), still/ruhig (靜 *jìng*) und leer (虛 *xū*): äußerste Einfachheit (大樸 *dà pǔ*), extreme Stille/Ruhe (大靜 *dà jìng*), absolute Leere (大虛 *dà xū*).

(ϒ3) Selbsterfüllt, selbst unfüllbar, beginnt das Irgend-

---

[194] P. R. Goldin, *Heng Xian* and the Problem of Studying Looted Artifacts, zieht die Echtheit der Texte in Zweifel, während sie C. J. Foster, Introduction to the Peking University Han Bamboo Strips, verteidigt. Es dürfte nicht allzu kühn sein festzustellen, daß es sich bei diesem ‚Streit' nur um ein Exempel des Kampfes um die Frag- oder Glaubwürdigkeit der Wissenschaften generell handelt.

[195] Xing Wen, Early Daoist Thought in Excavated Bamboo Slips, p. 105, verzeichnet sechs verschiedene, von Experten vertretene Übersetzungsmöglichkeiten für die vier Eingangs-Schriftzeichen 恆先無有 *héng xiàn wú yǒu*: immerwährend/dauerhaft/beständig/ewig – vor(her)/früher/ehemals/anfänglich – nicht/Nichts – seiend/Sein/ist. Nach Ding Si-xin, A Study of the Key Concepts *"Heng"* and *"Hengxian"* in the *Hengxian* on Chu Bamboo Slips Housed at the Shanghai Museum, p. 219, bedeute 恆 (*héng*) hier nicht nur Stetigkeit, sondern ebenso „»himmlisches *dao*«" (z.B. das Zu- und Abnehmen des Mondes) und sei nicht „gleich dem *dao* von Laozi." Andrerseits gleiche es ihm in den Bambusschriften, es beziehe sich nach den Worten des Forschers im ›Héng-xiān‹ aber eher auf das »himmlische *dao*«, denn auf das „*dao* von Laozi". Sollte ich hier etwas nicht richtig verstanden haben?

Etwas/Mögliche/Undeutliche/Mehrdeutige (或 *huò*). Gibt es das Irgend-Etwas/Mögliche/Undeutliche/Mehrdeutige (或 *huò*), dann gibt es Qì (氣). Gibt es Qì (氣), dann gibt es

(ϒ2/1) Seiendes (有 *yǒu*). Gibt es Seiendes (有 *yǒu*), dann gibt es einen Anfang (始 *shǐ*). Gibt es einen Anfang, dann gibt es

(ϒ4) ein Vormals (往 *wǎng*). Vormals (往 *wǎng*) gab es noch nicht Himmel-und-Erde (未有天地 *wèi yǒu tiān dì*), noch nicht (未有 *wèi yǒu*) Entstehen und Fortschritt (作行 *zuò xíng*), Hervorbringung und Wachstum (出生 *chū shēng*). Leere und Stille/Ruhe (虛靜 *xū jìng*) wurden/schufen (為 *wéi*)

(ϒ3) das Eine (一 *yī*), scheinbar (若 *ruò*)(,) ruhig und still (寂寂 *jì jì*), verschwommen und abermals verschwommen (夢夢 *mèng mèng*); das Unbestimmte (昧 *mèi*) und Irgend-Etwas/Mögliche/Undeutliche/Mehrdeutige (或 *huò*) entstand aber

(ϒ4) in der Stille/Ruhe und Ununterschiedenheit/Selbigkeit (靜同 *jìng tóng*).

(ϒ3) Das Unbestimmte (昧 *mèi*) und Irgend-Etwas/Mögliche/Undeutliche/Mehrdeutige (或 *huò*) brütete/rief hervor (滋生 *zī shēng*). Qì (氣) ist wahrlich selbst-erzeugend (自生 *zì shēng*). Qì (氣) wird nicht durch die Unvergänglichkeit (恒 *héng*) erzeugt. Qì (氣) ist wahrlich selbst-erzeugend (自生 *zì shēng*) und selbst-entstehend (自作 *zì zuò*). Das durch

(ϒ4) die Unvergänglichkeit (恆 *héng*)

(ϒ3) und Qì (氣)

(ϒ2) Erzeugte ist kein Aus-sich-Seiendes/Unabhängiges/Einzelnes (不獨有 *bù dú yǒu*), sondern ein Abhängiges/Teilnehmendes/Mitwirkendes (與也 *yù yě*).

(ϒ3) Wie ist das Irgend-Etwas/Mögliche/Undeutliche/Mehrdeutige (或 *huò*)

(ϒ4) die Unvergänglichkeit (恆 *héng*)? Was (者 *zhě*)

(ϒ3) das Irgend-Etwas/Mögliche/Undeutliche/Mehrdeutige (或 *huò*)

(ϒ4) zeugt (生 *shēng*), ist alsdann die Ununterschiedenheit/Selbigkeit (同 *tóng*).

(ϒ3) Verwirrt und durcheinander (昏昏 *hūn hūn*), unstet (不寧 *bù néng*), nach dem

(ϒ4) Erzeuger verlangend (求其所生 *qiú qí suǒ shēng*).

(ϒ2/1) Verschiedenheit erzeugt Verschiedenheit (異生異 *yì shēng yì*), Übereinstimmung erzeugt Übereinstimmung (歸生歸 *guī shēng guī*), Trennung erzeugt Trennung (違生違 *wéi shēng wéi*), Verneinung erzeugt Verneinung (非生非 *fēi shēng fēi*) und Zustimmung erzeugt Zustimmung (依生依 *yī shēng yī*).[196] Suche (欲 *qiú*) und Leidenschaft (求 *yù*) kehren von selbst zurück (自復 *zì fù*);

(ϒ3/2) Rückkehr (復 *fù*) ist Erzeugung durch fortgesetzte Erzeugung.

(ϒ3/2½.1) Das trübe (濁 *zhuó*) Qì (氣)

(ϒ1) erzeugt die Erde (地 *dì*);

(ϒ3/2½.2) das klare (清 *qīng*) Qì (氣) erzeugt

(ϒ2) den Himmel (天 *tiān*).

---

[196] Während das Werden im Daoismus häufig und vornehmlich durch Polarität (陰陽 *yīn yáng*) erklärt wird: Ein-Zweiheit (Anders-Bezüglichkeit), liegt die Betonung hier auf Resonanz bzw. Assoziation, einer Art homöopathischem Prinzip des Gleichen durch Gleiches (自然 *zì rán*): Zwei-Einheit (Selbst-Bezüglichkeit). Aus re–flexionsstrukturellen (metatheoretischen) Gründen darf ich, um den Konstruktcharakter solcher Spekulationen noch einmal ins Gedächtnis zu rufen, darauf aufmerksam machen, daß es sich in beiden Fällen um einen Mythos handelt, da in letzter Konsequenz weder aufgewiesen werden kann, wie aus zwei eins wird noch wie aus eins zwei werden.

(ϒ3) Qì (氣) ist wahrlich (信 *xìn*) Geist (神 *shén*)! (哉 *zāi*)
(ϒ2/1) Ein andauerndes gegenseitiges (云云相生 *yún yún xiāng shēng*) Erzeugen, das Himmel-und-Erde (天地 *tiān dì*) wahrlich erfüllt (信盈 *xìn yíng*),
(ϒ4) aus der Ununterschiedenheit/Selbigkeit (同 *tóng*) stammend (出 *chū*),
(ϒ2/1) doch Unterschiedliches (異 *yì*) erzeugend (生 *shēng*), indem (因 *yīn*) es das erzeugt (生其所 *shēng qí suǒ*), was es intendiert/ersehnt (欲 *yù*).
(ϒ2) Es wirkt und wirkt (業業 *yè yè*) Himmel-und-Erde (天地 *tiān dì*)
(ϒ1) nach-/durcheinander (紛紛 *fēn fēn*) die vielfältigen bunten (*duō cǎi*) Dinge (物 *wù*). …“[197]

---

[197] Héng-xiān, Streifen (1)–(4), ⟨ed.⟩ Xing Wen, Chǔjiǎn《Héng Xiān》Shìwén fēn zhāng, p. 54 (von mir auf traditionelle Schriftzeichen geändert); ⟨ed./tr.⟩ idem, Early Daoist Thought in Excavated Bamboo Slips, pp. 103–104: 恆先無有, 樸、靜、虛。樸, 大樸。靜, 大靜。虛, 大虛。自厭不自牣, 或作。有或焉有氣, 有氣署有有, 有有焉有始, 有始焉有往。往者未有天地, 未(1)有作行出生。虛靜為一, 若寂寂夢夢, 靜同而昧或萌。昧或滋生, 氣寔自生。恆莫生氣。氣寔自生自作。恆、氣之(2)生, 不獨有與也。或, 恆焉。生或者, 同焉。昏昏不寧, 求其所生。異生異, 歸生歸, 違生違, 非生非, 依生依。求欲自復。復(3), 生之生行。濁氣生地, 清氣生天。氣信神哉, 云云相生。信盈天地, 同出而異生, 因生其所欲。業業天地, 紛紛而多彩物。… (4). Abweichender Text mit entsprechend anderer Übersetzung E. F. Brindley et al., A Philosophical Translation of the *Heng Xian*, p. 146 (Frau Professor Brindley von der Pennsylvania State University danke ich für die freundliche Zurverfügungstellung von für mich schwer zu beschaffender Literatur); A. Gomouline, Permanence, Something, Being, p. 181; Teilübersetzungen mit Erläuterungen und Kommentaren: Xing Wen, Early Daoist Thought in Excavated Bamboo Slips; Chen Jing, Interpretation of *Hengxian*; Wang Zhong-jiang, Daoism Excavated, pp. 30–62; Qiang Yu, The Philosophies of Laozi and Zhuangzi and the Bamboo-slip Essay *Hengxian*. Selbstverständlich ist meine Übersetzung mit daran angelehnter Auslegung, wie die einschlägiger Spezialisten auch, an so mancher Stelle konjektural. Nachdem ich mir zu Gemüte führte, was von diesen geboten wird, erlaube ich mir hier diese Freiheit. Mein Verständnis hat gegenüber dem jener

Zur Abfolge der Prozesses soll hier nur eine Forscherstimme wiedergegeben werden: „... der Text beginnt mit einer kurzen Beschreibung des anfänglichen (chaotischen) Zustands der Welt (...) und umreißt die Transformationen, die er durchlief, um zum Kosmos zu werden. (...). Dann rekapituliert der Text und geht detaillierter auf den Anfang und die Entwicklung des kosmogonischen Prozesses ein.“[198]

Durch eine weitere spektakuläre Entdeckung altchinesischer Schriften vor ca. vier Jahrzehnten, der Seidentexte aus einem Hàn-Grab von Mǎwángduī, besitzen wir eine zusätzliche ziemlich alte Kosmogonie im Original, ›Dào-yuán/Dào als Ursprung‹,[199] die, auf das Wesentliche gestrafft, von re–flexionsstruktureller Beispielhaftigkeit und vom Typ her, wie das ›Héng-xiān‹ in der vorgestellten Lesart, geradezu mit dem ṛg-vedischen ›Nāsadīya-Sūkta‹ vergleichbar ist. Dào-yuán Kosmogonie

(ϒ4) „Zu Anfang (初 *chū*) war das unvergängliche Nichts (恒无 *héng wú*), allumfassende (迴 *huí*) Ununterschiedenheit/Selbigkeit (同 *tóng*), unermeßliche Leere (大

---

allerdings den Vorteil, nicht nur auf dem Wissen um die Struktur der tiefsinnigsten Kosmogonien der Menschheit zu beruhen, sondern dieses auf die Grundlage der Re–flexionsstruktur zurückzuführen. Der Sinn mytho-metaphysischer Texte ist nämlich niemals, wie von den meisten akademischen Experten praktiziert, auf philologischem (und in manchem Falle paläographischem) Wege allein zu erschließen.

[198] A. Gomouline, Permanence, Something, Being, p. 182; die Auslassungen beziehen sich auf Nennungen von Paragraphen in runden Klammern des zitierten Übersetzers, die von mir nicht wiedergegeben wurden, weil ich eine solche Einteilung nicht vornahm; der zitierte Interpret äußert l.c., daß diese Art der Abfolge zutreffender als die zweitmögliche einer geradlinigen Progression scheine.

[199] Vom Herausgeber und Übersetzer ins Englische, 〈ed./tr.〉 R. D. S. Yates, Five Lost Classics, pp. 195–202, auf das 3. Jh.v.Chr. datiert.

虛 *dà xū*). Die leere Ununterschiedenheit/Selbigkeit (虛同 *xū tóng*)

(ϒ3) war(d)/schuf (為 *wéi*) das Eine (一 *yī*), das permanente Eine und nicht mehr (恒一而止 *héng yī ér zhǐ*); trüb und nochmals trüb (濕濕 *shī shī*), verschwommen und abermals verschwommen (夢夢 *mèng mèng*);

(ϒ4) Helle und Dunkelheit waren noch nicht (未有明晦 *wèi yǒu míng huì*).

(ϒ3) Geistartig/mysteriös und trübe, all-erfüllend (神微周盈 *shén wēi zhōu yíng*),

(ϒ4) wesenhaft ruhig/still (精靜 *jīng jìng*), ohnegleichen/unverbunden {glanzlos} (不配(熙) *bù pèi* [*xī*]), also niemals je zu gebrauchen/betrachten (古(故)未有以 *gǔ gù wèi yǒu yǐ*), als keines der Myriaden von Dingen zu betrachten/gebrauchen (萬物莫以 *wàn wù mò yǐ*). Also war es von Anfang an formlos (古(故)无有刑(形) *gǔ* [*gù*] *wú yǒu xíng* [*xíng*]), voll-umfassend, namenlos (大週无名 *dà zhōu wú míng*).

(ϒ2) Der Himmel kann es nicht fassen (天弗能復(覆)*tiān fú néng fù* [*fù*]),

(ϒ1) die Erde (*dì*) kann es nicht tragen (地弗能載 *dì fú néng zài*). …

(ϒ3) »Eins« (一 *yī*) ist in der Tat sein Pseudonym/(angenommener) Name (者其號也 *zhě qí hào yě*),

(ϒ4) »Leere« (虛 *xū*) wahrlich seine Stätte (其舍也 *qí shè yě*). Nicht-Wirken (无為 *wú wéi*) wahrlich sein Wesen (其素也 *qí sù yě*),

(ϒ3) Gefüge/Harmonie (和 *hé*) in der Tat sein/e Wirken/Funktion (其用也 *qí yòng yě*).

(ϒ4) Deshalb ist das Über-Dào so erhaben (是故上道高 *shì gù shàng dào gāo*), daß es nicht untersucht werden kann (而不可察也 *ér bù kě chá yě*), so tief, daß es nicht ergründet werden kann (深而不可則(測)也 *shēn ér bù kě* [*zé*] *cè yě*), hell und klar (顯明 *xiǎn míng*), doch kann es nicht benannt werden (弗能為名 *fú néng wéi míng*), weit und ausgedehnt (廣大 *guǎn dà*), doch kann ihm keine Form gegeben werden (弗能為刑(形) *fú néng wéi* [*xíng*] *xíng*); ab-solut/unabhängig (獨立 *dú lì*), zweit-/zweiheitslos (不偶 *bù ǒu*). Keines der Myriaden von Dingen kann es beeinflussen (萬物莫之能令 *wàn wù mò zhī néng lìng*). …

(ϒ'3/4) Der Weise ((聖)人 [*shèng*] *rén*) vermag das Formlose zu (be)schauen (能察无刑(形) *néng chá wú xíng* [*xíng*]), vermag das Tonlose zu vernehmen (能聽无聲 *néng tīng wú shēng*), das Wesen der Leere [das Feste als das Leere] zu erkennen (知虛之實 *zhī xū zhī shí*),

(ϒ'4) zum Schluß vermag er unendlich leer zu sein [ist die unendliche Leere möglich] (后能大虛 *hòu néng dà xū*).

(Y5) Dann durchdringt (乃通 *nǎi tōng*) er die Essenz von Himmel und Erde (天地之精 *tiān dì zhī jīng*), dringt zu Ununterschiedenheit/Selbigkeit und Ungetrenntheit vor (通同而无間 *tōng tóng ér wú jiàn*), macht sich allem gleich (周襲 *zhōu xí*), wird aber nicht voll (而不盈 *ér bù yíng*). …"[200]

[200] Dào-yuán, ⟨ed./tr.⟩ R. D. S. Yates, Five Lost Classics, pp. 172/173: 恒无之初，迵同大虛。虛同為一，恒一而止。濕濕夢夢，未有明晦 。神微周盈，精靜不配(熙)。古(故)未有以，萬物莫以。古(故)无有刑(形)，大迵无名。天弗能復(覆)，地弗能載。…一者其號也，虛其舍也，无為其素也，和其用也。是故上道高而不可察也，深而不可則(測)也。顯明弗能為名，廣大弗能為刑(形)，獨立不偶，萬物莫之能令。…(聖)人能察无刑(形)，能聽无【聲】。知虛之實，后能大虛。乃通天地之精，通同而无間，周襲而不盈。Übersetzung gemäß Emendationen der kritischen Ausgabe in geschweiften, meine Übersetzungsvarianten in eckigen Klammern. Kritische Ausgabe des gesamten Texts auch in E. Ryden, The Yellow Emperor's Four Canons, pp. 426–430; Text mit englischer Übersetzung ebenso in L. S. Chang / Feng Yu, The Four

Hinsichtlich der Prinzipienstruktur dieses kosmo-logischen Leer-Laufs gibt es für den darin Versierten eigentlich nur einen Problembereich: die beiden Primärgrößen. Das dürfte aus der Diskussion um den ein Jahrtausend oder noch viel älteren ›Nicht-Nichtseinshymnus/Ṛg-Veda 10.129‹ vertraut sein. Entsprechend meiner Antwort dort ist diese hier durch den von mir verwendeten Plural bereits gegeben. Nicht nur kann in der Aussage „Die Leere als Ununterschiedenheit/Selbigkeit (虛同 *xū tóng*) war(d)/schuf (為 *wéi*) das Eine (一 *yī*)" das 為 *wéi* gegen das Verständnis sinologischer Doxographen philologisch als „ward" (nicht „war"!), modern „wurde", oder mit (er)schuf übersetzt und verstanden werden,[201] wobei dazugesagt werden muß, daß dieser Ausdruck machen, tun, handeln, schaffen, ausüben, eingreifen, sich verhalten, werden, sein, nehmen als, und vieles andere mehr bedeutet, sondern es kann durch die Hinzuziehung der im Text um einiges späteren Spezifizierung, daß die Leere (虛 *xū*) Stätte/Aufenthalt (舍 *shè*) und Nichtwirken (无為 *wú wéi*), das Eine (一 *yī*) aber Name, ja Pseudonym (號 *hào*), Gefüge und Harmonie (和 *hé*), Zusammensein also von Mehrerem wie Verschiedenem, und Aktivität, Wirken, Funktion (用 *yòng*) ist,[202]

Political Treatises of the Yellow Emperor, pp. 197–200.

[201] Aus der Übertragung von ⟨ed./tr.⟩ R. D. S. Yates, Five Lost Classics, p. 173: „Vacuous and the same, it was the One." (Leer und selbig war es das Eine), und Jan Yün-hua, *Tao Yüan* or *Tao: The Origin,* p. 198: „All were undifferentiated from and were identical with great Vacuity, / Vacuously identical with the One, / And at rest in the One eternally." (Alles war ununterschieden von und identisch mit der großen Leere, gehaltlos identisch mit dem Einen und ewig im Einen ruhend.), ergibt sich die Identität von Leere und Einem.

[202] Zur Unterscheidung und Dialektik von Dào als Substanz, Fundament, Wesen (體 *tǐ*) und Dào als Wirken, Funktion, Anwendung (用 *yòng*) in der chinesischen Philosophie allgemein cf. I. Robinet, *ti* and

auch der Unterschied beider Kategorien in der Weise bestimmt werden, wie er in einigen der tiefsinnigsten Metaphysiken der Stiftertraditionen vorfindlich ist, während man den strukturellen (zeitlosen) Aspekt der Gleichursprünglichkeit nicht aus dem Auge verlieren darf. Wie sollten wir sonst verstehen, was Wénzǐ (ca. 6. Jh.v.Chr.) sagen wollte, als er davon sprach, daß einerseits (der) Dào(ist) das leere Nichts (故道者虛無 *gù dào zhě xū wú*), andrerseits das leere Nichts Stätte/Aufenthalt des Dào(isten) (虛無者道之舍也 *xū wú zhě dào zhī shè yě*) sei.[203] Und wie in den anderen von mir in den einzelnen Abteilungen dieser Monographie behandelten Entstehungslehren folgt dem Weg nach außen der Weg nach innen, dem Werde- der Entwerdungsvorgang, der Vergegenständlichung die Entgegenständlichung, der Verwirklichung die Entwirklichung als weisheitliche Verwirklichung.

---

yong 體 · 用 substance and function, pp. 973–974, den ich oben bereits fast vollständig zitierte (übersetzte); eadem, La «mère» et la «femelle obscure» de Lao zi, p. 141; für den Neo-Konfuzianismus von Zhū Xī cf. B. A. Ziporyn, The *Ti-Yong* 體用 Model and Its Discontents.

[203] Cf. Wénzǐ, ⟨ed.⟩ (Jī Zǐ) Qīndìng Sìkù Quànshū, 1.3a.3-5; ⟨tr.⟩ T. Cleary, p. 5, bezieht sich auf Dào selbst; ⟨tr.⟩ J. Levi, Écrits de Maître Wen, p. 3, bezieht Dào auf die Führungsqualitäten gemäß dem Dào der vorausgehenden und auf die fünf Eigenschaften der nachfolgenden Sinneinheit des Texts und übersetzt: „Der Mensch des Tao ist Leere, Gleichmut, Klarheit, Nachgiebigkeit, Einfachheit; … Die Leere ist sein Aufenthalt, der Gleichmut seine Natur, Klarheit sein Spiegel …" Die Übersetzung: „der Mensch ist Leere" etc. macht nachdenklich. Aufgrund des Kontexts, unterschiedlicher Interpunktionsmöglichkeiten und der beide Male verschiedenen Stellung von 者 (*zhě*) im Satz, überlasse ich die Entscheidung darüber, welche nun die richtige Übersetzung bzw. Auslegung ist, so das überhaupt bestimmt werden kann, Kompetenteren. Bei dem Werk, dessen vermutliche originale Überreste 1973 in Form von beschrifteten Bambusstreifen in einem Hàn-Grab in Dìngzhōu gefunden wurden, handelt es sich um eine sehr freie Nachahmung, cf. P. van Els, The *Wénzǐ*, pp. 113–165.

Transkultural–philosophisch Interessierten möchte ich an dieser Stelle noch einmal versichern, aufgrund forschungsprofessioneller und damit existentieller Umstände – wessen Realitätssinn nicht auf die Dimension eines subatomaren Teilchens geschrumpft ist, weiß, was ich sagen will –, nicht etwa wegen der Schwierigkeit, Vergleiche überhaupt anstellen zu können, davon Abstand nehmen zu müssen, diese als Weltentstehungslehren auftretenden BewußtSeins-Spekulationen entsprechenden indeuropäischen direkt und en detail gegenüberzustellen.[204] Letztere wurden in den vorherigen

[204] Eine Vergleichung des Höchsten Einen des ›Tài-yī-shēng-shuǐ‹ mit Philosophemen anderer Philosophie-Traditionen, in diesem Falle mit den Vorsokratikern und der Ursilbe OM indischer Überlieferungen, ist vorfindlich in K.-E. Bühler, Guō Diàn Chu Schrift vom Höchsten Einen, pp. 136–149: nachdem für Anaximandros' »Ápeiron« eine unrichtige Etymologie gegeben, das »Unbestimmte« nämlich, die Dialektik von Parmenides, Zenon und Gorgias als Trug- und Fehlschlüsse, Übertreibung und Dogmatisierung ihrer skeptischen Haltung abgetan und daraus gefolgert wird, daß deren Überlegungen nicht als Argumente gegen (!) das Höchste Eine (太一) angeführt werden könnten, wird festgestellt, daß mit dem Unbestimmten etwas gemeint sei, das dem Höchsten Einen vorausgehe und dieses übersteige, worüber man aber keine oder nur widersprüchliche Aussagen treffen könne, was bedeute, „dass hier Worte versagen. Somit ist man an des Bestimmens Ende angelangt. Das Höchste Eine grenzt somit seinerseits an des Bestimmens Ende. Des Bestimmens Ende bedeutet hier jedoch keine Zielangabe, welche erreichbar wäre oder auch nicht; es bleibt absichtlich unbestimmt, denn mehr lässt sich darüber nicht aussagen, ohne dieses Ende wieder zu bestimmen und sich dadurch erneut in einen Widerspruch zu verwickeln. Auf dem Weg zu des Bestimmens Ende jedoch ist fehlbares Wissen möglich über den »Gang der Dinge«, was eine mögliche Bedeutung von 道 [dào] darstellt. Hier versagen Worte. Sie sind in diesem Zusammenhang einem Seil vergleichbar, mit dessen Hilfe man eine steile Bergwand zu einer Hochebene erklimmt, welches danach aber nicht mehr gebraucht wird. ... Dieses »Un-bestimmte« oder »Nichtunterscheidbare« müsste besser durch eine besondere Silbe angedeutet – nicht jedoch bezeichnet – werden, die nur in diesem Zusammenhang verwendet wird, vergleichbar der Silbe »OM« in Sanskrit

Faszikeln ja ausführlich dargelegt. Mit Hilfe dieser Vorarbeit und der von mir in die theoretische Philosophie eingeführten Skalierung müßte es allerdings keiner Hexerei bedürfen, dies selbst zu bewerkstelligen, Sinn für die und Freude an der Re–flexion vorausgesetzt.

Hier nur eine wissenschaftspragmatische Bemerkung. Wer sich in den jeweiligen Spezialdisziplinen, im Falle meiner Forschung sind das Indologie, Sinologie und sich auf die westliche Überlieferung beziehende Philosophiewissenschaft, jeweils natürlich mit Schwerpunkt Philologie und Historio-Doxographie, kundig macht, wird feststellen, daß zu einem Thema und dessen Einzelheiten, fokussieren wir uns im gegenwärtigen Kontext einmal auf die syntaktisch-semantische Erschließung altchinesischer Textstellen, eine beträchtliche Zahl höchst gelehrter, von Koryphäen ihres Fachs geäußerte Meinungen vorliegt, jede einzelne durch Aufweise und Begründungen mit Überzeugungskraft ausgestattet, doch viele nicht nur voneinander abweichend, sondern sich widersprechend. Um nicht falsch verstanden zu werden, betone ich, daß diese Feststellung nicht gegen, sondern eher für einen regen wissenschaftlichen Diskurs spricht, und ausschließlich für einen solchen. Was dabei nämlich unberücksichtigt bleibt, ist der philo-sophische Aspekt. Die Frage nach der Re–flexionsstruktur und damit nach der Bedingung von Wahrheit wird nicht gestellt und darf – unter der unausgesprochenen Androhung des Ausschlusses aus dem Diskurs und damit des gesellschaftlichen Untergangs bei Zuwiderhandlung – nicht mehr gestellt werden. Unter diesen Umständen verbleiben

---

…“ (o.c., p. 145) Diese Aussage kritisch zu diskutieren und würdigen, erforderte einigen argumentativen Aufwand. Möge jeder selbst mit Hilfe der Strukturtheorie der Re–flexion überlegen, was an dieser (nach Einschätzung ihres Vertreters) „fehlbaren“ Meinung ohne Fehl und was daran fehlerhaft ist.

alle Forschungsresultate im Schwebezustand einer unentschiedenen, ja erzwungen unentscheidbaren Beliebigkeit, die dem Sinn und Zweck von Philosophie bzw. Metaphysik eklatant widerspricht. Man bejubelt sogar die Vielfalt antiker GeistWelt-Spekulationen, die von Erfindungsreichtum und Meinungsvielfalt zeugten. Ich habe lange darüber gegrübelt, ob dieser Umstand irgendwelchen unbeabsichtigten Vorgängen geschuldet ist oder ob er geplant herbeigeführt wurde. Mittlerweile bin ich mir der Antwort darauf ziemlich sicher.

Dào/Leere Kehren wir zur Grundschrift philosophischer Spekulation in China zurück, dem ›Dào-dé-jīng‹. Indem schon darin der Leerheit ein entscheidender Platz im Bau der Wirklichkeit zuerkannt ist, erklären sich andere, damit zusammenhängende und spätere, darauf aufbauende Entwürfe um so leichter. Der nächst vorzustellende Spruch betont, wie der danach wiedergegebene auch, die kreative Qualität des Dào in Form der Leere einer Schale oder eines Gefäßes (冲 *chōng*).[205] Welchen Skalenwert sollen wir ihr aber zuordnen?

[205] T. Izutsu, Sufism and Taoism, p. 409, versteht das Dào als Schale, bei welcher laut Anmerkung o.c., p. 416[48], deren Leerheit gemeint ist, die zu unendlichem Ausgießen taugt und für grenzenlose Kreativität unter Aufrechterhaltung von Einheit steht. Dem schließe ich mich mit der Einschränkung an, daß es sich bei diesem Füllhorn der Leere, diesem Überfließen, um so etwas wie das »kreative Chaos« Hùn-dùn handeln dürfte, im hypostatischen Rang analog zur Noũs-Hypostase des Platonismus. Idem, Lao-tzŭ: The Way and Its Virtue, Noten, p. 35[1], heißt es demgegenüber: „i.e. unabhängig davon, wieviel Wasser man in sie hineingießen mag, sie wird niemals aufgefüllt sein (i.e. ihr Fassungsvermögen wird niemals erschöpft sein)." T. Michael, The Pristine Dao, pp. 15–22, versteht 沖/冲 (*chōng*) als Überfließen, Überströmen, Überschwemmung.

(ϒ4) „Dào（道）ist wie（而 *ér*）eine (leere) Schale（冲 *chōng*), die (之 *zhī*) sich Dào-dé-jīng 4

(ϒ3) durch Verwendung/Gebrauch (用 *yòng*) gewissermaßen (或 *huò*)

(ϒ4) nicht（不 *bù*）füllt（盈 *yíng*). Abgründig/bodenlos, ach（淵兮 *yuān xī*), scheint（似 *sì*）sie Ursprung/Urahn (宗 *zōng*)

(ϒ1) der Myriade von Dingen (萬物 *wàn wù*) zu sein. …

Es (其 *qí*) macht die Schärfe (銳 *ruì*) stumpf (挫 *cuò*); es (其 *qí*) entwirrt（解 *jiě*）das Durcheinander（紛 *fēn*); es（其 *qí*）mildert (和 *hé*) das Gleißen (光 *guāng*); es (其 *qí*) macht sich dem Staube (塵 *chén*) gleich (同 *tóng*).[206]

(ϒ3) Versunken, ach (湛兮 *zhàn xī*), scheint (似 *sì*) etwas (或 *huò*) zu sein（存 *cún*). [oder: (ϒ1/2) Versunken, ach（湛兮 *zhàn xī*), scheint（似 *sì*）es kaum/immerfort（或 *huò*）zu sein（存 *cún*)]. Ich（吾 *wú*）weiß nicht (不知 *zhī bù*), wessen (誰 *shuí*) Nachkomme es ist (之子 *zhī zǐ*). Sein (之 *zhī*) Bild (象 *xiàng*)[207] war noch vor (先 *xiān*)

(ϒ2) Gott/dem Herrscher (帝 *dì*).“[208]

Der kosmische Gott, Souverän oder Herrscher begegnete uns schon in anderen Kosmogonien und bildet insofern kein

---

[206] Cf. dazu die erhellenden Hinweise von ⟨ed./tr.⟩ T. Izutsu, Lao-tzŭ: The Way and Its Virtue, Noten, p. 35[3].

[207] T. Izutsu, Sufism and Taoism, p. 396[50], stellt dazu fest, daß sich »Bild« hier „auf die erste Selbstmanifestation des Absoluten“ bezieht.

[208] Lǎozǐ, Dào-dé-jīng 4, ⟨ed./tr.⟩ T. Izutsu, pp. 34/35: 道冲而用之，或不盈；淵兮似萬物之宗；挫其銳；解其紛；和其光；同其塵；湛兮似或存；吾不知誰之子；象帝之先。

besonders schwer zu lösendes Skalierungsproblem. Er ist im alten Daoismus oft mit dem Himmel gleichgesetzt. „*Ti* = Gott wird hier natürlich in der zu *Lao-tse*'s Zeit üblichen Bedeutung, nämlich als Äquivalent für Himmel gebraucht. Schang-ti war, wie wir sahen, eine Personifizierung des Himmels, welche nicht ganz dem monotheistischen Gott entspricht, aber ihm schon sehr nahe kommt. Der Himmel ist die Erscheinungsform Tao's in seinem zweiten Stadium, also insofern ist Tao selbst Gott. Da Tao als Mutter der Welt, also auch des Himmels gilt, so kann Gott auch als Sohn des Tao betrachtet werden, …"[209]

Tal-Geist

Noch deutlicher als der vorig übersetzte Spruch handelt der folgende vom Geist.[210] Als etwas Weiblichem eignet ihm die Eigenschaft zu gebären. Die Unsterblichkeit spricht seine Überweltlichkeit aus. Die Schlucht des wasserdurchströmten Tales (谷 *gǔ*)[211] weist ähnlich der hohlen Schale des Spruchs

---

[209] A. Forke, Geschichte der alten chinesischen Philosophie, p. 266; da Forke hier mutmaßlich nur zwei Stadien unterscheidet, was auch aus der Grammatik des Zitats hervorgeht, nämlich Dào/Mutter und Himmel/Gott/Wesen, unterlasse ich eine Skalierung.

[210] Die Erläuterungen zum Geistprinzip im ›Dào-dé-jīng‹ von V. v. Strauss, Laò-Tsè's Taò tĕ kīng, pp. 5–9, 32–34, finden in ihren Vergleichen mit westlichen Kategorien der Philosophie und Theologie zwar nicht immer die wahrhaft einschlägigen und wichtigsten Entsprechungen, sie bekräftigen jedoch unmißverständlich, daß es sich dabei um ein der Noũs-Hypostase des Neuplatonismus oder dem zweiten Gott oder Geist des Mittelplatonismus äquivalentes Konzept handelt. Mehr ist zur Absicherung meiner Rekonstruktionen auch nicht erforderlich.

[211] Cf. zum chinesischen Zeichen und der Bedeutung A. Conrady, Zu Lao-Tze Cap. 6, p. 156: „… denn 谷 ist das wasserdurchströmte Tal (Stromtal, Flußtal, Bachschlucht), nicht das Tal schlechthin (vgl. das Schriftbild), und Wasser als das weiblich-schmiegsame spielt ja eine große Rolle in seinem System." A. Forke, Geschichte der alten chinesischen Philosophie, p. 265. Insofern kann 谷 (*gǔ*) auch die

4 auf das Schütten und Ausgießen, d.h. auf Emanation und Kreativität, das Hohle und Leere versinnbildlicht sowohl deren Unerschöpflichkeit, wie sie zugleich auf die bloße Unbestimmtheit des Ur-Dào (Υ4) deutet, womit wir formal an den Nāsadīya-Typ herankämen.

(Υ4) „Der Tal- (谷 *gŭ*) Dào-dé-jīng 6
(Υ3) Geist (神 *shén*) [Tal-Geist: (Υ4)+(Υ3)=(Υ3')] vergeht nicht (不死 *bù sĭ*). Er wird das unergründlich Weibliche (玄牝 *xuán pìn*) genannt (謂 *wèi*).
(Υ4) Das Tor/der Ausgang (門 *mén*)
(Υ3) des unergründlich Weiblichen (玄牝 *xuán pìn*) ist
(Υ4) die Grundlage/Wurzel (根 *gēn*) von
(Υ2) Himmel (天 *tiān*)
(Υ1) und Erde (地 *dì*).
(Υ3) Je und je (綿綿 *mían mían*)[212] ist er, wie/scheinbar (若 *ruò*) seiend/gegenwärtig (存 *cún*), und wirkt (用 *yòng*) ohne Bemühung (不勤 *bù qín*).“[213]

Bedeutung Wasserlauf, Fluß haben.

[212] Ausgangsbedeutung des Wortes ist wohl der endlose Seidenfaden; in Kneuelform ergibt sich ein watteartiges Gebilde; beides paßt hier; ersteres, um die Unerschöpflichkeit und Endlosigkeit seines Wirkens zu betonen, zweiteres, um das Amorphe, Chaotische der zweithöchsten Dào-Hypostase herauszustellen.

[213] Lăozĭ, Dào-dé-jīng 6, ⟨ed./tr.⟩ T. Izutsu, p. 38: 谷神不死；是謂玄牝；玄牝之門；是謂天地根；綿綿若存；用之不勤。Meine Einfügung zwischen eckigen Klammern, um auf die kumulative Prinzipienstruktur hinzuweisen. Zu diesem Spruch ganz allgemein A. Conrady, Zu *Lao-Tze*, cap. 6; statt mit Schlucht-Geist, könnte man mit Schlucht des Geistes übersetzen, cf. S. Nagatomo, An Epistemic Turn in the *Tao Te Ching*, p. 182 (der dort angegebene Zitatnachweis ist falsch), mit nachfolgender phantasiereicher meditationstechnischer Interpretation; ich entschied mich aus skalierungstechnischen Gründen für erstere Formulierung.

Wer mitgedacht hat, dem wird aufgefallen sein, daß ich den 6. Spruch des ›Dào-dé-jīng‹ prinzipienhierarchisch analog zum hymnischen 1. Spruch deute, und zwar nach der dort vorkommenden Alternendo-Proportionalität. Warum sollte der Aufbau des hiesigen Logions, das die BewußtSeins-Struktur nur unter Betonung und von der Seite der ersten Derivationsphase aus thematisiert, anders sein, als der des dortigen? Wenn dem so wäre, zeugte das doch von Inkonsistenz und Inkonsequenz. Das unnennbare, mit dem Nichts in Verbindung gebrachte Dào, ist im Vers eins doch Urgrund oder Uranfang (始 *shĭ*) (ϒ4) von Himmel-und-Erde (天地 *tiān dì*), als Geheimnisvollstes des Geheimnisvollen (玄之又玄 *xuán zhī yòu xuán*) sogar Tor, Ausgang oder Öffnung (門 *mén*) alles (衆 *zhòng*) Tiefgründigen, Abgründigen oder Unfaßbaren (妙 *miào*) ⟨Y5⟩. Die Mutter (母 *mŭ*) aber, mit dem Namentragenden und Sein identifiziert (ϒ3), steht mit der Myriade von Dingen (ϒ1) in Verbindung. Es spricht also nichts gegen diese Interpretation, doch möchte ich nicht bestreiten, daß für eine andere durchaus auch etwas spricht, und zwar die Abfolge des Emanationsgeschehens. „Hiess es im ersten Kapitel, die beiden Potenzen

(ϒ3') der Gottheit in ihrer Einheit seyen alles Herrlichen und Geistigen Pforte oder Ausgang, so ist zu schliessen, dass von ihnen auch

(ϒ3) der unsterbliche Thalgeist, diess »Ewigweibliche« ausgegangen, und stetig ausgeht. Nun wird aber hier diesem ausfliessenden Geiste selbst wieder eine Pforte, ein Ausgang zugeschrieben, welche die Wurzel

(ϒ2) Himmels

(ϒ1) und der Erden genannt wird,

(ϒ4) während der Urgrund oder Anfänger dieser Ersten Naturmächte nach Kap. 1 das unnennbare Urwesen ist.“[214]

Philo-Sophie ist, das betonte ich in den vorhergehenden Büchern immer wieder, kein fertiger Gegenstand, sondern das Sich-Einlassen auf das Geistige. Ob jetzt die Deutung zutrifft, die ich anbiete, was unter Berücksichtigung re–flexionsstruktureller Überlegungen nicht so leicht abzuweisen sein dürfte, oder die des geschätzten zitierten Forschers, ist zwar nicht unerheblich letztlich jedoch nicht entscheidend. Unumgänglich ist nur, sich entlang solch denkerischer Probleme in die Kunst des Re–flektierens einzuüben und auf diese Weise in die Sphäre des Geistigen einzuleben.

Bevor ich meine Dokumentation fortsetze, möchte ich hier zunächst innehalten, um mit einem Zitat aus dem Werk eines modernen jüdischen Gelehrten, Theologen und Schriftstellers, Martin Buber (1878–1965), aufzeigen, daß es auch außerhalb der Sinologie als geschlossener Disziplin Denker gibt, die den Grundsinn chinesischer Metaphysik zu erfassen in der Lage sind. „Es sei zusammenzufassen versucht: M. Buber: Daoismus

[214] V. v. Strauss, Laò-Tsè's Taò tě kīng, p. 33[1]; dies gilt jedoch nur unter der Annahme, daß die Totalität (同*tóng*) des Geistigen (妙*miào*) und der Begrenzungen (徼*jiào*) von Dào das Urselbst, nicht aber das Geistige plus Sichtbare, also (ϒ3)+(ϒ2/1) bilden. Insgesamt bedenkenswert, doch wegen der hegelianistischen Folgerung bedenklich die Deutung von G. von der Gabelentz, Lao-tse (Laò-tsï̀), p. 91d: „Hier erinnert das Tiefweibliche an aller Dinge Mutter, mithin an den namenhabenden Taò, und Himmels und der Erde Wurzel an Himmels und der Erde Anfang, mithin an den namenlosen Taò des 1. Kapitels. Neu ist die Bezeichnung als sich bethätigenden Geist. Der Thalgeist verhält sich zu dem namenlosen und dem namenhaften Taò wie Synthese zu These und Antithese.“ Auch der aktive Geist ist gegenüber dem Spruch 1 nichts Neues, er steckt bei letzterem im Intendieren oder Ausgerichtetsein (欲*yù*).

(ϒ4) Tao in sich ist das Unerkennbare, das Unwißbare. »Das wahre Tao erklärt sich nicht.« Es ist nicht vorzustellen; es ist nicht zu denken, es hat kein Bild, kein Wort, kein Maß. »Taos Richtmaß ist sein Selbst« (*L*).

(ϒ3$_1$) Tao erscheint im Werden der Welt als die ursprüngliche Ungeschiedenheit, als das Urdasein, dem alle Elemente entsprangen, als »aller Wesen Mutter« (*L*), als der »Talgeist«, der alles trägt. »Der Talgeist ist unsterblich; er heißt das tiefe Weibliche. Des tiefen Weiblichen Pforte, die heißt Himmels und der Erde Wurzel« (*L*).

(ϒ3$_2$) Tao erscheint im Sein der Welt als die konstante Ungeschiedenheit: als der einheitliche Wandel der Welt, als ihre Ordnung. »Es hat seine Bewegung und seine Wahrheit, aber es hat weder Handlung noch Gestalt.« Es ist »ewig ohne Tun und doch ohne Nichttun« (*L*). Es »beharrt und wandelt sich nicht« (*L*).

(ϒ1) Tao erscheint in den Dingen als die persönliche Ungeschiedenheit: als die eigentümliche Art und Kraft der Dinge. Es gibt kein Ding, in dem nicht das ganze Tao wäre, als dieses Dinges Selbst. Aber auch hier ist Tao ewig ohne Tun und doch ohne Nichttun. Das Selbst der Dinge hat sein Leben in der Weise, in der die Dinge den Dingen antworten.

(ϒ2) Tao erscheint im Menschen als die zielhafte Ungeschiedenheit: als das Einigende, das alle Abirrung vom Lebensgrunde überwindet, als das Ganzmachende, das alle Zersonderung und Brüchigkeit heilt, als das Entsühnende, das von aller Entzweiung erlöst. »Wer in der Sünde ist, Tao vermag ihn zu sühnen« (*L*).“[215]

---

[215] M. Buber, Werkausgabe, 2.3.117.11-33 (Reden und Gleichnisse des Tschuang-Tse, Nachwort), mit Zitaten: Zhuāngzǐ, Nán-huá-zhēn-jīng

Direkte Bezüge zu anders-kulturellen Metaphysiktraditionen wurden bereits hergestellt. Ein jedes der folgend genannten Motive wurde in meiner Monographie entweder thematisiert oder wenigstens erwähnt. Damit die dem Westmenschen so fremd erscheinende chinesische Denkungsart in ihren basalen Vollzügen in den Weltkontext der Philosophie eingefügt werden kann, entschied ich mich, den Teilband dazu in der Hoffnung, daß die Linien durch Rückbezug auf das Erarbeitete tatsächlich auch gezogen werden, an den Schluß meines Werkes zu stellen. „»Der Geist des Abgrunds stirbt nicht, er heißt das mysteriöse Weibliche. Das Tor des mysteriösen Weiblichen heißt die Wurzel von Himmel und Erde.« (...) *Tao* als Geist schwebt über dem Abgrund, der Leere, dem βυθός der Neuplatoniker und entfaltet in diesem leeren Raume seine Schöpferkraft. *Tao* ist die Weltmutter, das mysteriöse Weibliche, aus dessen Schoße Himmel und Erde wie ein Baum aus seiner Wurzel hervorwachsen.“[216]

Innerhalb des folgenden Spruchs ist die Vierfachstratifikation des Dao(ismus) beispielhaft wiedergegeben. Eine detaillierte Erläuterung ist aus diesem Grunde nicht erforderlich. Anschließend an ihn eine Feststellung aus der Forschung, die Dào-dé-jīng 40

2.9, ⟨ed.⟩ HYIZY, p. 5.58-59; Lǎozǐ, Dào-dé-jīng 25; 1; 6; Zhuāngzǐ, Nán-huá-zhēn-jīng 6.3, ⟨ed.⟩ HYIZY, p. 16.29; Lǎozǐ, Dào-dé-jīng 37; 25; 62; (*L*) steht für Lǎozǐ, Dào-dé-jīng; zu den Nachweisen und den von Buber verwendeten Übersetzungen cf. ⟨ed.⟩ I. Eber, M. Buber, Werkausgabe, 2.3.354, Wort- und Sacherläuterungen. Cf. M. Friedman, Martin Buber and Oriental Religions, pp. 153–171.

[216] A. Forke, Die Gedankenwelt des chinesischen Kulturkreises, p. 46; cf. idem, Geschichte der alten chinesischen Philosophie, p. 265; ⟨tr.⟩ J. Chalmers, The Speculations on Metaphysics, Polity, and Morality, of “The Old Philosopher,” Lau-tsze, pp. XIII, 5 (Vers 6), nennt 玄牝 *xuán pìn* die Abgrund-Mutter (Abyss-Mother); zur Metaphysik des Mysteriös-Weiblichen in der chinesischen Philosophie ausführlich I. Robinet, La «mère» et la «femelle obscure» de Lao zi.

bestätigt, daß es sich wahrscheinlich um das dem Vierkant immanente Absolute/Nichts handelt, dem die Weder–Noch-Formel zuzuordnen ist.

(ϒ1) „Alle 10000 Dinge (萬物 *wàn wù*) unter (下 *xià*)
(ϒ2) dem Himmel (天 *tiān*)
(ϒ3) entstehen (生 *shēng*) aus dem Sein (有 *yǒu*). Sein (有 *yǒu*)
(ϒ4) entsteht (生 *shēng*) aus dem Nichts (無 *wú*).“[217]

Dào-dé-jīng 42 „Es ist bedeutsam, daß in diesem Passus vom Sein gesagt wird, daß es 'aus dem Nichtsein geboren' ist. Das bedeutet, daß sich Nichtsein hier auf den kreativen, i.e. positiven Aspekt der absoluten Realität bezieht.“[218] Eine ganz besondere Stellung innerhalb des Daoismus und seiner Ausgestaltung nimmt das folgende Logion ein. Wollte man die Bonmots, daß die Platonische Philosophie aus Fußnoten zu Parmenides,[219] die westliche insgesamt aus Fußnoten zu Platon,[220] die indische aus Fußnoten zu »Ṛg-Veda« 10.129 und 10.90 bestehe,[221] wollte man diese sinnreichen Bemerkungen analog auf die chinesische Philosophie anwenden, so könnte man durchaus sagen, daß diese eine Reihe von Fußnoten zu den Sprüchen 1 und 42 des ›Dào-dé-jīng‹ darstellt.

---

217 Lǎozǐ, Dào-dé-jīng 40.3-4, 〈ed./tr.〉 T. Izutsu, p. 104: 天下萬物生於有；有生於無。

218 T. Izutsu, The Structure of Oriental Philosophy, 1.58 (The Absolute and the Perfect Man in Taoism); cf. idem, Sufism and Taoism, pp. 391-392.

219 Cf. D. Gallop, Parmenides of Elea: Fragments, p. 3.

220 Cf. A. N. Whitehead, Process and Reality, p. 39.

221 Cf. C. Lindtner, Madhyamaka Causality, p. 40.

(ϒ4) „Dào (道) bringt
(ϒ3$_2$) das Eine [die Einheit] (一 *yī*) hervor (生 *shēng*); das Eine [die Einheit] (一 *yī*) bringt (生 *shēng*)
(ϒ3$_1$) die Zwei[heit] (二 *èr*) hervor (生 *shēng*); die Zwei[-heit] (二 *èr*) bringt
(ϒ3/2½) die Drei[heit] (三 *sān*) hervor (生 *shēng*); die Drei[-heit] (三 *sān*) bringt
(ϒ1) die Myriade von Dingen (萬物 *wàn wù*) hervor (生 *shēng*). Die Myriade von Dingen (萬物 *wàn wù*) schultert (負 *fù*)
(ϒ2$_1$) Yīn/Passives (陰)
(ϒ2$_2$) und umarmt (抱 *bào*) Yáng/Aktives (陽).
(ϒ$\overleftrightarrow{2}$) Das leere/flüchtige (冲 *chōng*) Qì (Energie/Lebensatem) (氣) vermittelt (以 *yǐ*), Einklang/Harmonie (和 *hé*) hervorbringend/erzeugend (為 *wéi*).“[222]

Dieser Spruch beflügelt den Geist der Hermeneutiker von seiner Niederschrift an. Vielleicht aber auch schon länger, wer weiß. Wenn ich mich selbst als Hermeneutiker bezeichnen darf, dann muß ich gestehen, daß er meinen Geist einigermaßen flügellahm machte, obwohl ich intensiv darüber brütete und viele Kommentare erwog. Dies betrifft vornehmlich die Zuordnung inhaltlicher Bestimmungen der einzelnen Manifestationsmomente zu deren formalen Einheiten. Zur Einstimmung gebe ich eine Art Durchschnitts-Deutung der hyperkosmischen Phase der ‚Arithmo-Gonie' des Daoismus aus der einschlägigen Forschungsliteratur wieder. „Eins im Sinne von «einzig» wird entweder mit Dao identifiziert oder

[222] Lǎozǐ, Dào-dé-jīng 42.1-5, ⟨ed./tr.⟩ T. Izutsu, pp. 108: 道生一；一生二；二生三；三生萬物；萬物負陰而抱陽，冲氣以為和。Warum meine Skalierung keinen Anspruch auf unumstößliche Stimmigkeit und Verbindlichkeit erhebt, wird in den folgenden Darstellungen klar werden.

als Produkt des Dao angesehen: es erzeugt die Welt durch seine Entfaltung. Im Sinne von «erstes» wird es mit dem Wirkstoff Wasser in Verbindung gebracht. Das Eine spaltet sich zur Zwei, um die fundamentale und dynamische Bipolarität der Welt hervorzubringen. Die Zwei erzeugt hinwiederum die Drei, die die Ursprüngliche Einheit und die Verbindung der zwei ursprünglichen Einheiten repräsentieren."[223]

Die erste Stufe der numerischen Kosmogonie ist durchaus eindeutig zu bestimmen; es handelt sich um Dào als Nichts(ein) oder Absolutes (ϒ4). Ab der Eins beginnt das Problem der Deutung. Handelt es sich bei der Entstehung des Einen oder der Einheit (ϒ3) um das Heraustreten des Dào aus seinem Nichtsein ins Sein? Das nehmen viele Interpreten an. Oder ist, wie an nicht wenigen Vergleichsstellen, die im vorliegenden Buch diskutiert werden, das Eine schon als Sein-Geist zu denken (Dé, Hùn-dùn etc.)? Dann wäre die Zwei(heit) als Yīn-Yáng darin aber schon implizit, ihr Auftauchen eine immanente Differenzierung. Die Manifestation der Drei(heit) könnte dann entweder als Vereinigung dieser Zweiheit (ϒ3), im Resultat vergleichbar der »Unbestimmten Zweiheit« (*aóristos duás*) einiger platonistischer Denkrichtungen oder als Fortgang zum Kosmischen qua Entzweiung von Yīn-Yáng, deren Zusammenhaltung durch Qì und dieserart Grundlage wie Funktionsprinzip (ϒ2½) alles Welthaften (ϒ2) gedeutet werden, das in der Myriade von Dingen (ϒ1) seine äußerste Pluralisierung und Ausgestaltung erführe.

Doch wie wäre es, wenn man davon abweichend die Entstehung der Zwei(heit) als Explizit-Werdung der Eins qua implizite Dualität von Sein-Geist im gerade erläuterten Sinne der Unbestimmten Zweiheit annähme? Nach einem Muster, das weltweit mythologisch-metaphysische Schöpfungsabläufe

[223] I. Robinet, Numerology, p. 60.

gliedert, würde es sich bei der Zwei(heit) dann um ein auf den Kosmos bezogenes Prinzip handeln. Wiederum den Maßstab platonistischer Emanationsmodelle angelegt, ergäbe sich als objektspezifische Entsprechung der Kosmos, als subjektspezifische die All- oder Weltseele (ϒ2⟨½⟩), worin Dualität/Pluraliät in der Art der Vielheit als Einheit vorhanden, doch noch nicht in der Weise der Vielheit als Vielheit verkörpert und handgreiflich wäre. Insofern wäre die Zwei, Himmel/Yáng (ϒ2) und Erde/Yīn (ϒ1), eben als Zwei-heit, als Einheit von zweien, und das heißt von Himmel-und-Erde (天地 *tiān dì*) aufzufassen. Bei der Drei(heit) träte dazu womöglich nochmals die Eins.

„Was übrig bleibt, ist, in dem dritten Element kein geringeres als Tao selbst wiederzufinden, und zwar im Gewande jener Einheit, die wir oben als Urstoff oder Urkraft ausgelegt haben. VICTOR VON STRAUSS nimmt richtig an, daß diese Dreiheit im Grunde Tao selbst sein müsse, …"[224] Dào selbst wäre die Entität, die das kosmische Gegensatzpaar von Himmel/Yáng (ϒ2) und Erde/Yīn (ϒ1) zu Himmel-und-Erde (Kosmos) zusammenschlösse, als Qì ⟨ϒ1½⟩ pneumatisierte und verlebendigte, indem es sie miteinander in Einklang brächte. Insofern hätte sie den Status und die Funktion eines welt-immanenten Animators. Ihre Bezeichnung als „vermittelnde Naturseele … Hauch, Athem, Lebenshauch, Lebensseele, doch durchaus als ein Physisches, allen Naturgebilden nothwendig Innewohnendes gedacht. Alle drei Prinzipe gehören lediglich dem natürlichen Daseyn an und constituiren vornehmlich das Organische."[225] Von ihrer Wertigkeit her

[224] Cho Kah Kyung, Das Absolute in der taoistischen Philosophie, p. 248, mit dem Anfang der Fußnote p. 248[21], in der auf V. v. Strauss, Laò-Tsè's Taò tĕ kīng, pp. 194sqq., verwiesen wird.

[225] Cf. V. v. Strauss, Laò-Tsè's Taò tĕ kīng, pp. 194 … 195–196.

müßte danach die Drei(heit) ⟨ϒ2½⟩, wollte man sie als Substrat des Universums verstehen, eigentlich vor den beiden Polgrößen stehen. Qì wäre der *phúsis* von Plotinos und dem *prāṇa* des späteren Vedānta (siehe in den einschlägigen Teilbänden der vorliegenden Abteilung) vergleichbar.

Ein solches Verständnis ergäbe sich fast zwanglos, berücksichtigte man, daß sowohl das absolute Dào, wie auch dessen erste Manifestation in unterschiedlichen Feinheitsgraden leer ist und die Flüchtigkeit und Leerheit (冲/沖 *chōng*), des natürlich-innerweltlichen Qì nur eine weitere Verdichtungsform der absoluten Leere darstellte. „Es ist gerade diese dreifache Relation zwischen Yin, Yang und dem mittleren Leeren, die die zehntausend Seienden hervorbringt und ihnen als Vorbild dient. Denn das mittlere Leere inmitten des Yin-Yang-Paares befindet sich gleichermaßen im Herzen aller Dinge; indem es dort beatmender Atem und Leben ist, hält es alle Dinge in Verbindung mit dem höchsten Leeren, indem es ihnen gestattet, zur internen Transformation und harmonisierenden Einheit zu gelangen. In der chinesischen Kosmogonie herrscht also eine doppelte, kreuzförmige Bewegung vor, die man durch zwei Achsen darstellen kann: eine vertikale Achse, die das Kommen und Gehen zwischen dem Leeren und Vollen repräsentiert, das Volle, aus dem Leeren stammend, und das Leere im Vollen weiterwirkend; eine horizontale Achse, die die Interaktion der zwei komplementären Pole Yin und Yang innerhalb des Vollen repräsentiert, aus dem die zehntausend Seienden, selbstverständlich einschließlich des Menschen, Mikrokosmos par excellence, hervorgehen.“[226] Doch wenn das sogenannte Volle (實 *shí*) aus dem Leeren (虛 *xū*) stammt und im Vollen das Leere weiterwirkt (用 *yòng*), wie sollte dann die horizontale Achse nicht gleich der vertikalen

---

[226] F. Cheng, Souffle-Esprit, p. 148.

und damit der gesamte Weltenumlauf (反/返 *fǎn*) ein bloßer Leerlauf sein? Können sich Wesen und Beiwerk grundsätzlich und unvereinbar Unterscheiden? Die gleiche Lehre liegt in der Vedānta-Philosophie vor: *prāṇa* steht einmal für Ātman an der Spitze der Kategorienhierarchie,[227] ein andermal, wie weithin bekannt und anerkannt, für die energetische, atemhauchartige, mit Schwingung und Rhythmus verknüpfte Schicht (*prāṇamaya-kośa*/*sūkṣma-śarīra*) zwischen der groben Körperlichkeit (*sthūla-śarīra*/*annamaya-kośa*) und dem Mentalen (*manomaya-kośa*).[228]

Die beiden vorgeschlagenen Deutungen weichen nicht erheblich voneinander ab. Nur hinsichtlich der Emanationsstufe der Zwei(heit) unterschieden sie sich einigermaßen deutlich. Berücksichtigten wir, daß Dào qua Dào (Null) im Dào qua Eins gemäß generell üblicher Emanationslogik enthalten ist, dann könnte man in der Tat die Frage stellen, ob hier nicht ein ähnliches Muster von Manifestationsprinzipien vorliegt, wie im Puruṣa-Lied von ›Ṛg-Veda 10.90‹ mit seinen beiden Puruṣa-s (Urmenschen), dem ersten, transzendenten, mit der Weiblichkeit und Empfänglichkeit verbundenen, und dem zweiten, auf die Immanenz hin ausgerichteten, die Grundlage der Immanenz bildenden, auf diese Weise verbindenden und zugleich, durch seine Zergliederung in Divergenzen und Opposita, diese (aus-)gestaltenden. Nachdem ich die meiner Methode gemäß plausibelst erscheinenden Auslegungen gegeben habe, darf ich nun noch mitteilen, wie die alten Chinesen mit dem Sinn dieses Logions rangen – und es ebensowenig wie die Jetzigen und Nicht-Chinesen, meine Denkerperson eingeschlossen, vermochten, den Kampf mit

---

227 Cf. K. Bhattacharya, *L'ātman-brahman* dans le Bouddhisme ancien, pp. 7[9]–8; ⟨engl.⟩ pp. 41–42, Note 29.

228 Siehe dazu H. P. Sturm, Indische Vierfüßler, pp. 161–176.

ihm zu entscheiden. Metaphysik ist eben nichts für ungeduldige und einspurige Geister.

„Frühe taoistische Schultexte interpretieren die kryptische Stelle des Lao-tzu-Texts auf zwei Arten. Das »Eine« des Lao-tzu-Texts wird immer als yüan-ch'i »Uratem« verstanden. Bei der Interpretation des religiösen Tao-Systems gebiert

(ϒ4) Tao, Wu-wei (transzendenter Aktus),
(ϒ3) Te, Yu-wei (immanenter Aktus) oder ch'i. Ch'i wird als kosmisches Ei angesehen, dessen Weiß und Dotter im Inneren (Eiweiß und Eigelb) in einer leuchtenden Purpurschale (hsüan 玄) eingeschlossen sind.

Die erste Interpretation des Texts definiert das

(ϒ3) »Eine« als T'ai-chi, den großen ultimativen ersten Beweger oder *Yüan-ch'i* (元氣) Uratem;
(ϒ2$_2$) die »Zwei« als yang und
(ϒ2$_1$) die »Drei« als yin. Auf diese Weise gebiert
(ϒ4) Tao (0)
(ϒ3) Ch'i (1), Ch'i
(ϒ2) gebiert Yang (2) und yin (3).

Diese drei Prinzipien, Ch'i, yang und yin, tragen

(ϒ1) die Myriade von Dingen der Natur aus.

Eine zweite, spätere Interpretation, definiert

(ϒ3) das »Eine« als Uratem,
(ϒ2½) die »Zwei« als yin und yang und
(ϒ2/1) die »Drei« als Himmel, Erde und Unterwelt im Makrokosmos und

(ϒ3) Kopf,
(ϒ2) Brust und
(ϒ1) Bauch im Menschen.“[229]

Ergänzend möchte ich noch festhalten, daß im Daoismus insgesamt nicht nur zwei, sondern mehrere voneinander abweichende Erklärungen der numerologischen Dào-Genese gegeben werden. „Eine Interpretation ist, daß

(ϒ4) das *Eine* Tao ist:
(ϒ3) *Zwei* ist *Verstand* oder *Geist:*
(ϒ'3) *Drei* ist die spirituelle *Harmonie.*

Eine andere lautet:

(ϒ3) das *Eine* ist das ursprüngliche *ch'i* oder *Geist, Atem:* dieser gebiert
(ϒ2) *Zwei,* i.e. *Himmel und Erde. Zwei* erzeugt
(ϒ1) *Drei,* die *Schöpfung.*
⟨ϒ1½⟩ *Yin* und *yang* durchströmen alles und die
(ϒ1) *Schöpfung* ist im Entstehen.

Wieder eine andere Erklärung.

(ϒ4) Das *Eine* ist das *Tao:*
(ϒ3) *Zwei* ist der *Geist* (shen ming 神明):
⟨ϒ2½⟩ *Drei* ist die *Harmonie.*

---

[229] M. R. Saso, Blue Dragon White Tiger, pp. 8–9, die im Text vorkommenden Zahlen in runden Klammern sind solche des Originals; die einmalige Großschreibung von Yang dürfte ein Druckfehler sein.

Und wiederum,

(ϒ3) das *Eine* ist die *Uraura* und erzeugt
(ϒ2) *Zwei, Himmel und Erde* und *Zwei* erzeugt
(ϒ1) *Drei, Himmel und Schöpfung.* Wenn Himmel und Erde gegründet sind, zirkulieren
⟨ϒ1½⟩ *yin und yang* und
(ϒ1) alle *Dinge* werden geboren.“[230]

In den Chŭ-Bambustexten aus Guōdiàn findet sich eine ähnliche Derivation. Überraschend sind allerdings deren letzten beiden Glieder.

(ϒ4) Das Eine (一 *yī*) bringt
(ϒ3) die Zweiheit (两 *liăng*) hervor (生 *shēng*), die Zweiheit (两 *liăng*) bringt
⟨ϒ2½⟩ die Dreiheit (叁 *sān*) hervor, die Dreiheit (叁 *sān*) bringt

[230] E. Morgan, Tao the Great Luminant, pp. 255⁵-256, die unsystematische Hervorhebung von Begriffen durch Schriftstile wurde von mir vereinheitlicht, Fettschrift durch eine Ogliqueschrift wiedergegeben. Weiteres zur Exegese von ›Dào-dé-jīng‹ 42 bei S. Hummel, Zum ontologischen Problem des Dauismus (Taoismus), pp. 33-46, mit Interpretation und Deutungsversuchen aus der chinesischen Tradition; zum Kommentar von Héshàng Gōng (2. Jh.v.Chr.) cf. E. Erkes, Ho-Shang-Kung's Commentary on Lao-Tse, p. 80 (196); M. Kaltenmark, La naissance du monde en Chine, pp. 463-464. Eine andere Möglichkeit, eins, zwei, drei zu interpretieren, eröffnet Zhuāngzĭ, Nán-huá-zhēn-jīng 2.8, ⟨ed.⟩ HYIZY, p. 5.52-55, dazu S. Hummel, Zum ontologischen Problem des Dauismus (Taoismus), p. 44; ähnlich, wie schon erwähnt, Wáng Bì, Dào-dé-zhēn-jīng-zhù 42.1, ⟨ed.⟩ Lóu Yŭ-liè, 1.117.11, ⟨ed./tr.⟩ R. G. Wagner, A Chinese Reading of the *Daodejing*, pp. 265/266. Ausführliche Darstellung der auf Dào angewandten prinzipientheoretischen Zahlensymbolik aus alten chinesischen Kommentaren bei I. Robinet, Un, deux, trois.

⟨ϒ2⟩ die Mutter (母 *mǔ*) hervor, die Mutter (母 *mǔ*) vollbringt (成 *chéng*)
(ϒ1) die Konstitution/Verfestigung (結).“[231]

Ich füge noch eine weitere Parallele zur Prinzipienhierarchie von ›Dào-dé-jīng 42‹ an. Sie stammt aus der Tradition der Inneren Alchemie des 13. Jahrhunderts und beschreibt die vorwärts gerichtete Abfolge (順 *shùn*), die die Neuplatonisten wohl πρόοδος (*próodos*) heißen würden. Die dazu gehörige gegenläufige Rückkehr (逆 *nì*), ἐπιστροφή (*epistrophḗ*), durch die sogenannte innere alchymische Transformation (内丹 *nèi dān*) samt Einkehr (還 *huán*) werde ich an geeigneter Stelle des zu dieser Thematik verfaßten nächsten Hauptkapitels präsentieren.

(ϒ4) „Die Leere (虛 *xū*) [= Dào] wandelt sich (化 *huà*) zu
(ϒ3) Geist (神 *shén*) [= Eines]; Geist (神 *shén*) wandelt sich (化 *huà*) zu
⟨ϒ2½⟩ Qì/Pneuma (炁 *qì*) [= Zwei]; Qì/Pneuma (炁 *qì*) wandelt sich (化 *huà*) zu
(ϒ2) Wesen/Essenz (精 *jīng*) [= Drei]; Wesen/Essenz (精 *jīng*) wandelt sich (化 *huà*) zu
(ϒ1) Form/Gestalt (形 *xíng*) [= Myriade von Dingen].“[232]

---

[231] Fán-wù-liú-xíng, Streifen 21, ⟨ed./tr.⟩ Wang Zhong-jiang, Order in Early Chinese Excavated Texts, pp. 173/171: 一生兩,兩生叁,叁生母,母成結。Die Skalenwerte zwischen spitzen Klammern sind rein konjektural.

[232] Cf. Lǐ Dào-chún, Zhōng-hé-jì, ZH 27/014.2,279a.11-12 ≅ ZT 118/249.2,5v.2-3 (DZ 4.488b): 道生一 一生二 二生三 三生萬物 / 虛化神 神化炁 炁化精 精化形. Cf. F. Pregadio, *jindan* 金丹 Golden Elixir, pp. 554–555, mit tabellarischer Darstellung.

Trotz der diesbezüglich unabweisbaren Meinungsverschiedenheiten scheint es einigermaßen plausibel zu sein, daß „Was in der fiktiv genetischen Folge des Kapitels 1 das Erste ist, das ist nicht der Eins im 42. Kapitel gleich, ... die Eins in Kapitel 42 ist das Erste und Zweite in Kapitel 1 zusammen im organischen Ineinander."[233] Oder nach einem anderen Forscher, was hinsichtlich meiner Gesamtstrukturierung und besonders der Lozierung des Seins darin nicht unbedeutend ist: „Nach *Hsieh Wu-liang* [Xiè Wú-liàng] bedeutet die Einheit die Urkraft oder den Uräther im leeren Raum, also das »Fluidum der Leere«. Dieses wird wirksam, sobald Tao aus dem Zustand des reinen Seins hervortritt und sich im Sein zu objektivieren beginnt. *Sse-ma Kuang* [Sīmă Guāng] hat daher vollkommen recht, wenn er hier Tao als Nichtsein und die Einheit als Sein auffaßt."[234]

Yi-jīng + Tetraktys

Diese zahlenschematische Kosmogonie macht auf den ersten Blick den überraschenden Eindruck einer Tetraktys. Offensichtlich ohne sie zu nennen, stellt bereits ein jesuitischer, aus Frankreich stammender Gelehrter zu Beginn der Sinologie als einer eigenständigen akademischen Disziplin einen Zusammenhang zwischen der pythagoreischen und der chinesischen Zahlenspekulation her, der nicht ganz einhundert Jahre später von einem deutschen Pionier der kluturvergleichenden Philosophie aufgegriffen wird. „Hierbei darf ich wol hinweisen auf die heilige Tetraktys der Pythagoreer, die allgemein auf Pythagoras selbst zurückgeführt wird: jene Auffassung des Weltalls und der Harmonie desselben in den Zahlen 1, 2, 3, 4, welche zusammengezählt, 1+2+3+4, die

[233] S. Hummel, Zum ontologischen Problem des Dauismus (Taoismus), p. 35.

[234] A. Forke, Geschichte der alten chinesischen Philosophie, p. 267, meine Pīnyīn-Transliteration in eckigen Klammern.

allumfassende Zehnheit oder das Weltall, und in Verhältniß zueinander gestellt, die harmonischen Verhältnisse desselben ergeben, 1 : 2 die Oktave, 2 : 3 die Quinte, und 3 : 4 die Quarte. Und es ist bemerkenswerth, daß selbst diese Form der Auffassung auch bei den alten Schinesen sich ziemlich klar angedeutet findet in einer Stelle, welche Amiot aus dem Werke des Philosophen Tso=kieu=ming [Zǔo Qīu-míng], eines Zeitgenossen des Confucius, übersetzt hat. Denn Amiot schreibt: »*Eins, zwei, drei & vier,* sagt *Tso-kieou-ming* in seinem TCHOUEN [Zuǒ Zhuàn], *enthalten die tiefste Lehre. Diese Lehre war unseren Vorfahren nicht entgangen, welche sie zum Gegenstand ihrer Studien und ihrer tiefsten Überlegungen machten.*«"[235]

Eins darf dabei aber nicht übersehen werden, daß nämlich, sollten beide Tetraktyes deckungsgleich sein, entweder die Zahlenanordnungen gegeneinander verschoben werden müßten, so daß die pythagoreische Monade dem Dào, die Dyade als Gesamt von Monas und Dyas dem Einen (一 *yī*), die Triade der Zwei (二 *èr*) und die Tetrade der Drei (三 *sān*) gegenüberstünde, oder nach einer anderen Arithmethik zu verfahren wäre, dergemäß nach einem von dem frühchristlichen Ketzerjäger Hippolytos von Rom (gest. 235) überlieferten pythagoreischen Philosophem bzw. Máthēma das Prinzip

---

[235] A. Gladisch, Einleitung in das Verständniß der Weltgeschichte, pp. 82–84, mit Darstellung der Rechenstein-Figur in Note 112, und Zitat aus J.-M. Amiot, Mémoire sur la musique des Chinois, pp. 136–137, das ich auf der Basis des französischen Textes minimal abänderte; meine Pīnyīn-Transliteration in eckigen Klammern; ich konnte das Zitat im Original nicht verifizieren und bin mir ob der Transkription der Namen nicht sicher; cf. A. Gladisch, Die Religion und die Philosophie in ihrer weltgeschichtlichen Entwickelung und Stellung zu einander nach den Urkunden dargelegt, p. 15^{+3}; verweise, was die Zahlenschematik angeht, aber auf die Stelle Zhuāngzǐ, Nán-huá-zhēn-jīng 33.1, ⟨ed.⟩ HYIZY, p. 90.5–6, die ich später noch übersetzen werde.

(*archḗ*) die Urzahl (*arithmòs gégone prõtos*), Eins, Unbestimmtes, Un(er)faßbares (*'én, aóriston, akatálēpton*) sei, das Prinzip (*archḗ*) gemäß hypostatischer (wesenhafter) Art aber die erste Einheit (Monade); selbst männlich, erzeuge diese alle anderen Zahlen nach Art eines Vaters, zunächst die weibliche Dyade, dann die wiederum männliche Triade und schließlich die weibliche Tetrade. Ihrer Summe nach seien sämtliche Zahlen also die Zehn (*dekás*), gemäß ihrem Geschlecht aber vier (*téssares*), da die Urzahl in ihrem Genus eben unbestimmt sei (*arithmòs d' ẽn tò génos aóristos*), wobei die vier Bestandteile (*mérē*) der vollkommenen, der Zehnzahl: Zahl, Monade, Quadrat und Kubus (*arithmòs, monás, dúnamis, kúbos*) hießen.[236] „Das obige Zitat wäre jedem chinesischen Gelehrten ohne Erklärung vollkommen verständlich. Es wäre in der Tat schwierig, ihn davon zu überzeugen, daß es nicht seinem eigenen Schrifttum entnommen wurde."[237]

Das frappante Logion 42 aus dem ›Dào-dé-jīng‹ des alten Meisters könnte mit den Ideen des ›Yì-jīng‹ in Verbindung stehen, doch weichen die Bestimmungen und Bedeutungen der jeweiligen Prinzipien voneinander ab, wenn auch die Struktur insgesamt analog verstanden werden kann. Solche Sinnverschiebungen einzelner Komponenten eines Gesamtgebildes sind in allen Metaphysiktraditionen vorfindlich. Einesteils weisen sie mehr in Richtung Totalität, das nenne ich

[236] Cf. Hippolytos, Refutatio omnium haeresium 1.2.6.20–1.2.10.37; zu einer Pythagoreischen Kosmogonie, die tetraktysch interpretiert werden könnte, cf. A. Bernabé / J. Mendoza, Pythagorean Cosmogony and Vedic Cosmogony (RV 10.129), pp. 33–39, 45–49. Einiges Klärende zur Prinzipienhierarchie der Pythagoreer in gedrängter Form in Anonymus, Philosophie (Rezension), besonders coll. 76–78.

[237] C. S. Medhurst, The Tao teh king, p. 73[1], der zitierte Verfasser gibt den Mittelteil der Stelle des Kirchenlehrers aus der englischen Übersetzungsliteratur wieder.

einmal den herakliteischen oder Puruṣa-Typus, andernteils mehr in Richtung Transzendenz, das wäre dann eher der eleatische oder Nāsadīya-Typus. In der Diktion einer zur Literatur des ›Yì-jīng‹ gehörigen Schrift lautet Entsprechendes nun wie folgt.

(♈4) „Deshalb (是故 *shì gù*) gibt es (有 *yǒu*) in den Wandlungen (易 *yì*) den Äußersten Grenzpunkt (太極 *tài jí*); daraus geht
(♈3) das Prinzipienpaar (兩儀 *liǎng yí*) hervor (生 *shēng*); aus dem Prinzipienpaar (兩儀 *liǎng yí*) gehen
(♈2) die vier Sinnbilder (四像 *sì xiàng*) hervor (生 *shēng*); aus den vier Sinnbildern gehen
(♈1) die Acht Trigramme (八卦 *bā guà*) hervor (生 *shēng*); die Acht Trigramme bestimmen über (定 *dìng*)
(♈1(1)) Glück (吉 *jí*) und
(♈1(2)) Unglück (凶 *xiōng*).“[238]

Zu dem bemerkenswerten Zusammenhang zwischen der arithmetischen ‚Eido-Gonie' des ›Yì-jīng‹ mit der numerischen ‚Onto-Gonie' von ›Dào-dé-jīng 42‹ eine Feststellung aus der gegenwärtigen Forschungsliteratur. „Ein ähnliches, wenn auch strukturell leicht verschiedenes System findet man im ›Yijing‹. Hier teilt sich das Große Äußerste (*taiji*) in die Zwei Kräfte (*liangyi*) yin und yang. Diese teilen sich wiederum in die vier Embleme (*sixiang*), aus denen sich die

---

[238] Zhōu-yì 64a11.1-3, A Concordance to Yi Ching (Zhōu-yì-yǐn-dé), ⟨ed.⟩ HYIZY, p. 43d: 是故易有太極。是生兩儀。兩儀生四像。四像生八卦。八卦定吉凶。Cf. A. C. Graham, Yin-Yang and the Nature of Correlative Thinking, pp. 67–69.

Acht Trigramme (*bagua*) entwickeln. Dieses System kann wie folgt gezeichnet werden:"[239]

‚Tetraktyoid' gemäß ›Yì-jīng‹ (nach L. Kohn)

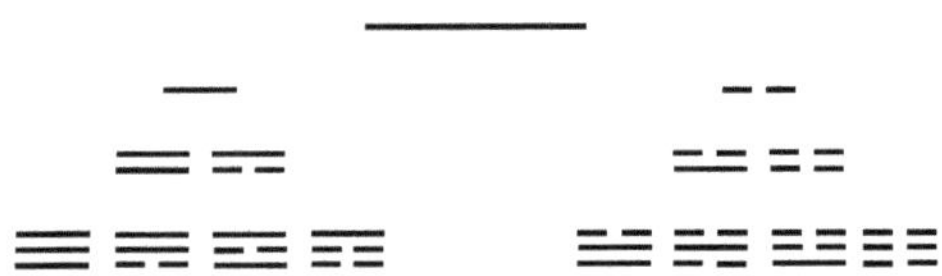

Was die Genealogie betrifft, ist allerdings zu bedenken: „Die Anhänge des *I Ching,* gemeinhin als die Zehn Flügel (*Shih I* 十翼) bekannt, werden traditionell, doch schlechthin ungerechtfertigterweise Konfuzius zugeschrieben. … Die Anhänge des *I Ching* .. borgen Ideen von *Lao-tzŭ,* während sie gleichzeitig die Lehren von *yin* und *yang* annehmen und diese mit *ch'ien* [☰ 乾] und *k'un* [☷ 坤], den männlichen und weiblichen Prinzipien gleichsetzen."[240] Die Thematik der Zahlenkosmogonie von ›Dào-dé-jīng 42‹ in Zusammenhang mit dem ›Yì-jīng‹ soll an dieser Stelle mit einem ausführlicheren Zitat aus der neueren sinologischen Forschungsliteratur unterstrichen werden.

„Bei den Taoisten allgemein und als Folge von Lao zi außerdem erzeugt die Zwei die Drei (und nicht die Vier, wie im

---

[239] L. Kohn, Taoist Mystical Philosophy, p. 89; das Diagramm, nicht aber dessen Überschrift, gehört zum Zitat, die Fußnotennummer wurde aus satztechnischen Gründen vorgezogen.

[240] Fung Yu-lan, A History of Chinese Philosophy, 1.379 … 1.385, meine Einfügung der Strichcodes und originalen Schriftzeichen zwischen eckigen Klammern.

Yì-Jīng und bei Shào Yōng zum Beispiel). Diese Drei (nach einem von den Taoisten oft erinnerten berühmten Satz des *Hànshū* 21 A im Einen des *Tàijí* enthalten) stellt das Zusammentreffen der beiden komplementären Kräfte *yīn-yáng* dar, sowie ihr Produkt. Sie ist das Zeichen der wiedergefundenen Einheit nach der Teilung zur Gründung der Welt. Einerseits Erzeugung durch Teilung, andererseits Produktivität der Vereinigung komplementärer Gegensätze. Es ist die Harmonie, das Zusammentreffen, der Sohn, der Mensch oder die menschliche Welt, Erzeugnis des Himmels und der Erde, gemischt aus *yīn* und *yáng*. So ist die Drei eine Nachbildung der ursprünglichen Einheit aus welcher, wie Lao zi sagte, alle Dinge geboren werden. Es ist alles in allem die Einheit in ihrem schöpferischen Aspekt."[241]

Im ›Lǚ-shì-chūng-qiū‹ haben wir eine kosmogonische Sequenz ähnlicher Art. Dort heißt es, die Musik hat als Lǚ Bù-wéi Kosmogonie

(ϒ4) „Ursprung (本 *běn*): das Höchste Eine (太一 *tài yī*), das Höchste Eine (太一 *tài yī*) bringt

(ϒ3) das Prinzipienpaar (兩儀 *liǎng yí*) hervor (出 *chū*), das Prinzipienpaar (兩儀 *liǎng yí*) bringt

⟨ϒ2½⟩ Yīn und Yáng (陰陽) hervor (出 *chū*); die verwandeln (變 *biàn*) und transformieren (sich) (化 *huà*);

(ϒ2) während eins davon (一 *yī*) nach oben steigt (上 *shàng*) [und den Himmel (*tiān*) bildet],

(ϒ1) fällt eins (一 *yī*) nach unten (下 *xià*) [und bildet die Erde (*dì*)],.

(ϒ2/1) Zusammen bilden sie eine komplette Ordnung/Gestaltung (合而成章 *hé ér chéng zhāng*), völlig wirr und durcheinander (渾渾沌沌 *hún hún dùn dùn*),

---

[241] I. Robinet, Le rôle et le sens des nombres dans la cosmologie et l'alchimie taoïstes, pp. 96–97; meine Einfügung von Diakritika.

sich voneinander entfernend gleichwie vereinigend (離則復合 *lí zé fù hé*), sich vereinigend gleichwie voneinander entfernend (合則復離 *hé zé fù lí*), das wird »immerwährende/r Natur/Kosmos« genannt (是謂天常 *shì wèi tiān cháng*). Himmel-und-Erde (天地 *tiān dì*) drehen sich wie ein (Wagen-)Rad im Kreise (車輪 *chē lún*), am Ende wieder beginnend (終則復始 *zhōng zé fù shǐ*), am äußersten Punkt wieder zurückkehrend (極則復反 *jí zé fù fǎn*), alles harmonisch gefügt (莫不咸當 *mó bù xián dàng*). Sonne, Mond und Sterne (日月星辰 *rì yuè xīng chén*): gewisse schnell (或疾 *huò jí*), gewisse langsam (或徐 *huò xú*); Sonne und Mond unterschiedlich (日月不同 *rì yuè bù tóng*). Nach Vollendung ihrer Umläufe (以盡其行 *yǐ fìn qí xíng*) entstehen die vier Jahreszeiten (四時代興 *sì shí dài xīng*): mal heiß (或暑 *huò shǔ*), mal kalt (或寒 *huò hán*), mal kurz (或短 *huò duǎn*), mal lang (或長 *huò cháng*).

⟨Υ2½⟩ Yīn und Yáng (陰陽) transformieren und verändern (sich) (變化 *bìan huà*); mal nach oben (或上 *huò shàng*), mal nach unten (或下 *huò xià*); mal weich (或柔 *huò róu*), mal hart (或剛 *huò gāng*).

(Υ1 [/2]) Die entstandene Myriade von Dingen (萬物所出 *wàn sù suǒ chū*)

(Υ4) wird vom Höchsten Einen hervorgebracht (造於太一 *zào yú tai yī*) und

⟨Υ2½⟩ von (於 *yú*) Yīn und Yáng (陰陽) verwandelt (化 *huà*).“[242]

---

[242] Lǔ Bù-wéi, Lǔ-shì-chūng-qiū 5/2.1 (22), ⟨edd./trr.⟩ J. Knoblock / J. Riegel, pp. 136/137: 本於太一。太一出兩儀，兩儀出陰陽。陰陽變化，一上一下，合而成章。渾渾沌沌，離則復合，合則復離，是謂天常。天地車輪，終則復始，極則復反，莫不咸當。日月星辰，或疾或徐，(日月不同)，以盡其行。四時代興，或暑或寒，或短或長。〔陰陽變化，或上或

Wer die vorhergehenden Bände der ›Widerspiegelung des Geistes‹ gelesen oder wenigstens überflogen hat, wird sich über folgende Feststellung aus der Feder eines westlichen Gelehrten nicht wundern. „Liest man einen Text der Han-Zeit, in der das Studium der ›Embleme und Zahlen‹ besonders betrieben wurde: »Himmel, Erde, *yin und yang* und Holz, Feuer, Erde, Metall und Wasser ergeben neun; zusammen mit dem Menschen ergeben sie zehn. Die Zahl des Himmels ist damit vervollkommnet«, so glaubt man einen altpythagoreischen Text vor sich zu haben. Und wie an pythagoreische Spekulation das platonische ›Ableitungssystem‹ sich anschloß, so wurde in China im Neo-Konfuzianismus eine Philosophie entwickelt, die stark an den Platonismus erinnert … Direkte Verbindungen von Pythagoreischem zu Chinesischem sind vielleicht nicht einmal auszuschließen; doch weit stärker als die ganz dünnen Fäden, die allenfalls zwischen Ost und West vor Beginn der Neuzeit gelaufen sein mögen, wirkt die Gemeinsamkeit einer hier wie dort vorhandenen Grundstruktur."[243] Daoismus: Pythagorik

下〕，或柔或剛。萬物所出，造於太一，化於陰陽。Meine erläuternden Ergänzungen in eckigen Klammern auf der Basis des umgebenden Texts; cf. ⟨tr.⟩ R. Wilhelm, Frühling und Herbst des Lü Bu We, p. 56; M. J. Puett, To become a god, pp. 160–196, stellt kosmogonisch-kosmologische Einheitsspekulationen des 4./3. Jahrhunderts (Zeit der Streitenden Reiche), die hier zitierte inclusive, unter dem Aspekt der so genannten „korrelativen Kosmologie", der Vorstellung erläuternd dar, daß eine Kontinuität zwischen Mensch und Natur in Form eines genealogischen Prozesses besteht, der in Zusammenhang mit der Vergöttlichung des Menschen betrachtet wird.

[243] W. Burkert, Weisheit und Wissenschaft, p. 447, mit integriertem Zitat: Fung Yu-lan, A History of Chinese Philosophy, 2.19, der wiederum Dǒng Zhòng-shū (2. Jh.v.Chr.) zitiert, und Hinweisen auf M. Granet, Das chinesische Denken, verschiedene Stellen, in der deutschen Übersetzung wohl pp. 124, 130–133; die Auslassungspunkte sind die des

Um diese Feststellung zu untermauern, wird in Fußnote 53 der zitierten Studie aus demselben Standardwerk zur Geschichte der chinesischen Philosophie eine dort übertragene Stelle von Shào Yōng (12. Jh.n.Chr.) wiedergegeben, die ich folgend aus dem modernen englischsprachigen sinologischen Buch ins Deutsche übersetze:

(ϒ4) „»Das Höchste Äußerste ist eine Einheit, die sich nicht bewegt. Sie erzeugt
(ϒ3) eine Zweiheit und diese Zweiheit ist Geist (*shén*) … der Geist erzeugt
⟨ϒ2½⟩ Zahlen, die Zahlen erzeugen
(ϒ2) Embleme/(Ab-)Zeichen und die Embleme/(Ab-)Zeichen erzeugen
(ϒ1) Geräte (*qì* 器)« (12b.23).“[244]

Darauf bemerkt unser westlicher Gelehrter nun: „(d.i. Gegenstände des physischen Universums) – dies ist die Folge

(ϒ4) ἕν [*'én*] –
(ϒ3) (ἀόριστος δυάς) [*aóristos duás*] –
⟨ϒ2½⟩ ἀριθμοί [*arithmoí*] –
(ϒ2) εἴδη [*eídē*] –
(ϒ1) αἰσθητά [*aisthētá*].“[245]

Originals.

[244] Fung Yu-lan, A History of Chinese Philosophy, 2.458, Übersetzung ohne Text aus Shào Yōng, Huáng-jí-jīng-shì, ZH 17/005.12b,659 b.11-14 ≅ ZT 718/1040.12.2,23v.2-3 (DZ 23.452b): 太極,一也。不動生二,二則神也。火生濕,水生燥。神生數,數生象,象生器。Auslassungspunkte Fung Yu-lan; sie ersetzen im von mir wiedergegebenen Urtext „Hitze erzeugt Feuchtigkeit, Flüssigkeit erzeugt Trockenheit“.

[245] W. Burkert, Weisheit und Wissenschaft, p. 447[53], Transliteration in

Als ob sie von mir stammte und deshalb übergangen bzw. unterdrückt worden wäre, ist die Entdeckung dieser Übereinstimmung zwischen der sinitischen und der hellenischen Metaphysik von einem international anerkannten Gelehrten qua ‚alternativem Faktum' in den kulturvergleichenden Wissenschaften zu Recht folgenlos geblieben. Um den chinesischen Aspekt hinsichtlich des Höchsten Äußersten, des Urbegrenzten (太極 *tài jí*), das nach dem Tàijítú von Zhōu Dūn-yí an zweithöchster Stelle unterhalb des Unbegrenzten oder Grenzenlosen (無極 *wú jí*) steht – dazu werden wir noch kommen –, und die Bedeutung der einzelnen Glieder der Hierarchie zu vertiefen, zitiere ich hier das Textstück, das sowohl im mittelalterlich-chinesischen Original als auch in der modernen Übertragung unmittelbar an das bereits wiedergegebene anschließt und beide somit einen zusammenhängenden Passus bilden. „»Das Höchste Äußerste ist, während es eins und unbewegt ist, das Wesen (das der Wirklichkeit zugrundeliegt). Indem es manifest wird, ist es Geist. Geist führt zu Zahlen, Zahlen zu Emblemen und Embleme zu Gerätschaften. Diese Gerätschaften werden durch Umgestaltung wieder zum Geist zurückgeführt (*ibid.*)«."[246]

Angesichts dessen könnte man fast behaupten, daß das ›Yì-jīng‹ für die klassische chinesische Philosophie eine analoge Bedeutung wie die Orphik samt Pythagoreismus für die klassische griechische besitzt. Jedenfalls wird der Prozeß der

eckigen Klammern von mir hinzugefügt; wie aus Darstellungen der pythagoreischen oder pythagoreisierenden Prinzipienlehren früherer Faszikel hervorgegangen sein müßte, sind die hierarchischen Verhältnisse darin leider kaum jemals so eindeutig, wie hier referiert.

[246] Fung Yu-lan, A History of Chinese Philosophy, 2.458, Übersetzung ohne Text aus Shào Yōng, Huáng-jí-jīng-shì, ZH 17/005.12b,659 b.15-17 ≅ ZT 718/1040.12.2,23v.4-6 (DZ 23.452b): 太極不動，性也。發則神，神則數，數則象，象則器，器之變復歸於神也。

Manifestation qua Vervielfältigung des Einen ähnlich symbolisiert wie die Tetraktys. „Deshalb teilt sich die Eins, um 2 zu ergeben, 2 teilt sich, um 4 zu ergeben, 4 teilt sich, um 8 zu ergeben, 8 teilt sich, um 16 zu ergeben, 16 teilt sich, um 32 zu ergeben, 32 teilt sich, um 64 zu ergeben. Deshalb wird gesagt: Durch die Teilung von *yin* und *yang*, die Einwirkung von Weichheit und Härte aufeinander, gelangen die sechs Position (der Linien jedes Hexagramms) in den *Wandlungen* zu vollständiger Manifestation. Die 10 teilt sich in die 100, die 100 teilt sich in die 1000 und die 1000 teilt sich in die 10000. Es ist wie der Sachverhalt, daß eine Wurzel einen Stamm hat, ein Stamm Äste und Äste Blätter haben."[247] Nach pythagoreisierender Vorstellung verläuft die Manifestation in Form des Wachstums dimensional und arithmetisch ansteigend vom Samen als dem Einen zum Blatt als der Zwei, von der Zwei zum Zweig als der Drei und schließlich von der Drei zum Baum als der Vier.[248]

Und weil es so wichtig ist, diese strukturtheoretische wie doxographische Erkenntnis im Gedächtnis von Geistern mit Aufgeschlossenheit für die Problematik der Framework-Abhängigkeit von Kategoriensystemen zu festigen, hier noch die Erläuterung unseres modernen asiatischen Interpreten. „Mit anderen Worten, das Höchste Äußerste ist, indem es eins und unbewegt ist, die innere Natur oder das Wesen aller Dinge.

---

[247] Fung Yu-lan, A History of Chinese Philosophy, 2.457–458 = englische Übersetzung (ohne Text) von Shào Yōng, Huáng-jí-jīng-shì, ZH 17/005.12a,644c.16–21 ≅ ZT 718/1040.22,21r.7–v.2 (DZ 23.439c): 是故一分為二, 二分為四, 四分為八, 八分為十六, 十六分為三十二, 三十二分為六十四。故日:分陰分陽, 送用柔剛, 易六位而成章也。十分為百, 百為分千, 千分為萬, 猶根之有躲, 幹之有枝, 枝之有葉, ….

[248] Zur entsprechenden Tetraktys-Symbolisierung siehe H. P. Sturm, Die vier Wissenskonstituenzien (in) der spätantiken westlichen (?) Spekulation, pp. 73, 128–129.

Es manifestiert sich jedoch unter den zwei Modi von Bewegung und Ruhe, die, überweltlich und nicht konkret seiend, als »Geist« bekannt sind. Die Gruppen von geteilten und ungeteilten Linien, die die Zwei Formen (— und – –) versinnbildlichen, die vier Embleme (⚌, ⚏ etc.) und die acht Trigramme (☰, ☷ etc.) sind als »Embleme« bekannt. Die Ziffern 1, 2, 4, 8 etc. sind »Zahlen«. Die konkreten Objekte des physischen Universums (Himmel, Erde, Sonne, Mond, Erdboden, Stein etc.) sind »Gerätschaften«."[249]

Wie das orphische Mysterienwesen mit kosmogonischen Mythen verknüpft war, so sah man das numerisch-genealogische System von Lǎozǐ auf einem alten, bis in die darin auftauchenden Bilder hinein vergleichbaren, kosmogonischen Mythos fußen. „Und dieser Zug führt uns zum Ausgangspunkt der Untersuchung, zu Lao-tse's 42. Kapitel, zurück und läßt die Frage auftauchen, ob nicht das vom Tao hervorgebrachte Eine, das seinerseits die Zwei hervorbringt, ursprünglich das von der tiergestaltigen Urgöttin gelegte Weltei war, aus dem dann durch Teilung Himmel und Erde hervorgingen? ... Ist eine solche Auffassung des Kosmos einmal für das alte China festgestellt, dann ist die Folgerung nicht abzuweisen, daß die gesamten Anschauungen von einer ursprünglichen Einheit von Himmel und Erde auf die mythologische Auffassung vom Weltei zurückgehen und demgemäß hinter den Worten »Tao erzeugte das Eine, das Eine die Zwei, die Zwei die Drei, die Drei alle Wesen« der alte Mythos steckt:

(ϒ4) »Die Urgöttin legte
(ϒ3) das Weltei, das sich
(ϒ2) in Himmel und Erde teilte. Himmel und Erde erzeugten zusammen

[249] Fung Yu-lan, A History of Chinese Philosophy, 2.458.

(Ƴ1½) den Menschen, und durch das Zusammenwirken der San-ts'ai [drei Mächte: Himmel, Erde, Mensch]
(Ƴ1) entstanden alle Dinge.«

Eine Anspielung darauf könnte außerdem noch an einer andern Stelle bei Lao-tse vorhanden sein, nämlich in den Eingangsworten von c. 25: 有物混成，先天地生 (*yǒu wù hùn chéng, xiān tiān dì shēng*). Meist werden diese folgendermaßen aufgefaßt: »Es gibt ein Wesen, chaotisch vollendet. Es ging der Geburt des Himmels und der Erde voran.« Die Verbindung hun-ch'eng ließe sich aber auch noch anders auffassen, nämlich genitivisch als 混之成 = 混沌之成造者 (*hùn zhī chéng = hùn dùn zhī chéng zào zhě*) »des Chaos Urheberin«. Der ursprüngliche Sinn der Verse wäre dann:

(Ƴ4) »Es gab ein Wesen, das
(Ƴ3) das Weltei legte, das der Geburt
(Ƴ2) des Himmels
(Ƴ1) und der Erde voranging.«"[250]

Auch in den traditionellen Interpretationen wurde, wie wir noch sehen werden, die Vorstellung vom Sein und dem Taugen, dem Seinsakt also, als Ei beibehalten. Es ist durchaus richtig und wichtig festzuhalten, daß in der präkosmischen Phase früher daoistischer – ich darf ergänzen: auch anderer – Kosmogonien beide Konstituenzien, die Ur-Sache und das Verursachte, gleichursprünglich vorliegen, indem sie sich, wir befinden uns ja in der Sphäre des Reingeistigen, gegenseitig

---

[250] E. Erkes, Spuren einer kosmogonischen Mythe bei Lao-tse, pp. 34–35, meine Übersetzung in eckigen und Pīnyīn-Umschriften in runden Klammern. Zur Betonung der Komplettheit der Prinzipienspekulation zog ich hier Himmel und Erde, wie im 2.1 Kapitel beschrieben, auseinander.

verursachen (bedingen) und demzufolge die Frage, was früher war, Henne oder Ei, als unbeantwortbar zurückgewiesen werden muß und wir auf ein strukturelles Verständnis verwiesen werden. „Indem er dessen mythologischen Unterbau erkennt, zeigt E. Erkes auf, daß *hunch'eng* eine Textentstellung oder Interpolation für den Begriff *huntun* verraten könnte, das des »Chaos Urheberin« oder die »Urschöpferin des Chaos« ist. Erkes versucht, eine Verbindung mit einer Weltentstehungslehre eines kosmischen Eies aufzuzeigen. ... Als abschließende Beobachtung zu Kapitel 42 möchte ich bemerken, daß in mythologischem Sinne *hun-tun* mit beiden identifiziert werden muß, dem Symbolismus des weiblichen Wesens (Hun-tun als der »Göttliche Vogel«, im ›Shan Hai Ching‹?) und gleichzeitig mit seiner Brut (i.e. dem analogen Symbolismus des Embryos, Eies, Samens, Kürbisses, der Trommel, des Kokons, Sackes, Blasebalgs etc.). In dieser Hinsicht ist Erkes Interpretation von Kapitel 42, wenn sie »das Urweibliche legte das kosmische Ei« wörtlich meint, nicht völlig korrekt, sofern sie auf die generellen Implikationen des *hun-tun*-Motivs in frühtaoistischen Texten angewandt wird."[251]

---

[251] N. J. Girardot, Myth and Meaning in Early Taoism, pp. 50–51 ... 64; zu Verbildlichungs-Äquivalenten (Ei, Kürbis, Höhle, kosmischer Zentralberg) wie kosmogonischen Stadien, in denen *hùn dùn* vorkommt, cf. I. Robinet, *hundun* 混沌 Chaos; inchoate state, pp. 524–525; dort auch einige äquipollente Ausdrücke: 混淪 *hùn lún*, 混洞 *hùn dòng*, 空洞 *kōng dòng*, 蒙洪 *méng hóng*, 洪元 *hóng yuán*, 混成 *hùn chéng*, 崑崙 *Kūnlún*(-Berg). D. C. Yu, The Creation Myth of Chaos in the Daoist Canon, stellt vier Chaos-Vorstellungen des ›Yún-jí-qī-qiān‹ vor: 1) Chaos der Primär-Himmel (Äonenspekulationen in Zusammenhang mit dem aus dem Chaos entstandenen Ur-Qì und den daraus wiederum entstandenen Drei Qì-s, die sehr an indische Kalpa-Vorstellungen erinnern); 2) Chaos als Schöpfergott Lǎo-jūn; 3) Chaos als höchste Realität; 4) Chaos als Grotte/Höhle (洞 *dòng*), die zum Paradies führt. Die Etymologie des Wortes und den diesbezüglichen

Prinzipientheoretisch ist es jedoch angezeigt, die bisweilen zwei zu differenzieren und graduieren, was mitunter ein äußerst heikles Unterfangen darstellt und in der Deutung unseres Spruches durch den zitierten Autor, mit einer Ausnahme, leider unterbelichtet bleibt.[252] Schon im Altertum tat man sich damit schwer, wie an der Fortschreibung von ›Dào-dé-jīng 42‹ im ›Huáinánzǐ‹ zu verifizieren ist, wo Dào u.a. mit dem Einen gleichgesetzt und je nachdem, wie man dieses auffaßt, herabgesetzt ist, indem es mit diesem oder durch dieses beginnt (始 *shǐ*),[253] wobei die unterschiedlichen Bedeutungen und Funktionsniveaus von Beginn, Anfang, Grund, Verursachung usw. zu beachten sind. Solche Spekulationen sind uns mittlerweile allerdings vertraut.

Daß sie Vorformen philosophisch durchdachter Fundamentalkategorien-Systeme darstellen, ist uns ebenso nichts Neues mehr. Hätten die zitierten Forscher doch nicht nur gewußt, wie recht sie damit mythologisch haben, sondern daß sie mit ihren Nachweisen nicht die Vorsintflutlichkeit der

---

Zusammenhang mit indeuropäischen Sprachen diskutiert J. L. Wei, DAO and DE: An Inquiry Into the Linguistic Origins of Some Terms in Chinese Philosophy and Morality, pp. 7–10; eadem, Huangdi and Huntun (The Yellow Emperor and Wonton), pp. 34–35.

[252] Deutung bei N. J. Girardot, Myth and Meaning in Early Taoism, pp. 56–64, die Ausnahme findet sich o.c., p. 63, wo auf Dào als das Vorwiegende und Vorhergehende aufmerksam gemacht wird, indem aus ihm das Eine eben erst entsteht.

[253] Cf. Huáinánzǐ 3.21a.3-5, ⟨edd.⟩ Liú Wén-diǎn (Liú Ān); leicht abweichender Text nach ⟨edd.⟩ Liú Wén-diǎn / Féng Yì / Qiáo Huà, p. 112.9-10; ⟨trr.⟩ C. Le Blanc / R. Mathieu, p. 127; Näheres und Weiteres dazu gleich; inhaltlich ist zu dieser Stelle noch festzuhalten, daß das Eine selbst eigentlich nichts (Neues) hervorbringt, Dào vielmehr Yīn und Yáng entstehen läßt, indem es sich teilt (道始曰,規於一, 一而不生, 故分而為陰陽 *dào shǐ yuē, guī yú yī, yī ér bù shēng, gù fēn ér wéi yīn yáng*).

daoistischen Philosophie, oder wenigstens der Wurzeln von ihr, beweisen, sondern die Lógos-Qualität des Mythos, was im vorliegenden Buch an zahlreichen Stellen dokumentiert ist und hier anläßlich einer einschlägigen Äußerung zum Daoismus und seines Namensgebers, des Wortes »Dào«, nochmals in einer materialistischen, mechanizistischen, sich am Gipfelpunkt einer eingebildeten Wissensevolution stehenden Variante dokumentiert wird.

„.. die Macht des Wortes und der Analogiezauber bedeuten für den Primitiven weitaus mehr, als wir uns vorzustellen imstande sind. Noch bei vielen Kulturvölkern haben sich beredte Zeugnisse dieser Vorstellungswelt erhalten. Die Ägypter dachten, daß Ptah die Welt durch das Wort erschuf, daß die Dinge in dem Augenblick Wirklichkeit wurden, als er sie bei Namen nannte. Die alten Inder betrachteten die »Göttin der Rede als Schöpferin und Lebenskraft des Alls« (W. Ruben, Geschichte der indischen Philosophie, Berlin 1954, S. 68). Und selbst Plato und Aristoteles glaubten noch, daß der Name eines Wesens oder Gegenstandes in seinem Inneren als unsichtbarer Kern verborgen liege. Und was ist schließlich das biblische »Im Anfang war das Wort« anderes als ein Nachklang jenes primitiven Glaubens an die Allmacht des Worts – jener großen Schöpfung des Menschen, die ihn aus der Tierwelt heraushob und zu einem gesellschaftlichen Wesen und Herrn über die Naturkräfte machte. Im 25. Kapitel des Daudedsching sagt der Autor: *des alls urmutter könnte man es nennen, ich kenne seinen namen nicht, ich nenne es Dau.* War das Dau für ihn wirklich bereits eine reine Abstraktion, ein philosophischer Begriff, oder waren ältere, noch vom Magisch-Mythischen stammende Hüllen daran haftengeblieben?“[254]

---

[254] E. Schwarz, Laudse (Lao-tse): Daudedsching (Tao-te-king), pp.

Zum Abschluß dieses Gedankens, der zu den zentralen des Daoismus zu rechnen ist, möchte ich nicht nur auf die Ausführungen zur Tetraktystik in Zusammenhang mit der Akademischen Seelenlehre in einem früheren Teilband des vorliegenden Werks zurückverwiesen,[255] sondern im Sinne der von mir verfolgten Methode zudem eine fast eineinhalb Jahrhunderte unbeachtet gebliebene Bemerkung zum 42. Vers des ›Dào-dé-jīng‹ aus der Zeit, zu der sich die Sinologie gerade universitär etabliert hatte, ins Gedächtnis rufen, als sich der geisteswissenschaftliche Forschergeist in seiner (freilich oft kritiklosen) Selbstsicherheit noch etwas zutraute und sich in weiten Räumen, nicht nur der Kultur, sondern der Gedanken zu bewegen wagte, in denen wenigstens noch die leise Ahnung davon vorhanden war, daß Geist nicht, und schon gar nicht erst heute, erfunden wurde. „«Taò zeugt Eins, Eins zeugt Zwei, Zwei zeugen Drei, Drei zeugen alle Dinge». Müßte man das buchstäblich nehmen, so kämen 1 (Taò) + 1 + 2 + 3 = 7 heraus. Faßt man es aber richtiger, etwa im Sinne des Fichte'schen Sichsetzen, so ergibt sich eine Art Dreieinigkeitsbegriff, den hier zu suchen fast die christliche Selbstachtung verbot."[256]

Berücksichtigen wir zum ersten, daß der genannte Dreieinigkeitsbegriff christlicher Couleur, wie in ›Widerspiegelung des Geistes II/5‹ auseinandergesetzt, auf gnostische und platonistische Hypostasenlehren zurückgeht,[257] zum zweiten, daß die »Wissenschaftslehre« Johann Gottlieb Fichtes eine

11-12, Einführung; sowohl die Güte dieser Feststellung in doxographischer Hinsicht als auch das Gegenteil davon in philosophischer sollen unkommentiert bleiben.

[255] Cf. H. P. Sturm, Alt-Akademische Erledigung der okzidentalen Metaphysik, pp. 198-202.

[256] G. von der Gabelentz, Lao-tse (Laò-tsï`), p. 93d.

transzendentalphilosophische Prinzipienlehre darstellt, so sind wir mit der wiedergegebenen Aussage ganz nahe bei dem, was den von mir entwickelten Ansatz re–flexionstheoretischer Rekonstruktion ausmacht. Angesichts dessen muß ich den Objektivisten, deren Ideologie seit langem die Welt beherrscht und die Menschen behext, zu bedenken geben, daß Gegenständliches nur ein Aspekt dessen ist, was mit dem Bezug darauf und dem sich darauf Beziehenden in jedem Erkenntnisakt gesetzt ist. Von Dingen und einer Welt an sich kann nicht die Rede sein!

Nachdem nun der Konstruktionsplan des Daoismus aufgerissen ist, muß noch eine Frage geklärt werden, deren Beantwortung seine Darstellung und Deutung gerade in der heutigen Zeit und in der westlichen Welt wesentlich bestimmt, die nämlich, ob Dào selbst transzendent ist oder nicht. Für das erstere plädiert dezidiert ein gewisse Formen des Daoismus propagierender Vertreter des Christentums und Universitätsgelehrter, indem er die Transzendenz im alten orthodoxen religiösen Daoismus als Welten von den buddhistischen Lehren von „*śūnyatā* und Transzendenz“ getrennt und die diesbezügliche Doktrin von Zhuāngzǐ nicht als Begleiterscheinung, sondern als Gegensatz zu den Lehren des Madhyamaka und Yogācāra ausgibt. „Die Transzendenz im *Chuang-tzu* stellt einen Kontrast, kein Korollar zu den Lehren von Mādhyamika und Yogācāra dar.“[258] Sein Beitrag bildet sozusagen die Idealtypik für eine inhaltlich einseitige, strukturell aber durchaus stimmige Sichtweise auf das Dào, weshalb er hier als Folie ausführlicher vorgestellt werden soll. Daoismus : Buddhismus

„Wenn der Mensch durch die Leerung des Zentrums des

---

[257] Cf. H. P. Sturm, Die vier Wissenskonstituenzien (in) der spätantiken westlichen (?) Spekulation, pp. 110, 194.

[258] M. R. Saso, Buddhist and Taoist Ideas of Transcendence, p. 18.

Mikrokosmos vor dem ewigen transzendenten Tao, der wirklichen Ursache seiner Existenz, stehen kann, dann gibt es keine Möglichkeit, das Transzendente als Teil seiner zusammengesetzten (geschaffenen) Natur zu interpretieren. Die Myriaden Wesen (Υ1) stammen von yin und yang (Υ2) und sie wiederum vom Chaos (Υ3). Aber das Chaos ist wiederum vom ewig unbewegten Schöpfer, dem Tao der Transzendenz (Υ4) geschaffen. Wenn man über das Geschaffene Sein prädiziert, dann muß der Schöpfer »Nichtsein« genannt werden. … Eine solche Bedeutung war von den buddhistischen Philosophen entweder des Mādhyamika, Yogācāra oder der späteren Zen-Schulen nicht gemeint. Die Zustände von *wu* [無] und *yu* [有] sind beide real und beide existenziell verschieden. Dieserart sind die Lehren von Transzendenz und Dualität kennzeichnend für die Philosophie des religiösen Taoismus. Die reale Welt als leer und illusionär oder die Identität des Bewußtseins mit dem transzendenten Geist [mind], beides mögliche Lehren des Mahāyāna-Buddhismus, sind für den religiösen Taoisten unzulässig.“[259]

Diese Einschätzung überrascht, weil Forschern und Kennern auf dem Gebiet vom sinologischen Zeitgeist eher das Gegenteil davon eingegeben wird. Oder sollte hier etwa ein Graben zwischen einem religiösen (道教 *dào jiào*) und einem philosophischen Daoismus (道家 *dào jiā*) aufgerissen werden? Dem muß entgegengehalten werden, daß hierbei wohl die Gesamtstruktur des Daoismus allgemein außer acht gelassen und, wenn überhaupt, ausschließlich auf inhaltliche und einzelne Aspekte geachtet wurde, denn das behauptete

[259] M. R. Saso, Buddhist and Taoist Ideas of Transcendence, p. 17, meine Einfügungen in eckigen Klammern; ähnliche Argumentation bei F. Assandri, The *Yijing* and *Chongxuan Xue*, pp. 402–403, wovon die entscheidende Stelle in Zusammenhang mit Chéng Xuán-yīng im Schlußkapitel noch zitiert werden wird.

dualistisch-transzendente, permanent-einheitliche (常 *cháng*/ 一 *yī*), nichtseiende (無 *wú*) Dào fällt qua Leerheit und Eigenschaftslosigkeit mit dem immanent-schöpferischen (有為 *yǒu wéi*), sich-wandelnden (化 *huà*), seienden (有 *yǒu*), also relativen, und damit letztlich unbestimmbaren (leeren) Dào in gleicher Weise wie das ‚transzendente' Nirvāṇa mit dem ‚immanenten' Saṃsāra zusammen. Nicht nur mir, der ich von den Verwaltern der ‚Exzellenz' etablierter Wissenschaft als Phrasendrescher und Laie eingestuft wurde, ist dieser Tatbestand aufgefallen, auch eine der in der zweiten Hälfte des letzten Jahrhunderts renommiertesten Forscherinnen auf dem Gebiet der Sinologie argumentiert u.a. unter Bezugnahme auf die Chóng-xuán-Schule in diese Richtung.[260]

Jīng-fǎ: Name + Form = Leerheit

Doch schon weit vor dem Siegeszug des Mittelweg-Buddhismus (Madhyamaka) in China ab dem 4. Jh.[261] war im Daoismus die Erkenntnis von der Welt polarer Gegensätzlichkeit, von Sensualem (skr. *rūpa* = Form) auf der einen und Mentalem (skr. *nāma* = Name) auf der anderen Seite, als leer und nichtig bekannt. So lesen wir schon im ›Jīng-fǎ/Kanon der Regelungen‹, einem vor einigen Jahrzehnten aus einer der Hán-Dynastie zugehörigen Grabstätte in Mǎwángduī zu Tage geförderten Seidentext, den man auf das 2. bis 3. Jh. vor unserer Zeitrechnung datiert und der daoistischen Huáng-Lǎo Schulrichtung zurechnet: „Das sichtbare und wißbare

---

[260] Cf. I. Robinet, Une lecture de *Zhuangzi*, pp. 121–127.

[261] Cf. Chan Wing-tsit, A Source Book in Chinese Philosophy, p. 357: „Dir Lehre wurde durch Kumārajīva's Schüler Seng-Chao (384–414) nach China übertragen und spielte dort vom vierten bis zum siebten Jahrhundert eine beherrschende Rolle. Sie übte eine enorme Anziehungskraft auf die Chinesen aus, weil ihre Philosophie der Leere mit der Gemütsart der Intellektuellen der Wei-Chin-Zeit (220–420), die damals die taoistische Lehre des Nichtseins vertraten, übereinstimmte."

Dào (見知之道 *jiàn zhī zhī dào*) ist bloß leer und nichtseiend (唯虛无有 *wéi xū wú yǒu*). [Schon] Ein Herbstflaumhaar stellt etwas dar (秋毫成之 *qiū háo chéng zhī*), das Form und Namen haben muß (必有形名 *bì yǒu xíng míng*). Stehen Form und Name fest (形名立 *xíng míng lì*), dann (則 *zé*) läuft das auf die Unterscheidung zwischen (之分已 *zhī fēn yǐ*) schwarz/falsch und weiß/richtig (黑白 *hēi bái*) hinaus."[262] Das kann nur heißen, daß das erscheinungshafte Dào der im Wahrnehmen und Denken auseinandergetretenen Opposita qua Gestalt (gr. *aisthētón* / skr. *rūpa*) (ϒ1) und Begriff (gr. *logismós* / skr. *nāma*) (ϒ2) wie das noumenale qua Namenlosigkeit (ϒ4), aber auch selbstbenannter Form (gr. *noētón*) (ϒ31) und richtig(gestellt)em Namen (gr. *noũs*) (ϒ32),[263] ihrem Wesen nach nicht das sind, als was sie gemeinhin vermeint

---

[262] Jīng-fǎ, ⟨ed./tr.⟩ R. D. S. Yates, Five Lost Classics, pp. 50.8-9/51: 見知之道，唯虛无有。虛无有，秋稿(毫)成之，必有刑(形)名。刑(形)名立，則黑白之分已。Ich schließe mich bei der Übersetzung, d.h. Deutung dieser nicht ganz eindeutigen Stelle dem genannten Sinologen an. Das Herbstflaumhaar steht in der chinesischen Philosophie für Allerkleinstes, äußerst Feines und Unscheinbares; die Unterscheidung zwischen schwarz und weiß oder Üblem und Makellosem deutet auf die Beschädigung des Dào durch Bewertung und Einseitigkeit, wie bei Zhuāngzǐ, Nán-huá-zhēn-jīng 2.7, ⟨ed.⟩ HYIZY, p. 5.41-42, worüber ich noch berichten werde, beschrieben. Die Übersetzung von ⟨trr.⟩ H. Roth et al., Syncretic Visions of State, Society, and Cosmos, p. 244, weicht von der hier vorgelegten ab; noch deutlicher ist das bei ⟨trr.⟩ L. S. Chang / Feng Yu, The Four Political Treatises of the Yellow Emperor, pp. 101-102, und J. Decaux, les 4 livres de l'empereur jaune, p. 18, wohl nicht ohne eine vorgefaßte Meinung, der Fall.

[263] Cf. Jīng-fǎ, ⟨ed./tr.⟩ R. D. S. Yates, Five Lost Classics, pp. 54.2-3/55: 逆順死生，物自為名。名刑(形)已定，物自為正。„Im Gegensatz und in Übereinstimmung, im Leben und Tod geben sich die Dinge ihre Namen (von) selbst. Sind Namen und Dinge eindeutig (bestimmt), berichtigen sich die Dinge (von) selbst." Ein typischer Fall von Autopoíēsis der Komponenten einer Instanz, der man eine solche re–flexionsstrukturell auch korrekt zuordnen kann, dem Geist.

werden, als etwas mit Inhalt nämlich, weil sie eben nicht irgend etwas und leer sind. Nennt man so etwas nicht Täuschung oder Illusion und buddhistisch wie vedāntisch Māyā (chin. 幻 *huàn*)?

Der Vertreter des ewig transzendenten Dào stellt sich diesbezüglich die Frage nach dem „Vorwurf metaphysischer Inkonsistenz" selbst; diese, die Inkonsistenz nämlich, müsse vom daoistischen Adepten jedoch abgewendet werden.[264] „Sicherlich, wenn das Tao des Transzendenten *wu-wei* [無為] absolut ist, kann es das Tao des Wandels in keiner Weise beeinflussen. Der Taoist kann das Transzendente kaum »herbeirufen«; was herbeigerufen wird, muß von Natur aus nicht-transzendent sein. Der taoistische Adept versucht mit seiner Meditation nicht, das Unmögliche zu tun, noch widerspricht er der Philosophie der Transzendenz. Stattdessen interpretiert er die Lehre von der Leere, wie sie im dritten Kapitel des *Chuang-tzu* gelehrt wird. Das Tao ist im Herz-Geist [heart-mind], *hsin* [心], der leer ist, gegenwärtig. Auf diese Weise wird Leere, *hsü* [虛] als notwendige Bedingung angesehen, die Gegenwart des transzendenten Tao zu verwirklichen. … Der Zweck von *hsin-chai,* [心齋], "Fasten des Herzens", ist deshalb, den Herz-Geist zu leeren, so daß das Tao darin verweilen kann, oder eher, so daß der Geist [mind] der Aktivität des Tao in der Natur gewahr werden kann. Leere muß deshalb als "Potenz zum Unendlichen" übersetzt werden."[265]

Will der Protagonist der Dao-Weltanschauung tatsächlich auf dem Dogma des Transzendenz-Dào als Schöpfungsprinzip ohne Schöpfungsakt (無為之道 *wú wéi zhī dào*) im buchstäblich metaphysischen Sinne beharren, so kann er sich zwar

[264] Cf. M. R. Saso, Buddhist and Taoist Ideas of Transcendence, p. 18.

[265] M. R. Saso, Buddhist and Taoist Ideas of Transcendence, p. 18.

von anderen Glaubenssystemen, in diesem Fall gewissen indischen, distanzieren, von Begründbarkeit und Logik muß er das dann allerdings auch. Und das tut er, wie man sieht, unbeirrbar. Von welchem Wert sind seine Aussagen dann aber im philosophischen und für das philosophische Denken?

Immanenz Transzendenz

Der in Gegenrichtung unternommene Exegeseaufwand, die Stetigkeit bzw. Unvergänglichkeit des ungangbaren und unnennbaren Dào in die Veränderlichkeit und Diesseitigkeit, die Relativität also, hineinzuinterpretieren und dessen Außerordentlichkeit beabsichtigt oder auch nicht auf das Niveau der gegenwärtigen zeitgeistigen Verfassung pandemischer Immanentomanie herabzudeuten,[266] ist angesichts re–flexionsstruktureller Überlegungen gleichermaßen hinfällig. Selbst versierte Fachleute lassen sich zu solchen Deutungen aber hinreißen. „Dao ist organisch in dem Sinne, daß es Teil der Welt und kein transzendentes Anderes, wie in der westlichen Religion, ist."[267] Der Schlußteil dieser Aussage mag für gewisse plumpe (westliche) Religionslehren zutreffen, beileibe aber nicht für alle, und auch nicht für große Teile der durchaus mitgemeinten religiös angehauchten antiken Philosophie des Okzidents. Mit dem ersten Satzteil steht es aber noch viel schlimmer: Dào nur als Teil der Welt, nicht einmal als Welt insgesamt?!

Freilich basieren diese und ähnliche Generalisierungen in beträchtlichem Maße auf Vorurteilen, die von der Quelle der

---

[266] So, vielen modernen ‚Vorbildern' folgend, vorbildhaft praktiziert von G. Wohlfart, Der Philosophische Daoismus, pp. 27–54.

[267] L. Kohn, Zhuangzi, p. 79, unter Berufung u.a. auf B. I. Schwartz, The World of Thought in Ancient China, pp. 194–195, wobei zu erwähnen ist, daß die Terminologie des letzteren nicht so deutlich ist. Gegen eine solche Vorstellung wehrt sich W. Franke, All or Nothing?, pp. 15–17, mit plausiblen Argumenten.

globalen Alleinherrschaft des Immanentismus (Empirismus, Realismus, Materialismus, Positivismus, Pragmatismus usw. usf.) gespeist werden und jegliches Verständnis für Metaphysik, und damit für die philosophische Bedeutung von »Transzendenz« (gleiches gilt für das »Absolute«), vermissen lassen. Als ob beim Gedanken an das Absolute je von der Vorstellung einer Käseglocke über dem Sein oder bei der Transzendenz von einer Hinterwelt hinter dem Welthaften als Ganzheit auszugehen wäre! Sind es doch nur ihre eigenen Einbildungen, die solch vermeintlich Besserwissenden ahnungslos bei anderen zu entdecken glauben und widerlegen zu müssen meinen.

„Es ist übrigens unhaltbar, wie es gewisse Sinologen tun, zu sagen, daß es im chinesischen Denken keine Transzendenz gibt.“[268] Fragt sich nur, was Transzendenz in philosophischer Hinsicht eigentlich bedeutet. „.. der Begriff des Dao als Abwesenheit von jeglichem bedeutet seine Transzendenz.“[269] Viele, vielleicht sogar die meisten derzeitigen Interpreten chinesischer Weltanschauungen haben davon, bedingt durch das Fehlen einer transzendentalphilosophischen Schulung und die Einflüsterungen positivistischer, materialistischer, empiristischer, evolutionistischer u.ä. Reflexionsverweigerer, nur ein verkürztes und verzerrtes Bild, indem sie damit fast ausschließlich eine religiöse Vorstellung, die Vorstellung eines über allem stehenden allmächtigen Schöpfer-, Lenker- und Richtergottes in Verbindung bringen. Ein Beispiel: „In China fehlt die Vorstellung vom Schöpfergott und alle Versuche der jesuitischen Missionare, ihn in die chinesischen Klassiker hineinzulesen, können als gescheitert gelten. ... Immanenz

---

268 I. Robinet, Une lecture de *Zhuangzi*, p. 127[28].

269 I. Robinet, Wang Bi 王弼 226-49; zi: Fusi 輔嗣, p. 1006.

und Transzendenz – diese beiden Pole charakterisieren den Unterschied zwischen chinesischen und indoeuropäischen Denkmustern am treffendsten.“[270]

Dieses Urteil ist schon allein aus dem Grund als Fehlurteil zu beurteilen, weil es auf dem in abrahamitischen Religionen als gottgegebene Tatsache akzeptierten Irrglauben beruht, daß ein monotheistischer Weltschöpfer oder wie sonst attribuierter Gott völlig transzendent sein kann, was einige ihrer philosophisch und mystisch orientierten Vertreter dadurch zu beheben suchten, daß sie neben der kataphatischen (bejahenden) Theologie und über diese hinaus eine platon(ist)isch restrukturierte apophatische (verneinende) Theologie postulierten, um zwischen einem in Relation zur Welt stehenden Gott (gr. *ὁ theós*, m.) und einer irrelativen, absoluten, transzendenten Gottheit (gr. *tò theĩon*, n.) zu unterscheiden.

Da ich die Problematik von Absolutheit bzw. Transzendenz in der ›Widerspiegelung des Geistes I‹ in systematischer Hinsicht klärte und dazu auch im Buch II/2 einige kritische Bemerkungen mit Bezug auf Friedrich Nietzsche u.a. anfügte,[271] will ich mich hier auf eine Anmerkung zu einem redegewandt verfaßten Beitrag aus der gegenwärtigen Sinologie beschränken. Gemeint sind die penetranten Behauptungen zur Gegensätzlichkeit westlicher und chinesischer Weltbilder aus dem Munde des – zumindest in Fachkreisen bekannten – französischen Sinologen und Schriftstellers François Jullien. „»Immanenz« und »Transzendenz« sind die Schlüsselworte seiner großen Gegenüberstellung von »chinesischem Denken«

---

270 V. Kalinke, Laozi: Daodejing, 3.155; cf. o.c. 3.153–159.

271 Cf. H. P. Sturm, Die vier Stadien des Ent–Setzens, pp. 289–291; idem, Prinzipien-Triadik oder Prinzipien-Tetradik?, pp. 102–103.

und »abendländischem Denken«."[272] In seinen Werken werde unablässig erklärt, „dass das »chinesische Denken«, das er auch »Literatendenken« (*pensée lettrée*) nennt, die Kehrseite unseres eigenen Denkens bilde."[273]

Schon. Würde man seine um die „chinesische Fadheit" (淡 *dàn*, fad, geschmacklos, wäßrig, schwach, matt, blaß, mild, indifferent, gleichgültig)[274] kreisenden Einsichten, die er u.a. mit Hilfe der Thesen-Dialektik von den beiden Extremen (chin. 二邊 *èr biān* / skr. *anta-dvaya*) und der Mitte (chin. 中 *zhōng* / skr. *madhya*) der buddhistischen Mittelwegschule (Sān-lùn-zōng/Madhyamaka) erläutert,[275] über die gemeinte innerweltliche Koinzidenz und Neutralität hinaus allerdings als Meta-Koinzidenz alles Gegensätzlichen verstehen, so leisteten seine Überlegungen zur immanenten, diesseitigen, mit der Natur versöhnten Transzendenz, in der die Begriffe von Immanenz und Transzendenz schließlich aufhörten, entgegengesetzt zu sein,[276] nicht nur das, was im Text oben gegen die Behauptung, die Transzendenz des Dào habe mit der Leere (*śūnyatā*) der Mādhyamikas und Yogācārins nichts zu

[272] J. F. Billeter, Gegen François Jullien, p. 60.

[273] J. F. Billeter, Gegen François Jullien, p. 14; zu den verschiedenen Gruppen von Literaten (士 *shì*), die sich in China ab bzw. nach dem Niedergang der Zhōu-Dynastie (周朝 *zhōu-cháo*) herausbildeten, cf. Lu Xing, Rhetoric in Ancient China Fifth to Third Century B.C.E., pp. 63-64.

[274] Zur immer gleichen Übersetzung des Wortes durch den Autor ins Französische cf. die Kritik von J. F. Billeter, Gegen François Jullien, pp. 47-48.

[275] Cf. F. Jullien, La pensée chinoise dans le miroir de la philosophie, pp. 107-114 (Éloge de la fadeur).

[276] Cf. F. Jullien, La pensée chinoise dans le miroir de la philosophie, pp. 133-134 (Éloge de la fadeur).

tun, ausgeführt wurde, sondern stellten sogar einen wertvollen Beitrag zur Erhellung der Sicht chinesischer Denker auf die Stellung des Menschen im und über dem Kosmos dar. Zugleich lieferten sie, die Meinung des zitierten Gelehrten sicherlich konterkarierend, Anhaltspunkte zur Formulierung und Praktizierung einer menschheitlichen und menschengemäßen Transkultural–Philosophie, die zur Bewältigung der Probleme, die Homo insipiens sich und anderen Wesen gedanken- und rücksichtslos aufgebürdet hat, unabdingbar ist.

„Schlußendlich ein Wort zum Begriff Tao, the »Way« things are, in allen frühen chinesischen Schulen des Denkens. Für Taoisten ist dieser Weg die ultimative Kraft im Kosmos, paradoxerweise transzendent, dennoch immanent. ... Obwohl es unbeschreibbar ist und infolgedessen als Objekt nicht erkannt werden kann, behaupten die frühen taoistischen Quellen, daß man in ihm aufgehen, mit ihm in Einklang sein, oder mit anderen Worten, es direkt erfahren kann.“[277] Nahe dran! Ist man im Dào aufgegangen, so ‚erfährt‘ man dieses jedoch weder als immanent noch als transzendent.

Abrunden will ich dieses Kapitel mit einer Rekapitulation, einer Interpretation bzw. Paraphrase von ›Dào-dé-jīng 42‹ aus der neuesten Forschung, entlang der nicht nur der Idealtypus daoistischer GeistWelt-Konstruktion, sondern die Reflexionslogik an sich, in der gleiche Bestandteile auf verschiedenen Ebenen in unterschiedlicher (Skalen-)Wertigkeit auftreten können, im Gedächtnis verankert werden soll. „Hier präsentiert Lao Tzu seine Schöpfungs-Erzählung. In der ersten Phase des Nichtseins erzeugte Tao (ϒ4) »混沌氣« (*hun tun qi,*

---

[277] H. D. Roth, Original Tao, p. 44; „the »Way« things are“ (die Art und Weise, wie die Dinge sind) mußte ich unübersetzt lassen, damit die feinsinnige englische Formulierung unter Verwendung des Wortes „Way“ (Weg im Englischen Original mit großem Anfangsbuchstaben geschrieben), zum Verweis auf Dào nicht verloren geht.

den Dunst des Chaos), auch als »沖虛氣« (*chong xu qi,* der leere Dunst) bekannt, das eins bildete (ϒ3$_{2}$). Eins, unfähig, Dinge zu erzeugen, spaltete sich in zwei: *yin* und *yang* (die weibliche und die männliche Lebenskraft) oder Himmel und Erde, die zwei bildeten (ϒ3$_{1}$). Den leeren Dunst als Medium gebrauchend, vermischten sich *yin* und *yang* miteinander zu Harmonie und der Drei ⟨ϒ2½⟩, *yin* (ϒ1), *yang* (ϒ2) und der leere Dunst (ϒ1½) erzeugten die zehntausend Dinge (ϒ1).“[278]

---

[278] ⟨tr.⟩ Huang Chi-chung, Tao Te Ching, p. 155, Endnote zu Lǎozǐ, Dào-dé-jīng, Spruch 42 (irrtümlicherweise unter *Chapter Forty-Three* verzeichnet). Meine Skalierung erfolgt entsprechend dem Versuch, den ich diesbezüglich am Original (s.o.) durchführte.

2.2 Fortgang (Variationen)

Lièzǐ Da die historische Ordnung wegen der Datierungsprobleme, die die doxographische Forschung aufwirft, bei meiner Darstellung nur annähernd einzuhalten und auch nicht entscheidend ist, solange die alte, echte Philosophie im Fokus steht, gebe ich anschließend eine Kosmogonie von Lièzǐ wieder. Wer die Signaturen der Metaphysik zu entziffern weiß oder auch nur die Scheuklappen des metaphysischen Kulturdifferentismus abgelegt hat, wird nicht umhinkönnen, darin nicht nur die wichtigsten Züge chinesischer, sondern menschheitlicher GeistWelt-Vorstellungen zu erkennen. „Die Weisen (聖人 *shèng rén*) von früher (昔 *xī*) nahmen

(ϒ4) als Gesamtursache (因···統 *yīn … tǒng*)
(ϒ2) von Himmel (天 *tiān*)
(ϒ1) und Erde (地 *dì*)
(ϒ3) Yīn-und-Yáng (陰陽) an (以 *yǐ*).

Doch wenn Körperliches/Formhaftes (有形 *yǒu xíng*) aus (於 *yú*) Unkörperlichem/Formlosem (無形 *wú xíng*) hervorgeht (生 *shēng*), woraus (從 *cóng*) gehen dann Himmel und Erde (天地 *tiān dì*) hervor (生 *shēng*)? Folgende Antwort:

(ϒ4) Es gibt (有 *yǒu*) ein Urwandelbares/Ureinfaches (太易 *tài yì*)[279];
〈ϒ3½.3〉 es gibt (有 *yǒu*) einen Uranfang (太初 *tài chū*);
〈ϒ3½.2〉 es gibt (有 *yǒu*) eine Urentstehung (太始 *tài shǐ*);

---

[279] Die Übersetzung „Primal Simplicity" für 太易 (*tài yì*) von 〈tr.〉 A. C. Graham, The Book of Lieh-tzŭ, p. 18, ist espritvoll, da *yì* u.a. „leicht" und engl. „easy" leicht, einfach, ungezwungen, frei, ruhig, nachgiebig, natürlich heißt; die Wendung zur metaphysischen Einheit als dem „Ureinfachen" trifft genau; E. H. Schafer, Pacing the Void, p. 26, übersetzt mit „Große Austauschbarkeit/Auswechselbarkeit".

⟨ϒ3½.1⟩ es gibt (有 *yǒu*) ein Urelement (太素 *tài sù*).

(ϒ4) Urwandelbares/Ureinfaches (太易 *tài yì*): Qì/Lebensatem/Lebensenergie (氣 *qì*) erscheint (見 *jiàn*) noch nicht (未 *wèi*);

⟨ϒ3½.3⟩ Uranfang (太初 *tài chū*): Qì/Lebensatem/-energie (氣 *qì*) beginnt/entsteht (始 *shǐ*);

⟨ϒ3½.2⟩ Urentstehung (太始 *tài shǐ*): Form (形 *xíng*) beginnt/entsteht (始 *shǐ*);

⟨ϒ3½.1⟩ Urelement (太素 *tài sù*): Stofflichkeit (質 *zhì*) beginnt/entsteht (始 *shǐ*).

(ϒ4/3) Qì (氣), Form (形 *xíng*) und Substanz (質 *zhì*) sind noch nicht (未 *wèi*) voneinander geschieden (相離 *xiāng lí*), dieserart (故 *gù*) werden sie durcheinander/trübe (渾 *hún*), verschwommen/konfundiert (淪 *lún*) genannt (曰 *yuē*), das Durcheinander/Trübe, das Verschwommene/Konfundierte (渾淪者 *hún lún zhě*). Es heißt (言 *yán*) das Durcheinander/Trübe (渾 *hún*), das Verschwommene/Untergetauchte/Konfundierte (淪 *lún*) der 10000 Dinge (萬物 *wàn wù*), weil sie noch nicht (未 *wèi*) voneinander geschieden sind (相離 *xiāng lí*). »Schau nach ihm, du siehst es nicht; höre auf es, du hörst es nicht, halte dich an ihm fest, du kannst es nicht fassen.« [cf. ›Dào-dé-jīng 14‹; ›Zhuāngzǐ‹ 22.8] Daher (故 *gù*) die Bezeichnung (曰 *yuē*) Wandelbares/Einfaches (易 *yì*). Das Wandelbare/Einfache (易 *yì*) hat weder (無 *wú*) Form (形 *xíng*) noch Umriß (埒 *lèi*). Das (Ur-)Wandelbare/(Ur-)Einfache (易 *yì*)
(ϒ3) wandelt sich (變 *biàn*) und wird (為 *wéi*) zum Einen (一 *yī*), das Eine (一 *yī*) wandelt sich (變 *biàn*)

⟨Ƴ2½.2⟩ und wird (為 *wéi*) zu den sieben (七 *zī*),[280] die sieben (七 *zī*) wandeln sich (變 *biàn*)

⟨Ƴ2½.1⟩ und werden (為 *wéi*) zu den neun (九 *jiŭ*);[281] bis zu den neun (九 *jiŭ*) geht der Wandel (變 *biàn*); von da kehrt/geht der Wandel (變 *biàn*) zurück (復 *fù*)

(Ƴ3) und es wird (為 *wéi*) das Eine (一 *yī*). Das Eine (一 *yī*) ist Ursprung/Beginn (始 *shǐ*)

(Ƴ2₂) des Wandels (變 *biàn*) der Form (形 *xíng*); das Klare (清 *qīng*) und Leichte (輕 *qīng*) steigt auf (上 *shàng*) und wird zum Himmel (天 *tiān*),

(Ƴ2₁) das Trübe/Schmutzige (濁 *zhuó*) und Schwere (重 *zhòng*) fällt herab (下 *xià*) und wird zur Erde (地 *dì*),

(Ƴ2̅) Qì (氣), das beide harmonisch mischt (冲和 *chōng hé*), erzeugt (為 *wéi*) den Menschen (人 *rén*).

⟨Ƴ1½⟩ Aufgrund (故 *qù*) der Lebens-Essenz (*jīng*) [= entweder *noũs* od. *psuchḗ*], enthalten (含 *hán*)

(Ƴ2) in Himmel-und-Erde [κόσμος] (天地 *tiān dì*),

(Ƴ1) entstehen (生 *shēng*) durch Umwandlung (化 *huà*) die 10000 Dinge (萬物 *wàn wù*).“[282]

---

[280] Nach A. Forke, The World-Conception of the Chinese, p. 35[a], die Summe aus dem Einen, Yīn und Yáng und den fünf Elementen/Agentien; nach I. Robinet, LAO ZI et le Tao, p. 90[1], die Zahl des Feuers und des großen Yáng.

[281] Nach A. Forke, The World-Conception of the Chinese, p. 35[a], die Summe aus dem Einen, Yīn und Yáng, den fünf Elementen/Agentien wie Himmel und Erde; nach I. Robinet, LAO ZI et le Tao, p. 90[1], die Zahl des alten Yáng, die die Rückkehr einleitet.

[282] Lièzǐ, Chōng-xū-zhì-dé-zhēn-jīng 1.2, ⟨ed.⟩ Yáng Bó-jùn, pp. 5.13–8.11, ⟨tr.⟩ A. C. Graham, The Book of Lieh-tzŭ, pp. 18–19: 「昔者聖人因陰陽以統天地。夫有形者生於無形, 則天地安從生？故曰：有太易, 有太初, 有太始, 有太素。太易者, 未見氣也；太初者, 氣之始也；太始者, 形之始也；太素者, 質之始也。氣形質具而未相離, 故曰渾淪。渾淪者, 言萬

Dieses Schema der vier Dào-Urphasen wurde in späteren Daoschriften zu einer Weltentfaltung in fünf,[283] aber auch sechs Stadien erweitert, die nach heutiger sinologischer Forschermeinung eine Art Durchschnittsvorstellung der Weg-Gelehrten des 10. Jahrhunderts darstellt.

„1. Yüan ch'i [元氣 *yuán qì*] „Urpneuma“ (der undifferenzierte Schöpfer der Welt.
2. T'ai i [太易 *tài yì*] „Große Austauschbarkeit/Auswechselbarkeit“ (Potentialität formaler Differenzierung)
3. T'ai ch'u [太初 *tài chū*] „Großes Vorhergehen“ (Keimung formaler Differenzierung)
4. T'ai shih [太始 *tài shǐ*] „Großer Beginn“ (Verwirklichung formaler Differenzierung)
5. T'ai su „Große Einfachheit“ [太素 *tài sù*] (undifferenzierte Substanz)

物相渾淪而未相離也。視之不見，聽之不聞，循之不得，故曰易也。易無形埒，易變而為一，一變而為七，七變而為九。九變者，究也；乃復變而為一。一者，形變之始也。清輕者上為天，濁重者下為地，冲和氣者為人；故天地含精，萬物化生。 Meine erläuternden Ergänzungen in eckigen Klammern; die Skalierung stellt nicht mehr als einen Versuch dar; cf. R. Wilhelm, Liä Dsi: Das wahre Buch vom quellenden Urgrund, pp. 34–35; A. Forke, Yang-Chu the Epicurean in His Relation to Lieh-Tse the Pantheist, pp. 209–211, übersetzt und deutet die Kosmogonie, während er darin eine enge Verwandtschaft zur modernen Evolutionstheorie sieht. I. Robinet, Lao Zi et le Tao, pp. 90–92, übersetzt eine längere Stelle aus der ›Prinzipiellen Sammlung daoistischer Rituale/Dào-fǎ-huì-yuán‹ aus dem 14./15. Jh. (ZT 898/1220.67,1r.5–2v.1 (DZ 29.209a–b) ≅ ZH 36/001.67,410a.5–b.11) als Beispiel, um zu zeigen, zu welchen Weiterentwicklungen diese Kosmogonie Anlaß gab; zu chinesischen Weltentstehungs-Mythen, auch mit Parallelen aus Griechenland, Indien etc. cf. A. Forke, The World-Conception of the Chinese, pp. 34–35, o.c., pp. 34–44.

283 Cf. I. Robinet, Genesis and Pre-cosmic Eras in Daoism, pp. 155–159.

6. T'ai chi [太極 *tài jí*] „Großer Höhepunkt" (materielle Differenzierung)"[284]

Vom Alten Meister und einem weniger bekannten alten Meister gehen wir nun zum mutmaßlichen Schüler des ersteren über. Ich rede hier nicht von den Personen, sondern von ihrem jeweiligen Werk. Während man früher glaubte, hierbei eine eindeutige Abfolge vorliegen zu haben, ist heute sowohl die Frage nach den beiden Werken, zumindest der Zeit ihres Entstehens, als auch nach deren Verfassern, oder wenigstens dem angenommen älteren von beiden, durch ein immer breiteres Wissen und feinere Analysemethoden zu einem komplexen Problem geworden, das nicht Gegenstand unserer Betrachtung zu sein braucht.[285]

Es genügt hier zu wissen, daß beide Werke bei aller Unterschiedlichkeit von einem Gerüst gleicher bzw. sehr ähnlicher Grundgedanken getragen werden. Während das ›Dào-dé-jīng‹ eine Sammlung von Resultaten philosophischer Erwägungen

[284] E. H. Schafer, Pacing the Void, p. 25, Numerierung des Originals; meine Ergänzung der chinesischen Glyphen und Pīnyīn-Umschrift in eckigen Klammern; man beachte den Grad des „Großen Höhepunkts" (太極 *tài jí*) und vergleiche ihn mit anderen Passus meiner Studie; o.c., pp. 26–29, finden sich Definitionen zu diesen sechs kosmogonischen Prinzipien.

[285] Leicht lesbarer Überblick zu Lǎozǐ und seinem Werk bei J. Ulenbrook, Lao Tse: Das Buch vom rechten Wege und von der rechten Gesinnung, Einleitung, pp. 10–18; zum ›Dào-dé-jīng‹ in Zusammenhang mit dem vor kürzerem entdeckten Mǎwángduī-Text cf. K. Wegmann, *Daodejing*, Laozi und Han Fei; ⟨ed./tr.⟩ R. G. Henricks, Lao-tzu: Te-tao ching, Introduction, pp. XI–XVIII; über Zhuāngzǐ und sein Werk: ⟨tr.⟩ B. Watson, The Complete Works of Chuang Tzu, Introduction, pp. 1–28; zum ›Nán-huá-zhēn-jīng‹ vgl. A. C. Graham, Studies in Chinese Philosophy and Philosophical Literature, 283–321 (How much of *Chuang Tzŭ* did Chuang Tzŭ Write?).

und damit Spruchweisheit ist, wird im ›Nán-huá-zhēn-jīng‹ bei aller literarischen, poetischen, launigen, vergnüglichen, symbolischen und phantastischen Einkleidung und Aufmachung eine Menge von stringenten, auch von den Dialektikern, Disputierern oder Unterscheidern: 辯者/士 Biàn-zhě/shì; 議者 Yì-zhě ≈ Schule der (Formen und) Namen (形)名家 (Xíng-)Míng-Jiā eifrig gepflegten und von dort übernommenen, Gedankengängen vorgeführt,[286] die belegen, daß es sich auch bei den mythisch scheinenden Passagen des Werkes um Philosophie im Vollsinne handelt.

Wie im Platonischen ›Timaios‹, den spätneuplatonischen

[286] Cf. T. Izutsu, Sufism and Taoism, pp. 361-364; idem, The Structure of Oriental Philosophy, 1.5; 1.38-40 (The Absolute and the Perfect Man in Taoism); J.-P. Reding, Les fondements philosophiques de la rhétorique chez les sophistes grecs et chez les sophistes chinois, pp. 280-301; I. Robinet, Une lecture de *Zhuangzi*, p. 118[15]; V. H. Mair, Wandering on the Way, Introduction, pp. XLII-XLIII; P. T. Raju, Introduction to Comparative Philosophy, p. 120; A. Forke, The Chinese Sophists, p. 3; Fung Yu-lan, The Spirit of Chinese Philosophy, pp. 57-60; idem, A History of Chinese Philosophy, 1.192-220, zur Bewertung der Schule ist besonders der Schluß der angegebenen Stelle zu beachten; mit marxistisch-materialistischer Parallaxe R. Moritz, Hui Schih und die Entwicklung des philosophischen Denkens im Alten China, pp. 180-192; idem, Eine chinesischen Parallele zur griechischen Eleatik, 67-69; einen ausführlichen kulturhistorisch-doxographischen Überblick mit Darstellung der Lehren selbst gibt J. Kandel, Die Lehren des Kung-sun Lung und deren Aufnahme in der Tradition. So es mir ‚vergönnt' sein sollte, werde ich zu den chinesischen in Zusammenhang mit den griechischen und indischen Widerlegungskünstlern im letzten Band meiner Tetralogie von Hauptwerken zur (von unten gezählt) zweiten von vier weltanschaulichen Positionen, der negativen, mit dem Arbeitstitel ›Strukturtheorie der Aporetik oder Metadialektik‹, Stellung nehmen. Das Ergebnis und die daraus gewonnenen Erkenntnisse werden sich um einiges von gegenwärtigen Versuchen auf der Basis eindimensionaler mathematischer Logik und der fast ausnahmslosen Beschränkung auf die chinesischen Texte unterscheiden und ältere, universalistischere Ansätze rehabilitieren.

‚Transzendentalmythologien', den Welt- und Überweltschichtungen des Theravāda, Mahāyāna und Vajrayāna sowie den Dichtestufen-Universen der Hindus ist auch im Daoismus der Mythos in den Lógos hinein aufgehoben und zu einem neuen, dem reflektierten Mythos, umgearbeitet, auch wenn dies die äußere Form nicht auf Anhieb zu erkennen gibt. Und ebenso wie in den genannten griechischen und indischen Weisheitstraditionen bleibt dieser reflektierte Mythos letztlich Mythos im originären Sinne, der theoretische Aspekt der Einweihung in die Philosophie als theoretisch fundierte Lebensform, überzeugende Belehrung, um deren ‚Mysterien-' und ‚Spiritualpraxis' gesichert vollziehen zu können.

„Tatsächlich war das *Tao,* in dem spätere Philosophen gleichzeitig den letzten Seinsgrund und die höchste Erkenntnisstufe sahen, ursprünglich ein Mysterium, dessen in den alten Mythen und Riten gedacht wurde. Der taoistische Yoga war nur eine andere Weise, dasselbe auszudrücken und zu verwirklichen. So kommen wir zu einem wichtigen Schluß: Was normalerweise antike chinesische Kosmogonie genannt wurde, war streng genommen keine Kosmogonie. Sie beabsichtigte nicht, irgendwelche wissenschaftliche Beobachtungen zur Bildung der Welt zu liefern; noch erlaubte sie sich, irgendwelche philosophische Erklärungen über die Materie auszusprechen. Sie war eher eine Soteriologie. Sie übermittelte eine Heilsbotschaft."[287]

Zhuāngzǐ Kosmogonie

Unter Berücksichtigung dieses Rahmens sind denn auch die folgenden Hierarchien der Dào-Realität, und anschließend daran, der Dào-Idealität, in eine Reihe mit den beiden anderen Urtraditionen der Philosophie zu stellen. Eine ausführliche Kommentierung hielte ich zwar für wünschenswert, doch nicht unbedingt für erforderlich. Was dadurch erreicht

[287] J. Shih, The Ancient Chinese Cosmogony, p. 127.

werden könnte, müssen die eingefügten Skalierungen leisten. Diese dürften dem mitdenkenden Leser mittlerweile derart vertraut sein, daß er auch die Anklänge an alle bisher vorgestellten Rekonstruktionen wahrzunehmen in der Lage ist, was ob ihrer Schematik ausnahmslos gilt. Wenn der chinesischen Metaphysik dadurch der Nimbus des Besonderen geraubt wird, dann kann das nur gut sein für die Betonung ihrer Tiefe.

(ϒ4/3) „Eingehendes (入 *rù*), Ausgehendes (出 *chū*), ohne (无 *wú*) jedoch (而 *ér*) dessen (其 *qí*) Gestalt (形 *xíng*) zu sehen (見 *jìan*): dies nennt man (是謂 *shì wèi*) Himmelstor (天門 *tiān mén*). Das Himmelstor nun (天門者 *tiān mén zhě*)
(ϒ4) ist Nichtsein (无有 *wú yǒu*).
(ϒ1) Die Myriade von Dingen (萬物 *wàn wù*)
(ϒ3) stammt (出 *chū*) aus
(ϒ4) dem Nichtsein (无有 *wú yǒu*).
(ϒ3/2) Das Sein (有 *yǒu*) ist nicht (不 *bù*) in der Lage (能 *néng*), Sein (有 *yǒu*) aus (以 *yǐ*) Sein (有 *yǒu*) zu erzeugen (為 *wéi*); es muß (必 *bì*)
(ϒ4) aus dem Nichtsein (无有 *wú yǒu*) stammen (出 *chū*),
(Y5) doch (而 *ér*) ist Nichtsein (无有 *wú yǒu*) selbst/gleich/einzig/durchweg (一 *yī*) Nichtsein (无有 *wú yǒu*). Der Weise (聖人 *shèng rén*) ist darin (乎是 *hū shì*) verborgen (藏 *cáng*).“[288]

Eine weitere Textstelle:

[288] Zhuāngzǐ, Nán-huá-zhēn-jīng 23.1, ⟨ed.⟩ HYIZY, p. 63.56-58: 入出而无見其形。是謂天門。天門者。无有也。萬物出乎无有。有不能以有為有。必出乎无有。而无有一无有。聖人藏乎是。

(ϒ1) „Nun (今 *yīn*), wenn wir die Dinge (物 *wù*) zählen (計 *jì*), hört das Zählen (數 *shǔ*) bei zehntausend (萬 *wàn*) nicht auf (不止 *bù zhǐ*). An einem Punkt aber (而期 *ér qī*) sagen wir »zehntausend Dinge« (曰萬物 *yuē wàn wù*), da das ein Symbol/Zeichen (號 *hào*) dafür ist, eine (über)große Zahl (數之多 *shù zhī duō*) auszudrücken (讀 *dú*).

(ϒ2) Daher ist es richtig (是故 *shì gù*): Himmel-und-Erde (天地 *tiān dì*) sind die (über)große (大 *dà*) (physische) Form (形 *xíng*).

⟨ϒ2½⟩ Yīn und Yáng (陰陽) sind das (über)große (大 *dà*) Qì (Energie/Lebensatem) (氣).

(ϒ3) »Dào« (道) bildet (為 *wéi*) das Gemeinsame (公 *gōng*) von ihnen. Es aufgrund (因 *yīn*) seines Übermaßes (大 *dà*) mit dergleichen Symbol/Zeichen (號 *hào*) auszudrücken (讀 *dú*), ist ein mögliches Sinnbild (則可也 *zé kě yě*).

(ϒ4) ▸Ein solches anzunehmen, dann aber mit dem Wirklichen zu vergleichen,◂ solche Argumentation (斯辯 *sī biàn*) wäre wie (猶 *yóu*) die Versinnbildlichung (譬 *pì*) eines Hundes (狗 *gǒu*) durch ein Pferd (馬 *mǎ*). Hieße (其 *qí*) das nicht (不 *bù*), das Ziel (及 *jí*) weit zu verfehlen (遠 *yuǎn*)? … Dào (道) ist unmöglich Sein (不可有 *bù kě yǒu*), unmöglich Nichts(ein) (道不可无 *dào bù kě wú*).

(ϒ3) »Dào« (道) als Name (之為名 *zhī wéi míng*) ist ein fiktives Konstrukt (假而行 *jiǎ ér xíng*). … Dào (道), die Grenze des Gegenständlichen, [Die Grenze zwischen Dào und dem Gegenständlichen] (道物之極 *dào wù zhī jí*) zu vermitteln (以載 *yǐ zài*)

(Y5) sind Reden (言 *yán*) und Schweigen (默 *mò*) nicht geeignet, (不足 *bù zú*). Weder Reden (非言 *fēi yán*) noch Schweigen (非默 *fēi mò*),

(Y6) das ist die äußerste/endgültige Diskussion/Meinung (議其有極 *yì qí yǒu jí*).“[289]

Der nächste Passus gehört sozusagen zu den Archetypen chinesischer Kosmogonien, die die gesamte Hierarchie re–flexionsstruktureller Elemente umfaßt und dem Stufengang vom Sein zum Nichts und weiter parallelgeht – wo das endet, wird sich anschließend noch zeigen –, auf dem uns Zhuāngzǐ zum Ausgangspunkt aller Ausgangspunkte zurückführt. Um ihn vollkommen zur Geltung zu bringen, ist allerdings eine bis zur Grenze ausgereizte Deutung nötig. Dazu muß zunächst eine Interpunktion des Texts zugrunde gelegt werden, die nicht der antiken Ausgabe von Guō Xiàng folgt, welcher die erste Zäsur (Komma) nach dem ersten Nichts/Nein (無 *wú*) setzt, sondern der von Lín Yún-míng (1628–1697), wonach am Anfang ein potenziertes Nichts, das Nichts des Nichts, steht: 泰初有無無, 有無名, 一之所起 (*tài chū yǒu wú wú, yǒu wú míng, yī zhī suǒ qǐ*). Ein solches Nichts des Nichts (無無 *wú wú*) ist auch bei ›Huáinánzǐ‹ bekannt und, da es offensichtlich aus einer anderen Textstelle des ›Nán-huá-zhēn-jīng‹ übernommen, der Text dort allerdings bei der zweiten

[289] Zhuāngzǐ, Nán-huá-zhēn-jīng 25.10, ⟨ed.⟩ HYIZY, pp. 72.66-69 … 73.79-80 … 81-82: 今計物之數。不止於萬。而期曰萬物者。以數之多者號而讀之也。是故天地者。形之大者也。陰陽者。氣之大者也。道者為之公。因其大以號而讀之。則可也。▸已有之矣。乃將得比哉。◂則若以斯辯。譬猶狗馬。其不及遠矣。…道不可有。有不可无。道之為名。所假而行。…道物之極。言默不足以載。非言非默。議其有極。 Der zwischen ▸ ◂ befindliche Text ist philologisch unklar und wird von allen Übersetzern unterschiedlich übersetzt; der Sinn scheint zu sein, daß das Symbol »Dào« nicht Dào selbst ist; ich schließe mich hier in etwa ⟨tr.⟩ B. Watson, The Complete Works of Chuang Tzu, p. 291, an. Der Schlußsatz unter (Y6) könnte auch so übersetzt werden: „rede [nur] über das begrenzt Seiende.“ Er wäre dann allerdings einem anderen Ordnungsniveau zuzurechnen.

Nennung gemäß dem Zitat zu emendieren ist, für Zhuāngzǐ belegt.[290]

Zudem ist das Namenlose (無名 *wú míng*), das dem einfachen Nichts entspräche, nicht als Apposition und nähere Bestimmung des absoluten Nichts zu verstehen, wie das häufig auch von denen angenommen wurde, die die obige Lesart vertraten,[291] sondern, philologisch nicht unbedingt gängig,

---

[290] Cf. Huáinánzǐ 12.24a.7; 2.1a.9; 2.2a.9, ⟨edd.⟩ Liú Wén-diǎn (Liú Ān); ⟨edd.⟩ Liú Wén-diǎn / Féng Yì / Qiáo Huà, pp. 411.15, 44.8, 46.1-2; ⟨trr.⟩ C. Le Blanc / R. Mathieu, pp. 575, 57; Zhuāngzǐ, Nán-huá-zhēn-jīng 22.8, ⟨ed.⟩ HYIZY, p. 60.67-68; Emendation z.B. bei ⟨tr.⟩ B. Watson, The Complete Works of Chuang Tzu, p. 244, vorfindlich.

[291] J. Legge, The Texts of Tâoism, 1.315[2]-316, bringt dafür sprachliche Gründe vor und übersetzt folgendermaßen: „Am Großen Anfang (aller Dinge) gab es nichts in der gesamten Leere des Raums, es gab nichts, das benannt werden konnte." R. Wilhelm, Dschuang Dsi: Das wahre Buch vom südlichen Blütenland, p. 134, übersetzt entsprechend: „Im Uranfang war das Nicht-Sein des Nicht-Seins, war das Unnennbare." Ebenso verfährt C. Fu Wei-hsun, Creative Hermeneutics: Taoist Metaphysics and Heidegger, p. 126; K. Albert, Chuang-tse: Die Welt, p. 38, zieht, wie die meisten, die weniger extreme Lesart mit der Begründung des kosmogonischen und metaphysischen Charakters der Stelle und ihrer Entsprechung zu Lǎozǐ, Dào-dé-jīng 42, unter Berufung auf Chang Tsung-tung, Metaphysik, Erkenntnis und Praktische Philosophie im Chuang-Tzu, p. 42, vor und interpretiert dann o.c., pp. 38-39, konsequent: „Das Eine (ϒ3) ist also nicht das Anfänglichste. Ihm geht das Nichts voraus: wie bei Lao-tse das Tao. Dieses Nichts ist wie bei Lao-tse namenlos (ϒ4). Dennoch gehört das Eine noch zu den Urprinzipien. Chuang-tse fährt nämlich fort, daß dieses Eine zwar ungeformt gewesen sei, doch seien aus ihm die Dinge, die zehntausend Wesen entstanden (ϒ1). Dieses die Dinge entstehen lassende Eine erhält dann den Namen ‚Urtugend' (Tê), wodurch sie als kosmogonische und metaphysische Wurzel (ϒ3) der Vielheitswelt (ϒ2) erscheint. Vielleicht übersetzt man das Tê besser mit ‚Urkraft', um den Aspekt des Moralischen, der doch wohl in ‚Urtugend' steckt, von dem Begriff des Tê fernzuhalten. Möglicherweise liegen unsere Schwierigkeiten in der Auffassung von Tê als ‚Urtugend' darin, daß wir Modernen Moral

doch durchaus vertretbar, als aus dem Urnichts ‚stammend' und diesem untergeordnet, woraus dann erst das Eine ‚wird'. Eine solche Auslegung liegt in der sinologischen Forschungsliteratur tatsächlich vor.[292] Insgesamt ist diese Subtilität für die re–flexionsstrukturelle Skalierung zwar nicht entscheidend, doch da diese Ordnung am Ende des Passus in Gegenrichtung nochmals thematisiert wird, entsteht dadurch eine Stimmigkeit und Geschlossenheit des Gedankengangs, die ihresgleichen sucht.

(Y5) „Am Uranfang (泰初 *tài chū*) war das Nichts des Nichts (有无无 *yǒu wú wú*),
(ϒ4) das Namenlose war(d) (有无名 *yǒu wú míng*)
[(ϒ4) „Am Uranfang (泰初 *tài chū*) war nichts (有无 *yǒu wú*), weder Sein noch Name (无有无名 *yǒu wú míng*),]
(ϒ3) und aus diesem entstand (之所起 *zhī suǒ qǐ*) das Eine (一 *yī*). Es gab das Eine (有一 *yǒu yī*), aber noch keine (而未 *ér wèi*) Form (形 *xíng*).
(ϒ1) Die Dinge (物 *wù*) entstanden (生 *shēng*), indem sie [von dem Einen] das annahmen (得 *dé*),
(ϒ3) was Dé (Tüchtigkeit/Geist) (德) genannt wird (謂 *wèi*).[293] Das noch Formlose (未形 *wèi xíng*) enthält Unterscheidungen (有分 *yǒu fēn*), tatsächlich aber

und Metaphysik allzu scharf getrennt haben wollen. Etwas weiter bei Chuang-tse im Kapitel XII 8 wird der Zusammenhang des Tê mit dem ersten Anfang noch einmal betont: …" Die Auslassungspunkte stehen für die metaphysisch tiefsinnige Übersetzung von Zhuāngzǐ, Nán-huá-zhēn-jīng 12.8, ⟨ed.⟩ HYIZY, p. 30.39-41, deren Besonderheit darin besteht, daß 虚 *xū*, leer, hohl, nichtig, vergeblich, virtuell, insubstantiell, mit „jenseitig" wiedergegeben wird, was vom re–flexionsstrukturellen Standpunkt aus verständlich ist.

[292] Cf. T. Izutsu, Sufism and Taoism, pp. 399-400, 414[6].

(且然 *qiě rán*) ohne Scheidungen (无間 *wú jiān*). Das (之 *zhī*) wird Name/Logos/Wissen/Leben/Bestimmung/Befehl/Gebot (命 *mìng*) genannt (謂 *wèi*).

(Υ3) Durch Stillstand (留 *liú*) und Bewegung (動 *dòng*) entstehen nun (而生 *ér shēng*)

(Υ1) die Dinge (物 *wù*); sind die Dinge (物 *wù*) fertiggestellt/verfestigt (成 *chèng*), so bekommen (生 *shēng*) sie Struktur/Ordnung/Gesetzmäßigkeit (理 *lǐ*), das heißt Gestalt (謂之形 *wèi zhī xíng*). Die Form als Körper (形體 *xíng tǐ*) erhält (保 *bǎo*)

(Υ'3) den Geist (神 *shén*),

(Υ'2) jedes einzelne hat (各有 *qè yǒu*) seine eigene (則 *zé*) Funktion (儀 *yí*);

(Υ'1) diese [zusammen] (之 *zhī*) werden Wesen (性 *xìng*) genannt (謂 *wèi*). Durch Schulung (修 *xiū*) des Wesens (性 *xìng*) [vollzieht sich seine] Rückkehr (反 *fǎn*)

(Υ3) zum Dé (Tüchtigkeit/Geist) (德). Ist Dé (Tüchtigkeit/Geist) (德 *dé*) erlangt (至 *zhì*),

(Υ4) herrscht (於 *yú*) Selbigkeit/Identität (同 *tóng*) mit dem Anfang (初 *chū*). Selbigkeit/Identität, demzufolge (同乃 *tóng nǎi*) Leere (虛 *xū*).

⟨Y5⟩ Sofern Leere, Größe/Mächtigkeit (虛乃大 *xū nǎi dà*)."[294]

---

[293] Chan Wing-tsit, A Source Book in Chinese Philosophy, p. 202, bemerkt hierzu, daß Dé den Dingen ihren individuellen Charakter verleiht.

[294] Zhuāngzǐ, Nán-huá-zhēn-jīng 12.8, ⟨ed.⟩ HYIZY, p. 30.37-40: 泰初有无无。有无名。一之所起。有一而末形。物得以生謂之德。末形者有分。且然无間謂之命。留動而生物。物成生理謂之形。形體保神。各有儀則謂之性。性修反德。德至同於初。同乃虛。虛乃大。Veränderte Interpunktion von mir eingefügt; allgemein anerkannte Lesart in eckigen Klammern.

Auf den Schluß meiner Stellenlese zur GeistWirklichkeit aus dem ›Nán-huá-zhēn-jīng‹ habe ich einen wahrlich außergewöhnlichen Gedankengang aufgehoben. Dabei handelt es sich um eine Argumentationskette, in die eine Sequenz dreimaliger Verneinung des Seins oder zweimaliger Nichtung (Negation) des Nichts eingefügt ist. Ich übersetze zunächst wortwörtlich und deshalb nur schwer verständlich, bei der Wiederaufnahme des Passus im kosmogonischen Kontext Huáinánzǐ's weiter unten aber freier und auf Anhieb faßbar. Zhuāngzǐ's Nichts des Nichts des Nichts

(ϒ1) „Sein des Anfangs [Ausgangs/Beginns/Ursprungs] zuerst (有始也者 *yǒu shǐ yě zhě*); Sein des Nochnicht-Anfangs des Seins des Anfangs dann (有未始有始也者 *yǒu wèi shǐ yǒu shǐ yě zhě*); Sein des Nochnicht-Anfangs des Seins des Nochnicht-Anfangs des Seins des Anfangs dann (有未始有夫未始有始也者 *yǒu wèi shǐ yǒu fū wèi shǐ yǒu shǐ yě zhě*).

(ϒ2) Sein des Seins zuerst (有有也者 *yǒu yǒu yě zhě*);

(ϒ3) Sein des Nichts dann (有无也者 *yǒu wú yě zhě*);

(ϒ4) Sein des Nochnicht-Anfangs (des Seins) des Nichts dann (有未始有无也者 *yǒu wèi shǐ yǒu wú yě zhě*);

(Y5) Sein des Nochnicht-Anfangs (des Seins) des Nochnicht-Anfangs (des Seins) des Nichts dann (有未始有夫未始有无也者 *yǒu wèi shǐ yǒu fú wèi shǐ yǒu wú yě zhě*).

Unvermittelt [ist da] jedoch Sein-und-Nichts/Nichts-Sein (俄而有无矣 *é ér yǒu wú yǐ*). Jedoch weiß man hinsichtlich Sein-und-Nichts/Nichts-Sein nicht, was wirklich Sein und was Nichts ist (而未知有无之果孰有孰无也 *ér wèi zhī yǒu wú zhī quǒ shú yǒu shú wú yě*). Jetzt habe ich gerade »Sein« gesagt, doch weiß ich nicht, ob ich mit dem Gesagten wirklich »Sein« oder »Nichts« gesagt habe (而未知吾所謂之其

果有謂乎其果无謂乎 *jīn wǒ zé yǐ yǒu wèi yǐ, ér wèi zhī wú suǒ wèi zhī quǒ yǒu wèi hū, qí quǒ wú wèi hū).*"[295]

Einer der ersten modernen chinesischen Interpreten der Philosophie aus dem Reich der Mitte, der nicht nur, weil seine Hauptwerke ins Englische übersetzt wurden, Weltgeltung erlangte, schlug eine gnoseologische Auslegung der frappanten Gedankenkette aus den Inneren Kapiteln des ›Zhuāngzǐ‹ vor. „Im Zustand reiner Erfahrung haben wir keine Vernunfterkenntnis irgendeiner Art. In Zusammenhang mit der Zeit oder mit Dingen in der Zeit haben wir keine Vernunfterkenntnis vom Anfang. Wir haben keine Vernunfterkenntnis von dem Faktum, daß wir keine Vernunfterkenntnis vom Anfang haben. In Zusammenhang mit dem Raum oder Dingen im Raum haben wir keine Vernunfterkenntnis vom Sein. Wir haben keine Vernunfterkenntnis von dem Faktum, daß wir keine Vernunfterkenntnis vom Sein haben. Wir haben keine Vernunfterkenntnis von dem Faktum, daß wir keine Vernunfterkenntnis von dem Faktum haben, daß wir keine

[295] Zhuāngzǐ, Nán-huá-zhēn-jīng 2.8, ⟨ed.⟩ HYIZY, p. 5.49-51: 有始也者。有未始有始也者。有未始有夫未始有始也者。有有也者。有无也者。有未始有无也者。有未始有夫未始有无也者。俄而有无矣。而未知有无之果孰有孰无也。今我則已有謂矣。而未知吾所謂之其果有謂乎。其果无謂乎。 Meine nominale Übersetzung aus Gründen der Drastik. Beim zweiten Teil des Zitats, ab „Unvermittelt …", ist nicht entscheidbar, ob von »Sein und Nichts« oder vom »Nicht-Sein« die Rede ist; der Deutlichkeit wegen schreibe ich die erste Lesart deshalb als ein Bindestrichwort. V. H. Mair, Chuang-tzu and Erasmus: Kindred Wits, p. 97, zitiert Zhuāngzǐ's Rückgang ins Unbestimmte in Zusammenhang mit westlicher Narrenliteratur und hält ihn für eine reductio ad absurdum innerhalb von Rangeleien mit den Logikern seiner Tage. Es hat halt nicht jeder Fachgelehrte, der sich philologisch mit philosophischen Texten, welcher Herkunft auch immer, beschäftigt, Sinn für Metaphysik; die ist vielleicht noch schwieriger zu durchdringen als eine fremde Sprache und mindestens genauso mühevoll zu erlernen wie eine solche, nur scheinen das einige Philologen noch nicht mitgekommen zu haben.

Vernunfterkenntnis vom Sein haben. Obwohl also im Zustand reiner Erfahrung ontologisch noch Unterscheidungen und Unterschiede vorhanden sein mögen, sind epistemologisch trotzdem keine vorhanden. Epistemologisch ist das Individuum eins mit dem Ganzen."[296]

Indem er, was für einen buddhistisch sozialisierten und vermutlich auch geschulten Japaner nicht unerklärlich ist, in Ansätzen die Formelsprache des Positionsmehrkants (*catuṣkoṭi*) verwendet, mit Hilfe deren seit meiner Grundlegung dieser Methode exakte Gradbestimmungen der durch die Strukturtheorie der Re–flexion rekonstruierten Momente des BewußtSeins vorgenommen werden können, stellt Izutsu Toshihiko diese Argumentationssequenz in den Kontext meiner hier vorliegenden Monographie, als hätte er bereits von ihr gewußt. „Der Begriff des Nicht-[Nicht [Nicht-Seins] oder Nicht-Nicht-Nichts stellt das äußerste logische Stadium dar, das durch unser Negieren – i.e. Transzendieren – der Negation selbst des Gegensatzes von Sein und Nichtsein erlangt werden kann. Dies ist das logische und begriffliche Gegenstück des Weges oder das metaphysische Nichts, das nicht ein einfaches 'Nichts' ist, sondern ein transzendentes Nichts, das jenseits vom 'Sein' und 'Nichts', wie es normalerweise verstanden wird, liegt. … wir müssen bemerken, daß der Begriff des Nicht-Nicht-Nichts der Wirklichkeit des Absoluten nur gerecht wird, wenn wir, während wir es verstehen, die Sphäre des logischen Denkens selbst in Richtung ekstatischer oder mystischer Intuition transzendieren. Aber wenn wir das tun, wird der Begriff des Nicht-Nicht-Nichts sofort aufhören, ein Begriff zu sein."[297]

---

[296] Fung Yu-lan, Chuang-Tzu, p. 15.

[297] T. Izutsu, Sufism and Taoism, p. 379, Klammern des Originals; cf. idem, The Structure of Oriental Philosophy, 1.60–63 (The Absolute

Unter Berücksichtigung der Diskussion um die Problematik der unterschiedlichen Nichts-Stadien der Dào-Struktur ist es möglich, die Schrittfolge von den Ursprüngen, Ausgängen, Anfängen oder Beginnen (始 *shǐ*), bei diesen zugegebenermaßen rein konjektural, Sein (有 *yǒu*) und (Noch-)Nichts (無 *wú*/ 未 *wèi*) bei Zhuāngzǐ neben die Weg-Schichten von Lǎozǐ zu stellen. Dies wird zudem durch den klassischen antiken, noch vorzustellenden Versuch von Huáinánzǐ gerechtfertigt, die sieben Schritte, wenn auch in ganz anderer Ordnung, als kosmogonisch-kosmologische Abfolge aufzufassen. Um das so klar und deutlich wie nur möglich vor Augen zu führen, möchte ich die beiden Skalen von Lǎozǐ und Zhuāngzǐ, diese Thematik einem Abschluß entgegenführend, einfach noch in Tabellenform anfügen. Die ϒ-Skalierung soll den Zusammenhang mit der Mehr- bzw. Vierkantformel (skr. *catuṣkoṭi* / chin. 四句 *sì jù*) zur re–flexionstheoretischen Beschreibung der Komponenten des GeistWelt-Aggregats wenigstens andeuten.

---

and the Perfect Man in Taoism); die Nichts-Formel ist darin wie folgt angegeben, o.c., p. 62: „*wu*[3]-*wu*-[2]*wu*[1] oder Nicht-Nicht-Nicht-Sein“; o.c., p. 63: „Nicht-(Nicht [Nicht-Sein])“.

›Dào-dé-jīng 1‹ und ›Nán-huá-zhēn-jīng 2.8‹ im reflexionsstrukturellen Gleichschritt

	LǍOZǏ	ZHUĀNGZǏ
(-ϒ)= =($ϒ_5$)	玄玄 *xuán xuán* Okkultestes d. Okkulten	未未有無 *wèi wèi yǒu wú* Nichts ist (noch) nicht nicht
($ϒ_4$)	無 *wú*/無名 *wú míng* Nichts/Namenloses	未有無 *wèi yǒu wú* Nichts ist (noch) nicht
($ϒ_3$)	一 *yī* Eines	有無 *yǒu wú* Nichts ist
($ϒ_2$)	有 *yǒu* (天地 *tiān dì*) Sein (Himmel-und-Erde)	有有 *yǒu yǒu* Sein ist
($ϒ_1$)	萬物 *wàn wù* Myriade von Dingen	始 *shǐ* 3 Anfänge/Ausgänge

Diese Darstellung ist bei aller spekulativen Kühnheit nicht aus der Luft der Traditionslosigkeit gegriffen, finden wir doch schon im ›Nán-huá-zhēn-jīng‹ selbst einen Passus, der die daoistische Prinzipienlehre mit einer tetralemmatischen Positionsformel verknüpft. Voraussetzung dafür, das zu gewahren, ist natürlich, daß man derartige gedankliche Gestaltungen kennt, um sie als solche in Texten identifizieren zu können; eine unter Philosophie- und Fachgelehrten benachbarter Disziplinen nicht allzu weit verbreitete Fähigkeit.

(ϒ3) „Lichtglanz (光曜 *guāng yào*) fragte (問 *wèn*)
(ϒ4) Nichtsein (无有 *wú yǒu*): Meister (夫子 *fū zǐ*), [hast/ bist du]
(ϒ1) Sein (有乎 *yǒu hū*) oder

(ϒ2) Nichtsein (无有乎 *wú yǒu hū*)?

(ϒ3) Lichtglanz (光曜 *guāng yào*) erhielt (得 *dé*) auf seine Frage (問 *wèn*) keine [Antwort] (不 *bù*), schaute (視 *shì*) jedoch nach dessen Erscheinung (狀貌 *zhuàng mào*):

(ϒ4) wahrlich versunken und leer (窅然空然 *yǎo rán kōng rán*). Den ganzen Tag schaute er danach (終日視之 *zhōng rì shì zhī*), doch sah er nichts (而不見 *ér bù jiàn*); er horchte (聽 *tīng*), doch hörte er nichts (而不聞 *ér bù wén*); er griff danach (摶 *bó*), doch faßte er nichts (而不得 *ér bù dé*).

(ϒ3) Lichtglanz sagte (光曜曰 *guāng yào yuē*):

(ϒ4) Vollendung (至矣 *zhì yǐ*)! Wer kann so weit kommen (其孰能至此乎 *qí shú néng zhì cǐ hū*)? Ich (予 *yú*) bin bis zum Nicht-Sein [Nichts des Seins] (有无 *yǒu wú*) gelangt (能 *néng*), doch (而 *ér*) bin ich noch nicht (未 *wèi*) bis

(Y5) zum Nicht(s)-Nichts [Nichts des Nichts] (无无 *wú wú*) gekommen (能 *néng*).

(ϒ4) Wenn (及 *jí*) es das Nichtsein (无有 *wú yǒu*) gibt (為 *wéi*), wie soll man bis dahin folgen (何從至此哉 *hé cóng zhì cǐ zāi*)?“[298]

---

[298] Zhuāngzǐ, Nán-huá-zhēn-jīng 22.8, ⟨ed.⟩ HYIZY, p. 60.65-68: 光曜問乎无有。夫子有乎。其无有乎。光曜不得問。而孰視其狀貌。窅然空然。終日視之而不見。聽之而不聞。摶之而不得也。光曜曰。至矣。其孰能至此乎。予能有无矣。而未能无无也。及為无有矣。何從至此哉。Die Ergänzungen und Varianten in eckigen Klammern stammen von mir. R. Wilhelm, Dschuang Dsi: Das wahre Buch vom südlichen Blütenland, p. 233, übersetzt „… Ich vermag ohne Sein zu sein, aber nicht ohne Nicht-Sein zu sein. …“ und bemerkt o.c., p. 311, in einer Endnote zum letzten Satzteil: „Meister Eckhardts Nichtesnicht.“ Hinsichtlich der Position vom „Lichtglanz“ (光曜 *guāng yào*) in der Prinzipienhierarchie möchte ich an die vedische Strahlende oder Glänzende (*virāṭ*) in H. P. Sturm, Indische Vierfüßler, pp. 22–23, 61, zurückerinnern; sie

Guō Xiàng+ Zhuāngzǐ's Nichts des Nichts des Nichts

An die 7-Phasen-Formel von Zhuāngzǐ wagten sich bereits einige bedeutende Vertreter des Daoismus im Altertum bzw. frühen Mittelalter heran. Einer davon war der schon erwähnte antike Editor des ›Nán-huá-zhēn-jīng‹, Guō Xiàng. Sein Kommentar dazu ist prägnant, wirft jedoch Fragen auf, was die Zuordnung der Wertigkeit der einzelnen Phasen zu Graden des BewußtSeins, der Reflexionsstufung also betrifft, denen hier allerdings aus Gründen der Gesamtkonzeption meiner Studie nicht weiter nachgegangen werden kann.

[Anfang {Ausgang/Ursprung/Beginn}]
„»Es gibt einen Anfang« (ϒ1); daraus folgt: es gibt ein Ende (ϒ2).

[Vor-Anfang]
Das heißt, weder Ende noch Anfang (ϒ4) und Einheit von Leben und Tod (ϒ3).

[Vorvor-Anfang]
Diese geeint [(ϒ4)+(ϒ3)=(ϒ3')], sind sie anscheinend noch nicht geeint, sondern aus sich heraus [von selbst] gleich, das heißt auch, ihre Einheit zu vergessen (-ϒ3').

[Sein]
Aus »es gibt Sein« folgen die Positionen schön (ϒ1) und häßlich (ϒ2), ja/richtig (ϒ1) und nein/falsch (ϒ2).

[Nichts]
»Es gibt (das) NICHTS« (無 *wú*) (ϒ4); man kennt aber noch nicht (das) NICHTS–[(vom)/von]NICHTS[299] (無無 *wú wú*)

---

steht ebenso zwischen dem Urprinzip und dessen erster kosmisch relevanten Manifestation, als Sein-Nichts zwischen »Sein/Seiendem« also und »Nichts«.

[299] Mit diesem Wortungetüm fasse ich die Übersetzungsmöglichkeiten von 無無 *wú wú* zusammen: nichts von nichts; Nichts des Nichts;

(Ƴ5): dann haben ja/richtig und nein/falsch, gut und schlecht das Gemüt offensichtlich noch nicht verlassen (Ƴ3-1).

[Vor-Nichts]
Mit der Erkenntnis von/m NICHTS–[von/des]NICHTS ist man aber dennoch nicht ohne Erkenntnis. Sind all solche Erkenntnisse vergessen, so kann man plötzlich anfangen, (das) NICHTS zu fassen. Ist (das) NICHTS klar verstanden (-Ƴ4),

[Vorvor-Nichts]
folgt, daß Himmel-und-Erde (Ƴ2) und die Myriade von Dingen (Ƴ1), der andere und ich (Ƴ2/1), ja/richtig und nein/falsch (Ƴ2/1) sich als wahrhaft (確 *què*) unmittelbar/spontan/nur so (豁然 *huò rán*) (Ƴ5) erweisen."[300]

Nichts vom Nichts; Nichts–Nichts; nicht-nichts; Nicht-Nichts. Die Implikationen dieser Formulierungen in Zusammenhang mit der durch Re–flexion erschlossenen Kognitionsstruktur wurden zu ersten Mal überhaupt und bis zum Erbrechen ausführlich in meinem Buch H. P. Sturm, Die vier Stadien des Ent–Setzens, thematisiert und expliziert.

[300] Guō Xiàng, Zhuāngzǐ-jí-shì, ⟨edd.⟩ Guō Qìng-fān / Wáng Yiào-yù, p. 80.3 - 10 (2) ≅ ZH 13/002.3,108a.9-b.23 ≅ ZT 508/745.3,8r.5-9v.7 (DZ 16.302b-c): 有始則有終。謂無終始而一死生。夫一之者，未若不一而自齊，斯又忘其一也。有有則美惡是非具也。有無而未知無無也，則是非好惡猶未離懷。知無無矣，而猶未能無知。此都忘其知也，爾乃俄然始了無耳。了無，則天地萬物，彼我是非，豁然確斯也。Text nach erstgenannter Ausgabe; die Skalierung ist in höchstem Maße experimentell; ⟨tr.⟩ D. Chai, Nothingness, Being, and Dao, p. 17; zur Thematik allgemein o.c., pp. 13-22. Die Zuordnung der Propositionen Guō Xiàng's zu den sieben Phasen Zhuāngzǐ's stammt nicht von mir, sondern wurde von C. Le Blanc, *From Ontology to Cosmogony: Notes on* Chuang Tzu *and* Huai-nan Tzu, pp. 119-120, vorgeschlagen; ich habe sie zu Dokumentationszwecken in meine Übersetzung der Stelle eckig eingeklammert eingefügt und die Untergliederung durch Absätze betont. Die ‚So-Artigkeit' besagt natürlich so viel wie Von-selbst-Sein, Spontaneität, Unmittelbarkeit (自然 *zì rán*), Von-selbst-Bekommen (自得 *zì dé*)

Der zweite der gemeinten Interpreten gehört zur daoistischen Schule des Doppelten Mysteriums (Chóng-xuán-zōng), war einer ihrer versiertesten Verfechter, stand unter starkem Einfluß der Madhyamaka-Dialektik, erkannte sie unausdrücklich weitgehend an und übernahm nicht nur die Denkresultate der Mittelweg-Buddhisten, sondern auch die Formulierungen bzw. Formeln, mit Hilfe deren diese sie artikulierten: Chéng Xuán-yīng (7. Jh.).[301] Den siebengliedrigen Abstieg zum Ungrund von Zhuāngzǐ brachte er ab der Phase des Seins unzweideutig mit der Re–flexionsstufung und mit der im Mahāyāna häufig angewandten *catuṣkoṭi(kā)* (Tetralemma = Positionsvierkant oder Negationsvierkant) und dem Aufhebungsverfahren jeglicher sprachlichen, gedanklichen und allgemein seelenfunktionalen Setzung, gemeint sind zusätzlich zum Kognitiven das Affektive und Volitionale, in Verbindung. Chéng Xuán-yīng + Zhuāngzǐ's Nichts des Nichts des Nichts

(Ƴ1) »Sein ist« (有有也者 *yǒu yǒu yě zhě*)
werde eingeführt, um zu zeigen, daß die Gesamtheit der Myriaden von Gestaltungen (萬象森羅 *wàn xiàng sēn luó*) eine durch und durch leere/nichtige Illusion (悉皆虛幻 *xī jiē xū huàn*) ist, weshalb sich gerade im Sein die Leere manifestiere (體空 *tǐ kōng*) und Sein mit diesem Lemma (句 *jù*) verworfen werde (遣有 *qiǎn yǒu*) (-Ƴ1).

(Ƴ2) »Nichts ist« (有無也者 *yǒu wú yě zhě*):
wie Sein nicht Sein, so ist Nichts nicht (ein) Nichts

---

und Von-selbst-Tun (自為 *zì wéi*); man beachte meine abweichende Deutung des Von-selbst Guō Xiàng's gegenüber der von Kapitel 2.

[301] Gedrängter Abriß seines Lebens in F. Assandri, Dispute zwischen Daoisten und Buddhisten im *Fo Dao lunheng* des Daoxuan (596-667), pp. 33-34.

(有卽不有亦乃無卽不無 *yǒu jí bù yǒu yì nǎi wú jí bù wú*), weshalb mit diesem Lemma (句 *jù*) das Nichts verworfen werde (遣於無 *qiǎn yú wú*) (-Υ2).

(Υ3) »Noch-nicht-Nichts« (有未始有無也者 *yǒu wèi shǐ yǒu wú yě zhě*)
bedeutet, daß mit diesem Lemma (句 *jù*) auch die Negation {des Nichts} verworfen wird (遣非{無} *qiǎn fēi {wú}*) (-Υ3).

(Υ4) »Noch-nicht-noch-nicht-Nichts« (有未始有夫未始有無也者 *yǒu wèi shǐ yǒu fú wèi shǐ yǒu wú yě zhě*)
heißt schließlich, mit diesem Lemma (句 *jù*) wird die Negation der Negation des Nichts ebenso verworfen (遣非非無 *qiǎn fēi fēi wú*) (-Υ4).

(-Υ) Deshalb weiß man, daß die hundert Negationen zu lassen sind (足知離百非 *shì zhī lí bǎi fēi*) und das Tetralemma zu überwinden ist (超四句明矣 *chāo sì jù míng yǐ*) (Y5).[302]

302 Chéng Xuán-yīng, Zhuāngzǐ-jí-shì, ⟨ed.⟩ Guō Qìng-fān, p. 38.13d-16s ≅ ZH 13/002.3,108a.23-b.16 ≅ ZT 508/745.3,8v.9-9v.2 (DZ 16.302b-c); ⟨edd.⟩ Guō Qìng-fān / Wáng Yiào-yù, p. 80.[6]-[9] (2): 夫萬象森維, 悉皆虛幻, 故標此有, 明卽以有體空。此句遣有也。假問有此無不。今明非但有卽不有, 亦乃無卽不無。此句遣於無也。假問有未會有無不。此句遣非{無}。假問有未會未曾有無不。此句遣非非無也。而自淺之深, 從麓入妙, 始乎有有, 終乎非無。是知離百非, 超四句, 明矣。Text nach letztgenanner Ausgabe mit Emendation I. Robinet, Les commentaires du Tao to king jusqu'au VIIe siècle, p. 121^{+1}, von mir zwischen geschweifte Klammern gesetzt. Die Skalierung dieses Gedankengangs hier, die den Bildeprinzipien des Thesenvierkants folgt, weicht von der zum gleichen Text in H. P. Sturm, Die vier Stadien des Ent–Setzens, p. 131, aus vertieften (methodischen) Überlegungen heraus ab. Cf. I. Robinet, Les commentaires du Tao to king jusqu'au VIIe siècle, pp. 121-122; F. Assandri, Die Debatten zwischen Daoisten und Buddhisten in der frühen Tang-Zeit und die Chong-xuan-Lehre des Daoismus, pp. 519-520; eadem, Beyond the *Daode jing*, p. 97.

Dazu umgehend die wörtliche Übersetzung: „Die Gesamtheit der Myriaden von Gestaltungen ist eine durch und durch leere/nichtige Illusion, weshalb mit der Bezeichnung Sein (ϒ1) erklärt wird, daß sich im Sein die Leere manifestiert. Dieses Lemma verwirft das Sein (-ϒ1). Rhetorische Frage, ob dieses Nichts ist oder nicht (ϒ2), und es wird nun aufgewiesen, daß das Sein nicht nur zugleich nicht(s) ist, sondern daß auch das Nichts zugleich nicht(s) ist. Dieses Lemma verwirft das Nichts ebenso (-ϒ2). Rhetorische Frage, ob ein Noch-nicht des Nichts ist oder nicht (ϒ3). Dieses Lemma verwirft auch das Nicht-Nichts (-ϒ3). Rhetorische Frage, ob ein Noch-nicht des Noch-nicht des Nichts ist oder nicht (ϒ4). Dieses Lemma verwirft das Nicht-nicht-Nichts (-ϒ4). Geht man von der Oberfläche in die Tiefe, von der Talsohle zum Erhabenen, so ist am Anfang Sein, am Ende nicht einmal Nichts. Insofern weiß man sonnenklar, daß die hundert Negationen zu lassen (-ϒ) sind und das Tetralemma zu überwinden ist (Y5)."

Es ist in diesem Zusammenhang alles andere denn unerheblich, daß die Gedankenschritte dieses Philosophems Zhuāngzǐ's von Chéng Xuán-yīng der re–flexiontheoretischen Methode entsprechend in apophatisch-tetralemmatischer (‚ent–setzlicher') Form ausgelegt werden. Mit dem Sein (ϒ1) und dessen Überschreitung (ϒ2), nicht mit den drei Ausgängen/Anfängen beginnend, zur Transzendierung des Nichts (ϒ3) fortschreitend und über die Transzendierung der Transzendierung des Nichts (ϒ4) bei der Verwerfung der Überschreitung des verneinten Nichts (Y5) ankommend. Diese orthodox-daoistische Argumentation ist nicht nur von höchster strukturtheoretischer, sondern auch von herausragender hermeneutischer Relevanz und für das metaphysische Unterfangen hier geradezu unverzichtbar. Im Schlußkapitel werde ich auf diesen Sachverhalt in Zusammenhang mit der

Darstellung der Prinzipienstruktur des Dào entlang des Urtyps ›Dào-dé-jīng 1‹ durch Chéng Xuán-yīng, die eine überdeutliche Affinität zum »Mittleren Weg« des Mahāyāna und damit zur Kognitionsstruktur per se aufweist, noch näher eingehen.

Ein zeitgenössischer sinologischer Fachmann unterzieht die beiden Interpretationen neben zwei modernen dao-wissenschaftlichen Deutungen jeweils einer kürzeren Würdigung.[303] Allerdings ist bisher nur wenigen neueren Forschern

[303] Cf. C. Le Blanc, *From Ontology to Cosmogony: Notes on* Chuang Tzu *and* Huai-nan Tzu, pp. 119–126, mit Bezug auf die modernen Auslegungen a) von A. C. Graham, Chuang-tzu's Essay On Seeing Things As Equal, pp. 145–146; idem, Chuang-tzŭ, pp. 55–56, Note, wo unterstellt wird, daß die Sequenz gegen die Gültigkeit der Denkgesetze gerichtet sei und dadurch Dào verfehlt oder beeinträchtigt werde bzw. durch deren Anwendung ihm etwas fehle (虧 *kuī*), während die Argumentation Zhuāngzǐ's selbst unlogisch sei; und b) von Liu Kia-hway, L'esprit synthéthique de la Chine, pp. 169–171, der den Abstieg ins Vorvornichts als Ausstieg aus dem sprachlichen, gedanklichen, ja alle Seelenfunktionen umfassenden Ur-Teilen und Werten auffasse, indem er jeden der postulierten und von ihm reformulierten ontologischen Zustände dialektisch ad absurdum führt, was unser Interpret des Interpreten als in modernem Idiom formulierten epistemologischen Ansatz Guō Xiàng's, cf. C. Le Blanc, *From Ontology to Cosmogony*, p. 122, versteht und damit sowohl letztere moderne als auch altertümliche Auslegung nicht gänzlich durchdringt, indem er deren ont-epistemologische Untrennbarkeit und prinzipientheoretischen Implikationen nicht erkannt zu haben scheint oder nicht anerkennt; dazu kommt, daß Liu Kia-hway aus seiner Aporiendemonstration nicht folgert, daß die Dinge spontan oder von selbst bzw. aus sich heraus entstehen, sondern daß Dào durch theoretisches Denken zugleich auf- wie verdeckt wird, dieses sozusagen das Inkarnationsmedium des Dào ist, cf. Liu Kia-hway, L'esprit synthéthique de la Chine, p. 171: „Abschließend ist zu bemerken, daß das unergründliche Mysterium, das den Menschen und das Tao verbindet, an sich genau in dem Paradoxon zwischen der ontologischen Urteilslosigkeit und den menschlichen Urteilen besteht, die die ontologische Urteilslosigkeit, die nichts anderes als Tao an sich ist, zur gleichen Zeit manifestieren wie in gewisser Weise verbergen."

oder Denkern eingefallen, in dieser zunächst verwirrend anmutenden und in einen zeitlichen Ablauf eingebundenen Sequenz von Zuständen geist-welt-strukturelle Zusammenhänge und deren Artikulationsweise entdecken zu können. Die mir bekannten Ausnahmen wurden genannt – und sollen mit der gebotenen Achtung gewürdigt sein.

Die Frage nach der Binnengliederung des Anfangens in drei Stadien wird allerdings auch von diesen nicht beantwortet; und ich selbst kann dazu nur einen Vorschlag machen, sich nämlich einmal die fünfte Sinneinheit von Spruch 42 des ›Dào-dé-jīng‹ genauer anzuschauen, der die Schrittfolge für die 7-gliedrige Sequenz insgesamt, allerdings phasenverschoben und weiter untergliedert gegenüber Chéng Xuán-yīng's (und meiner) tetralemmatischen Auslegung, vorgegeben haben könnte. Dabei geht es, das wurde schon gezeigt, um eine Dreiheit, die Trias von der Myriade von Dingen (萬物 *wàn wù*), Yīn (陰) hinten (負 *fù*) und Yàng (陽) vorne (抱 *bào*). Da diese nach allgemein anerkannter daoistischer Lesart in sich wiederum hierarchisch verstanden werden, könnte man auf eine in sich gestufte Dreieinheit von Prinzipien, Archaí (Ursprüngen), in der sinnlichen Sphäre schließen. Das Schema würde dann so aussehen: Anfang = Myriade von Dingen (萬物 *wàn wù*); Vor-Anfang = Yīn (陰) und Vorvor-Anfang = Yàng (陽). Das darin nicht vorkommende (leere) Qì-Fluidum (沖氣 *chōng qì*) spielte, wie im letzten Unterkapitel erklärt, die Rolle des vertikalen wie horizontalen Mittlers.

Huáinánzǐ + Zhuāngzǐ's Nichts des Nichts des Nichts

Die sieben Rückschritte ins absolut Ungegenständliche: die drei Anfänge, Sein und die drei Nichtse des ›Zhuāngzǐ‹, wurden, wie schon angedeutet, im chinesischen Altertum von Huáinánzǐ als Kosmogonie von sieben Entwicklungsphasen ausgedeutet. Daß seine kosmogonischen Konstrukte nach dem Schema von Logion 42 des ›Dào-dé-jīng‹ aufgebaut sind,[304] ist im Rückblick auf meinen soeben vorgestellten Deutungsvorschlag der siebengliedrigen Propositionskette Zhuāngzǐ's nicht unerheblich. Die damit vorgegebene Phasenfolge, zu der Huáinánzǐ, wie gleich aufgewiesen werden wird, Kurzbeschreibungen von Manifestationsgraden des Dào vorlegt, stimmt, wie man mittlerweile erkannt zu haben glaubt, in der Schichtung nicht mit seinen fünf über das gewaltige Werk verteilten kosmogonischen Entwürfen überein. Es müßte insofern erst die richtige Ordnung gefunden werden, um zu einer gewissen Konsistenz zu gelangen; ein schwieriges Unterfangen.[305]

Die Heranziehung von Zhuāngzǐ's Gedankenfolge zur Gliederung der Manifestation des leeren Urgrunds, wohl besser Abgrund genannt, in und als Kosmos und Dingwelt hat natürlich den Effekt, die darin enthaltene dialektische Sprengkraft für metaphysische Zwecke zu nutzen, denn mit Hilfe der formelhaften Potenzierung des Nichts wird auf eindringliche Weise die transkategoriale Ursprungs-Qualität des Dào und damit ein formidables Reflexionsvermögen der nach derzeitigem Stand der Philosophiegeschichte frühesten daoistischen Denker demonstriert.[306] Da dieser Versuch nach seiner in der china-wissenschaftlichen Forschungsliteratur durchgeführten Rekonstruktion aller fünf kosmogonischen Passus der Quellenschrift,

---

[304] Cf. C. Le Blanc, *Huai-nan Tzu.* Philosophical Synthesis in Early Han Thought, pp. 198–199.

[305] Zur Reihenfolge und den Abweichungen ihrer Bestimmung cf. C. Le Blanc, *Huai-nan Tzu.* Philosophical Synthesis in Early Han Thought, pp. 200[+14]–201; idem, *From Ontology to Cosmogony: Notes on* Chuang Tzu *and* Huai-nan Tzu, p. 126[20].

[306] Cf. C. Fu Wei-hsun, Creative Hermeneutics: Taoist Metaphysics and Heidegger, p. 125.

1.1a-3a: Formation des Kosmos vom Standpunkt des Dào;
2.1a-2a: Formation des Kosmos vom Standpunkt von Sein, Nichtsein und Zeit;
3.1a-4a: Formation des Kosmos vom Standpunkt von Himmel und Erde (Raum);
7.1a-3a: Formation des Kosmos vom Standpunkt des Menschen;
14.1a-b: Formation des Kosmos vom Standpunkt des wahren Menschen,[307]

für die noch vorzustellenden Kosmogonien im ›Huáinánzǐ‹ eine mögliche Ordinatenachse aufspannt, soll er hier nicht unerwähnt bleiben. Insgesamt dürfte es sich bei dieser Synopse von fünf Kosmogonien desselben Philosophen um eine differenzierte Differenzierung des Indifferenten handeln. Die Hierarchie ist originalschriftlich wie folgt aufgebaut:

[Anfang]
„Was »da ist ein Ausgang/Anfang« genannt wird: Der gewaltige Ausbruch hatte sich noch nicht ereignet: Triebe, ausschlagende Knospen noch gestaltlos, Begrenzungen gleichsam nicht vorhanden, nichts, Gewimmel/Sich-Winden im Entstehens- und Werdedrang, als Wesen und Arten noch nicht manifest.

[Vor-Anfang]
»Da ist ein Ausgang/Anfang noch vor dem Ausgang/Anfang«: Himmlisches Qì beginnt herabzusteigen; irdisches Qì beginnt

[307] Cf. C. Le Blanc, *Huai-nan Tzu.* Philosophical Synthesis in Early Han Thought, p. 198, Stellenverzeichnis der Kosmogonien nach der Zählung von ⟨edd.⟩ Liú Wén-diǎn (Liú Ān), ⟨trr.⟩ C. Le Blanc / R. Mathieu, die auch von mir angegeben wird; zu 3/1a-4a; 7/1a-3a, siehe meine Darstellung der jeweiligen Anfangssequenz unten.

emporzusteigen; Yīn und Yáng verbinden sich komplex, während sie sich – miteinander wetteifernd im ungezwungenen Spiel in Raum und Zeit [Kosmos] – durch Dé [die Urkraft] ausbreiten, die Harmonie enthaltend, und begehren, sich in einem überbordenden und gedrängten Durcheinander mit den Wesen zu verbinden, deren Anlagen aber noch nicht ausgebildet sind.

[Vorvor-Anfang]
»Da ist ein Ausgang/Anfang noch vor dem Ausgang/Anfang vor dem Ausgang/Anfang«: Der die Harmonie enthaltende Himmel ist noch nicht herabgesunken, die Qì bergende Erde ist noch nicht emporgestiegen, leeres Nichts, einsame Stille, verlassene Ödnis, dunstige Verschleierung, Ähnlichkeit von Nichts und Sein; Qì entfaltet sich zu gewaltiger Ausbreitung und bodenloser Tiefe.

[Sein]
»Da ist das Sein« meint, die Myriade von Dingen entfaltet sich zart, Wurzeln, Stämme, Äste und Blätter, frisches, dichtes Schilfgrün, ein farbiges Leuchten; das Schwärmen von Insekten und Schleichen von Reptilien, Kriechtiere und Mundatmer, die man fühlen, anfassen und zählen kann.

[Nichts]
»Da ist das Nichts«: »Man schaut danach und sieht nicht dessen Gestalt; man horcht danach und hört nicht dessen Klang; man greift danach und bekommt es nicht zu fassen« [cf. ›Dào-dé-jīng 14‹; ›Zhuāngzǐ‹ 22.8]; man blickt in die Ferne und da ist kein Ende; mit Weite überzogene, uferlose Ausdehnung, unendliche Wasseroberflächen; weder kann man sich auf dessen Erscheinung stützen noch dessen Ausmaße einschätzen: Licht durchdringendes Leuchten.

[Vor-Nichts]
»Da ist das Nichts noch vor dem Anfang«: Es enthält

Himmel-und-Erde und formt die Myriade von Dingen, durchdringt die chaotische Finsternis vollkommen, die enorme Tiefe; weite Erstreckung. Es kann kein Außen haben; ein gesplissenes feines Haar oder eine gespaltene Granne kann nicht sein Inneres sein: unumfaßbarer, unumschließbarer Raum, Erzeuger der Wurzel/Basis des Seins des Nichts [oder: von Sein-Nichts].

[Vorvor-Nichts]
»Da ist das Nichts noch vor dem Anfang vor dem Anfang«: Himmel-und-Erde sind noch nicht getrennt, Yīn und Yáng noch nicht geschieden, die vier Jahreszeiten noch nicht unterschieden, die Myriade von Dingen noch nicht entstanden: Unendlichkeit, friedvoll, heiter und still, rein und klar; niemand sieht dessen Gestalt, …“[308]

---

[308] Huáinánzǐ, ⟨edd.⟩ Liú Wén-diǎn / Féng Yì / Qiáo Huà, pp. 44.5–45.15; ⟨edd.⟩ Liú Wén-diǎn (Liú Ān) 2.1a.7–2.2a.7, Zeichensetzung und Text nach ersterer Ausgabe; meine Einfügung von Abschnitten und eckig eingeklammerten Überschriften in die deutsche Übertragung; chinesischer Text von mir nach den sieben Sinneinheiten in Abschnitte untergliedert, die durch einen doppelten Schrägstrich gekennzeichnet sind: 所謂有始者, 繁憤未發, 萌兆牙蘖, 未有形埒垠堮, 無無蠕蠕, 將欲生興而未成物類。//有未始有有始者, 天氣始下, 地氣始上, 陰陽錯合, 相與優遊競暢于宇宙之間, 被德含和, 繽紛蘢蓯, 欲與物接而未成兆朕。//有未始有夫未始有有始者, 天含和而未降, 地懷氣而未揚, 虛無寂寞, 蕭霄霏, 無有仿佛, 氣遂而大通冥冥者也。//有有者, 言萬物摻落, 根莖枝葉, 青蔥苓蘢, 萑蔰炫煌, 蠉飛蠕動, 蚑行噲息, 可切循把握而有數量。//有無者, 視之不見其形, 聽之不聞其聲, 捫之不可得也, 望之不可極也, 儲與扈冶, 浩浩瀚瀚, 不可隱儀揆度而通光耀者。//有未始有有無者, 包裹天地, 陶冶萬物, 大通混冥, 深閎廣大, 不可為外, 析毫剖芒, 不可為內, 無環堵之宇而生有無之根。//有未始有夫未始有有無者, 天地未剖, 陰陽未判, 四時未分, 萬物未生, 汪然平靜, 寂然清澄, 莫見其形, ⋯ Übersetzungen: ⟨trr.⟩ C. Le Blanc / R. Mathieu, pp. 55–57; I. Robinet, Lao Zi et le Tao, pp. 86–88; Chan Wing-tsit, A Source Book in Chinese Philosophy, pp. 306–307; E. Morgan, Tao the Great Luminant, pp. 31–33, Notes pp. 271–275, fast unverändert wiedergegeben in ⟨tr.⟩ Fung Yu-lan, A History of Chinese Philosophy,

Nachfolgend eine aus der gegenwärtigen wissenschaftlichen Forschung stammende neue Zuordnung der sieben Positionen umfassenden Schrittfolge ins Nichts, Nichts und nochmal Nichts, wie sie Huáinánzǐ im Anschluß an die Vorgabe von Zhuāngzǐ ausführt, zu seinen eigenen, von ihm selbst postulierten sieben kosmogonischen Schichten, die in meiner Kurz-Terminologie aufgezählt werden. Die Ordinalen in arabischen, d.h. indischen Ziffern geben die Reihenfolge im ›Zhuāngzǐ‹ wieder, die der zitierte Gelehrte selbstverständlich übernimmt. Die indizierten ϒ-Symbole stellen meinen Versuch der Skalierung dar, vorausgesetzt natürlich, die aufgestellte Ordnung träfe so zu, was m.E. nicht unanfechtbar ist. Hinsichtlich einiger Bestimmungen der höheren Bereiche hege ich aufgrund der ähnlichen bzw. gleichen Terminologie auf verschiedenen Ebenen des Entstehungsvorgangs, besonders von Unbestimmtheits-Begriffen, gewisse, entlang meiner anschließenden Darstellung zweier quellentextlicher Stellen nachvollziehbare Bedenken, und zwar sowohl betreffs der Konsistenz des Original-Gedankengangs als auch betreffs seiner wissenschaftlichen Rekonstruktion. So weicht beim Beispiel unseres bemühten Experten die Locierung des Seins auf der untersten Stufe der BewußtSeins-Leiter von dessen

---

1.395–396; in letzteren drei Übertragungen ist der Text um einen Satz am Textende erweitert, indem zwei Begriffe nicht als Personennamen, sondern nach ›Zhuāngzǐ 22.8‹ in ihrer sachlichen Bedeutung verstanden werden: 若光燿之間於有無，退而自失也，… (wie Lichtglanz inmitten des Nichtseins, der sich entzieht und verliert …). Mittlere Lösung in ⟨tr.⟩ E. Kraft, ZUM HUAI-NAN-TZU 淮南子, pp. 250.29–253.21, hier: p. 253.19–21: „Das ist vergleichsweise so, wie der Lichtglanz im Nichtdasein des Daseienden (Daseinslosen) weilte, und sich von dort zurückziehend selbst verlor und sagte: …" Eine Liste von Übersetzungen kosmogonischer Textabschnitte bei Huáinánzǐ bis zum Erscheinen des Werks findet sich in C. Le Blanc, *Huai-nan Tzu.* Philosophical Synthesis in Early Han Thought, p. 198.

Einordnung bei den Urvätern der Dao-Lehre, und auch von der Reihenfolge von Huáinánzǐ's, unübersehbar und unerklärlicherweise ab.

7. (ϒ4) [Y5]	Vorvor-Nichts „Leeres Nichts (*xū wú* 虛無)"
6. (ϒ3_2) [ϒ4]	Vor-Nichts „(Opaker) leerer Raum (*xū kuò* 虛廓)"
5. (ϒ$3_{1)}$ [ϒ3]	Nichts „(Lichter) leerer Raum (*xū kuò* 虛廓)"
3. (ϒ2)	Vorvor-Anfang „Raum-Zeit-Komplex (*yǔ zhòu* 宇宙) und die Gestaltung von Himmel und Erde (*tiān dì* 天地)"
2. (ϒ1½)	Vor-Anfang „Vermengung des himmlischen Qì (*tiān qì* 天氣) und des irdischen Qì (*dì qì* 地氣)"
1. (ϒ1¼)	Anfang „Lebensdrang (*yù shēng xìng* 欲生興)"
4. (ϒ1)	Sein „Entstehen und Gedeihen der Myriade von Dingen (*wàn wù shēng xīng* 萬物生興) und des Menschen (*rén* 人)".[309]

309 Cf. C. Le Blanc, *Huai-nan Tzu.* Philosophical Synthesis in Early Han Thought, pp. 201–206; idem, *From Ontology to Cosmogony: Notes on* Chuang Tzu *and* Huai-nan Tzu, pp. 126–128, ausgehend von der oben bereits übersetzten und belegten Stelle aus dem ›Huáinánzǐ‹. Die zwischen Anführungszeichen gesetzten Kennzeichnungen der Phasen sind die Überschriften des zitierten Spezialisten zu näheren Charakterisierungen dieser (Phasen), die ich ob der ungelösten Probleme, die sich um diesen Sachverhalt ranken, hier nicht wiedergebe, obwohl ich eine Liste von Nachweisen der angegebenen Formulierungen für zwei

Warum unternehmen sogenannte Experten nicht einmal den Versuch, den dargestellten kosmogonischen Typus mit den altorientalischen, frühgriechischen und altindischen Pendants zu vergleichen? Ich kenne die Antwort und zähle hier nur noch einmal die wichtigsten Anhaltspunkte auf: Nichts des Nichts (Y5); verborgene, gegensatzlose Unermeßlichkeit und dunkler Urgrund von Sein-Nichts (ϒ4); ungeformte, unbestimmte, unbegrenzte Lichtsee (ϒ3); Urdimensionen, Musterkosmos, (Geisthauch-)Energie, Primordialpolarität ⟨ϒ2½/ϒ2⟩; Ausdifferenzierung kosmischer Sphären und Verkörperungsdrang ⟨ϒ1½⟩; unterschieden Seiendes im (menschen-)weltlichen Sinne (ϒ1).

Huáinánzǐ Kosmogonie

Die Entscheidung darüber, inwieweit Dào überhaupt kein Stadium im kosmogonischen Schema Huáinánzǐ's ist, nicht einmal das erste, sondern Matrix und Prinzip in jedem Moment des Prozesses, sowohl in den kleinsten Elementen als auch jenseits der Unermeßlichkeit des Universums, vor wie nach Anfang und Ende der Zeit,[310] hängt von der Art und Intention der Darstellung und des Begriffsgebrauchs ab. Auf die zugrundeliegende Struktur des Dargestellten wirkt sich das nicht aus. Sie zu bestimmen, birgt Probleme eigener Art. Sie werden uns beim anschließend präsentierten Bericht von Weltentstehung gleich begegnen, und zwar in Zusammenhang mit der Schwierigkeit, die beiden Primärprinzipien zu graduieren, so daß er mit gleicher Berechtigung als Nāsadīya- wie als Puruṣa-Typus gelesen werden kann. Entweder

---

Ausgaben des Quellentexts kolumnengenau erstellt hatte (eine seitengenaue für die meisten davon nach ⟨edd.⟩ Liú Wén-diǎn (Liú Ān) mit Nennung von Übersetzungsstellen wird vom zitierten Gelehrten jeweils in den dazugehörigen Fußnoten seiner Ausführungen gegeben).

310 Cf. C. Le Blanc, *Huai-nan Tzu.* Philosophical Synthesis in Early Han Thought, pp. 201–202.

beginnt er mit dem Unbestimmtheitsprinzip, worin dann Dào als Bestimmungsgröße des Nachfolgenden auftaucht oder Dào als bestimmendes, doch unbestimmtes Prinzip wird selbst als Schöpfer des eigentlich Unbestimmten aufgefaßt, wonach es, da in der Abfolge an zweiter Stelle stehend, grammatikalisch als Einschub verstanden werden müßte. Eine dritte Variante werde ich in der anschließenden Besprechung vorschlagen. Es darf kurz noch geäußert werden, daß es sich hier womöglich um eine Vermischung zweier vorsintflutlicher kosmogonischer Ablaufschemata handeln könnte, die beim Nachdichter durcheinandergehen, was allerdings nur von historischem, im Kontext meiner Argumentation also von nur geringem Interesse ist. Einiges aus diesem Passus ist ja bereits im obigen Ablaufschema vorfindlich.

(ϒ4) „Der Himmel und das Herabgesunkene [Erdhafte] (天墜 *tiān zhuì*) waren noch ungeformt/unmanifest (未形 *wèi xíng*), gähnender Abgrund (馮馮 *féng féng*), geheimnisvolle Verborgenheit (翼翼 *yì yì*), leere Hohlheit (洞洞 *dòng dòng*), undurchschaubare Undeutlichkeit (灟灟 *zhú zhú*), deshalb (故 *qù*) die Bezeichnung (曰 *yuē*) Ur(er)scheinen/Ur(aus)strahlung/Urglanz (太昭 *tài zhāo*).

(ϒ3) Es begann (始 *shǐ*) Dào (道)

(ϒ$3_{(4)}$) in (于 *yú*) der leeren Weite/Ausdehnung (虛廓 *xū kuò*)

(ϒ$3_{(3)}$) und die leere Weite/Ausdehnung (虛廓 *xū kuò*) brachte

⟨ϒ2½$_{.3}$⟩ die Raum-Zeitlichkeit (宇宙 *yǔ zhòu*) hervor (生 *shēng*). Die Raum-Zeitlichkeit (宇宙 *yǔ zhòu*) brachte

⟨ϒ2½$_{.2}$⟩ Qì/Energie/Lebensatem (氣 *qì*) hervor (生 *shēng*). Qì (氣) hat (有 *yǒu*) eine Obergrenze (涯 *yá*) und ein unteres Limit (垠 *yín*).

(ϒ2) Indem sich das Klare (清 *qīng*), Lichte/Yáng (陽 *yáng*) verflüchtigte (薄 *bó*) und verteilte (靡 *mǐ*), bildete es (為 *wéi*) den Himmel (天 *tiān*);

(ϒ1) indem sich das Schwere (重 *zhòng*), Schlammige/ Schmutzige (濁 *zhuó*) verdichtete (凝 *níng*) und verfestigte (滯 *zhì*), bildete (為 *wéi*) es die Erde (地 *dì*).

…

(ϒ2) Insofern (故 *gù*) wurde der Himmel (天 *tiān*) vorher (先 *xiān*) vollendet (成 *chéng*),

(ϒ1) die Erde (地 *dì*) wurde nachher (後 *hòu*) verfertigt (定 *dìng*).

⟨ϒ2½.1⟩ Die in Himmel (天 *tiān*) und Erde (地 *dì*) enthaltene (襲 *xí*) Essenz/Geistigkeit (精 *jīng*) bildete (為 *wéi*) Yīn und Yáng (陰陽)."[311]

Wenn also eine einzige Lesart zusammen mit ›Dào-dé-jīng 25‹ als „The Mainstream Vision" daoistischer Weltentstehungs-Berichte ausgegeben wird,[312] dann ist hierbei ein gewisses Maß an Zurückhaltung bei der Beurteilung geboten. „Die formlose und obskure Leere ist in diesen Dokumenten der Mutterschoß des Dao. Er ist ungeformt, ungeschaffen, vage und obskur – das Ei, aus dem alles erwächst. Es wird jedoch nicht geopfert oder vernichtet; obwohl es leer und dunkel ist, wird es »groß« und »hell« genannt. Inmitten dieser strahlenden Ursprünglichkeit damals ist da aus keinem

---

[311] Huáinánzǐ 3.1a.4–b.2, ⟨edd.⟩ Liú Wén-diǎn (Liú Ān); ⟨edd.⟩ Liú Wén-diǎn / Féng Yì / Qiáo Huà, pp. 79.3–80.1 (Interpunktion nach letztgenannter Ausgabe): 天墜未形, 馮馮翼翼, 洞洞灟灟, 故曰太昭。道始于虛廓, 虛廓生宇宙, 宇宙生氣。氣有涯垠, 清陽者薄靡而為天, 重濁者凝滯而為地。…故天先成而地後定。天地之襲精為陰陽, … ⟨trr.⟩ C. Le Blanc / R. Mathieu, p. 101; ⟨tr.⟩ Fung Yu-lan, A History of Chinese Philosophy, 1.396.

[312] Cf. L. Kohn, God of the Dao, pp. 191–194, Kapitelüberschrift.

ersichtlichen Grund das Dao – still, allein, ewig, sich bewegend, die Mutter des kommenden Universums.“[313]

Daß man aus dem gleichen Text eine ganz andere Erstentstehung herauslesen kann, finden wir durch die Forschungsliteratur bestätigt. „Der Name von Himmel und Erde vor ihrer Formung, als sie noch eine hohle Leere und düstere Finsternis waren, ist der Große Ursprung. Das *Tao* gebar diese Große Leere. Die Große Leere gebar den »*Yü-chou*«-Kosmos [*Yü* ist Himmel, Erde und die vier Himmelsrichtungen; *Chou* ist die Perspektive der Zeit vom Ursprung bis zur Gegenwart]. Aus dem Kosmos wurde der Uratem geboren, der seine oberen Bereiche und unteren Wurzeln hat. Der reine und helle ...“[314]

Mir scheint es hier angezeigt zu sein, durch die gewählte Übersetzung den Kosmogonie-Typ des Weltentstehungs-Liedes ›Ṛg-Veda 10.129‹ herauszustellen. Doch begegnete uns schon bei der Auslegung dort die Schwierigkeit, daß bei einer derartigen Prinzipienspekulation die Konstitutionsbedingung nämlich sowohl des einen wie des andern Prinzips das Dasein bzw. Vorhandensein beider ist, wir als Lesart infolgedessen besser Gleichursprünglichkeit annehmen müßten, was dem atemporalen Sinn der Werdelegende entspräche. Zieht man zudem in Betracht, daß schon am Ausgangspunkt des Werdens der Endpunkt in negativierter Form thematisiert ist, hier als Noch-nicht-Geformtsein von Himmel und Erde, dann wird einsichtig, daß die Gleichursprünglichkeit nicht nur die Geistprinzipien, sondern ebenso die Weltprinzipien umfaßt, daß die Konstitution des Schemas das Gegebensein aller Komponenten zur Bedingung hat, es sich somit schlicht

---

313 L. Kohn, God of the Dao, p. 192.

314 M. R. Saso, Taoism and the Rite of Cosmic Renewal, p. 61, Erläuterung des Originals in eckigen Klammern.

und einfach um Strukturmythologie handelt, was streng genommen, worauf anläßlich des Platonischen ›Timaios‹ im Faszikel II/4 philologisch bereits hingewiesen wurde, eine Tautologie ist.[315]

Ansonsten ist der Sachverhalt einigermaßen klar: zwei geistigen (überweltlichen) stehen zwei sinnliche (innerweltliche) Komponenten gegenüber; eingeschoben ist eine Vermittlungsschicht, die die unstoffliche mit der stofflichen Sphäre verbindet. Das sind in diesem Falle die bloßen Dimensionen und die Energie. Es bleibt einer künftigen Forschung vorbehalten, die Frage nach der exakten Position und Funktion des energetisch-geisthauchartigen Mediums Qì in verschiedenen daoistischen Schulrichtungen zu stellen und zu beantworten, wo es eher den Kosmos, d.h. den Himmel (天 *tiān*) bzw. Himmel-und-Erde (天地 *tiān dì*) mit der Erde (地 *dì*) oder den sinnlich-gestalthaften Dingen (物 *wù* / 形 *xíng*) verbindet oder das Reingeistige mit der ersten wahrnehmbaren Manifestation von Himmel-und Erde, welche Rolle darin die Grundpolarität von YīnYáng, Yīn-Yáng, Yīn-und-Yáng oder Yīn und Yáng spielen und was das für den jeweiligen Gesamtaufbau bedeutet. Klarstellungen zu Anklängen an die platonistische Spekulation (gr. *pneũma*) und die hinduistische (skr. *prāṇa*) über das Philologische hinaus herbeizuführen, wage ich der Forschung von heute noch viel weniger abzuverlangen als der von morgen. Eine zweite Kosmogonie des ›Huáinánzǐ‹ gleich anschließend.

(Υ4) „Es war einmal (古…時 *gǔ … shí*) das Nochnicht-Sein (未有 *wèi yǒu*) von Himmel und Erde (天地 *tiān dì*), eine bloß formlose Gestalt [bloß einem Nicht-Ding

[315] Cf. H. P. Sturm, Alt-Akademische Erledigung der okzidentalen Metaphysik, pp. 20–21.

gleich], (惟像無形 *wéi xiàng wù xíng*) – bodenloser Abgrund (窈窈 *yǎo yǎo*), tiefste Düsternis (冥冥 *míng míng*), steppenartig-ausgedehnte Schilfweiten (芒芠 *máng wén*), öde Eintönigkeit (漠閔 *mò mǐn*), immenser Nebel (澒濛 *hòng méng*), unermeßliche Höhlung (鴻洞 *hóng dòng*) – Herkunft/Tor (門 *mén*) unerkennbar/unbekannt (莫知 *mò zhī*);

(Ƴ3) verschwommen/vermischt/undeutlich (混 *hùn*) entstand (生 *shēng*) da (有 *yǒu*) ein Geist(er)-/Götterpaar (二神 *èr shén*),

(Ƴ2/1) das den Himmel (天 *tiān*) wob (經 *jīng*) und die Erde (地 *dì*) gestaltete (營 *yíng*) –

(Ƴ4) o wie leer/tief (孔乎 *kǒng hū*), eine Grenze (所終 *suǒ zhōng*) am Ende (極 *jí*) nicht zu erkennen (莫知 *mò zhī*), o wie übermäßig (滔乎 *tāo hū*), kein Halt in Sicht (所止息 *suǒ zhī xī*);

⟨Ƴ2½⟩ durch Trennung (別 *bié*) entstanden (為 *wéi*)) Yīn und Yáng (陰陽) und durch Scheidung (離 *lí*) die acht Extreme/Richtungen (八極 *bā jí*);

(Ƴ2) das Harte (剛 *gāng*)

(Ƴ1) und Weiche (柔 *róu*) verfestigten sich gegenseitig/miteinander (相成 *xiāng chéng*) und die Myriade von Dingen (萬物 *wàn wù*) nahm so Gestalt an (乃形 *nǎi xíng*)."[316]

---

[316] Huáinánzǐ 7.1a.4-11, ⟨edd.⟩ Liú Wén-diǎn (Liú Ān); ⟨edd.⟩ Liú Wén-diǎn / Féng Yì / Qiáo Huà, p. 218.3-11 (Interpunktion nach letztgenannter Ausgabe): 古未有天地之時, 惟像無形, 窈窈冥冥, 芒芠漠閔, 澒濛鴻洞, 莫知其門。有二神混生, 經天營地, 孔乎莫知其所終極, 滔乎莫知其所止息, 於是乃別為陰陽, 離為八極, 剛柔相成, 萬物乃形, … ⟨trr.⟩ C. Le Blanc / R. Mathieu, p. 299; für die zwei Schriftzeichen 芒芠 *máng wén* konnte in den mir zur Verfügung stehenden Wörterbüchern keine mythisch-metaphysisch relevante Bedeutung eruiert werden; beide sind wohl im Bedeutungsfeld »Schilf, Ried, Gras« anzusiedeln. Das erste, 芒 *máng*, heißt Chinaschilf, aber auch Granne, Spelz,

Zhānghéng Kosmogonie

Die Vorlagen der Mythologie und frühen chinesischen Spekulation reichen strukturierend bis in die Himmelskunde, also die chinesische Kosmologie, hinein. So orientiert sich auch der Astronom und Universalgelehrte Zhānghéng (78–139) daran und kleidet seine sternenkundlichen Forschungsergebnisse in eine Kosmogonie, die man sowohl der Struktur (absolutes Unbestimmtheitsprinzip, Indifferenz von Differentem, Übergangsphase zur manifesten Welt, Kosmos als Himmel-und-Erde, das Irdisch-Reale) als auch der bildhaften Inhalte (Leere in den klassischen mythischen Elementarqualitäten und Nuancen, Chaos, Weltenbaum, Trennung von Himmel-und-Erde, Andeutung des kosmischen Eies) nach hinsichtlich dessen, was hier demonstriert werden soll, geradezu paradigmatisch nennen muß. Danach herrscht

(ϒ4) vor (前 *qián*) der Großen Einfachheit (太素 *tài sù*) eine verborgene Durchsichtigkeit (幽清 *yōu qīng*) und mysteriöse Stille (玄靜 *xuán jìng*), ruhige Lautlosigkeit (寂寞 *jì mò*), tiefe Dunkelheit (冥默 *míng mò*), unvorstellbar (不可為象 *bù kě wéi xiàng*), deren Inneres (中 *zhōng*) bloß Leere (惟虛 *wéi xū*) und deren Äußeres (外 *wài*) bloß Nichts (惟無 *wéi wú*) ist, obskure Wasserweiten (溟涬 *míng xìng*): Wurzel (根 *gēn*) des Dào (道); aus diesem Nichts (無 *wú*)

(ϒ3) wächst (生 *shēng*) das Sein (有 *yǒu*), die Große

Strahl, das zweite, 芠 *wén*, gilt zudem als Ausdruck des Unbestimmtheits- oder Chaoszustands vor der Formung des Kosmos; mit 芒芠 wird nach I. Robinet, Genèses, pp. 124–125, auf weite grasbewachsene Brachlandschaften, unendliche Steppen, hingedeutet. Zur Kosmogonie selbst cf. E. Erkes, Spuren chinesischer Weltschöpfungsmythen, pp. 360–361; ⟨tr.⟩ E. Morgan, Tao the Great Luminant, pp. 2–3, 58; ⟨trr.⟩ C. Larre / I. Robinet / E. Rochat de la Vallée, les grands traités du Huainan zi, p. 79.

Einfachheit (太素 *tài sù*), noch ohne Merkmal (未兆 *wèi zhào*), das Qì (氣) ist noch ineinandergeflossen/verschmolzen/verbunden (幷 *bìng*), identisch erscheinend (同色 *tóng sè*) – das ungeteilte (Hún-dùn-)Chaos (渾沌不分 *hún dùn bù fēn*), Durcheinander/Riesige und Weite (龐鴻 *páng hóng*): Stamm (幹 *gàn*) des Dào (道); ist dieser dann hervorgegangen (既育 *jì yù*),

⟨Υ2½⟩ entstehen (成 *chéng*), indem sich das Ur-Qì (元氣 *yuán qì*) spaltet (剖 *pōu*) und unterscheidet (判 *pàn*),

(Υ2/1) die Myriade von Dingen (萬物 *wàn wù*) und Gestaltungen (體 *tǐ*); zunächst (始 *shǐ*) trennen sich (分 *fēn*) hart (剛 *gāng*) und weich (柔 *róu*), rein (清 *qīng*) und schlammig/trübe (濁 *zhuó*) verändern (異 *yì*) ihre Stellung/Lage (位 *wèi*),

(Υ2) der Himmel (天 *tiān*) wendet sich (成 *chéng*) nach außen (于外 *yú wài*) und nimmt seine Gestalt (體 *tǐ*) vom Yáng (陽), weshalb er rund (圓 *yuán*) und in Bewegung (動 *dòng*) ist,

(Υ1) während die Erde (地 *dì*) innen (于内 *yú nèi*) fest wird (定 *dìng*), ihre Gestalt (體 *tǐ*) vom Yīn (陰) nimmt und deshalb eben (平 *píng*) und in Ruhe (靜 *jìng*) ist; indem durch Bewegung (動 *dòng*) dann Aktivität/Umlauf (行 *xíng*) und Ausspannung/Ausdehnung (拖 *tuō*), durch Ruhe (靜 *jìng*) Verbindung (合 *gé*) und Umwandlung/Umkehrung (化 *huà*), durch Verdichtung (堙鬱 *yīn yù*) Vitalisierung/Fruchtbarmachung (精 *jīng*) erreicht wird (搆 *gòu*), gehen mit der Zeit (時 *shí*) die verschiedensten Arten (庶類 *shù lèi*) hervor (育 *yù*); dies (斯 *sī*) wird Anfang der Natur (天元 *tài yuán*) genannt (謂 *wèi*): Frucht (實 *shí*) des Dào (道).[317]

---

[317] Paraphrase mit minimalen Auslassungen aus Zhānghéng, Língxiàn, ⟨ed.⟩ Yán Kě-jūn, Quán-shàng-gǔ-sān-dài-qín-hàn-sān-guó-liù-

Sān-tiān-èi-jiě-jīng Kosmogonie

Daß die Prinzipienspekulationen Alt-Chinas ab der späteren Antike sozusagen neuplatonische Komplexität annahmen, möchte ich noch anhand der Hauptstadien einer Kosmogonie aus der ›Schrift der inneren Erläuterungen der Drei Himmel/Sān-tiān-nèi-jiě-jīng‹ aus dem 5. Jahrhundert vorführen. Den eine Milliarde Qì-s des Dào und 1200 offiziellen Gottheiten unter dem Thron der Großen Klarheit (太清 *tài qīng*), die im Originaltext summarisch erwähnt werden, dürften wohl rituelle, tiefenpsychologische und kontemplationstechnische Funkionen zugekommen sein, wie das ähnlich auch von indischen Heilswegen bekannt ist. Die Abhandlung zu den Drei Himmeln ist, wie viele Dao-Schriften ab dem Vordringen des Buddhismus nach China um die Zeitenwende, durch diesen beeinflußt und vermittelt einen Eindruck davon, daß das innere Ringen um die Ordnung des Geistigen

cháo-wén, 1.4.776a13–b7: 太素之前。幽清玄靜。寂寞冥默。不可為象。厥中惟虛。厥外惟無。如是者氷久焉。斯謂溟涬。蓋乃道之根也。道根既建。自無生有。太素始萌。萌而未兆。幷氣同色。渾沌不分。故道志之言云。有物渞成。先天地生。其氣體固未可得而形。其遲速固未可得而紀也。如是者又氷久焉。斯謂龐鴻。蓋乃道之幹也。道幹既育。萬物成體。干是元氣剖判。剛柔始分。清濁異位。天成干外。地定于内。天體干陽。故圓㠯動。地體干陰。故平㠯靜。動㠯行拖。靜㠯合化。堙鬱搆精。時育庶類。斯謂天元。蓋乃道之實也。 Übersetzung C. Cullen, Cosmogony, 1. Overview, pp. 47–48; die Textemendation von 天元 zu 太元 in dieser Übersetzung wurde von mir nicht übernommen. N. J. Girardot, Myth and Meaning in Early Taoism, p. 23, informiert darüber, daß Zhāng-héng das astronomische Hún-Tiān-System vertrat, sein runder Himmel somit das kosmische Ei darstellt, in dem die Erde, wie in einem Hühnerei der Dotter, schwebt; eine Textstelle aus dem ›Yún-jí-qī-qiān‹ = ZH 29/001.2,37a.23–b.5 ≅ ZT 677/1032.2,2v.8–3r.2 (DZ 22.7c–8a), an der Hùn-dùn mit einem Ei (子 *zǐ*) gleichgesetzt ist und die Ränge der beiden Primärprinzipien nur sehr schwer zu bestimmen sind, übersetzt I. Robinet, Lao Zi et le Tao, pp. 94–95; cf. D. C. Yu, The Creation Myth of Chaos in the Daoist Canon, p. 4. Zur Äquivalenz von Ei, Keim, Knospung, Anzeichen/Spur, Embryo cf. I. Robinet, Genèses, p. 125.

im Reich der Mitte dieser Epoche über das Kultische hinaus den nämlichen denkerischen Bemühungen in der griechischen und indischen Metaphysik um die Hypostasen, die Drei Ansichseienden (*trisvabhāva*) und die vier Füße/Viertel (*catuṣ-pāt*) oder Zustände (*avasthā/sthāna*) des Ātman dem Ergebnis nach und in der Form nicht sehr fern steht.

(1.) Ursprünglich nimmt Dào seinen Anfang, hervorgehend aus dem Vor-Nichts [oder: aus nichts vorher/Früherem] (道源:本起出於無先 *dào yuán běn qǐ chū yú wú xiān*) und nichts dafür zur/m Ursache/Grund habend (無有所因 *wú yǒu suǒ yīn*), ozeanische Wasserweiten (溟涬 *míng xìng*) unermeßliche Verschwommenheit/Trübung (鴻濛 *hóng méng*), in/aus dem Leeren von selbst/spontan werdend (虛生自然 *xū shēng zì rán*). (2.) Danach entsteht in dunkler Finsternis (幽冥 *yōu míng*) die hohle Grotte (空洞 *kōng dòng*) und durch Umwandlung (變化生成 *biàn huà shēng chéng*) der Älteste des Weges und seiner Tüchtigkeit (道德丈人 *dào dé zhàng rén*), noch vor die Ur-Qì-s (元氣 *yuán qì*) erscheinen. (3.) Daraus wird das Ultimative Nichts (太無 *tài wú*) und der Weg der Großen Klarheit (太清 *tài qīng*), a) der mystische (玄 *xuán*), b) der ursprüngliche (元 *yuán*) und c) die Drei Höchsten Himmel (上三天 *shǎng sān tiān*). All das bildet den ersten Himmel.

(4.) Während Dào dabei eine Einheit bleibt, geht es in die drei chaotisch durcheinandergehend-indifferenten Qì-s (三氣混沌 *sān qì hùn dùn*) über – a) das mystische (玄 *xuán*), das ursprüngliche (元 *yuán*) und c) das beginnende (始 *shǐ*) –, welche sich durch–einander/wechselseitig konstituieren/begründen (相因 *xiāng yīn*), (5.) und so (im Stadium der Mütterlichkeit) die geheimnisvollen, wundersamen Jademädchen hervorbringen (而化玄妙玉女 *ér huà xuán miào yù nǚ*). (6.) Daraus wird im Stadium von Gott Lao (老君 *lǎo jūn*) der Alte Meister, Lǎozǐ (老子), geboren. All das bildet nun den zweiten Himmel. Die noch nicht in rein und unrein geschiedenen (清濁不分 *qīng zhuó bù fēn*) und unentfaltet/undifferenziert dem Dotter in einem Hühnerei gleichenden (混沌狀如雞子中黃 *hùn dùn zhuàng rú jī zǐ zhōng huáng*) Qì-s

(7.) werden von Gott Lao anschließend gespreizt und gelockert (布散 *bù sàn*). Danach beginnt die Teilung und Formung, indem er die drei spaltet (分 *fēn*) und verteilt (散 *sàn*): a) das mystische wird zum Himmel (天 *tiān*), b) das ursprüngliche zum Wasser (水 *shuǐ*), c) das beginnende zur Erde (地 *dì*) und durch ihre Zusammenmischung (因冲和 *yīn chōng huò*) erzeugt er schließlich den Menschen (人 *rén*) und die Dinge (物 *wù*). (8.) Entsprechend veranlaßte er am Ende das Aufkommen der drei Wege (因出三道 *yīn chū sān dào*), a) des Großen Wegs des Nichthandelns (無為大道 *wú wéi dà dào*), b) des Großen Wegs des Lauteren/Gerechten Vertrags (清約大道 *qīng yuē dà dào*) und c) des Buddhismus (佛道 *fó dào*). Aus all dem besteht der dritte Himmel.[318]

---

[318] Cf. Sān-tiān-nèi-jiě-jīng, ZH 08/055,544b.17–c.19 ≅ ZT 876/1205.1,2r.5–3r.6 (DZ 28.413b–c): 道源本起, 出於無先, 漠津鴻濛, 無有所因, 虛生自然, 變化生成。道德丈人者, 生於元氣之先, 是道中之尊, 故為道德丈人也。因此而有太清玄元無上三天無極大道、太上老君、太上丈人、天帝君、九老仙都君、九氣丈人等, 百千萬重道氣, 千二百官君, 太清玉陸下。今世人上章書太清, 正謂此諸天真也。從此之後, 幽冥之中, 生乎空洞。空洞之中, 生乎太無。太無變化玄氣、元氣、始氣, 三氣混沌相因, 而化生玄妙玉女。玉女生後, 混氣凝結, 化生老子, 從玄妙玉女左腋而生, 生而白首, 故號為老子。老子者, 老君也。變化成氣, 天地人物, 故輪轉而化生, 鍊其形氣。老君布散玄元始氣, 清獨不分, 混沌狀如雞子中黃, 因而分散, 玄氣清淳, 上昇為天;始氣濃濁, 凝下為地;元氣輕傲, 通流為水。日月星辰於此列布。老君因冲和氣化為九國, 置九人, 三男六女。至伏羲女媧時, 各作姓名, 因出三道, 以教天民。中國陽氣純正, 使奉無為大道。外胡國八十一域, 陰氣強盛, 使奉佛道, 禁誡甚嚴, 以抑陰氣。楚越陰陽氣薄, 使奉清約大道。此時六天治興, 三道教行, … . Cf. S. R. Bokenkamp, Early Daoist Scriptures, pp. 186-229, mit tabellenartigem Diagramm o.c., p. 192; die Numerierung (Ordnungszahlen in runden Klammern) wurde von dort übernommen; Prof. Bokenkamp beriet mich bei der Auslegung auf elektronischem Wege; das Skalieren nach

„Der religiöse Daoismus betrachtete, indem er eine gemeinsame Anschauung mit der daoistischen Philosophie teilte, den Urzustand vor der Schöpfung als Chaos und verband ihn mit verschiedenen Bedeutungen von Potentialität wie: Ur-Unermeßliches (*hóng-yuán* 洪元), Uferloses (*míng-xìng* 溟涬), Indifferentes (*méng-hóng* 蒙鴻). Wie die daoistische Philosophie betrachtete er das Chaos als die Dynamik von *qì* 氣 (Universal-Atem), das im Zustand der Potentialität mit einem Ei verglichen wird, das fortpflanzungsfähig ist; daher gebrauchten daoistische Schriften Begriffe, die für diesen Zustand Reifung oder Schwangerschaft einschlossen, wie: leere Höhle (*kōng-dòng* 空洞), höchstes Nichts (*tài-wú* 太無) höchste Leere (*tài-xū* 太虛). … Wegen der Verbindung zwischen Kosmologie und Alchemie im religiösen Daoismus sind seine Bedeutungen von Chaos diffuser und vielseitiger als die Bedeutung seiner Entsprechung im philosophischen Daoismus."[319]

Strukturtheorie habe ich unterlassen und mute es dem Leser zu; Qì wird von genanntem Übersetzer und Kommentator mit Pneuma wiedergegeben. Eine vermutlich aus dem frühen Mittelalter stammende, buddhistisch beeinflußte, im Anfangspassus ausschließlich mit einer Tirade von Negationen und Privationen operierende Weltschöpfung aus den heiligen Dao-Schriften, dem ›Tài-shàng-lǎo-jūn-kāi-tiān-jīng/Buch vom Öffnen des Himmels durch den Ehrenwertesten Gott Lao‹, ZH 08/005,160–162 ≅ ZT 1059/1437,1r–7r (DZ 34.618a–620a), übersetzen sowohl L. Kohn, The Taoist Experience, pp. 35–43, als auch I. Robinet, LAO ZI et le Tao, pp. 92–93; der für unsere Thematik relevante Passus findet sich ins Englische übersetzt auch in E. H. Schafer, Pacing the Void, p. 28, und P. R. Goldin, The Myth that China Has No Creation Myth, pp. 18–19; eine Wiedergabe hier wird unterlassen, da die Schrift verhältnismäßig spät entstand und hinsichtlich daoistischer GeistWelt-Spekulationen keine Besonderheiten aufweist.

[319] D. C. Yu, The Creation Myth of Chaos in the Daoist Canon, pp. 2 … 16, von mir auf Pīnyīn-Umschrift umgestellt. Die Stellen sind (ohne Qì) der Reihe nach: ›Yún-jí-qī-qiān‹ = ZH 29/001.2,39c.5–6; 29/

Wúyún Kosmogonie

Mit einer klar strukturierten Kosmogonie in sechs Stufen des Dichters Wúyún (gest. 778), die die Unmittelbarkeit bzw. Spontaneität der Autopoíēsis an den Anfang allen Weltwerdens placiert, möchte ich meine Darlegungen zur Wirklichkeitsstufung des antiken Daoismus ausklingen lassen.

(Y5) „Von-Selbst/Spontaneität (自然 *zì rán*)

(Υ4) bringt das leere Nichts (虛無 *xū wú*) hervor (生 *shēng*); das leere Nichts (虛無 *xū wú*) bringt

(Υ3) das Große Dào (大道 *dà dào*) hervor (生 *shēng*); das Große Dào (大道 *dà dào*) bringt

⟨Υ2½⟩ die schwangere Wolke (氤氳 *yīn yūn*) hervor (生 *shēng*); die schwangere Wolke (氤氳 *yīn yūn*) bringt

(Υ2) Himmel-und-Erde (天地 *tiān dì*) hervor (生 *shēng*); Himmel-und-Erde (天地 *tiān dì*) bringt

(Υ1) die Myriade von Dingen (萬物 *wàn wù*) hervor (生 *shēng*)."[320]

001.2,39c.14 (Stellen 2+3); 29/001.2,37a.8-10; 29/001.2,37a.11; 29/001.2,37a.12; ≅ ZT 677/1032.2,9v.4-6; 677/1032.2,10r.2 (Stellen 2+3); 677/1032.2,2r.5-7; 677/1032.2,2r.7; 677/1032.2,9v.8 (DZ 22.10a; 22.10b; 22.7c; 22.7c; 22.7c) ≅ ⟨ed.⟩ Zhang Jun-fang, pp. 1.25.5-6; 1.25.9; 1.17.5-6; 1.17.6; 1.17.7 (Yu's Angaben weichen davon ab, da er sich offensichtlich auf eine andere Ausgabe, die 10-bändige desselben Herausgebers von 1962, bezieht). Eine Reihe ähnlicher Äquivalente für Hùn-dùn (混沌), das Chaos, wurde oben bereits aufgelistet. Beim Universal-Atem qua Potenz des Bestimmungslosen kann ich mich des Gedankens an das atemlose Atmen (*ānīd avātaṃ*) d(ies)es Einen (*tad ekaṃ*) im ununterscheidbaren Meereswogen (*apraketaṃ salilaṃ*) von weder Nichtsein noch Sein (*nāsad āsīn no sad āsīt*) im ›Ṛg-Veda 10. 129‹ nicht erwehren.

[320] Wúyún, Zōng-xuán-xiān-shēng-wén-jí, ZH 26/005,48a.7-8 ≅ ZT 726/1051.2,20r.4-5 (DZ 23.663a): 自然生虛無, 虛無生大道, 大道生氤氳, 氤氳生天地, 天地生萬物, … . Ins Englische übersetzt bei J. de Meyer, Wu Yun's Way, p(p). 329(-333), und E. H. Schafer, Pacing the Void, p. 23, von wo ich die Übersetzung „schwangere Wolke" für 氤氳

Und so charakterisiert ein synkretistischer Buddhist aus dem Huáyán-Milieu, Gūifēng Zōngmì (780–841), sowohl den konfuzianistischen als auch den daoistischen Weltenbau: „Die zwei Lehren des Daoismus und Konfuzianismus erklären, Menschen, Tiere u.ä. werden alle Buddhist zu chines. Weltenbau

(ϒ4) vom Großen Dào (大道 *dà dào*) des leeren Nichts (虛無 *xū wú*) hervorgebracht (生成 *shēng chéng*) und erhalten (養育 *yǎng yù*). Sie behaupten (謂 *wèi*), daß Dào (道 *dào*) dem Von-selbst gemäß [oder: daß das Prinzip des Dào von selbst] (法自然 *fǎ zì rán*)
(ϒ3) das Ur-Qì/Pneuma (元氣 *yuán qì*) hervorbringt (生 *shēng*); das Ur-Qì/Pneuma (元氣 *yuán qì*) bringt
(ϒ2) Himmel-und-Erde (天地 *tiān dì*) hervor (生 *shēng*); Himmel-und-Erde (天地 *tiān dì*) bringt
(ϒ1) die Myriade von Dingen (萬物 *wàn wù*) hervor (生 *shēng*).“[321]

Im dazu verfaßten Kommentar des Herausgebers und Übersetzers des Texts sind einige interpretative Abweichungen in der Anordnung und Feingliederung der kosmogonischen Prinzipien des Daoismus anhand der Nennung der diesbezüglichen Hauptaussagen verschiedener antiker Auslegungen

yīn yūn übernahm; beide Glyphen haben kosmologisch die Bedeutung von Zeugungskräften und lebenspendenden oder ausgleichenden Potenzen der Natur, alltäglich die von dichtem Nebel, trüb-dunstiger Witterung und schweren, herabhängenden Wolken; weitere Schichtenwelt-Darstellungen finden sich in Wúyún, Xuán-gāng-lún, übersetzt bei J. de Meyer, Wu Yun's Way, pp. 258–279.

[321] Gūifēng Zōngmì, Yuán-rén-lùn 1, Taishō, Nr. 1886, 45.708a26–28, ⟨ed./tr.⟩ P. N. Gregory, pp. 45, 83: 儒道二教說。人畜等類。皆是虛無大道生成養育。謂道法自然生於元氣。元氣生天地。天地生萬物。

in komprimierter Form zusammengestellt,[322] wie sie von mir im hier vorliegenden Buch ausführlich behandelt, re–flexionsstrukturell aufbereitet und skaliert werden.

Kosmos = Text

Im Daoismus findet sich die Lehre, das möchte ich zum Abschluß meiner kosmogonisch-kosmologischen Dao-Betrachtungen noch anmerken, indem ich auf die griechische Vorstellung aufmerksam mache, daß die Welt gewissermaßen aus dem Alphabet besteht, so man berücksichtigt, daß Buchstaben und die (Ur-)Elemente in demselben Wort »*stoicheĩa*« gefaßt sind und ihr Gesamt aus dem Wort-Geist (*lógos-noũs*) hervorgegangen ist, sowie auf die vedische Tradition verweist, in welcher die Welt aus dem Veda als Wissen und offenbarter Sprachüberlieferung entstehend gedacht wird, es findet sich im Daoismus nun also die Lehre, daß das Sein aus den Kett(巠)-Fäden(糸) = (經 *jīng*), den Text(ur)en (文 *wén*) von heiligen Büchern (經 *jīng*) bestehe, durch die eine Spur gelegt, ein Méthodos (徑 *jìng*) festgelegt wird. „Das Wort ching bedeutet erstens die »Kette beim Weben« und zweitens die »Kanons« und »Schriftwerke«. Während dieser Terminus anfangs den konfuzianistischen Klassikern vorbehalten war, wurde er später auf die heiligen Schriften der Taoisten und Buddhisten angewandt. Die Chinesen vergleichen den Terminus ching [經 *jīng*] mit seinem Homophon [徑 *jìng*], das »Weg/Straße« bedeutet, und in diesem Sinn wird es ein Synonym für Tao oder Weg. Ching ist die Spur oder der Pfad, der führt, zeigt und enthüllt."[323]

Besonders im Shàngqīng-/Máo-shān-Daoismus, der im 4. Jh. entstand und sich zu einer Schule wohlstrukturierter

---

322 Cf. ⟨ed./tr.⟩ P. N. Gregory, Inquiry into the Origin of Humanity, pp. 84–85.

323 I. Robinet, Taoist Meditation, p. 19, meine verdeutlichenden Ergänzungen in eckigen Klammern.

Lehrgehalte und systematischer Organisation gestaltete, entsprechen die drei hauptsächlichen Offenbarungsgrade von Texten den drei Hauptebenen der Materialisation. „Die meisten offenbarten Bücher der Großen Reinheit beginnen mit einem Abschnitt, der

(ϒ3) ihre Existenz vor der Entstehung des Kosmos versichert,
(ϒ2) von ihrer Transkription durch die himmlischen Gottheiten berichtet, die Himmelspaläste beschreibt, in denen sie aufbewahrt sind und die Gottheiten auflistet, die die Schriften einander überlieferten,
(ϒ1) bevor sie Menschen offenbart wurden. …

Diese drei Arten von heiligen Büchern korrespondieren mit den drei Weltstadien:

(ϒ3) die Welt der Prinzipien (die aus dem Uratem geformten Bücher),
(ϒ2) die feine Welt (die von Gottheiten geschriebenen und in den Himmeln behüteten Bücher)
(ϒ1) und die materielle Welt (die von Menschenhand geschriebenen Bücher).“[324]

Zählt man dazu noch die Leere (ϒ4), aus welcher die Urbücher spontan als Lichtstrahlen entstanden sind,[325] dann sind wir wieder bei vier Prinzipien. Anschließend dazu – zum

[324] I. Robinet, Taoist Meditation, p. 22; cf. eadem, Revelations and sacred texts, pp. 24–25; H. Maspéro, Le Taoïsme et les religions chinoises, pp. 473–474 = idem, Taoism and Chinese Religion, p. 437.

[325] Cf. I. Robinet, Taoist Meditation, p. 21; eadem, Revelations and sacred texts, p. 24.

eigenen geistigen Experimentieren und Vergleichen empfohlen – noch einige Diagramme, die den Gedankengang dieses Unterkapitels mit visuellen Mitteln abrunden, nicht aber ohne dessen re–flexionsstrukturelle Ausrichtung zu bestätigen, gleichzeitig aber in den des kommenden Hauptkapitels einstimmen und so zu ihm überleiten. Mit Hilfe der mitgelieferten Zitate aus der Fachliteratur soll zudem ein Bogen zurück auf die Darlegungen unseres ‚Ausgangs' geschlagen werden, den einleitenden Spruch des ›Dào-dé-jīng‹.

Tái-jí-tú
ōu Dūn-yí
Zhū Xī

Bei der folgend nach mehreren Vorbemerkungen wiedergegebenen Abbildung handelt es sich um das mittelalterlich-neokonfuzianistische Diagramm des Ultimativen Prinzips oder der Äußersten Grenze (太極圖 Tài-jí-tú) Zhōu Dūn-yí's bzw. das Diagramm des Grenzenlosen oder Infiniten (無極圖 Wú-jí-tú). Davon sind mehrere voneinander abweichende Darstellungsformen überliefert.[326] Die Herkunft des Diagramms bzw. der Diagramme ist nicht geklärt; sie könnten aus einem daoistischen oder buddhistischen Milieu stammen.[327] Seine Bedeutung ist jedoch enorm. „Jedenfalls ist das

[326] Im Daoistischen Kanon gibt es eine vom Tài-jí-tú abweichende, vermutlich frühere Darstellungsform mit dem Namen Tài-jí-xiān-tiān-tú/Diagramm von der dem Himmel vorhergehenden Äußersten Grenze, sie findet sich im ZT 196/437,3v (DZ 6.707b) ≅ ZH 30/053,751a. Cf. auch I. Robinet, *Taiji tu* 太極圖 Diagram of the Great Ultimate, pp. 934–936 (mit fünf verschiedenen Abbildungen aus dem ›Dào-zàng‹). Den Zusammenhang zwischen dem Tài-jí-tú als einer kosmogonisch eingekleideten Prinzipienstruktur und dem Tài-jí-tú- oder Yīnyáng-Kreis diskutiert F. Louis, The Genesis of an Icon.

[327] Cf. T. Izutsu, The Structure of Oriental Philosophy, 2.71[12] (The *I Ching* Mandala and Confucian Metaphysics); Kim Boung-hown, A Study of Chou Tun-I's (1017–1073) Thought, pp. 91–161; J. A. Adler, Reconstructing the Confucian Dao, pp. 153–157; eine konzise Zusammenfassung der Lehren von Zhōu Dūn-yí gibt idem, Zhou Dunyi: The Metaphysics and Practice of Sagehood.

... T'ai Chi Diagramm philosophisch das wichtigste und berühmteste, denn es ist das von Chu-tzŭ [Zhū Xī] präsentierte, der auch einen kurzen, doch bemerkenswerten Kommentar dazu verfaßte."[328]

Doch wird ein gewisser Unterschied zwischen der Metaphysik Zhōu Dūn-yí's und der Zhū Xī's festgestellt. Letzterer verstand das Diagramm bzw. das, was es darstellt, wenigstens in seinem reingeistigen Bereich nämlich im Sinne einer – allerdings diffusen – Prinzipienlehre und ließ die Aitiologie im eigentlichen Sinne, wenn überhaupt, erst mit dem Hervorgehen des Manifesten beginnen. „Chou Tun-i (...) vertrat in seiner ›Erklärung des Diagramms vom Großen Ultimativen‹ (*T'ai-chi-t'u shuo*), daß das Ultimative des Nichtseins (*wu-chi*) das Große Ultimative hervorbrachte. Das Große Ultimative erzeugte yin und yang, die wiederum die Fünf Agentien erzeugten. Die Fünf Agentien erzeugten Männliches und Weibliches. Männliches und Weibliches erzeugten die Myriaden von Phänomenen. Trotzdem Chu Hsi Chou Tun-i's ›Erklärung des Diagramms vom Großen Ultimativen‹ verteidigte, machte er von ihr keinen Gebrauch. Er vertrat nicht, daß das Große Ultimative yin und yang erzeugte, sondern sagte, daß das Große Ultimative das Prinzip sei und yin

---

[328] T. Izutsu, The Structure of Oriental Philosophy, 2.71[12] (The *I Ching* Mandala and Confucian Metaphysics); „das wichtigste und berühmteste" bezieht sich auf die vom zitierten Verfasser vorgestellten Diagramme, dürfte aber auch generell gelten. Erläuterung und Kommentar: Zhū Xī, Tài-jí-tú-shuō-jiè, ⟨edd.⟩ Zhū Jié-rén et al., Zhū-zi-quán-shū, 13.63–86; Kommentar: ⟨ed./tr.⟩ G. von der Gabelentz, Thai-Khi-Thu, des Tscheu-Tsï Tafel des Urprinzipes; ⟨tr.⟩ J. Needham, Science and Civilisation in China, 2.460–472; ⟨tr.⟩ J. A. Adler, Reconstructing the Confucian Dao, pp. 111–166; J. Makeham, Monism and the Problem of the Ignorance and Badness in Chinese Buddhism and Zhu Xi's Neo-Confucianism, pp. 306–322; B. A. Ziporyn, The *Ti-Yong* 體用 Model and Its Discontents, pp. 236–258.

und yang die materielle Kraft. Die Fusion des Prinzips und der materiellen Kraft erzeugte die Dinge. Das Fusionieren des Prinzips und der materiellen Kraft erzeugte die Fünf Agentien, die die Beschaffenheit der Dinge sind."[329]

Ob das Tài-jí-tú/Wú-jí-tú eine Genealogie verbildlicht, ist trotz Zhōu Dūn-yí's expliziter Darstellung fraglich. Auch hier ist der Sachverhalt relevant, Aitiologien als Strukturbeschreibungen zu erkennen. Zu sehr haftet dem Komplex die daoistische Vorläufervorstellung weisheitlicher Wiederherstellung der integralen menschlichen Geistesverfassung an, als daß der Umkehrprozeß nicht irgendwie mitgedacht werden müßte. „*Taiji* kam in mehreren meist, aber nicht ausschließlich, daoistischen klassischen Texten vor. Für die Song-Neokonfuzianer war der *locus classicus* von *taiji* der *Kommentar zu den hinzugefügten Bemerkungen* (*Xici*) oder der *Große Traktat* (*Dazhuan*), einer der Anhänge des *Klassikers des Wandels* (*Yijing*): ... *Taiji* ist hier ein Erzeugungsprinzip von Bipolarität. Aber der Begriff war im Daoismus wesentlich vorherrschender und nuancierter als im Konfuzianismus. *Taiji* war der Name eines der daoistischen Himmel und wurde auf diese Weise den Namen vieler daoistischer Unsterblicher oder Göttergestalten und den Titeln von Texten, die ihnen gewidmet waren, vorangestellt. Es wurde manchmal mit Taiyi, dem Höchsten Einen (einer daoistischen Göttergestalt) und mit dem Polstern des

[329] S. Lokuang, Chu Hsi's Theory of Metaphysical Structure, p. 69; unter „materieller Kraft" versteht der zitierte Verfasser, wie aus dem Kontext zu erschließen ist, Qì (氣); der Sinn dieses Verständnisses und der daran anschließenden Übersetzung von Qì, die sich in einem gewissen Forschermilieu ausbreitete und festsetzte, mag sich mir nicht so recht erschließen. J. A. Adler, Reconstructing the Confucian Dao, p. 79[5], schlägt, die verbreitete Forschermeinung, daß Qì ein „psychophysischer Stoff" sei, präzisierend und erweiternd, vor, diesen Stoff „psychophysisch-spirituell" zu nennen, cf. o.c., p. 10.

Nördlichen Großen Bären identifiziert. Es trug die Bedeutungen eines Wendepunkts in einem Zyklus, eines Endpunkts vor einer Umkehr, und eines Drehpunkts zwischen bipolaren Prozessen. Es wurde zu einem standardmäßigen Teil daoistischer kosmogonischer Schemata, wo es für gewöhnlich einen Zustand des Chaos, das später ist als *wuji*, bedeutete, ein Stadium oder einen Zustand, in dem sich yin und yang differenzierten, aber noch nicht manifest geworden sind. Es stellte dieserart eine »komplexe Einheit« oder die Einheit potentieller Vielheit dar. In Form der daoistischen Meditation, die als *neidan* oder physiologische Alchemie bekannt ist, stellte es das energetische Potential dar, den normalen Alterungsprozeß durch die Kultivierung des Funkens des ursprünglichen *qi* (der psycho-physischen Energie) in seinem Körper umzukehren, indem man dabei zum ursprünglichen kreativen Zustand des Chaos, aus dem sich der Kosmos entwickelte, »zurückkehrt«. Man nimmt an, daß Chen Tuan's [Chén Tuán (906–989), mutmaßlicher Schöpfer des Diagramms], *Taiji*-Diagramm, von unten nach oben gelesen, ursprünglich eine schematische Darstellung dieses Prozesses der »Rückkehr zu *wuji*« (*Laozi* 28), dem »Nicht-Polaren«, undifferenzierten Zustand, gewesen sei. Zhou Dunyi ignorierte die Von-unten-nach-oben-Lesart des Diagramms, indem er ein oder zwei seiner Elemente unerklärt ließ.“[330]

Wenn Vor- und Rückgang gleichartig artikuliert werden, kann es sich dabei kaum um etwas anderes als eine Strukturbeschreibung handeln. Für Zhū Xī gilt das ziemlich sicher. „Auch hier wieder bezieht sich »erzeugen« eher auf eine logische oder ontologische Reihe als auf eine zeitliche. *Yin* und *yang* existieren z.B. nicht zu einer Zeit, vor die materielle

[330] J. A. Adler, Zhou Dunyi: The Metaphysics and Practice of Sagehood, 1.672–673, meine erläuternde Einfügung in eckigen Klammern.

Kraft existierte, da sie die materielle Kraft sind. Wie wir früher sahen, geht nicht einmal das Prinzip der materiellen Kraft zeitlich voraus, noch ist die materielle Kraft oder die Myriade von Dingen vom Prinzip numerisch unterschieden."[331] Und was Zhū Xī's Systematik im Verhältnis zu der von Platon, Aristoteles und Plotinos betrifft, hält der soeben zitierte Gelehrte fest: „Für alle vier Denker ist die ontologische Struktur der Welt ewig und ihre kosmologische Genese ist eine von logischem oder ontologischem, nicht zeitlichem Vorrang."[332] Mit der These „In dem von Zhu Xi geprägten systematischen Neokonfuzianismus ist *Taiji* daher als Kernbegriff einer Transzendenz zu begreifen, die nicht religiös und eigentlich auch nicht metaphysisch begründet ist, sondern die vielmehr am ehesten als metaethisch beschrieben werden kann."[333] kann ich mich unter der starken Einschränkung

---

[331] K. Dorter, Metaphysics and Morality in Neo-Confucianism and Greece: ZHU Xi, Plato, Aristotle, and Plotinus, p. 261; „materielle Kraft" steht für Qì (氣).

[332] K. Dorter, Metaphysics and Morality in Neo-Confucianism and Greece: ZHU Xi, Plato, Aristotle, and Plotinus, p. 257; in o.c., pp. 256-264, wird die Metaphysik der in dem Titel des Essays genannten Philosophen verglichen und deren jeweiliger hypostatische Aufbau o.c., p. 273, in einem Prinzipien-Diagramm untereinander dargestellt; auf o.c., p. 274, ist das Tài-jí-tú abgebildet; cf. o.c., p. 260: „Es ist Plotinus, der Zhu Xi auf dem Gebiet der Kosmologie am meisten ähnelt." Einen Strukturvergleich des ontologischen Aufbaus der beiden im vorhergehenden Zitat genannten Philosophen in Tabellen- und Diagrammform liefert D. N. Blakeley, Cultivation of Self in Chu Hsi and Plotinus, pp. 391-393, wobei die Zuordnung der Konstituenzien mit der re–flexionsstrukturellen abgeglichen werden müßte. Zheng Shu-hong, Zhu Xi and Meister Eckhart, unternimmt einen Vergleich der beiden im Titel der genannten Dissertation aufscheinenden Denker.

[333] M. Leibold, *Taiji*: Ein transzendentaler Begriff der konfuzianischen Philosophie?, p. 349.

einverstanden erklären, daß unter dieser Transzendenz, vom Autor mit „die Setzung der konfuzianischen Ethik als apriorisches Absolutum“[334] definiert, eine trans-ideologische Denkungsart und Haltung sowie ein der kosmischen Ordnung (ein Pleonasmus!) entsprechendes Verhalten und Handeln verstanden wird. Geht es um Weisheit in Vollendung (知之至 *zhī zhī zhì*), und darum geht es Zhū Xī seinen eigenen Worten nach, wenn er von Erleuchtung (明 *míng*), Leere (虛 *xū*) des Geistes, Durchdringung (通 *tōng*), Neutralität (公 *gōng*) und Weite/Ausgedehntheit (溥 *pǔ*) spricht,[335] so dürfen

---

[334] M. Leibold, *Taiji*: Ein transzendentaler Begriff der konfuzianischen Philosophie?, p. 349.

[335] Cf. J. A. Adler, Reconstructing the Confucian Dao, pp. 268-273; J. Jorgensen, The Radiant Mind, pp. 47, 74-75, 78, 94; M. Leibold, *Taiji*: Ein transzendentaler Begriff der konfuzianischen Philosophie?, p. 348; trotzdem er die Ethik Zhū's unter Berufung auf und Übersetzung von Sishu jizhu (Die Vier Bücher mit den Kommentaren des Zhu Xi): Daxue, Abschn. 5, Sishu jizhu, Taibei: Shijie shuju 1956, S. 10 (Stellenangabe nach der von mir benutzten 27-bändigen Ausgabe: Zhū Xī, Sì-shū-zhāng-jù-jí-zhù (Dà-xué-zhāng-jù), ⟨edd.⟩ Zhū Jié-rén et al., Zhū-zi-quán-shū, 6.5.20.10-14), auf deren konfuzianistische Spielart einengt (siehe Zitat im Haupttext und Nachweis in der vorigen Fußnote), spricht er sich o.c., pp. 356[31]-357, gegen den „Geist des Neokonfuzianismus des 20. Jh.s“ aus, den Chan Wing-tsit diesbezüglich demonstriere, indem dieser behauptet, daß es sich bei der Lehre Zhū's von der letzten Erkenntnis (知之至 *zhī zhī zhì*) durch Erweiterung des Wissens als Annäherung an die Dinge oder wie es auch heißen kann, Ankommen bei den Dingen (格物 *gé wù*) „keinesfalls um die Beschreibung eines Erleuchtungserlebens handle“. Wie ich durch vollkommene Erleuchtung des gesamten Wesens und aller Funktionen meines Geistes (而吾心之全體大用無不明矣 *ér wú xīn zhī quán tǐ dà yòng wú bù míng yǐ*), so der Originaltext, bei den Dingen ankommen kann, sich beides gegenseitig also nicht nur nicht ausschließt, sondern in Wahrheit die vollendete Weise des Zusammengehörens darstellt, ist re–flexionsstrukturell unter der Kategorie der »Meta-Koinzidenz« gefaßt. Sie weist sowohl einen onto-gnoseologischen als auch einen ethisch-praktischen Aspekt auf.

politische, soziale, kulturelle, ethnische, nationale, Ein- und Beschränkungen welcher Art auch immer keine Rolle spielen.

In Zusammenhang mit der Lehre von Zhū Xī, dieses in der Geschichte des Konfuzianismus, ja der gesamten chinesischen Philosophie, Weisheitstradition und Weltanschauung ab seiner Zeit äußerst einflußreichen Denkers und Kommentators des Tài-jí-tú, lesen wir in einer Note zur Übersetzung eines Kapitels der ›Gesammelten Werke‹ aus den Anfängen akademischer Sinologie, die zwar, wie die heutige auch, ideologische Absichten verfolgte, doch immerhin noch zu hohen Gedankenflügen bereit und fähig war, folgende transkultural und strukturell bedenkenswerte Feststellung. „Alle konfuzianischen Götter sind in Wirklichkeit Seelen. Die gewöhnliche Bezeichnung des feinen Äthers oder der rationalen Seele ist »Geist«, der *Νοῦς* oder Mens westlicher Philosophen. Es ist somit eindeutig – 1. Daß das Chaos [混沌 *hùn dùn*] aus Geist besteht, der in gröberer Materie enthalten ist; und 2. Daß dieser Geist oder Demiurg nur der *zweite* Gott [神 *shén* = Geist, Gott, Seele, übernatürliches Wesen] ist. »Wenn es keine Luft [氣 *qì*] gäbe, hätte das Fatum [理 *lǐ* = Prinzip, Grund(lage), Wesen(tliches)] nichts, worauf es aufruhen könnte«. Diese »Luft« nennt Choo-tsze [Zhū Xī] auch »Geist (心)«; »Wenn es keinen Geist gäbe, hätte das Fatum [理 *lǐ*] nichts, worauf es aufruhen könnte«. Das ist der *Νοῦς κάντων βασιλεὺς*, »Geist, König von allem« Platon's; oder sein »einer archetypischer Geist, der Demiurg«; und diesen Geist hielt er für ewig, doch erzeugt durch den Ersten Gott, den er τ'αγαθον nennt."[336]

---

[336] T. M'clatchie, Confucian Cosmogony, p. 132, Note zu Absatz 22, die Zitate sind jeweils in Fußnoten belegt; Text buchstabengetreu, ohne Korrekturen wiedergegeben; im griechischen Satz muß es richtig natürlich *πάντων* heißen; für Äther wird zwar kein chinesisches Äquivalent genannt, doch wird er mit Geist und Licht gleichgesetzt und Licht

Bevor ich nun das Diagramm wiedergebe, möchte ich eine weitere, hinsichtlich der Strukturtheorie der Re–flexion bedeutsame Bemerkung zum Tài-jí, der Äußersten Grenze, dem Urprinzip, dem Höchsten Ultimum anbringen, hier vor allem was die Formelhaftigkeit betrifft, mit der sie bei Zhū Xī ausgedrückt wird. Dadurch soll das Verständnis dieser wichtigsten und schwerst zu verstehenden Schaltstelle des sich über sich selbst bewußtwerdenden Kognitionsgeschehens mit Hilfe des von mir so genannten Ent–Setzungsvierkants (四句 *sì jù* / skr. *catuṣkoṭi* / gr. *tetrálēmma*) als eines hermeneutischen Instruments auch für die chinesische Philosophie erleichtert werden.

„Indem er den Neo-Taoisten der Wei und Chin Dynastien (220–420) folgte, gebrauchte Chu die Begriffe Sein (*yu*) und Nichtsein (*wu*), um es [das Tài-jí] zu charakterisieren. Einerseits behauptete er, daß das Große Ultimum beides ist, Sein und Nichtsein oder die Synthese von Sein und Nichtsein. Er sagte: »Die Aktivitäten des Himmels (上天之載 *shàng tiān zhī zài*) haben weder Klang noch Duft, sprich Nichtsein (無 *wú*) existiert im (中 *zhōng*) Sein (有 *yǒu*). Das Ultimum des Nichtseins (無極 *wú jí*) ist auch (而 *ér*) das Große Ultimum (太極 *tài jí*), sprich Sein (有 *yǒu*) existiert im (中 *zhōng*) Nichtsein (無 *wú*).« Andrerseits könnte das Große Ultimum als weder Sein noch Nichtsein angesehen werden, das heißt als etwas, das beides, Sein und Nichtsein transzendiert. Seiner Meinung nach »bedeutet ‘das Ultimum des Nichtseins und auch das Große Ultimum’, daß im Ultimum des Nichtseins alle Dinge reichlich vorhanden sind (萬象森列 *wàn xiàng sēn liè*). Deshalb kann es nicht Nichtsein genannt werden (不可謂之無 *bù kě wèi zhī wú*). Das Große Ultimum ist

---

steht für Yīn (陰); erläuternde Ergänzungen in eckigen Klammern von mir aus dem (Kon-)Text erschlossen hinzugefügt.

grundsätzlich das Ultimum des Nichtseins, das heißt, das Große Ultimum als Substanz (體 *tǐ*) ist leer (沖 *chōng*) und still (漠 *mò*) und ohne jegliches Kennzeichen (無朕 *wú zhèn*). Deshalb kann es nicht Sein genannt werden (不可謂之有 *bù kě wèi zhī yǒu*).« Dann fügte er hinzu, daß das Große Ultimum »keine (不 *bù*) Beziehung (屬 *shǔ*) zu Sein (有 *yǒu*) und Nichtsein (無 *wú*) hat.« Mit anderen Worten, das Große Ultimum ist beides, eine Synthese aus Sein wider Nichtsein und transzendiert Sein wider Nichtsein."[337]

---

[337] Teng Ai-min, On Chu Hsi's Theory of the Great Ultimate, pp. 94–95, meine erläuternde Ergänzung zwischen eckigen und originalen Schriftzeichen mit Transkription zwischen runden Klammern; die im Zitat selbst transkribierten chinesischen Wörter sind mit hochgestelltem j und k indiziert im Glossar des Essays unter diesen beiden Rubriken in chinesischer Schrift wiedergegeben; darüber hinaus liegt keine originaltextliche Dokumentation vor, weshalb ich sie aufgrund der Bedeutung, die sie für meinen Forschungsansatz hat, hier nachreiche. Für das erste Zitat im Zitat ist Zhū Xī, Zhū-zi-dà-zhuàn, ⟨ed.⟩ Sìbù Bèiyào [SPPY] 36:14a angegeben; Text nach Ausgabe Zhū Xī, Huì-ān-xiān-shēng-zhū-wén-gōng-wén-jí (Dá-lù-zǐ-jìng), ⟨edd.⟩ Zhū Jié-rén et al., Zhū-zi-quán-shū, 21.36.1574.10: 「上天之載」, 是就有中說無;「無極而太極」, 是就無中說有。 In keiner der beiden Ausgaben steht „weder Klang noch Duft" (無聲無臭 *wú shēng wú chòu*); es handelt sich folglich um eine Ausschmückung des Übersetzers mit einer von Zhū Xī in seinen Schriften öfter benutzten Formulierung (dazu gleich mehr im Haupttext). Für die zweite Stelle des Zitats von Teng Ai-min gibt dieser ›Collected Conversations of Master Chu‹, in Zhōuzi Quánshū, p. 13, ⟨ed.⟩ Wàn-yǒu-wén-kù, an; Text nach identischem Druck: Zhū Xī, Jí-shuō zu ⟨ed.⟩ Dǒng Róng, Zhōu-zi-quán-shū, 1.1.13.12–13 … 1.2.33.4: 無極而太極。而無極之中。萬象森列。不可謂之無矣。太極本無極。則太極之體。沖漠無朕。不可謂之有矣。…不屬有無。 Mit „Nichtsein" (nonbeing) wird vom Übersetzer des ursprünglich in chinesischer Sprache verfaßten Buchbeitrags Teng's 無 (Nichts, nichts, nicht; Verneinungspartikel) übertragen; 沖 (*chōng*) kann nicht nur mit leer, sondern auch mit flüchtig, verschwommen, 漠 (*mò*) nicht nur mit still, ruhig, sondern auch mit indifferent, unbestimmt, wüst, entfernt, übertragen werden; indifferent und verschwommen sind, wie innerhalb des vorliegenden Faszikels immer wieder betont, im Daoismus übliche

Das bedeutet nun: in seinem wesentlichen oder substanten (體 *tǐ*) Null-Aspekt trägt es die Bezeichnung *wú jí* (無極), Unbegrenztheit, Grenzenlosigkeit, Nicht-Grenze, das Äußerste des Nichts und ist mit der Formel »Weder–Noch« (ϒ4) an- bzw. auszusprechen. Zhū Xī verwendet dafür häufiger die Redewendung „weder Klang noch Duft" (無聲無臭 *wú shēng wú chòu*) aus einem der vier konfuzianischen Klassiker (Sì-shū), dem Buch ›Von der Mitte und dem rechten Maß‹ (Zhōng-Yōng).[338] „.. Chu Hsi zitierte gerne den Spruch: »Die Aktivitäten des Himmels haben weder Klang noch Duft«, um *wu-chi* zu charakterisieren."[339]

In moderner transzendentalphilosophischer Fachsprache ausgedrückt handelt es sich um die Transzendenz, verstanden als das absolut Ungegenständliche, Nicht-Positionale, das, wie es in den Originalen heißt, kein Jenseits/Über (外/上 *wài/shàng*) der Urbegrenzung (太極 *tài jí*), also keine Hinterwelt

Charakterisierungen des Absoluten wie auch des Geistbereichs oder beider zusammen. Die abschließende kurze Fortsetzung des von Teng Ai-min übersetzten Zitats ohne genaue Stellenangabe lautet wörtlich: „Es [das Tài-jí] gehört nicht zu (den Kategorien) Sein und Nichts." Für seinen kompetenten und kollegialen wissenschaftlichen Beistand in dieser Sache danke ich Prof. Joseph A. Adler.

338 Cf. Kǒngfūzǐ (Konfuzius), Lǐjì (Ritenregister), Zhōng-yōng (Mitte und rechtes Maß) II.15, ⟨ed./tr./com.⟩ R. Wilhelm, Die Lehren des Konfuzius, pp. 628/629: "上天之載，無聲無臭"，至矣！(*shàng tiān zhī zài wú shēng wú chòu zhì yǐ*). Die Übersetzung dort lautet: „»Der Himmel schafft // Lautlos und ohne Spur.« // Das ist das Höchste."

339 Chan Wing-tsit, Chu Hsi, p. 145; danach werden drei Stellen mit dem Phraseologismus in Zusammenhang mit dem Unbegrenzten (無極 *wú jí*) aus den Originalen übersetzt, für die ich hier die Nachweise nach der 27-bändigen Ausgabe angebe: Zhū Xī, Huì-ān-xiān-shēng-zhū-wén-gōng-wén-jí, ⟨edd.⟩ Zhū Jié-rén et al., Zhū-zi-quán-shū, 21. 36.1568.13-14 (Dá-lù-zǐ-jìng); 22.49.2258.12-13 (Dá-wáng-zǐ-hé); 22. 45.2071.12 (Dá-yáng-zǐ-zhēn).

oder über die Wirklichkeit gestülpte Käseglocke ist. Ohne das Unbestimmte wäre die all-bestimmende Urbegrenzung, wie es anderwärts heißt, ein Etwas, ein seiendes Ding, ein Gegenstand oder Objekt (但言太極非有物耳 *dàn yán tài jí fēi yǒu wù ěr*), folglich ein Bestimmtes, kein Bestimmendes, und, so lautet der Text weiter, ohne dieses würde jenes wiederum in Leere und Stille versinken (淪於空寂 *lún yú kōng jì*).[340]

In seinem funktional-aktiven (用/動 *yòng/dòng*), auf die Dinge hin ausgerichteten Positional-Aspekt hat es aber die Bezeichnung *tài jí* (太極); als Zusammenfall einerseits von Ruhe/Stille (靜/漠 *jìng/mò*), Leere (沖 *chōng*), Nichts (無 *wú*), Kennzeichenlosigkeit (無朕 *wú zhèn*), Substantialität und andrerseits Aktivität/Bewegtheit (用/動 *yòng/dòng*), Gestalt-/ Erscheinungshaftigkeit (象 *xiàng*), Vielheitlichkeit (萬/森 *wàn/sēn*), Seiendheit (有 *yǒu*), ist es mit »Sowohl–Als-auch« (Υ3) zu artikulieren. Nicolaus Cusanus spricht im Anschluß an die platonistische Unbestimmte Zweiheit des Geistes bzw. der Geistmaterie (gr. *aóristos duás*) diesbezüglich von lat. *coincidentia oppositorum*. „Aktivität und Ruhe des Großen

---

340 Die Gedankengänge zur Vermeidung der Verdinglichung des Unbegrenzten (Absoluten) wie der Vernichtung der Urbegrenzung (Geistes) sind ausgeführt in Zhū Xī, Zhū-zhù … Jí-shuō zu ⟨ed.⟩ Dǒng Róng, Zhōu-zi-quán-shū, 1.1.5.1-2; 1.1.5.10-13, ⟨tr.⟩ M. Leibold, *Taiji*: Ein transzendentaler Begriff der konfuzianischen Philosophie?, p. 344; Zhū Xī, Huì-ān-xiān-shēng-zhū-wén-gōng-wén-jí, ⟨edd.⟩ Zhū Jié-rén et al., Zhū-zi-quán-shū, 21.36.1568.13-14 (Dá-lù-zǐ-jìng), 22.49.2258.12-13 (Dá-wáng-zǐ-hé), ⟨tr.⟩ Chan Wing-tsit Chu Hsi, p. 145; Zhū Xī, Zhūzi-yǔ-lèi (Zhōu-zi-zhī-shū, Tài-jí-tú), ⟨edd.⟩ Zhū Jié-rén et al., Zhū-zi-quán-shū, 17.94.3121.1-3, ⟨tr.⟩ J. A. Adler, Reconstructing the Confucian Dao, p. 173. In Sachen Verdinglichung des Grenzbegriffs »Absolutes« zur Käseglocke durch an ‚Objektivitis' leidende ‚Denker' nahm ich, wie in Kap. 2.1 zu F. Nietzsche brereits erwähnt, ausdrücklich in H. P. Sturm, Die vier Stadien des Ent–Setzens, pp. 289–291, Stellung, die Diskussion dieser Problematik zieht sich durch alle Bände der »Widerspiegelung des Geistes«.

Ultimums bestehen in der Einheit ihres Gegensatzes."[341] In transzendentalphilosophischer Fachterminologie ist das die Totalität. Die grundlegende Idee des Geistes als Koinzidenz, Totalität, Funktionalität und Sein, als Hypostase also, ist, wie Meister Zhū selbst feststellt, Tài-jí (太極), die Urgrenze, das Äußerste Limit. „Tài-jí (太極) ist das Geistprinzip (心之理 *xīn zhī lǐ*). Des Geistes (心 *xīn*) Bewegung und Ruhe (動静 *dòng jìng*) sind Yīn und Yáng (陰陽). Allein der Geist (惟心 *wéi xīn*) ist gegensatzlos (無對 *wú duì*)."[342] Erinnert das, systematisch besehen, nicht an die *oppositio oppositorum*, das *non-aliud?*[343] Das kann ja wohl nicht sein, die Chinesen sind doch keine Westler, keine Platoniker, keine Christen! Nein, sind sie nicht, doch wenn sie philosophisch richtig denken wollen, müssen sie sich bewußt oder nicht an die Re–flexionsstruktur halten.

In ihrer trans-dimensionalen Gleichrangigkeit sind *wú jí* (無極) und *tài jí* (太極) jedoch beides zusammen, Transzendenz und Totalität, Nicht-Angel/Nicht-Nabe/Nicht-Achse (無樞紐 *wú shū niǔ*) und Angel/Nabe/Achse (樞紐 *shū niǔ*)[344] in

---

[341] Teng Ai-min, On Chu Hsi's Theory of the Great Ultimate, p. 96.

[342] Zhū Xī, Zhūzi-yǔ-lèi (Xīng-lǐ 2), ⟨edd.⟩ Zhū Jié-rén et al., Zhū-zi-quán-shū, 14.5.218.11-12: 心之理是太極，心之動静是陰陽。惟心無對。⟨tr.⟩ Chan Wing-tsit, A Source Book in Chinese Philosophy, p. 628; zur Geistlehre Zhū Xī's cf. o.c., pp. 628-630; Meng Pei-yuan, The Unity of Form and Function in Zhu Xi's Theory of Mind, pp. 286-289; diese ist wegen ihrer wechselnden Perspektivik komplex und trotz der hier vorgestellten klaren Gedankenführung und Ausdrucksweise nicht immer kohärent.

[343] Zu den diesbezüglich zu vergleichenden Lehren von Nicolaus Cusanus cf. H. P. Sturm, Urteilsenthaltung oder Weisheitsliebe zwischen Welterklärung und Lebenskunst, pp. 163[109], 175-177.

[344] Zhū Xī, Jí-shuō zu ⟨ed.⟩ Dǒng Róng, Zhōu-zi-quán-shū, 1.1.6.8; ⟨tr.⟩ M. Leibold, *Taiji*: Ein transzendentaler Begriff der konfuzianischen

einem [(ϒ4)+(ϒ3)=(ϒ3') bzw. (ϒ4)+(ϒ3-1)=(ϒ3')].[345] Das heißt re–flexionsstrukturell Plus-Koinzidenz und stellt, wie in meinen großen Büchern immer wieder erwähnt, gerade in den Mystik-Traditionen eine um das Erdenrund herum verbreitete Formel zur Charakterisierung des hyperkosmischen Bereichs als ganzem dar.[346]

Deren Vertretern nicht unähnlich dürfte Zhū Xī bei seinen Adressaten damit das Mißverständnis eines nichtigen Transzendentismus wie eines platten Immanentismus gleichermaßen vermieden haben wollen.[347] Zur Erläuterung des

---

Philosophie?, p. 343; Verzeichnis übersetzter Stellen zur Angel, Achse, Nabe (樞紐 *shū niǔ*) im Neo-Konfuzianisus bei J. A. Adler, Reconstructing the Confucian Dao, p. 327, Index, s.v. pivot/axis (*shuniu*).

[345] Zu *tài jí* (太極) und dessen Verhältnis zu *wú jí* (無極) cf. J. A. Adler, Reconstructing the Confucian Dao, pp. 111-136 (Übersetzungsbegriffe in europäische Sprachen aus der bisherigen Literatur sind gesammelt in o.c., pp. 119-121); Zhang Li-wen, Zhu Xi's Metaphysics, pp. 31-36. Die metaphysischen Gehalte der Begriffe 太極 *tài jí*, oberste Grenze, äußerster First, höchster Gipfel und 無極 *wú jí*, Grenzenloses, Unbegrenztes, Nicht-Gipfel, Nicht-First, in ihrem vorneokonfuzianistischen Gebrauch erläutert I. Robinet, The Place and Meaning of the Notion of Taiji in Taoist Sources Prior to the Ming Dynasty, pp. 381-396.

[346] Eines der idealtypischen Beispiele dafür stellte ich im Faszikel II/6 vor, cf. H. P. Sturm, Indische Vierfüßler, p. 83: Śatapatha-Brāhmaṇa 10.5.3.1-2, ⟨ed.⟩ A. Weber, p. 796.

[347] Cf. F. H. Bradley, Collected Works, 9.488 (Appearance and Reality), der seine Lehre, daß die Wirklichkeit an sich in allem Phänomenalen gegenwärtig, ebenso aber die Wirklichkeit an sich ohne das Phänomenale nichts ist, als eine Polemik gegen leere Transzendenz und seichten Pantheismus versteht. Chang Chung-yuan, Creativity and Taoism, pp. 97-100, erläutert die chinesische Idee von der Durchdringung von *lǐ* (理) und *shì* (事), wie bereits im Kapitel 2.1 angemerkt, mit Hinweis auf und Zitation einer Textstelle von F. H. Bradley, die diesen Gedanken formuliert, ohne sich allerdings auf die leere

Verhältnisses von Inaktivität und Aktivität des Geistes stellt er deshalb fest: „Meister Zhōu sagt: »ruhig ist er Nichts (靜無 *jìng wú*) und bewegt Sein (動有 *dòng yǒu*)«. Ruhig (靜 *jìng*) [aber] nicht wahrhaftes Nichts (不是無 *bù shì wú*). Weil er noch nicht in Erscheinung getreten ist (以其未形 *yǐ qí wèi xíng*), nennt man ihn Nichts (謂之無 *wèi zhī wú*). Nicht wegen der Bewegtheit nennt man ihn demnach Sein (非因動而後有 *fēi yīn dòng ér hòu yǒu*), sondern lediglich wegen seiner Wahrnehmbarkeit nennt man ihn Sein (以其可見而謂之有耳 *yǐ qí kě jiàn ér wèi zhī yǒu ěr*) ... Das Wesen ist ruhig (性是静 *xìng shì jìng*), die Emotionen sind bewegt (情是動 *qíng shì dòng*). Der Geist (心 *xīn*) ist nun aber beides zugleich (兼 *jiān*), bewegt und ruhig (動静 *dòng jìng*); ob hinsichtlich Substanz (或指體 *huò zhǐ tǐ*) oder hinsichtlich Funktion (或指用 *huò zhǐ yòng*), hängt von jemandes Sichtweise ab (隨人所看 *suí rén suǒ kān*). Während er im Zustand der Ruhe ist (方其静時 *fāng qí jìng shí*), ist das Prinzip der Bewegung bereits vorhanden (動之理只在 *dòng zhī lǐ zhǐ zài*).“[348]

Transzendenz und den seichten Pantheismus zu beziehen; in diesem Zusammenhang ist noch erwähnenswert, daß Chang Chung-yuan dabei nicht von der entsprechenden Lehre des Daoismus, sondern interessanterweise von der des Huáyán-Buddhismus aus argumentiert; zur Totaldurchdringung von *lǐ* und *shì* aus buddhistischer Sicht habe ich im Faszikel II/6, cf. H. P. Sturm, Indische Vierfüßler, pp. 235-244, Stellung genommen.

[348] Zhū Xī, Zhūzi-yǔ-lèi (Zhōng-yōng 1), ⟨edd.⟩ Zhū Jié-rén et al., Zhū-zi-quán-shū, 16.62.2043.8-11: 周子謂『靜無而動有』。靜不是無, 以其未形而謂之無;非因動而後有, 以其可見而謂之有耳。…性是静, 情是動, 心則兼動静而言, 或指體, 或指用, 隨人所看。方其静時, 動之理只在。 Meine verdeutlichende Einfügung zwischen eckigen Klammern; ⟨tr.⟩ Chan Wing-tsit, A Source Book in Chinese Philosophy, p. 629. Auch hier gilt mein Dank Prof. Joseph A. Adler für seinen kollegialen wissenschaftlichen Beistand. Das von Zhū Xī formulierte Philosophem von der potentiellen Vorhandenheit der Bewegung im Ruhezustand kommt der indischen Theorie, daß die Wirkung (*kārya*) bereits vor der

Warum Zhū Xī diesbezüglich so akribisch argumentiert, hat wohl zwei Gründe. Zum einen den schlicht sachlichen Grund, daß es sich dabei in der Tat um eine diffizile, vertikal wie horizontal zu lesende Prinzipienlehre handelt, die von der platonistisch-aristotelischen keinesfalls so weit entfernt ist, wie uns kulturdifferentistisch orientierte Historiodoxographen sogenannt philosophischer Traditionsbestände gerne weismachen wollen. Wenn er also kundtut: „Die Buddhisten sagen, die Myriaden von Prinzipien (萬理 *wàn lǐ*) sind ganz und gar leer/eitel (俱空 *jù kōng*), wir Konfuzianer sagen, die Myriaden von Prinzipien (萬理 *wàn lǐ*) sind ganz und gar gediegen/real/wahr (俱實 *jù shí*).“[349], dann handelt es sich nicht um ein Bekenntnis zum Realismus, Materialismus oder Naturalismus, wie das für die autochthon chinesische Weltanschauung gerne in Anspruch genommen wird. Im Platonismus werden die Ideen als Quasi-Intentum (*noētón*) des Aktes (*nóēsis*) des Geistes (*noûs*) ja auch als das Seiende (*ón*/*ónta*) verstanden, und ihm gegenüber hat man durch die Geschichte hindurch den Vorwurf des Idealismus erhoben, obwohl er, wie Zhū Xī, das Absolute über das Sein ins Jenseits davon (*epékeina tẽs ousías*) hinausgehoben hat, was äußerstenfalls als

---

Verursachung unmanifest in der Ursache irgendwie seiend (*sat*) ist, dem Satkāryavāda, und zwar in seiner Transformationsvariante (*pariṇāma*) (zu den indischen Kausalitäts-Lehren cf. P. T. Raju, Idealistic Thought of India, pp. 409–410), ziemlich nahe.

[349] Zhū Xī, Zhūzi-yǔ-lèi (Dà-xué 4), ⟨edd.⟩ Zhū Jié-rén et al., Zhū-zi-quán-shū, 14.17.581.7: 佛說萬理俱空，吾儒說萬理俱實。Die Übersetzung des zitierten Schlußsatzes von J. Jorgensen, The Radiant Mind, p. 105: „… alle Prinzipien sind vollkommen/sämtlich real“ („… all the principles are all real“), dürfte in der im Haupttext geschilderten Hinsicht irreführend sein; 實 *shí* bedeutet nicht nur wirklich, tatsächlich, real, solid, gediegen, konkret, sondern auch aufrichtig, ehrlich, echt, wahr, zuverlässig, glaubwürdig, richtig und einiges hier nicht Relevante mehr.

Nihilismus mißverstanden, doch keinesfalls als Realismus, Materialismus oder Naturalismus verstanden werden könnte. In diesem Zusammenhang muß ich noch einmal mit aller Deutlichkeit darauf hinweisen, daß eine Kategoriensystematik ihren Gesamtsinn grundsätzlich vom Maximalpunkt aus erhält.

Zum anderen aber hat es einen ideologischen Grund, und zwar den, nicht in den Verdacht zu geraten, dem Buddhismus das Wort zu reden oder ihm zu nahe zu stehen. Diesem unterstellt er vermutlich deshalb trotz anerkennender Worte zu einzelnen Lehrgehalten pauschal, einen kruden ontologischen Nihilismus zu vertreten.[350] Daran sieht man, daß es sich bei seiner Auseinandersetzung mit dem Buddhismus, besonders was die Geist-Thematik angeht, um ein Scheingefecht handelt, indem den Kategorien des ideologischen Gegners ein Sinn unterschoben wird, der in dessen categorial framework keinen ergibt. Dieser wird dann bestritten oder widerlegt, und schon steht man als der denkerisch Überlegene da. Das bestätigt, daß sich selbst tiefsinnige Denker, wohl aus Gründen der Anpassung oder Angepaßtheit an bestehende soziokulturelle (Macht-)Verhältnisse, bisweilen zu oberflächlicher Polemik hinreißen lassen, die, wird sie aus ihrem philosophischen Kontext gelöst in trivialem Sinne verstanden, zu einer Geringschätzung und Zurückweisung der echten Philosophie als ganzer durch den Alltagsmenschen, und zu diesem ist groteskerweise auch der ‚Normalstudent' wie ‚Normaldozent' des Fachs Philosophie an egal welcher

[350] Seine Einstellung zum Buddhismus dokumentieren und diskutieren C. Fu Wei-hsun, Chu Hsi on Buddhism; Chan Wing-tsit, Chu Hsi, pp. 509–536; J. Makeham ⟨ed.⟩, The Buddhist Roots of Zhu Xi's Philosophical Thought, Beiträge mehrerer Autoren zu unterschiedlichen Aspekten der Thematik, cf. insbesondere J. Tiwald, Zhu Xi's Critique of Buddhism.

modernen Bildungseinrichtung, wie aufgrund seines Forschungsgebiets und der darin anzuwendenden Methoden auch der aufgeklärte, moralisch korrekte Objektwissenschaftler zu zählen, führen muß.

Entsprechendes gilt noch heute, nur kaum mehr bei tiefsinnigen Denkern, da es diese so gut wie nicht mehr gibt; die Gründe dafür mag man sich ausmalen. So liest man in einem Resümee einer nur wenige Gedankenfetzen umfassenden, gänzlich unbelegten Gegenüberstellung der Philosophie Zhū Xī's mit ein paar vergleichbar scheinenden Philosophemen Platon's und Aristoteles' im Hauptwerk eines Standards setzenden chinesisch-stämmigen Sinologen der vergangenen Jahrzehnte ganz in diesem frivolen Stile: „Diese Vergleiche zeigen, daß in jeglicher vergleichenden Studie Ähnlichkeiten üblicherweise mit Unähnlichkeiten einhergehen. Der wichtige Punkt, den man beachten sollte, ist, daß Chu Hsi weder ein Platoniker noch ein Aristoteliker ist. Die üblichen westlichen Polaritäten gelten in der chinesischen Philosophie nicht.“[351] Banalitäten gemischt mit Pauschalitäten! Fehlt nur noch die Feststellung, daß das philosophische Denken in China ein gaaanz anderes als das im Westen oder in Indien (gewesen) sei. Da braucht man sich nicht mehr zu fragen, was solch hochgelehrte Herrschaften unter philosophiewissenschaftlicher Komparatistik, die im nun global(isiert)en Rahmen hochtrabend Cross-cultural Comparative Philosophy genannt wird, verstehen, ja ob sie darunter überhaupt etwas verstehen. Man stelle sich vor: „Die üblichen westlichen Polaritäten gelten in der chinesischen Philosophie nicht.“ Angesichts dessen drängt sich die Frage auf, ob die Chinesen dann je (logisch) denken konnten. Daß sie 's in einer Weise

[351] Chan Wing-tsit, A Source Book in Chinese Philosophy, p. 641.

konnten,[352] die gar manchen westlichen sogenannten Denker, so er 's merkte, in den Boden versinken lassen müßte, ...[353]

---

[352] Zur universalen Gültigkeit zweiwertiger Logik cf. H. P. Sturm, Die vier Stadien des Ent–Setzens, pp. 137–138, 544–555, mit Hinweisen auf die Forschungsliteratur.

[353] Die folgend nachgestaltete Abbildung von Wèi-Qí, Wén-chāng-dà-dòng-xiān-jīng-zhù, ZH 06/094.1,456c, wurde von mir korrigiert: das Element/Agens »Erde« (土 *tǔ*) rechts unten, das richtig schon in der Mitte vorkommt, wurde nach ZT 51/103.1,9r (DZ 2.600a), durch Metall/Gold (金 *jīn*) ersetzt; in I. Robinet, *Taiji tu* 太極圖 Diagram of the Great Ultimate, p. 935, ist das graphisch nicht sehr deutliche Diagramm nach letzterer Ausgabe reproduziert; hier eine Auswahl von Literaturstellen, an denen das/die Diagramm/e wiedergegeben ist/sind: Zhōu Dūn-yí, Zhōu-zi-quán-shū, ⟨ed.⟩ Dǒng Róng, 1.1.2; G. von der Gabelentz, Thai-Khi-Thu, des Tscheu-Tsï Tafel des Urprinzipes, p. 30; L. Kohn, The Taoist Experience, p. 26; eadem, Taoist Mystical Philosophy, p. 90; J. A. Adler, Zhou Dunyi: The Metaphysics and Practice of Sagehood, 1.674; idem, Reconstructing the Confucian Dao, pp. 154, 159; D. E. Mungello, The Great Encounter of China and the West, 1500–1800, p. 56; Fung Yu-lan, A History of Chinese Philosophy, 2.436; J. Needham, Science and Civilisation in China, 2.461; Kim Boung-hown, A Study of Chou Tun-I's (1017–1073) Thought, pp. 265, 268, 272; T. M'clatchie, Confucian Cosmogony, p. XVII; Zhū Xī, Tài-jí-tú, ⟨edd.⟩ Zhū Jié-rén et al., Zhū-zi-quán-shū, 13.79. In meiner chinesischsprachigen Darstellung wurden die Bezeichnungen des Quadrupels von Hauptprinzipien (verbildlicht durch die vier großen Kreise, die die Mittelachse des Diagramms bilden) von mir in waagrechter, von rechts nach links laufender Schrift hinzugefügt und in das ins Deutsche übersetzte Diagramm übernommen; die Beschriftung in großen, senkrecht verlaufenden Schriftzeichen stammt aus dem Tài-jí-tú von Zhōu Dūn-yí. Dem Kommentar von Zhū Xī, Tài-jí-tú-shuō-jiè, ⟨edd.⟩ Zhū Jié-rén et al., Zhū-zi-quán-shū, 13.73.4–5; ⟨tr.⟩ J. A. Adler,

Reconstructing the Confucian Dao, p. 179; ⟨ed./tr.⟩ G. von der Gabelentz, Thai-Khi-Thu, des Tscheu-Tsï Tafel des Urprinzipes, pp. 43–44, entnahm ich zwei Kategorien und fügte sie zwischen eckigen Klammern in kleiner Schrift (links und rechts des minimal großen Kreissegments unterhalb der fünf Elemente/Agentien) hinzu: Stoffliches/Materielles (質*zhì*), in der Erde (nach unten verlaufend), und Hauch/Wind/Luft/Pneuma (氣*qì*), im Himmel (nach oben gerichtet) wirkend; die mittelgroße vertikale Beschriftung im Außenbereich der Figur zwischen den Verbindungslinien der fünf Elemente, Agentien oder Phasen stammt aus der Wén-chāng-Literatur (nicht in die deutschsprachige Abbildung übernommen); bemerkenswert ist, daß die vier Ur-Phasen: Urwandelbares/Ureinfaches (太易 *tài yì*), Uranfang (太初 *tài chū*), Urentstehung (太始 *tài shǐ*) und Urwurzel (太素 *tài sù*) von Lièzǐ, Chōng-xū-zhì-dé-zhēn-jīng 1.2, graphisch der proto-kosmischen Elementarphase der fünf Urstoffe/Agentien nebengeordnet sind, woraus geschlossen werden könnte, daß die Skalierung der Lièzǐ-Stelle nicht auf die chinesische Metaphysik insgesamt angewendet werden kann; die Darstellung der Verbindungslinien der fünf Elemente/Agentien fällt, bedingt durch die Betonung der Phasen der abzubildenden Dynamik, in den verschiedenen Diagrammen und deren Drucken unterschiedlich aus. T. Izutsu, The Structure of Oriental Philosophy, 2.73 (The *I Ching* Mandala and Confucian Metaphysics), gibt nach weit verbreiteten Originaldarstellungen folgendes Bild davon wieder

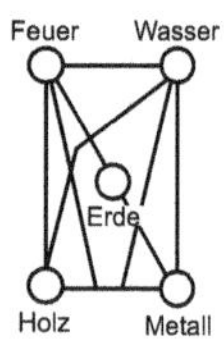

und stellt o.c., p. 72, dazu folgendes fest: „Auf der Basis einer Idee, die vom Konfuzianismus der Han-Dynastie übernommen wurde, werden die Fünf Elemente hier als sich in einer bestimmten Ordnung (...) gegenseitig erschaffend dargestellt. Wasser erzeugt Holz; Holz erzeugt Feuer; Feuer erzeugt Erde; Erde erzeugt Metall; Metall erzeugt Wasser, so daß der Prozeß gegenseitiger Erzeugung in einer unaufhörlichen zyklischen Bewegung unbegrenzt weitergeht.“ Die Reihenfolge weicht allerdings von der in Zhōu Dūn-yí, Tài-jí-tú 3, ⟨ed.⟩ G. von der Gabelentz, p. 42, ab, wo zwar nicht von der Erzeugung die Rede ist, die Serie der Elemente/Agentien nacheinander aber mit Wasser, Feuer, Holz, Metall und Erde angegeben wird. Nach dem Kommentar von

Zhū Xī, Tài-jí-tú-shuō-jiè, ⟨edd.⟩ Zhū Jié-rén et al., Zhū-zi-quán-shū, 13.73.5-6, ⟨tr.⟩ J. A. Adler, Reconstructing the Confucian Dao, pp. 179–180; ⟨ed./tr.⟩ G. von der Gabelentz, Thai-Khi-Thu, des Tscheu-Tsï Tafel des Urprinzipes, pp. 44–45, ist die genannte Sequenz der Elemente/Agentien davon abhängig, ob sie materie-spezifisch (質 *zhì*) oder energie-spezifisch (氣 *qì*) gemeint ist; in ersterem Falle lautet die Reihenfolge wie bei Zhōu Dūn-yí, in zweiterem Holz, Feuer, Erde, Metall, Wasser.

WÚJÍTÚ/TÀIJÍTÚ (無極圖 /太極圖)

nach Zhōu Dūn-yí und Wénchāng-Literatur

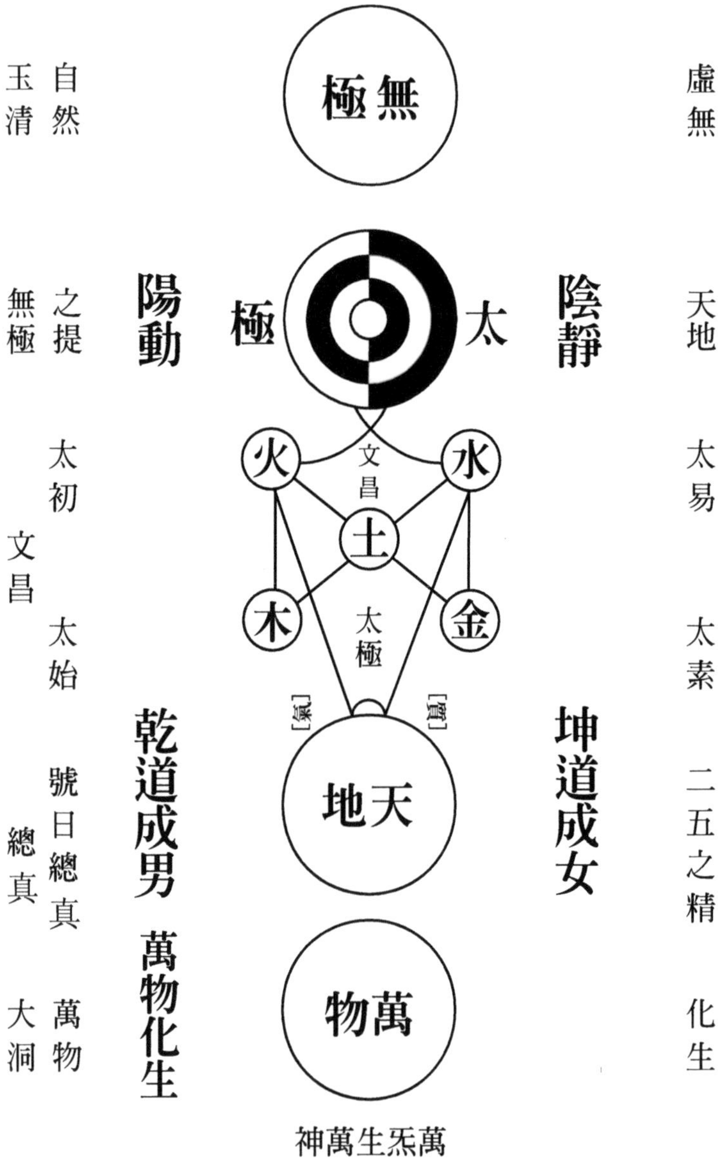

WÚJÍTÚ/TÀIJÍTÚ
nach Zhōu Dūn-yí und Wénchāng-Literatur

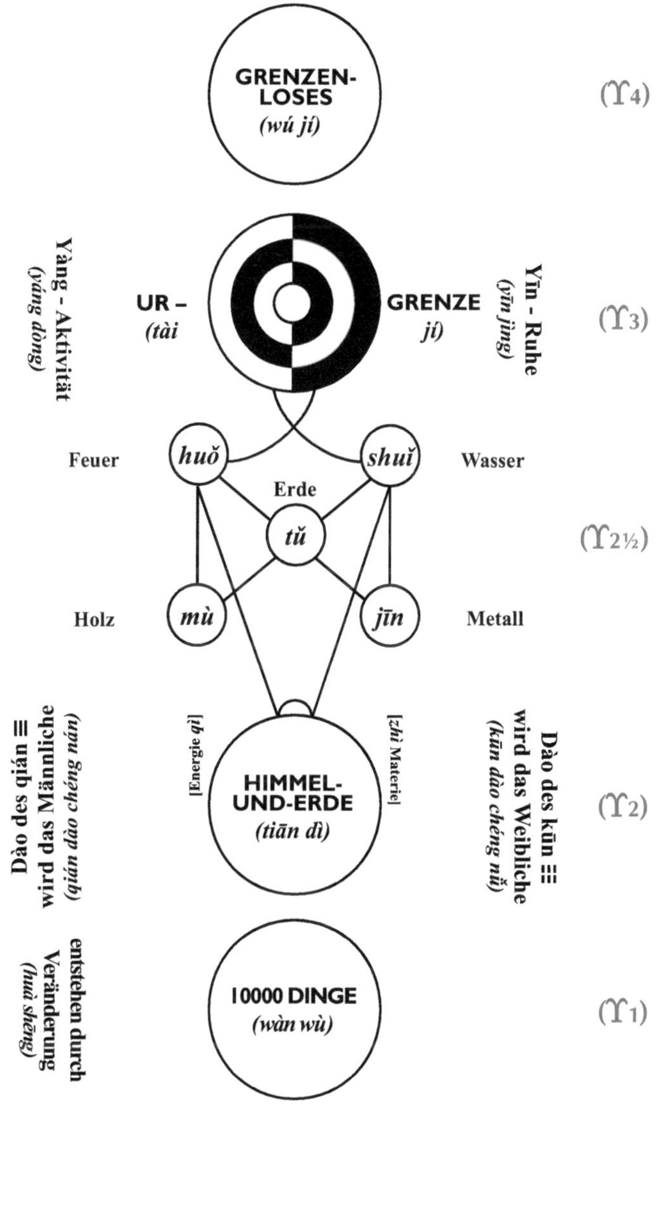

„○ ist das Wu Dji (無極) und ☯ das Tai Dji (太極) der chinesischen Philosophie. Tai Dji ist die Urbegrenzung; Dji die Begrenzung. Die Urbegrenzung heißt der Ursprung und das Ende aller Grenzen. Die Sinngehalte dieser Begriffe sind besonders behandelt durch Dschou Dsï [Zhū Xī] … Es heißt dort: 無極而太極 [*wú jí ér tài jí*] = »Ohne Begrenzung und doch Urbegrenzung« d.h. die Begrenztheit liegt urtümlich im Unbegrenzten. Vergleiche ebendort: 萬物一太極也 [*wàn wù yī tài jí yě*] = »Alle Wesen (sind) die eine Urbegrenzung«. Gemeint ist: Alle zusammen sind sie eine Darstellung der urtümlichen Begrenztheit. Da aber auch jeder Teil eine Weise des totalen absoluten Dau ist, das ○ und das ☯, so heißt es weiter: 一物各具一太極也 [*yī wù gè jù yī tài jí yě*] = »(Was) Einzelwesen (betrifft, so) stellt jedes für sich die eine Urbegrenzung dar«. … Wenn in Lau Dsï Kapitel 1 das 有名 [*yǒu míng*, Benanntes] für 母 ([*mǔ*] Mutter) aller Wesen erklärt wird, so trägt hier [in Spruch 6] aus dem ○ in ☯, aus dem Ineinander von 無名 [*wú míng*, Unbenanntes] und 有名 [*yǒu míng*, Benanntes] Dau ebenfalls in jeder Weise die weiblichen Züge im Sinne des gebärenden Mutterschoßes. Aus dieser Einheit von 有名 [*yǒu míng*, Benanntes] und 無名 [*wú míng*, Unbenanntes] entspringen in Kapitel 1 und 6 Himmel und Erde; …“[354] In dieser Auslegung ist der kumulative Charakter metaphysischer bzw. mythischer Manifestationsprinzipien,

[354] S. Hummel, Zum ontologischen Problem des Dauismus (Taoismus), pp. 22–23, mit meiner stillschweigenden Druckfehlerkorrektur, Erläuterung und Einfügung der Pīnyīn-Transkription in eckigen Klammern. Bei der zweiten und dritten Original-Textstelle handelt es sich um Zhū Xī, Tài-jí-tú-shuō-jiè, ⟨edd.⟩ Zhū Jié-rén et al., Zhū-zi-quán-shū, 13.74.6-7, ⟨ed./tr.⟩ G. von der Gabelentz, Thai-Khi-Thu, des Tscheu-Tsï Tafel des Urprinzipes, pp. 57–58; die erste Original-Stelle ist im Kommentar von Zhū Xī eine mehrfach vorkommende Formel, die das erste und vierte Logion von Zhōu Dūn-yí's ›Tài-jí-tú-shuō‹ wiederholt und ausdeutet.

wie in verschiedenen meiner Argumentationsgänge schon mehrfach betont, genau berücksichtigt: Das Grenzenlose, Dào an sich (ϒ4), die Urbegrenzung, grenzenlose Grenze (ϒ3), die Grenzen (ϒ2) und das Begrenzte, die Wesen/Dinge, Seiendes (ϒ1): wie im neuplatonischen Emanatismus bleibt das Prinzip im jeweils Prinzipiierten, wenn auch überformt und verdeckt, bestehen (gr. *mónē*).

Um zu verdeutlichen, in welchem Verhältnis das Letzt-Endliche, die Ur-Endung (太極 *tài jí*), zum Un-Endlichen, der Voll-Endung (無極 *wú jí*), innerhalb des Daoismus sowohl aus ontologischer als auch aus gnoseologischer Sicht steht, füge ich folgend ein weiteres Zitat aus der vordersten Front sinologischer Forschung an. „… *wuji er taiji* 無極而太極. Dieser Satz kann entweder bedeuten, daß *wuji* und *ta{i}ji* ein und dasselbe Ding sind oder daß *wuji* zuerst kommt und *taiji* folgt. Während Neo-Konfuzianisten dazu tendierten, die erste Bedeutung zu befürworten, nahmen die meisten Taoisten die zweite an: für sie ist *taiji* der Anfang der Welt, *wuji* jedoch das unerkennbare Dao selbst. … Das *taiji* ist die Grenze und die Verbindungsstelle zwischen den beiden Welten, der noumenalen Welt, die »dem Himmel vorausgeht« (ϒ4/3), und der phänomenalen Welt, die »nach Himmel und Erde« (…) (ϒ2/1) ist. Es ist der Kreis, der die Einheit von Anfang und Ende darstellt und »sich endlos dreht«. Es bedeutet die Fruchtbarkeit des Dao, positiv und dynamisch. … *Taiji* ist die positive Erkenntnisweise (ϒ3) und *wuji* die apophatische (ϒ4), zwei Aspekte, die bei der göttlichen Erkenntnis oder im wissenden Nichtwissen komplementär sind: sowohl Wissen als auch Nichtwissen (ϒ3) [(ϒ1-3)+(ϒ4)=(ϒ3')], weder Wissen noch Nichtwissen (ϒ4) [(ϒ4)+(-ϒ)≈Y5)].“[355]

---

[355] I. Robinet, *wuji* and *taiji*, 無極·太極 Ultimateless and Great Ultimate, pp. 1058-1059; meine Druckfehlerkorrektur in geschweiften

An dieser Stelle ein weiteres Mal meine fachliche Inkompetenz unter Beweis stellend, möchte ich in Zusammenhang mit der genannten kreisförmigen Bewegung als Kennzeichen der Urgrenze (太極 *tài jí*) an den »Wirbel« (gr. (*dínē/strophálígx*) des Empedokles zurückerinnern, der im Schlußkapitel des Faszikels II/2 angesprochen wurde,[356] und damit einhergehend die Frage aufwerfen, ob hier nicht vergleichbare Deutungsmuster des GeistWirklichen vorliegen könnten. Um dies auch optisch zu verdeutlichen, bilde ich die von mir angefertigte deutsche Fassung des Tàijítú noch einmal, mit einer kleinen Änderung allerdings, ab: die konzentrisch gegeneinanderlaufenden Yīn-Yáng-Phasen von Ruhe (靜 *jìng*) und Aktivität (動 *dòng*) des Kreises der Urgrenze (太極 *tài jí*) werden in Spiralform wiedergegeben, wie das im Tài-jí-quán unter dem Schlagwort des Seidenwickelns (纏絲 *chán sī*) nicht unüblich ist. Das Thema abschließend, dann noch die Reproduktion des Tài-jí-tú aus einer original-chinesischen ›Gesamtausgabe der Werke von Meister Zhōu‹.[357]

Klammern; mit der Skalierung in eckigen Klammern soll angedeutet werden, was es bedeutete, die Re–flexion zu Ende zu denken.

356 Cf. H. P. Sturm, Prinzipien-Triadik oder Prinzipien-Tetradik?, pp. 121–123.

357 Cf. Zhōu Dūn-yí, Zhōu-zi-quán-shū, ⟨ed.⟩ Dǒng Róng, 1.1.2.

WÚJÍTÚ/SPIRAL-TÀIJÍTÚ

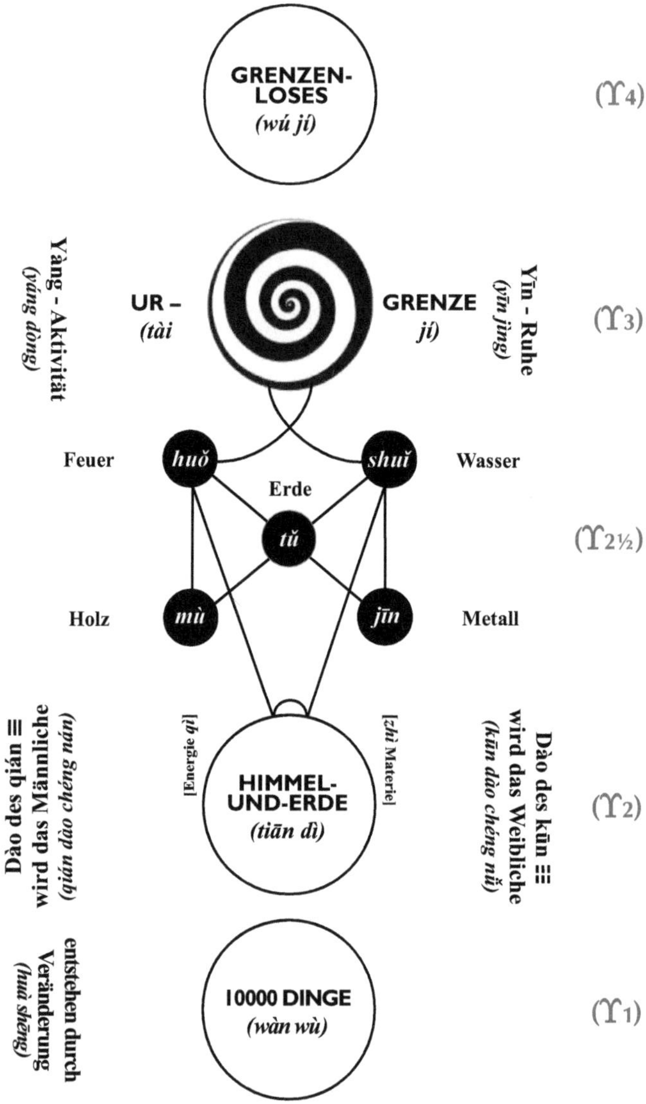

TÀIJÍTÚ (太極圖)

(Zhōu-zi-quán-shū)

Um solch verblüffende Einsichten im wörtlichen Sinne vor Augen geführt zu bekommen, müssen wir uns allerdings nicht an den Neokonfuzianismus wenden; aus dem mittelalterlichen Daoismus selbst, als das Tài-jí-tú wohl noch nicht sehr lange die Bühne der Welt betreten hatte, ist uns eine Darstellung überliefert, die nicht nur die re–flexionsstrukturelle Auslegung des daoistischen Kategoriengefüges mit einer Eindringlichkeit bekräftigt, die man schon atemberaubend nennen könnte, sondern bei Kennern beider philosophischen Überlieferungen, der chinesischen und der griechischen, ob ihres Aufbaus aus Bipolaritäten und deren Eineinanderwirken Assoziationen an die Prinzipienlehre Platon's und des gesamten Platonismus wachruft, die die Ein- bzw. Aufteilung der Metaphysik in eine östliche und eine westliche obsolet erscheinen läßt. Angesichts dessen zeugt die Behauptung: „.. die Platonische Spekulation trennt die Entwicklung des okzidentalen Denkens mit wichtigen Konsequenzen, unter anderem dem Aufkommen des wissenschaftlichen Geistes, absolut von der chinesischen. Durch eine merkwürdige Koinzidenz erleben wir heutzutage die *wissenschaftliche* Entdeckung, daß das chinesische Universum der physikalischen Wahrheit nahe war; daß das, was es metaphysisch enthielt, teilweise die Realität des Kleinsten, wie des Atoms, und der Astrophysik erklärt."[358] nur vom weitverbreiteten Vorurteil westlicher

[358] J. Decaux, les 4 livres de l'empereur jaune, p. 210. Das Buch mit dem Titel: Zhang Ji, One and Many. A Comparative Study of Plato's Philosophy and Daoism Represented by Ge Hong, wird von mir nicht berücksichtigt, weil darin sowohl jegliches Verständnis für Metaphysik und Strukturphilosophie generell als auch eine entsprechende Darstellung der Philosophie Platon's und damit seiner Lehre insgesamt fehlt und beide am Ende nur noch als schlechte Karikatur aufscheinen. Etwas anders steht es mit den Werken von P. Hubral, Dao-Meister Platon; idem, Geheime Dao-Schöpfungslehre. Vom strukturtheoretischen Standpunkt aus betrachtet stellen sie einen Strauß interessanter

Deuter der Philosophie, das hier, wie aus seinem Kontext zu entnehmen ist, von sogenannt Bedeutenden ihres Fachs (zitiert wird Bertrand Russell) übernommen wurde.[359]

Es handelt sich um das Diagramm vom Geheimnisvollen (und) Weiblichen (玄牝 *xuán pìn*) aus einer Schriftenkompilation namens ›Xiū-zhēn-shí-shū/Zehn Bücher zur Wiederherstellung des Ursprungszustands‹, deren Niederlegung auf das 13. Jh. datiert wird. Die Inhalte dieses Texts dürften aber älter sein und drehen sich hauptsächlich um die Innere Alchemie (内丹 *nèi dān*). An oberster Stelle steht dabei „das Geheimnisvolle und abermals Geheimnisvolle" (玄之又玄 Xuán-pìn-tú Diagramm

Ideen dar, deren Wert durch ihre historio-doxographische, interkulturell-komparative und transzendentalphilosophische Unbedarftheit und wissenschaftliche Frivolität allerdings stark gemindert ist. Etablierte Vertreter befaßter Disziplinen würden sie aus Angst davor, damit selbst in Verbindung gebracht zu werden und dadurch an Reputation zu verlieren, nicht einmal erwähnen. Doch *„Ist der Ruf erst ruiniert / Lebt es sich ganz ungeniert"*, G. Büchmann et al., Geflügelte Worte, p. 800; der Spruch stammt danach weder von Wilhelm Busch (1832–1908) noch von Bertold Brecht (1898–1956), sondern von dem Kabarettisten Werner Kroll (1914–1982).

[359] Cf. J. Decaux, les 4 livres de l'empereur jaune, pp. 183, 210–212; daß sich hierbei schon Platon als Umdeuter der Tradition, in diesem Falle der Lehre von Herakleitos, erwies, ist jedoch nur die eine Seite, die ich ja schon in H. P. Sturm, Prinzipien-Triadik oder Prinzipien-Tetradik?, pp. 82–83, anprangerte, in gleicher Weise verunglimpfte er die Eleaten, nur eben wegen einer vermeintlich gegenteiligen Lehre; daß er beide wohl aufgrund methodisch-didaktischer Hintergedanken nur einseitig verstehen wollte, wird daran deutlich, daß er sie in seine eigene Systematik unter den Rubriken des Werdens (*génesis*) und des Seins (*ón/ousía*) als Komplemente integrierte. Selbst Geister, die vorgaben, ihre Einsichten aus höheren Welten bezogen zu haben, unterliegen der Einäugigkeit von Statik auf seiten der Eleaten und Dynamik auf seiten der Herakliteer, gemeint ist R. Steiner, Gesamtausgabe, 18. 54–58 (Die Rätsel der Philosophie).

xuán zhī yòu xuán), das Abgründigste des Abgründigen also von ›Dào-dé-jīng 1‹.

Das einfach Geheimnisvolle (玄 *xuán*) aber ist das Männliche, auf den weißen Flügel (?) geschrieben, wahres Yáng (眞陽 *zhēn yáng*), der Vor-Himmel (天 *tiān*); ihm gegenüber das Weibliche im weißen Kreis auf dem schwarzen Flügel (?), wahres Yīn (眞陰 *zhēn yīn*), die Vor-Erde (地 *dì*). Unmanifestiert oder präkosmisch, als Archetypus von Polarität bilden sie das Ur(eltern)-Paar. In der Trigramm-Symbolik des ›Yì-jīng‹ stellt sich das so dar: ☰ 乾 *qián* und ☷ 坤 *kūn*. Sollte es zutreffen, daß es sich hier um Flügel handelt, auf die die Gegensatzpaare verteilt sind, so läge ein weiterer Anschluß an die Mytho-Metaphysik der Welt vor. Wer nur ein wenig Erfahrung in der Deutung solcher Bilder oder die vorhergehenden Faszikel der ›Widerspiegelung des Geistes‹ gelesen hat, wird nicht umhinkommen, das als Symbol des Geistes zu verstehen: Einheit als Zweiheit. Können Sie sich an meine Übersetzung und Skalierung von ›Dào-dé-jīng 6‹ im Kapitel 2.1, den Tal(ϒ4)-Geist(ϒ3) (谷神 *gǔ shén*) [(ϒ4)+(ϒ3)=(ϒ3')] als unergründliches Weibliches (玄牝 *xuán pìn*), als Geist eben (ϒ3), erinnern?

Durch die Kopulation des genuin Maskulinen mit dem genuin Femininen entsteht auf der manifesten Ebene des Kosmos eine Mischung der Qualitäten. Den von der Erde abgehobenen, sichtbaren Himmel bildet das lichthaft-aktive *yáng*, das *yīn* enthält (陽中之陰 *yáng zhōng zhī yīn* = ☲ 离 *lí*) und Feuer (火 *huǒ*) repräsentiert, Zweiheit als Einheit, der Sohn (ϒ2), wenn in genealogischer Redeweise einmal so gesagt werden darf. Die darunter befindliche Erde besteht aus schattig-passivem *yīn*, dem *yáng* innewohnt (陰中之陽 *yīn zhōng zhī yáng* = ☵ 坎 *kǎn*) und das für Wasser (水 *shuǐ*) steht, Zweiheit als Zweiheit, ich will sie nach meiner Abstammungsterminologie die Tochter (ϒ1) nennen. Damit ist die Progenitur des leeren/hohlen Nichts (虛無 *xū wú*) komplett. Kann das bloße Nichts aber anderes als nichts hervorbringen? Hier höre ich sie schon wieder, unsere Experten: »Nein, nein, der Daoismus hat nichts mit der indischen Lehre von der Weltillusion Māyā (chin. 幻 *huàn*) zu tun, nach der die Realität nicht real, Fakten Fiktion, die Wahrheit fake und Sein nichts ist.« Die beiden Kolumnen chinesischer Schriftzeichen, auf der rechten und linken Seite der folgenden Verbildlichung enthalten die (alchemistische) Anweisung, das Solide inmitten von *kǎn* 坎 ☵ aufzunehmen und das innere Yīn im Tempel von *lí* 离 ☲ umzuwandeln. Unterhalb steht, implizit auf ›Dào-Dé-Jīng 1‹ bezugnehmend, folgendes: Tal des leeren Nichts, Wurzel von Himmel und Erde, Geheimnis über Geheimnis, Tor alles Wunderbaren/Unfaßbaren.[360]

[360] Cf. I. Robinet, *xuanpin* 玄牝 Mysterious Female, pp. 1138–1139, mit Bezug auf Xiū-zhēn-shí-shū 9.3a = ZT 123/263.9,3r (DZ 4.634a). Ich habe die Abbildung gemäß ZH 19/099.9,790b, nachgestaltet. Das Ablaufschema des anschließenden Hùn-dùn-Motivs stammt aus N. J. Girardot, Myth and Meaning in Early Taoism, pp. 240–241, Teil I eines dreiteiligen Diagramms.

DIAGRAMM
GEHEIMNISVOLLES (und) WEIBLICHES
(*xuán pìn tú*)
(Xiū-zhēn-shí-shū)

玄牝圖

取將坎位中心實

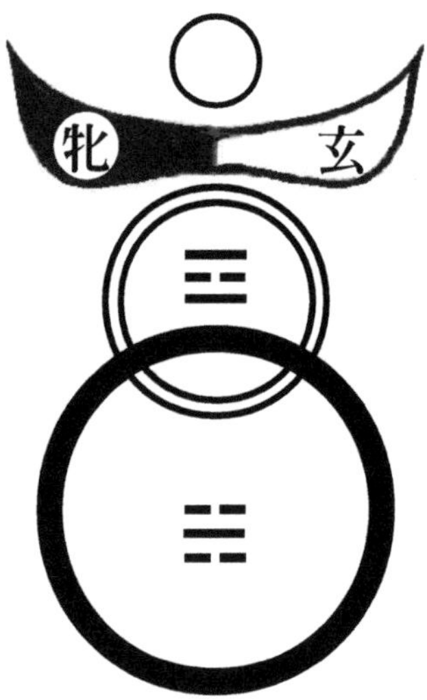

點化離宮腹裏陰

虛无之谷，
天地之根，
玄之又玄，
衆妙之門。

HÙNDÙN-MOTIV: UNENTSTANDENES CHAOS, ANTEDILUVIUM UND WELTENTSTEHUNG (nach N. J. GIRARDOT)

»0« = UNGESCHAFFENES CHAOS (ungeschaffenes „Nichts" oder „Leere" + verborgene „große Form"

↓

»1« = GESCHAFFENES DÀO = HÙN CHÉNG

↓

yīnyáng **= geschaffene undifferenzierte Einheit; kosmische Eierkalebasse; Urwasser; asexuell; Unbewußtheit; junge pulpige Kalebasse etc.**

Anschwellen, Teilung, Aushöhlung, Trocknung, Härtung, Umwandlung (*yīn* sinkt, *yáng* steigt – wirbelnde, kreisende Bewegung)

→ **»2« = KOSMISCHE FORM VON HIMMEL UND ERDE (Urpaar, *yīn-yáng* etc.)**

yīn **und** ***yáng***

inzestuöse Wiedervereinigung (Rückkehr zu »1«)

↓

»3« = »1« = KOSMISCHE FORM DES AUSGEGLICHEN-GEORDNETEN CHAOS = HÙNDÙN ALS NACHKOMME VON »2« = reifer, hohler Kalebassen-Kokon in zusammengezogener Form; *coincidentia oppositorum* = »2« + Achse (kosmischer Berg – *Kūnlùn*, Bronze-Säule, Kalebassen-Ranke; Leib Pángŭ's, *qì*, »leeres« Zentrum etc.)

 **=**  **= manifeste „Große Form" (tài jí, *Lagenaria/hú lú,* etc.)**

↓

1. Fall = (Bohren, Zerschneiden von Hùndùn; Opfertod des Riesen und von Hùndùn durch Verstümmelung)

↓

»10000« = ERSTE PHÄNOMENALE WELT: vorsintflutliche natürliche Welt von Wildpflanzen, Wildtieren und vormenschlichen Vorfahren); „paradiesischer" Zustand; vormenschliche und vorkulturelle Ordnung; Zustand „ohne Tod", „ohne Gesicht" und „ohne menschliches" Bewußtsein

Zum Abschluß meiner Vor- und Darstellung kosmogonischer Spekulationen antiker chinesischer Denker und Weiser, die, wie wir hörten, eigentlich gar nicht von der Entstehung des Alls künden, gebe ich ein längeres Zitat aus einem Beitrag zu einem Juwel sinologischer Referenz- und Sekundärliteratur wieder, das die Grundzüge daoistischer Vorstellungen vom Aufbau der Wirklichkeit noch einmal modellhaft vor Augen führt und auf diese Weise die von mir bei der Rekonstruktion des daoistischen categorial frameworks angewandte re–flexionsstrukturelle Vorgehensweise unterstreicht. Eine Skalierung wurde diesem Passus wegen der speziellen Funktion, die ihm hier zukommt, nicht beigefügt. Sie kann an den Hauptstadien vom mitdenkenden Leser selbst ganz leicht eingefügt werden und versetzt ihn so in die Lage zu erproben, was an strukturtheoretischen Fertigkeiten bei der bisherigen Lektüre der vorliegenden Monographie in nunmehr acht Teilbänden in seinem Ratiozinationsvermögen angekommen ist.

„Die ersten kurzen Hinweise auf eine Kosmogonie im Taoismus erscheinen in einigen Passagen des *Daode jing* 21, 25, 42, und werden regelmäßig in späteren Texten zitiert. Das Thema wurde ferner auf beschreibende, erzählende, mythische oder theogonische Darstellungsarten erweitert, die oft miteinander vermischt wurden. // … Der Entstehungs-Beginn des Kosmos ist in die ferne Vergangenheit versetzt, um anzudeuten, daß er jeglichem, was in der phänomenalen Welt vorkommt, unähnlich ist. Es werden jedoch verschiedene kosmogonische Stadien als Abfolgen von Entwicklungsstufen oder Transformationen beschrieben, um die Kontinuität zwischen Einheit und Vielheit zu betonen. Da beim Entstehungs-Beginn nichts ist, verlassen sich die Texte auf Bilder, die [die Vorstellung von] Leere, Stille, Wüste, Dunkelheit, Unbeweglichkeit oder einen unermeßlichen offenen Raum hervorrufen. Gleichwohl enthalten mehrere Begriffe, die ursprüngliches Chaos bedeuten, in Übereinstimmung mit der Forderung, daß in dieser Leere paradoxerweise etwas ist – die ersten Zeichen oder Keime der Welt (e.g. *Daode jing* 21) – den semantischen Indikator »Wasser« (*shui* 水) oder »Vegetation« (*cao* 艸). // Der Entstehungs-Beginn ist einzig: Dao, das Eine (**yi*), Originärpneuma (**yuanqi*), oder Chaos (**hundun*). Diese Einheit birgt den Samen der Vielheit und die Musterbilder der Welt. Sie enthält drei Prinzipien, die zu einem verschmolzen sind: Pneuma/Hauch (*qi*), Form (**xing*) und Materie (*zhi* 質) oder Yin, Yang und die Mittenharmonie (*zhonghe* 中和). ... Das dreifache Muster taucht zuerst im **Shengshen jing* (Schrift von den lebenspendenden Geistern; CT 318, 1a–b) auf. Dieser *Lingbao-Text ordnet drei präkosmische Zeitalter Drei Schätzen (*sanbao* 三寶), der Lehre von den Drei Höhlen (*SANDONG) und den Drei Pneumas/ Hauchen (*sanqi* 三氣; siehe **sanyuan*), die mysteriös (*xuan* 玄), ursprünglich (*yuan* 元) und beginnend (*shi* 始) heißen, zu. Zunächst werden diese Triaden in der Leere zu einer Einheit verschmolzen, dann erzeugen sie die höchsten Himmel und schließlich teilen sie sich in Himmel und Erde. Seit dem 5. Jh. wurde dieses Muster durch Texte bereichert, die die Drei Pneumas/Hauche mit den drei höchsten Himmeln, den drei leiblichen Gottheiten (den Drei Ersten, **sanyuan*) und den drei Eigenschaften des Dao – von denen im *Daode jing* 14 gesagt wird, daß sie unsichtbar, unhörbar und unwahrnehmbar sind – und den drei Körpern (*sanshen* 三身) oder Erscheinungen der Äußersten Wahrheit verknüpfen."[361]

---

[361] I. Robinet, Cosmology and Cosmogony, Cosmogony, 2. Taoist notions, pp. 49–50; „Entstehungs-Beginn" übersetzt „Origin-beginning"; mit * weist der Editor darauf hin, daß in der Enzyklopädie, die den zitierten Text als Teil eines einleitenden Überblicks enthält, unter diesem Stichpunkt ein eigener Eintrag vorhanden ist; meine Erläuterung in eckigen Klammern; Absätze wurden von mir mit // angezeigt.

3 Rückgang (Gnoseologie): Erkenntnisvermögen, Bewußtseinsebenen, Verwirklichungsstufen

Will man die Ränge des Psycho-Mentalen im Daoismus exakt bestimmen, so ist man mit den gleichen Schwierigkeiten konfrontiert, als führte man dies für die anderen beiden Stiftertraditionen der Philosophie durch, nämlich dem uneinheitlichen und überlappenden Gebrauch der Begriffe, die für die verschiedenen kognitiven Funktionen verwendet werden. Die Zahl der in Frage kommenden Termini ist beträchtlich und kann mit der in der griechischen und indischen Weisheitstradition konkurrieren. Weil die wenigsten damit vertraut sein dürften, liste ich die wichtigsten der in den Stifterschriften des Daoismus vorkommenden, und hier wiederum nur diejenigen auf, die in meiner Studie genannt sind. Die Begriffe brauchen nicht im einzelnen übersetzt zu werden, sie kommen in den aufgelisteten Passus vor. Der Bedeutungskorridor reicht von Leben, (Geist-/Seelen-)Energie, Seele, Vernunft, Verstand, Geist und deren Funktionen bis zu Erleuchtung und absoluter Durchblick: 營 *yíng*, 魄 *pò*, 氣 *qì*, 覽 *lǎn*, 靈 *líng*, 明 *míng*, 白 *bái*, 志 *zhì*, 心 *xīn*, 常心 *cháng xīn* (steter/unveränderlicher Geist), 生 *shēng*, Leben, 徹 *chè*, 聰 *cōng*, 神/神 *shén*, 意 *yì*, 精 *jīng*, 魂 *hún*, 視 *shì*, 度 *dù*, 德 *dé*.

Da sie nur die ‚subjektiven' Gegenstücke zu den Seinsaspekten bilden und unter der Voraussetzung engerer oder loser Korrelationen zwischen ihnen deren Bestimmungen bis zu einem gewissen Grad teilen, sind wir hier also nicht vor ein neues oder gar speziell chinesisches philosophisches Problem gestellt. „Das Alleins-Erlebnis ist bei Chuang-tzu mit dem Glauben an ein Alleins-Dasein verbunden; denn es musste sich notwendig die Frage aufdrängen, was denn dieses Letzte sei, das in der Enstase erlebt wird."[1] Das macht die Sache jedoch nicht einfacher. Dessen eingedenk, will ich mich davor hüten, folgend völlig exakte Festlegungen zu treffen, und darauf aufmerksam machen, daß es sich auch hierbei nur um Näherungswerte handelt, die im einzelnen, so möglich, durch weitere Forschungen präzisiert, und so nötig, korrigiert werden müssen, zusammengeschaut aber ein Bild mit klaren Konturen, das, worauf die Strukturtheorie eben abhebt, ergeben.

Da, wie in diesem Buch schon mehrfach betont, jede vollständige antike Philosophie aus drei, zählt man den Endzweck hinzu, aus vier Hauptbereichen besteht, Theorie über die (Alltags-)Wirklichkeit, Theorie über und zur philosophischen Praxis und philosophische Praxis selbst mit dem Ziel der Theōría, diese aber von den für unser Denken ‚wahren und wirklichen' Strukturen ausgehen und auf sie hin ausgerichtet sein müssen, stellen die folgend dargestellten Hierarchien und seelisch-geistigen Vermögen, Funktionen und Verwirklichungsstufen nur die subjektive Seite dessen dar, was im vorigen Kapitel unter dem Titel der Weltentstehungs-Lehren von der objektiven Seite her betrachtet wurde, wobei, wie die Bezeichnung schon verrät, die von mir so genannten Verwirklichungsstufen die Verbindung bzw. Verschmelzung beider repräsentieren.

Zhuāngzǐ + Kontemplation

„Was sich die Einrichtung des Universums nennt, seine Anordnung, seine »Schöpfung« (Zaohua [造化]), kann vielleicht als Äquivalent dessen angesehen werden, was die christlichen Mystiker (z.B. Hugo und Richard von Saint Victor oder Johannes vom Kreuz) Meditation nennen, die in

[1] P. J. Thiel, Das Erkenntnisproblem des Chuang-tzu, p. 66.

dem Maße, wie sie eine mentale (bei den Daoisten wohlgemerkt, physisch-mentale) Aktivität, eine intellektuelle Anstrengung ist, eine intensive Disziplin der Aufmerksamkeit, eine Bemühung, rigoros und methodisch, symbolisch und experimentell Ordnung zu schaffen. Sobald ein gewisses spirituelles Niveau erreicht ist, muß diese Meditation bei den Christen zugunsten der nicht-diskursiven Kontemplation, die die Stille des Geistes ist, beiseite gelassen werden. Gott selbst, sagt Meister Eckhart, muß gelassen werden."[2]

Daß solches oder ähnliches auch für die auf dem »Weg« Befindlichen gilt, wurde von einigen Sinolog(inn)en mittlerweile eingehend erforscht und wird anschließend ohne weiteres in die Augen springen.[3] „Beim Tao als Alleins-Erlebnis

---

[2] I. Robinet, Taoisme et mystique, p. 93, meine Zufügung der chinesischen Schriftzeichen in eckigen Klammern.

[3] Zur (alt)daoistischen Meletik (Geistesschulung) hier nur einige einschlägige Verweise: L. Kohn, Meditation and visualization, Overview, pp. 118–120 (konziser Überblick); eadem, Guarding the One: Concentrative Meditation in Taoism; eadem, Taoist Insight Meditation: The Tang Practice of *Neiguan;* I. Robinet, Taoisme et mystique; eadem, Geschichte des Taoismus, pp. 50–51, 57–58; eadem, Taoist Meditation; M. R. Saso, The *Chuang-tzu nei-p'ien*: A Taoist Meditation; T. Izutsu, Sufism and Taoism, Kapitel V, pp. 332–353; idem, The Structure of Oriental Philosophy, 1.41–53 (The Absolute and the Perfect Man in Taoism); P. Andersen, *The Method of Holding the Three Ones.* A Taoist Manual of Meditation of the Fourth Century A.D.; S. Nagatomo, An Epistemic Turn in the *Tao Te Ching:* A Phenomenological Reflection; H. D. Roth, Original Tao. Inward Training and the Foundations of Taoist Mysticism; S. Eskildsen, Daoism, Meditation, and the Wonders of Serenity; R. Bartholomai, Eine andere Art von Lernen. Philosophische und mystische Erkenntnis bei Platon und im Taoismus; siehe auch meine Literaturhinweise zum Vergleich von indischer und chinesischer Philosophie im Kapitel 1. Die Nicht-Nennung weiterer einschlägiger Forscherinnen und Forscher und ihrer Werke möge mir aufgrund der generellen empirischen Begrenztheit von Gewußtem und Wißbarem eines einzelnen Wissenschaftlers verziehen sein.

zeigt sich eine bedeutsame Verwandtschaft zu anderen Religionen und Kulturen. Besonders auffällig ist sie mit Indien, so dass man sogar Abhängigkeit behaupten könnte. An sich wäre das zeitlich wie geographisch möglich; …"[4] Die in der BewußtSeins-Theorie (re-)konstruierte und artikulierte (vergegenständlichte) Stufung wird, indem der Weisheitsliebende durch einen konzentrativ-kontemplativen Prozeß Sprosse für Sprosse erklimmt, wieder in ihre originäre Ganzheit zurückgenommen, zu ihrer grundsätzlichen Einheit verbunden und in einem schließlichen Zusammenfall wieder entobjektiviert, was ihre provisorische Qualität, ihren Methodencharakter offenbart.

Ich beginne die Darstellung von Stufungen daoistischer Psychomental-Lehren mit zwei eher allgemeinen Beispielen, in denen jene entlang der Graduierung von Menschentypen vollzogen werden, wobei der folgenden Argumentationssequenz mit einigen Abständen zwei Bilder vorausgehen, die den Standpunkt des ‚Weg'-Weisen (聖人 *shèng rén*) in Gegenstellung zum Normalmenschen bestimmen, in dem die welt- und daseinskonstitutiven Widersprüche und Gegensätze aufgehoben sind und dieserart seinen Indifferenzpunkt markieren. Dabei handelt es sich um die (Tür-)Angel (樞 *shū*) und die Töpferscheibe (鈞 *jūn*).

„Die Türangel ruht stets am gleichen Ort, im Mittelpunkt des Kreises, während der Türflügel sich hin und her bewegt, theoretisch unendlich viele Stellungen einnehmen kann, wie die Mathematik vom Kreise lehrt. Das wird deutlich ausgesprochen: «Die Türangel hält von Anfang an (d.h. stets) am Mittelpunkt des Kreises fest, ihre Entsprechungen sind unendlich viele.» Dieses «von Anfang an» ist sehr wichtig, es ist einer der entscheidenden Gedanken beim Alleins-Erlebnis,

---

4 P. J. Thiel, Das Erkenntnisproblem des Chuang-tzu, p. 7.

... Das Tao ist also ein einmaliger Zustand sicherer Wesenserkenntnis. Wer hier im Mittelpunkt verharrt, dem ist es gleichgültig, ob die Tür geöffnet (Bejahung) oder geschlossen (Verneinung) ist, er steht über den Ansichten der Schulen; ... Die Meinungen der Schulen gleichen der verschiedenen Öffnung der Tür, wer im Mittelpunkt verharrt, der sieht alles in einem. Damit wird kein Relativismus der Erkenntnis gelehrt, im Gegenteil eine letzte allsichere Wahrheit gesucht. ... Das Bild der Töpferscheibe ist dem der Türangel gleich. Die Scheibe dreht sich um einen Mittelpunkt, der selber in sich ruht."[5] Die Einordnung der Erkenntnisweise, für die dieses Bild steht, in die Hierarchie des BewußtSeins ist allerdings nicht einfach. Müßte ich sie dennoch vornehmen, so würde ich mich für die weiter oben bereits erwähnte Verortung von 天鈞 *tiān jūn* nach T. Izutsu auf dem Rang (ϒ3) entscheiden, zudem weil an der Originalstelle damit einhergehend davon die Rede ist, daß der Weise Position und Negation vereint und beide Aussageweisen möglich sind.[6] „»Töpferscheibe« (*t'ao chün* 陶鈞) ist eine Standardmetapher für das schöpferische Prinzip."[7] Dem entspricht, wie bereits dokumentiert, die Bedeutung der (Tür-)Angel, Nabe oder Achse bei Zhū

---

5 P. J. Thiel, Das Erkenntnisproblem des Chuang-tzu, pp. 42–43 ... 45, mit Umschreibung der Stelle Zhuāngzǐ, Nán-huá-zhēn-jīng 2.5, ⟨ed.⟩ HYIZY, p. 4.30–31. Analoge Bilder sind die Türangel (des Nichts und der Abgeschiedenheit) bei Meister Eckhart, die Radnabe des Kutschenwagens in der ›Muṇḍaka-Upaniṣad‹, der Pol und die Kompaßmitte bei dem Sufi Jílí, das Auge des Wirbelsturms, die Weltachse usw., wofür ich schon in früheren meiner Bücher Nachweise lieferte.

6 Cf. Zhuāngzǐ, Nán-huá-zhēn-jīng 2.6, ⟨ed.⟩ HYIZY, p. 5.39–40: 是以聖人和之以是非。而休乎天鈞。是之謂兩行。

7 E. H. Schafer, Wu Yün's "Cantos on Pacing the Void", p. 413[151].

Xī: 樞紐 (*shū niŭ*) ≙ Urgrenze/Urpol (太極 *tài jí*) ≙ Geist (心 *xīn*).

(ϒ4) „Die Menschen des Altertums (古之人 *qŭ zhī rén*) waren (有 *yŏu*) mit ihrer Erkenntnis (知 *zhī*) am Äußersten (所至 *suŏ zhì*). Was ist das Äußerste (至 *zhì*)?(乎 *hū*) Einige (有 *yŏu*) haben erfaßt (以為 *yĭ wéi*), daß das Sein (有 *yŏu*) der Dinge (物 *wù*) noch nicht (未 *wèi*) entstanden ist (始 *shĭ*);[8] das ist das äußerste (至 *zhì*) Extrem (盡 *jìn*), das nicht (不 *bù*) übertroffen/vermehrt (加 *jiā*) werden kann (可 *kĕ*).

(ϒ3) Dann diejenigen (其 *cì*), die erfaßt haben (以為 *yĭ wéi*), daß da Sein (有 *yŏu*) von Dingen (物 *wù*), das Sein (有 *yŏu*) von Begrenzungen (封 *fēng*) aber noch nicht (未 *wèi*) entstanden ist (始 *shĭ*).

(ϒ2) Dann diejenigen (其 *cì*), die erfaßt haben (以為 *yĭ wéi*), daß da Sein (有 *yŏu*) von Begrenzungen (封 *fēng*), Sein (有 *yŏu*) von Behauptung/Richtigkeit/»ist« (是 *shì*) und von Bestreitung/Falschheit/»istnicht« (非 *fēi*) aber noch nicht (未 *wèi*) entstanden ist (始 *shĭ*).

(ϒ1_2)Die Manifestation (彰 *zhāng*) von Position/Richtigkeit/»ist« (是 *shì*) und Negation/Falschheit/»ist nicht« (非 *fēi*) beeinträchtigt/schädigt (虧 *kuī*) das Dào (道). Durch die Beeinträchtigung/Schädigung (虧 *kuī*) des Dào (道)

(ϒ1_1)werden Vorlieben/Wertungen (愛 *ài*) verfestigt/festgelegt (成 *chéng*).

⟨ϒ4⟩ Doch ist [gibt es] Festlegung (成 *chéng*) oder Beeinträchtigung/Schädigung (虧 *kuī*) schließlich (果且 *guŏ*

[8] Cf. Zhuāngzĭ, Nán-huá-zhēn-jīng, ⟨tr.⟩ M. Palmer, p. 14: „»Am Anfang wußten sie nicht, daß irgend etwas war/existierte; …«“ Unter Berücksichtigung beider Übersetzungsvarianten wären die Nichtsartigkeit des Seins und die Nichtsartigkeit der Erkenntnis in Entsprechung gebracht.

qiě) oder ist [gibt es] Verfestigung/Festlegung (成 *chéng*) oder Beeinträchtigung/Schädigung (虧 *kuī*) schließlich (果且 *guǒ qiě*) gar nicht (无 *wú*)?(哉 *zāi*)“[9]

Im Grunde genommen handelt es sich hierbei nicht um eine ontologische, sondern, wie das in der echten Philosophie eine Selbstverständlichkeit darstellt, um eine onto–logische, also eine onto-noetische Hierarchie, die als Einleitung in dieses Kapitel gelten kann. Sie verläuft nicht nur abwärts, sondern kehrt letztlich mit dem Sprung in Form einer Frage wieder zum Ausgangspunkt zurück „Jetzt .. versucht Chuang-tzu eine tiefere Begründung seiner Ansicht, stellt eine logische Stufenfolge auf, die zugleich ontisch unterbaut ist. Er beruft sich dabei auf die Männer des Altertums, auf eine uns nicht bekannte Tradition. Er bringt vier Stufen, beginnt mit der letzten, untersten Stufe.

1. Der letzte logische Rückschritt bei der Betrachtung der Dinge ist: «Es hat noch nicht angefangen, Dinge zu geben.»

---

[9] Zhuāngzǐ, Nán-huá-zhēn-jīng 2.7, ⟨ed.⟩ HYIZY, p. 5.40-43: 古之人其知有所至矣。惡乎至。有以為未始有物者。至矣盡矣。不可以加矣。其次以為有物矣。而未始有封也。其次以為有封焉。而未始有是非也。是非之彰也。道之所以虧也。道之所以虧。愛之所以成。果且有成與虧乎哉。果且无成與虧乎哉。Die Übersetzerin L. Kohn, Early Chinese Mysticism, pp. 73-74, des Kommentars zu dieser Stelle von Guō Xiàng, Zhuāngzǐ-jí-shì, ⟨edd.⟩ Guō Qìng-fān / Wáng Yiào-yù, pp. 75.[3] -76.[7] (2) ≅ ZH 13/002.3,105c.13-106a.15 ≅ ZT 508/745.3,1v.1-745.3,2v.3 (DZ 16.300a-b), gliedert den Originaltext in vier Abschnitte und gibt jedem dieser eine eigene Überschrift, um vier Erkenntnisstufen herauszuheben: Vollkommenes Chaos (ϒ4) – Seiende/Wesen (ϒ3) – Unterschiede (ϒ2) – Richtig und falsch (ϒ1), und übersetzt auf der zweithöchsten Stufe („beings“) erläuternd: „and beings are recognized as existing“. Eine mythologische Version mehrerer Stufen des Erkenntnisverlusts findet sich auch in Zhuāngzǐ, Nán-huá-zhēn-jīng 16.2, ⟨ed.⟩ HYIZY, p. 41.5-11.

Von dieser Dingwelt her kann nicht weiter zurückgeschritten werden als eben zu dem: Es gibt noch keine Dinge.

2. Darauf folgt: «Es gab die Dingwelt, aber die (logischen) Unterscheidungen haben noch nicht begonnen.» Das ist das allgemeine Sein, wie es in der Enstase erlebt wird. Die logischen Unterscheidungen werden gut mit dem Bild der «Belehnung» (feng) ausgedrückt. Wie die einzelnen Lehnstaaten das Reich unterteilen, so teilen die Begriffe das allgemeine Sein in «begrenztes» Sein ab; das ist ein logischer Schritt auf das reale Sein hin.

3. Nun kommt: «Es gab (logische) Unterscheidungen, aber noch keine (Wert-)Urteile.» Es gab noch keine Bejahung oder Verneinung. Gemeint ist hier eine rein sachliche (objektive) Erkenntnis, die noch nicht durch die Schulen (d.h. Parteien) subjektiv verfälscht wurde.

4. Zuletzt erscheint das Werturteil, der Streit der Schulen, die nicht mehr nach Wahrheit fragen, sondern sich einfach an ihr Programm halten. «Dadurch verkümmerte das Tao, es entstand Vorliebe.» Die Wahrheit (Tao) verkümmerte, man urteilte nach Sympathie oder Apathie, je welcher Schule man angehörte. Tao kann im obigen Texte nur die wahre Erkenntnis bedeuten; denn um Erkenntnis geht es hier. Stände hier Tao im physischen oder metaphysischen Sinne, hätte er ein Beiwort zugefügt, wie er es in ähnlichen Fällen tut.“[10]

Auf den Deszensus des obigen Passus aus dem ›Wahren Buch vom Südland‹ baut Izutsu Toshihiko vornehmlich seine Rekonstruktion der Schichtenontologie des Daoismus auf, ohne jedoch darauf hinzuweisen, daß dieser an das von ihm

[10] P. J. Thiel, Das Erkenntnisproblem des Chuang-tzu, pp. 45–46, Skalierung des Originals; Apathie steht wohl fälschlich für Antipathie. Die Vorstellung des Autors von der »Enstase« als einer Art von leiblicher Erfahrung des von ihm so genannten „Alleins-Erlebnisses“ ist angesichts der darin erfahrenen All-Ein-Leerheit platterdings abwegig.

teilübersetzte Eingangskapitel des Werks erinnert, in dem aufsteigend von vier Menschentypen die Rede, die Reihenfolge also umgekehrt ist.[11] „Der Weg hinauf, hinab – ein und derselbe.“[12] Der Weg nach oben ist der Aszenzus der Weisheitsaspiranten zum Ursprung zurück, ausgehend von dem,

(ϒ1) der weltliche Dinge angemessen zu verrichten weiß (知 *zhī*), z.B. ein Amt zu meistern (效一官 *xiào yǐ guān*), durch seinen Wandel einer Gegend angepaßt zu sein (行比一鄉 *xíng bǐ yī xiāng*), dessen Tugend/Gaben (德 *dé*) einem (一 *yī*) Herrscher (君 *jūn*) angepaßt sind (合 *hé*) und in einer (一 *yī*) Region (國 *guó*) taugen (而 *néng*),

(ϒ2) über den, der sich von Lob (譽 *yù*) nicht anspornen (不加勸 *bù jiā quàn*) und von Tadel (非 *fēi*) nicht abhalten (不加沮 *bù jiā jū*) läßt und sicher (定 *dìng*) ist über den Unterschied (分 *fēn*) zwischen dem Inneren und Äußeren (內外 *nèi wài*), wie den Bereich (境 *jìng*) zwischen Ehre und Schande (榮辱 *róng rǔ*) auseinanderhält (辯 *biàn*), auf die Welt (世 *shì*) nichts mehr hält (未數數 *wèi shǔ shù*), aber noch keine (未 *wèi*) Beständigkeit (樹 *shù*) besitzt (有 *yǒu*),

(ϒ3) weiters den, der wie Lièzǐ auf den Winden (風 *fēng*) zu reiten (御 *yù*) vermag (行 *xíng*), wahrlich gleich- und sanftmütig (泠然善 *líng rán shàn*) und nicht dem Streben nach Glück (福 *fú*) hingegeben (致 *zhì*), trotzdem

---

[11] ›Zhuāngzǐ 2.7‹: T. Izutsu, The Structure of Oriental Philosophy, 1.55; 1.65; 1.70–72 (The Absolute and the Perfect Man in Taoism); idem, Sufism and Taoism, pp. 354–355; ›Zhuāngzǐ 1.1‹: o.c., pp 440–441, mit Hinweis, daß es sich um eine Einteilung des Menschen in vier Kategorien handelt.

[12] Herakleitos B60 = M58: *ƅdòs ánō káthō mía kaì 'ōutḗ.*

(猶 *yóu*) noch auf Örtlichkeit/Dimensionen (所 *suǒ*) angewiesen (待 *dài*) ist,

(ϒ4) endlich bis zu dem, der auf der Regularität (正 *zhèng*) von Himmel-und-Erde (天地 *tiān dì*) reiten (乘 *chéng*), auf dem Wandel (辯 *biàn*) der sechs Geisthauch-Energien/Qì-s (六氣 *liù qì*) kutschieren (御 *yù*) und in der Unendlichkeit (无窮 *wú qióng*) dahinfahren (遊 *yóu*) kann, auf nichts angewiesen (待 *dài*) ist, der ultimative Mensch (至人 *zhì rén*) ohne Selbst (无己 *wú jǐ*), der Geistmensch (神人 *shén rén*) ohne Zwecke (无功 *wú gōng*), der Weise (聖人 *shèng rén*) ohne Namen (无名 *wú míng*).[13]

„Das Werk Chuang-tzu beginnt in einer prächtigen Eingangsvision mit der Erzählung vom Riesenfisch Kun und dem Riesenvogel P'eng. Über den Flug dieses Vogels lachen Wachtel und Zirpe. Es ist dies ein Gleichnis für den «hohen Flug des Geistes», wofür die hausbackene Alltagserkenntnis kein Verständnis aufbringen kann, ihr unmöglich und nutzlos erscheint. In diesem kühnen Bild ist das Grundthema des Werkes gegeben. Vier Menschentypen werden nun geschildert, die sich stufenweise über die Erde erheben, deren Erkenntnis sich immer mehr vom Sinnhaften löst.

1. Die unterste Stufe ist das beschränkte Fachwissen eines (konfuzianischen) Beamten, der sich freilich für sehr gelehrt hält.

---

[13] Cf. Zhuāngzǐ, Nán-huá-zhēn-jīng 1.1, ⟨ed.⟩ HYIZY, pp. 1.17–2.22: 故夫知效一官。行比一鄉。德合一君而徵一國者。其自視也亦若此矣。而宋榮子猶然笑之。且舉世而譽之而不加勸。舉世而非之而不加沮。定乎內外之分。辯乎榮辱之境。斯已矣。彼其於世。未數數然也。雖然。猶有未樹也。夫列子御風而行。泠然善也。旬有五日而後反。彼於致福者。未數數然也。此雖免乎行。猶有所待者也。若夫乘天地之正。而御六氣之辯。以遊无窮者。彼且惡乎待哉。故曰。至人无己。神人无功。聖人无名。

> 2. Sung Ying-tzu [Róngzǐ] erkennt schon die Wertlosigkeit des Irdischen, bleibt aber sonst der Erde verhaftet.
> 3. Anders schon Lieh-tzu, der auf den Winden fahren konnte. Er erhob sich über die Erde, blieb aber von den Dingen abhängig.
> 4. Die höchste Art der Erhebung über die Dingwelt ist jenseits des Sinnenbereiches. Sie nimmt zum Wagen die feste Geradheit von Himmel und Erde, zum Gespann den Wandel der Grundkräfte der Natur. Das Bild verbindet, wie oft im Chuang-tzu, das logisch-psychologische Alleins-Erlebnis mit dem ontisch-metaphysischen Alleins-Dasein. Beide lassen sich nur theoretisch trennen, in Wirklichkeit sind sie im Erlebnis eins.“[14]

Die hier beschriebene Auffahrt des Geistes in die Unendlichkeit reiht sich in ihrer Verbildlichung bruchlos in die Gespann-Metaphorik Platon's und der ›Kaṭha-Upaniṣad‹ ein.[15] Sie begegnet uns auch an einer anderer Stelle des ›Nán-huá-zhēn-jīng‹, dort allerdings in einer reichlich hintersinnigen Variante, der Schilderung vom Herrn Kutschenwagen (子輿 Zǐ-Yú), der durch eine Krankheit entstellt und verkrüppelt wurde, darüber aber nicht besorgt, vielmehr heiteren Gemüts/Geistes (心閒 *xīn xián*) und unbeeinträchtigt (无事 *wú shì*) war, der Größe des Gestalters der Dinge (夫造物 *fū zào wù*) huldigte und feststellte, daß wenn dieser seine Gesäßbacken (尻 *kāo*) in Räder (輪 *lún*) verwandelte und seine/n Seele/Geist (神 *shén*) in ein Pferd (馬 *mǎ*), er damit fahren

[14] P. J. Thiel, Das Erkenntnisproblem des Chuang-tzu, pp. 37–38, Numerierung des Originals; mit Sinnhaften dürfte wohl Sinnenhaften gemeint sein; cf. idem, Schamanismus im Alten China, p. 183.

[15] Cf. Platon, Phaidros 246a2–247e8; Kaṭha-Upaniṣad 1.3.3–9, ⟨ed.⟩ J. L. Shastri, Upaniṣatsaṅgrahaḥ, p. 7; H. P. Sturm, Indische Vierfüßler, pp. 161–162, 386–387.

(乘 *chéng*) und auf kein anderes Gefährt (駕 *jià*) setzen würde.[16] Weiteren solcher Allegorien werden wir noch begegnen.

Nochmals zum ›Zhuāngzǐ‹ bei Izutsu. Nachdem er den Passus 1.1 im hier relevanten Kontext unerwähnt läßt, fehlt natürlich auch der Hinweis, daß dieser an die Gnome 38 des ›Dào-dé-jīng‹ anklingt. Da diese den Eindruck vermittelt, als handelte es sich mehr um Grade der Tugend im gängigen Sinne, hätte ein solcher das Gesamtspektrum des Philosophischen besonders eindringlich herausstellen können.

(ϒ4) „Deshalb (故 *gù*): ist Dào (道)
(ϒ3) verloren (失 *shī*), dann (而 *ér*) kommt Dé (Tüchtigkeit/Tugend) (德) auf (後 *hòu*); ist Dé (德)
($ϒ2_2$) verloren (失 *shī*), dann (而 *ér*) kommt Menschlichkeit (仁 *rén*) auf (後 *hòu*); ist Menschlichkeit (仁 *rén*)
($ϒ2_1$) verloren (失 *shī*), dann (而 *ér*) kommt Gerechtigkeit (義 *yì*) auf (後 *hòu*); ist Gerechtigkeit (義 *yì*)
(ϒ1) verloren (失 *shī*), dann (而 *ér*) kommen Konventionen (禮 *lǐ*) auf (後 *hòu*).“[17]

Eine renommierte Sinologin übersetzt und erläutert die Zeilen 1–8 der Gnome mit Hilfe eines raffinierten Sprachspiels, indem drei Aspekte von Dé, hohes Dé, Dé im allgemeinen (implizit), und niedriges Dé untereinder und diese wiederum von Dào unterschieden werden. „Hohes *te* ist nicht *te*, deshalb hat es *te*. // Niedriges *te* verliert nicht *te*, deshalb hat es kein *te*. // Hohes *te* handelt nicht und hat keinen Grund zu handeln. // Niedriges *te* handelt und hat Grund zu handeln. /

---

16 Cf. Zhuāngzǐ, Nán-huá-zhēn-jīng 6.5, ⟨ed.⟩ HYIZY, pp. 16.25–17.52.

17 Lǎozǐ, Dào-dé-jīng 38.10–13, ⟨ed./tr.⟩ T. Izutsu, pp. 98/99: 故失道而後德;失德而後仁;失仁而後義;失義而後禮。

Wenn die Natur vollkommen ist (hohes *te*), ist sie sich ihrer selbst unbewußt und weil sie sich ihrer selbst unbewußt ist, bleibt ihre Natur in vollem Maße erhalten. Sobald die Natur bewußt wird, fällt sie hinter sich zurück (niedriges *te*). Ihrer selbst unbewußt, transzendiert sich das hohe *te* und kehrt zu *tao* zurück, auf diese Weise ist »hohes *te* nicht *te*«; es ist nicht *te*, weil es zu *tao* zurückgekehrt ist, in *tao* findet es seine wahre Erfüllung. Niedriges *te* intendiert, sein *te* nicht zu verlieren, weil es jedoch durch bewußte Anstrengung charakterisiert ist, fällt es hinter sich zurück, es »hat kein *te*«."[18] Möge sich jeder selbst seinen Reim darauf machen und auch beurteilen, ob der von mir gepflegte literarische Stil angesichts solch real existierender Beispiele der Darstellungskunst die damit zu transportierenden Inhalte tatsächlich so unnachvollziehbar macht, wie mir bisweilen auch von wohlwollend gesonnenen Leserinnen und Lesern, zu lesen Versuchenden, um es korrekt auszudrücken, vorgeworfen wurde.

Zur Zurückführung auf das Wesentliche hier noch die Sequenz aus einem Ausgrabungstext auf Bambusstreifen namens ›Alle Dinge sind Erscheinungen in Fluß/Zirkulation‹, der in Guōdiàn gefunden wurde: Fán-wù-liú-xíng

(ϒ1) „Vom gemeinen Mann geschätzt wird
(ϒ2) nur der Edelmann; von den Edelleuten geschätzt wird
(ϒ3) nur der Geist; vom Geist geschätzt wird
(ϒ4) nur das Eine."[19]

Nimmt man die vorgestellten Originalstellen zusammen, so

[18] E. M. Chen, The meaning of *te* in the *Tao te Ching*, pp. 467-468.

[19] Fán-wù-liú-xíng, Streifen 28, ⟨ed./tr.⟩ Wang Zhong-jiang, Order in Early Chinese Excavated Texts, pp. 173/171: 百姓之所貴, 唯君;君之所貴, 唯心;心之所貴, 唯一。

kann man kaum umhin, an die parallelen Erkenntnis- und Tugendleitern der platonistischen Tradition erinnert zu werden. Nur müßte man halt beide Überlieferungen kennen. Vielleicht ließe sich dann auch die Feststellung erhärten, daß zwischen der Lehre von vier Tugenden sowohl bei Mencius/Mèng Zǐ (ca. 372–289) als auch bei Platon eine sachlich echte Parallele besteht.[20]

Zhuāngzǐ: chines. „Kasten“ Eine Steigerung dazu habe ich aber noch anzubieten, bevor ich zu den Seelengraden und deren Entwicklungsstufen übergehe. Sie bietet die Ständeordnung der Platonik und die Kastenpyramide des Hinduismus sozusagen in ihrer daoistischen Variante dar, allerdings mit einer Erweiterung um eine Ebene nach oben, wie ich sie im Kapitel 6 des Faszikels II/6 für die griechischen und indischen Gesellschaftsklassen erst durch Hinzufügung sinnentsprechender Argumente vornehmen mußte.[21] Die Argumentationsfolge und die damit einhergehende Abwärtsstufung nach dem Quellentext behalte ich bei. Man beachte und bestaune deren mehrfach geschachtelten Aufbau.

(ϒ4$_{(2)}$) Der Himmelsmensch (天人 *tiān rén*), der sich nicht (不 *bù*) von seiner Herkunft (宗 *zōng*) trennt (離 *lí*);

(ϒ4$_{(3)}$) der Geistmensch (神人 *shén rén*), der sich nicht (不 *bù*) von seinem Wesen (精 *jīng*) trennt (離 *lí*);

(ϒ4$_{(4)}$) der perfekte/verwirklichte Mensch (至人 *zhì rén*), der sich nicht (不 *bù*) vom Wahren (眞 *zhēn*) trennt (離 *lí*);

⟨Y4$_{(5)}$⟩ der Weise (聖人 *shèng rén*), der

[20] So bei I. A. Richards, So Much Nearer (Mencius Through the Looking-Glass), pp. 210–212; die Zuordnung der verschiedenen Tugenden zueinander bleibt dabei jedoch vage.

[21] Cf. die Abbildungen in H. P. Sturm, Indische Vierfüßler, pp. 362–363, 370–371.

(ϒ2) den Himmel (天 *tiān*) als Herkunft (宗 *zōng*),

(ϒ3) Dé (德) als seine Wurzel (本 *běn*) und

(ϒ4) Dào (道) als das Tor (門 *mén*) betrachtet (為 *wéi*), die Anzeichen/Omen (兆 *zhào*) von Transformation (變 *biàn*) und Wandel (化 *huà*),

(ϒ3) der Archont/Prinzipal (君子 *jūn zǐ*), der Menschlichkeit (仁 *rén*) und Güte (恩 *ēn*) pflegt (為 *wéi*), Rechtschaffenheit (義 *yì*) zur Richtschnur (理 *lǐ*) hat (為 *wéi*), Manieren (禮 *lǐ*) zu seinem Verhalten (行 *xíng*) macht (為 *wéi*) und Musik (樂 *yuè*) zur Harmonisierung/Beruhigung (和 *hé*) anwendet (為 *wéi*) und so Wohlwollen (慈 *cí*) und Menschlichkeit (仁 *rén*) ausstrahlt (薰 *xūn*).

(ϒ2) Die hundert Beamten/Verwaltungsbediensteten (百官 *bǎi guān*), die nach dem Gesetz (法 *fǎ*) einteilen (分 *fēn*), Namen (名 *míng*) als Merkmale (表 *biǎo*) ansehen, durch Vergleichen (參 *cān*) untersuchen (驗 *yàn*), prüfen (稽 *jī*), um zu urteilen (決 *jué*) und nach eins, zwei, drei und vier (一二三四 *yī èr sān sì*), wonach (此 *cǐ*) auch ihre Hierarchie (齒 *chǐ*) untereinander (相 *xiāng*) [angeordnet ist], klassifizieren/kritisieren (數 *shǔ*).

(ϒ1) Das Volk (民 *mín*), dessen Pflicht (理 *lǐ*) es ist, die Alltagsangelegenheiten zu erledigen (事為常 *shì wéi cháng*), Kleidung (衣 *yī*) und Nahrung (食 *shí*) zu beschaffen (主 *zhǔ*), Nachkommen heranzuziehen (蕃息 *fán xī*) und Vorräte anzulegen (畜藏 *chù cáng*), sich der Alten (老 *lǎo*) und Schwachen (弱 *ruò*), Waisen (孤 *gū*) und Witwen (寡 *guǎ*) anzunehmen (意 *yì*), um alle zu versorgen (皆有以養 *jiē yǒu yǐ yǎng*).[22]

---

[22] Cf. Zhuāngzǐ, Nán-huá-zhēn-jīng 33.1, ⟨ed.⟩ HYIZY, p. 90.2-6: 不離於宗。謂之天人。不離於精。謂之神人。不離於眞。謂之至人。以天為

Dào-dé-jīng 10 Dieser Eindruck wird sich durch das Folgende, Seelenspezifische, noch wesentlich verstärken.

(ϒ1) „Wessen

(ϒ'3) Geist (營 *yíng*)

(ϒ2) die Seele/Psychḗ (魄 *pò*) hält (載 *zài*)

(ϒ'3) und wer die Einheit (一 *yī*) umfaßt (抱 *bào*), vermag (能 *néng*) doch wohl (乎 *hū*) ungespalten/nicht-schwankend (無離 *wú lí*) zu sein.

⟨ϒ2½⟩ Wer Qì/Pneuma (氣 *qì*) konzentriert (專 *zhuān*) und Sanftmut (柔 *róu*) ausstrahlt (致 *zhì*), vermag (能 *néng*) doch wohl (乎 *hū*) wie ein Kind (嬰兒 *yīng ér*) zu sein.

(ϒ3) Wer den mystischen/okkulten (玄 *xuán*) Spiegel/Blick (覽 *lǎn*) klärt und reinigt (滌除 *dí chú*), vermag (能 *néng*) doch wohl (乎 *hū*) makellos (無疵 *wú cī*) zu sein.

…

(ϒ4) Wer mit tagheller Erleuchtung (明白 *míng bái*) die vier (Himmelsrichtungen) (四 *sì*) durchdringt (達 *dá*), vermag (能 *néng*) doch wohl (乎 *hū*) ohne Wissen (無知 *wú zhī*) zu sein."[23]

„Da *jîng* (nach dem alten Wörterbuche Jŭ phiān) als Zeitwort synonym ist mit *tú* oder *tŏ* (2521), was »vermuthen, schliessen, ermessen, bedenken« heißt, so kann nicht

---

宗。以德為本。以道為門。兆於變化。謂之聖人。以仁為恩。以義為理。以禮為行。以樂為和。薰然慈仁。謂之君子。以法為分。以名為表。以參為驗。以稽為決。其數一二三四是也。百官以此相齒。以事為常。以衣食為主。蕃息畜藏。老弱孤寡為意。皆有以養。民之理也。⟨trr.⟩ K. Albert / Hua Xue, Chuang-tse: Die Welt, pp. 45–46.

[23] Lăozĭ, Dào-dé-jīng 10.1–3, 6, ⟨ed./tr.⟩ T. Izutsu, pp. 43/44: 載營魄抱一, 能無離乎;專氣致柔, 能嬰兒乎;滌除玄覽, 能無疵乎;愛民治國, 能無知乎;…明白四達, 能無知乎;… Die Ausgabe enthält in der 6. Zeile einen Druckfehler, statt 為*wéi* muß 知*zhī* stehen.

beanstandet werden, es in der Substantivbedeutung als »das Denkende, den Geist« zu nehmen. … Die Seele (*phĕ*) ist hier die Leibseele (*l'ame animale*), das Prinzip der Empfindung und Bewegung und des sinnlichen Lebens. Laò-tsè unterscheidet demnach *jîng* und *phĕ* ähnlich wie Aristoteles νοῦς und ψυχή."[24] Da die beiden Seelenvermögen samt ihrer Energetik (氣 *qì*) eher den individuellen Aspekt der Erkenntnisleiter, der mystische Spiegel oder die okkulte Einsicht/Schau (玄覽 *xuán lǎn*) und die heitere Erleuchtung oder Geistesklarheit (明白 *míng bái*) ohne Wissensbestände (無知 *wú zhī*) eher den überindividuellen meinen, hebe ich, wie schon in den früheren Abteilungen meiner Studie analog gehandhabt, erstere durch eine Versehung des Skalenwerts mit einem Strich von der zweiteren ab. An diesem Spruch aus dem ›Dào-dé-jīng‹ wird deutlich, daß die Schichtenanordnung seelisch-geistiger Fähigkeiten und Organe von der Quellenschrift an, so sie das auch ist, bekannt war. „In Kapitel 10 steht »eins« für die Einung, die wirkungsvolle Integration der zwei Seelenarten (…)."[25]

Tatsächlich finden wir ein bei den Legalisten überliefertes Nèi-yè + Geist-schulung

[24] V. v. Strauss, Laò-Tsè's Taò tě kīng, pp. 45–46; 營 *yíng* wird auch mit 魂 *hún*, der Hauch- oder Geistseele gleich-, dieserart der sterblichen Körperseele (魄 *pó*) gegenübergestellt und beide werden als der Individualität zugehörig eingeschätzt; zu letzteren beiden Kategorien cf. M. Porkert, Untersuchungen einiger philosophisch-wissenschaftlicher Grundbegriffe und Beziehungen im Chinesischen, p. 450, wozu bemerkt werden muß, daß die genannten Termini in dieser Studie physiologisch-medizinisch ausgelegt werden und ihre psychologisch-gnoseologische Dimension unberücksichtigt bleibt; der Übersetzer und Kommentator des Dào-dé-jīng, ⟨tr.⟩ A. Waley, The Way and Its Power, pp. 31–32 (Introduction), zeigt, daß beide Begriffe (*hún* und *pó*) traditionell im Bereich der polaren Gegensätze (männlich – weiblich) angesiedelt wurden, und da letzterer auch Semen bedeute, in den Kontext spiritueller Sexualhygiene parallel zu dao-yogischen Atemübungen zu stellen sei, cf. o.c., pp. 153–154 (Kommentar zur Sentenz 10).

Textstück zum daoistischen Stufenweg der Geistschulung, der zu den ältesten überhaupt gehört und in der gegenwärtigen Sinologie auf eine Zeit vor den sogenannten inneren Kapiteln des ›Nán-huá-zhēn-jīng‹ datiert wird.[26]

(ϒ3/2) „Den Geist erweitern (大心 *dà xīn*)
(ϒ4) und sein lassen (而放 *ér fàng*);
⟨ϒ2/1½⟩ Den Lebenshauch entspannen (寬氣 *kuān qì*) und ausdehnen (而廣 *èr guǎng*);
(ϒ1) Seine Körperform (其形 *qí xíng*) still und unbewegt halten (安而不移 *ān ér bù yí*);
(ϒ4/3) Das Eine (一 *yī*) bewahren können (能守 *néng shǒu*) und die zehntausend Beunruhigungen loslassen (而棄萬苛 *ér qì wán kē*).“[27]

---

[25] Wang Zhong-jiang, Daoism Excavated, p. 88, die Auslassungspunkte ersetzen Verweise auf Literaturstellen.

[26] Cf. ⟨ed./tr.⟩ H. D. Roth, Original Tao, pp. 1–2, 23–30; M. J. Puett, “Nothing Can Overcome Heaven”, p. 251, mit Nennung der einschlägigen Studien in Fußnote 11.

[27] (Pseudo-)Guǎn-Zhòng, Nèi-yè 24.1-4 (16.5a1–2), ⟨ed./tr.⟩ H. D. Roth, Original Tao, pp. 92/93: 大心而放。寬氣而廣。其形安而不移:能守一而棄萬苛: Textemendation dieser kritischen Edition in der ersten Zeile: 放*fàng*, statt 敢*gǎn;* cf. ⟨tr.⟩ W. A. Rickett, Guanzi, 2.54 (XVI.49/2.104.2–3(6a)[XIV.1]). Die Skalierung ist im höchsten Maße konjektural und wurde an dieser Stelle aufgrund der Propositions-Reihenfolge gewählt; Qì könne womöglich, wie folgend bei Zhuāngzǐ, auf dem Rang des Geistes (ϒ3) loziert werden und *xīn* Vernunft (ϒ2) meinen; oder die Reihenfolge Körper (ϒ1), Qì ⟨ϒ1½⟩, *xīn* (ϒ2), das Eine (ϒ3), lauten; eine Präzisierung der Hierarchie könnte allenfalls durch ein eingehendes Studium aller Vergleichsstellen im ›Nèi-yè‹ herbeigeführt werden. Nèi-yè 11 (16.2b1–3), ⟨ed./tr.⟩ H. D. Roth, Original Tao, pp. 62/63, wird z.B. die Einung (一 *yī*) der Dinge (物 *wù*) mit dem Geist(igen) (神*shén*) korreliert, die Einung (一*yī*) der Sachverhalte (事 *shì*) mit Wissen/Weisheit (智 *zhì*), Qì (氣) in einer etwas unklaren Art ins Spiel gebracht und eine Beziehung zum souveränen Menschen,

Besonders zu erwähnen in diesem Text ist eine Stelle, an der in einer lockeren Argumentfolge mit hier nicht relevanten Aussagen (bei mir mit Auslassungspunkten übersprungen) nach der Erwähnung von Dào, von dem einen Wort (一言 *yī yán*), das eben das Wort „Dào" ist, von der Welt (天下 *tiān xià*), der Vernunft (心 *xīn*), vom Ruhezustand der Vernunft oder Gedankentätigkeit (心安 *xīn ān*), bestimmt als Loslösung oder Erlösung (解 *jiě*) und schließlich von einer weiteren Vernunft einer Vernunft in der Vernunft (心之中又有心焉 *xīn zhī yòu yǒu xīn yān*) die Rede ist, die vor (先 *xiān*) der Rede und Sprache liegt, dem Herz-Geist also, der nicht mehr diskursiv, sondern intuitiv und in unmittelbarer Bewußtheit (意 *yì*) erfaßt bzw. zur Schau (察 *chá*) von Himmel und Erde, der Allschau also, fähig, selbst aber darüber und in seinem Innersten mit dem Dào womöglich identisch ist:[28]

---

dem Archonten oder Prinzipal (君子 *jūn zǐ*) hergestellt, indem nur ihm, der am Einen festhalte, die Fähigkeit zugesprochen wird, diese Dinge in der rechten Weise zu handhaben, wozu M. J. Puett, "Nothing Can Overcome Heaven", pp. 253-255, idem, To become a god, pp. 126-127, einwendet, daß Zhuāngzǐ zwar eine ganz ähnliche Terminologie wie die Literatur der Selbstkultivierung verwende, doch eine ganz andere Gnosis biete, und zwar nicht die der Beherrschung, sondern die des Seinlassens der Dinge und der Anerkennung der himmlischen Ordnung; daß das für den Archonten oder Herrscher und noch mehr für den Weisen bzw. Heiligen bedeutet, diese zu repräsentieren, diese zu sein, ja über ihnen zu sein und damit Souveränität/Herrschaft über sie zu haben, der Schluß würde erfordern, nicht nur Meinungen wieder- und von sich zu geben, sondern eigenständig zu reflektieren.

[28] Cf. H. D. Roth, Psychology and Self-Cultivation in Early Taoistic Thought, p. 600, meine Einfügung der Pīnyīn-Umschrift und eines englischen Originalausdrucks in eckigen Klammern: „Übersetzt man Hsin [*xīn*] mit »Herz«, gelingt es, während es scheinbar ganz buchstäblich ist, nicht, das breite Bedeutungsspektrum des Ausdrucks, den er im Altchinesischen hat, adäquat zu vermitteln. Für den westlichen Leser ist »Herz« fast ausschließlich mit dem Affektiven verknüpft; für den

(ϒ4) „Dào (道)
(ϒ1) erfüllt (滿 *mǎn*) das, was unter dem Himmel (天下 *tiān xià*) ist [sc. die Welt];
(ϒ4) im Überall (普 *pǔ*) ist es, wo die Leute existieren (在民所 *zài mín suǒ*), die Leute sind aber nicht in der Lage, das zu erkennen (民不能知 *mín bù néng zhī*).
(ϒ2/3) Ein Wort (一言 *yī yán*)
(ϒ4/3) (er)löst sie (解 *jiě*):
(ϒ3) dadurch die Schau (察 *chá*)
(ϒ2) des Himmels (天 *tiān*) oben (上 *shàng*)
(ϒ1) und der Erde (地 *dì*) ganz unten (下極 *xià jí*) …
(ϒ4/3) Was heißt »davon er-/gelöst?« (何為解之 *zé wéi jiě zhī*) Es heißt »weilen (在 *zài*) im beruhigten/stillstehenden Geist (心安 *xīn ān*)« …
(ϒ3) Im Geist (心之中 *xīn zhī zhōng*) ist sodann (焉 *yān*)
(ϒ4) ein weiterer Geist (又有心 *yòu yǔu xīn*); dieser andere Geist des Geistes (彼心之心 *bǐ xīn zhī xīn*) ist Bewußtheit/Gemüt/Sinn (意 *yì*), der Sprache vorausgehend (先言 *xiān yán*).“[29]

---

altchinesischen beinhaltete hsin das Affektive, Kognitive und Intuitive, alles Eigenschaften dessen, was wir »Geist« [»mind«] nennen.“ Cf. idem, Original Tao, pp. 42–43.

[29] (Pseudo-)Guǎn-Zhòng, Nèi-yè 14.1-6, 8-9, 15-16 (16.3a2-8), ⟨ed./tr.⟩ H. D. Roth, Original Tao, pp. 72/73: 道滿天下。普在民所，民不能知。一言之解；上察於天，下極於地。…何為解之？在於心安。…心之中又有心焉。彼心之心意以先言。Textemendationen dieser kritischen Edition, Zeile 15: 焉*yān,* statt 馬*mǎ,* Zeile 16: 意*yì,* statt 音*yīn.* Meine Skalierung läßt erkennen, daß ich den Geist des Geistes als Absolut-Bewußtsein/Absolut-Geist (ϒ4) lese. Ohne sich auf diese Stelle seiner eigenen Denktradition zu beziehen, polemisiert Zhū Xī, Huì-ān-xiān-shēng-zhū-wén-gōng-wén-jí (Guān-xīn-shuō) ⟨edd.⟩ Zhū Jié-rén et al., Zhū-zi-quán-shū, 23.67.3278.3-4, mit einer solchen Argumentation, die eigentlich die Selbst-Erkenntnis beschreibt, gegen die Buddhisten: 今復有物以反觀乎心, 則是此心之外復有一心而能管乎此心者也。然則

„Dieser Vers beinhaltet, daß wir durch die direkte Erfassung der Wirklichkeit dieser »einen Welt«, des Weges, von den üblichen raumzeitlichen Einschränkungen befreit sind und eine Vereinigung mit der ganzen Welt erfahren. … Es ist sicherlich die Erfahrung einer Bewußtheit, die Worten vorausgeht und daher der Intelligenz und den dualistischen Strukturen, die der Psyche generell zugehören.“[30]

Bevor ich auf die wichtigsten Stellen dazu bei Zhuāngzǐ Lièzǐ Kōng-fū-zǐ
zu sprechen komme, zitiere ich hier noch drei Passus aus dem dritten Werk der frühdaoistischen ‚Stifter-Trilogie‘, dem Buch, das Lièzǐ zugeschrieben wird. Beim ersten handelt es sich um die Beschreibung der 3 bzw. 4 Wesensglieder des Menschen, deren Vereinigung im Nichts, i.e. im Absolut-Dào, zu denken als vollkommene Entgegenständlichung, den Zustand des Weisen/Heiligen (聖人 *shèng rén*) darstellt, der, wie es an eben dieser Stelle heißt, in der Lage ist, zu sehen und zu hören, ohne Augen und Ohren zu gebrauchen.

(ϒ1) „Mein Körper (體 *tǐ*) ist geeint mit (合 *hé*)
(ϒ2) der Seele/Vernunft (心 *xīn*), die Seele/Vernunft (心 *xīn*) ist geeint mit (合 *hé*)
⟨ϒ2½⟩ der Lebenshauch-Kraft (氣 *qì*), die Lebenshauch-Kraft (氣 *qì*) ist geeint mit (合 *hé*) dem
(ϒ3) Geist (神 *shén*), der Geist (神 *shén*) ist geeint mit (合 *hé*)

所謂心者, 為一耶, 為二耶？ „Wenn es nun etwas gibt, von dem aus man auf den Geist zurückblickt, ist dann außerhalb dieses Geistes ein weiterer Geist und kann diesen Geist auch kontrollieren? Wenn dem so ist, ist dann der sogenannte Geist, e i n Geist oder z w e i Geiste?“ (meine Sperrung) ⟨tr.⟩ J. Jorgensen, The Radiant Mind, p. 106. Zur diesbezüglichen mahāyānistischen Geistproblematik cf. H. P. Sturm, Die vier Stadien des Ent-Setzens, pp. 330-333.

30 H. D. Roth, Original Tao, p. 139.

(ϒ4) (dem) Nichts (無 *wú*).“[31]

Die zweite Stelle präsentiert den Perfekten oder Heiligen (至人 *zhì rén*), der völlig unbeeindruckt und unbeeindruckbar, unverletzlich, leid- und leidenschaftslos durch die Gegensätze der Welt hindurchgeht.

(ϒ1) „Er vereinheitlicht (壹 *yī*) seine Natur (性 *xìng*),
⟨ϒ1½⟩ er fördert (養 *yǎng*) seine Atemhauch-Kraft (氣 *qì*),
(ϒ2/3) er hält sein Gemüt/Taugen (德 *dé*) zusammen (含 *hán*),
(ϒ3/4) um zum Ort des Entstehens (所造 *suǒ zào*) der Dinge (物 *wù*) vorzudringen (通 *tōng*).
(ϒ2) Wer so ist, der bewahrt (守 *shǒu*) seine Natur/Seele (天 *tiān*)
(ϒ4) vollendet (全 *quán*),
(ϒ3/4) dessen Geist (神 *shén*) spaltet sich nicht (無郤 *wù xì*).
(ϒ1) Wie (奚…焉 *xī…yān*) sollten dann die Dinge (物 *wù*)
(ϒ4) in ihn selbst (自 *zì*) eindringen (入 *rù*)?“[32]

---

[31] Lièzǐ, Chōng-xū-zhì-dé-zhēn-jīng 4.2, ⟨ed.⟩ Yáng Bó-jùn, p. 118.11-13: 我體合於心, 心合於氣, 氣合於神, 神合於無。⟨tr.⟩ R. Wilhelm, Liä Dsi: Das wahre Buch vom quellenden Urgrund, p. 87.

[32] Lièzǐ, Chōng-xū-zhì-dé-zhēn-jīng 2.4 ⟨ed.⟩ Yáng Bó-jùn, pp. 50.12-51.3: 壹其性, 養其氣, 含其德, 以通乎物之所造。夫若是者, 其天守全, 其神無郤, 物奚自入焉？⟨tr.⟩ R. Wilhelm, Liä Dsi: Das wahre Buch vom quellenden Urgrund, p. 51, hat den Satzteil, in dem es um die Vollkommenheit von *tiān* geht, hinter den vom in sich geschlossenen Geist (神*shén*) gestellt und übersetzt 天*tiān* mit „Seele“, ebenso möglich wäre laut seiner bereits im Kapitel 2.1 zitierten Feststellung o.c., p. 23, »Geist«. ⟨ed./tr./com.⟩ Idem, Die Lehren des Konfuzius, p. 237, übersetzt 天*tiān* im Spruch 7.22 der Analekten (Lún-Yǔ), einem der vier konfuzianistischen Bücher, sogar mit „Gott“. Eine Erläuterung

Bei Konfuzius liest sich das strukturell nicht viel anders, auch wenn er es anderes gemeint haben könnte.

(ϒ4) „»In (於 *yú*) Dào (道) den Zweck setzen (志 *zhì*);
(ϒ3) sich auf (於 *yú*) Dé [Taugen/Gemüt/Charakter] (德) verlassen (據 *jù*);
(ϒ2) der Menschlichkeit (仁 *rén*) entsprechen (依 *yī*);
(ϒ1) in (於 *yú*) der Kunst [im Handwerk] (藝 *yì*) aufgehen (游 *yóu*).«“[33]

---

der (Ur-)Bedeutung des Schriftzeichens für 天 *tiān*: zusammengesetzt aus 一 (eins) und 大 (groß) unter Einschluß des Zeichens 人 (Mensch) gibt L. Kohn, Zhuangzi, pp. 81–83. In Zusammenhang mit früh-daoistischen Kontemplationstexten verwendet H. D. Roth, Evidence for Stages of Meditation in Early Taoism, pp. 303 (298, 309, 313), für 天 *tiān* den Terminus „das Himmlische“ und „das Natürliche“ und bringt es nicht nur mit dem natürlichen, spontanen Zustand unseres Wesens, sondern auch mit dem natürlichen und ruhigen Atem in Verbindung, scheint aber kein Wissen davon zu haben, daß es im Aufstiegsschema der Verwirklichung dem nahesteht, was im (neu-)platonistischen Hypostasensystem Psychḗ-Kósmos ist, indem es dem Feinstofflich-Ätherischen oder Geisterhaften (精 *jīng*) (in der betrachteten Studie wird diesbezüglich von „Konzentration“ gesprochen) zugeordnet wird, dessen Kenntnis in den Geist (神 *shén*) über-, ins Eine (一 *yī*) ein- und schließlich das Aufgehen im Rohen/Schlichten/Einfachen/Klotz (樸 *pǔ*) herbeiführt; cf. idem, Original Tao, p. 218[24], wo der Autor damit rechtfertigt, *tiān* plural mit „die Himmel“ zu übersetzen, um eine Verwechslung mit dem Himmel westlicher Religionen zu vermeiden, wenn es in der frühen Zhōu-Zeit auch eine Art Gottheit gewesen sei und eine Aura des Göttlichen oder Numinosen behalten habe.

[33] Kǒngfūzǐ (Konfuzius), Lùnyǔ (Analekten) 7.6, ⟨ed./tr./com.⟩ R. Wilhelm, Die Lehren des Konfuzius, pp. 222/223: 「志於道，據於德，依於仁，游於藝。」 Auf dieses Motto berufen sich heutzutage gerne schlaue Esoteriker und Spiritualisten, besonders der sudden-enlightenment-Richtung, wenn sie uns weismachen wollen, daß man zum Ziel kommen kann, ohne den Weg dorthin gegangen zu sein, indem sie dessen erste Sinneinheit in »Der Weg ist das Ziel« umdeuten. Allerdings kann sich, wer das Ziel nicht kennt, auch im Weg nicht irren.

Was die kategoriale Stellung von Dào im konfuzianistischen Weltbild betrifft, ist zu bemerken, daß es darin und in der noch früheren Zeit der chinesischen Geistesgeschichte normalerweise nicht den obersten Rang einnimmt. In der Abhandlung ›Mitte und rechtes Maß/Zhōng-yōng‹ aus einem der vier konfuzianistischen Klassiker finden wir folgende Sequenz, die ich zur Verdeutlichung experimentell einmal so skaliere, als wäre sie nach re–flexionstheoretischen Standards verfaßt worden.

(ϒ4) Das, was das Himmlische (天 *tiān*) zuteilt (命 *mìng*),
(ϒ1) heißt (謂 *wèi*) Wesen/Natur(anlage) (性 *xìng*); das, was das Wesen [die Natur(anlage)] (性 *xìng*)
(ϒ3) lenkt/leitet (率 *shuài*), heißt (謂 *wèi*) Dào (道); Dào (道)
(ϒ2) zu kultivieren/studieren (修 *xiū*), heißt (謂 *wèi*) Bildung/Unterrichtung (教 *jiào*).“[34]

Demnach ist Dào die Spur, die das Himmlische oder die Gottgestalt legt, damit die Wesen in sie treten und ihr folgen können. Daraus jetzt historio-doxographisch zu schließen, daß Dào „die philosophische Transformation der Gottheit in antiken chinesischen Religionen“[35] darstellt, ist nicht nur schwer zu belegen, sondern innerhalb des hier vertretenen

[34] Kǒngfūzǐ (Konfuzius), Lǐjì (Ritenregister), Zhōng-yōng (Mitte und rechtes Maß) I.A, ⟨ed./tr./com.⟩ R. Wilhelm, Die Lehren des Konfuzius, pp. 586/587: 天命之謂性，率性之謂道，修道之謂教。Meine Skalierung ist sehr ‚frei‘. Fung Yu-lan, A History of Chinese Philosophy, 1.374: „Der Himmel oder *T'ien* im Chung Yung ist dem *Tao* im gerade zitierten Passus äquivalent.“ Cf. B. I. Schwartz, The World of Thought in Ancient China, p. 195: „In dem Ausmaß, wie das Wort *tao* in den *Analekten* verwendet wird, um sich auf den Kosmos zu beziehen, scheint der maßgebliche Ausdruck »*tao* des Himmels« zu sein und nicht *tao* als solches.“

formalen Ansatzes auch nicht maßgebend. Zumindest zur zitierten Stelle kann jedoch festgehalten werden, daß ein diesbezüglicher Unterschied zwischen den beiden chinesischen Weltanschauungen von Dào-Jiā und Rú-jiā besteht. „Man sieht hier den prinzipiellen Gegensatz des Konfuzianismus und Taoismus. Für den Taoismus ist das Tao (Weg, Sinn, kosmisches Gesetz) das Primäre, aus dem in seiner polaren Trennung erst Himmel und Erde hervorgehen. Für den Konfuzianismus ist Gott (der Himmel) das Primäre. Der »Weg« ist das Mittel zur Ordnung in Natur und Menschenleben."[36]

Der dritte Passus handelt, um auf Lièzǐ zurückzukommen, ebenfalls vom Weisen (聖 *shèng*). Dieses Mal bekommen wir eine auf den ersten Blick verwirrende, die sich bei genauem Hinschauen als eine äußerst geistreiche Antwort erweist.

(ϒ1₁) „Nán-guō-zǐ's Erscheinung (貌 *mào*) ist voll (充 *chōng*),
(ϒ3) sein Geist (心 *xīn*)
(ϒ4) ist leer (虛 *xū*);
(ϒ1₂) seine Ohren hören nicht (耳無聞 *ěr wú wén*), seine Augen sehen nicht (目無見 *mù wú jiàn*), sein Mund sagt kein Wort (口無言 *kǒu wú yán*),

---

[35] J. Ching, The Mirror Symbol Revisited, pp. 244⁷-245; zu Himmel (*tiān*) und Gott (帝) in der vorkonfuzianistischen Weltanschauung cf. Fung Yu-lan, A History of Chinese Philosophy, 1.30-31.

[36] R. Wilhelm ⟨ed./tr./com.⟩, Die Lehren des Konfuzius, p. 587²; cf. B. I. Schwartz, The World of Thought in Ancient China, pp. 195-196; o.c., p. 196 (meine kontextuelle Übersetzung des chinesischen Terminus in eckigen Klammern): „Indem es nun im allgemeinen das Wort *tao* dem Wort Himmel als Ausdruck für das Äußerste vorzieht, dürfte sich das Lao-tzu der *yu-wei* [intentionalen] Assoziationen voll bewußt gewesen sein, die sich um den Ausdruck Himmel gruppieren."

(ϒ2) seine Vernunft (心 *xīn*) denkt nicht (無知 *wú zhī*),
(ϒ1) sein Körper (形 *xíng*) regt sich nicht (無惕 *wú tì*). …
(ϒ3) Wer den Verstand (意 *yì*) erlangt hat (得 dé), redet nicht (無言 *wú yán*); wer zu Erkenntnis (知 *zhī*) gelangt ist (進 *jìn*), redet auch nicht (亦無言 *yì wú yán*). Wer auch (亦 *yì*) durch (用 *yòng*) Nichtreden (無言 *wú yán*) redet (言 *yán*), redet wirklich (為言 *wéi yán*); wer auch (亦 *yì*) durch Nichterkennen (無知 *wú zhī*) erkennt (知 *zhī*), erkennt wirklich (為知 *wei zhī*).
⟨Y5⟩ Ohne zu reden (無言 *wú yán*) und ohne Worte (與不言 *yǔ bù yán*), ohne zu erkennen (無知 *wú zhī*) und ohne Verstand (與不知 *yǔ bù zhī*): das ist sowohl [wahre] Rede als auch [wahre] Erkenntnis (亦言亦知 *yì yán yì zhī*).
⟨Y6⟩ Es gibt sowohl nichts, was nicht gesagt ist (亦無所不言 *yì wú suǒ bù yán*) als auch nichts, was nicht erkannt ist (亦無所不知 *yì wú suǒ bù zhī*), wenn sowohl nicht(s) gesprochen als auch nicht(s) erkannt wird (亦無所言亦無所知 *yì wú suǒ yán yì wú suǒ zhī*).“[37]

---

[37] Lièzǐ, Chōng-xū-zhì-dé-zhēn-jīng 4.5 ⟨ed.⟩ Yáng Bó-jùn, pp. 124.8 … 126.1-8: 「南郭子貌充心虛, 耳無聞, 目無見, 口無言, 心無知, 形無惕。…「得意者無言, 進知者亦無言。用無言為言亦言, 無知為知亦知。無言與不言, 無知與不知, 亦言亦知。…亦無所不言, 亦無所不知; 亦無所言, 亦無所知。…」 Meine erläuternden Ergänzungen in eckigen Klammern; die Skalierungen ⟨Y5⟩ und ⟨Y6⟩ sind re–flexionsstrukturelle Extrapolationen; L. Silburn, Le Vide, le Rien, l'Abîme, pp. 50–59, weist auf die im Titel des Kapitels „Das wiedergewonnene Bewußtsein, das sich vom Untergrund der unbewußten Leere abhebt" angesprochene Thematik, indem sie auf zahlreiche Entsprechungen in der Mystik wie Philosophie des Hinduismus, Buddhismus, Sufismus und Christentums aufmerksam macht, und zitiert o.c., p. 53, auch daoistische Quellen, u.a. die französische Übersetzung der vorletzten und der hiesigen Stelle von ⟨tr.⟩ B. Grynpas, Le Vrai Classique du Vide Parfait *par Lie tseu*, p. 87; für die Stelle hier, die Grynpas eher umschreibt, denn überträgt, ist der Nachweis falsch und muß korrekt p. 90 heißen; in der

Zhuāngzǐ sind solche geistige Leitern eine Selbstverständlichkeit. „Schon das ›Zhuangzi‹ beschreibt den stufenweisen Fortschritt von den Sinnen zum Tao.“[38] Dessen Relevanz soll anhand der folgenden Dokumentation aus dem ›Nán-huá-zhēn-jīng‹ erwiesen werden. Daß ob der Ähnlichkeit der folgend zusammengetragenen Textabschnitte einige gelangweilt sein könnten, wird als didaktischer Kunstgriff zur Überzeugung des schwer zu Überzeugenden in Kauf genommen, um zu demonstrieren, wie massiv hier mit der seelisch-geistigen Struktur operiert wird. Auftauchende Zuordnungsprobleme einzelner Elemente und Funktionen werden durch die Übersicht ganz nebenbei kompensiert.[39] Zhuāngzǐ's Geistleitern

(ϒ4) „Wer (者 *zhě*) sich an Dào (道) hält (執 *zhí*),
(ϒ2) ist in der Tugend (德 *dé*) vollkommen; in der Tugend vollkommen (德全 *dé quán*),
(ϒ1) ist er (者 *zhě*) im Körperlichen vollkommen (形全 *xíng quán*); im Körperlichen vollkommen (形全 *xíng quán*),

Ausgabe der ›Philosophes taoïstes. Lao-Tseu, Tchouang-Tseu, Lie-Tseu‹ desselben Übersetzers handelt es sich hierbei um pp. 449-450 und pp. 453-454. ⟨tr.⟩ A. C. Graham, The Book of Lieh-tzŭ, p. 80, übersetzt die schwierige Schlußstelle nach der Auslassung nicht wörtlich; ⟨tr.⟩ R. Wilhelm, Liä Dsi, läßt das Unterkapitel aus; ziemlich exakt überträgt dieses Wortspiel ⟨tr.⟩ L. Giles, Taoist Teachings, p. 72.

38 L. Kohn, Taoist Mystical Philosophy, p. 120; cf. eadem, Seven Steps to the Tao, pp. 45-47.

39 Einen Überblick über die Thematik der Erkenntnis- und Wirklichkeitsstufung Zhuāngzǐ's mit Hinweisen auf zen-buddhistische Äqaivalenzen bietet P. J. Thiel, Das Erkenntnisproblem des Chuang-tzu, pp. 30-69; die inhaltliche Überbetonung von Differenzen zu anderen Spiritualtraditionen wäre dabei durch größere Beachtung des formalen Aspekts sicherlich nicht so kraß ausgefallen, wie das tatsächlich der Fall ist.

(ϒ3) ist er (者 *zhě*) im Geistigen vollkommen (神全 *shén quán*); im Geistigen vollkommen zu sein (神全者 *shén quán zhě*),

(ϒ4) ist das Dào/der Weg (道) des Weisen (聖人 *shèng rén*)."[40]

Im nun folgenden Gedankengang wird die daoistische Meditationsmethode des »Fastens der Vernunft/Seele« oder »Fastens des Geistes/Herzens« (心齋 *xīn zhāi*) vorgestellt. „Der Begriff hsin-chai ist also bei Chuang-tzu ein terminus technicus für eine Art der Meditation."[41] In einer umfassenden westlichen Studie zu den spirituellen Übungen der Daoisten wird diese Technik mit dem mysterienhaft-mystischen Verfahren der/des κάθαρσις/καθαρμός (Reinigung, Läuterung, Katharsis) in Verbindung gebracht. Es ist festzuhalten, daß das »Fasten des Geistes« (fast) genau das bezeichnet, was mit der Grundoperation des Yoga[42] und der heidnischen wie christlichen Mystik des Okzidents gemeint ist. Diese beschrieb ich für nicht wenige der bedeutendsten Weisheitstraditionen und

---

[40] Zhuāngzǐ, Nán-huá-zhēn-jīng 12.11, ⟨ed.⟩ HYIZY, p. 31.63-64: 執道者德全。德全者形全。形全者神全。神全者。聖人之道也。

[41] R. Malek, Das *Chai-chieh lu*, p. 144; zum Begriff, zur Methode und ihrer Entwicklung cf. o.c., pp. 132-177.

[42] Cf. V. H. Mair, Lao Tzu, Tao Te Ching, Afterword, pp. 146, 155-161; idem, *[The]* ***File*** *[on the Cosmic]* ***Track*** *[and Individual]* ***Dough****[tiness]*, pp. 30-41; eine detaillierte Beschreibung a) daoistischer Atemtechniken, b) der Yīn-Yáng-Vereinigung und c) körperlicher Übungen gibt H. Maspéro, Le Taoïsme et les religions chinoises, pp. 479-589 = idem, Taoism and Chinese Religion, pp. 443-554; cf. idem, Mélanges posthumes sur les religions et l'histoire de la Chine, 2.15-41; cf. J. Filliozat, Taoïsme et Yoga; ⟨tr.⟩ A. Waley, The Way and Its Power, pp. 116-120 (Appendix III); Weiteres zu Spirituellem im Daoismus o.c., pp. 43-50, 57-59, 88-91 (Introduction).

Religionen im Buch ›Urteilsenthaltung‹ derart ausführlich und, daß ich hier jeden zusätzlichen Hinweis für überflüssig erachte. „Der Ausgangspunkt des Weges ist das, was man Umwendung nennt, … Dann beginnt das, was Plotinos und nach ihm Dionysios der Areopagit *kátharsis* oder Reinigung nennen, was die Theologen des Mittelalters nach ihm *via purgativa* nannten … Wenn diese Aufgabe, oft lang und schmerzhaft, vollbracht ist, hat der Geist die direkte und unmittelbare Schau des Absoluten in der Ekstase: das ist die Phase der Erleuchtung … Die daoistische Mystik, wie man sie im ›Zhuangzi‹ und im ›Liezi‹ beschrieben findet, unterscheidet sich nur in ihren groben Umrissen von dem Schema, das ich gerade skizziere. … Nach der Umwendung kommt die *via purgativa,* die Periode der Reinigung, die Zhuangzi Fasten des Gemüts, *xīn zhāi,* nennt, das spirituelle, im Gegensatz zum rituellen Fasten, das den Opfern vorausgeht. Zhuangzi gibt davon eine Definition, in der man ein ganzes Resumee der mystischen Reinigung findet. Dieser Reinigung folgt eine Periode von Ekstasen, die zum Großen Geheimnis, *damiao,* d.h. zur Vereinigung mit dem Absoluten, dem Dao führen."[43]
„Yán Huí: »Ich wage zu fragen (敢問 *gǎn wèn*), was Fasten des Geistes (心齋 *xīn zhāi*) ist«. Konfuzius:

(ϒ2/3) »Das Gemüt (志 *zhì*) in Einklang mit (若 *ruò*)
(ϒ3) dem Einen (一 *yī*) zu haben/bringen:
(ϒ1) nicht (无 *wú*) mit dem Ohr (耳 *ěr*),
(ϒ2) sondern (而 *ér*) mit Vernunft (心 *xīn*) zu vernehmen (聽 *tīng*), nicht (无 *wú*) mit Vernunft (心 *xīn*),

[43] H. Maspéro, Le Taoïsme et les religions chinoises, pp. 459 … 459 … 460 … 462 = idem, Taoism and Chinese Religion, pp. 423 … 423 … 424 … 426; = idem, Mélanges posthumes sur les religions et l'histoire de la Chine, 2.213–217.

(Ƴ3) sondern (而 *ér*) mit (Lebens-)Geist (氣 *qì*) zu vernehmen (聽 *tīng*).

(Ƴ1) Das Ohr (耳 *ěr*) macht/mache halt (止 *zhǐ*) beim (於 *yú*) Hören (聽 *tīng*);

(Ƴ2) die Vernunft (心 *xīn*) macht/mache Halt (止 *zhǐ*) bei (於 *yú*) den Symbolen/Zeichen/Zahlen (符 *fú*);

(Ƴ3) der leere (虛 *xū*) Geist (氣 *qì*) aber (也者 *yě zhě*) nimmt die Dinge (物 *wù*) auf (待 *dài*);

(Ƴ4) durch Leere (虛 *xū*) allein (唯 *wéi*) sammelt (集 *jí*) sich Dào (道). Leere (虛者 *xū zhě*) nun (也 *yě*) ist Fasten des Geistes (心齋 *xīn zhāi*).«“[44]

„Das ist eine ausgezeichnete Zusammenfassung der mystischen Reinigung: Verzicht und Ablösung von den äußeren Dingen, Vereinfachung, Vereinigung, Konzentration des Herzens in der Weise, daß die von jeglichem äußeren Einfluß befreite («geleerte» *hiu*) Seele die Wirklichkeit erfassen und in die unmittelbare und direkte Vereinigung mit dem Absoluten gelangen kann.“[45] Wenn diese Einsicht in der Forschung den

---

[44] Zhuāngzǐ, Nán-huá-zhēn-jīng 4.1, ⟨ed.⟩ HYIZY, p. 9.26-29: 回曰。敢問心齋。仲尼曰。若一志。无聽之以耳。而聽之以心。无聽之以心。而聽之以氣。聽止於耳。心止於符。氣也者虛而待物者也。唯道集虛。虛者心齋也。

[45] H. Maspéro, Mélanges posthumes sur les religions et l’histoire de la Chine, 2.234. Dieser Einschätzung des „Fastens des Geistes“ widerspricht J. F. Billeter, Notes sur Tchouang-tseu et la philosophie, pp. 82-89: hier sei nicht eine Anleitung zur Meditation gemeint, um sich den unangenehmen Akzidenzien der sozialen und politischen Wirklichkeit zu entziehen, der Welt zu entfliehen und sich der Selbstverwirklichung hinzugeben, sondern das Wachrufen einer inspirierten Tat; cf. o.c., p. 84: „Das ist eine Tat, bei der sich plötzlich alle Fähigkeiten, Kräfte und Vermögen einer Person in einer unerwarteten und unvorhersehbaren Synthese vereinigen. Das ist, was die christliche Theologie als Wirkung der göttlichen Gnade interpretiert, Tchouang-tseu als

Einwand provozierte, daß der Begriff 心齋 (*xīn zhāi*) nicht mit der *via purgativa* der christlichen Mystiker in Verbindung gebracht werden könne, da diese darunter die 'Lösung von aller irdischen Anhänglichkeit unter schweren Seelenleiden' verstanden hätten, Zhuāngzǐ mit dem Spiritualfasten „aber ein Aufgeben aller sinnlichen wie rationalen Erkenntnis" gemeint habe,[46] so kann man darauf nur entgegnen, daß das derart verkürzt weder für die christliche noch für irgendeine Mystik gilt, die Behauptung also auf Kenntnissen fußt, die allenfalls Miniaturbereiche der abendländischen Mystik bzw. Mystik-Literatur abdecken und lediglich auf Einzelheiten

---

Manifestation einer höheren Praktik der Betätigung." Dabei übersieht der zitierte Forscher, daß am Zielpunkt der Leere (虛 *xū*) (Selbst-) Verwirklichung (修养 *xiū yǎng*) und die Fähigkeit zu kraftvollstem Wirken im Nicht-Handeln ([爲] 無爲 [*wéi*] *wú wéi*) in der Meta-Koinzidenz (cf. dazu H. P. Sturm, Die vier Stadien des Ent–Setzens, pp. 96, 119–121, 132, 375, 472) ineinanderfallen; die Leere wird von ihm zwar erwähnt, ja sogar betont, doch ausschließlich als noch nicht determinierte Energie, cf. o.c., pp. 87–88; idem, Leçons sur Tchouang-tseu, pp. 79–111, führt unter anderen drei der im vorliegenden Kapitel vorgestellten Stellen zu den Verwirklichungsstufen, nämlich Zhuāngzǐ, Nán-huá-zhēn-jīng 6.9, 4.1, 11.5, an, um innerhalb einer „Apologie der Konfusion" (Kapitelüberschrift: »Une apologie de la confusion«) als (Unter-)Grund (fond) der Übungen Zhuāngzǐ's eine schöpferische Leere anzunehmen: „... weil er auf Anhieb den Untergrund unserer Aktivität oder des eigen(tlich)en Körpers oder der Subjektivität (indem all das ein und dieselbe Sache ist) *als eine kreative Leere* versteht." Die im ersten Zitat nur angesprochene Analogie zwischen neutestamentlicher Theologie und dem ›Zhuāngzǐ‹ wird in J. F. Billeter, Études sur Tchouang-tseu, pp. 102–114, ausgeführt.

[46] Cf. P. J. Thiel, Das Erkenntnisproblem des Chuang-tzu, p. 47[74]; o.c., pp. 7–8, wird, was die Zielerlangung des »Alleins-Erlebnisses« bei Zhuāngzǐ und den Zen-Meistern betrifft, davon gesprochen, daß sie zwar keine eigentliche Askese verlangten, „doch sind zur Erreichung des Zieles so viele Verzichte gefordert, so grosse Kraftanstrengungen nötig, dass sie schwerer Askese gleichkommen." Cf. o.c., p. 30[37].

beruhen, nicht aber die Grundzüge weisheitspraktischer Operationen in Erwägung ziehen, wenn auch die Erläuterungen des genannten Kritikers zur von ihm so genannten „Enstasetechnik“ im Daoismus ansonsten sehr fundiert sind. Will man hier einen Unterschied erkennen, so muß man anmerken, daß der Schwerpunkt der *via purgativa* als erste von drei Spiritualmethoden in der christlichen Tradition auf der Moral, der Ethik und dem Leiblichen (nicht nur Körperlichen) lag. Für die heidnischen Platoniker gilt, wie aus meinen früheren Darstellungen ersichtlich geworden sein dürfte, daß die strukturelle Übereinstimmung ihrer Lehren mit der Dao-Tradition bestechend und erheblich ist. Ein weiterer Passus dazu. „Wenn es sich bei ihm [dem Verstümmelten] aber so verhält,

(ϒ3) wie gebraucht (用 *yòng*) er nur seinen Geist (心 *xīn*)? …
(ϒ1) Tod und Leben (死生 *sǐ shēng*) sind zwar mächtig (亦大矣 *yì dà yǐ*), doch können diese beiden (與 *yǔ*)
(ϒ3) ihn (之 *zhī*) [den Geist des Verstümmelten]
(ϒ4) nicht (而不得 *ér bù dé*) rühren (變 *biàn*).
(ϒ2) Selbst wenn (雖 *suī*) Himmel-und-Erde (天地 *tiān dì*) um- und zusammenstürzten (覆墜 *fù zhuì*), auch dann würden (亦將 *yì jiàng*) die beiden (與 *yǔ*)
(ϒ3) ihm (之 *zhī*) [dem Geist des Verstümmelten]
(ϒ4) keinen (不 *bù*) Verlust zufügen (遺 *yí*). Geprüft und nicht für getäuscht/falsch erachtet, wandelt er sich nicht (審乎无假…而不遷 *shēn hū wú jiǎ ér bù … qiān*)
(ϒ1) mit den Dingen (與物 *yǔ wù*) …

(ϒ4)[ϒ3] Wenn man auf die Selbigkeit/Identität (同 *tóng*) schaut (視 *shì*),

(ϒ1) ist die Myriade von Dingen (萬物 *wàn wù*)

(Y5)[ϒ3] ein All-Eines (皆一 *jiē yī*). Wenn man das so annimmt (夫若然者 *fú ruò rán zhě*), erkennt man (知 *zhī*),

(ϒ1) daß Ohr und Auge (耳目 *ěr mù*) kein (不 *bù*) geeigneter Ort (所宜 *suǒ yí*) sind,

(ϒ3')[ϒ3_1] sondern (而 *ér*) schwebt (遊 *yóu*) mit seinem Geist (心 *xīn*)

(ϒ3)[ϒ3_2] in der Harmonie/Ruhe (和 *hé*) des Dé (Tüchtigkeit/Geist) (德) und sieht (視 *shì*) die Dinge (物 *wù*) am Ort der Einheit (所一 *suǒ yī*) …

(ϒ4) In seiner (彼 *bǐ*) Verwirklichung (為 *wéi*) des Selbst (己 *jǐ*)

(ϒ2) durch (以 *yǐ*) Erkenntnis (知 *zhī*) erlangte (得 *dé*) er

(ϒ3_1) den Geist (心 *xīn*) und durch (以 *yǐ*) den Geist (心 *xīn*) erlangte (以 *dé*) er

(ϒ3_2) den steten/unveränderlichen Geist (常心 *cháng xīn*). … Um so mehr (而况 *ér kuàng*), wer Minister (官 *guān*)

(ϒ2) von Himmel-und-Erde (天地 *tiān dì*),

(ϒ1) Präfekt (府 *fǔ*) der Myriade von Dingen (萬物 *wàn wù*), wem seine sechs Körperpartien (六骸 *liù hái*) nur Residenz (直寓 *zhí yù*) ist, wem Ohr und Auge (耳目 *ěr mù*) Schein (象 *xiàng*) [darbietet], wer das Feld (所 *suǒ*) der Erkenntnisse (知 *zhī*)

(ϒ3) als Eines/Einheit (一 *yī*) erkennt (知 *zhī*), und wessen Geist (心 *xīn*)

(ϒ4) den Tod (死 *sǐ*) nicht mehr (未 *wèi*) schmeckt (嘗 *cháng*).“[47]

[47] Zhuāngzǐ, Nán-huá-zhēn-jīng 5.1, ⟨ed.⟩ HYIZY, pp. 12.4–13.13,

Und noch eine ganz ähnliche Sequenz.

(ϒ1) „Drei Tage (參日 *sān rì*) später (而後 *ér hòu*) vermochte er (能 *néng*) die Welt (天下 *tiān xià*), hinauszuwerfen (外 *wài*). Die Welt (天下 *tiān xià*), hinausgeworfen (外 *wài*) habend (已 *yǐ*), … vermochte er (能 *néng*) sieben Tage (七日 *qī rì*) später (而後 *ér hòu*), die Dinge (物 *wù*) hinauszuwerfen (外 *wài*), die Dinge (物 *wù*) hinausgeworfen habend (外 *wài*), … vermochte er (能 *néng*) neun Tage (九日 *jiǔ rì*) später (而後 *ér hòu*)

(ϒ2) das Leben (生 *shēng*) hinauszuwerfen (外 *wài*). Das Leben (生 *shēng*) hinausgeworfen habend (外 *wài*), vermochte er (能 *néng*),

(ϒ3) einen Durchblick (徹 *chè*) wie bei Morgenlicht (朝 *zhāo*) zu haben. Einen Durchblick (徹 *chè*) wie bei Morgenlicht (朝 *zhāo*) habend, war er fähig (能 *néng*), die Einfachheit (獨 *dú*) zu erfassen (見 *jiàn*). Die Einfachheit (獨 *dú*) erfaßt habend (見 *jiàn*), vermochte er (能 *néng*),

(ϒ4$_1$) Vergangenheit (古 *gǔ*) und Gegenwart (今 *jīn*) aufzuheben (无 *wú*). Vergangenheit (古 *gǔ*) und Gegenwart (今 *jīn*) aufgehoben habend (无 *wú*), vermochte er (能 *néng*),

(ϒ4$_2$) zum Zustand (於 *yú*) von weder Tod (不死 *bù sǐ*) noch Leben (不生 *bù shēng*) vorzudringen (入 *rù*).“[48]

---

mit Auslassungen: 若然者。其用心也。獨若之何。…死生亦大矣。而不得與之變。雖天地覆墜。亦將不與之遺。審乎无假。而不與物遷。…自其同者視之。萬物皆一也。夫若然者。且不知耳目之所宜。而遊心乎德之和。物視其所一。…彼為己。以其知得其心。以其心得其常心。…而況官天地。府萬物。直寓六骸。象耳目。一知之所知。而心未嘗死者乎。Meine erläuternde Ergänzung zwischen eckigen Klammern.

[48] Zhuāngzǐ, Nán-huá-zhēn-jīng 6.4, ⟨ed.⟩ HYIZY, p. 17.39-41, mit zwei Auslassungen: 參日而後能外天下。已外天下矣。…七日而後能外

Hier will ich kurz anmerken, daß meine Vierstufung dieser Sequenz weisheitlicher Verwirklichung von der tetragraden Einteilung Izutsu Toshihiko's durch die Art und Weise der Erschließung, aufgrund re–flexionstheoretischer Erwägungen, die mittlerweile an Dutzenden von Beispielen aus allen Philosophie- und Spiritualtraditionen der antiken Welt bewährt wurden, zwar abweicht, die Grobgliederung jedoch vergleichbar bleibt. Die Ausgangsebene ist bei ihm nämlich in zwei Niveaus unterteilt und der morgendliche Aufgang des geistigen Lichts (朝 *zhāo*), der zum ungehinderten und freien Durchblick (徹 *chè*) befähigt, stellt den Abschluß des Aufstiegs dar.[49] Allerdings schränkt er diese Aussage ein, indem er die von mir nach unten in den Totalitätsblick gezogene Verschmelzung mit dem Einfachen als Oberstes nur noch analytisch, nicht hierarchisch, untergliedert. „Wenn einmal diese 'Erleuchtung' erlangt ist, kommen keine weiteren Stadien mehr. Oder sollte ich sagen, es kommen noch weitere Stadien, aber sie kommen nicht nacheinander; alle von ihnen werden gleichzeitig aktualisiert. Falls man sie als 'Stadien' betrachtet, müssen sie als horizontale Stadien beschrieben werden, die auf einmal und alle zusammen in dem Moment auftauchen, in dem das innere Auge durch den durchdringlichen Strahl des spirituellen Tagesanbruchs geöffnet wird."[50]

„»Sitzen in Vergessenheit« [坐忘 *zuò wàng*] ist ein Ausdruck, der die äußere Erscheinung des Menschen beschreibt,

---

物。已外物矣。…九日而後能外生。已外生矣。而後能朝徹。朝徹而後能見獨。見獨而後能无古今。无古今而後能入於不死不生。

49 Cf. T. Izutsu, Sufism and Taoism, pp. 347–348; idem, The Structure of Oriental Philosophy, 1.51–53 (The Absolute and the Perfect Man in Taoism).

50 T. Izutsu, Sufism and Taoism, p. 348; idem, The Structure of Oriental Philosophy, 1.52 (The Absolute and the Perfect Man in Taoism).

der »ich-los« geworden ist. Aber sein Inhalt ist genau der gleiche wie der der »Reinigung der Vernunft« [心齋 *xīn zhāi*].“[51] „Was versteht man (何謂 *hé wèi*) unter »Sitzen in Vergessenheit« (坐忘 *zuò wàng*)? Yán Huí antwortete:

(ϒ1) Gliedmaßen und Rumpf (肢體 *zhī tǐ*) fallen zu lassen (墮 *duò*),
(ϒ2/1) Feinhörigkeit und Scharfsichtigkeit (聰明 *cōng míng*) ab-/auszublenden (黜 *chù*),
(ϒ1) die körperlichen Formen (形 *xíng*) zu verlassen (離 *lí*),
(ϒ2) die Vernunft (知 *zhì*) loszuwerden (去 *qù*),
(ϒ3) eins/selbig zu werden (同於 *tóng yú*)
(ϒ4) mit der Uroffenheit/Urdurchdringung (大通 *dà tōng*)

– das ist gemeint (此謂 *cǐ wèi*) mit »Sitzen in Vergessenheit« (坐忘 *zuò wàng*).“[52] Dazu die Expertise eines Spezialisten im Kontext der Vorstellung, Darstellung und der Darlegung früh-daoistischer Aufstiegsmodelle kontemplativer Verfahren und daraus resultierender Bewußtseinszustände: „Während es Abweichungen in den verschiedenen Listen meditativer Stufen gibt, gibt es in beidem, in puncto Details und einzelner technischer Ausdrücke, unter ihnen beachtliche Ähnlichkeiten.“[53] Dies gilt für frühe Konzeptionen. Später schaut das

---

[51] T. Izutsu, The Structure of Oriental Philosophy, 1.49 (The Absolute and the Perfect Man in Taoism), meine verdeutlichende Ergänzung der chinesischen Begriffe in eckigen Klammern.

[52] Zhuāngzǐ, Nán-huá-zhēn-jīng 6.9, ⟨ed.⟩ HYIZY, p. 19.92-93: 何謂坐忘。顏回曰。墮肢體。黜聰明。離形去知。同於大通。此謂坐忘。

[53] H. D. Roth, Evidence for Stages of Meditation in Early Taoism, p. 310; eine Tabelle dieser Stufen laut verschiedener früh-daoistischer Texte in chinesischer Originalsprache und in englischer Übersetzung

aufgrund einer unübersehbaren Vervielfachung metaphysischer Prinzipien, vornehmlich durch Untergliederung, und damit auch von Schritten, diesen psychomental zu entsprechen, um einiges vielschichtiger aus, ein Phänomen, das parallel ganz ähnlich in den beiden anderen Stiftertraditionen des Philosophierens, Indien und Griechenland, auftritt.

(ϒ4) „Ich berichte dir (吾語女 *wú yù rŭ*) vom Maximal-Dào (至道 *zhì dào*). Das Wesen (精 *jīng*) des Maximal-Dào (至道 *zhì dào*) ist bodenlose Abgründigkeit (窈窈 *yăo yăo*), tiefste Düsternis (冥冥 *míng míng*);
(ϒ3) die Grenze (極 *jí*) des Maximal-Dào (至道 *zhì dào*) ist ein wirres Durcheinander (昏昏 *hūn hūn*), tiefe Stille (默默 *mò mò*), unsichtbar (无視 *wú shì*), unvernehmbar (无聽 *wú tīng*). Umfasse (抱 *bào*) den Geist (神 *shén*) mit Stille (靜 *jìng*), so wird (將 *jiāng*)
(ϒ1) die (körperliche) Form (形 *xíng*) von selbst (自 *zì*) gerade (正 *zhèng*). Du mußt (必 *bì*) ruhig (靜 *jìng*), du mußt (必 *bì*) still/klar (清 *qīng*) sein, deinen Leib (形 *xíng*) nicht (无 *wú*) plagen (勞 *láo*),
(ϒ2) dein Seelenwesen (精 *jīng*) nicht (无 *wú*) aufwühlen (搖 *yáo*), nur so (乃 *năi*)
(ϒ4) kannst (可 *kĕ*) du immerdar (長 *cháng*) leben (生 *shēng*).
(-ϒ1) Wenn (所 *suŏ*) die Augen (目 *mù*) nichts (无 *wú*) sehen (見 *jiàn*), wenn (所 *suŏ*) die Ohren (耳 *ĕr*) nichts (无 *wú*) hören (聞 *wén*),
(-ϒ2) wenn (所 *suŏ*) die Vernunft (心 *xīn*) nichts (无 *wú*) weiß (知 *zhī*),
(ϒ3) wird (將 *jiāng*) dein Geist (神 *shén*)

findet sich o.c., pp. 312-313; nur in Englisch auch in idem, The *Laozi* in the Context of Early Daoist Mystical Praxis, pp. 86-87.

(ϒ1) deine (leibliche) Gestalt (*xíng*) schützen (守 *shǒu*), dann (*nǎi*) wird deine (leibliche) Gestalt (形 *xíng*)

(ϒ4) immerdar (長 *cháng*) leben (生 *shēng*). Achte (慎 *shèn*) du (女 *rǔ*) auf dein Inneres (內 *nèi*), verschließe (閉 *bì*) du dich (女 *rǔ*) gegenüber dem Äußeren (外 *wài*): Vielwisserei (多知 *duō zhì*) führt (為 *wéi*) zum Untergang (敗 *bài*).“[54]

Und hier noch eine weitere Methode, die zum daoistischen Repertoire grundlegender kontemplativer Übungen gehört. „Nähre den Geist (心養 *xīn yǎng*)! Verweile (處 *chǔ*) im Nichthandeln (无為 *wú wéi*) und die Dinge (物 *wù*) verwandeln sich (化 *huà*) von selbst (自 *zì*)!

(ϒ1) Lasse die körperliche Form (形體 *xíng tǐ*) fallen (墮爾 *duò ěr*),

(ϒ2/1) Spucke (吐爾 *tǔ ěr*) Feinhörigkeit und Scharfsichtigkeit (聰明 *cōng míng*) aus, vergiß (忘 *wàng*) den Umgang mit den Dingen (倫與物忘 *lún yǔ wù wàng*):

(ϒ3) Urselbigkeit/Uridentität (大同 *dà tóng*) in meerestiefer Düsternis (涬溟 *xìng míng*).

(ϒ2) Die Vernunft (心 *xīn*) (er)lösen (解 *jiě*),

(ϒ3) den Geist (神 *shén*) (ent)lassen (釋 *shì*), nichts behaupten (莫然 *mò rán*):

(ϒ3/4) geist(seelen)–los sein (无魂 *wú hún*).

(ϒ1) Von den 10000 Dingen (萬物 *wàn wù*) in ihrer Überfülle (云云 *yún yún*) kehrt ein jedes (各 *gè*)

---

[54] Zhuāngzǐ, Nán-huá-zhēn-jīng 11.4, ⟨ed.⟩ HYIZY, p. 27.35-38: 吾語女至道。至道之精。窈窈冥冥。至道之極。昏昏默默。无視无聽。抱神以靜。形將自正。必靜必清。无勞女形。无搖女精。乃可以長生。目无所見。耳无所聞。心无所知。女神將守形。形乃長生。慎女內。閉女外。多知為敗。

(ϒ4) zum Ursprung (根 *gēn*) zurück (復 *fù*). Ein jedes (各 *gè*) kehrt zum Ursprung (根 *gēn*) zurück (復 *fù*)
(-ϒ2) und weiß nichts (davon) (而不知 *ér bù zhī*):
(ϒ3) Durch–einander/Chaos (渾渾 *hún hún*)
(ϒ4) des Durch–einanders/Chaos (沌沌 *dùn dùn*) ...“[55]

Da die Bildeprinzipien solcher Skalen mittlerweile bekannt sind, darf ich folgend einige weitere ohne viel des Kommentars wiedergeben.

(ϒ1₁) „Erlange (若 *ruò*) du (汝 *rǔ*) eine aufrechte (正 *zhèng*) Körperhaltung (形 *xíng*);
(ϒ1₂) dein (汝 *rǔ*) Einsehen/Blick (視 *shì*) sei eins/gesammelt (一 *yī*) und die Harmonie/Ruhe (和 *hé*) des Himmels (天 *tiān*) wird dich erreichen (將至 *jiāng zhì*);
(ϒ2/1) dein (汝 *rǔ*) Wissen/Wahrnehmen (知 *zhī*) ziehe nach innen (攝 *shè*), dein (汝 *rǔ*) Gemüt/Vermögen/Tun (度 *dù*) sei eins/gesammelt (一 *yī*)
(ϒ3) und das Geistige (神 *shén*) wird (將 *jiāng*) in dir Wohnung nehmen (來舍 *lái shè*). Dé (Tüchtigkeit/Geist) (德) wird dir Zufriedenheit schenken (為汝美 *wéi rǔ měi*)
(ϒ4) und du (汝 *rǔ*) wirst (將 *jiāng*) im Dào (道) einen Ruheplatz finden (為..居 *wéi ..jū*).“[56]

---

[55] Zhuāngzǐ, Nán-huá-zhēn-jīng 11.5, ⟨ed.⟩ HYIZY, p. 28.53-55: 心養。汝徒處无為。而物自化。墮爾形體。吐爾聰明。倫與物忘。大同乎涬溟。解心釋神。莫然无魂。萬物云云。各復其根。各復其根而不知。渾渾沌沌。Man beachte die Skalierung der paarig angeordneten Ideogramme 渾渾沌沌 (*húnhún dùndùn*), die kaum anders denn als eine Steigerung oder Genitivkonstruktion von 混沌 (*hùn dùn*) aufzufassen sind.

[56] Zhuāngzǐ, Nán-huá-zhēn-jīng 22.3, ⟨ed.⟩ HYIZY, p. 58.22-23: 若正汝形。一汝視。天和將至。攝汝知。一汝度。神將來舍。德將為汝美。道將為汝居。

Daran reiht sich:

(ϒ1) „Kläre (疏 *shū*) und läutere (瀹 *yuè*) du (汝 *rŭ*) durch Gleichmut (齊 *qí*) und Verzicht (戒 *jiè*),
(ϒ2) deine Vernunft (心 *xīn*),
(ϒ3) wasche schneeweiß (澡雪 *zăo xuĕ*) das Wesen (精 *jīng*) deines Geistes (神 *shén*) und wirf hinaus (掊擊 *póu jì*) dein Wissen (知 *zhì*),
(ϒ4) denn Dào (道) ist tief (窅 *yăo*) und wahrlich (然 *rán*) unmöglich zu beschreiben (難言哉 *nán yán zāi*)."[57]

Zu vier der fünf soeben wiedergegebenen Stellen stellt ein Gelehrter unter der Rubrik des Erfahrens der Verkörperung des Dào fest: „... die Bedeutungen, die sie innehaben, durchdringen in der Tat den gesamten *Zhuangzi*-Text, indem sie eine Zentralachse bilden, um die herum der Grundgedanke des Werks formuliert ist."[58] Oder:

(ϒ1) „Durchkreuze (徹 *chè*) die Aufregungen (勃 *bó*) des Willens (志 *zhì*),
(ϒ2) entbinde (解 *jiĕ*) die Vernunft (心 *xīn*) von Verdrehungen (謬 *miù*),
(ϒ3) löse (去 *qù*) die Verwicklungen (累 *lèi*) von Dé (Tüchtigkeit/Geist) (德),

[57] Zhuāngzĭ, Nán-huá-zhēn-jīng 22.5, ⟨ed.⟩ HYIZY, p. 58.29: 汝齊戒疏瀹而心。澡雪而精神。掊擊而知。夫道窅然難言哉。Das Zeichen 瀹 gilt als Variante von 瀹 (*yuè*) = reinigen, waschen, spülen, wässern, einweichen, kochen.

[58] Cf. Yang Rur-bin, From "Merging the Body with the Mind" to "Wandering in Unitary *Qi* 氣": A Discussion of Zhuangzi's Realm of the True Man and Its Corporeal Basis, pp. 89–90, hier o.c., p. 90; es handelt sich um eine Zusammenstellung von ⟨ed.⟩ HYIZY, p. 19.92–93, p. 28.53–55, p. 58.22–23, p. 58.29, in englischer Übersetzung.

(ϒ4) durchdringe (達 *dá*) die Blockaden (塞 *sāi*) des Dào (道).“[59]

Und abermals:

(ϒ1) „Ein scharfes (徹 *chè*) Auge (目 *mù*) sorgt für (為 *wéi*) Durchblick (明 *míng*); ein hellhöriges (徹 *chè*) Ohr (耳 *ěr*) sorgt für (為 *wéi*) Deutlichkeit (聰 *cōng*); eine feine (徹 *chè*) Nase (鼻 *bí*) sorgt für (為 *wéi*) Subtilität (顫 *zhàn*); ein empfindlicher (徹 *chè*) Mund (口 *kǒ*) sorgt für (為 *wéi*) Geschmack (甘 *gān*);
(ϒ2) eine durchdringende (徹 *chè*) Vernunft (心 *xīn*) sorgt für (為 *wéi*) Erkenntnis (知 *zhī*); klare (徹 *chè*) Erkenntnis (知 *zhī*) sorgt für (為 *wéi*)
(ϒ3) Dé (Tüchtigkeit/Geist) (德).
(ϒ4) Dào (道) im ganzen (凡 *fán*) will nicht (不欲 *bù yù*) behindert werden (壅 *yōng*).[60]

„Die Stufenfolge stimmt in den einzelnen angeführten Texten nicht genau überein, ein Beweis mehr, dass Chuang-tzu ein Sammelwerk ist. Man kann die verschiedenen Stufen in diese fünf zusammenziehen:
1. Beherrschung des Leibes zum willigen Werkzeug der Enstase,
2. Unterbindung der sinnlichen wie rationalen Erkenntnis,
3. Aufgabe des Ichbewusstseins,

---

59 Zhuāngzǐ, Nán-huá-zhēn-jīng 23.1, ⟨ed.⟩ HYIZY, p. 64.67-68: 徹志之勃。解心之謬。去德之累。達道之塞。

60 Zhuāngzǐ, Nán-huá-zhēn-jīng 26.9, ⟨ed.⟩ HYIZY, p. 74.37-38: 目徹為明。耳徹為聰。鼻徹為顫。口徹為甘。心徹為知。知徹為德。凡道不欲壅。

4. Aufgabe des Zeitbewußtseins (wo die Dinge noch nicht angefangen),
5. Erfassung des über-individuellen Seins, des Alleins-Daseins.

Ähnliche Stufenfolgen finden sich auch bei den Enstase-Techniken der übrigen Mystiker; denn es ist der naturgegebene Weg zu diesem Erlebnis, der im Wesen des Menschen begründet sein dürfte."[61]

Nèi-dān Innere Alchemie

Wie nun schon häufiger bemerkt, sind die reflektorisch erschlossenen psycho-mentalen Grade in den ganzheitlichen Weisheitslehren der antiken Welt jeweils auch spezifische Vermögen des Erlebens und der BewußtSeins-Verwirklichung, die durch eine radikale Transformation des Daseins aktualisiert werden können. Damit denen, die der Dao-Philosophie folgen, dabei wohlstrukturierte und gangbare Methoden bereitgestellt werden können, entwickelte sie eine ausgefeilte Landkarte von (physisch-)energetisch-psychisch-noetischen Ebenen und Funktionskreisen des (inneren) Menschen, die in ihrer Art hinduistischen, buddhistischen und platonistischen Pendants nicht nur ähnlich, sondern nicht selten gleich sind. Die Universitätsgelehrtheit sucht, um dies zu belegen, wenn sie 's nur täte, irgendwelche Einflußfaktoren zwischen und Übernahmen aus Fremdkulturen. Wie nahe liegt demgegenüber die schlichte, geradezu einfältige Einsicht, daß es sich hierbei um die Struktur der menschlichen Kognition handelt, die einfach nur beobachtet und beschrieben wurde, was man Phänomenologie nennt. Zu solch trivialen Einsichten läßt sich die auf peinliche Genauigkeit bedachte historio-doxographische Mainstreamforschung jedoch nicht herab.

Orientierungspunkt bei dieser Graduierung ist in erster

---

[61] P. J. Thiel, Das Erkenntnisproblem des Chuang-tzu, p. 63, Numerierung des Originals.

Linie der Spruch 42 des ›Dào-dé-jīng‹. Im diesbezüglichen Rückverweis auf ihn will ich denn auch den Hauptteil meiner Skizze der Geistwelt-Schichtung des Daoismus beschließen. Bei seiner Darstellung war ja schon einmal kurz die Rede davon, daß die durch Zahlen umschriebenen Prinzipien des Dào mit gewissen Körperteilen des Menschen in Verbindung gebracht wurden. Diese Lehre wurde zu einem ausgeklügelten Magie- und Kontemplationssystem, der inneren Alchemie (内丹 *nèi dān*). Darin unterschied man drei Ebenen, die sogenannten Zinnoberfelder (丹田 *dān tián*), das höhere, das mittlere und das niedere. „Die drei Ursprünglichen haben ihren Sitz an drei Zentralpunkten des menschlichen Körpers, drei Geistreichen, unter dem Nabel, im Herzen und im Kopf, drei Zentren beherrschend, die mit den drei Instanzen in Entsprechung gebracht werden können, die unser Mittelalter unterschied, den Körper, die Seele und den Geist. Diese drei Punkte sind im Taoismus die drei »Zinnoberfelder« und sie werden durch seine Geschichte hindurch die drei Bezugspunkte aller spirituellen Bemühung bleiben. Und die drei Geister, die sie bewohnen, sind die drei Ursprünglichen – Zeugen des Ursprungs im Menschen – oder die drei Einen …“[62]

---

62 I. Robinet, Taoisme et mystique, p. 79; zu den drei Zinnoberfeldern in Zusammenhang mit den drei Einen cf. L. Kohn, The Taoist Experience, pp. 204–214; die chinesische Intern-Alchemie im Kontext des Unus-mundus-Schemas von Gerardus Dorneus (ca. 1530–1584) bei N. J. Girardot, Myth and Meaning in Early Taoism, pp. 295–298; in bezug auf die drei Wesensglieder, die drei alchymischen Substanzen bzw. daoistischen Lebensprinzipien 精 *jīng,* 氣 *qì,* 神 *shén,* und die Würdigen des Himmels in Zusammenhang mit der Rückkehr zum urchaotischen Zustand in Umkehrung der Manifestations-Reihenfolge von ›Dào-dé-jīng 42‹ cf. o.c., p. 285. Zu den drei Lebensprinzipien und ihren Funktionen cf. auch S. Eskildsen, Daoism, Meditation, and the Wonders of Serenity, p. 305[2].

Zur inner-alchymischen Läuterung (鍊 *liàn*) der Drei Schätze (三寶 *sān bǎo*), wie die drei Lebensprinzipien auch genannt werden, in vier Graden: von der (Vital-)Essenz (精 *jīng*) (ϒ1) zur Atem- und Lebensenergie bzw. zum Pneuma (氣 *qì*) (ϒ2) über das Geistige oder Psychomentale (神/神 *shén*) (ϒ3) zur Leere (虛 *xū*) (ϒ4) ein Zitat aus der gegenwärtigen Forschungsliteratur: „Die Idee der Transformation von *jing, qi* und *shen* ist besonders im *neidan* wichtig, wo die Sätze

(ϒ1) »Essenz zu
(ϒ2) Pneuma läutern« (*lianjing huaqi* 鍊精化氣), »Pneuma zu
(ϒ3) Geist läutern« (*lianqi huashen* 鍊氣化神) und »Geist läutern und zur
(ϒ4) Leere zurückkehren« (*lianshen huanxu* 鍊神還虛),

die drei Hauptstadien der Praxis innerer Alchemie definieren."[63]

Anschließend eine Abbildung der drei Zinnoberfelder mit den jeweiligen Zuordnungen;[64] danach reproduziere ich ein komplexes Diagramm aus der Forschungsliteratur, das eine

[63] C. Despeux, *jing, qi, shen* 精·氣(炁)·神 essence, pneuma (breath, energy, vital force), spirit, p. 563, cf. o.c., pp. 562-565; die zitierte Stelle, es handelt sich (mit kurzen Auslassungen) um ZH 19/096, 738a.1-2 ≅ ZT 725/1046,4v.6-7 (DZ 23.614a), wurde bereits in der Indien-Abteilung der ›Widerspiegelung‹, cf. H. P. Sturm, Indische Vierfüßler, pp. 73-74, wiedergegeben; dort auch M. Falk / J. Przyluski, Aspects d'une ancienne psychophysiologie dans l'Inde et en Extrême-Orient, p. 727, die auf eine parallele Schichtung der Funktionsniveaus des vedischen *manas* (Geist, Psychomentales) und der Zinnoberfelder hinweisen. Eine verständliche Darstellung dieses Prozesses mit Erläuterung der damit verknüpften Symbolik gibt L. Kohn, Daoism and Chinese Culture, pp. 145-149.

[64] Cf. M. R. Saso, Blue Dragon White Tiger, p. 9.

Zusammenschau der GeistWelt des ›Huáng-tíng-jīng/Kanons vom Gelben Hof‹ wiedergibt.[65] Auch angesichts der darin aufscheinenden vertikalen wie horizontalen Vielschichtigkeit ist man an indische und helleni(sti)sche GeistWeltModelle erinnert. Nimmt man also von der Nachfolgebewegung des Shàngqīng-Daoismus, der Lìngbǎo-Schule (ab dem 5. Jh.), an, nicht nur, wie allgemein bekannt und anerkannt, wesentliche Anleihen beim Buddhismus genommen zu haben,[66] sondern aus dem Gedankengebäude von Basileides dem Gnostiker und seinen Anhängern ableitbar zu sein,[67] so muß man diese Vermutung in historio-doxographischer Hinsicht zwar tollkühn nennen, bei genauer struktureller und systematischer Betrachtung sollte der vorurteilsfreie Beobachter ob der Ähnlichkeiten und Entsprechungen jedoch nachdenklich werden und sich an die in einem früheren, dem Faszikel II/5 der ›Widerspiegelung des Geistes‹ referierte Forschungshypothese buddhistischen Einflusses auf die Spekulation des ‚Häresiarchen‘ Basileides erinnern.[68]

---

[65] Cf. N. J. Girardot, Myth and Meaning in Early Taoism, p. 287; das Oben-unten-Verhältnis wurde von mir umgekehrt (vertikal gespiegelt), um dem üblichen, von mir auch meist in Anspruch genommenen, Verständnis von Hierarchie gerecht zu werden, wonach das Prinzip (das Erste) oben steht; cf. das Diagramm bei M. R. Saso, Buddhist and Taoist Ideas of Transcendence, p. 12.

[66] Cf. I. Robinet, Geschichte des Taoismus, pp. 220-223.

[67] Cf. L. Wieger, Histoire des Croyances religieuses et des Opinions philosophiques en Chine depuis l'origine jusque'à nos jours, pp. 519, 567.

[68] Cf. H. P. Sturm, Die vier Wissenskonstituenzien (in) der spätantiken westlichen (?) Spekulation, pp. 93-95.

DAO-EBENEN UND ZINNOBERFELDER – AUSGEHEND VON LAOZI, DAODEJING 42

Die zwei frühen schulinternen Auslegungen, links ältere, rechts neuere Interpretation (nach M. R. Saso)

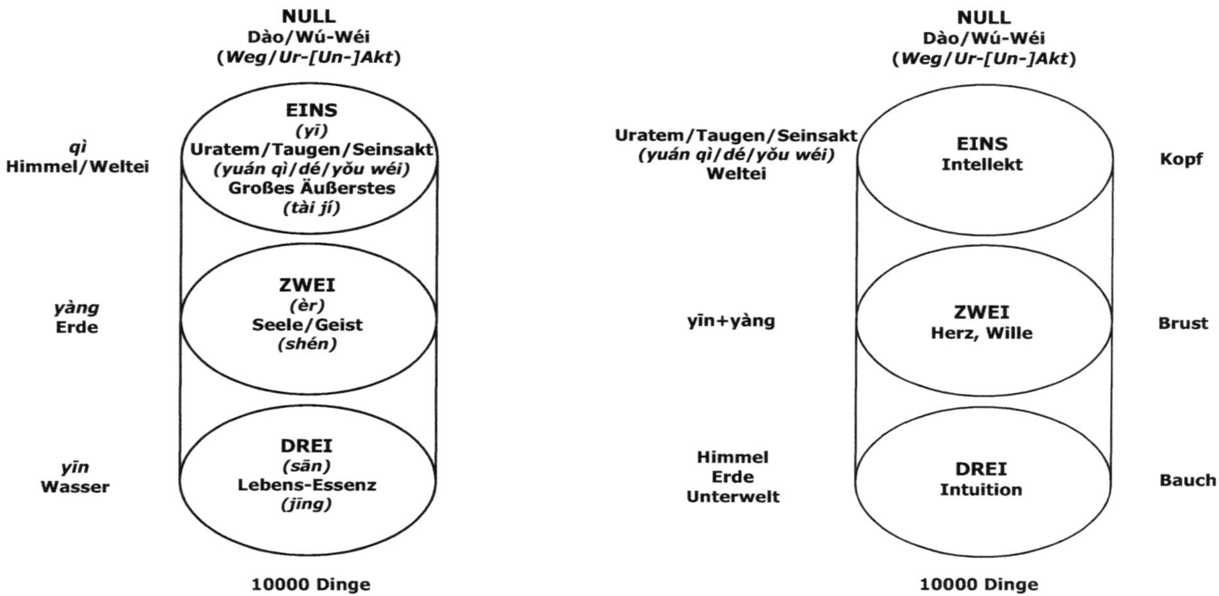

DAOSTISCHE MYSTISCHE ALCHEMIE (nach N. J. Girardot)

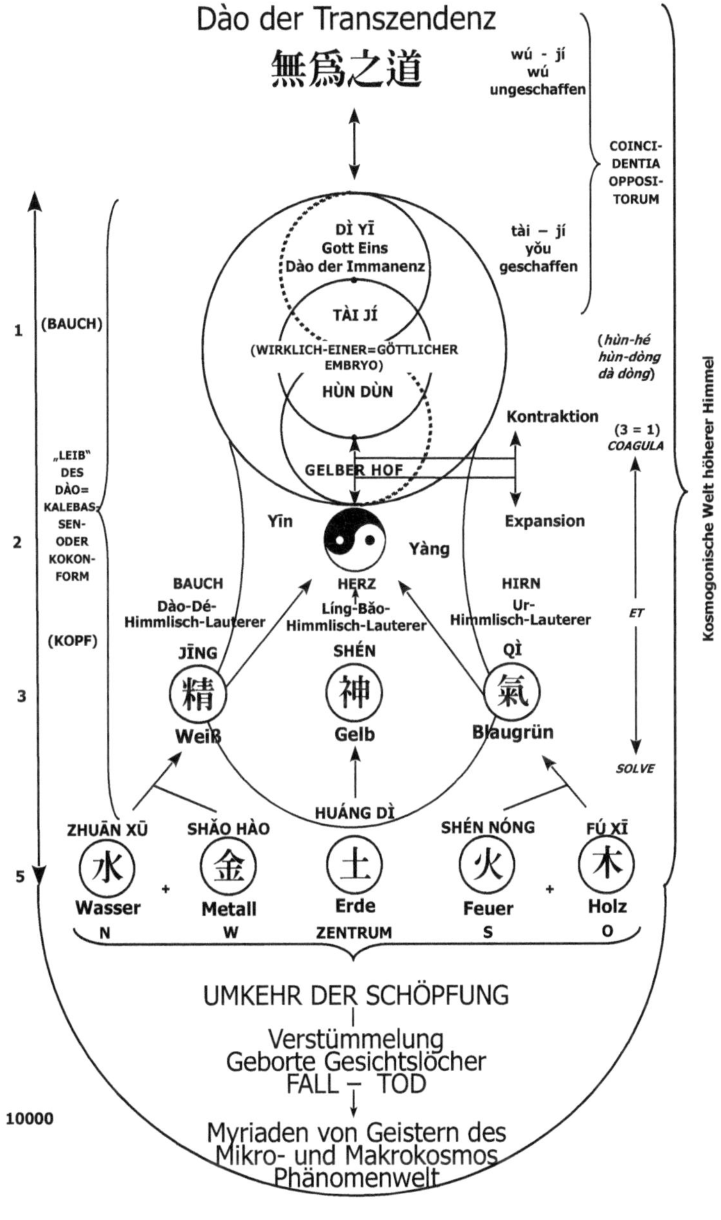

„Die Meditationen der inneren Alchemie werden so als Umkehrung des Reifungsprozesses angesehen. Von den Myriaden von Kreaturen scheidet der Adept alle Gedanken und Geister ab, bis die Drei übrigbleibt. Von der Drei schreitet der Taoist durch den Meditationsprozeß weiter zum Tao der Transzendenz:

(Υ1) Die Myriaden von Dingen führen zurückkehrend
(Υ2_1) zur Drei, // Die Drei
(Υ2_2) zur Zwei, // Die Zwei
(Υ3) zum Einen, // Das Eine
(Υ4) zum Tao der Transzendenz.“[69]

Ich kann dem Autor der diskutierten Doktrin hier sogar ein Original nachreichen, das die Rückkehr (逆 *nì*) und Einkehr (還 *huán*) des in die Zerstreuung gefallenen Dào und Menschen zur und in die Leere innerhalb eines einzigen Passus, im Quellentext nur durch zwei graphische Veranschaulichungen und Erläuterungen unterbrochen, ausspricht. Beginnen wir mit der arithmo-ont(olog)ischen Variante:

(Υ1) „Die Myriade von Dingen (萬物 *wàn wù*) enthält (含 *hán*)
(Υ2) die Drei (三 *sān*); die Drei (三 *sān*) kehrt zurück (歸 *guī*)
⟨Υ2½⟩ zur Zwei (二 *èr*); die Zwei (二 *èr*) kehrt zurück (歸 *guī*)
(Υ3) zum Einen (一 *yī*).“[70]

---

69 M. R. Saso, Buddhist and Taoist Ideas of Transcendence, p. 16, unter Zusammenziehung, wie vom Verfasser vermerkt, von drei Textstellen aus Sung Yin-tzu, Huang-t'ing Wai Ching, Yin-fu Ching Ho Chu, Taipei 1958.

70 Lǐ Dào-chún, Zhōng-hé-jí, ZH 27/014.2,279a.14 ≅ ZT 118/249.2,

[(ϒ4) die Stelle der Leere bleibt im Original unthematisiert.]

Wenige Zeichen-Kolumnen weiter wird die Leerstelle der Leere, Dào als Absolutum also, unter der Rubrik »Innere Medizin« (內藥 *nèi yào*) innerhalb einer etwas wirren Reihenfolge nachgeliefert. „Vor dem Himmel/Kosmos (先天 *xiān tiān*) ist das Wesentlichste (至精 *zhì jīng*), das bloße Nichts (虛無 *xū wú*) (ϒ4) und leere Qì/Pneuma (空炁 *kōng qì*), der makellose Urgeist (不壞元神 *bù huài yuán shén*) (ϒ3).“[71] Auf der noetischen Seite der Rückverwandlung des im Seienden zerspaltenen Menschen in die Einheit des Nichts haben wir die phasenverschobene, wenn man deren Sinn versteht, jedoch entsprechende Abfolge.

(ϒ1) „Eins (一 *yī*): Läuterung (鍊 *liàn*) des Wesens [der Essenz] (精 *jīng*) und Umwandlung (化 *huá*)

(ϒ2) zu Qì/Pneuma (氣 *qì*) …; zwei: (二 *èr*) Läuterung (鍊 *liàn*) von Qì/Pneuma (氣 *qì*) und Umwandlung (化 *huá*)

(ϒ3) zu Geist (神 *shén*) …; drei: (三 *sān*) Läuterung (鍊 *liàn*) von Geist (神 *shén*) und

(ϒ4) Rückkehr (還 *huán*) zur Leere (虛 *xū*).“[72]

5v.5 (DZ 4.488b): 萬物含三 三歸二 二歸一; cf. I. Robinet, Le rôle et le sens des nombres dans la cosmologie et l'alchimie taoïstes, p. 99.

[71] Lǐ Dào-chún, Zhōng-hé-jì, ZH 27/014.2,279a.21-22 ≅ ZT 118/249. 2,6r.1-2 (DZ 4.488c): 內藥 先天至精, 虛無空炁, 不壞元神。Text nach erstgenannter Ausgabe.

[72] Lǐ Dào-chún, Zhōng-hé-jì, ZH 27/014.2,279b.3, 5, 7 ≅ ZT 118/249. 2,6r.5, 7, 6v.1 (DZ 4.488c): 一鍊精化氣…二鍊氣化神…三鍊神還虛; versuchsweise Skalierung; cf. F. Pregadio, *jīndan* 金丹 Golden Elixir, pp. 554-555, mit tabellarischer Darstellung.

Zhuāngzǐ: Schmetterlingstraum

Als Schluß- und Höhepunkt dieses Kapitels möchte ich noch zwei Philosopheme der altchinesischen Weisheitstradition wiedergeben, die in einer Weise an die Metaphorik und Metaphysik des Vedānta erinnern, daß man, abgesehen von der Sprache, in welcher sie überliefert sind, nicht zu entscheiden können glaubt, welcher Tradition sie denn nun eigentlich zugehören. Beim ersten handelt sich um den berühmten »Schmetterlingstraum«, der was weiß ich wie oft schon dafür herhalten mußte zu demonstrieren, wie schön und erhebend auf der einen, aber auch wie relativistisch das chinesische Denken auf der andern Seite doch (gewesen) sei. Um diese Voreingenommenheit einmal zu bestätigen, schließe auch ich mich diesem Sinophilie zur Schau stellenden sentimentalen oder pseudo-skeptizistischen Brauch an, diesen Passus aus dem Original, ohne salbungsvolle Begleitworte und Kommentare allerdings, zu übertragen, im voraus aber schon ankündigend, daß es bei dem Traum-Argument im ›Nánhuá-zhēn-jīng‹ um tiefe, ja tiefste Einsichten geht. Echte Philo-Sophie, das „echt“ ist eigentlich überflüssig, und noch mehr Sophía, das ist der verwirklichte Daoismus in Reinform, deckt zwar die Stolpersteine und Probleme gewöhnlichen falschen Denkens schonungslos auf, das aber nur, um dafür Warnhinweise, Vermeidungsstrategien und Lösungen anzubieten. Es handelt sich dabei doch nicht um moderne Schein-Philosophie, die vom Zeitgeist souffliert bekommen hat, den Weg für das Ziel auszugeben, und das bildungsdünkelhaft auf die Lehre von Konfuzius zurückführend (die relevante Stelle aus den ›Analekten‹ habe ich in diesem Kapitel bereits zitiert), um diesen am Ende nicht einmal zu beschreiten.

„Es war einmal (昔者 *xī zhě*), da träumte (夢 *mèng*) Zhuāng-Zhōu, er wäre (為 *wéi*) ein Schmetterling (胡蝶 *hú dié*), ein fröhlich flatternder (栩栩 *xǔ xǔ*), selbstzufriedener

(自喻適志 *zì yù shì zhì*) Schmetterling (胡蝶 *hú diè*), der von Zhōu nichts wußte (不知周 *bù zhī Zhōu*). Plötzlich (俄 *é*) erwachte (覺 *jué*) er aber. Da (則 *zé*) war er tatsächlich (蘧然 *qú rán*) Zhōu. Doch weiß man nicht (不知 *bù zhī*), ob Zhōu geträumt hat (夢 *mèng*), er wäre ein Schmetterling (為胡蝶 *wéi hú dié*) oder ob der Schmetterling (胡蝶 *hú dié*) geträumt hat (夢 *mèng*), er wäre (為 *wéi*) Zhōu. Zhōu und ein Schmetterling (周與胡蝶 *Zhōu yǔ hú diè*) – da muß doch ein Unterschied sein (則必有分 *zé bì yǒu fēn*)! Diesen (此之 *cǐ zhī*) nennt man (謂 *wèi*) Umwandlung der Dinge (物化 *wù huà*)."[73] Doch was heißt in diesem Falle Umwandlung der Dinge? Eindeutige Antwort des Texts: den Unterschied zwischen Traum und Wirklichkeit vollwach erkennen zu können. „Die Möglichkeit, die Umwandlung der Dinge zu sehen (was eine andere Ausdrucksweise dafür ist, die Wirklichkeit [nicht nur Traumgebilde] zu sehen), ist eine notwendige Vorstufe zum voll erwachten Zustand."[74]

Der zitierte zeitgenössische China-Gelehrte riß die Liebhabergemeinde des »Schmetterlingstraums« und die diesen erforschende sogenannte wissenschaftliche Gemeinschaft also jählings aus demselben, indem er feststellte, daß dieser nur der noch nicht zu Ende gedachte Vorspann zur Geschichte von den in mehreren Potenzstufen Träumenden gewesen sein dürfte, dem großen Weisen und dem Großen Erwachen etwas früher im Text, welchen man sich nicht durch Einteilungen in Kapitel und Unterkapitel, wie sie moderne Ausgaben und

---

[73] Zhuāngzǐ, Nán-huá-zhēn-jīng 2.14, ⟨ed.⟩ HYIZY, p. 7.94-96: 昔者莊周夢為胡蝶。栩栩然胡蝶也。自喻適志與。不知周也。俄然覺。則蘧蘧然周也。不知周之夢為胡蝶與。胡蝶之夢為周與。周與胡蝶則必有分矣。此之謂物化。

[74] R. Allinson, A Logical Reconstruction of the Butterfly Dream in the *Chuang Tzu*, p. 123; meine Erläuterung in eckigen Klammern.

Übersetzungen aufweisen, zergliedert denken sollte. „Die Anekdote vom Schmetterlingstraum wird als vorgreifende Version betrachtet. Die Anekdote vom großen Weisen erfüllt und macht einfach vollständiger, was in der Anekdote vom Schmetterlingstraum tastend vorgebracht wurde.“[75] Ohne reflexionsstrukturelle Implikation der gleich zu präsentierenden Stelle aus dem ›Zhuāngzǐ‹ irgendwie auch nur zu erwähnen, dennoch logisch-argumentative Stimmigkeit einfordernd, fertigt er dazu eine tabellarische Anordnung an.

Träume vom Träumen und das Große Erwachen (nach R. Allinson)

TEXT	VERDICHTUNG DES ARGUMENTS
„Doch denken die Toren indessen, daß sie wach sind.	1. Alle Menschen existieren auf der Ebene des Traums.
Konfuzius und du sind in einem Traum.	2. Sogar Philosophen träumen, wenn sie ihre Theorien darlegen
Und wenn ich sage, daß du in einem Traum bist, ist das ebenso ein Traum.	3. Ich träume ebenso, während ich meine Philosophie darlege [die in diesem Falle die Philosophie ist, daß du träumst]. ...
Und eines Tages wird es ein großes Erwachen geben, wenn wir wissen, daß das alles ein großer Traum ist. Nach und nach kommt dieses große Erwachen und dann werden wir wissen, daß das alles ein großer Traum war.	4. Es ist möglich, daß wir an einem Zustand der Erkenntnis angelangen können, demzufolge wir zwischen dem unterscheiden können, was ein Traum und was kein Traum ist.“[76]

[75] R. Allinson, A Logical Reconstruction of the Butterfly Dream in the *Chuang Tzu*, p. 125.

[76] Die tabellarisch angeordnete Argumentation stammt von R. Allinson, A Logical Reconstruction of the Butterfly Dream in the *Chuang Tzu*, pp. 117–118, die Zufügung der Tabellenumrandung aus Gründen

Zur Verifikation gebe ich die Stelle, die die »Schmetterlings-Träumer« wachrütteln sollte, in meiner Version wieder. Sie stellt einen dreifachen Aufstieg vom verträumtesten Zustand (Υ1) über das vermeintliche Wachsein (Υ2) und das wache Wissen über das Träumen (Υ3) zum Großen Erwachen (Υ4) dar. Die Problemstellung in Gestalt des mutmaßlichen Gestaltwandels des Schmetterlings und Zhuāng-Zhōu's wiederhole ich, um die Stringenz der Argumentationssequenz in aller Deutlichkeit vor Augen zu führen.

„Es war einmal (昔者 *xī zhě*), da träumte (夢 *mèng*) Zhuāng-Zhōu, er wäre (為 *wéi*) ein Schmetterling (胡蝶 *hú dié*), ein fröhlich flatternder (栩栩 *xǔ xǔ*), selbstzufriedener (自喻適志 *zì yù shì zhì*) Schmetterling (胡蝶 *hú diè*), der von Zhōu nichts wußte (不知周 *bù zhī Zhōu*). Plötzlich (俄 *é*) erwachte (覺 *jué*) er aber. Da (則 *zé*) war er tatsächlich (蘧然 *qú rán*) Zhōu. Doch weiß man nicht (不知 *bù zhī*), ob Zhōu geträumt hat (夢 *mèng*), er wäre ein Schmetterling (為胡蝶 *wéi hú dié*) oder ob der Schmetterling (胡蝶 *hú dié*) geträumt hat (夢 *mèng*), er wäre (為 *wéi*) Zhōu. Zhōu und ein Schmetterling

---

besserer Übersichtlichkeit von mir; der zitierte Verfasser verwendet die englische Übersetzung in W. T. de Bary et al., Sources of Chinese Tradition, Aufl. ^{1}1960, gibt als Seitenzahl fälschlicherweise aber 1.74, und als Übersetzer ebenso unrichtig Chan Wing-tsit an; die korrekte Seitenzahl lautet 1.72, der richtige Übersetzer ist Mei Yi-Pao; die englische Übertragung in o.c., Aufl. ^{2}1999, 1.102–103, ist im Unterschied dazu von A. C. Graham und trifft m.E. nicht den entscheidenden Punkt des Selbsteinschlusses der in ansteigenden Graden träumend Genannten; die Übersetzung von Chan Wing-tsit, A Source Book in Chinese Philosophy, p. 189, weicht in stilistischen Feinheiten von der Mei Yi-Pao's zwar ab, behält jedoch den von R. Allinson in Anspruch genommenen Sinn bei; die erste der beiden angegebenen Übersetzungsvarianten im Feld links unten ist aus B. Watson, The Complete Works of Chuang Tzu, p. 47; die Skalierung der systematischen Deutung in der rechten Tabellenspalte stammt von R. Allinson selbst, weshalb sich eine Skalierung mit indizierten Lambdas erübrigt.

(周與胡蝶 *Zhōu yǔ hú diè*) – da muß doch ein Unterschied sein (則必有分 *zé bì yǒu fēn*)! Diesen (此之 *cǐ zhī*) nennt man (謂 *wèi*) Umwandlung der Dinge (物化 *wù huà*).“[77]

(♈1) „Während man (方其 *fāng qí*) träumt (夢 *mèng*), weiß man nicht (不知其 *bù zhī qí*), daß man träumt (夢也 *mèng yě*).

(♈2) Mitten (之中 *zhī zhōng*) im Traum (夢 *mèng*) nun (又 *yòu*) deutet man (占其 *zhān qí*) sogar (焉 *yān*) den Traum (夢 *mèng*).

(♈3) Erst wenn (而後 *ér hòu*) man erwacht ist (覺 *jué*), weiß man (知其 *zhī qì*), daß man geträumt hat (夢也 *mèng yě*).

(♈4) Doch gibt es (且有 *qiě yǒu*) ein Großes Erwachen (大覺 *dà jué*), dann (而後 *ér hòu*) ist man (其 *qí*) sich dieses (此 *cǐ*) großen Traums (大夢 *dà mèng*) auch (也 *yě*) bewußt (知 *zhī*).

(♈1) Aber (而 *ér*) die Toren (愚 *yú*) wähnen (以為 *yǐ wéi*)

(♈2) sich (自 *zì*) wach (覺 *jué*), dies vorgeblich (竊竊 *qiè qiè*) korrekt (然 *rán*) wissend (知 *zhī*): »ein Herrscher (君 *jūn*), ein Hirte (牧 *mù*); das steht fest!« (固哉 *gù zāi*) Konfuzius mit Dir (女 *rǔ*) zusammen (*yǔ*), ihr beide träumt ebenso (皆夢也 *jiē mèng yě*).

(♈3) Wenn ich (予 *yú*) Dich (女 *rǔ*) einen Träumenden (夢 *mèng*) nenne (謂 *wèi*), auch (亦 *yì*) das ist in der Tat ein Traum (夢也 *mèng yě*). Eine solche (是其 *shì qí*) Aussage (言 *yán*) nennt man (名為 *míng wéi*) träumerisch/paradox (弔詭 *diào guǐ*).

(♈4) Wenn man nach (之後 *zhī hòu*) zehntausend Äonen (萬世 *wàn shì*) aber (而 *ér*) mit einem (一 *yī*) großen Weisen

[77] Zhuāngzǐ, Nán-huá-zhēn-jīng 2.14, 〈ed.〉 HYIZY, p. 7.94-96; Text siehe Fußnote zur ersten Übersetzung derselben Textstelle oben.

> (大聖 *dà shèng*) zusammentrifft (遇 *yù*), der sie aufzulösen weiß (知其解者 *zhī qí jiĕ zhĕ*), ist das (是 *shì*) ein Zusammentreffen (遇 *yù*) von Morgendämmerung und Abenddämmerung (旦暮 *dàn mù*) [Koinzidenz und Kollaps des Gegensätzlichen].“[78]

Mit dem Schmetterlingstraum als ganzem hat Zhuāngzǐ den Aufbau seines categorial-cognitional frameworks, das des Daoismus, des Menschen, in einer einzigen Allegorie zusammengedrängt. Vergleichbares liegt in Europa mit Platon’s drei Gleichnissen der ›Politeia‹ vor. Die Einsicht, daß Zhuāngzǐ hier (und auch sonst) tatsächlich metatheoretisch verfährt, entstammt jedoch nicht nur einem Kopf wie dem meinigen, dem solche mit einem klaren Kopf, also ‚nüchtern‘ (d.h. objektbezogen) Denkende gerne unterstellen, vor lauter Gedankenschleifen wirr in demselben zu sein, nein, vielmehr ist er schon aus einem solchen, einem weiblichen allerdings, an exponierter Stelle sinologischer Forschung hervorgegangen.

„Er nimmt eine mise en abyme [Wiedereinschreibung/Rekursion/In-sich-Rückläufigkeit/Selbstreferenz] vermittels Verdoppelung vor: «Ich denke, daß ich denke», «Ich rede über die Rede», «Ich träume, daß ich träume», indem er das Thema des regressus ad infinitum aufgreift («der Anfang, der noch

[78] Zhuāngzǐ, Nán-huá-zhēn-jīng 2.12, 〈ed.〉 HYIZY, pp. 6.81–7.84: 方其夢也。不知其夢也。夢之中又占其夢焉。覺而後知其夢也。且有大覺而後知此其大夢也。而愚者自以為覺。竊竊然知之。君乎牧乎。固哉。丘也與女皆夢也。予謂女夢亦夢也。是其言也。其名為弔詭。萬世之後。而一遇大聖知其解者。是旦暮遇之也。*fāng qí mèng yĕ. bù zhī qí mèng yĕ. mèng zhī zhōng yòu zhān qí mèng yān. jué ér hòu zhī qí mèng yĕ. qiĕ yŏu dà jué ér hòu zhī cǐ qí dà mèng yĕ. ér yú zhĕ zì yǐ wei jué. qiè qiè rán zhī zhī. yūn hū mù hū. gù zāi. qiū yĕ yŭ rŭ jiē mèng yĕ. yú wèi rŭ mèng yì mèng yĕ. shì qí yán yĕ. qí míng wéi diào guǐ. wàn shì zhī hòu. ér yī yù dà shèng zhī qí jiĕ zhĕ. shì dàn mù yù zhī yĕ.* Meine Erläuterung in eckigen Klammern.

nicht angefangen hat anzufangen»). Aber er bleibt dabei nicht stehen. Diese Verdoppelung wird selbst wieder in Frage gestellt (und das ist sein wahrhaftes Ziel): «Träume ich, daß ich träume?», «Sage ich etwas, wenn ich darüber etwas sage, was ich sage?» Indem er so verfährt, stellt er sich einerseits selbst dar, indem er sich auf sich selbst zurückbezieht, um sich einer Tätigkeit des Störens hinzugeben. Andrerseits tut er es jedoch ohne deswegen einen Standpunkt der Äußerung einzunehmen, denn er fragt, aber äußert sich nicht, und er fragt sich darüber hinaus, ob es einen Sich-Äußernden und eine Äußerung gibt. «Seht ihr denn nicht, sagt er, daß die Störung ganz von alleine geschieht?» Mit anderen Worten, er treibt die Reflexion über die Reflexion bis zu ihrer Beseitigung durch diese mise en abyme und zur Überschreitung des Circulus vitiosus des Denkens, der sich im Kreise dreht, indem er sich reflektiert."[79]

---

[79] I. Robinet, Une lecture de *Zhuangzi,* pp. 130–131; diese für die Gnoseologie äußerst wichtige Bemerkung verlangte eigentlich eine Diskussion von entsprechender Bedeutsamkeit seitens der Re–flexionstheorie; ich muß es aufgrund der Themenstellung bei Andeutungen belassen. In einer für die Kognitionstheorie unzulässigen Weise werden hier Fragen, Rückfragen und Zweifel als Mittel zur und der Distanzierung von allen Standpunkten, zur Überwindung des Denkens aufgefaßt; o.c., p. 153, wird die (Urteils-)Suspension des Heiligen bei Zhuāngzǐ mit der „Epoché im griechischen Sinne" verglichen, welche diesem „Souverenität ohne Zweckbestimmtheit" verleihe. Daß der Begriff »Suspension« im Kontext der Skepsis im Höchstmaße irreführend ist, zeigte ich ausführlich in H. P. Sturm, Urteilsenthaltung oder Weisheitsliebe zwischen Welterklärung und Lebenskunst, pp. 289–331. Damit zusammen hängt das Verfahren des in sich rückläufigen Fragens, das an die pseudo-skeptische Pyrrhonismus-Diskussion zwischen Michel de Montaigne (1533–1592) und Blaise Pascal (1623–1662) erinnert, cf. dazu o.c., pp. 293–294, wobei darauf hinzuweisen ist, daß die Zielsetzungen daoistischer und christlich-fideistischer Denkbemühung faktisch grundverschieden sind, auch wenn die Ausdrucksweisen ähnlich lauten, was ich in der ›Urteilsenthaltung‹ hinsichtlich der

Im Kontext der Strukturtheorie der Re–flexion mit ihrer Bi-Aspektualität von metatheoretischer Erschließung der Kognitionsform und deren lemmatischen Formulierung dürfte es nicht unerheblich sein zu erwähnen, daß im direkten textlichen Anschluß an die Schilderung der Begegnung mit dem Weisen ein tetradisches Thesen-Disjunktum vorgeführt und am Ende des fiktiven Disputs dazu aufgefordert wird, es

---

Kategorie der Epoché verschiedener Ausprägungen der Skepsis und Mystik darlegte. Insofern vermittelt der Versuch, Zhuāngzǐ's Argumentationsweise mit Hilfe der Leerheit der Leere (Verweis auf Nāgārjuna incl.) zu erklären, zudem den selbstbezüglichen, sich selbst entleerenden und durch keine Sicherheit ersetzenden Zweifel heranzuziehen und diesen mit der „totalen Negation, die den Wert einer Affirmation hat" gleichzusetzen, einer „absoluten Negation, die, indem sie sich selbst negiert, in eine nicht ausgedrückte Affirmation von nichts umkippt, wo es keinen zu negierenden oder affirmierenden Sinn mehr gibt", I. Robinet, Une lecture de *Zhuangzi,* pp. 118–119, cf. o.c., pp. 122–123; eadem, Les commentaires du Tao to king jusqu'au VIIe siècle, pp. 117–128; eadem, Lao Zi et le Tao, pp. 203–205, auch wenn sie strukturell wohlverstanden zutrifft, einen falschen Eindruck vom Leistungssinn antiker und echter Philosophie, indem unterlassen wird, zwischen Zweifel (gr. *(di)amphisbētēsis* / lat. *dubium*), Widerlegung (gr. *élegchos* / lat. *refutatio*), Verneinung (gr. *apóphasis* / lat. *negatio*) und Aufhebung (gr. *anaíresis* / lat. *remotio/sublatio*) zu unterscheiden; dazu kommt, daß der »Zweifel« keine erkenntnistheoretische Kategorie, sondern allenfalls eine religiöse oder (kognitions-)psychologische, Gegenbegriff zu Glauben, Vermutung oder Meinung, nicht zu Wissen ist, in der antiken Skepsis kaum verwendet wurde, cf. H. P. Sturm, Urteilsenthaltung oder Weisheitsliebe zwischen Welterklärung und Lebenskunst, pp. 209–331, bes. p. 220[30], und Descartes' Zweifels-Meditation grandios scheitert, so daß er, um die Vergeblichkeit seines Gedankenexperiments zu cachieren, zu guter Letzt den Lieben Gott zu Hilfe rufen und den Gottesbeweis in Anspruch nehmen muß; Gott läßt sich aber, wie die Ideen- bzw. Ideologiegeschichte lehrt, am allertrefflichsten bezweifeln und der Beweis seiner Existenz am leichtesten widerlegen, cf. o.c., pp. 337–349; wer zweifeln will, kann durch nichts daran gehindert werden, nicht durch die absolute Wahrheit selbst, das Überzeugendste überhaupt, handelt es sich dabei doch um eine Gesinnung,

durch die Erhebung ins Unendliche zu überwinden und dort Wohnstatt zu nehmen (振於无竟故寓諸无竟 *zhèn yú wú jìng gù yù zhū wú jìng*).[80]

Selbst- als Grund-Erkenntnis

Der Höchst- und Endpunkt der altchinesischen Philosophie ist mit Hilfe der in der indischen häufig angewandten Allegorie vom Traum (skr. *svapna* / chin. 夢 *mèng*)[81] metatheoretisch zwar angedacht, in seiner ‚Unerhörtheit' geht er aber

---

eine innere Haltung oder Einstellung, auf der man, egal ob gegenüber Wissen, Halbwissen oder Unwissen, nach Belieben beharren kann. In I. Robinet, Une lecture de *Zhuangzi*, pp. 132–133, wird zwar zwischen einer Suspension innerhalb des Gegensätzlichen mit Verweis auf Edmund Husserl und einer jenseits davon, einer uneigentlichen, dem Großen Zweifel/Staunen (大疑 *dà yí*), cf. Zhuāngzǐ, Nán-huá-zhēn-jīng 25.8, ⟨ed.⟩ HYIZY, p. 71.53, und der Großen Leere (s. dazu die Darstellungen im Faszikel hier) differenziert, zum Zwecke einer systematischen Entwirrung solcher Konfusionen konsultiere man aber vorsorglich die ›Vier Stadien des Ent–Setzens‹, 2. Auflage, um nicht, wie Voltaire, Les œuvres complètes, 120.215 (Correspondence, Vol. 36), in Zwiespalt oder Agnostizismus verhaftet zu bleiben: „Mein Gott, falls es einen gibt, habe Erbarmen mit meiner Seele, falls ich eine habe." (*Mon Dieu, s'il y en a un, aiez pitié de mon âme si j'en ai une.*) Es gibt einige Versuche in der Sinologie, das ›Nán-huá-zhēn-jīng‹ mit Philosophemen der griechischen bzw. westlichen Skepsis zu erläutern oder Ähnlichkeiten beider festzustellen; so gut wie alle davon gehen von einem falschen, ideologisch mißbrauchten oder akademisch verkannten, einem modern fehlgedeuteten Skepsis-Begriff aus; eine Reihe solcher Studien ist verzeichnet in L. Kohn, Zhuangzi, p. 30[1], wobei zu erwähnen ist, daß die genannte Autorin in ihrem eigentlich begrüßenswerten kurzen Kapitel o.c., pp. 29–32: The Greek Connection, so verfährt, daß sie sich selbst bei ihrer Darstellung nur auf sekundärwissenschaftliche Studien aus der Sinologie stützt und damit genau dem verfällt, was ich zu solchen eben konstatierte, ja dabei sogar noch auf die seit dem Mißbrauch der Skepsis durch den christlichen Fideismus weit verbreitete Täuschung hereinfällt, den Gleichstand, die Gleich-Gültigkeit von Argumenten (gr. *isosthéneia*/*isología*) mit dem Zurückhalten sprachlicher bzw. mentaler Setzungen, traditionell (Urteils-)Enthaltung (*epoché̄*) genannt, gleichzusetzen, cf. o.c., p. 31: „…jede Annahme oder Feststellung mit Gegenpositionen aufzuwiegen (*epoche*) …".

über die Reflexion hinaus und stimmt in seiner endgültigen Formulierung mit der Gedankenführung der upanischadischen Überlieferung fast wörtlich überein. Es handelt sich darum, daß die Bedingung der Möglichkeit von Erkenntnis im/des Menschen, das letztliche Erkenntnissubjekt, nicht nur gedanklich, also mittelbar erfaßt, sondern zur unmittelbaren Verwirklichung gebracht werden muß, auch wenn es sich (per definitionem) um gar keinen Gegenstand handelt, was die ausschließlich auf Objekte fixierte wissenschaftliche Rationalität dazu veranlaßt, seine Existenz mit einem herablassenden Lächeln und dem Hinweis auf vermeintliche Fakten, Urknall, Evolution, neuronale Prozesse etc., die selbst die Möglichkeit der Erkenntnis mitsamt ebendieser zur Bedingung haben,

---

[80] Cf. Zhuāngzǐ, Nán-huá-zhēn-jīng 2.12, ⟨ed.⟩ HYIZY, p. 7.84-92: 既使我與若辯矣。若勝我。我不若勝。若果是也。我果非也邪。我勝若。若不吾勝。我果是也。而果非也邪。其或是也。其或非也邪。其俱是也。其俱非也邪。我與若不能相知也。則人固受其黮闇。吾誰使正之。使同乎若者正之。既與若同矣。惡能正之。使同乎我者正之。既同乎我矣。惡能正之。使異乎我與若者正之。既異乎我與若矣。惡能正之。使同乎我與若者正之。既同乎我與若矣。惡能正之。然則我與若與人俱不能相知也。而待彼也邪。何謂和之以天倪。曰。是不是。然不然。是若果是也。則是之異乎不是也亦无辯。然若果然也。則然之異乎不然也亦无辯。化聲之相待。若其不相待。和之以天倪。因之以曼衍。所以窮年也。忘年忘義。振於无竟。故寓諸无竟。 H. P. Sturm, Weder Sein noch Nichtsein, pp. 201-207, mit Nennung von Übersetzungsliteratur.

[81] Cf. P. R. Goldin, A Mind-Body Problem in the *Zhuangzi?*, pp. 245[43]-246: „Aber das Traum-Problem mit seinem damit zusammenhängenden Problem des Wahrnehmungs-Skeptizismus ist, weit davon entfernt, einen nebensächlichen Refrain darzustellen, ein Zentralthema in der Philosophie von *Zhuangzi.*" Der Gelehrte stellt, die Thematik einseitig aus dem Leib-Seele-Blickwinkel betrachtend, o.c., pp. 238-239, einen Vergleich mit dem Traum-Argument von Descartes her, ohne jedoch den näherliegenden, doch komplexeren und profunderen Illusionismus (skr. *māyā-vāda*) der indischen Philosophie, Hinduismus wie Buddhismus, in denen die Traummetaphorik (skr. *svapna*) in mehrerlei Hinsicht im Zentrum steht, auch nur zu erwähnen.

abzutun. Im Vedānta ist diese Einsicht schon in der ›Bṛhadāraṇyaka-‹, ebenso in der ›Kena-‹ und anders herum formuliert in der ›Chāndogya-Upaniṣad‹ vorfindlich, und zwar in dem Ausspruch, daß der Seher des Sehens nicht gesehen, der Hörer des Hörens nicht gehört, der Denker des Denkens nicht gedacht, der Erkenner des Erkennens nicht erkannt werden könne und dieser der allem inwendige Ātman sei.[82]

Das Gegenstück dazu im antiken China enthalten die ›Frühlings- und Herbstannalen von Herrn Lǚ‹, ein Kompendium philosophischer Ideen der sogenannten »Hundert Schulen des Denkens«, das unter den Titeln ›Lǚ-shì-chūng-qiū‹ oder ›Lǚ Bù-wéi‹ bekannt ist. Diese außerordentliche Stelle wurde in der neueren Sinologie in folgende Bemerkung zum ‚mystischen' Weg des frühen Daoismus, hier Quietismus genannt, eingeflochten, wobei noch zu fragen sein wird, ob das so unkommentiert gerechtfertigt ist. „Der Prozeß des Quietismus bestand mithin in einer Rückreise durch die aufeinanderfolgenden Bewußtseinsschichten zu dem Punkt, an dem man beim Reinen Bewußtsein ankam, wo man nicht mehr 'wahrgenommene Dinge', sondern 'das, wodurch wir wahrnehmen', sah. Denn 'das, wodurch wir erkennen', niemals erkannt zu haben, heißt, einen Schatz wegzuwerfen, der unser ist."[83]

Im Original liest sich die Sentenz zur Bedingung (der Möglichkeit), Voraussetzung, Grundlage, kurz, zum Grund

---

[82] Cf. Bṛhadāraṇyaka-Upaniṣad 2.4.14, 3.4.2, 4.5.15; Kena-Upaniṣad 1.1–8; Chāndogya-Upaniṣad, 7.24.1–2, ⟨ed.⟩ J. L. Shastri, Upaniṣatsaṅgrahaḥ, pp. 98, 104, 121; p. 2; p. 77; H. P. Sturm, Die vier Stadien des Ent–Setzens, pp. 237–239; idem, Alt-Akademische Erledigung der okzidentalen Metaphysik, pp. 221–222.

[83] ⟨tr.⟩ A. Waley, The Way and Its Power, p. 44 (Introduction), Formulierungen der folgend übersetzten Originalstelle einbezogen.

von Erkenntnis überhaupt, und um nichts weniger handelt es sich hierbei, wie folgt: „Kein Mensch, der nicht aufgrund seiner Erkenntnis(fähigkeit) erkennt (人莫不以其知知 *rén mò bù yǐ qí zhī zhī*), doch erkennt er nicht den Grund seines Erkennens (而不知其所以知 *ér bù zhī qí suǒ yǐ zhī*). Den Grund seines Erkennens zu erkennen, heißt »Dào-Erkenntnis« (知其所以知之謂『知道』 *zhī qí suǒ yǐ zhī zhī wèi zhī dào*). Den Grund seines Erkennens nicht zu erkennen, heißt, 'den Schatz wegzuwerfen' (不知其所以知之謂『棄寶』 *bù zhī qí suǒ yǐ zhī zhī wèi qì bǎo*).“[84]

Ob hier die gedanklich erschlossene Erkenntnisgrundlage oder die im Anschluß daran kontemplativ herbeigeführte gemeint ist, kann weder aus dem Satz allein noch aus seinem Kontext erschlossen werden. Daß die Daoisten ebenso wie die Buddhisten oder Hindus tatsächlich auch bis zum Letzten gingen, ohne den ersten Schritt unterlassen zu haben, geht aus einer daoistischen, wahrscheinlich unter buddhistischem Einfluß entstandenen Schrift des 5./6. Jahrhunderts hervor, dem ›Xī-shēng-jīng/Buch vom westlichen Aufstieg‹, dessen Aspekt der Verwirklichung in der einschlägigen Forschung folgendermaßen beschrieben wird. „Mit Hilfe, zuerst, von Vernunft (Ƴ2), später von Intuition (Ƴ3), bricht perfektes Verstehen an und Tao kann sich in den Menschen (Ƴ1) selbst voll verwirklichen (Ƴ4). Die Verwirklichung von Tao ist ein Zustand der Auflösung (20.5), der Vereinigung (24.11), wo alle Sinneswahrnehmung durch die nicht-sehenden und nicht-hörenden Eigenschaften des Tao selbst ersetzt ist (Ƴ4). Wenn es seine Heilsmission in der Welt erfüllt hat, kehrt Tao,

---

84 Lǚ Bù-wéi, Lǚ-shì-chūng-qiū 5/3.1 (23), ⟨edd./trr.⟩ J. Knoblock / J. Riegel, p. 140: 人莫不以其知知，而不知其所以知。知其所以知之謂『知道』。不知其所以知之謂『棄寶』。Cf. ⟨tr.⟩ R. Wilhelm, Frühling und Herbst des Lü Bu We, p. 58.

im verwirklichten menschlichen Wesen nun voll verkörpert, zu seinen Ursprüngen zurück. Es geht zurück und schreitet gleichzeitig zur Morgendämmerung der Schöpfung, zum Zustand vor und jenseits von Bewußtsein und Individualität, fort."[85]

In Fortführung und zur Ergänzung der Grundlegung der Strukturtheorie der Re–flexion in den ›Vier Stadien des Ent–Setzens‹ entwickelte ich zu diesem Gedankengang der antiken indischen und chinesischen Philosophie eine Graphik, die, unterstützt durch die in der ›Widerspiegelung des Geistes‹ zum Zwecke der Exemplifikation der abstrakten Lehrgehalte durchweg zum Einsatz kommenden Farbensystematik, auf anschauliche Weise die re–flektorisch erschließbaren Ebenen des Kognitionsgeschehens demonstriert. Das beginnt mit der phänomenalen Anfangskonstellation des Erkennens, des Subjekt-Objekt-Verhältnisses, d.h. des Bezugs des Erkennenden (Form) auf das Erkennbare (Inhalt), setzt sich fort mit dem unaufhaltsamen, durch Metatheorie bedingten Rückzug des Subjekts/Erkennenden (**S**) daraus, um bei der Einsicht anzulangen, daß es weder jemals in sinnlichen noch in mentalen Eierschalen eingeschlossen war (– **1-4**).[86] Wer darüber nicht intensiv gebrütet hat, dessen Geist wird trotz der nachfolgenden Verbildlichung aus diesen Gehäusen nicht entschlüpfen und sich mit seinen Flügeln in die unendlichen Weiten des Nicht-Objektivierbaren emporschwingen können.

---

[85] L. Kohn, Taoist Mystical Philosophy, p. 86; die Zahlen innerhalb von runden Klammern ohne ϒ-Symbol beziehen sich auf die Kapitel der von zitierter Sinologin o.c., pp. 235–256, übersetzten Schrift.

[86] Cf. H. P. Sturm, Die vier Stadien des Ent–Setzens, pp. 237–243; 439–481. **1-4** (**O**bjektstadien) = Inhalt/Was; **S1-4** (**S**ubjektstadien) = Form/Wie; **S** entzieht sich ins Formlose, in das Keine-Form-Annehmende, Nicht-Form(alisier)bare.

SUBJEKT-OBJEKT
RE-FLEKTIERT

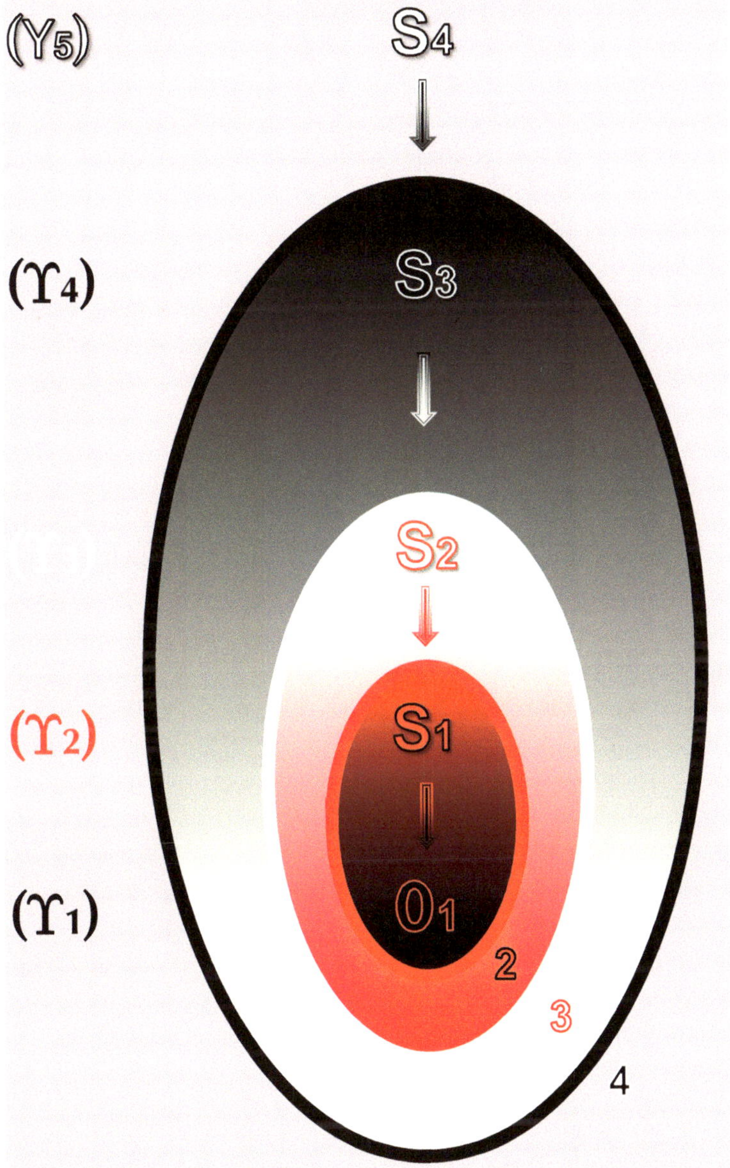

4 Durch-Gang (Noologie): Geist-Phasen

Das folgende Logion hätte eigentlich ins erste Kapitel gehört, beschreibt es doch zusätzlich zu den Manifestationsstadien des Dào die Stufen des Rückbezugs des Entstandenen auf ihn und damit das philosophische Gesamtprogramm als gegenläufige Bewegung von Ab und Auf. Die Übersetzung der ersten Zeile gebe ich nach zwei exegetischen Varianten wieder, wovon deren erste weitgehend unbeachtet geblieben, deren zweite aber die mit Selbstverständlichkeit vertretene ist.

Außergewöhnliche, doch mögliche Übersetzung: Dào-déjīng 25: Geist-phasen?

(ϒ4) „Es gibt (有 *yǒu*) ein Wesen (物 *wù*), Verfertiger (成 *chéng*)
(ϒ3) des Verschwommen/Undeutlichen/Chaos (混 *hùn*), das vor (先 *xiān*)
(ϒ2) Himmel (天 *tiān*)
(ϒ1) und Erde (地 *dì*)
(ϒ3) entstanden war (生 *shēng*); still (寂 *jì*), ach (兮 *xī*), leer/verlassen (寥 *liáo*), ach (兮 *xī*) …“[1]

Gängige Übersetzung mit dem kompletten Text:

(ϒ3) „Es gibt (有 *yǒu*) ein Wesen [eine Entität] (物 *wù*), vollkommen (成 *chéng*)(,) chaotisch/verschwommen/

---

[1] Cf. E. Erkes, Spuren einer kosmogonischen Mythe bei Lao-tse, p. 35; der gesamte Passus der genannten Studie, der sich nicht nur auf diesen Spruch, sondern besonders auf Spruch 42 bezieht, wurde anläßlich der Diskussion dort bereits wiedergegeben.

undeutlich (混 *hùn*), vor (先 *xiān*) Himmel (天 *tiān*) und Erde (地 *dì*) entstanden (生 *shēng*); still (寂 *jì*), ach (兮 *xī*), leer (寥 *liáo*), ach (兮 *xī*). Es steht alleine [aus sich heraus] (獨 *dú*) fest (立 *lì*), unveränderlich (不改 *bù gǎi*); es kreist (周 *zhōu*) umher (行 *xíng*), doch (而 *ér*) gefahrlos (不殆 *bù dài*). Und (以 *yǐ*) es kann (可 *kě*) als Mutter (母 *mǔ*) von dem unterm Himmel [sc. des Kosmos] (天下 *tiān xià*), angesehen werden (為 *wéi*). Ich (吾 *wú*) kenne nicht (不知 *bù zhī*) seinen (其 *qí*) Namen (名 *míng*). Mit einem Symbolwort (字 *zì*) nenne (曰 *yuē*) ich es (之 *zhī*) »Dào« (道). Gezwungen/Genötigt (強 *qiáng*), es (之 *zhī*) mit einem Namen (名 *míng*) zu benennen (為 *wéi*), heiße (曰 *yuē*) ich es überschreitend/sich weitend/groß/weit/tief (大 *dà*).

(ϒ$\overrightarrow{3}$) Überschreitend/sich weitend/[etc.] (大 *dà*) heißt (曰 *yuē*) hinausschreitend/weggehend (逝 *shì*); hinausschreitend/weggehend (逝 *shì*) heißt (曰 *yuē*)

(ϒ3_2) weitschreitend/fortwährend (遠 *yuǎn*); weitschreitend/fortwährend (遠 *yuǎn*) heißt (曰 *yuē*)

(ϒ3_1) rückschreitend (反 *fǎn*). Deshalb (故 *gù*) überschreitendes/sich weitendes/[etc.] Dào (道大 *dào dà*).

(ϒ2) Der Himmel (天 *tiān*) ist überschreitend/sich weitend/[etc.] (大 *dà*),

(ϒ1) die Erde (地 *dì*) ist überschreitend/sich weitend/[etc.] (大 *dà*),

⟨ϒ1½⟩ der Herrscher (王 *wáng*) ist auch (亦 *yì*) überschreitend/sich weitend/[etc.] (大 *dà*). Innerhalb der Grenzen (域中 *yù zhōng*) des Seins (有 *yǒu*) gibt es vier (四 *sì*) Überschritte/Weitungen/Größen (大 *dà*); und (而 *ér*) der Herrscher (王 *wáng*) ist darin deren einer (居其一焉 *yū qí yī yān*).

⟨ϒ½⟩ Der Mensch (人 *rén*) hat

(ϒ1) die Erde (地 *dì*) zum Richtmaß (法 *fǎ*); die Erde (地 *dì*)

(ϒ2) hat den Himmel (天 *tiān*) zum Richtmaß (法 *fǎ*); der Himmel (天 *tiān*)
(ϒ3/4) hat »Dào« (道) zum Richtmaß (法 *fǎ*); »Dào« (道) hat
(ϒ4) sich selbst/sein Selbst/»das Von-Selbst«/Spontaneität (自然 *zì rán*) zum Richtmaß (法 *fǎ*).“[2]

Daß in diesem Spruch der Stufengang des Dào in einer für die Metaphysik typischen Zirkelhaftigkeit ausgedrückt wird, wobei der Weg von sich weg- und wieder zu sich zurückgeht, ist einigermaßen evident. Offensichtlich verläuft dieser in vier Abschnitten, einem nur angedeuteten Abstieg am Anfang, einer darauffolgend exemplarisch beschriebenen Zyklik, der impliziten Fortsetzung des Abstiegs und einem geradezu vorbildhaften Wiederaufstieg, mit welchem der Umlauf des Dào abgeschlossen wäre. So weit scheint alles klar. Die vier Übergänge innerhalb des Seins dürften Herrscher, Mensch, Himmel und Erde sein, die übliche Trias der Drei Mächte (三才 *sān cái*), bei welcher Herrscher und Mensch, potentiell gleichgestellt, einzeln aufgeführt werden.[3]

---

[2] Lǎozǐ, Dào-dé-jīng 25, ⟨ed./tr.⟩ T. Izutsu, pp. 72/74: 有物混成, 先天地生;寂兮寥兮, 獨立不改;周行而不殆;可以為天下母;吾不知其名;字之曰道;強為之名曰大;大曰逝;逝曰遠;遠曰反;故道大;天大, 地大, 王亦大;域中有四大;而王居其一焉;人法地;地法天;天法道;道法自然; selbst, von selbst, Spontaneität oder Natürlichkeit (自然 *zì rán*) kann, um hier auf diese schon mehrfach diskutierte Problematik zurückzukommen, auch Unmittelbarkeit bedeuten; Unmittelbarkeit sagt Nicht-Vermitteltheit; Nicht-Vermitteltheit heißt aber Irrelativität; Irrelativität ist nur eine negative Ausdrucksweise für Absolutheit; Text- und Interpretationsvarianten an genannter Stelle. 大道 (*dà dào*) wurde ein feststehender Ausdruck in der daoistischen Philosophie und Religion: das Große Dào, das Höchste Dào, Haupt-Dào, Extrem-Dào.

[3] Vertreter der sogenannten Existentialphilosophie, die von der Einzigartigkeit westlichen Denkens, des alten wie des neuen, überzeugt sind, sollten einmal erforschen, ob diese daoistische Vierheit nicht bei

Die Frage ist jedoch, was wir von dem etwas frei schwebenden Zwischenteil, durch den der Kreislaufcharakter gerade betont wird, halten sollen. Dazu möchte ich zunächst eine Lösung aus der Fachliteratur vorstellen, die eine ziemlich hohe Plausibilität beanspruchen kann. Der Mittelteil, der zweifellos einen Umlauf beschreibt, wird darin selbst in vier Phasen unterteilt, von denen die ersten drei den Vorgang des kosmogonischen Heraustretens und die abschließende vierte die Rückkehr zum Ausgangspunkt repräsentieren. Skaliert man das unterste Stadium unter Zuhilfenahme der in der Strukturtheorie der Re–flexion zur Anwendung kommenden Beschreibungsformeln, so ergeben sich dieser gemäß in etwa vier Abstufungen, die sich jedoch an gewissen Stellen überlappen. „Unser Studium des Ursprungs und der Entwicklung von Sein (*yu*) im ›Tao Te Ching‹ offenbart uns, daß Tao eine Bewegung in vier Stadien ist:

(ϒ2/1) »groß«,
(ϒ1-4) »sich wegbewegend«,
(ϒ4) »weit weg« und
(ϒ3) »Rückkehr« (Kap. 25).
(ϒ4) Während Nichtsein (*wu*) Tao als »weit weg« ist,
(ϒ3) ist Sein in seinem Anfangsstadium die »Rückkehr« des Tao als das extrem Kleine, das aus seinem eigenen Nichts geboren ist. In diesem ersten Stadium ist Sein das Kleine, Dunkle, das Nebelgemisch, das »Eine« der Zahlen und die Mutter aller Dinge.
(ϒ2/1) In seinem zweiten Stadium wächst das Sein und wird zur Welt der zehntausend Dinge; hier ist Sein (*yu*) das Manifestationsprinzip im Tao, es ist Tao als

---

dem von M. Heidegger, Vorträge und Aufsätze, pp. 170-171 (Das Ding), vertretenen „Geviert“ Pate gestanden haben könnte.

»groß«. In der Welt der zehntausend Dinge ist das Sein ein Co-Prinzip des Nichtseins (*wu*); noch hängt es in seiner Funktion vom Nichtsein ab.

(ϒ1-4) In seinem dritten Stadium ist Tao »sich wegbewegen«: es zieht sich zurück und weicht zurück zum Nichtsein und auf diese Weise kehren alle Dinge zum Nichts des Tao zurück. Zusammenfassend:

(ϒ3) Sein (*yu*) als Phase des Tao nimmt seinen Ausgang mitten aus

(ϒ4) dem Nichtsein (*wu*),

(ϒ2/1) wächst und wird ein Co-Prinzip des Nicht-Seins (*yu-wu*)

(ϒ3) und kehrt schließlich

(ϒ4) zum Nichtsein (*wu*) zurück.“[4]

Das Diktum 25 ist jedoch im Einklang mit der folgend ausgelegten Gnome 21 zu deuten. Der Sinnzusammenhang beider besteht in der Thematisierung des Geistprinzips.[5] Zu den in meiner Auslegung dieses Unterkapitels im Zentrum stehenden Punkten darf ich hinzufügen, daß in ihnen wichtige Informationen zum Verständnis des Entfaltungsmediums des Ur-Dào gegeben werden, und zwar durch Thematisierung seiner Namen bzw. seiner Benennungen oder Bestimmungen: der Wirkkraft Dé, Sein und Mutter-Dào. Dadurch besitzen

---

[4] E. M. Chen, The Origin and Development of Being (*Yu*) from Non-Being (*Wu*) in the *Tao Te Ching*, p. 415.

[5] Chang Chung-yuan, TAO: A New Way of Thinking, pp. 71-75, diskutiert den Zusammehang zwischen den zentralen Begriffen dieses Spruchs: »Dào« (道), Wesen/Ding/Seiendes/Entität (物 *wù*) und Chaos (混 *hùn*) unter Heranziehung klassischer chinesischer Interpretationsschriften, wobei die Zuordnungsverhältnisse (Unter-, Überordnung) und die Eigenschaft von »Dào« als Name bzw. Symbol und Entität (Prinzip) dennoch unklar bleiben.

die zwei Verse eine gar nicht hoch genug einzuschätzende Relevanz für die Rekonstruktion der Eingangs‚kosmogonie' des ›Dào-dé-jīng‹, und hier wiederum des Vermittlungsprinzips zwischen dem Absoluten und dem Relativen. In bezug auf dessen Namenträgerschaft (有名 *yǒu míng*) ist aus beiden zusammengenommen zu schließen, daß »Dào« erstens nichts als ein unbekanntes (不知 *bù zhī*), leeres Symbolwort (字 *zì*), einen Platzhalter darstellt, zweitens der aufgezwungene (強 *jiáng*) Name (名 *míng*) eigentlich »Mutter(schoß)« (母 *mǔ*) lautet, drittens dieser Name nicht untergeht (名不去 *míng bù qù*), also doch stetig, immerwährend (常 *cháng*) und unveränderlich (*bù gǎi*) ist, viertens die (geistige) »Wirkkraft«, eben das »Taugen« (德 *dé*), nennt, wie fünftens, je nach Lesart, entweder »Chaos« (混 *hùn*) und »Wesen/Entität« (物 *wù*) oder nur ersteres besagt wie auch »Sein« (有 *yǒu*) heißt und sechstens »Geist(wesen)« (心/神/精/物 *xīn/shén/jīng/wù*) meint.

Dào-dé-jīng 21: Geistphasen

Anschließend möchte ich, wie soeben angekündigt, die 21. Sentenz des ›Dào-dé-jīng‹ einer noologischen Betrachtung unterziehen. Diese ist durch die analoge Lehre des Platonismus inspiriert, die in ihren Grundzügen bis auf die Alte Akademie zurückgehende Emanationslehre mit ihrer noûs-immanent-horizontalen Ausrichtung, der trimeren Binnengliederung des Geistes in das Hervorgehen (*próodos*), Bleiben (*mónē*) und Zurückkehren (*epistrophḗ*) und ihrer weltkonstitutiven vertikalen Gerichtetheit vom absoluten, überseienden Einen über die Primärmanifestation des Geistigen und Seins zur Konkretion des enkosmierten Geistes, der Kosmos-Psychḗ und letztlich der Ausdifferenzierung des Körperlichen und des Sich-Verlierens in der Materie, worauf dann die Rückwendung und der Wiederaufstieg bis zum Anfang zu folgen hätte.

Wenn sich im frühen Daoismus, wie ausgiebig vorgeführt, die entscheidenden Elemente einer fundierten Metaphysik genauso wie im hellenischen und indischen Denken ausfindig machen lassen, dann muß die Frage zugelassen sein, warum dies nicht auch bei Sachverhalten des chinesischen Denkens der Fall sein kann, die zugegebenermaßen nur mit großem Scharfsinn aufzudecken sind. Dies erwogen habend, entblöde ich mich also nicht, wenigstens einmal die These aufzustellen und zu begründen, daß in diesem Denkspruch, genau wie im vorherig diskutierten, die innere Dynamik des Geistgeschehens thematisiert ist, die sich ebenso wie in den äquivalenten Philosophien Europas und Indiens natürlich auch nach außen wendet und dergestalt die Weltentstehung darstellt. In den betrachteten beiden Dikta sehe ich allerdings zwei verschiedene Aspekte des Innenlebens des Geistes behandelt. Das Rotationsmuster deutet ziemlich eindeutig die Ablauf-Problematik an, die ich gerade, Gedanken aus dem Kapitel zu Plotinos im Faszikel II/5 rekapitulierend, ansprach. Da ich diese zunächst und vornehmlich der Geist-Wirk-Sphäre des Dào zuschreibe, muß sich die Rangordnung der einzelnen Momente gegenüber der im soeben wiedergegebenen Forschungsbeitrag verschieben. Diese Sichtweise sicherte nicht nur dem Spruch als ganzem maximale Stringenz, sondern traute dem Frühdaoismus auch ein Höchstmaß an spekulativer Kompetenz zu.

Bei dem Logion, das ich zum Aufweis der, nein, sage ich lieber, zum Hinweis auf die Binnenstruktur des Geistprinzips des Dào anführe, geht es nicht um die Beschreibung seiner drei Phasen in ihrer zyklischen Prozessualität, sondern um die Deskription seiner drei Bestandteile, welche, um hier gleich die Vergleichsgrößen des Platonismus ins Gedächtnis zu rufen, ausgefaltet jeden Erkenntnisvorgang konstituieren, im transpersonalen oder transzendentalen Verstand jedoch eingefaltet in einer Art von Zirkelkurzschluß vorliegen und nur analytisch unterschieden werden: Erkenner (*noũs*) – Erkenntnis (*nóēsis*) – Erkennbares (*noētón*).

(ϒ3) „Das hohle/leere/bloße (孔 *kǒng*) Dé (Vermögen/Tüchtigkeit/Geist) (德) folgt (從 *cóng*) seinem Erscheinen/Bild (之容 *zhī róng*) nach bloß/ausschließlich und genau (唯 .. 是 *wéi* .. *shì*)

(ϒ4) dem Dào (道). Des (之 *zhī*) Dào (道)

(ϒ3) gewordenes/werdendes (為 *wéi*) Sein/Wesen (物 *wù*) ist bloß (唯 *wéi*) vage/trübe (恍 *huǎng*), bloß (唯 *wéi*) nebulös (惚 *hū*), so (兮 *xī*) obskur (忽 *hū*), so (兮 *xī*) vage/trübe (恍 *huǎng*). Inmitten von (中 *zhōng*) ihm (其 *qí*)

(ϒ3$_{1.2}$) ist (有 *yǒu*) Gestalt/Form/Bild (象 *xiàng*), so (兮 *xī*) vage/trübe (*huǎng*), so (兮 *xī*) obskur (*hū*);

(ϒ3$_{1.1}$) inmitten (中 *zhōng*) von ihm (其 *qí*) ist (有 *yǒu*) Substanz/Wesenhaftigkeit/Seiendheit (物 *wù*), so (兮 *xī*) schleierhaft (窈 *yǎo*), so (兮 *xī*) düster (冥 *míng*);

(ϒ3$_2$) inmitten (中 *zhōng*) von ihm (其 *qí*) ist (有 *yǒu*) Geistigkeit (精 *jīng*). Die Geistigkeit (其精 *qí jīng*) ist überwirklich/höchst wahr (甚眞 *shèn zhēn*)[6];

(ϒ$\overrightarrow{3}$) inmitten (中 *zhōng*) von ihm (其 *qí*) ist (有 *yǒu*) Evidenz/Wahrheit/Zuverlässigkeit/Gewißheit (信 *xìn*).

(ϒ3) Vom Anfang bis heute (自古及今 *zì gǔ jí jīn*) ging sein (其 *qí*) Name (名 *míng*) nicht unter (不去 *bù qù*), wodurch (以 *yǐ*) die Anfänge (甫 *fǔ*) des Mannigfaltigen (衆 *zhòng*) wahrnehmbar werden (閱 *yuè*). Woher weiß ich (吾何以知 *wú hé yǐ zhī*), daß es sich mit

---

6 Oder: dehnt sich ins Wirkliche aus (甚 *shèn* = extrem, sehr, mehr als, irgend, beachtlich, ausgedehnt, große Ausdehnung); cf. ⟨ed./tr.⟩ V. Kalinke, 1.35: „Lebensgeist drängt ins Wirkliche; in ihm ist Gewißheit“.

> den Anfängen (甫 *fŭ*) des Mannigfaltigen (衆 *zhòng*) derart verhält (之狀哉 *zhī zhuàng zāi*)? Eben dadurch (以此 *yī cĭ*).“[7]

Der Text selbst gibt darüber Auskunft, daß in dieser Gnome das werdende oder gewordene (為 *wéi*) Wesen/Sein (物 *wù*)[8] des Dào, dessen Erscheinen, Erscheinung oder Bild (容 *róng*) bloß diesem selbst folgt, im Zentrum steht. Dabei handelt es sich um sein Vermögen, das Rechte und Richtige zu wirken (德 *dé*), das zugleich sein nicht untergehender (不去 *bù qù*) Name (名 *míng*) ist, auf den als unveränderlichen/immerwährenden (常名 *cháng míng*) schon im Spruch 1 apagogisch zu schließen ist, und der, wie bereits mehrmals diskutiert, dem platonistischen Lógos-Noũs wie der vedisch-vedāntischen *Vāk* entspricht.

„Im Tao sind Bilder, Dinge, Samen. Freilich sind diese Bilder nicht getrennte Sondererscheinungen, sondern sie sind potentiell in dem einheitlichen Tao angelegt. Aber diese Dinge und Bilder sind es, die als Samenkräfte der

---

7 Lăozĭ, Dào-dé-jīng 21, ⟨ed./tr.⟩ T. Izutsu, pp. 64/65: 孔德之容, 唯道是從；道之為物, 唯恍唯惚；忽兮恍兮, 其中有象；恍兮忽兮, 其中有物；窈兮冥兮, 其中有精；其精甚眞；其中有信；自古及今, 其名不去；以閱衆甫；吾何以知衆甫之狀哉；以此； dort auch weitere Übersetzungsmöglichkeiten; ⟨tr.⟩ L. Geldsetzer, Lao Zi Dao De Jing, p. 28728, übersetzt die letzte thetische Sinneinheit ganz anders: „Vom Altertum bis heute ist kein Name dafür aufgekommen. Durch diese Pforte tritt alles hervor.“

8 Bei meiner Übersetzung der Zeile 2 gehe ich davon aus, daß Dé in erster Linie das wirkende (為 *wéi*) in zweiter Linie aber auch das gewirkte (為 *wéi*) Wesen (物 *wù*) des Dào ist; damit berücksichtigt sie nicht nur die hypostatische Skalierung des frühesten Daoismus, sondern gewährleistet, daß die In-sich-Stimmigkeit der Argumentationskette dieses Spruches, der ja die »Geist-Hypostase« und deren interne Funktionsphasen thematisiert, voll zur Geltung kommt.

Wirklichkeit die Erscheinungen bedingen, die sich in unserer Welt finden. Um zu verstehen, was Laotse mit diesen Bildern meint, muß man die Platonische Ideenlehre heranziehen. Allerdings ist der Unterschied vorhanden, daß die Ideenlehre bei Laotse nicht dialektisch entwickelt wird."[9]

Und wenn man sich in der Hypostatik des Platonismus auskennt, kommt einem auch die folgende Feststellung dazu, die man in der Mainstream-Sinologie ob ihres vermeintlich christlichen Bias heutzutage und schon um einiges länger geradezu als Ausgeburt westlicher Voreingenommenheit ins Lächerliche zieht, überhaupt nicht abwegig vor. „Denn sichtlich handelt es sich um die Doppeltheit des höchsten Wesens, wornach es einmal verborgen, geheimnisvoll und daher unaussprechlich und unnennbar, dann aber auch sich erweisend und offenbar, daher aussprechlich und nennbar, weil sich selbst aussprechend, ist, in welcher Beziehung es allerdings dem λόγος = Wort entspricht. Das Wortspiel, das dieser erste Satz enthält, deutet das ebenfalls an. Denn »ausgesprochen werden« heisst wiederum *táo,* nur mit veränderter Betonung, aber mit demselben Schriftzeichen. … Und wie eine Vorahnung dessen, was Joh. I, 1–3. geschrieben steht, wird von dem aussprechlichen Gott, der uns auf den Logos hindeutet, von dem Namen Habenden gesagt, dass alle Dinge durch ihn geworden seien. Diess wird mit dem befremdlichen Ausdrucke bezeichnet, er sey »aller Wesen Mutter.« Ganz in demselben Sinne wird dieser Ausdruck Kapp. 25 und 52 gebraucht."[10]

---

[9] R. Wilhelm, Laotse. Tao te king. Das Buch vom Sinn und Leben, pp. 138–139.

[10] V. v. Strauss, Laò-Tsè's Taò tě kīng, pp. 4^1 … 5^3; cf. ⟨tr.⟩ R. B. Blakney, Lao Tzu: The Way of Life, p. 38; beide Autoren beziehen sich auf den ›Johannes-Prolog‹, was vom Mittelplatonismus her gedeutet

Wie aus meiner Einteilung ersichtlich ist, handelt es sich bei den geistinternen (其中 *qí zhōng*) – wobei 中 *zhōng* = Zentrum, Mitte, inmitten – Konstituenzien zunächst einmal um a) Gestalt(en), Form(en), Bild(er) (象 *xiàng*), b) Substanz, Wesenhaftigkeit, Sein, Realität, Dinglichkeit (物 *wù*) und c) Geistigkeit, (Geist-)Wesen, Fähigkeit, Vermögen, (Ideen-)Samen, Essenz, Vitalität, Feinheit, Subtiles (精 *jīng*). Daß sie sich im bzw. inmitten von Dé befinden, spricht dafür, sie als dem Geistprinzip wesenhaft zugehörig aufzufassen, die Eigenschaft, noch nicht in die volle Sichtbarkeit herausgetreten oder manifest geworden zu sein, wird dabei zudem und verstärkt durch ihre Undeutlichkeit, Aoristie, Vagheit, Verdecktheit und Abdunkelung betont. Die chaotische Qualität

---

werden muß, letzterer in einer mir nicht ganz klaren Weise; seine Vergleiche mit dem Guten von Platon und der untätigen Gottheit im Unterschied zum schöpfungstätigen Gott bei Meister Eckhart sind jedoch nachvollziehbar; H. Riehl, Ordnung des Geistes, pp. 39–40, Kommentar zu ›Dào-dé-jīng‹, Spruch 21, interpretiert ähnlich, nämlich implizit und ohne einen diesbezüglichen Hinweis zu geben, xenokratisch-mittelplatonisch, und somit gewissermaßen auch christlich, doch in diesem Falle strukturell annähernd sachgemäß (ansonsten weicht seine Stufung von der von mir vorgenommenen ab), wobei er Dào grundsätzlich mit Geist übersetzt: „.. wie in unserem menschlichen Geiste zunächst als Bild auftauchen muß, was wir darstellen, so werden auch im Allgeiste zunächst Bilder der Dinge dasein müssen, ehe die Dinge selbst hervortreten können. Eine Ahnung dieser Einsicht findet sich schon im 11. Spruch: das unsichtbare Sein, das der Dinge Wesen erschließt, ist nichts anderes als das geistige Wesensbild, das hier gefordert wird, womit Laotse die platonische Ideenlehre schon vorwegnimmt. Geheimnisvoll wird dieses geistige Wesensbild nun Same, aus dem das Leben erwächst, er führt zur Schöpfung. In dunkler Weise wird nun aber dieser Same der Wahrheit gleichgesetzt und damit ein neues Rätsel aufgegeben. Es löst sich aber vielleicht, indem wir im Sinne der späteren Mystik die Schöpfertat als »Aussprechen des Wortes« deuten, dann wäre die Schöpfung die »wahre« Erscheinung dieses Wortes, die vollkommene Wahrheit dessen, was im Schöpfergeiste vorging."

des Geistigen im Sinne von Offenheit, Weite und Leere wie auch Durcheinander, Wirrnis und Unbestimmtheit wurde ja mehrmals schon herausgestellt. „Nach Fung Yu-lan (1964) beschreibt dieser Passus die innere Dialektik von Dao vor der Schöpfung."[11]

Triade – Trinität?

Es liegt nun natürlich nicht gerade fern, die geistimmanenten Bilder oder Formen etc. den platoni(sti)schen Ideen (*eĩdē/idéai*) gleichzusetzen. „Dem Zusammenhange nach sind diess aber die Urbilder jenes Inhaltes selbst, durch deren Eingestaltung in das ihnen gegebene »Wesen«, ihnen eben »der Anfang verliehen« wird; wenn daher Laò-tsè hierin an die Ideenlehre Platons erinnert, so dürfte er doch die in derselben bestehende Scheidung der Ideen von den Dingen vermeiden, sie aber ebensowenig in die aristotelische bloss begriffliche Wesenheit (ἡ κατὰ λόγον οὐσία) auflösen."[12] Lassen wir einmal unbeachtet, daß Platon's Ideenlehre hier traditionsbedingt falsch, nämlich dualistisch interpretiert und Lǎozǐ demzufolge zwischen Aristoteles (384–322) und Platon gestellt wird, dann ist dieses Forschungsresultat wahrlich bedenkenswert, weshalb ich es eben bedenke.[13]

Ziehen wir nun den nächsten Bestandteil heran, das

[11] D. C. Yu, The Creation Myth and the Symbolism in Classical Taoism, p. 487; das Zitat bezieht sich offensichtlich auf ein Werk, das nicht aus dem Chinesischen übersetzt ist. Die Einteilung der Prinzipien und Unterprinzipien in der von mir zitierten Studie ist nicht gänzlich zutreffend, da u.a. das Chaos zu eindeutig und einseitig der Archḗ, dem Nichts (ϒ4) nämlich, zugeschlagen wird.

[12] V. v. Strauss, Laò-Tsè's Taò tĕ kīng, p. 111; A. Kühn, Berichte über den Weltanfang bei den Indochinesen und ihren Nachbarvölkern, p. 19, gibt vier Textstellen aus der frühen chinesischen Philosophie wieder, von denen er annimmt, daß in ihnen der eigenartige Gedanke einer Vorstellung vom Urwesen und Glauben an Urbilder, „eine Parallele zu Platons Ideenhimmel", zusammengeflossen sei; diese Urbilder seien bei Platon und Lǎozǐ „philosophisch abstrahiert".

Seins- und Wesenhafte, „… die Substanz für die Bilder," die „noch nicht als die physische Materie, sondern erst als die Möglichkeit derselben gedacht"[14] werden muß, und fügen zum Erkennbaren dann den Erkenner, das Geistwesen (精 *jīng*) hinzu, „Als drittes Moment oder Prinzip in Taò, welches Voraussetzung für die Actualität des reinen Urvermögens (*khùng tĕ*) ist, erkennt Laò-tsè den Geist."[15], so haben wir mit diesen drei Unterprinzipien des Dé an sich eine ansehnliche Bestimmung des Geistigen offengelegt: der Geist als Verhältnis der Geistsubstanz und Geistformen zueinander. Ob wir diese Trias in die Dreiphasigkeit des Platonismus ohne deren Verschiebung einschreiben können, hängt natürlich davon ab, wie wir die einzelnen Komponenten deuten. „Für Deng Yi [Dèng Yǐ], der das Daode jing 1260 mit alchemistischen Worten kommentiert, ist das «obskure Weibliche» «die Tugend des Tao» oder «der Geist, der im obersten First [*taì jí* = oberste Grenze] eingeschlossen ist», d.h. in der ersten Einheit, die, indem sie sich teilt, Yin und Yang, dann die Welt konstituiert hat. Diese Sache, dieser Geist, fährt er fort,

---

[13] Im Gegensatz zu diesen ‚alten' Forschungsresultaten vermeiden die ganz neuen zur Teilhabe-Problematik und der Unterscheidung von intentional-analytischer und intuitiv-inklusiver Erkenntnis in der Lehre Platon's (*méthexis*) und der Daoisten (智 *zhì* : 明 *míng* / 觀 *guān*), cf. S. Shankman, "These Three Come Forth Together, But are Differently Named": Laozi, Zhuangzi, Plato; S. Shankman / S. Durrant, The Siren and the Sage, pp. 178–214, zwar das Vorurteil vom Dualismus Platon's, aufgrund der fehlenden Thematisierung der Prinzipientheorien bleibt der Gesamtsinn bei der Darstellung und dem Vergleich beider Lehren jedoch verkürzt und holzschnittartig.

[14] V. v. Strauss, Laò-Tsè's Taò tĕ kīng, p. 111.

[15] V. v. Strauss, Laò-Tsè's Taò tĕ kīng, pp. 111–112, transkribierter chinesicher Text von mir kursiviert.

schürzt sich in Form eines Eies, … «… ist vor Himmel und Erde entstanden», …“[16]

In der chinesischen Philosophie der Zeit nach den Stiftern werden tatsächlich Spekulationen um die Binnengliederung des Prinzips, das hier als Geist gefaßt wurde, angestellt. Die Drei wird dabei als komplexe Einheit verstanden.[17] Wie in den anderen beiden tiefsinnigen Denktraditionen auch, kommen dabei verschiedene Bestimmungen zur Anwendung. Um wenigstens anzudeuten, wie dieser Sachverhalt in China thematisiert wurde, zitiere ich folgend aus einer sinologischen Studie, die hierzu einen Vorreiterstatus einnimmt. Im Brennpunkt steht dabei die Kategorie der ersten Manifestation des Absolut- oder Leer-Dào als Mutter. „Auf der menschlichen Ebene ist diese Mutter, die benennbar ist, der Moment, «an dem der Mentalgeist entsteht, der die Mutter der zehntausend Wesen ist», im Gegensatz zu dem, «was keinen Namen hat», was das ist, wo der Mentalgeist «noch nicht im Zustand der Andeutung existiert und kein Bewußtsein hat» (Li Shicong [Lǐ Shì-cóng] XIII. Jh., *Dz*, 724, 4, 6a). Das ist der Moment, an dem das Denken hervorzutreten beginnt, an dem das Bewußtsein entsteht, an dem «das Verlangen, angetrieben durch das Mentale, auftaucht und aufgrund des Verlangens das Leben empfangen wird» (Shao Ruoyu [Shào Ruò-yú] im Jahr 1135, *Dz*, 724, 2, 21). Die Mutter ist zugleich Erzeugerin, Entstehung und Leben (dasselbe chinesische Wort *sheng*,

16 I. Robinet, La «mère» et la «femelle obscure» de Lao zi, p. 144; die aus dem Kontext erschlossene Erläuterung und Pīnyīn-Transliteration in eckigen Klammern stammen von mir; cf. o.c., pp. 148–150.

17 Zur Drei als komplexer Einheit (‚Trinität‘) cf. I. Robinet, Un, deux, trois, pp. 198–209, 218–219; Triaden der daoistischen Weltanschauung mit kurzen Verweisen auf christliche Vorstellungen, stellt L. Gauchet, Recherches sur la triade taoïque, vor.

das hier auf die dreifache Bedeutung: Leben zu spenden, zu entstehen und zu leben, anwendbar ist), die Form, die Stofflichkeit, gegenüber dem ursprünglichen Formlosen, aus dem sie hervorging. Sie ist das, was dem Geist Körper und Form verleiht (z.B. *Dz,* 1032, 58, 6b) und zum Anfang in derselben Beziehung steht wie die Erde zum Himmel. Sie wird oft mit der Tugend/Wirkung *De,* dem Aspekt spontaner und inaktiver Wirksamkeit des Tao, verglichen, ...“[18]

Je nachdem in welchem Kontext die Einheit thematisiert wird, im religiösen, erkenntnistheoretischen, ontologischen etc., sind ihre Drittel näher charakterisiert: die drei Dào-Gott-Hypostasen oder Himmlischen Würdigen (三天尊 *sān tiān zūn*),[19] die drei Pneumas (三氣 *sān qì*),[20] die drei Einen (三一 *sān yī*) oder Ursprünglichen (三元 *sān yuán*),[21] die Drei

---

[18] I. Robinet, La «mère» et la «femelle obscure» de Lao zi, pp. 140-141, meine Pīnyīn-Transliteration in eckigen Klammern; beim ersten Nachweis zur im Kontext der Re–flexionsstruktur sehr wichtigen Feststellung, die Aufschluß über das Verhältnis von Mutter und „Mentalgeist“ qua Vermittlungsinstanz zwischen dem Absoluten und Relativen gibt, handelt es sich der Reihenfolge der eingestreuten wörtlichen Zitate nach um ZT 433/724.4,6r.5, 2, 4 (DZ 14.120c) ≅ ZH 12/006.4, 310b.17-18, 14, 16; das als Hendiadyoin (miß-) zu verstehende Wort »Mentalgeist« (l'esprit-mental) ist offensichtlich die Übersetzung für 心 (*xīn*) bzw. 人心 (*rén xīn*) = Menschengeist, man vergleiche dazu I. Robinet, Une lecture de *Zhuangzi,* p. 151 (wurde von mir bereits in Kapitel 2.1 zitiert), eadem, Primus movens et création recurrante, p. 55, wo jeweils der Bezug von 心 (*xīn*) zum vijñānavādischen Speichergeist (*ālaya-vijñāna*) hergestellt ist.

[19] Zu den drei Dào-Gott-Hypostasen cf. L. Kohn, God of the Dao, pp. 121-129; dort auch ein vierfältiges Schema.

[20] Hier ist speziell auf die Problematik des Geist- oder Lebenshauchs (氣 *Qì*) als Bindeglied zwischen dem Binärterm Yīn-Yáng (陰陽) zu nennen.

[21] Cf. I. Robinet, Les commentaires du Tao to king jusqu'au 7ᵉ siècle,

Klarheiten/Lauterkeiten (三清 *sān qīng*), die Drei Schatz-Götter (三暴君 *sān bào jūn*), die Drei Himmel (三天 *sān tiān*), die Drei Grotten (三洞 *sān dòng*) und noch einige Dreiheiten bzw. Drei-Einheiten mehr.[22]

Im Verlauf meiner strukturell orientierten Darstellung des Daoismus wurde bereits mehrmals auf verschiedene Trinitätsspekulationen hingewiesen. Es bedürfte einer eigenen Monographie, dabei die vertikalen von den mehr oder minder horizontalen, und zudem die für den Geistbereich von den in der Welt geltenden zu unterscheiden, indem ihr jeweiliger Sinn gegeneinander abgewogen und akribisch expliziert würde. Gerade der Übergangsbereich zwischen dem Geistigen und dem Kosmisch-Himmlischen dürfte dabei, wie in den meisten Metaphysiken (Kosmologien/Kosmogonien) und Religionen (Theologien/Theogonien) anderer Weltgegenden auch, die größte Forschungs- und Denkanstrengung erfordern. Selbst wenn es in der offiziellen Sinologie für ein Pauschalurteil gehalten werden mag, kann ich mir diesbezüglich nicht verkneifen, zum einen auf die geistinternen Phasen des Platonismus, dargestellt im entsprechenden Faszikel dieses Bandes, zurückzuverweisen, zum andern auf die platonistische Hypostasenlehre. Dort wie hier finden wir ersteres als implizite oder potentielle Zustandsform des die Explizit- oder Aktualform bildenden zweiteren. Im Hinduismus und Buddhismus mit gewissen Abweichungen das gleiche Bild. Man wünscht sich, daß es einmal angeschaut würde. Es

---

pp. 149–203; L. Kohn, The Taoist Experience, pp. 204–214.

[22] Eine Tabelle mit Erläuterungen gibt L. Kohn, *sanqing* 三清 Three Clarities; Three Purities; Three Pure Ones, pp. 840–844; Darstellungen von im Detail merklich voneinander abweichenden Dreiheitsspekulationen des Daoismus ab ca. dem 3. Jh. finden sich in I. Robinet, Genesis and Pre-cosmic Eras in Daoism.

liegt in den vorhergehenden Abteilungen des vorliegenden Bandes in klaren Umrissen vor.

Wenn wir, um darauf zurückzukommen, die Sentenz ›Dào-dé-jīng 21‹ rein platonistisch deuten wollen, sind wir auf diese Weise, wie bereits angedeutet, allerdings in eine Schwierigkeit geraten, denn das Seiende wurde von der Alten Akademie an gerade als die Ideen aufgefaßt und das ist im Platonismus das Erkennbare. Wollten wir also eine lupenreine platonistische Auslegung, so müßten wir beide Größen, Geistformen und Geistmaterie, gleichsetzen und die Darstellung als Parallelismus membrorum auffassen. Führen wir unser bereits begonnenes Gedankenexperiment fort und fassen das Materiale und Formale in Dé tatsächlich als in sich gegliederte Untereinheit auf, stellen daneben den Geist als Vermögen oder Organ des Erkennens, so fehlt, platonistisch betrachtet, noch die Erkenntnis, die beide zu einer dreifachen Einheit verbindet. Man muß sie nicht hinzuerfinden, das Original liefert sie uns selbst: Wahrheit, Evidenz,[23] Zuverlässigkeit, Beweis, Gewißheit (信 *xìn*). Das genau ist die Funktion des Geistes/Intellects, und zwar Evidenz, Wahrheit und Wissen zu gewähr(leist)en, und indem diese ein jegliches erlangt, erhält oder erwirbt (得 *dé*),[24] hat es mit Wissen am Wahren, Einen und Seienden teil, ist es, ist es wahr und ist evident. Zum gleichen Ergebnis kämen wir, setzten wir für 精 *jīng* nicht Geist, sondern Same, ist dieser in seiner Ur- bzw. Ganzheitsform nach platonistischem Vorbild, wie in einem

---

[23] Cf. Lin Yu-tang, The Wisdom of Laotse, p. 132.

[24] T. Izutsu, The Structure of Oriental Philosophy, 1.68 (The Absolute and the Perfect Man in Taoism), idem, Sufism and Taoism, p. 414[7], weist auf die ursprüngliche chinesische Bedeutung von Tauglichkeit/Taugen/Tugend (德 *dé*): »Erwerb«, »was erworben wurde« (得 *dé*), „d.h. das Eine als ‘erworben’ von jedem seienden Ding.“

früheren Teilband dieser Abteilung gezeigt wurde, doch ebenso der Geist, während die Ideen resp. die Lógoi die Einzelsamen in ihren unterschiedlichen Intensitätsgraden darstellen.

„Das ursprüngliche Chaos ist eine ungeteilte Wahrheit vor der Teilung der Welt in Himmel-Erde, vor dem Anbruch des Bewußtseins des Subjekts.“[25] „Dieses Chaos ist leer und nicht nichts. Es ist etwas darinnen, es gibt zu etwas Veranlassung. Das ist die erste, unmittelbare Gewißheit, nach der es eine sehr »zuverlässige und wirkliche« Wirklichkeit gibt, die am Ursprung der Welt existiert.“[26] Diese muß aber erkannt sein, doch wer sollte es sein, außer dem Weisen, der dies vermag? In religiöser Sprechweise heißt er der Heilige. „Es gibt in China keine Bewußtseinstheorie in dem Sinne, wie wir sie verstehen (außer im Buddhismus indischen Ursprungs), aber ein Bild, ein Ideal, eine Auskunft erteilende Idee, den Heiligen, der den der Bejahung und Verneinung, dem Innen und dem Außen unterworfenen bewußtseinsimmanenten Widerspruch überschreitet, der jenseits des Konflikts das Kontinuum, den Faden, der einen Begriff mit seinem Gegenteil, eine Form mit der anderen verbindet, der erfaßt, was sich entzieht (die Leere, das Jenseits), innerhalb dessen, was sich begreifen läßt, zum Vorschein bringt. Der Heilige ist ein Spiegel, d.h. daß er gleichermaßen Reflexionsplan wie reflektiertes Bild ist, die nur Eins ergeben.“[27]

In diesem Sinne muß z.B. die Auslegung des Logions ›Dào-dé-jīng 21‹ von Chéng Xuán-yīng aus der Denkrichtung des »Doppelten Mysteriums« verstanden werden, die die Drei-Einheit aus Substanz/Dingen (物 *wù*), von ihm mit

[25] I. Robinet, Lao Zi et le Tao, p. 85.

[26] I. Robinet, Genèses, p. 125.

[27] I. Robinet, Une lecture de *Zhuangzi*, p. 144.

Geist (神 *shén*), Gestalt/Form (象 *xiàng*), von ihm mit Pneuma (氣 *qì*) und Essenz/Keimkraft (精 *jīng*), von ihm mit Weisheit/Erkenntnis (智 *zhì*) gleichgesetzt, qua Geistmomente mit Hilfe einer an das Madhyamaka angelehnten Lemmatik des Entweder-oder, Weder-entweder–Noch-oder und Sowohl–Als-auch expliziert.[28] In der Einleitung seines Kommentars zum ›Dào-dé-jīng‹ zieht er zur Definition des Drei-Einen (三一 *sān yī*) die seines mutmaßlichen Lehrers Zàng Xuán-jìng (6. Jh.)[29] heran, welche (strukturell wenigstens) nicht wesentlich davon abweicht. Die Essenz (精 *jīng*) ist Herz der Weisheit und Glanz/Reflexion des Geistigen (靈智慧照之心 *líng zhì huì zhào zhī xīn*); der Geist (神 *shén*) ist Funktion des Unzählbaren und Unermeßlichen (無万不测之用 *wú wàn bù cè zhī yòng*); und Lebenshauch/Pneuma (氣 *qì*) ist Prinzip von Erscheinung, Form und Gestalt (色象形相之法 *sè xiàng xíng xiāng zhī fǎ*).[30] Über die näheren Bestimmungen der Binnenglieder kann man natürlich streiten. Die Einbindung dieser in eine Spekulation um den Körper (體 *tǐ*) des Heiligen oder Weisen (聖人 *shèng rén*) mag zwar dem befremdlich erscheinen, dem die mythisch-religiöse Aufladung spät-neuplatonistischer Noũs-Spekulationen fremd ist, doch kann ich mir nicht vorstellen, daß es unter Reflexionsfähigkeit Besitzenden

---

[28] Cf. Chéng Xuán-yīng, Jí-chéng-xuán-yīng-dào-dé-jīng-kāi-tí-xù-jué-yì-shū, ⟨ed.⟩ Yán Líng-fēng, pp. 378.9–382.5 etc. F. Assandri, Beyond the *Daode jing*, pp. 183–191 (mit tabellarischen Darstellungen).

[29] Zu diesem cf. I. Robinet, Les commentaires du Tao to king jusqu'au VIIe siècle, pp. 100–102; F. Assandri, Beyond the *Daode jing*, p. 190.

[30] Cf. Chéng Xuán-yīng, Jí-chéng-xuán-yīng-dào-dé-jīng-kāi-tí-xù-jué-yì-shū, ⟨ed.⟩ Yán Líng-fēng, p. 242.3–5, ⟨ed.⟩ I. Robinet, Les commentaires du Tao to king jusqu'au VIIe siècle, zwölftletzte Seite, zwölfte Seite nach chinesischer Zählung, Zeilen 7–8, ⟨tr.⟩ p. 231; cf. o.c., pp. 149–203.

Auseinandersetzungen darüber gibt, ob es sich hierbei um eine Bewußtseins- bzw. Geisttheorie handelt.

Dào-dé-jīng 14: Geisttriade

Denjenigen, welchen die vorangegangenen noologischen Überlegungen zum ›Dào-dé-jīng‹ samt Dokumentation aus der sinologischen Forschung von vor eineinhalb Jahrhunderten und nach diesen (!), von heute also, einigermaßen einleuchteten, möchte ich zum Schluß noch einen Hinweis geben, der ihre diesbezügliche Nachdenklichkeit vertiefen und ihr Nachdenken anregen könnte. Es handelt sich dabei um die Gnome 14 des ›Buches vom Weg und vom Taugen‹, die ich in Zusammenhang mit der Chaos-Geist-Kategorie im Kapitel 2.1 in einer Fußnote bereits nannte.

„Man schaut danach (視之 *shì zhī*) ohne Gesicht/zu sehen (不見 *bù jiàn*): der Name lautet (名曰 *míng yuē*) »blaß/undeutlich/unsichtbar« (夷 *yí*); man lauscht danach (聽之 *tīng zhī*) ohne Gehör/zu hören (不聞 *bù wén*): der Name lautet (名曰 *míng yuē*) »leise/schwach/unhörbar« (希 *xī*); man greift danach (搏之 *bó zhī*) ohne Zupacken/zu erlangen (*bù dé*): der Name lautet (名曰 *míng yuē*) »fein/klein/ungreifbar« (微 *wēi*). Diese drei (此三 *cǐ sān*) sind unergründlich (不可致詰 *bù kě zhì jié*), denn (故 *gù*) als Durcheinander (混 *hùn*) bilden sie (而為 *ér wéi*) das Eine (一 *yī*). Dessen Oberes (其上 *qí shàng*) ist nicht hell (不皦 *bù jiǎo*), dessen Unteres (其下 *qí xià*) nicht dunkel (不昧 *bù mèi*); ununterbrochen/endlos (wie ein Faden) (繩繩 *shéng shéng*), unbenennbar (不可名 *bù kě míng*), kehrt (復 *fù*) es wieder in (於 *yú*) die Unseiendheit/Ungegenständlichkeit (無物 *wú wù*) zurück (歸 *shéng*), was besagt (是謂 *shì wèi*): des Formlosen Form (無狀之狀 *wú zhuàng zhī zhuàng*), des Substanzlosen (無物之 *wú wù zhī*) Erscheinung/Gestalt (象 *xiàng*), d.h. (是謂 *shì wèi*) vage und unbestimmt (惚恍 *hū huǎng*). Begegnet man ihm (迎之 *yíng zhī*), sieht man nicht sein Vorne (不見其首 *bù jiàn qí shǒu*); folgt man ihm (隨之 *suí zhī*), sieht man nicht sein

Hinten (不見其後 *bù jiàn qí hòu*). [Die Zügel von] Alt-Dào festhaltend (執古之道 *zhí gǔ zhī dào*), beherrscht man die Kutsche des Jetzt (以御今之有 *yǐ yù jīn zhī yǒu*); den Alt-Anfang erkennen zu können (能知古始 *néng zhī gǔ shǐ*), d.h. (是謂 *shì wèi*) (den Faden des) Dào zu entwirren (道紀 *dào jì*).“[31]

Es ist unverkennbar, daß es sich hierbei um die Beschreibung des ersten Principiatums des Dào, das Eine, handelt. Nicht nur finden sich darin alle Charakteristika, die bisher damit einhergehend genannt wurden, auch die Formelhaftigkeit spricht dafür, die Zusammenfügung von Gegensätzlichem: »sowohl–als-auch«. Dies wird unter anderem durch die traditionelle, orthodoxe Deutung von Chéng Xuán-yīng bestätigt, der die Dreieinheit des Leibs des Heiligen, von welcher soeben die Rede war, expressis verbis mit der Tri-Unität

---

[31] Lǎozǐ, Dào-dé-jīng 14, 〈ed./tr.〉 T. Izutsu, pp. 50/51: 視之不見，名曰夷；聽之不聞，名曰希；搏之不得，名曰微；此三者，不可致詰，故混而為一；其上不皦；其下不昧；繩繩不可名，復歸於無物；是謂無狀之狀，無物之象；是謂惚恍；迎之不見其首；隨之不見其後；執古之道，以御今之有；能知古始；是謂道紀。 Die ersten drei Propositionseinheiten zum Schauen, Lauschen und Anfassen sind, was ihre geistspezifischen Ausprägungen angeht, treffend bei 〈ed./tr.〉 V. Kalinke, 1.26, wiedergegeben: „Du schaust nach ihm / nimmst es wahr ohne zu sehen …“ Die drei ‚Namen‘ des Einen werden bei I. Robinet, Cheng Xuanying 成玄英, p. 265, eadem, Les commentaires du Tao to king jusqu’au 7ᵉ siècle, p. 149, konsequent mit unsichtbar, unhörbar und unwahrnehmbar/nicht greifbar wiedergegeben. Daß es sich bei dieser Schau um ein übergeistiges Schauen handeln könnte, legt I. Robinet, Une lecture de *Zhuangzi*, p. 136, nahe; eine Lesart, die den Übergang von der intellectualen Intuition zum unmittelbaren/absoluten Gewahren oder Gewahren im Nicht-Gewahren zuläßt, bietet meine zweifache Übersetzung; wie oftmals im Daoismus ist die Beschreibung des Absoluten von der des Geistes kaum unterscheidbar, doch deuten hier alle kontextuellen Indizien der Lehre Lǎozǐ’s in erster Linie auf die Eines-Geist-Kategorie. Meine Übersetzung des abschließenden Teilsatzes ist untermauert durch die von C. Despeux, Lao-Tseu, p. 234.

von ›Dào-dé-jīng 14‹ in Verbindung bringt: das »Blasse/Undeutliche/Unsichtbare« (夷 *yí*) mit Essenz/Wesen (精 *jīng*), das »Leise/Schwache/Unhörbare« (希 *xī*) mit Geist/Gemüt/Spirit (神 *shén*), und das »Feine/Unwahrnehmbare/Kleine« (微 *wēi*) mit Lebenshauch/Pneuma (氣 *qì*).[32]

„Diese Sätze des Kapitels 14 von Lao tseu sind von Seiten der Kommentatoren Gegenstand einer ganz eigenartigen Interpretation gewesen: das Undeutliche [夷 *yí*], das Stille [希 *xī*] und das Ungreifbare [微 *wēi*] sind in dieser Reihenfolge Essenz, tsing 精, Geist, chen 神 und Hauch/Wehen/Qì, k'i 氣. … [Es] arbeiten die Chóng-xuán-Schule und eine Gruppe von anderen Texten, die aus den Sechs Dynastien und dem Beginn des Tang datieren, ausgehend von Kapitel 14 des Lao tseu, wo Tao durch drei negative, zur Einheit verschmolzene Attribute definiert ist, eine Theorie der Dreieinigkeit aus, die gleichzeitig eine Vermittlung der Gegensätze bedeutet. Sie artikulieren das gleicherweise makrokosmische wie mikrokosmische und geheiligte Universum entlang des ternären Schemas, das sie mit der taoistischen Triade der Drei Edelmänner oder Drei Hauche verbinden, woraus die Schriften und Lao tseu selbst hervorgehen. Sie definieren in einer originellen Lehre drei Prinzipien, Essenz/Wesen, Geist und Hauch, die der Reihenfolge nach mit drei religiösen Gebieten korrespondieren, Gnosis, Meditation und magischen Praktiken, die sie mit drei Fahrzeugen verbinden. Ausgehend von diesem dreigliedrigen Schema machen sie eine Gleichwertigkeit oder

---

[32] Cf. Chéng Xuán-yīng, Jí-chéng-xuán-yīng-dào-dé-jīng-kāi-tí-xù-jué-yì-shū, ⟨ed.⟩ Yán Líng-fēng, p. 242.5-9, ⟨ed.⟩ I. Robinet, Les commentaires du Tao to king jusqu'au VIIe siècle, zwölftletzte Seite, nach chinesischer Zählung zwölfte Seite, Zeilen 7-11, ⟨tr.⟩ p. 231; F. Assandri, Beyond the *Daode jing,* pp. 106-108, mit Bezug auf Chéng Xuán-yīng, Jí-chéng-xuán-yīng-dào-dé-jīng-kāi-tí-xù-jué-yì-shū, ⟨ed.⟩ Yán Líng-fēng, p. 347.5-6.

Nicht-Gegensätzlichkeit der Drei und des Einen, der Vielheit oder Distraktion und der Einheit oder Kontraktion geltend, die ihnen höchster Wert und neue, in der Vielheit gegenwärtige Einheit ist."[33]

Doch ist die Dreifach-Untergliederung der Ausgangskategorie und daraus Abgeleitetes nur mit einem gehörigen Aufwand an Exegese mit den Phasen des Geistigen zur Deckung zu bringen, die oben in Gegenüberstellung zu denen des Platonismus aus den Logien 21 und 25 des ›Dào-dé-jīng‹ angedacht wurden. Allenfalls könnte man den haptischen Aspekt (微 *wēi* ≙ 氣 *qì*, Pneuma/Hauch) mit dem stofflich-widerständigen Bleiben/Verharren (Erkenntnisobjekt/*noētón*/*mónē*), den optischen (夷 *yí* ≙ 精 *jīng*, Essenz/Wesen) als Aktivität mit dem Heraustreten (Erkenntnisvorgang/*nóēsis*/*próodos*) und den akustischen (希 *xī* ≙ 神 *shén*, Geist) mit dem aufnehmenden Erkenntnisorgan (Erkenntnisvermögen/*noũs*/*epistrophḗ*) in Verbindung bringen.

Ich kenne zwar keinen Passus chinesischer Philosophie, in dem der Zusammenhang zwischen dem Dreieinen oder Drei-in-Einem und den Geistphasen explizit thematisiert vorläge, doch sollte ein jeder philosophisch Gesinnte, bevor er über meinen Vorschlag lacht, weitere Denkexperimente anstellen, um diesen unter Anwendung der re–flexionsstrukturellen Methode und Heranziehung der neuplatonistischen, besonders der porphyrianischen Noologie, die in einer früheren Abteilung des vorliegenden Werkes dargestellt wurde,[34] auf seine Plausibilität zu prüfen.

---

[33] I. Robinet, Les commentaires du Tao to king jusqu'au VIIe siècle, pp. 149 … 206, meine Einfügung chinesischer Zeichen mit Umschrift und erläuternde Ergänzung in eckigen Klammern.

[34] Cf. H. P. Sturm, Die vier Wissenskonstituenzien (in) der spätantiken westlichen (?) Spekulation, pp. 188–197.

Auf eins allerdings dürfte unvoreingenommen dabei niemand kommen, die Entdeckung, die Pioniere der Sinologie allen Ernstes gemacht zu haben glaubten: aus den Lautwerten der drei (三 *sān*) Quasi-Namen (名 *míng*): a) blaß, undeutlich, verwischt, eingeebnet, gleichgemacht, getilgt (夷 *yí*), b) leise, schwach, dünn, spärlich, unmerklich, matt (希 *xī*) und c) fein, klein, winzig, wirr, tiefgründig, abstrus (微 *wēi*) des unerforschlichen (不可致詰 *bù kě zhì jié*), zum Einen (為一 *wéi yī*) chaotisch ineinanderfließenden (混 *hùn*) Es (之 *zhī*) das Tetragrammaton JHWH (יהוה) des hebräischen Gottesnamens Jahveh/Jehovah (יְהוָֹה) herauslesen und jüdischen Einfluß auf die frühesten chinesischen Weisheitslehren postulieren zu können.[35]

Dieses Forschungsresultat zeugt zwar von einer Genialität,

[35] So V. v. Strauss, Laò-Tsè's Taò tĕ kīng, pp. 61–79, unter Berufung auf J.-P. Abel-Rémusat, Mémoire sur la vie et les opinions de Lao-Tseu, pp. 40–49, wo viele bedenkenswerte Vergleiche von daoistischen Philosophemen mit denen antiker westlicher Philosophie angestellt werden, die abgesehen von dem Einfall der Herleitung der drei unter Betracht stehenden Qualitäten in ›Dào-dé-jīng 14‹ wie der Tetraktys des Pythagoras als „unaussprechliches hebräisches Tetragrammaton" und dem Namen Ἰαῶ (Iov*is*, *Jupiter*, Iov*ispiter*), wie in einem früheren Kapitel angemerkt, in der Forschung übergangen wurden, strukturtheoretisch aber überhaupt erst unter die Lupe genommen werden müßten. In der Mitte des 19. Jahrhunderts stellt J. Legge, The Notions of the Chinese concerning God and Spirits, den Gottesbegriff des chinesischen Höchsten Herrschers (上帝 *shàng dì*) mit Theós und Elohim gleich. Wer das ›Dào-dé-jīng‹ und einige Passus aus dem ›Zhuāngzǐ‹ durch Danebenstellung von Bibelstellen, Passus aus daoistischer und christlicher Quellen-Literatur und verschiedenen kurzen Kommentaren aus der modernen Interpretationsliteratur zu beiden Traditionen bzw. Aspekte des Daoismus durch Konfrontation mit christlichen Texten verstehen lernen will, sei verwiesen auf das Buch J. A. Loya et al., The Tao of Jesus; zur Verwandtschaft in Aufbau und Absicht zwischen Daoismus und (jüdischer) Kabbala konsultiere man N. J. Girardot, Myth and Meaning in Early Taoism, pp. 298–310; weitere geistige Kreise zieht T. Izutsu, Bewusstsein und Wesen, pp. 208–256.

über die man sich nicht nur wundern,[36] sondern die man auch bewundern kann, ob sie aber in der Philosophie, dem Handwerk, das mit dem Kopf ausgeübt wird, und nicht nur in Sphären angebracht ist, in denen mit allerlei assoziativen ‚psychologistisch-esoterischen' Methoden operiert wird, darf füglich bezweifelt werden. Die Sache erledigt sich m.E. allein schon durch einen philologischen Einwand. Er wurde nicht sehr lange, nachdem die These aufgestellt wurde, vorgebracht, daß sich nämlich das altertümliche und das moderne Chinesisch in ihrer Aussprache deutlich unterschieden und die Gleichsetzung insofern eine Grille sei.[37] Man muß sich jedoch davor hüten, die Erkenntnisse sinologischer Pioniere, welche diesen Einfall oder ähnliche Geistesblitze hatten oder vertraten, und hier sind insbesondere J.-P. Abel-Rémusat (1788–1832) und Victor von Strauss gemeint, wie mangels analytischen Bewußtseins meistenteils geschehen, in Bausch und Bogen zu verwerfen und sich damit metaphysischer Fragestellungen und Antwortversuchen, platoni(sti)schen, vedāntischen oder mahāyānistischen ähnlich, im chinesischen Denken enthoben zu wähnen. Auf diese Weise bliebe man nicht nur im provinziellen Denken mit seiner notorischen Beschränktheit, sondern auch im Sinnlich-Trivialen mit seiner gängigen Engstirnigkeit befangen.

---

36 F. W. J. v. Schelling, Schellings Werke, 12.563–564, weist die aus einer Homophonie geschlossene Annahme der Herkunft der drei Qualitäten in ›Dào-dé-jīng 14‹ vom hebräischen Tetragrammaton mit folgenden Worten schroff zurück und täuscht sich dabei, systematisch, nicht filiatorisch betrachtet, gehörig: „Da zeigt sich nun aber, daß die Tao-Lehre so ganz im Geist des entferntesten Ostens gedacht und erfunden ist, daß von westlicher Weisheit – ich will nicht sagen, von griechisch-pythagorischer – aber auch von syrisch-palästinensischer oder auch nur indischer Denkart und Weisheit nicht eine Spur ist."

37 Cf. G. von der Gabelentz, Lao-tse (Laò-tsï̀), p. 92s–d.

Es bleibt natürlich jedem selbst überlassen, ob er diese Subtilitäten mitvollziehen will oder nicht. Entscheidend ist, daß hier eine Beschreibung von innergeistigen Komponenten vorliegt, die es als angebracht erscheinen läßt, dem Daoismus zuzubilligen, wenigstens Ansätze einer Geisttheorie, ja Geistmetaphysik besessen zu haben. Denjenigen sinologischen Interpreten, die von Noologie, besonders der beiden parallelen Stiftertraditionen der Philosophie, der hellenischen und altindischen, keine blasse Ahnung haben und sich ausschließlich auf die Doxographie des Handgreiflichen chinesischer Texte verlassen, wird die Welt des Geistes im Daoismus im wahrsten Wortsinne verschlossen bleiben.[38] Nun dürfte sich auch von dieser Perspektive aus besehen der viel und feierlich deklamierte Sonderstatus, der dem chinesischen Philosophieren zugeschrieben wird, in Luft aufgelöst haben.

---

[38] So sinniert F. Jullien, La pensée chinoise dans le miroir de la philosophie, 424–425 (Le détour et l'accès), ⟨dt.⟩ p. 287, den angeblich a-metaphysischen Daoismus gegen die Metaphysik der Griechen ausspielend, daß das Unwahrnehmbare von ›Dào-dé-jīng 14‹ nicht wie das Unsichtbare in der griechischen Philosophie einer anderen Seinsebene oder Welt angehöre, anderen Augen zugänglich, hypostasierbar (Plotinos, Enneaden 5.5.11.4–8, wird fast wörtlich zitiert und ‚verbal-inspiriert' verstanden), sondern „von der Art des *Sich-Verflüchtigenden* und nicht des Intelligiblen (*noeton*)" sei. Die Begründung und Argumentation, die sich darum in einem seitenlangen Abschnitt rankt, ist hinsichtlich des Platonismus nicht nur wortgläubig („Im Ganzen – haltet euch an Worte! / Dann geht ihr durch die sichre Pforte / Zum Tempel der Gewißheit ein. / … Denn eben wo Begriffe fehlen, / Da stellt ein Wort zur rechten Zeit sich ein. / … An Worte läßt sich trefflich glauben, / Von einem Wort läßt sich kein Jota rauben." J. W. v. Goethe, Werke, 1.14.93, Faust 1, Verse 1990–1993 … 1995–1996 … 1999–2000), sondern insgesamt unverständlich, unlogisch und soweit nachvollziehbar ein kulturdifferentistisches Phantasiegebilde.

5 Abgang: Diplo-mysteriöse Synopsis

Um die beschriebene(n) Realaporie(n) vielleicht doch noch zu durchbrechen, möchte ich zum Abschluß meiner Dokumentationen zur Vierfachstruktur in den wichtigsten metaphysischen Prinzipienlehren der alten oder wenigstens älteren Welt eine Zusammenschau aus der daoistischen Tradition geben, die das ganze aus einer spezifischen Perspektive noch einmal Revue passieren läßt.

Meine Zusammenschau beginnt mit der Argumentation eines orthodoxen Vertreters des Dào-Jiā, ich meine den Kommentar zum ersten Logion des ›Buches vom Weg und seiner Wirkkraft‹ von Chéng Xuán-yīng. Damit wird die Durchschreitung des Wegs/Dào von meinem umrißhaften Eintritt der Darstellung seiner einschlägigen Bahnung im ›Dào-dé-jīng‹ über viele darauf bezugnehmende Gabelungen bis zur Rekonstruktion der Schleife seiner Geistlehre abgerundet.

Mit den wenigen methodischen Bemerkungen, die ich vorausschicke, will ich noch einmal an die Thematik des einleitenden Faszikels II/1 erinnern, in welchem der wissenschaftliche Kontext umrissen wurde, in den mein Forschen und Denken eingezwängt ist. Die daran anschließenden Gedanken re–flexionsstruktureller Natur anläßlich des Textes von Chéng Xuán-yīng sollen sogar einen noch größeren Bogen zurückschlagen, und zwar zum theoretischen Grundlegungsband der vorhergehenden sechs Faszikel einschließlich dieses siebten hier, der ›Widerspiegelung des Geistes I‹ mit dem Titel ›Die vier Stadien des Ent–Setzens‹, in dem ich fast all die re–flexionsstrukturellen Feinheiten dargestellt, diskutiert, erläutert und geklärt habe, die folgend thematisiert sind. Zum Schluß werde ich ein beachtens- und betrachtenswertes Diagramm aus der neueren Forschungsliteratur wiedergeben, das aufgrund seiner graphischen Darstellungsart meine zusammenfassende Schlußbetrachtung auch im wörtlichen Sinne zu einer solchen, einer Betrachtung nämlich, macht.

Eine modernistischen Deutungen entschiedener zuwiderlaufende, um fast eineinhalb Millenien vorweggenommene Bestätigung seiner Rekonstruktion(en) als den folgend nachgezeichneten Kommentar von Chéng Xuán-yīng zum ersten Spruch des ›Dào-dé-jīng‹ könnte man sich gar nicht wünschen, denn dieses Buch ist eines der tausend Be-Deutungen. Eine nicht enden wollende Flut von Übersetzungen und Paraphrasen in viele moderne Sprachen und höchst geniale bis unterirdisch triviale Neudeutungen sprechen für sich. Die chinesische Sprache leistet dem gehörigen Vorschub. Ausdeutungen des ersten und zweiundvierzigsten Logions – die Denker und Weisen des alten Zhōnghuá sahen darin nicht nur zufällig herausragende Monumente philosophischer Spekulation – sind sowohl in der modernen akademischen Sinologie, wie auch durch die gesamte Geschichte des Daoismus hindurch Legion.

Wenn man bei deren Sinnerschließung auf der historiodoxographischen und philologischen Ebene stehenbleibt, wie dazu in den gegenwärtigen Kultur-, Geistes- und Philosophiewissenschaften geradezu ein (Methoden-)Zwang besteht, wird man hier keine klar umrissene Einsicht gewinnen und vermitteln können. Sogenannte Fachgelehrte und solche Berufene, die es noch besser als diese wissen wollen, erkühnen sich, uns metaphysische Gedankengänge zu verdolmetschen, ohne das Hand- bzw. Kopfwerk der Metaphysik und der philosophischen Re–flexion (Transzendentalphilosophie) auch nur ansatzweise erlernt und geübt zu haben. Das ist dem

Ansinnen vergleichbar, die höhere Mathematik mit den Rechenkünsten eines Schülers vermitteln zu wollen, der gerade einmal das Einmaleins beherrscht. Zu ihrer Rechtfertigung geben sie nicht selten vor, den Chinesen sei Metaphysik von jeher fremd; ihre philosophische Orientierung sei, so man überhaupt von einer Philosophie im Sinne der okzidentalen sprechen könne, pragmatisch, moralistisch, politisch, naturalistisch. Außerdem hätten diese eine ganz andere Logik als der Westen;[1] und durch die völlig von unserer abweichenden Schrift und Sprache, darauf wies ich schon, müsse sich das Weltbild im Reich der Mitte dem westlichen Verständnis sowieso entziehen. Eine Ähnlichkeit zu philosophischen Lehren Griechenlands sei von vorneweg auszuschließen, weswegen eine diesbezügliche Forschung als nicht förderungswürdig unbesehen abzulehnen, und wenn in zaghaften Ansätzen schon vorhanden, zu unterbinden sei. Solchen Vorurteilen leisten moderne chinesische Gelehrte, die vermeinen, aus der Distanzlosigkeit ihrer eigenen Tradition oder was davon übrig ist, diese besser zu kennen als ein transkultural orientierter Strukturdenker, der mit methodischer Strenge und kritischer Distanz an die Sache herangeht, somit einen umfassenderen Blick hat, nicht weniger Vorschub als andere kulturell bornierte Gelehrte, die wähnen, sie und nur sie könnten mit ihrer (vermeintlich) eigenen Tradition die Welt, und damit auch die Welt der anderen, und den anderen die Welt erklären.

Ohne die grundlegenden Denkverfahren der griechischen und indischen Philo-Sophie samt deren Ergebnisse als Vergleichswerte herangezogen und ohne jedwedes categorial framework wiederum mit der kognitiven Struktur an sich, dem cognitional framework abgeglichen zu haben, bleibt

---

[1] Cf. H. P. Sturm, Die vier Stadien des Ent–Setzens, pp. 544–556, mit Verweisen auf die und Zitaten aus der Sekundärliteratur.

auch das Ausdeuten daoistischer Quellenschriften ein bloßes Herumdeute(l)n, und diese nicht mehr als ein Projektionsmedium der jeweils eigenen weltanschaulichen Idiosynkrasie. Eine der entlarvendsten solcher ist eben der pseudowissenschaftliche Glaube, der Sinn wahrhaft philosophischer Texte sei durch objektive Feststellung von Inhalten, neutralen Fakten, eigentlich Daten, (Vor-)Gegebenem und Äußerlichem also, und sprachmechanische Verfahren zu erschließen und eindimensional festzuschreiben. Eine andere, nicht weniger verheerende Meinung ist die des modernen Hermeneutikers und postmodernen Dekonstruktionisten, in der Endlosschleife des hermeneutischen Zirkels kreisend oder im unendlichen Regreß oder Progreß des Differenzierens zurück- oder fortschreitend kein Kriterium für Wahrheit, keinen endgültigen Halt, finden zu können und sich folglich auch nicht um eine gültige Aussage kümmern zu müssen, da es nach ihren Grundannahmen, d.h. Vorurteilen sowieso keine Letztgültigkeit, keine Wahrheit gebe. Verräterisch nur, daß ihre eigenen Urteile eine solche selbstwidersprüchlich einfordern, während eine entsprechende Forderung an sie nonchalant als naiv oder gestrig abgetan wird.

Wenn ich hinsichtlich der daoistischen Kategorienstruktur einigermaßen scharf umrissene Resultate der Re–flexion zusammen mit nicht ganz so deutlich konturierten Vorschlägen meiner sinnerschließenden Bemühungen unterbreite, so können sie nur vorbehaltlich metaphysischen (Vor-)Verständnisses beurteilt werden. Und wer wähnt, dieser Anforderung allein durch irgend kulturelle oder religiöse Einfühlsamkeit oder Überzeugung zu entsprechen, als Beispiel könnte man gläubige Daoisten nennen oder solche, die meinen es zu sein, den könnte man, wollte er nur begreifen, mit geringem denkerischem Aufwand seiner Widersprüche und anderer Unstimmigkeiten überführen.

Nun also zu genanntem Weisheitslehrer und bekanntesten Protagonisten der in ihren Vorformen vermutlich bis auf das 4. Jh., nach westlicher Periodisierung also bis ins Altertum zurückreichenden ‚Weg'-Richtung des Doppelten Mysteriums (Chóng-xuán-zōng)[2] und seinem Verständnis von ›Dào-dé-jīng 1‹ und damit der Dao-Lehre insgesamt. Der von ihm verfaßte Kommentar dazu ist geprägt durch den Einfluß, den der chinesische Ableger des mahāyānistischen Mittelwegs (Madhyamaka), die Drei-Traktate-Schule (Sān-lùn-zōng), deren bedeutendster Vertreter Jízàng (549–623) war,[3] auf den Daoismus ausgeübt hat. Demzufolge zeichnen den Gemeinten, Chéng Xuán-yīng nämlich, genau die philosophischen Fertigkeiten aus, Re–flexionsvermögen (Beherrschung mehrfach metatheoretischen Denkens) und das Wissen um die polylemmatische Artikulationsform(el) der dadurch gewonnenen Einsichten, in welchen Ārya Nāgārjuna und seine Nachfolger, wie ich im Band ›Widerspiegelung des Geistes I‹ auf hunderten und aberhunderten von Seiten aufzeigte, Meister wie kaum welche sonst und damit die konsequentesten Dialektiker überhaupt waren.

---

[2] Zum Doppelten Mysterium: I. Robinet, Les commentaires du Tao to king jusqu'au VIIe siècle; eadem, Lao Zi et le Tao, pp. 201–207; eadem, Chongxuan Twofold Mystery 重玄; eadem, Cheng Xuanying 成玄英; eadem, Geschichte des Taoismus, pp. 274–276; eadem, Une lecture de *Zhuangzi*, pp. 121–123; eadem, Kouo Siang ou le monde comme absolu, pp. 104–107; F. Assandri, Beyond the *Daode jing;* eadem, Die Debatten zwischen Daoisten und Buddhisten in der frühen Tang-Zeit und die Chongxuan-Lehre des Daoismus; Yu Shi-yi, Reading the *Chuang-tzu* in the T'ang Dynasty.

[3] Eine systematische Darstellung des formalen wie formelhaften Aufbaus von dessen Lehre mit tabellarischen Darstellungen findet sich zusammen mit vielen Literaturhinweisen im theoretischen Grundlegungsband ›Widerspiegelung des Geistes I‹, H. P. Sturm, Die vier Stadien des Ent–Setzens, pp. 457–479.

Um Kritikern der folgenden Auslegungen nicht den Eindruck zu vermitteln, diese ohne reifliche Überlegungen zu meiner Vorgehensweise verfaßt zu haben, biete ich ihnen, bevor ich diese durchführe, die Polemik dagegen sozusagen auf dem Präsentierteller an und gestehe freimütig, daß die Ähnlichkeit zwischen der Interpretation Chéng Xuán-yīng's und der re–flexionsstrukturellen von mir, wie man auf den ersten Blick sieht, nur darauf zurückzuführen ist, daß wir dem gleichen Vorurteil, der Sichtweise der mahāyānistischen Mittelwegschule verhaftet, geblendet sind und unsere unhaltbaren Meinungen auf die damit nichts zu tun habende Dao-Lehre projizieren. Angesichts dessen erhebt sich natürlich die Frage, wie Chéng bis heute als orthodoxer Vertreter des Daoismus gelten kann.

Der folgend zu betrachtende Kommentar aus der Schule des »Doppelten Mysteriums« beinhaltet sowohl eine durch die Vorgabe des Alten Meisters inspirierte und durch das bis zu seiner Entstehungszeit entfaltete Traditionsverständnis gefärbte Schöpfungsgeschichte als auch Einsichten, die den Geist und dessen äquipollente Kategorien als vermittelndes Prinzip zwischen dem Absoluten und Relativen auf der Subjekt- wie Objektseite thematisieren. Selbstverständlich beginnt diese Nachdichtung mit dem genus maximum, das ja auch bei Meister Lǎo, wie sollte es anders sein?, ganz am Anfang steht: Dào.

Diesem werden auf der einen Seite alle Eigenschaften durch Negationen, Privationen, Hyperbeln oder Superlative abgesprochen, auf der anderen wird ihm, die überschwengliche Sprechweise läßt es zu und erwarten, zugesprochen, von allem Grund und Beginn, das Bewegende und Verändernde, die Quelle des Lichts und das zu sein, was jegliches zum Verschwinden bringt und vollendet. Einem derartigen Ersten, das zwar absolut, doch qua Ursprung und ordnende Kraft nicht vollständig vom Entstehenden respektive Entstandenen, dem Relativen also, gesondert ist, begegneten wir im Durchgang durch die unterschiedlichen philosophischen Spekulationen der vorhergehenden Faszikel der ›Widerspiegelung des Geistes‹ immer wieder.

Nachdem der Angelpunkt aller Metaphysik und Philosophie, wie von mir stets betont, das ist, was in der platonistischen Tradition νοῦς (*noûs*) und im lateinischen Nachklang davon *intellectus* genannt wurde, und darüber in den vorhergehenden Gedankengängen hinsichtlich ›Dào-dé-jīng 1‹ aus verschiedenen Blickwinkeln Überlegungen angestellt wurden, die aufzuweisen suchten, daß das Weisheitsstreben im alten China diesbezüglich keine Ausnahme darstellt, wird meine Präsentation des Avisierten auch damit anheben. Dazu ziehe ich die Vorstellungen Chéng Xuán-yīng's, die das in Blick nehmen, was man in der altertümlichen Metaphysik mit den Wörtern auszudrücken pflegte, die bis zur totalen Begriffsverwirrung ab der sogenannten Moderne neudeutsch »Geist« oder »Verstand« hießen, zusammen.

Mit Geist bedeutungsmäßig vordergründig Erkenntnis zu verknüpfen, fällt hoffentlich weder dem Alltagsmenschen noch dem Objektwissenschaftler schwer, eine genaue Vorstellung hat man dabei allerdings nicht, ist das Geistige im Zeitalter des Materialismus und Mechanizismus doch nur ein Epiphänomen und eine zu vernachlässigende Funktionsform des Stofflichen, ein neuronales Ausscheidungsprodukt. Deutlicher will ich es hier nicht aussprechen; jeder kann sich denken, welche Unappetitlichkeit ich meine. Damit aber auch die seinsspezifische Kehrseite in Verbindung zu bringen, fällt allenfalls noch dem versierten Transzendentalphilosophen ein. Daß aufgrund der Konstitutionsbedingungen des BewußtSeins beide untrennbar zusammengehören wie die zwei Seiten einer Medaille oder die beiden Enden eines Stockes, hat man aufgrund der Vereinseitigung und Verflachung des gegenwärtigen Weltbilds durch den – für an pandemischer Objektivitis Leidende – inexistenten Zeit‚geist' verdrängt. Geist: der Alltagsmensch, Wissenschaftler wie vorgebliche Philosoph wird sich also fragen, was das denn sei und warum man überhaupt auch nur ein Wort über solch eine Ausscheidung des Materiellen, solch ein Phantasma, ja Nichts verlieren sollte; und das zudem in Zusammenhang mit der als weitgehend sachlich und nüchtern geltenden chinesischen Weltanschauung. Man bastelt sie sich, wie die Philosophie generell, als derart geistlos zurecht, wie man eben selber ist. „Da sie [die abendländischen Philosophen] mit dem reinen Bewußtsein keine Erfahrung gemacht oder diese nicht verstanden haben, als sie sie gemacht haben, dachten sie, daß das Bewußtsein zwangsläufig Bewußtsein *von etwas* ist. Dieser Irrtum erklärt zum größten Teil die Geschichte der modernen Philosophie."[4] Lassen wir es damit bewenden; es ist ja sowieso sinnlos, an Sinn und Geist von Protagonisten der Geistlosigkeit zu appellieren, und kommen zur angekündigten Sache.

Chéng Xuán-Yīng Kosmogonie

Die Kategorie »Geist« (神 *shén*) taucht sowohl in Chéng Xuán-yīng's kosmogonischer Weiterdichtung von ›Dào-déjīng 1‹ als auch in seinem eigentlichen Kommentar auf. Als vermittelnde Instanz behebt sie noologisch betrachtet den ersteindrücklichen transzendentalphilosophischen Mangel, Dào als Urprinzip mit dem Prinzipiierten irgendwie direkt in Verbindung zu bringen. Damit wird eine Schwierigkeit ausgeräumt, die unserem daoistischen Weisheitslehrer zu schaffen gemacht haben dürfte, wenn er diejenigen, die mit der genannten Darstellungsart einer Unbedingtheits-Lehre nicht

[4] J. F. Billeter, Esquisses, pp. 24–25, meine Erläuterung in eckigen Klammern.

vertraut waren, davon zu überzeugen suchte, daß es sich in seinem Falle nicht um einen krypto-metaphysischen Dogmatismus handelt, der an oberster Stelle ein hypostasiertes Bedingtes postuliert. Mit der Thematisierung der beiden zur Re-Konstruktion einer stimmigen Ont-Epistemologie unverzichtbaren methodischen Aspekte, sie wurden schon genannt, Re–flexion und die adäquate polylemmatische Artikulationsformel des Re–flektierten, werde ich meine Überlegungen zum Daoismus abschließen. Hier zunächst der von mir ins Deutsche übersetzte Text der durch verschiedene spekulative Einflußfaktoren gegenüber dem Original komplexer und komplizierter gewordenen Nach- bzw. Fortdichtung von Lǎozǐ's kosmogonischem Hymnus durch Chéng Xuán-yīng. Er wird zunächst bis zu dem Punkt ohne Paragraphierung und Skalierung wiedergegeben, an dem strukturell keine neue Information mehr enthalten ist.

Wer mag, kann die Hypostasen und ‚Hypo-Hypostasen' selbst verorten und überprüfen, ob sie/er die re–flexionsstrukturelle Methode durch Lektüre des Vorhergehenden, sei 's des Buches hier oder der früheren Teilbände der ›Widerspiegelung des Geistes‹ zu handhaben, gar zu meistern gelernt hat. Für diejenigen, die überprüfen wollen, ob sie hierin schon einige Fertigkeit erlangten, und/oder jene, die einfach nur meine Übersetzungsbegriffe unmittelbar beim Lesen mit den chinesischen Schriftzeichen und ihrer Pīnyīn-Umschrift vergleichen wollen, wiederhole ich danach den übertragenen Text mit entsprechenden Einfügungen samt Skalierung und Paragraphierung

Selbstverständlich werde ich im Anschluß daran detaillierte Meditationen (im ursprünglichen Sinne von Ermessen und Ermitteln,[5] wie er im Faszikel II/6 aus der christlichen Lehr-Tradition wiedergegeben und der viel älteren indischen gegenübergestellt wurde),[6] insbesondere zur schwerst zu verstehenden, doch entscheidenden Kategorie, zum Geist und unmittelbar damit Zusammenhängendem anstellen. Bezieht sich meine nachfolgende Interpretation auf eine von mir bereits übersetzte Textstelle der Kosmogonie Chéng's, die in der dazugehörigen Fußnote durch den chinesischen Originaltext dokumentiert ist, werde ich diese zwar zeilengenau, genauer kolumnengenau, angeben, den Text selbst aber nicht nochmals vollständig wiedergeben, sondern die chinesischen Schriftzeichen und Transkriptionen für einzelne Sinneinheiten, wenn von mir als wichtig erachtet, diesen im Haupttext in Klammern nachstellen.

„Der Sinn von »Dào« ist Leere und Offenheit. Der Name »Unvergänglich« leitet sich von abgründig/still und wüst/ruhig her. Das sogenannte grenzenlose Extrem-Dao ist die Eigennatur/das Ansichsein der Masse/Menge des Entstandenen. Was ist das Extrem-Dao? Es ist Nachfahre/Band/Ordnung/Komplex/System des leeren Nichts, Grundlage/Anlaß von Formung und Umformung, Basis des Geistlichts [der Ausstrahlung des Geistes], und Ursprung der Entfaltung des Kosmos. Seine Riesigkeit hat kein Außen; seine Winzigkeit hat kein Innen; überfließend hat es kein Ende; tief und dunkel hat es keinen Gegensatz. Weitest abgeschieden, ist es unerforschlich, doch das große Licht sendet seine Strahlen herab; zutiefst still/ruhig und ohne Vernunft, doch der Ablauf der Dinge geschieht gemäß einer Konzeption/Vorlage/Form.

[5] Zur Etymologie in Zusammenhang mit skr. *māyā* cf. H. P. Sturm, Prinzipien-Triadik oder Prinzipien-Tetradik?, pp. 22^{29}–23.

[6] Cf. H. P. Sturm, Indische Vierfüßler, pp. 438–455.

Durcheinander und ununterschieden ist es gestaltlos; bloß und abwesend ist es lautlos. Die Myriade von Gestaltungen wird von ihm hervorgebracht; die fünf Töne werden von ihm vollendet. Das Gewordene hat ein Ende; das Vollendete muß (ver)schwinden. Hervorbringen und abermals hervorbringen, vollenden und abermals vollenden, das ist heutzutage und von alters her unveränderlich. Das wird Dào genannt. Vor Ur-Qì und Extrem-Leere in bloßer Abwesenheit, was könnte da (gewesen) sein? Das Wesentlichste wurde veranlaßt hervorzukommen und ebenso entstand das Wahre Eine, worauf das Wahre Eine den Geist anregte und sich das Ur-Qì verwandelte. Ur-Qì ist inmitten des Nichts das Sein, inmitten des Seins das Nichts. Seine Ausdehnung ist unermeßlich. Die nebulöse(n) Potenz(en) [schwangere(n) Wolke(n)], chaotisch und verschwommen, wurde(n) allmählich manifest, wurde(n) grundlos zu Myriaden von Gestaltungen, ▸worin die Andeutungen/Anlagen zusammengefügt enthalten sind◂. Danach blähte sich das klare, durchdringende, reine, helle Qì auf und wurde zum Himmel [Kosmos], das gestörte, getönte, trübe, träge Qì verdichtete sich und wurde zur Erde. Das erhabene, harmonische, milde und ausgeglichene Qì verband sich und wurde zum Menschen. Die Klasse des täuschenden, wirren, harten und ungestümen Qì zerstreute sich und wurde zu den diversen Arten [von Existierendem] …“[7]

---

[7] Cf. Chéng Xuán-yīng, Jí-chéng-xuán-yīng-dào-dé-jīng-kāi-tí-xù-jué-yì-shū, ⟨ed.⟩ Yán Líng-fēng, pp. 295.6–296.3: 道以虛通為義常以湛寂得名所謂無極大道是衆生之正性也大道者何 也虛無之系造化之根神明之本天生之源其大無外其微無内浩曠無端 杳冥無對至幽靡察而大明垂光至静無心而品物有方混漠無形寂寥無 聲萬象以之生五音以之成生者有極成者必虧生生成成今古不移此之 謂道者也元氣大虛之先寂寥何有至精感激而眞一生焉眞一運神而元 氣自化元氣者無中之有有中之無廣不可量微不可察氤氳漸著混茫無 倪萬象之端兆联於此於是清通澄朗之炁而浮為天煩味濁滯之炁積而 為地平和柔順之炁結

Und nun derselbe Text mit meinen Einfügungen chinesischer Schriftzeichen, Pīnyīn-Umschrift und versuchsweisen Skalierungen.

(ϒ4) „Der Sinn (義 *yì*) von »Dào« (道) ist (為 *wéi*) Leere (虛 *xū*) und Offenheit (通 *tōng*). Der Name (名 *míng*) »Unvergänglich« (常 *cháng*) leitet sich von abgründig/still (湛 *zhàn*) und wüst/ruhig (寂 *jì*) her (得 *dé*). Das sogenannte (謂 *wèi*) grenzenlose (無極 *wú jí*) Extrem-Dao (大道 *dà dào*) ist (是 *shì*) Eigennatur/Ansichsein (正性 *zhèng xìng*)

(ϒ3-1) der Masse des Entstandenen (衆生之 *zhóng shēng zhī*).

(ϒ3½) Was ist (何 *hé*) das Extrem-Dao (大道者 *dà dào zhě*)? Es ist Nachfahre/Band/Ordnung/Komplex/System (系 *xì*) des leeren Nichts (虛無 *xū wú*), Grundlage/Anlaß (根 *gēn*) von Formung (造 *zào*) und Umformung (化 *huà*), Basis (本 *běn*) des Geistlichts [der Ausstrahlung des Geistes] (神明 *shén míng*), und Ursprung (源 *yuán*) der Entfaltung (生 *shēng*) des Kosmos (天 *tiān*).

為人倫錯謬剛戾之炁散為雜類··· Meine erläuternden Einfügungen in eckigen Klammern; die Übersetzung zwischen ▸ ◂ ist konjektural; ⟨tr.⟩ F. Assandri, Beyond the *Daode jing*, pp. 202–203; der problematische Textabschnitt o.c., p. 203, in englischer Sprache: „This is where the subtle mystery lies." Das scheint mir mit dem chinesischen Original nur schwer vereinbar zu sein; möglicherweise hat die Spezialistin hier Wissen, das mir nicht zugänglich ist. Ich halte es hinsichtlich meiner folgenden Ausführungen nicht für unerheblich zu erwähnen, daß die genannte Übersetzerin o.c., p. 105, diese Kosmogonie unter der Überschrift „Cosmogony: Macrocosm and Microcosm" in Vorwegnahme der Gesamtübersetzung des Kommentars, wofür ich den Nachweis soeben lieferte, wiedergibt, dabei jedoch erst mit „Before primordial *qi* [*yuanqi* 元氣] and the great emptiness, in absolute stillness, what could have been there?" beginnt.

Seine (其 *qí*) Riesigkeit (大 *dà*) hat kein Außen (無外 *wài*); seine (其 *qí*) Winzigkeit (微 *wēi*) hat kein Innen (無內 *wú nèi*); überfließend (浩曠 *hào kuàng*) hat es kein Ende (無端 *wú duān*); tief und dunkel (杳冥 *yǎo míng*) hat es keinen Gegensatz (無對 *wú duì*). Weitest (至 *zhì*) abgeschieden (幽 *yōu*) ist es unerforschlich (靡察 *mǐ chá*), doch (而 *ér*) das große Licht (大明 *dà míng*) sendet seine Strahlen (光 *guāng*) herab (垂 *chuí*); zutiefst still/ruhig (至静 *zhì jìng*) und ohne Vernunft (無心 *wú xīn*), doch (而 *ér*) der Ablauf der Dinge (品物 *pǐn wù*) geschieht gemäß einer Konzeption/Ordnung/Vorlage/Form (有方 *yǒu fāng*). Durcheinander (混 *hùn*) und ununterschieden (漠 *mò*) ist es gestaltlos (無形 *wú xíng*); bloß (寂 *jì*) und abwesend (寥 *liáo*) ist es geräuschlos (無聲 *wú shēng*).

(ϒ1) Die Myriade von Gestaltungen (萬象 *wàn xiàng*) wird von ihm (以之 *yǐ zhī*) hervorgebracht (生 *shēng*); die fünf Töne (五音 *wǔ yīn*) werden von ihm (以之 *yǐ zhī*) vollendet (成 *chéng*). Das Gewordene (生者 *shēng zhě*) hat (有 *yǒu*) ein Ende (極 *jí*); das Vollendete (成 *chéng*) muß (必 *bì*) (ver)schwinden (虧 *kuī*).

(ϒ3) Hervorbringen und abermals Hervorbringen (生生 *shēng shēng*), vollenden und abermals vollenden (成成 *chéng chéng*), das (此 *cǐ*) ist heutzutage und von alters her (今古 *jīn gǔ*) unveränderlich (不移 *bù yí*). Das wird »Dào« (道) genannt (謂 *wèi*). Vor (先 *xiān*) Ur-Qì (元氣 *yuán qì*) und Extrem-Leere (大虛 *dà xū*) in bloßer Abwesenheit (寂寥 *jì liáo*), was könnte da (gewesen) sein (何有 *hé yǒu*)? Das Wesentlichste (至精 *zhì jīng*) wurde veranlaßt hervorzukommen (感激 *gǎn jī*) und ebenso (而 *ér*) entstand (生 *shēng*) das Wahre Eine (眞一 *zhēn yī*), worauf (焉 *yān*) das Wahre Eine (眞一 *zhēn yī*) den Geist (神 *shén*) anregte (運

yùn) und sich (自 *zì*) das Ur-Qì (元氣 *yuán qì*) verwandelte (化 *huà*). Ur-Qì (元氣 *yuán qì*) ist inmitten (中 *zhōng*) des Nichts (無 *wú*) das Sein (有 *yǒu*), inmitten (中 *zhōng*) des Seins (有 *yǒu*) das Nichts (無 *wú*). Seine Ausdehnung (廣 *guǎng*) ist unermeßlich (不可量 *bù kě liáng*); seine Geringfügkeit (*wēi*) ist unbeobachtbar (不可察 *bù kě chá*). Die nebulöse(n) Potenz(en) [schwangere(n) Wolke(n)] (氤氳 *yīn yūn*), chaotisch und verschwommen (混茫 *hùn máng*),

⟨ϒ2½⟩ wurde(n) allmählich (漸 *jiàn*) manifest (著 *zhù*), wurde(n) grundlos (無倪 *wú ní*) zur Myriade von Gestaltungen (萬象 *wàn xiàng*), ▸worin (於此 *yú cǐ*) die Andeutungen (兆 *zhào*) zusammengefügt (联 *lián*) enthalten (端 *duān*) sind◂.

(ϒ2) Danach (於是 *yú shì*) blähte sich das klare (清 *qīng*), durchdringende (通 *tōng*), reine (澄 *chéng*), helle (朗 *lǎng*) Qì (炁) auf (浮 *fú*) und wurde (為 *wéi*) zum Himmel [Kosmos] (天 *tiān*),

(ϒ11) das gestörte (煩 *fán*), getönte (味 *wèi*), trübe (濁 *zhuó*), träge (滯 *zhì*) Qì (炁) verdichtete sich (積 *jī*) und wurde (為 *wéi*) zur Erde (地 *dì*).

⟨ϒ1½⟩ Das erhabene (丕 *pī*), harmonische (和 *hé*), milde (柔 *róu*) und ausgeglichene (順 *shùn*) Qì (炁) verband sich (結 *jié*) und wurde (為 *wéi*) zum Menschen (人 *rén*).

(ϒ12) Die Klasse (倫 *lún*) des täuschenden (錯 *cuò*), wirren (謬 *miù*), harten (剛 *gāng*) und ungestümen (戾 *lì*) Qì (炁) zerstreute sich (散 *sàn*) und wurde (為 *wéi*) zu den diversen Arten [von Existierendem] (雜類 *zá lèi*) …“[8]

[8] Stellenangabe siehe vorige Fußnote.

Geist: Qì 氣 / Yīn-Yáng 陰陽

Was an den Eingangssätzen dieser Nach- und Neuformulierung der Weltwerdung von ›Dào-dé-jīng 1‹ keineswegs übersehen werden darf, ist die Unterscheidung zwischen Dào schlechtweg, das als grenzenloses (無極 *wú jí*) Extrem-Dào (大道 *dà dào*), unvergänglich (常 *cháng*), abgründig/still und wüst/ruhig (湛寂 *zhàn jì*) definiert wird, als Eigennatur, Ansichsein oder wahres Wesen (正性 *zhèng xìng*) der Vielheit des Gewordenen (衆生 *zhóng shēng*) (ϒ4), und der nachfolgenden Definition von Extrem-Dào ohne diese Attribute (ϒ3½/ϒ3), wovon die Grenzenlosigkeit, wohl das schlagendste ist. Ob diese von unserem Weisheitslehrer in voller prinzipientheoretischer Klarheit eingeführt wurde, kann man nicht wissen; jedenfalls ist sie, was aus dem Kontext, dem gesamten Argumentationsstrang einigermaßen klar hervorgeht, vorhanden und folglich auch zu beachten.

Es ist nämlich eben diese zweite, in der ersten nur ihrer Möglichkeit nach angelegte Phase, die den Ursprung (源 *yuán*) zur Entfaltung (生 *shēng*) des Kosmosganzen (天 *tiān*) birgt, der allem Bewirkten also vorhergeht: das Aufleuchten oder Licht des Geistes (神明 *shén míng*)[9]. Wenn nun erklärt wird, daß Dào zwar zutiefst verborgen (至幽 *zhì yōu*) und unerforschlich (靡察 *mǐ chá*) sei, doch das Extrem-Licht (大明 *dà míng*) seine Strahlen (光 *guāng*) herabsende (垂 *chuí*), dann wird eben genau dieser Unterschied zwischen dem ‚absolut Absoluten' als Leere und Offenheit (虛通 *xū tōng*) pur (ϒ4) und dem ‚relativ Absoluten' als dessen Ausstrahlung

9 Die Bedeutung von 神明 (*shén míng*) ist bei verschiedenen Autoren und in verschiedenen Schulen äußerst unterschiedlich und kann von der hier anzunehmenden bis zu Geist-, Götter- und Lichtwesen bzw. Himmelslichtern (Himmelskörpern) reichen, cf. dazu A. C. Graham, A Neglected Pre-Han Philosophical Text: *Ho-kuan-tzu*, pp. 515–517, die m.E. auch hier hohe Relevanz besitzt, obwohl sie in Zusammenhang mit einer ganz anderen Textgattung geäußert wurde.

und Geistlicht (神明 *shén míng*) (ϒ3½/ϒ3) geltend gemacht. Dieses Innuendo hyperkosmischer Prinzipiendifferenzierung wird in den folgenden Ausführungen zur Gewißheit.

Und das schon im folgenden Satz des Originals, wenn gesagt wird, daß Dào, während es tiefste Ruhe/Stille (至静 *zhì jìng*) sei, ohne Vernunft (無心 *wú xīn*), der Ablauf aller Dinge zugleich planvoll, nach einem gewissen geistigen Entwurf bzw. Plan einer Anlage, Konzeption, Idee oder Matrix geschehe (而品物有方 *ér pǐn wù yǒu fāng*). Ist dies eingesehen, verstehen wir auch die vorhergehende Definition des ‚normalen' Extrem-Dào ohne die Verminderung zum Garnichts, nämlich Nachfahre, Band, System oder Komplex (系 *xì*) des leeren Nichts (虛無 *xū wú*) zu sein, Quelle (本 *běn*) der Ausstrahlung des Geistes bzw. Fließen (本 *běn*) des Geistlichts (神明 *shén míng*) und Anlaß/Basis (根 *gēn*) (ϒ3) von Formung (造 *zào*) und Umformung (化 *huà*), d.h. des Kosmos (ϒ2/1).[10]

Dies sind die Grundgedanken, auf denen Emanationssysteme beruhen. Wer den Faszikel II/5 der ›Widerspiegelung des Geistes‹ gelesen hat, sollte sich daran erinnern, daß im Kapitel zu Plotinos genau solches bis in die Bedeutungen der Begriffe hinein vorgestellt wurde. Wer nicht, kann sich dessen gerne vergewissern, indem sie/er sich den dortigen Passus aufgrund der Lektüre der Überlegungen hier zu Gemüte führt.[11] Damit aber nicht genug. Wie emanatistisch formulierte Noologien eine vertikale Konstitution des Geistprinzips

10 Cf. Chéng Xuán-yīng, Jí-chéng-xuán-yīng-dào-dé-jīng-kāi-tí-xù-jué-yì-shū, 〈ed.〉 Yán Líng-fēng, pp. 295.6-9; 〈tr.〉 F. Assandri, Beyond the *Daode jing*, p. 202. Zur Bedeutung von 造化 (*zào huà*) als Synonym für Kosmos cf. I. Robinet, *zaohua* 造化 "creation", p. 1214.

11 Cf. H. P. Sturm, Die vier Wissenskonstituenzien (in) der spätantiken westlichen (?) Spekulation, pp. 127–157.

kennen, Noologie im weiteren Sinne, so auch eine horizontale, Noologie im engeren Sinne: die Phasenabfolge des Intellectus als Darstellungsweise a) seiner Entäußerung und b) seiner Binnenstruktur. Was den Platonismus betrifft, habe ich diese Dreieinheit oben schon genannt. Zu Weiterem und Genauerem muß ich abermals auf Faszikel II/5 verweisen. Für den Daoismus wurden einige Informationen bereits im vorigen Kapitel gegeben; zudem machte ich darauf aufmerksam, daß ein innergeistiges Einteilungs- oder Phasenschema exakt bestimmter Komponenten daraus nur schwer zu rekonstruieren ist.

Hier nun das, was uns Chéng Xuán-yīng dazu in seinem Kommentar zu bzw. seiner Nachdichtung von ›Dào-dé-jīng 1‹ zu berichten hat. Nachdem er rhetorisch fragte, was vor (先 *xiān*) dem Ur-Qì (元氣 *yuán qì*) und der Extrem-Leere (大虛 *dà xū*) in bloßer Abwesenheit (寂寥 *jì liáo*) denn gewesen sein könnte (何有 *hé yǒu*), schildert er ein innergeistiges oder reingeistiges Konstitutionsgeschehen, indem er uns über die Bestandteile dieser Sphäre und ihre gegenseitigen Beeinflussungsverhältnisse aufklärt. Was dabei herauskommt, ist das Wahre Eine (眞一 *zhēn yī*), das in (,Geist'-)Wirklichkeit, was supra schon belegt wurde, im betrachteten Originalpassus aber nicht eigens expliziert wird, ein Drei-Eines (三一 *sān yī*) ist, eine Einheit dreier Komponenten: Wesen (精 *jīng*), Geist (神 *shén*) und Qì/Pneuma (氣 *qì*).[12] Mit der religiösen Vorstellung von der daoistischen theologischen Dreifaltigkeit, die es tatsächlich gibt, hat das nichts, oder zurückhaltender formuliert, nur wenig zu tun.

Deren wechselweise Urheberschaft wird mit Begriffen des

---

[12] Cf. Chéng Xuán-yīng, Jí-chéng-xuán-yīng-dào-dé-jīng-kāi-tí-xù-jué-yì-shū, ⟨ed.⟩ Yán Líng-fēng, pp. 295.6–296.1; ⟨tr.⟩ F. Assandri, Beyond the *Daode jing*, p. 202.

Exzitierens wie des Entstehens beschrieben. „Das Wesentlichste (至精 *zhì jīng*) wurde veranlaßt hervorzukommen (感激 *gǎn jī*) und ebenso entstand das Wahre Eine (而眞一生 *ér zhēn yī shēng*), worauf das Wahre Eine den Geist anregte (焉眞一運神 *yān zhēn yī yùn shén*) und sich das Ur-Pneuma verwandelte (而元氣自化 *ér yuán qì zì huà*).“[13] Und daß es sich dabei tatsächlich um eine überzeitliche, gleichursprüngliche Prinzipien(be)gründung handelt, ein Be-Stehen, kein Ent-Stehen, selbst wenn das auf den ersten Blick nicht in die Augen springt, müßte dem mit der Transzendentalphilosophie auch nur einigermaßen Vertrauten einige Sätze später, wo die Trans-Dimensionalität dieses ‚Vorgangs' überdeutlich wird, endgültig einleuchten. „Die Substantialität (體 *tǐ*) von Dào-Dé (道德) und das Zentrum/Herz des Geistlichts (神明之心 *shén míng zhī xīn*) sind in ihrem Nachgeben und Entsprechen (應感 *yìng gǎn*) unerschöpflich (不窮 *bù qióng*), in alle Ewigkeit unermüdlich (未嘗疲 *wèi cháng pí*), an welchem Ort auch immer sie zur Anwendung kommen (於動用之境矣 *yú dòng yòng zhī jìng yǐ*).“[14]

Es handelt sich um Qì in seiner feinsten Form, das nach Lehrmeinung Chéng Xuán-yīng's, die ich im Kontext von ›Dào-dé-jīng 21‹ wiedergab, vom Platonismus aus beurteilt der substantiell-objekthafte Geist-Bestandteil, Sein/Seiendes oder das geistige Einsehbare sein müßte, auf den die Lemma-Formel des Geistigen, wie sie in fundierten Metaphysiken aller Zeiten und jeden Ortes vorkommt, von ihm, in einer

---

[13] Chéng Xuán-yīng, Jí-chéng-xuán-yīng-dào-dé-jīng-kāi-tí-xù-jué-yì-shū, ⟨ed.⟩ Yán Líng-fēng, pp. 295.5–296.1; ⟨tr.⟩ F. Assandri, Beyond the *Daode jing*, p. 202.

[14] Chéng Xuán-yīng, Jí-chéng-xuán-yīng-dào-dé-jīng-kāi-tí-xù-jué-yì-shū, ⟨ed.⟩ Yán Líng-fēng, p. 296.6–7: 道德之體神明之心應感不窮未嘗疲於動用之境矣; ⟨tr.⟩ F. Assandri, Beyond the *Daode jing*, p. 203.

eigentümlich intensivierten Form allerdings, die Symbolik des ›Yì-jīng‹ evozierend, angewandt wird: „Ur-Qì ist inmitten des Nichts das Sein (元氣者無中之有 *yuán qì zhě wú zhōng zhī yǒu*), inmitten des Seins das Nichts (有中之無 *yǒu zhōng zhī wú*) (ϒ3)."[15]

Das bedeutet, daß im Ur-Qì zwei polar entgegengesetzte Zustandsformen aufeinander bezogen sind: ☰ 乾 *qián* und ☷ 坤 *kūn*. Und Entsprechendes sagt auch unser Text, nämlich daß Qì (氣) die Erscheinung (形 *xíng*) von Himmel-und-Erde (天地 *tiān dì*), der Menschheit (人 *rén*) und der Dinge (物 *wù*) hervorbringe (生 *shēng*), das Geistlicht (神明 *shén míng*) diesen übersinnliche Kräfte (靈 *líng*) verleihe (授 *shòu*), weshalb *Qián* 乾 und *Kūn* 坤 Himmel-und-Erde (天地 *tiān dì*), den Kosmos also, das Wesen (精 *jīng*) und die Geist-, Yáng- oder Himmelsseele (魂 *hún*) aber die Menschen (人 *rén*) und Dinge (物 *wù*) lenke/zügle (御 *yù*).[16] „Urnichts – Geist (本無神也 *běn wú shén yě*): an der Grenze zur Leerheit entsteht der Geist (虛極而神生 *xū jí ér shén shēng*). Urnichts – Qì (本無炁也 *běn wú qì yě*): der Geist regt sich und Qì wird verwandelt (神運而炁化 *shén yùn ér qì huà*). Qì ist genuin substanzlos (炁本無質 *qì běn wú zhì*) (ϒ3); es gerinnt schließlich ⟨ϒ2½⟩ und das Gestalthafte erscheint (凝委而成形 *níng wěi ér chéng xíng*) (ϒ2/1)."[17]

Nachdem Qì (炁) also eine Doppelrolle zugeschrieben

---

[15] Chéng Xuán-yīng, Jí-chéng-xuán-yīng-dào-dé-jīng-kāi-tí-xù-jué-yì-shū, ⟨ed.⟩ Yán Líng-fēng, p. 296.1, ⟨tr.⟩ F. Assandri, Beyond the *Daode jing*, p. 202.

[16] Cf. Chéng Xuán-yīng, Jí-chéng-xuán-yīng-dào-dé-jīng-kāi-tí-xù-jué-yì-shū, ⟨ed.⟩ Yán Líng-fēng, p. 296.4-5: 然則生天地人物之形者元炁也授天地人物之靈者神明也故乾坤統天地精魂御人物; ⟨tr.⟩ F. Assandri, Beyond the *Daode jing*, p. 203. Auf das Wort 御 *yù* sind wir schon öfter gestoßen: reiten, fahren, lenken, anschirren, einspannen, zügeln, zähmen, kontrollieren, bewerkstelligen, Kutsche(nwagen).

wird, sowohl geistmaterielle als auch geistfunktionale Grundlage der sichtbaren Schöpfung zu sein, kann es nicht verwundern, daß in Chéng Xuán-yīng's Kommentar zu ›Dào-dé-jīng 42‹ das von Dào (ϒ4) erzeugte Eine (一 *yī*) mit dem Ur-Qì/Pneuma (元氣 *yuán qì*) gleichgesetzt (ϒ3), während das vom Einen erzeugte Zweite (二 *èr*) mit Yīn und Yáng (陰陽) ⟨ϒ2½⟩, das von diesem wiederum erzeugte Dritte (三 *sān*) mit Himmel-Erde-Mensch (天地人 *tiān dì rén*) identifiziert wird (ϒ2) und die gesamte (一切 *yī qiè*) Myriade von Wesen/Dingen/Seiendem (萬物 *wàn wù*) (ϒ1) entweder in wahrnehmungsfähige (有識 *yǒu shì*) (ϒ1$_2$) oder empfindungslose (無情 *wú jíng*) (ϒ1$_1$) unterteilt werden, während die Substantialität (體 *tǐ*) der mysteriösen Wurzel des äußersten Dào (至道妙本 *zhì dào miào běn*) als gesondert/jenseits (絶 *jué*) von Form und Name (形名 *xíng míng*) charakterisiert wird (ϒ4).[18]

Um zu dokumentieren, daß den Chinesen des Altertums solch ein ‚verstiegenes' Denken nicht von mir unterschoben wird, hier ein zusammenfassendes Zitat aus der einschlägigen Fachliteratur, ohne die, das muß zur Ehrenrettung akademischer Forschung, wenigstens ihrer Ausnahme-Vertreter und Ausnahme-Vertreterinnen bzw. deren historio-doxographischer, editorischer und philologischer Leistung hier nochmals erwähnt werden, die Bearbeitung solch komplizierter

---

[17] Chéng Xuán-yīng, Jí-chéng-xuán-yīng-dào-dé-jīng-kāi-tí-xù-jué-yì-shū, ⟨ed.⟩ Yán Líng-fēng, p. 296.9-10: 本無神也虛極而神生本無炁也神運而炁化炁本無質凝委而成形; ⟨tr.⟩ F. Assandri, Beyond the *Daode jing*, p. 203.

[18] Cf. Chéng Xuán-yīng, Jí-chéng-xuán-yīng-dào-dé-jīng-kāi-tí-xù-jué-yì-shū, ⟨ed.⟩ Yán Líng-fēng, p. 472.9-10: 一元氣也二陰陽也三天地人也萬物一切有識無情也言至道妙本絶形名; englische Übersetzung des gleichen Texts (mit Interpunktion) aus der Ausgabe von ⟨ed.⟩ Měng Wén-tòng, p. 462, bei F. Assandri, Beyond the *Daode jing*, p. 107.

Themen und ausgefallener, weitgehend unbekannter Gegenstandsbereiche wissenschaftlicher Einzeldisziplinen, wie von mir behandelt, für die re–flexionsstrukturelle Transkultural–Philosophie kaum möglich wäre – die Disziplin(losigkeit), die man allgemein für Philosophie hält, kümmert sich um so etwas selbstverständlich nicht.

Was letztere betrifft, inspiziere man doch einmal die Versuche, die wenigstens den Anschein erwecken, dies zu leisten und unter den hochtrabenden Bezeichnungen interkulturelle, transkulturelle Philosophie oder (Cross-cultural) Comparative Philosophy in der unbedarften akademischen Interessententschaft ausgestreut und für den Gipfelpunkt der Forschung gehalten werden. Hier also das Zitat: „Das Herz der Kosmogonie sind somit Essenz, Geist und Qi. Sie sind am entscheidenden Punkt des Übergangs vom absoluten Nichtsein zum Sein und den Myriaden von Dingen aktiv. Sie initiieren den Werdeprozeß, der mit den Myriaden von Dingen endet.“[19]

Es wird also klar zwischen einem kosmogonisch inaktiven, einem irrelativen, ab-soluten, weder in ein ontisches noch noetisches, noch praktisches Verhältnis tretendes Dào, dem Dào in seiner Substantialität (體 *tǐ*), dem bleibenden (常 *cháng*) Dào, und Dào im Manifestationsmodus in verschiedenen Dispersionsgraden unterschieden. „Dào, das angedeutet werden kann, ist Substantialität (可道為體 *kě dào wéi tǐ*), das mit Namen versehen werden kann, ist Funktionalität (可名為用 *kě míng wéi yòng*).“[20] Und „Einen Namen zu tragen, bedeutet »Spuren« (有名迹也 *yǒu míng jì yě*)“[21] zu ziehen/hinterlassen. Genau das ist der traditionell so benannte Unterschied

Dào inaktiv
Lógos aktiv

[19] F. Assandri, Beyond the *Daode jing*, p. 106.

[20] Chéng Xuán-yīng, Jí-chéng-xuán-yīng-dào-dé-jīng-kāi-tí-xù-jué-yì-shū, ⟨ed.⟩ Yán Líng-fēng , p. 297.5: 可道為體可名為用; ⟨tr.⟩ F. Assandri, Beyond the *Daode jing*, p. 204.

zwischen dem Dào der Tat (有為之道 *yǒu wéi zhī dào*) (ϒ3), es ist Name, hat Namen und gibt Namen, und dem Dào des Nichtstuns (無為之道 *wú wéi zhī dào*) (ϒ4), dieses kann nur be-deutet, auf es kann nur gedeutet, es kann nur angedeutet werden, weil man auf der Subjektseite dessen ja nur durch vermindern/abnehmen und abermals vermindern/abnehmen (損之又損 *sǔn zhī yòu sǔn*) gewahr wird und sich ihm im Nicht-Handeln (無為 *wú wéi*) angleicht,[22] was das geistige Nicht-Handeln: »Fasten des Geistes« (心齋 *xīn zhāi*) und »Sitzend Vergessen« (坐忘 *zuò wàng*) einschließt.

Wie es aber Dào in zweifacher Form gibt, unbenennbar/immerwährend und benennbar/vergänglich, so auch den Namen, indem er sich auf die Lehre bezieht; zum einen die endgültig wahre, höchste, die Dào jenseits von Worten und Bildern in seinem verborgenen Aspekt erfahren läßt und jenseits von Worten und Lauten ist, zum andern die aussprechbare und vernehmbare Lehre, die auf das Begrenzte referiert, in dieser Hinsicht selbst in der Begrenztheit operiert und so nicht der immerwährende Name sein kann. „»Name« (名 *míng*) bedeutet Lehre (者教也 *zhě jiāo yě*). Das vorher genannte »Dào kann« (可道 *kě dào*) faßt klar und deutlich (盛明 *chéng míng*) das Prinzip (理 *lǐ*). Das »kann mit Namen versehen werden« (可名次 *kě míng cì*) nun erläutert (顯 *xiǎn*) danach die Lehre (教 *jiào*). Da das Prinzip (理 *lǐ*) gesondert/jenseits (絶 *jué*) von Wort und Form ist (言象 *ján xiàng*), transzendiert (超 *chāo*) auch die höchste Lehre (至教 *zhì jiāo*) Laute und Sprechen (聲說 *shēng shuō*). Weil das Prinzip (理 *lǐ*) das unvergängliche Dào (常道 *cháng dào*) ist,

---

21 Chéng Xuán-yīng, Jí-chéng-xuán-yīng-dào-dé-jīng-kāi-tí-xù-jué-yì-shū, ⟨ed.⟩ Yán Líng-fēng, p. 301.1: 有名迹也; ⟨tr.⟩ F. Assandri, Beyond the *Daode jing*, p. 206.

22 Cf. Lǎozǐ, Dào-dé-jīng 48.1-4, ⟨ed./tr.⟩ T. Izutsu, p. 117.

kann es als Lehre nicht ausgesprochen/ge-dao-t werden (不可道教 *bù kě dào jiào*), also kann der Name nicht der unvergängliche Name sein (可名非常名 *kě míng fēi cháng míng*). Das will klarstellen (明 *míng*), daß Prinzip (ϒ4) und Lehre (ϒ'3), Lehre (ϒ'3) und Prinzip (ϒ4) nicht-identisch (不一 *bù yī*) und nicht-different (不異 *bù yì*) sind (ϒ4)+(ϒ3)=(ϒ3'). … »Nicht der unvergängliche Name« bedeutet (非常名者 *fēi cháng míng zhě*), daß es nicht (非 *fēi*) der gewöhnliche (常 *cháng*) leere/eitle Name (虛名 *xū míng*) von Konvention, Ehre und Ruhm (俗榮華 *sú róng huá*) ist."[23]

Das kann doch nur heißen, daß die höchste Lehre jenseits leerer und gesprochener Worte die Einsicht sein muß, die durch diese hindurch vermittelt werden soll. Denn eines ist auch dem Weisen nicht möglich, bei der Weitergabe seiner Erkenntnisse an seine Schüler die alltäglichen Worte und das, was sie artikulieren, das begriffliche Denken, gänzlich zu unterlassen. Die unausdrückbare höchste Lehre wird eben auch ausgedrückt, und zwar mit Hilfe von Geschriebenem und Gesprochenem. Es gibt die nicht-artikulierbare Lehre also doppelt: ausgesprochen und unausgesprochen. Mit letzterer kann nur die implizite Geltendmachung und Erfüllung des Wahrheitsanspruchs (über-sinnliche Form) gemeint sein, der mit ersterer (sinnliche Form) gemeint ist, weshalb es nicht gleichgültig ist, welche Worte auf der Basis welcher Gedanken bei der Unterrichtung gewählt werden. Die Lehre darf also nicht beliebig, Klartext gesprochen, nicht unwahr sein. Worte selbst sind aber nicht in der Lage, über wahr und

[23] Chéng Xuán-yīng, Jí-chéng-xuán-yīng-dào-dé-jīng-kāi-tí-xù-jué-yì-shū, 〈ed.〉 Yán Líng-fēng, p. 299.2-3 … 6: 名者教也前言可道盛明於理今言可名次顯於教眞理既絶於言象至教亦超於聲說理既常道不可道教亦可名非常名欲明理教教理不一不異…非常名者非常俗榮華之虛名; 〈tr.〉 F. Assandri, Beyond the *Daode jing*, p. 205.

falsch zu entscheiden. Es ist eine eigene Instanz, der Geist qua unvergänglicher Name, griechisch häufig Lógos, sanskritisch, das hatten wir auch schon, bisweilen *Vāk*, bisweilen *Nāma*, der Aussagen den Ritterschlag des Wahrseins erteilt oder nicht. In der Epistemologie spricht man in diesem Zusammenhang gerne von Evidenz. Der Transzendentalphilosoph Johann G. Fichte verwendet dafür öfters den aus der mittelalterlichen Philosophie stammenden Terminus »intellectuale Anschauung«.[24]

Wenn Chéng Xuán-yīng demnach feststellt, daß der Weise das Namenlose mit Hilfe des Namentragenden begründet und erklärt, steckt darin genau solches. „Um nun das Namenlose (無名 *wú míng*) durch das Namentragende (有名 *yǒu míng*) zu begründen (立 *lì*), das Namenlose (無名 *wú míng*) unter Bezugnahme auf das Namentragende (有名 *yǒu míng*) zu erklären (詮 *quán*), will der Weise (聖人 *shèng rén*) den Haufen von Geborenen (衆生 *zhòng shēng*) wie Kinder (子 *zǐ*) unterrichten (育 *yù*) und veranlassen (令 *lìng*), zum Ursprung (本 *běn*) zurückzukehren (歸 *guī*); versorgen und nähren (慈悲 *cí bēi*), Güte und Mitempfinden (鞠養 *jū yǎng*) haben (有 *yǒu*), wie bei (同 *tóng*) der Mutterschaft (母義 *mǔ yì*)."[25]

Der Verweis auf die Mutterschaft an dieser Stelle ist nicht zufällig, wird hier doch ›Dào-dé-jīng 1‹ ausgelegt, in dessen vierter Sinneinheit die Mutter als Gebärerin der Wesen genannt ist, die in den Darstellungen des hier vorliegenden Buches mehrfach, wenn nicht gar vielfach als Äquivalent von

---

[24] Cf. H. P. Sturm, Die vier Stadien des Ent–Setzens, p. 501.

[25] Chéng Xuán-yīng, Jí-chéng-xuán-yīng-dào-dé-jīng-kāi-tí-xù-jué-yì-shū, ⟨ed.⟩ Yán Líng-fēng, p. 301.1-3: 所以聖人因無名立有名寄有名詮無名者方欲子育衆生令其歸本慈悲鞠養有同母義; ⟨tr.⟩ F. Assandri, Beyond the *Daode jing*, p. 206.

Geist aufgewiesen wurde. Wer mit dem mahāyānistischen »Mittelweg« (Madhyamaka) einigermaßen vertraut ist, wird hierin die Methodik des Hilfsmittels zum Wohlergehen (skr. *upāya kauśalya* / chin. 方便 *fāng biàn*) und ebenso die Unterscheidung zwischen einer Wahrheit im Bereich des Lebensweltlichen (skr. *saṃvṛti-/vyavahāra-satya* / chin. 世諦 *shì dì*/ 俗諦 *sú dì*) und einer in der Sphäre des Höchsten Sinnes und Gutes (skr. *paramārtha-satya* / chin. 第一義諦 *dì yī yì dì*/ 眞諦 *zhēn dì*) geltenden,[26] wiederentdecken.

Es geht noch weiter. Wie es zwei Formen des Dào, zwei Arten der Lehre gibt, so zwei Weisen der Schau. Ersteres steht in der ersten und zweiten Sinneinheit von ›Dào-dé-jīng 1‹, letzteres in der fünften und sechsten: die Schau mit und die ohne Intention, Objektbezug oder Leidenschaft. Was sollte diese Schau aber anderes sein als, wie dort genannt, die Schau des Grenzenlosen? Und was ist das Grenzenlose? Nichts. Die Schau des Unbegrenzten ist aber nichts anderes als der Innenaspekt der nicht aussprechbaren höchsten Lehre. Während diese noch durch Gefühle, Willensregungen und Gedanken verdeckt ist und zunächst nur durch metatheoretische Rekonstruktion umrissen werden kann, hat sich jene davon völlig gelöst und ist gewissermaßen unendlich, wobei es auch hierbei wieder Tiefengrade gibt, die vom begrifflich begrenzten und begrenzenden Denken aus nur schwer vorzustellen und ausschließlich re–flektorisch aufzudecken sind; gemeint ist der Unterschied zwischen der Geisteinsicht im Sinne von platonistisch *noeĩn,* der sogenannten Ideenschau (Totalitätsschau) oder Geisteinsicht (ϒ3) und dem Aufgehen im Absoluten, der Einswerdung (*'énōsis*) als ‚Transzendenz'-Erfahrung (ϒ4) (daß das tatsächliche kontemplative Erleben

Kontemplation Perfektion

[26] Cf. dazu H. P. Sturm, Die vier Stadien des Ent–Setzens, pp. 439–481.

dazwischen unzählige Schattierungen und Abstufungen hat, braucht wohl nicht eigens erwähnt zu werden).

Dieser Sachverhalt ist natürlich auch im Daoismus von Bedeutung. Ich habe ein ums andre Mal auf die Problematik der Un-Geschiedenheit (ϒ3') des Transzendenz-Prinzips (ϒ4) und des Totalitäts-Prinzips (ϒ3) sowie, wenn einzeln genommen, die damit verbundenen Erkenntnisarten hingewiesen. Je nach Betonung kann man die sechste Proposition von ›Dào-dé-jīng 1‹ so auslegen, daß der Fokus das vergängliche oder das unvergängliche Sein ist, was ich bei meiner tabellierten und skalierten Übersetzung ja auch tat. Träfe letzteres zu, dann bezöge sich beim folgenden Zitat Chéng Xuán-yīng's die seinsbezogene Kognition auf das, was oben *noeĩn* genannt wurde, im Vijñānavāda-Buddhismus, der sich in ganz China durchsetzte, ist sie unter der Bezeichnung Speichergeist (skr. *ālaya-vijñāna* / chin. 藏識 *zàng shí* / 阿賴耶(藏)識 *ē lài yē (zàng) shí*)[27], Reifung (skr. *vipāka* / chin. 果報 *guǒ bào* / 異熟 *yì shú*)[28] oder Bezügliches (skr. *paratantra* / chin. 依他 *yī tā* / 緣起 *yuán qǐ*)[29] bekannt und geschätzt, das, was platonistisch *'énōsis*, Vereinigung/Ein(swerd)ung genannt wird, entsprechend dem Aufgehen im Absoluten/Perfekten/Transzendenten (skr. *pariniṣpanna* / chin. 圓成 *yuán chéng* / 成就 *chéng*

[27] A. Hirakawa, A Buddhist Chinese-Sanskrit Dictionary, pp. 879s, s.v. 眞識; 1029d, s.v. 藏識; 1206d, s.vv. 阿梨耶(本)識; 1208s, s.v. 阿黎耶議.

[28] A. Hirakawa, A Buddhist Chinese-Sanskrit Dictionary, pp. 648s, s.v. 果報; 850s, s.v. 異熟.

[29] A. Hirakawa, A Buddhist Chinese-Sanskrit Dictionary, pp. 129d, s.v. 依他 (936s, s.v. 緣起).

jiù)[30] des Yogācāra/Vijñānavāda, wäre der Kognitionsinstanz zuzurechnen, die sich auf das Nichts bzw. auf nichts bezieht.

„Die zwei Erkenntnisvermögen (二心 *èr xīn*) in bezug auf Sein und Nichts (有無 *yǒu wú*) und die beiden Schauungsarten (兩觀 *liǎng guàn*) des Oberflächlichen (微 *wēi*) und des Unergründlichen/Untergründigen (妙 *miào*) nehmen ihren Ausgang (源于 *yuán yú*) von einem Dào (一道 *yī dào*)."[31] Das Unergründliche ist das Tiefe und Abgründige (深遠 *shēn yuǎn*); auf seiten des Schauenden benennt es aber auch das Nicht-Anhaften (不滯之名 *bù zhì zhī míng*), das mit dem Prinzip korreliert ist (理歸 *lǐ guī*).[32] „Nicht-Haften ist nun weder haften am Sein (不滯有 *bù zhì yǒu*) (-ϒ1) noch auch Haften am Nichts (亦不滯無 *yì bù zhì wú*) (-ϒ2), noch haften an beiden zusammen (二俱不滯 *èr jù bù zhì*) (-ϒ3/4)."[33]

In der Philosophie der Stiftertraditionen, nach ihrem originären Selbstverständnis also, das ich durch eine spezielle Schreibweise ihrer gegenwärtig verwendeten Bezeichnung, »Philo-Sophie« nämlich, hervorhebe, benannte man die Freiheit vom Habenwollen in sensualer wie psychomentaler Hinsicht, das Ablassen von Besitz-, Hab- und Erwerbsgier, vom Mehrhabenwollen, das Lassen ganz allgemein und schließlich

30 A. Hirakawa, A Buddhist Chinese-Sanskrit Dictionary, pp. 287d, s.v. 圓成; 516s, s.v. 成就.

31 Chéng Xuán-yīng, Jí-chéng-xuán-yīng-dào-dé-jīng-kāi-tí-xù-jué-yì-shū, ⟨ed.⟩ Yán Líng-fēng, p. 303.4: 有無二心微妙兩觀源于一道; ⟨tr.⟩ F. Assandri, Beyond the *Daode jing*, p. 208.

32 Cf. Chéng Xuán-yīng, Jí-chéng-xuán-yīng-dào-dé-jīng-kāi-tí-xù-jué-yì-shū, ⟨ed.⟩ Yán Líng-fēng, p. 303.4-5; ⟨tr.⟩ F. Assandri, Beyond the *Daode jing*, p. 208.

33 Chéng Xuán-yīng, Jí-chéng-xuán-yīng-dào-dé-jīng-kāi-tí-xù-jué-yì-shū, ⟨ed.⟩ Yán Líng-fēng, p. 303.5: 無滯既不滯有亦不滯無二俱不滯; ⟨tr.⟩ F. Assandri, Beyond the *Daode jing*, p. 208.

die Gelassenheit als Haltung mit Ausdrücken, die auf die Grundbedeutung »Leidenschaftslosigkeit« (chin. 無欲 *wú yù* / 離欲 *lí yù* / 離貪 *lí tān* /遠離 *yuǎn lí* / 離染 *lí rǎn* / skr. *virāga*/*vairāgya*/*vigata-rāga* /[34] gr. *apátheia*/*ataraxía*/*'ēsuchía*/*anekplēxía*/*aochlēsía*) zurückzuführen sind.[35] Damit wird der Zustand bezeichnet, da der Mensch als Ganzheit seiner geistig-seelisch-körperlichen Wesensglieder seine ursprüngliche Unversehrtheit wiedererlangt hat. Ausfluß und Vervielfachung auf der Objektseite werden auf der Subjektseite durch Rückfluß und Vereinfachung wiedergutgemacht. „Wenn (苟 *gǒu*) man seine Leidenschaften (情 *qíng*) vergißt (忘 *wàng*), wird

(ϒ2) der Charakter (性 *xìng*) heil (全 *quán*); ist der Charakter (性 *xìng*) heil (全 *quán*), wird

(ϒ1) die Erscheinung (形 *xíng*) heil (全 *quán*); ist die Erscheinung (形 *xíng*) heil (全 *quán*), wird

⟨ϒ2½⟩ Qì (炁) heil (全 *quán*); ist Qì (炁) heil (全 *quán*), wird

(ϒ3) der Geist (神 *shén*) heil (全 *quán*); ist der Geist (神 *shén*) heil (全 *quán*), wird

(ϒ4) Dào (道) heil (全 *quán*). Ist Dào (道) also heil (全 *quán*), dann ist der Geist (神 *shén*) Herrscher (王 *wáng*); ist der Geist (神 *shén*) Herrscher (王 *wáng*), dann hat Qì (炁) übernatürlich-spirituelle Kraft (靈 *líng*); hat Qì (炁) übernatürlich-spirituelle Kraft (靈

[34] A. Hirakawa, A Buddhist Chinese-Sanskrit Dictionary, pp. 774s, s.v. 無欲; 1235s–d, s.vv. 離欲(…); 1163d–1165d, s.vv. 遠離(…); 1234d, s.vv. 離(…)染(…).

[35] Ausführliche Darstellungen dazu und die wichtigsten Ausdrücke dafür in antiken indischen und abendländischen Weisheitslehren in H. P. Sturm, Urteilsenthaltung oder Weisheitsliebe zwischen Welterklärung und Lebenskunst, pp. 32–207, 393–447.

> *líng*), dann geht die Erscheinung (形 *xíng*) über sich hinaus (超 *chāo*); geht die Erscheinung (形 *xíng*) über sich hinaus (超 *chāo*), ist der Charakter (性 *xìng*) durchdringend (徹 *chè*); ist der Charakter (性 *xìng*) durchdringend (徹 *chè*), ist man einer, der vor, zurück (反覆 *fǎn fú*) und rundherum geht (流通 *liú tōng*) und dabei eins ist mit Dào (道為一 *dào wéi yī*).“[36]

Lassen als Mehrfach-Ent-Setzung (ϒ1)-(Y6)

Lǎozǐ läßt es aber, wie wir wissen, mit dem einfachen Geheimnisvollen oder Unergründlichen nicht bewenden. Das schlägt sich im Kommentar mit einer weiteren Steigerung oder besser Vertiefung nieder. In guter Madhyamaka-Manier wendet Chéng Xuán-yīng folglich ein: „Der leidenschaftliche (有欲 *yǒu yù*) Alltagsmensch (人唯 *rén wéi*) haftet nur am Sein (滯於有 *zhì yú yǒu*) (ϒ1). Der leidenschaftslose (無欲 *wú yù*) Gebildete (士 *shì*) haftet wiederum am Nichts (滯於無 *zhì yú wú*) (ϒ2). Daher wird vom ersten »Unergründlichen« (一玄 *yī xuán*) gesprochen (說 *shuō*), um dieses zweifache Anhaften (雙執 *shuāng zhí*) zu beseitigen (遣 *qiǎn*) [(ϒ1)+(ϒ2)=(ϒ3)]. Deshalb jedoch die Besorgnis (恐 *kōng*), der Gelehrte (學者 *xué zhě*) könnte an diesem »Unergründlichen« (玄 *xuán*) haften (滯 *zhì*) (ϒ4). Nun sagt er (說 *shuō*) »nochmals Unergründliches« (又玄 *yòu xuán*) und es wird danach (後 *hòu*) auch noch (更 *gèng*) diese Beeinträchtigung/Krankheit (病 *bìng*) beseitigt (袪 *qū*). Infolgedessen (既而 *jì ér*) gibt es nicht nur (非但 *fēi dàn*) kein Haften (不滯 *bù zhì*) [(-ϒ)=(Y5)], sondern auch (亦乃 *yì nǎi*) kein Haften am

[36] Cf. Chéng Xuán-yīng, Jí-chéng-xuán-yīng-dào-dé-jīng-kāi-tí-xù-jué-yì-shū, ⟨ed.⟩ Yán Líng-fēng, p. 297.2-4: 苟忘其情則全乎性性全則形全形全則炁全炁全則神全神全則道全故道全則神王神王則炁靈炁靈則形超形超則性徹性徹者反覆流通與道為一; ⟨tr.⟩ F. Assandri, Beyond the *Daode jing*, p. 204.

Nicht-Haften (不滯於不滯 *bù zhì yú bù zhì*) (Y6); das sind die Grade der Beseitigung (則遣 *zé qiǎn*) {der beiden Kanten/Extreme (兩邊 *liǎng biān*)}. Deshalb sagt er (故曰 *gù yuē*) »Unergründliches und abermals Unergründliches« (玄之又玄 *xuán zhī yòu xuán*).“[37]

Für diejenigen, die sich von einem solch hochgradigen Re–flexionsverfahren und einer derart konsequenten lemmatischen Artikulationsmethode bei den Daoisten gar nicht überzeugen lassen wollen, weil man damit ja zu gerne die vermeintlich negativistischen, die Welt wegerklären wollenden nihilistischen Buddhisten in Verbindung bringt, hier ein weiteres Zeugnis gleicher Art aus demselben Kommentar zur gleichen Thematik.

„Als »Unergründliches« (玄 *xuán*) bezeichnet man (言 *yán*), was sich als Tiefes und Abgeschiedenes (深遠 *shēn yuǎn*), ebenso als Nicht-Anhaften (不滯 *bù zhì*) erweist (義 *yì*). Es wird Tiefstes und Abgeschiedenstes (至深至遠 *zhì shēn zhì yuǎn*), Nicht-Haften (不滯 *bù zhì*) und Nicht-Hängen (不著 *bù zhù*) genannt (言 *yán*), weder Haften am Sein (不滯有 *bù zhì yǒu*) noch Haften am Nichts (不滯无 *bù zhì*

[37] Cf. Chéng Xuán-yīng, Jí-chéng-xuán-yīng-dào-dé-jīng-kāi-tí-xù-jué-yì-shū, ⟨ed.⟩ Yán Líng-fēng, pp. 303.9–304.1: 有欲之人唯滯於有無欲之士又滯於無故說一玄以遣雙執又恐學者滯於此玄今說又玄更祛後病既而非但不滯亦乃不滯於不滯此則遣故曰{兩邊}玄之又玄; ⟨tr.⟩ I. Robinet, Les commentaires du Tao to king jusqu’au VIIe siècle, p. 110 (die m.E. nicht erforderliche Textergänzung aus einer Parallelstelle desselben Werks, cf. ⟨ed.⟩ Yán Líng-fēng, p. 315.7, durch die Autorin gebe ich in geschweiften Klammern wieder); eadem, Lao Zi et le Tao, p. 206; F. Assandri, Beyond the *Daode jing,* p. 208, o.c., p. 208[9], folgende Erläuterung: „Zhi 滯 bedeutet Anhaftung wie auch Hindernis. Der Text meint beides: die Anhaftungen und das Festhalten sind für den ein Hindernis, der das wahre Dao schauen will.“ Eadem, Die Debatten zwischen Daoisten und Buddhisten in der frühen Tang-Zeit und die Chongxuan-Lehre des Daoismus, p. 489.

wú) (-Y4), wie ja auch (豈唯 *qǐ wěi*) nicht Haften am Haften (不滯於滯 *bù zhì yú zhì*) [(-Y)=(Y5)], alsdann (亦乃 *yì nǎi*) nicht Haften am Nicht-Haften (不滯於不滯 *bù zhì yú bù zhì*), an den hundert Negationen (百非 *bǎi fēi*), am Aussagevierkant (四句 *sì jù*) – überhaupt nichts, woran man haften könnte (都无所滯 *dōu wú suǒ zhì*), weshalb vom doppelt Unergründlichen gesprochen wird (乃曰重玄 *nǎi yuē zhòng xuán*) (Y6)."[38]

Klingt das nicht gar sehr nach dem in westlichen Gelehrtenkreisen auch heute immer noch als eskapistisch und nihilistisch verschrienen Buddhismus, in welchem Seins- und Daseinsgrund koinzidieren, ja kollabieren? Die Asiaten insgesamt haben eben nichts kapiert; erst der Westen hat das wahre Wissen hervorgebracht! Trotz des Eingeständnisses, daß der geistige Prozeß, den die Vertreter des *chonxuan xue*, der Lehre vom Doppelten Mysterium, annahmen, stark madhyamaka-buddhistische Züge trüge,[39] sah sich eine Expertin auf diesem Forschungsgebiet zu der Feststellung veranlaßt, daß sich die zwei Ontologien deutlich unterschieden, ja daß sie gewissermaßen kaum etwas miteinander zu tun hätten. „Deshalb können wir sagen, daß *chongxuan xue* eine Methode

[38] Cf. Chéng Xuán-yīng, Jí-chéng-xuán-yīng-dào-dé-jīng-kāi-tí-xù-jué-yì-shū, ⟨ed.⟩ Yán Líng-fēng, pp. 260.7-261.2, zitiert nach emendiertem Text von I. Robinet, Les commentaires du Tao to king jusqu' au VIIe siècle, ohne Seitenangabe (drittletzte Seite, nach chinesischer Zählung dritte Seite, Zeilen 7-9), Übersetzung o.c., p. 256: 所言玄者。深遠之名。亦是不滯之義。言至深至遠。不滯不著。既不滯有。又不滯无。豈唯不滯於滯。亦乃不滯於不滯。百非四句。都无所滯。乃曰重玄。 Cf. R. F. Sharf, Coming to Terms with Chinese Buddhism, p. 63; F. Assandri, Die Debatten zwischen Daoisten und Buddhisten in der frühen Tang-Zeit und die Chongxuan-Lehre des Daoismus, p. 487; eadem, Beyond the *Daode jing*, pp. 95-96.

[39] Cf. F. Assandri, The *Yijing* and *Chongxuan Xue*, pp. 402-403.

vorschlägt, Einsicht in die und Verkörperung der ultimativen Realität zu erlangen, die stark durch das buddhistische Mādhyamika-Denken beeinflußt ist. Es *setzt* jedoch eine Vorstellung der ultimativen Realität, Dao, *voraus,* welche Charakteristika beibehält, die mit dem Buddhismus letzten Endes nicht einmal vereinbar sind. Die Vision des *chonxuan xue* von der ultimativen Realität stellt einen hauptsächlichen Unterschied zwischen dem Daoismus und dem Buddhismus auf, ungeachtet dessen, wie viele Begriffe vom Buddhismus übernommen oder zweckentfremdet wurden; die Vision von der ultimativen Realität verblieb in einem chinesischen Rahmen, in einem Rahmen, in dem auch das *Yijing* und seine Interpretation eine Rolle gespielt haben mag.“[40]

Wer meine Ausführungen bis hierhin gelesen und mitvollzogen hat, wird sich über derartiges verwundert die Augen reiben. Fragen wir zunächst danach, wie diese These begründet wird. „Dao ist .. der Ursprung und die Quelle allen Seins und gleichzeitig ist es Nichtsein. Diese paradoxe oder Mehrebenen-Konzeption des Dao und der Welt, der Transzendenz im Verhältnis zu den Dingen ist das, was *chongxuan* von jeglicher buddhistischen Lehre unterscheidet. Der Buddhismus verbannt die Welt von Sein, Schöpfung und Werden in das »Meer des samsara« (*kuhai* 苦海), das/der durch Illusion verursacht wurde. Das Transzendente ist vollständig abgesondert und jenseits dieser Dimension von Sein und Werden. Folgerichtig bedeutet das Erreichen der ultimativen Realität die totale Absonderung von der Welt des Seins und Werdens. Wenn die Buddhisten von *wu,* Nichts (das sie gelegentlich anstelle von *kong* 空, Leere, *śunyatā* verwenden) sprechen, deuten sie damit eine Transzendenz an, die vollkommen

[40] F. Assandri, The *Yijing* and *Chongxuan Xue,* p. 404.

unterschieden und von dieser Welt des Seins losgelöst ist. Wenn Daoisten von *wu* oder Negativität sprechen, sprechen sie von etwas, das alles Sein umfaßt und der wirkliche Ursprung des Seins ist."[41]

Darin stecken nun gleich mehrere Irrtümer, und zwar hinsichtlich des Madhyamaka-Buddhismus wie des Daoismus, und damit auch des Verhältnisses beider zueinander. Vom Standpunkt der transzendental durchdachten Metaphysik aus stellt das Ansinnen, die daoistische ‚Kosmogonie' des Doppelten Geheimnisses als realen, kausalen Vorgang zu verstehen, ein philosophie-vergessenes Mißverstehen dar, durch welches unerkannt bleibt, daß es sich dabei, wie in ganz ähnlichen Emanations- oder Derivationslehren rund um den Globus, dem Vedānta, Vijñānavāda-Buddhismus oder Platonismus zum Beispiel, nur um eine Prinzipienspekulation handeln kann, denn aus nichts (Bestimmtem) wird nichts (Bestimmtes). Das hat man auch im alten China gewußt; heute scheint man es global verdrängt zu haben. Außerdem wird so getan, als ob Chéng Xuán-yīng nicht selbst das All des Erscheinungshaften als Phantom bezeichnet hätte, und gegen den bekanntlich aus Indien stammenden Buddhismus die übliche Keule des Illusionismus geschwungen. Eine Stelle aus dessen Werk wurde oben von mir bereits textnah paraphrasiert und wörtlich übersetzt. Unsere Gelehrte hat das, man staune, ebenfalls getan.[42] In dem Passus heißt es unter Berufung auf das erste Lemma des in der gegenwärtigen internationalen Buddhologie so genannten Tetralemmas (skr.

---

[41] F. Assandri, The *Yijing* and *Chongxuan Xue*, p. 404, die falschen Schreibweisen der beiden Sanskrit-Wörter stehen so im Originaltext.

[42] Cf. F. Assandri, Die Debatten zwischen Daoisten und Buddhisten in der frühen Tang-Zeit und die Chong-xuan-Lehre des Daoismus, pp. 519–520; eadem, Beyond the *Daode jing*, p. 97.

catuṣkoṭi / chin. 四句 *sì jù*) von der Gesamtheit der Myriaden von Gestaltungen (萬象森羅 *wàn xiàng sēn luó*), daß sie eine durch und durch leere/nichtige Illusion (悉皆虛幻 *xī jiē xū huàn*) sei, weshalb sich gerade im Sein die Leere manifestiere (體空 *tǐ kōng*) und Sein verworfen werde (遣有 *qiǎn yǒu*).[43] Damit müßte für die Schule des Doppelten Mysteriums exakt das gelten, was den Buddhisten unterstellt wurde, eine Doktrin der Hinterwelt und Weltflucht auf der Basis der Māyā-Lehre. Nein, dem ist entgegenzuhalten: jenseits Leere, diesseits Leeres, diesseits Leeres, jenseits Leere, vorne nichts, hinten Nichts und umgekehrt. Am Ende fallen Immanenz und Transzendenz in der Leerheit zusammen: Meta-Koinzidenz (Y6). Einige dem weitgehend entsprechende Interpretationen liegen, wie das schon mehrmals anklang, im Werk von Isabelle Robinet vor. Die hier passende von mehreren in ihrem Gesamtwerk vorkommenden übersetze ich folgend aus dem Französischen ins Deutsche.

„Hier genau ist, was die Chongxuan-Schule Mysterium des Mysteriums oder das zweite (Level vom) Mysterium nennt, Aussetzung/Enthaltung [suspension] der Aussetzung/ Enthaltung, Verzicht des Verzichts, Abwesenheit der Nicht-Intentionalität, die nicht intentional ist: «Pforte», «Zugang», das, was Zhuang zi *wu* [無] des *wu* [無] nennt, (was man mit Abwesenheit der Abwesenheit oder Nicht-Sein des Nicht-Seins übersetzen kann, Kap. 22, p. 331; Watson, p. 244), das, so bemerkt er, die Bejahung des Nicht-Seins (das *you* [有] des *wu* [無]) übersteigt; das ist, kommentiert Guo Xiang, nur

[43] Cf. F. Assandri, Beyond the *Daode jing*, p. 97; in eadem, Die Debatten zwischen Daoisten und Buddhisten in der frühen Tang-Zeit und die Chong-xuan-Lehre des Daoismus, pp. 519–520, übernahm die Autorin nur die französischsprachigen Paraphrasen von I. Robinet, Les commentaires du Tao to king jusqu'au VIIe siècle, pp. 121–122.

eine Redensart (...); dieses *wu* [無] des *wu* [無] ist der «Mittelweg», der dem indischen Mâdhyamika teuer ist (die Analyse der Chinesen ist komplizierter), jener, der weder die eine noch die andre von zwei Wahrheiten ist und der sie entleert, der ebenso die Affirmation wie Negation entleert und sich selbst entleert (Bugault, p. 196). Diese Mitte, auf die Zhuang zi (Kap. 19, p. 284; Watson, p. 202) anspielt, der, indem er Affirmation und Negation transzendiert (Kap. 2), diese «harmonisiert», der die Identität der Gegensätze postuliert («Leben und Tod») und verkündet, daß er sich gerne zwischen ja und nein stellen würde, daß das aber noch nicht der rechte Platz ist, obgleich er danach aussieht (Kap. 20, p. 293; Watson, p. 209), Mittelweg, der an keinem teilhat, sondern sie übersteigt, sie begründet und sie anwendet. Es ist die Bejahung der ontologischen Identität zwischen der Leere der Rezeptivität, die Verzicht ist (Verwerfung von Macht, Erfolgsstreben, Ich-Bejahung und des Trachtens nach Dingen etc.), und der Affirmation der individuellen Existenz, Identität von Leben und Tod, die nur ein einziger Atemhauch sind. ... Der Buddhismus und der Taoismus unterscheiden zwischen zwei Etappen, der einen, die die Negation der Negation ist, der andern, die die Identität von Negation und Affirmation oder die Verwerfung beider ist.“[44]

---

[44] I. Robinet, Une lecture de *Zhuangzi*, pp. 121-122[+23], meine Einfügungen von chinesischen Schriftzeichen und eines uneindeutigen französischen Originalterminus in eckigen Klammern. Die Verweise auf das Werk von Zhuāngzǐ beziehen sich laut Verfasserin auf die Ausgabe Zhuāngzǐ-jí-shì, ⟨ed.⟩ Zhū-zǐ-jí-chéng (wohl in der Ausgabe ⟨ed.⟩ Guo Qing-fan, Beijing 1961); „Bugault“ meint G. Bugault, L'Inde pense-t-elle? „Watson“ besagt ⟨tr.⟩ B. Watson, The Complete Works of Chuang Tzu. Die bei der zitierten Interpretation angewandte Argumentation ist besser zu verstehen, wenn man sich die 692 Seiten meines Grundlegungsbuches H. P. Sturm, Die vier Stadien des Ent–Setzens, zu Gemüte geführt hat, in welchem diese en detail entfaltet, erklärt und mit

Alles Dualität setzende Reden und Denken und das damit unweigerlich einhergehende Wollen und Empfinden, die dadurch phantasierte Welt – eine eingebildete Krankheit. Heilmittel: der Mittelweg . Der Mittelweg? „Zuerst (前 *qiàn*) wird das mittlere Eine (一中 *yī zhōng*) des Unergründlichen (玄 *xuán*) verwendet (以 *yǐ*), um den Hang zur Dualität abzuwerfen (遣二偏之 *qiǎn èr piān zhī*) (ϒ4). Die Krankheit (病 *bìng*) des Hangs zum Festhalten an der Dualität (執二偏之 *zhì èr piān zhī*) beseitigt (除 *chú*), ist es auch die Medizin des mittleren Einen (一中之藥 *yī zhōng zhī yào*). Damit werden Medizin und Krankheit zusammen (藥與病 *yào yǔ bìng*) auf einmal (一時 *yī shí*) vollends (俱 *jù*) ausgeschieden (遣 *qiàn*) [(–ϒ)=(Y5)]."[45] Aus derartigen Überschneidungen mit dem indischen oder chinesischen buddhistischen Mittelweg (中道 *zhōng dào*) leitet der Doxograph, geringschätzig oder nicht, einfach nur Übernahmen ab. Der Reflexionstheoretiker weiß sich darin dagegen bestätigt, es mit wahrer Philo-Sophie zu tun zu haben. »Dào« ist der Weg (ϒ1). Dào ist aber auch das Ziel (ϒ2). Dào ist danach sowohl Weg als auch Ziel (ϒ3). In Wahrheit ist Dào aber weder Weg noch Ziel (ϒ4). In Wirklichkeit aber keines der vier [(–ϒ)=(Y5)]. Dào einfach, Dào vierfach. Dào nullfach. Buddhistisch? Mittelweg? Dào (道) von selbst (自然 *zì rán*)? Wie es sich mit dem schlichten

einer Skalierung versehen verdeutlicht wird; einige präzisierende Bemerkungen zu irreführenden Formulierungen und Vergleichen mit westlichen Konzepten der Skepsis Robinet's bei der Darstellung der daoistischen Denkweise mit Blick auf den Mittelwegbuddhismus machte ich in einer Fußnote zu ihren Ausführungen zum »Schmetterlingstraum« (siehe dort).

[45] Chéng Xuán-yīng, Jí-chéng-xuán-yīng-dào-dé-jīng-kāi-tí-xù-jué-yì-shū, ⟨ed.⟩ Yán Líng-fēng, p. 304.4-5: 前以一中之玄遣二偏之執二偏之病既除一中之藥還遣於是唯藥與病一時俱; ⟨tr.⟩ F. Assandri, Beyond the *Daode jing*, p. 208.

»einfach so« in der indischen Weisheitstradition verhält, habe ich im Faszikel hier mit Verweisen auf den Grundlegungsband der ›Widerspiegelung des Geistes‹ mehrfach erwähnt.[46]

Wer diese zugegebenermaßen nicht mal so nebenbei und prompt nachzuvollziehenden Erwägungen verstanden hat, wird auch die im Kontext der dargestellten Überlegungen widersprüchlich erscheinende Feststellung als metaphysisch stimmig einzuschätzen wissen, daß Dào „vor (先 *xiān*) dem leeren Nichts (虛無 *xū wú*) und dennoch nicht der Anfang (而不為始 *ér bù wéi shǐ*), nach (後 *hòu*) Himmel und Erde (天地 *tiān dì*) und dennoch nicht das Ende ist (而不為終 *ér bù wéi zhōng*).“[47] Sollte sich nun jemand veranlaßt sehen, mir vorzuwerfen, einem altertümlichen oder mittelalterlichen Denker (und dazu noch einem chinesischen) angeblich erst in der neuzeitlichen und gegenwärtigen Philosophie entwickelte hoch-reflexive ‚dialektische' Argumentationen zu unterschieben – eine entsprechende Kritik wurde ja auch anläßlich meiner Madhyamaka-Ausführungen geäußert[48] – der sollte sich wahrlich fragen, ob es für ihn nicht angebracht wäre einer bodenständigeren Beschäftigung als der Philosophie nachzugehen, bei der es nicht um Ideelles und Atemporales, sondern um Banales und Ephemeres geht.

---

[46] In der indischen Philosophie ist die Spontaneität auch unter dem Namen *aparokṣa-anubhūti* bekannt, cf. Śaṅkara, Aparokṣānubhūti, Samata Edition, 2.213–233; ⟨ed./tr.⟩ S. Vimuktānanda, Aparokṣānubhūti or Self-Realization, dort aber in bezug auf den höchsten (Bewußtseins-)Zustand.

[47] Chéng Xuán-yīng, Jí-chéng-xuán-yīng-dào-dé-jīng-kāi-tí-xù-jué-yì-shū, ⟨ed.⟩ Yán Líng-fēng, p. 296.8: 先虛無而不為始後天地而不為終; ⟨tr.⟩ F. Assandri, Beyond the *Daode jing*, p. 203.

[48] Beanstandung mit meiner Replik in H. P. Sturm, Die vier Stadien des Ent–Setzens, pp. 146–148.

Um Interessierten, die des Altchinesischen mächtig sind, die Möglichkeit zu geben, den Kommentar-Passus zu ›Dào-dé-jīng 1‹ von Chéng Xuán-yīng, auf den sich meine re–flexionstheoretische Rekonstruktion bezieht, am Stück zu lesen, werde ich folgend den Abschnitt des bei uns nur schwer zu beschaffenden Texts gewaltigen Umfangs wiedergeben, nicht aber ohne auf die vorliegende klare und von mir dankbar zu Rate gezogene englischsprachige Übersetzung desselben einer deutschen, von mir soeben in doxographischer wie logischer Hinsicht noch kritisierten Sinologin hingewiesen zu haben.[49] Bei dem Text in eckigen Klammern handelt es sich um die jeweilige Sinneinheit von ›Dào-dé-jīng 1‹. Eine Zeile hier entspricht einer Kolumne chinesischer Schriftzeichen im Original.[50]

[49] Cf. ⟨tr.⟩ F. Assandri, Beyond the *Daode jing*, pp. 201–208.

[50] Chéng Xuán-yīng, Jí-chéng-xuán-yīng-dào-dé-jīng-kāi-tí-xù-jué-yì-shū, ⟨ed.⟩ Yán Líng-fēng, pp. 295.5–304.6.

p. 295.5-10

[道可道非常道]

道以虛通為義常以湛寂得名所謂無極大道是衆生之正性也大道者何也虛無之系造化之根神明之本天生之源其大無外其微無內浩曠無端杳冥無對至幽靡察而大明垂光至静無心而品物有方混漠無形寂寥無聲萬象以之生五音以之成生者有極成者必虧生生成成今古不移此之謂道者也元氣大虛之先寂寥何有至精感激而眞一生焉眞一運神而元

p. 296.1-10

氣自化元氣者無中之有有中之無廣不可量微不可察氤氳漸著混茫無倪萬象之端兆联於此於是清通澄朗之炁而浮為天煩味濁滯之炁積而為地平和柔順之炁結為人倫錯謬剛戾之炁散為雜類自一炁之所育播萬殊而種分旣涉化機遷變罔極然則生天地人物之形者元炁也授天地人物之靈者神明也故乾坤統天地精魂御人物炁有陰陽之草神無寒暑之變雖羣物糺紛不可勝紀滅而復生終而復始而道德之體神明之心應感不窮未嘗疲於動用之境矣道重說包億萬之天而不為大貫秋毫之末而不為小先虛無而不為始後天地而不為終昇積陽而不為明淪重陰而不為晦本無神也虛極而神生本無炁也神運而炁化炁本無質凝委而成形形本無情動用而虧性形成性動去道彌遠故溺於生死遷於陰陽不能

p. 297.1-8

自止非道存而忘也故道能自無而生有豈不能使有同於無乎有同於無則有不滅矣故生我者道滅我者情苟忘其情則全乎性性全則形全形全則炁全炁全則神全神全則道全故道全則神王神王則炁靈炁靈則形超形超則性徹性徹者反覆流通與道為一可使有為無可使虛為實吾將與造物者為傳奚死生之能累乎已也可道為體可名為用可道者即是言名雖復稱可物宜隨機而有聲有說非眞常凝寂之道也常道者不可以名言辯不可以心慮知妙絶希夷理窮恍惚故知言象之表方契凝常可道可說非常道也

p. 299.1-9

[名可名非常名]

名者教也前言可道盛明於理今言可名次顯於教眞理旣絶於言象至教

亦超於聲說理既常道不可道教亦可名非常名欲明理教教理不一不異也然至道深玄不可涯量非無非有不斷不常而義有抑揚教存漸頓所以立常以破可故言可道非常道至論造極處無可無不可故玉京經云無可無不可思與希微通非常名者非常俗榮華之虛名所以斥之於非常者欲令去無常以歸眞常也義有因超緣有漸頓開之以方便捨無常以契眞常陳之以究竟本非無常之可捨亦無眞常之可取何但非常亦非無常亦非亦常非非無常亦非非常非無常也

p. 300.4–6
[無名天地之始]
始本也虛無至道陶甄萬物二儀三景何莫由斯故指此無名為物之本無名足可言說明矣

pp. 300.10–301.3
[有名萬物之母]
有名萬物母有名迹也重玄之道本自無名從本降迹稱謂斯起所以聖人因無名立有名寄有名詮無名者方欲子育衆生令其歸本慈悲鞠養有同母義

p. 301.7–9
[常無欲以觀其妙]
妙精微也觀照察其已也言人常能無欲無為至虛至靜者即能近鑒已身之妙道遠鑒至理之精微也

p. 302.1–4
[常有欲以觀其徼]
徼歸也欲情染也所境也言人不能無為不能恬澹觀妙守眞而妄起貪求肆情染滯者適見世境之有未體有之是空所以不察妙理之精微唯覩死生之歸趣也前明無名有名之優劣此顯無欲有欲之勝負也

p. 302.8–10
[此兩者同出而異名]
兩謂無欲有欲二觀也同出謂同出一道也異名者徼妙別也原夫所觀之

境唯一能觀之智有殊二觀既其不同微妙所以名異

p. 303.3-6

[同謂之玄]

玄者深遠之義亦是不滯之名有無二心微妙兩觀源于一道同出異名異名一道謂之深遠深遠之玄理歸無滯既不滯有亦不滯無二俱不滯故謂之玄也

pp. 303.8-304.1

[玄之又玄]

有欲之人唯滯於有無欲之士又滯於無故說一玄以遣雙執又恐學者滯於此玄今說又玄更祛後病既而非但不滯亦乃不滯於不滯此則遣故曰玄之又玄

p. 304.3-6

[衆妙之門]

妙要妙也門法門也前以一中之玄遣二偏之執二偏之病既除一中之藥還遣於是唯藥與病一時俱消此乃妙極精微窮理盡性豈獨群聖之戸牖抑亦衆妙之法門

Synoptisches Diagramm

Fehlt noch die angekündigte diagrammförmige Schlußbetrachtung, eine Übersicht über einige der bedeutendsten historisch bekannt gewordenen Traditionen religiöser und/oder weisheitlicher Spekulation, die von einem zeitgenössischen Religionsgelehrten zusammengeschaut wurde. Dabei handelt es sich um ein Hypostasen-Maṇḍala, der von ihm so genannten »hierarchischen Ontologie der philosophia perennis«, in der die in den großen Weltreligionen, dem Buddhismus, Hinduismus, Christentum, Judentum, Islam und chinesischen Religionslehren vorfindliche objektive und subjektive Seite der tetragraden Gesamtwirklichkeit in einem Schaubild zusammengedrängt sind.[51]

Ich gebe die Graphik folgend unverändert als Scan und

[51] H. Smith, Nasr's Defense of the Perennial Philosophy, p. 148; die Abbildung wurde, wie o.c., pp. 147–148, vermerkt, vom Autor des Essays entworfen und mit Hinweis auf Brad Reynolds' freundliche Genehmigung für das graphische Layout wiedergegeben; die Vierstadieneinteilung des BewußtSeins, wie sie in der Graphik aufscheint, wird der Form nach schon in H. Smith, Forgotten Truth, pp. 34–95, beschrieben; die inhaltlichen Bestimmungen der einzelnen Grade weichen darin, das ist festzuhalten, sowohl auf der Subjekt- als auch auf der Objektseite von den re–flexionsstrukturellen in der Weise ab, daß sogar die Ebenen gewisser ‚Hypostasen' vertauscht sind; das dürfte daran liegen, daß sie nicht metatheoretisch (‚philosophisch') abgeleitet (begründet), sondern nur durch die Auswahl mehr oder weniger passender Beispiele aus Texten religiösen Charakters veranschaulicht werden. Die hier wiedergegebene Darstellung ist mit Hinweis auf die Genehmigung von H. Smith unter Beibehaltung der falschen Transkription des Wortes *prakṛti* in B. Reynolds, Where's Wilber at?, p. 86, abgedruckt; sie erscheint in gleicher Weise in K. Wilber, A Theory of Everything, p. 68, mit der zusätzlichen Bemerkung o.c., p. 67, daß die Abbildung unter der Anleitung von H. Smith entstand; nebenbei bemerkt, berücksichtigt der Untertitel des letztgenannten Werkes die vier Sphären menschlicher Aktivität in nahezu platonisch-hinduistischer Weise: ›Eine integrale Vision für Wirtschaft, Politik, Wissenschaft und Spiritualität‹. Auf das Diagramm machte mich Herr Dr. Hartmut Wermann aufmerksam, dem ich hierfür meinen Dank ausspreche.

anschließend in einer von mir aufbereiteten Form wieder. Dabei wurden stillschweigend einige Schreib- oder Druckfehlerkorrekturen durchgeführt und die Transliteration bzw. Transkription des Sanskrit und Altchinesisch dem wissenschaftlichen Standard angepaßt. Durch die Kolorierung des scharz-weißen Originalbilds gemäß unserer durchgängig angewandten Farbgebung soll die Ähnlichkeit mit der Gradation der in allen Bänden der ›Widerspiegelung des Geistes‹ untersuchten categorial frameworks auf Anhieb in die Augen springen. Das Diagramm ist auch im Original ohne Erläuterung wiedergegeben. Daß es sich dabei nicht um einen gerade mal so hingeworfenen Einfall handelt, erweisen die acht Bücher der ›Widerspiegelung des Geistes I+II‹. Diese will ich mit der für Spezialisten wie Nicht-Spezialisten allerdings nur schwer auszuführenden Aufforderung schließen, die korrektur- und präzisierungsbedürftigen Elemente der Abbildung ausfindig zu machen, mit den in der vorliegenden Gesamtstudie entwickelten Stufenmodellen zu vergleichen und eine vergewissernde Prüfung anhand der Originale vorzunehmen.

Damit ist die zweite Abteilung der ›Widerspiegelung des Geistes‹ abgeschlossen.

Hierarchische Ontologie
der philosophia perennis (H. Smith)

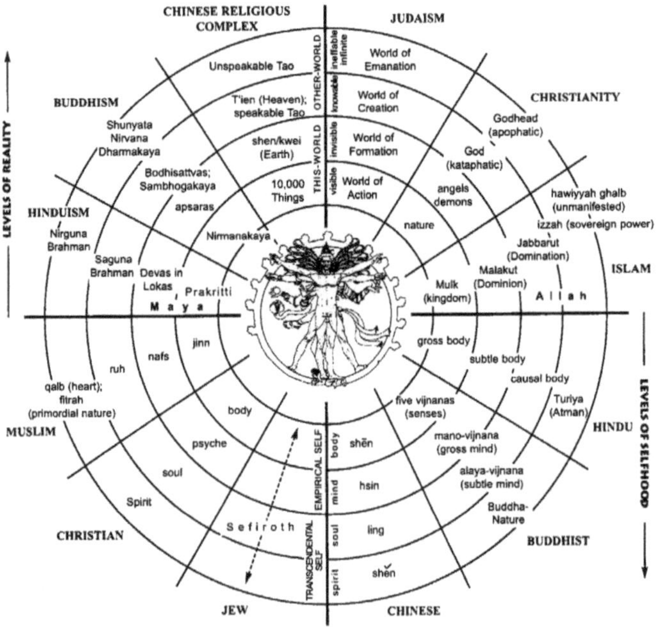

THE PERENNIAL PHILOSOPHY'S
HIERARCHICAL ONTOLOGY

DIE HIERARCHISCHE ONTOLOGIE DER PHILOSOPHIA PERENNIS

(nach H. Smith)

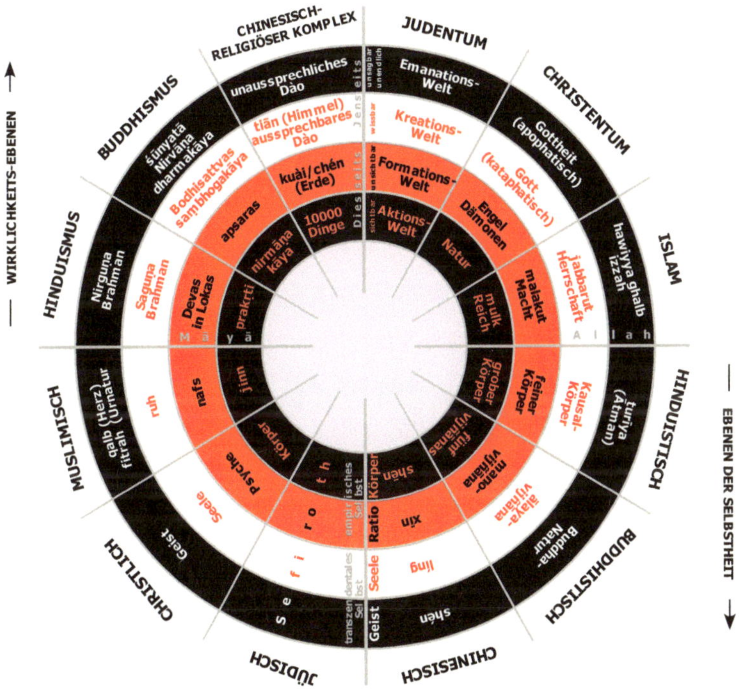

Anhang 1: Paläographisches zu dào (道)

hanziyuan.net/#道 (Stand 16. 09. 2018)

Anhang 2: Paläographisches zu dé (德)

hanziyuan.net/#德 (Stand 16. 09. 2018)

Anhang 3: Zhèng-tǒng-dào-zàng, Beispielseite

理成无我了假法空便爲假法觀也實法觀
者實是體實爲義既知假法是空復須觀察
實體何者此之實體從誰而生必是從他生
若更爲他生即是无窮過若非是无窮即是
從空生若謂從空生還須推此空空尚不自
豈得言能生即了實法亦无便爲實法觀偏
空觀者偏是不正之名空是虛通之目謂衆
生著有病多故偏說空以遣此病昇玄經云
捐有者必先之於无體无者以无无爲大小
○乘守教不能遠達本心遂乃運懷偏沈空境○
是知小乘偏空未極正觀觀此空者以空亦
空所以然者本是空於假實故說爲空假實
尚无空何所立故空亦空也本際經云是空
亦空空空亦空也第二三觀者一者有觀二
者无觀三者中道觀有觀者有以質礙爲義
諸七　十一
即觀此語有若定礙應得礙无既不礙无何
定是礙是故有法非礙不礙以礙爲不礙不
礙爲礙既知不礙爲礙即知不有爲有於觀
者得成觀門有使不礙有既不礙觀豈不通
故此有境亦可以不礙爲義此之有境深不

理成无我了假法空便爲假法觀也實法觀者實是體實爲義既知假法是空復須觀察實體何者此之實體從誰而生必是從他生若更爲他生即是无窮過若非是无窮即是從空生若謂從空生還須推此空空尚不自豈得言能生即了實法亦无便爲實法觀偏空觀者偏是不正之名空是虚通之目謂衆生著有病多故偏說空以遣此病昇玄經云猶有者必先之於无體无者以无无爲大小乘守教不能遠達本心遂乃運權偏洗空境○是知小乘偏空未極正觀觀此空者以空亦○空所以然者本是空於假實故說爲空假實尚无空何所立故空亦空也本際經云是空亦空空空亦空也第二三觀者一者有觀二者无觀三者中道觀有觀者有以質礙爲義即觀此語有若定礙應得礙无既不礙无何定是礙是故有法非礙不礙以礙爲不礙不礙爲礙既知不礙爲礙即知不有爲有於觀者得成觀門有使不礙有既不礙觀豈不通故此有境亦可以不礙爲義此之有境深不思議即可具通三義者何體非實故所以即空非不假名所以即有即有故非空即空故非有非空是中道義境既若此觀亦如之仍本爲名故言有觀也无觀者无以不礙爲義即觀此語无若不礙斷橋之无此應不得既其是礙何定不礙是知无法亦非礙不礙以不礙爲礙礙爲不礙既知礙爲不礙即知不无而无此於觀者還得成門觀既成門即具三義何者无既不无義即如有亦非不无義即如无如无故所以非有如有故所以非无○如无非有如有非无是中道義也中道觀者○正以體此有无即以非有非无爲中道觀觀境既爾觀體亦然遠取意者非本非於有无有无既非非亦非非三觀後意例得如此若作中偏爲語則有无爲偏非有非无爲中一往將无治有有

道教義樞卷之五

卷六原缺

道教義樞卷之七

青溪道士孟安排集

三界義第二十三
五道義第二十四
混元義第二十五

三界義第二十三

義曰三界者既摽色欲明優劣之階差亦論因果辯昇沈之品次若超然出離則逕詣道場猶然惑滌則未乖常樂此其致也

○釋曰一欲界者以染欲爲義內心欲重從以○爲名二色界者以質礙爲義外色顯著從以爲名三無色界者無下界色從無爲名也通名界者以堆域爲義謂各有塵域也亦以界別爲義謂業果各殊也亦名爲有謂有果生也按靈寶本元經三十二天以上之四天爲種民二十八天分爲三界前六天爲欲界次十八天爲色界後有四天爲無色界也所以置三界者然可見知法不出三者一者豁爾虛空二者質礙形色三者緣慮心體就此三法故成三界又爲三界凡四種者一者應化

Anhang 5: Zhōng-huá-dào-zàng, Beispielseite

身有色象，宜受氣名，以明定；心無雜測，宜受神名，以明空慧。故《本際經》云：炁觀神觀，即是定慧。氣者，氣象爲義，謂所存三一妙炁，髣象來應人身。神者，無方不測爲義，明空有兩慧，並自難思，萬行無方，理成不測。通言觀者，以思察爲義，思存妙一，察見無相，是名爲觀。經云：平正觀於一切法，不取不捨，不動不住，入一妙門，謂爲平等，亦是無等爲等，等無所等，德等無等等也。又氣觀體義者，正以觀身靖定爲體。定有二義：一者觀前方便；二者正入。觀有爲炁觀，觀無爲神觀。又云：神觀是界外所修，氣觀是界內所習。今明神氣兩觀。是定慧分門，即寄身心，以明空有。氣觀是定，亦通空有，以妙有爲宗。神觀是慧，亦通有無，以真空爲主。若作空有兩慧，分門定法，秖是慧家之一事，資空義强，故别爲一觀。何者？一切萬行，並入有慧，但是觀空，即入空慧也。又須知若於定慧理，明了身心不二觀。有五種三觀：第一三觀者，一假法觀，二實法觀，三偏空觀。此明小乘之人，未能玄悟，若不遣，析不了空，今舉實遣空，舉空遣實，舉空遣空，使其於此二境，發生空解，故須此三也。假法觀者，假以權假爲義，法以法體爲義。今正明觀大體，衆生空我，則難空物，則易如五臕成我，未知何臕是我。故莊子云：百骸、九竅、六藏，賅而存焉，吾誰與爲親？既無與親，理成無我，了假法空，便爲假法觀也。實法觀者，實是體實爲義，既知假法是空，復須觀察實體。何者？此之實體，從誰而生？必是從他生，若更爲他生，即是無窮過，若非是無窮，即是從空生。若謂從空生，還須推此空，空尚不自，豈得言能生？即了實法亦無，便爲實法觀。偏空觀者，偏是不正之名，空是虛通之目，謂衆生著有病多，故偏説空以遣此病。《昇玄經》云：捐有者必先之於無，體無者以無無爲大。小乘守教，不能遠達本心，遂乃運懷，偏沈空境，是知小乘偏空，未極正觀。觀此空者，以空亦空。所以然者，本是空於假實，故説爲空假實。尚無空，何所立？故空亦空也。《本際經》云：是空亦空，空空亦空也。第二三觀者，一者有觀，二者無觀，三者中道觀。有觀者，有以質礙爲義。即觀此語，有若定礙，應得礙無，既不礙無，何定是礙？是故有法非礙不礙，以礙爲不礙，不礙爲礙。既知不礙爲礙，即知不有爲有，於觀者得成觀門。有便不礙，有既不礙，觀豈不通？故此有境，亦可以不礙爲義。此之有境，深不思議，即可具通三義者何？體非實故，所以即空；非不假名，所以即有。即有故非空，即空故非有，非空是中道義。境既若此，觀亦如之，仍本爲名，故言有觀也。無觀者，無以不礙爲義。即觀此語，無若不礙，斷橋之無，此應不得，既其是礙，何定不礙？是知無法亦非礙不礙，以不礙爲礙，礙爲不礙。既知礙爲不礙，即知不無而無，此於觀者還得成門。觀既成門，即具三義。何者？無既不無，義即如有；亦非不無，義即如無。如無故，所以非有，如有故，所以非無。如無非

Literatur

Abel-Rémusat, Jean-Pierre: Mémoire sur la vie et les ouvrages de Lao-Tseu, philosophe Chinois du VI.[e] siècle avant notre ère, qui a professé les opinins communément attribuées à Pythagore, à Platon et à leurs disciples, Paris 1823

Adler, Joseph A.: Reconstructing the Confucian Dao. ZhuXi's Appropriation of Zhou Dunyi, Albany/NY 2014

Adler, Joseph A.: Zhou Dunyi: The Metaphysics and Practice of Sagehood, in: ⟨edd.⟩ de Bary, William Theodore / Bloom, Irene / Chan Wing-tsit / Lufrano, Richard: Sources of Chinese Tradition, 2 Vols., New York–Chichester ²1999, 1.669-678

Allinson, Robert: A Logical Reconstruction of the Butterfly Dream in the *Chuang Tzu,* in: ⟨ed.⟩ Cheng Hsueh-li: New Essays in Chinese Philosophy, New York et al. 1997, 115-127

Ames, Roger T.: Thinking through Comparisons: Analytical and Narrative Methods for Cultural Understanding, in: ⟨edd.⟩ Shankman, Steven / Durrant, Stephen W.: Early China / Ancient Greece. Thinking through Comparisons, Albany/NY 2002, 93-110

Ames, Roger T. / Hall, David L. → Lǎozǐ

Amiot, Joseph-Marie: Mémoire sur la musique des Chinois, tant anciens que modernes, faisant partie du tome sixième des mémoires concernant les Chinois, Genève 1973 (Nachdr. d. Ausg. Paris 1779)

Andersen, Poul: *The Method of Holding the Three Ones.* A Taoist Manual of Meditation of the Fourth Century A.D., London–Malmö 1980

Anonymus: Philosophie (Rezension: Heinrich Ritter, Geschichte der Pythagorischen Philosophie; Ernst Reinhold, Beytrag zur Erläuterung der Pythagorischen Metaphysik; Amadeus Wendt, De rerum principiis secundum Pythagoreos), in: Allgemeine Literatur-Zeitung 44-9/10 (1828), Halle–Leipzig, coll. 66-80

Aristoteles: Analytica posteriora (gr./engl.), ⟨ed./tr.⟩ Tredennick, Hugh, in: Idem / Forster, E. S.: Posterior Analytics. Topica, London–Cambridge/MA 1966 (repr. of ed. 1960)

Assandri, Friederike, Beyond the *Daode jing*. Twofold Mystery in Tang Daoism, Magdalena/NM 2009

Assandri, Friederike: Die Debatten zwischen Daoisten und Buddhisten in der frühen Tang-Zeit und die Chongxuan-Lehre des Daoismus. A study of Daoxuans Ji gujin Fo Dao lunheng (T 2104), Heidelberg 2002 (Diss.), Ann Arbor/MI 2004

Assandri, Friederike: Dispute zwischen Daoisten und Buddhisten im *Fo Dao lunheng* des Daoxuan (596–667), Gossenberg 2015

Assandri, Friederike: The *Yijing* and *Chongxuan Xue*, in: Journal of Chinese Philosophy 38 (2011), Honolulu/HI, 397–411

Bartholomai, Rainer: Eine andere Art von Lernen. Philosophische und mystische Erkenntnis bei Platon und im Taoismus, in: ⟨edd.⟩ Jain, Elenor / Margreiter, Reinhard: Probleme philosophischer Mystik. Festschrift für Karl Albert zum siebzigsten Geburtstag, Sankt Augustin 1991, 59–70

Barrett, T. H.: *daojiao* 道教 Taoism; Taoist teaching; "Teaching(s) of the Way", in: ⟨ed.⟩ Pregadio, Fabrizio: The Encyclopedia of Taoism, 2 Vols., London–New York 2008, 8–10

de Bary, William Theodore / Chan Wing-tsit / Watson, Burton: Sources of Chinese Tradition, 2 Vols., New York [1]1960

de Bary, William Theodore / Bloom, Irene / Chan Wing-tsit / Lufrano, Richard: Sources of Chinese Tradition, 2 Vols., New York–Chichester [2]1999

Beierwaltes, Werner: 'Ἐξαίφνης oder: Die Paradoxie des Augenblicks, in: Philosophisches Jahrbuch 74 (1966), Freiburg–München, 271–283

Bernabé, Alberto / Mendoza, Julia: Pythagorean Cosmogony and Vedic Cosmogony (RV 10.129). Analogies and Differences, in: Phronesis 58 (2013), Leiden–Boston, 32–51

Bhagavad-Gītā. With the Commentary of Śaṅkarācārya (Gītā-Text: skr./engl.; Commentary Text: engl.): ⟨ed./tr.⟩ Gambhīrānanda, Swāmī, Calcutta [1]1984

Bhattacharya, Kamaleswar: L'*ātman-brahman* dans le Bouddhisme ancien, Paris 1973

Bhattacharya, Kamaleswar: The *Ātman-Brahman* in Ancient Buddhism, Cotopaxi/CO 2015

Billeter, Jean-François: Arrêt, vision et langage: Essai d'interprétation du *Ts'i wou-louen* de Tchouang-Tseu, in: Philosophie 44 (1994), Paris, 12–51

Billeter, Jean François: Esquisses, Paris [2]2016 ([1]2016)

Billeter, Jean François: Études sur Tchouang-tseu, Paris 2004

Billeter, Jean François: Gegen François Jullien, Berlin 2015 (frz. Originalausg. Paris 2006)

Billeter, Jean François: Leçons sur Tchouang-tseu, Paris [12]2014 (revue et corrigée; [1]2002)

Billeter, Jean François: Notes sur Tchouang-tseu et la philosophie, Paris 2010

Blau, Ulrich: Die Logik der Unbestimmtheiten und Paradoxien, Heidelberg 2008

Blau, Ulrich: Grundparadoxien, grenzenlose Arithmetik, Mystik, Heidelberg 2016

Blakeley, Donald N.: Cultivation of Self in Chu Hsi and Plotinus, in: Journal of Chinese Philosophy 23 (1996), Honolulu/HI, 385-413

Bokenkamp, Stephen R.: Early Daoist Scriptures, with a contribution by Peter Nickerson, Berkeley–Los Angeles–London 1997

Boltz, Judith Magee: Notes on Modern Editions of the Taoist Canon, in: Bulletin of the School of Oriental and African Studies 56 (1993), London, 87-95

Boyce, Conal: The *Dao De Jing* Minus Ninety-six Percent: A Troubled Text Relieved of Its Politics and Bloat; *and* Another Look at the Indic Influence Puzzle, Sino-Platonic Papers 221 (2012), Philadelphia/PA, 26 pp.

Bradley, Francis Herbert: Collected Works of F. H. Bradley, 12 Vols., ⟨edd.⟩ Keene, Carol A. / Mander, W. J., Bristol–Sterling/VA 1999

Bréhier, Émile: L'idée du néant et le problème de l'origine radicale dans le Néoplatonisme Grec, in: Revue de métaphysique et de morale 26 (1919), Paris, 443-475

Brindley, Erica F. / Goldin, Paul R. / Klein, Esther S.: A Philosophical Translation of the *Heng Xian*, in: Dao 12 (2013), Dordrecht, 145-151

Buber, Martin: Werkausgabe, Bd. 2.3, Schriften zur chinesischen Philosophie und Literatur, ⟨ed.⟩ Eber, Irene, Gütersloh 2013

Büchmann, Georg et al.: Geflügelte Worte. *Der Zitatenschatz des deutschen Volkes*, Berlin [32]1972 (vollst. neu bearbeitet)

Bühler, Karl-Ernst: Guō Diàn Chu Schrift vom Höchsten Einen, Bochum 2016

Bugault, Guy: L'Inde pense-t-elle?, Paris 1994

Burkert, Walter: Weisheit und Wissenschaft. Studien zu Pythagoras, Philolaos und Platon, Nürnberg 1962

Chai, David: Nothingness, Being, and Dao. Ontology and Cosmology in the *Zhuangzi*, Toronto 2012 (Diss.)

Chan Wing-tsit: A Source Book in Chinese Philosophy, Princeton/NJ 1973 ([1]1963)

Chan Wing-tsit: Chu Hsi. New Studies, Hoholulu/HI 1989

Chang Chung-yuan: Creativity and Taoism. A Study of Chinese Philosophy, Art, and Poetry, New York et al. 1970 ([1]1963)

Chang Chung-yuan: TAO: A New Way of Thinking. A Translation of the Tao Tê Ching with an Introduction and Commentaries, New York et al. 1975

Chang Chung-yue: Wang Pi on the Mind, in: Journal of Chinese Philosophy 9 (1982), Honolulu/HI, 77-105

Chang, Leo S. / Feng Yu: The Four Political Treatises of the Yellow Emperor. Original Mawangdui Texts with Complete English Translations and an Introduction, with a Foreword by Benjamin I. Schwartz, Honolulu/HI 1998

Chang Tsung-tung: Indo-European Vocabulary in Old Chinese. A New Thesis on the Emergence of Chinese Language and Civilization in the Late Neolithic Age, Sino-Platonic Papers 7 (1988), Philadelphia/PA, 56 pp.

Chang Tsung-tung: Metaphysik, Erkenntnis und Praktische Philosophie im Chuang-Tzu. Zur Neu-Interpretation und systematischen Darstellung der klassischen chinesischen Philosophie, Frankfurt/M. 1982

Chaudhury, Bhabes Chandra / Bose, Sukumar: Tao Teh King & The Vedantic Texts ... in the Eye of 'Prajnā' (Wisdom), Jalpaiguri 1978

Chen, Ellen Marie: The meaning of *te* in the *Tao te Ching:* An examination of the concept of nature in Chinese Taoism, in: Philosophy East and West 23 (1973), Honolulu/HI, 457-470

Chen, Ellen Marie: In Praise of Nothing. An Exploration of Daoist Fundamental Ontology, s.l. 2011

Chen, Ellen Marie: The Origin and Development of Being (*Yu*) from Non-Being (*Wu*) in the *Tao Te Ching,* in: International Philosophical Quarterly 13 (1973), Charlottesville/VA, 403-417

Chen Jing: Interpretation of *Hengxian*. An explanation from a point of view of intellectual history, in: Frontiers of Philosophy in China 3 (2008), Berlin et al., 366–388

Cheng, François: Souffle-Esprit. Textes théoriques chinois sur l'art pictural, Paris 1989

Chéng Xuán-yīng, Dào-dé-jīng-yì-shū, ⟨ed.⟩ Měng Wén-tòng: Dào-shū-jí-jiào-shí-zhǒng, Chengdu 2001, 342-552

Chéng Xuán-yīng, Jí-chéng-xuán-yīng-dào-dé-jīng-kāi-tí-xù-jué-yì-shū, ⟨ed.⟩ Yán Líng-fēng: Zhōng-huá-cóng-shū jīng-zǐ cóng-zhù dì 6 cè, s.l. (Taibei?) 1983, 239–728

Chinese-Characters.org: Stand: Mai 2018

Chinese-English-Chinese Dictionary, http://chinesetools.eu (Stand: Mai 2018)

Chinese Etymology: hanziyuan.net/#home ≙ internationalscientific.org/CharacterEtymology.aspx? (Stand: September 2018)

Ching, Julia: The Mirror Symbol Revisited: Confucian and Taoist Mysticism, in: ⟨ed.⟩ Katz, Steven T: Mysticism and Religious Traditions, Oxford et al. 1983, 226–246

Chiu Han-sheng, Zhu Xi's Doctrine of Principle, in: ⟨ed.⟩ Chan Wing-tsit: *Chu Hsi and Neo-Confucianism*, Honolulu/HI 1986, 116–137

Cho Kah Kyung, Das Absolute in der taoistischen Philosophie, in: ⟨ed.⟩ Papenfuss, Dietrich: Transzendenz und Immanenz. Philosophie und Theologie in der veränderten Welt. Internationale Zusammenarbeit im Grenzbereich von Philosophie und Theologie. Tagungsbeiträge eines Symposiums der Alexander von Humboldt-Stiftung, Bonn-Bad Godesberg, veranstaltet vom 12. bis 17. Oktober 1976 in Ludwigsburg, Stuttgart 1977, 239–255

von Collani, Claudia / Holz, Harald / Wegmann, Konrad ⟨edd./tr.⟩: Uroffenbarung und Daoismus. Jesuitische Missionshermeneutik des Daoismus, Berlin–Bochum–London–Paris 2008

Conrady, August: Indischer Einfluß in China im 4. Jahrhundert v. Chr., in: Zeitschrift der Deutschen Morgenländischen Gesellschaft, 60 (1906), Leipzig, 335-351

Conrady, August: Zu Lao-Tze Cap. 6, in: Asia major 7 (1932), Taipei, 150–156

Cook, Scott: The Bamboo Texts of Guodian. A Study & Complete Translation, 2 Vols., Ithaca/NY 2012

Creel, Herrlee G.: On the Opening Words of the *Lao-Tzu,* in: Journal of Chinese Philosophy 10 (1983), Dordrecht–Boston, 299-329

Cullen, Christopher: Cosmogony, 1. Overview, in: ⟨ed.⟩ Pregadio, Fabrizio: The Encyclopedia of Taoism, 2 Vols., London–New York 2008, 47-48

Dào-zàng: ⟨edd.⟩ Wèn-wú-chū-bǎn-shè (Beijing) / Shànghǎi Shū-diàn / Tiān-jīn-gǔjí-chū-bǎn-shè (Sānjiā Liánhé), 36 Bde., Beijing–Shanghai–Tianjin 1988

Decaux, Jacques: les 4 livres de l'empereur jaune. le canon taoïque retrouvé, Taipei 1989

Dèng Xī, ⟨edd./comm.⟩ Xú Zhōng-liáng / Liú Fú-zēng: Xīn-yì Dèng-xīzǐ, Taibei 1997

Despeux, Catherine: *jing, qi, shen* 精 · 氣(炁) · 神 essence, pneuma (breath, energy, vital force), spirit, in: ⟨ed.⟩ Pregadio, Fabrizio: The Encyclopedia of Taoism, 2 Vols., London–New York 2008, 562-565

Despeux, Catherine: Lao-tseu, Paris 2010

Deussen, Paul: Allgemeine Geschichte der Philosophie, 2 Bde. in 6 Abt., Leipzig 1894-1915

Diels, Hermann / Kranz, Walther: Die Fragmente der Vorsokratiker (gr./dt.), 3 Bde., Zürich–Hildesheim ^{6}1972-1985 (Nachdr.)

Ding Si-xin, A Study of the Key Concepts *"Heng"* and *"Hengxian"* in the *Hengxian* on Chu Bamboo Slips Housed at the Shanghai Museum, in: Frontiers of Philosophy in China 11 (2016), Berlin et al., 206-221

(Pseudo-)Dionysios Areopagita: Corpus Dionysiacum I. De divinis nominibus, ⟨ed.⟩ Suchla, Beate Regina, Berlin–New York 1990

Pseudo-Dionysios Areopagita: Corpus Dionysiacum II. De coelesti hierarchia. De ecclesiastica hierarchia. De mystica theologia. Epistulae, ⟨edd.⟩ Heil, Günter / Ritter, Adolf Martin, Berlin–New York ^{2}2012 (überarb.; ^{1}1991)

(Pseudo-)Dionysios Areopagita: Die Namen Gottes, ⟨tr.⟩ Suchla, Beate Regina, Stuttgart 1988

(Pseudo-)Dionysios Areopagita: Über die himmlische Hierarchie. Über die kirchliche Hierarchie, ⟨tr.⟩ Heil, Günter, Stuttgart 1986

Dorter, Kenneth: Metaphysics and Morality in Neo-Confucianism and Greece: ZHU Xi, Plato, Aristotle, and Plotinus, in: Dao 8 (2009), Dordrecht, 255-276

Eckhart ⟨Meister⟩: Die deutschen Werke, Bde. 1-3, 4.1-2, 5, ⟨edd./trr.⟩ Quint, Josef / Steer, Georg, Stuttgart 1958-2003

Eckhart ⟨Meister⟩: Die lateinischen Werke, Bde. 1.1-2, 2-6, ⟨edd./trr.⟩ Weiß, Konrad / Sturlese, Loris et al., Stuttgart 1956-2015

Eckhart ⟨Meister⟩: ⟨ed.⟩ Pfeiffer, Franz: Deutsche Mystiker des 14. Jahrhunderts, Bd. 2: Meister Eckhart, 1. (einzige) Abteilung: Predigten, Traktate. Aalen 1991 (2. Neudr. d. Ausg. Leipzig 1857)

Eichmann, Th. L.: Althochdeutsch *sinnan* 'streben nach', sanskritisch *san-, sā-* 'gewinnen', und hethitisch *sanḫ-* 'erstreben', in: Zeitschrift für vergleichende Sprachforschung 87 (1973), Göttingen, 269-271

Erkes, Eduard: Ho-Shang-Kung's Commentary on Lao-Tse, Ascona 1958

Erkes, Eduard: Spuren chinesischer Weltschöpfungsmythen, in: T'oung Pao 28 (1931), Leiden et al. (Köln), 355-368

Erkes, Eduard: Spuren einer Kosmogonischen Mythe bei Lao-Tse, in: Artibus Asiae 8 (1940), Zürich, 16-35

Eskildsen, Stephen: Daoism, Meditation, and the Wonders of Serenity. From the Latter Hang Dynasty (25-220) to the Tang Dynasty (618-907), Albany/NY 2015

Evangeliou, Christos C.: Hellenic Philosophy. Origin and Character, Aldershot/GB–Burlington/VT 2007 (repr. of 2006)

Falk, Maryla / Przyluski, Jean: Aspects d'une ancienne psychophysiologie dans l'Inde et en Extrême-Orient, in: Bulletin of the School of Oriental Studies 9 (1938), London, 723-728

Fichte, Johann Gottlieb: Fichtes Werke, 11 Bde., ⟨ed.⟩ Fichte, Immanuel Hermann, Berlin 1971 (Nachdruck der Sämmtlichen Werke von 1834/35 + Nachgelassenen Werke von 1845/46)

Fichte, Johann Gottlieb: Gesamtausgabe der Bayerischen Akademie der Wissenschaften, 42 Bde., ⟨edd.⟩ Lauth, Reinhard / Gliwitzky, Hans / Fuchs, Peter / Schneider, Peter K., Stuttgart-Bad Cannstatt 1962-2012

Filliozat, Jean: Taoïsme et Yoga, in: Journal asiatique 257 (1969); Paris, 41-87

Forke, Alfred: Die Gedankenwelt des chinesischen Kulturkreises, München–Berlin 1927

Forke, Alfred: Geschichte der alten chinesischen Philosophie, Hamburg [2]1964

Forke, Alfred: The Chinese Sophists, in: Journal of the China Branch of the Royal Asiatic Society 34 (1901-1902), Shanghai, 1-100

Forke, Alfred: The World-Conception of the Chinese. Their Astronomical, Cosmological and Physico-Philosophical Speculations, London 1925

Forke, Alfred: Yang-Chu the Epicurean in His Relation to Lieh-Tse the Pantheist, in: Journal of the Peking Oriental Society 3 (1890), Peking, 203-228

Foster, Christopher J.: Introduction to the Peking University Han Bamboo Strips: On the Authentication and Study of Purchased Manuscripts, in: Early China 40 (2017), Berkeley/CA, 167-239

Franke, William: All or Nothing? Nature in Chinese Thought and the Apophatic Occident, in: Comparative Philosophy 5 (2014), Open Access, www.comparativephilosophy.org (Stand: 12. 08. 2017), 4-24

Friedman, Maurice: Martin Buber and Oriental Religions, in: ⟨ed.⟩ Katz, Nathan: Buddhist and Western Philosophy, New Delhi–Bangalore–Jullundur 1981, 149-171

Fu Wei-hsun, Charles: Chu Hsi on Buddhism, in: ⟨ed.⟩ Chan Wing-tsit: *Chu Hsi and Neo-Confucianism*, Honolulu/HI 1986, 377-407

Fu Wei-hsun, Charles: Creative Hermeneutics: Taoist Metaphysics and Heidegger, in: Journal of Chinese Philosophy 3 (1976), Dordrecht–Boston, 115-143

Fu Wei-hsun, Charles: Daoism in Chinese Philosophy, in: ⟨edd.⟩ Carr, Brian / Mahalingam, Indira: Companion Encyclopedia of Asian Philosophy, Lodon–New York 1997, 553-574

Fung Yu-lan: A History of Chinese Philosophy, 2 Vols., ⟨tr.⟩ Bodde, Derk, Princeton 1973 (7th printing of [2]1952, [1]1937 (Vol. 1) & 1953 (Vol.2); 1st Chinese publication: Shanghai 1931-1934)

Fung Yu-lan: A Short History of Chinese Philosophy. A Systematic Account of Chinese Thought From Its Origins to the Present Day, ⟨ed.⟩ Bodde, Derk, New York et al. 1997 ([1]1948)

Fung Yu-lan: Chuang-Tzu. A New Selected Translation with an Exposition of the Philosophy of Kuo Hsiang, Heidelberg et al. 2016 (Neuausgabe mit geänderter Paginierung ohne Angabe der Auflage oder früherer Auflagen; Haupttitel früherer Ausgaben: Chuang-tzŭ; New York [2]1964; 1st ed. Shanghai 1933)

Fung Yu-lan: The Spirit of Chinese Philosophy, ⟨tr.⟩ Hughes, E. R., London 1962 (2nd impr.; [1]1947) von der Gabelentz, Georg: Lao-tse (Laò-tsï`), in: Allgemeine Encyklopädie der Wissenschaften und Künste, 2. Section, H-N, ⟨ed.⟩ Leskien, August, 42. Teil, Leipzig 1888, 89-94

Gallop, David ⟨ed./tr.⟩: Parmenides of Elea: Fragments. A Text and Translation with an Introduction, Toronto–Buffalo–London 1984

Gangadean, Ashok K.: Between Worlds. The Emergence of Global Reason, New York et al. 1998

Gangadean, Ashok K.: Meditative Reason. Toward Universal Grammar, New York et al. 1993

Gauchet, L.: Recherches sur la triade taoïque, in: Bulletin de l'Université l'Aurore 10 (1949), Shanghai, 326-366

Gernet, Jacques: Christus kam bis nach China. Eine erste Begegnung und ihr Scheitern, Zürich–München 1984 (frz. Orig.: Paris 1982)

Girardot, Norman J.: Myth and Meaning in Early Taoism. *The Theme of Chaos* (*hun-tun*), Berkeley–Los Angeles–London 1983

Gladisch, August: Die Religion und die Philosophie in ihrer weltgeschichtlichen Entwickelung und Stellung zu einander nach den Urkunden dargelegt, Breslau 1852

Gladisch, August: Einleitung in das Verständniß der Weltgeschichte, Posen 1844

von Goethe, Johann Wolfgang: Goethes Werke, 133 Bde. in 143 Tln., ⟨ed.⟩ im Auftrage der Großherzogin Sophie von Sachsen, Weimar 1887-1919

Goldin, Paul R.: A Mind-Body Problem in the *Zhuangzi?*, in: ⟨ed.⟩ Cook, Scott: Hiding the World in the World. Uneven Discourses on the Zhuangzi, Albany/NY 2003, 226-247

Goldin, Paul R.: Heng Xian and the Problem of Studying Looted Artifacts, in: Dao 12 (2013), Dordrecht, 153-160

Goldin, Paul R.: The Myth that China Has No Creation Myth, in: Monumenta Serica 56 (2008), Sankt Augustin, 1-22

Gomouline, Andrei: Permanence, Something, Being: The Cosmogonic Argument of the *Heng Xian*, in: Dao 12 (2013), Dordrecht, 179-188

Gondek, Hans-Dieter: Das Übersetzen denken: *Über*setzen und Über*setzen*, in: Heidegger Studies = Heidegger Studien 12 (1996), Berlin, 37-55

Graham, Angus C.: A Neglected Pre-Han Philosophical Text: *Ho-kuan-tzu*, in: Bulletin of the School of Oriental and African

Studies (52) 1989, Cambridge, 497–532

Graham, Angus C. ⟨tr.⟩: Chuang-tzŭ. The Seven Inner Chapters and other writings from the book *Chuang-tzŭ*, London–Boston 1981

Graham, Angus C.: Chuang-tzu's Essay On Seeing Things As Equal, in: History of Religions (9) 1969, Chicago 137–159

Graham, Angus C. ⟨tr.⟩: The Book of Lieh-tzŭ. A Chinese Classic of the Tao, New York 1990 ([1]1960)

Graham, Angus C.: Studies in Chinese Philosophy and Philosophical Literature, Albany/NY 1990 ([1]1986)

Graham, Angus C.: Yin-Yang and the Nature of Correlative Thinking, Singapore 1986

Granet, Marcel: Das chinesische Denken. Inhalt, Form, Charakter, München [2]1971 (frz. Originalausgabe Paris 1934)

Greimas, Algirdas Julien: sémantique structurale. recherche de méthode, Paris 1972 (durchges. u. korr.; [1]1966)

Greimas, Algirdas Julien: Strukturale Semantik. Methodologische Untersuchungen, ⟨tr.⟩ Ihwe, Jens, Braunschweig 1971

Guănzĭ, ⟨ed.⟩ Liù Jí, Guănzĭ bŭ zù, 7 Vols., Qīndìng Sìkù Quánshū zi bù sān Făjiā lèi Míng, s.l., s.a.

Guénon, René: Aperçus sur l'ésotérisme islamique et le Taoïsme, Paris 1973

Guénon, René: L'Homme et son devenir selon le Vêdânta, Paris 1941 ([1]1925)

Guénon, René: La Grande Triade, Paris 1957 ([1]1946)

Guénon, René: Man and His Becoming According to the Vedānta, ⟨tr.⟩ Nicholson, Richard C., Hillsdale/NY 2001 (frz. Originalausg. Paris 1925)

Guénon, René: The Great Triad, ⟨tr.⟩ Kingsley, Peter, Cambridge 1991 (frz. Originalausg. Paris 1946)

Guimet, E.: Lao-Tzeu et le Brâhmanisme, in: Actes du Congrès International d'Histoire de Religions, Basel, 1904, 168–183

Guō Xiàng → Zhuāngzĭ-jí-shì

Haacke, Margarete: Der Gottesgedanke und das Gotteserlebnis bei Eckehart, Greifswald 1919 (Phil. Diss.)

Harack, Michael: Cheng Xuanying's Conception of the Sage in the *Zhuangzi*, Hamilton/Ontario 2007 (Thesis), Open Access Dissertations and Theses, Paper 5632

Heidegger, Martin: Vorträge und Aufsätze, Pfullingen [5]1985 ([1]1954)

Henricks, Robert G.: Lao Tzu's *Tao Te King. A Translation of the Startling New Documents Found at Guodian*, New York 2000

Henricks, Robert G. → Lǎozǐ: Dé-dào-jīng

Heshang Gong: Ho-Shang-Kung's Commentary on Lao-Tse, ⟨tr.⟩ Erkes, Eduard, Ascona 1958 ([1]1950)

Hippolytos Romaîos: Refutatio omnium haeresium, ⟨ed.⟩ Marcovich, Miroslav, Berlin–New York 1986

Hippolytos Romaîos: Refutatio omnium haeresium, ⟨tr.⟩ Preysing, Konrad: Des Heiligen Hippolytus von Rom Widerlegung aller Häresien (Philosophumena), Kempten 1922

Hirakawa, Akira, A Buddhist Chinese-Sanskrit Dictionary, Tokyo 1997

Holz, Harald: Zur theologischen Tradition der jesuitischen Hermeneutik, in: von Collani, Claudia / Holz, Harald / Wegmann, Konrad ⟨edd./tr.⟩: Uroffenbarung und Daoismus. Jesuitische Missionshermeneutik des Daoismus, Berlin–Bochum–London–Paris 2008, 41-67

Hsu Sung-peng: Lao Tzu's Conception of Ultimate Reality: A Comparative Study, in: International Philosophical Quarterly 16 (1976), Charlottesville/VA, 197-218

Hu-Shih: Spinoza and Chuang-Tzu, in: ⟨ed.⟩ Hessing, Siegfried: Speculum Spinozanum 1677-1977, London–Henley–Boston 1978, 330-332

Huáinánzǐ: ⟨edd.⟩ Liú Wén-diǎn (Liú Ān): Huái-nán-hóng-liè-jí-jiě, 2 Bde., Taibei 1969

Huáinánzǐ: ⟨edd.⟩ Liú Wén-diǎn / Féng Yì / Qiáo Huà: Huái-nán-hóng-liè-jí-jiě, 2 Vols., Beijing 1989

Huáinánzǐ: ⟨ed.⟩ Sturgeon, Donald: Chinese Text Project, http://ctext.org/huainanzi (Stand: Dezember 2017)

Huáinánzǐ: ⟨trr.⟩ Le Blanc, Charles / Mathieu, Rémi: Philosophes taoïstes, tome 2, Huainan Zi, Paris 2003

Huáinánzǐ: ⟨trr.⟩ Larre, Claude / Robinet, Isabelle / Rochat de la Vallée, Elisabeth: les grands traités du Huainan zi, Paris 1993

Hubral, Peter: Dao-Meister Platon. Moderne Taiji-Lehre: Schlüssel zur *philosophía*, Giessen 2008

Hubral, Peter: Geheime Dao-Schöpfungslehre. Moderne Dao-Praxis erklärt die älteste und aktuellste chinesische und universelle Welt- und Selbstentstehung, Lohne 2015

Hummel, Siegbert: Polarität in der chinesischen Philosophie, Leipzig 1949

Hummel, Siegbert: Zum ontologischen Problem des Dauismus (Taoismus). Untersuchungen an Lau Dsï Kapitel 1 und 42, Leipzig 1948

Izutsu, Toshihiko: Bewusstsein und Wesen, ⟨tr.⟩ Liederbach, Hans Peter, München 2006 (jap. Originalausg. Tokyo 1983)

Izutsu, Toshihiko: Creation *and the* Timeless Order *of* Things. Essays in Islamic Mystical Philosophy, Ashland/OR 1994

Izutsu, Toshihiko: Die Entdinglichung und Wiederverdinglichung der „Dinge" im Zen-Buddhismus, in: ⟨ed.⟩ Nitta, Yoshihiro: Japanische Beiträge zur Phänomenologie, Freiburg–München 1984, 13-40

Izutsu, Toshihiko: Sufism and Taoism. A Comparative Study of Key Philosophical Concepts, Berkeley–Los Angeles–London 1984 (rev. ed. of A Comparative Study of the Key Philosophical Concepts in Sufism and Taoism, 2 Vols., Tokyo 1966-1967)

Izutsu, Toshihiko: The Structure of Oriental Philosophy. Collected Papers of the Eranos Conference, 2 Vols., Tokyo 2008

Izutsu, Toshihiko: Toward a Philosophy of Zen Buddhism, Boulder/CO 1982 (reprint; iranische Erstausgabe Teheran 1977)

Jan Yün-hua: A Comparative Study of 'No-Thought' (wu-nien) in some Indian and Chinese Buddhist Texts, in: Journal of Chinese Philosophy 16 (1989), Honolulu/HI, 37-58

Jan Yün-hua: *Tao Yüan* or *Tao: The Origin,* in: Journal of Chinese Philosophy 7 (1980), Dordrecht–Boston, 195-204

Jaspers, Karl: Die großen Philosophen, 1. Bd., München–Zürich 1988 ([1]1957)

Jha, Ram Nath: Exploring Parallels between the Philosophy of the Upaniṣads and Daoism, in: ⟨edd.⟩ Theodor, Ithamar / Yao Zhi-hua: Brahman and Dao. Comparative Studies of Indian and Chinese Philosophy and Religion, Lanham/MD et al. 2014, 19-34

Jorgensen, John: The Radiant Mind. *Zhu Xi and the Chan Doctrine of Tathāgatagarbha,* in: ⟨ed.⟩ Makeham, John: The Buddhist Roots of Zhu Xi's Philosophical Thought, New York 2018, 36-121

Jullien, François: La pensée chinoise dans le miroir de la philosophie, Paris 2007

Jullien, François: Umweg und Zugang: Strategien des Sinns in China und Griechenland, Wien 2000

Just, Michal: Neoplatonism and Paramādvaita, in: Comparative Philosophy 4 (2013), Open Access, www.comparativephilosophy.org (Stand: 12. 08. 2017), 28 Seiten

Kalinke, Viktor → Lǎozǐ

Kaltenmark, Max: La naissance du monde en Chine, in: Secrétariat de rédaction, Esnoul, Anne-Marie et al.: La naissance du monde, Paris 1959, 453-468

Kandel, Joachim: Die Lehren des Kung-sun Lung und deren Aufnahme in der Tradition. Ein Beitrag zur Interpretationsgeschichte des abstrakten Denkens in China, Würzburg 1974 (Phil. Diss.)

Kersten, Holger: Jesus lebte in Indien. Sein geheimes Leben vor und nach der Kreuzigung, München 1993 (erw. Neufassung; [1]1983)

Kim Boung-hown: A Study of Chou Tun-I's (1017-1073) Thought, Tucson/AZ 1996 (Phil. Diss.)

Klaus, Hilmar: The Tao of Wisdom. Laozi – Daodejing, Chinese – English – German, Aachen 2009

Kohn, Livia: Daoism and Chinese Culture, Cambridge/MA [2]2004 ([1]2001)

Kohn, Livia: Early Chinese Mysticism. Philosophy and Soteriology in the Taoist Tradition, Princeton/NJ 1992

Kohn, Livia: God of the Dao. Lord Lao in History and Myth, Ann Arbor/MI 1998

Kohn, Livia: Guarding the One: Concentrative Meditation in Taoism, in: Eadem in Cooperation with Sakade, Yoshinobu: Taoist Meditation and Longevity Techniques, Ann Arbor/MI 1989, 125-158

Kohn, Livia: Meditation and visualization, Overview, in: ⟨ed.⟩ Pregadio, Fabrizio: The Encyclopedia of Taoism, 2 Vols., London–New York 2008, 118-120

Kohn, Livia: *sanqing* 三清 Three Clarities; Three Purities; Three Pure Ones, in: ⟨ed.⟩ Pregadio, Fabrizio: The Encyclopedia of Taoism, 2 Vols., London–New York 2008, 840-844

Köhn (Kohn), Livia: Seven Steps to the Tao. Sima Chengzhen's *Zuowanglun*, Nettetal 1987

Kohn, Livia: Sitting in Oblivion. The Heart of Daoist Meditation, Dunedin/FL 2010 (erw. Ausg v. Seven Steps to the Tao)

Kohn, Livia: Taoist Insight Meditation: The Tang Practice of

Neiguan, in: Eadem in Cooperation with Sakade, Yoshinobu: Taoist Meditation and Longevity Techniques, Ann Arbor/MI 1989, 192–224

Kohn, Livia, in Cooperation with Sakade, Yoshinobu: Taoist Meditation and Longevity Techniques, Ann Arbor/MI 1989

Kohn, Livia: Taoist Mystical Philosophy. The Scripture of Western Ascension (Hsi sheng ching), Albany/NY 1991

Kohn, Livia: The Taoist Experience. An Anthology, Albany/NY 1993

Kohn, Livia: Zhuangzi. Text and Context, St. Petersburg/FL 2014

Kǒngfūzǐ (Konfuzius): ⟨tr./com.⟩ Wilhelm, Richard: Die Lehren des Konfuzius. Die vier konfuzianistischen Bücher (chin./dt.). Mit einem Vorwort von Prof. Dr. Hans van Ess, Frankfurt/M. s.a. (Nachdr. d. Ausg. Neu Isenburg [1]2008)

Kraft, Eva: ZUM HUAI-NAN-TZU 淮南子. Einführung, Übersetzung (Kapitel I und II) und Interpretation, in: Monumenta Serica 16 (1957), Leeds, 191–286

Kühn, Alfred: Berichte über den Weltanfang bei den Indochinesen und ihren Nachbarvölkern. Ein Beitrag zur Mythologie des Fernen Ostens, Leipzig 1935 (Phil. Diss.)

Lǎozǐ: Dào-dé-jīng, ⟨trr/comm.⟩ Ames, Roger T. / Hall, David L.: *Daodejing*. "Making This Life Significant". A Philosophical Translation, New York 2004 ([1]2003)

Lǎozǐ: Dào-dé-jīng, ⟨tr.⟩ Blakney, Raymond B.: Lao Tzu: The Way of Life, New York 1955

Lǎozǐ: Dào-dé-jīng, ⟨tr.⟩ Chalmers, John: The Speculations on Metaphysics, Polity, and Morality, of "The Old Philosopher," Lau-tsze, London 1868

Lǎozǐ: Dào-dé-jīng, ⟨tr.⟩ Duyvendak, Jan Julius Lodewyk: Tau-te-tsjing. Het boek van weg en deugd, Arnhem [2]1950 (überarbeitet, [1]1942)

Lǎozǐ: Dào-dé-jīng, ⟨tr.⟩ Geldsetzer, Lutz: Lao Zi Dao De Jing, Eine philosophische Übersetzung nach dem Text der Ausgabe in: Zhu Zi Ji Cheng (Sammlung aller Philosophen) Band 3, Zhong Hua-Verlag, Beijing 1954, in: Asiatische Philosophie. Indien und China, [2. erw.]2004, Digitale Bibliothek 94, 28710–28760 (CD-ROM)

Lǎozǐ: Dào-dé-jīng, ⟨tr.⟩ Grill, Julius: Lao-tszes Buch vom höchsten Wesen und vom höchsten Gut (Tao-tě-king), Tübingen 1910

Lǎozǐ: Dào-dé-jīng, ⟨tr.⟩ Huang Chi-chung: Tao Te Ching. A Literal Translation with an Introduction, Notes and Commentary, Fremont/CA 2003

Lǎozǐ: Dào-dé-jīng, ⟨ed./tr.⟩ Izutsu, Toshihiko: Lao-tzŭ. The Way and Its Virtue (chin./engl.), ⟨edd.⟩ Matsubara Hideichi / Ohashi Ryosuke / Sawai Yoshitsugu, Tokyo ^{1}2001

Lǎozǐ: Dào-dé-jīng, ⟨ed./tr./comm.⟩ Kalinke, Viktor: Laozi, Daodejing (chin./dt.). Eine Wiedergabe seines Deutungsspektrums, 3 Bde., Leipzig 2000-2011

Lǎozǐ / Zhuāngzǐ / Lièzǐ: ⟨trr.⟩ Liou Kia-hway / Grynpas, Benedykt: Philosophes taoïstes. Lao-Tseu, Tchouang-Tseu, Lie-Tseu, Paris 1989 (^{1}1980)

Lǎozǐ / Wáng Bì: ⟨tr.⟩ Lin, Paul J.: A Translation of Lao Tzu's Tao Te Ching and Wang Pi's Commentary, Ann Arbor/MI 1977

Lǎozǐ / Wáng Bì: ⟨tr.⟩ Lynn, Richard John: The Classic of the Way and Virtue. *A New Translation of the* Tao-te ching *of Laozi as Interpreted by Wang Bi*, New York–Chichester/West sussex 1999

Lǎozǐ: ⟨tr.⟩ Mair, Victor H.: Lao Tzu: Tao Te Ching. The Classic Book of Integrity and the Way. An Entirely New Translation Based on the Recently Discovered Ma-Wang-Tui Manuscrips, New York et al. 1990

Lǎozǐ: Dào-dé-jīng, ⟨tr.⟩ Medhurst, C. Spurgeon: The Tao teh king. A Short Study in Comparative Religion, Chicago 1905 (Urfassung der in den Kommentaren und Anmerkungen redaktionell veränderten Auflage mit neuem Untertitel: Sayings of Lao-tzu, Wheaton/IL–Madras–London 1972)

Lǎozǐ: Dào-dé-jīng, ⟨tr.⟩ Schwarz, Ernst: Laudse (Lao-tse): Daudedsching (Tao-te-king), München 1980 (Erstausgabe Leipzig 1978)

Lǎozǐ: Dào-dé-jīng, ⟨tr.⟩ Strauss, Victor von: Laò-Tsè's Taò tĕ kīng, Leipzig 1924

Lǎozǐ: Dào-dé-jīng, ⟨tr.⟩ Ulenbrook, Jan: Lau Dse (Lao Tse): Dau Dö Djing (Tao Tê King), Das Buch vom rechten Wege und von der rechten Gesinnung, Frankfurt/M.–Berlin ^{5}1990 (^{1}1980)

Lǎozǐ: Dào-dé-jīng, ⟨tr.⟩ Waley, Arthur: The Way and Its Power. *A Study of the* Tao Tê Ching *and Its Place in Chinese Thought,* London–New York 1956 (4th impr.; ^{1}1934)

Lǎozǐ: Dào-dé-jīng, ⟨tr.⟩ Wilhelm, Richard: Laotse. Tao te king. Das Buch vom Sinn und Leben, Düsseldorf–Köln 1979 (n. d. erw. Ausg. ^{2}1978; Jena ^{1}1911)

Lǎozǐ: Dé-dào-jīng, ⟨ed./tr.⟩ Henricks, Robert G.: Lao-tzu: Te-tao ching. A New Translation Based on the Recently Discovered

Ma-wang-tui Texts (chin./engl.), New York 1989

Lǎozǐ: Dé-dào-jīng, ⟨tr.⟩ Möller, Hans-Georg: Laotse: Tao Te King. Die Seidentexte von Mawangdui, 500 Jahre älter als andere Ausgaben, Frankfurt/M. 1995

Le Blanc, Charles: *From Ontology to Cosmogony: Notes on* Chuang Tzu *and* Huai-nan Tzu, in: ⟨edd.⟩ Idem / Blader, Susan: Chinese Ideas about Nature and Society. Studies in Honour of Derk Bodde, Hong Kong 1987, 117–129

Le Blanc, Charles: *Huai-nan Tzu.* Philosophical Synthesis in Early Han Thought. The Idea of Resonance (*Kan-Ying*). With a Translation and Analysis of Chapter Six, Hong Kong 1985

Lee Joo-Dong: Taoistische Weltanschauung im Werke Franz Kafkas, Frankfurt/M.–Bern–New York 1985

Legge, James: The Notions of the Chinese concerning God and Spirits. With an Examination of the Defense of an Essay, on the proper Rendering of the Words Elohim and Theos, into the Chinese Language, by William J. Boone, D. D., Missionary Bishop of the Protestant Episcopal Church of the United States to China, Honkong 1852

Legge, James: The Texts of Tâoism, Part I: The Tâo Teh *K*ing. The Writings of *K*wang 𝔷ze (Books I–XVII), Part II: The Writings of *K*wang 𝔷ze (Books XVIII–XXXIII). The Thâi-Shang Tractate of Actions and Their Retributions. Appendices I–VIII, Oxford [1]1891

Leibold, Michael: *Taiji:* Ein transzendentaler Begriff der konfuzianischen Philosophie?, in: Perspektiven der Philosophie. Neues Jahrbuch 28 (2002), Amsterdam–New York, 329–357

Leisegang, Hans: Denkformen, Berlin [2]1951 (neu bearb.; [1]1928)

Leung, Thomas In-sing: Tao and Logos, in: Journal of Chinese Philosophy 25 (1998), Honolulu/HI, 131–146

Lǐ Líng: Héng Xiān, in: ⟨ed.⟩ Mǎ Chéng-yuán: Shànghǎi Bówùguǎn Zàng Zànguó Chǔ zhúshū, Vol. 3, Shànghǎi gǔjí chūbǎn shè, Shanghai 2003, 288–299

Lièzǐ: Chōng-xū-zhì-dé-zhēn-jīng, ⟨ed.⟩ Yáng Bó-jùn: Lièzǐ-jí-shì, Beijing 2010

Lièzǐ: Chōng-xū-zhì-dé-zhēn-jīng, ⟨ed.⟩ Sturgeon, Donald: Chinese Text Project, http://ctext.org/liezi (Stand: Mai 2018)

Lièzǐ: Chōng-xū-zhì-dé-zhēn-jīng, ⟨tr.⟩ Giles, Lionel: Taoist Teachings. Translated from the Book of Lieh-Tzü with Introduction and Notes, London 1959 (repr. of [2]1947; [1]1912)

Lièzǐ: Chōng-xū-zhì-dé-zhēn-jīng, ⟨tr.⟩ Graham, Angus C.: The Book of Lieh-tzŭ, London 1960

Lièzǐ: Chōng-xū-zhì-dé-zhēn-jīng, ⟨tr.⟩ Grynpas, Benedykt: Le Vrai Classique du Vide Parfait *par Lie tseu,* Paris 1961

Lièzǐ: Chōng-xū-zhì-dé-zhēn-jīng, ⟨tr.⟩ Wilhelm, Richard: Liä Dsi: Das wahre Buch vom quellenden Urgrund, Düsseldorf–Köln 1980

Lin Yu-tang ⟨tr.⟩: The Wisdom of Laotse, New York 1976 ([1]1948)

Linck, Gudula: Yin und Yang. Die Suche nach der Ganzheit im chinesischen Denken, München [3]2006 ([1]2000)

Lindtner, Christian: Madhyamaka Causality, in: Hōrin. Vergleichende Studien zur japanischen Kultur 6 (1999), München, 37-77

Liuo Kia-hway: L'esprit synthéthique de la Chine. Étude de la mentalité chinoise selon les textes des philosophies de l'antiquité, Paris 1961

Lokuang, Stanislaus: Chu Hsi's Theory of Metaphysical Structure, in: ⟨ed.⟩ Chan Wing-tsit: *Chu Hsi and Neo-Confucianism*, Honolulu/HI 1986, 58-78

Louis, François: The Genesis of an Icon. The *Taiji* Diagram's Early History, in: Harvard Journal of Asiatic Studies 63 (2003), 145-196

Loya, Joseph A. / Ho Wan-li / Jih Chang-Shin: The Tao of Jesus. An Experiment in Inter-Traditional Understanding, New York–Mahwah/NJ 1998

Lu Xing, Rhetoric in Ancient China Fifth to Third Century B.C.E. A Comparison with Classical Greek Rhetoric, Columbia/SC 1998

Lǚ-shì-chūn-qiū: ⟨edd./trr.⟩ Knoblock, John / Riegel, Jeffrey: The Annals of Lü Buwei (chin./engl.), Stanford/CA 2000

Lǚ-shì-chūn-qiū: ⟨tr.⟩ Wilhelm, Richard: Frühling und Herbst des Lü Bu We, Düsseldorf–Köln 1971 (Neuausg. der Ausg. Jena [1]1928)

M'clatchie, Thos.: Confucian Cosmogony. A Translation of the "Complete Works" of the Philosopher Choo-Foo-Tze, with Explanatory Notes, Shanghai–London 1874

Mair, Victor H.: Chuang-tzu and Erasmus: Kindred Wits, in: ⟨ed.⟩ Idem: Experimental Essays on Chuang-tzu, Honolulu/HI 1983, 85-100

Mair, Victor H.: *[The]* ***File*** *[on the Cosmic]* ***Track*** *[and Individual]* ***Dough****[tiness]*: Introduction and Notes for a Translation of the Ma-wang-tui Manuscripts of the *Lao Tzu [Old Master],* Sino-

Platonic Papers 20 (1990), Philadelphia/PA, 68 pp.

Mair, Victor H.: Introduction and Notes for a Complete Translation of the *Chuang Tzu*, Sino-Platonic Papers 48 (1994), Philadelphia/PA, 110 pp.

Makeham, John: Monism and the Problem of the Ignorance and Badness in Chinese Buddhism and Zhu Xi's Neo-Confucianism, in: ⟨ed.⟩ Idem: The Buddhist Roots of Zhu Xi's Philosophical Thought, New York 2018, 277-344

Malek, Roman: Das *Chai-chieh lu*. Materialien zur Liturgie im Taoismus, Frankfurt/M. et al. 1985

Masami, Tateno: A Philosophical Analysis of the Laozi from an Ontological Perspective, in: ⟨edd.⟩ Csikszentmihalyi, Mark / Ivenhoe, Philip J.: Religious and Philosophical Aspects of the *Laozi*, Albany/NY 1999, 175-185

Maspéro, Henri: Le Taoïsme et les religions chinoises, Paris 1971

Maspéro, Henri: Mélanges posthumes sur les religions et l'histoire de la Chine, 3 tomes, Paris 1950

Maspéro, Henri: Taoism and Chinese Religion, ⟨tr.⟩ Kierman, Frank A. Jr., Amherst/MA 1981(frz. Originalausg. 1971)

MDBG Chinese-English Dictionary, http://mdbg.net (Stand: Mai 2018)

de Meyer, Jan: Wu Yun's Way. Life and Works of an Eighth-Century Daoist Master, Leiden–London 2006

Michael, Thomas:The Pristine Dao. Metaphysics in Early Daoist Discourse, Albany/NY 2005

Morgan, Evan: Tao the Great Luminant. Essays from Huai Nan Tzu with Introductory Articles Notes Analyses, Taipai 1974 (repr. of ed. Shanghai ca. 1933)

Moritz, Ralf: Eine chinesischen Parallele zur griechischen Eleatik, in: Deutsche Zeitschrift für Philosophie 1 (1973), Berlin, 55-70

Moritz, Ralf: Hui Schih und die Entwicklung des philosophischen Denkens im Alten China, Berlin 1973

Mungello, David E.: The Great Encounter of China and the West, 1500-1800, Lanham/MD et al. ^{4}2012 (^{1}1999)

Nagatomo, Shigenori: An Epistemic Turn in the *Tao Te Ching:* A Phenomenological Reflection, in: International Philosophical Quarterly 23 (1983), Charlottesville/VA, 173-189

Nāgārjuna, Mūlamadhyamaka-Kārikā/Zhōng-lùn (chin.), mit

Kommentar [Piṅgala], ⟨edd.⟩ J. Takakusu / K. Watanabe, Taishō shinshū Daizōkyō, Bd. 30, Nr. 1564, 1-39, Tokyo 1960 (Nachdr. d. Ausg. 1927) = www.21dzk.l.u-tokyo.ac.jp/SAT/index_en.html (Stand: Mai 2018)

Nāgārjuna, Mūlamadhyamaka-Kārikā/Zhōng-lùn, mit Kommentar [Piṅgala], ⟨tr.⟩ Walleser, Max: Die Mittlere Lehre des Nāgārjuna. Nach der chinesischen Version übertragen, Heidelberg 1912

Nāgārjuna: Mūlamadhyamaka-Kārikā Prajñā Nāma, ⟨ed.⟩ de Jong, J. W., ⟨rev.⟩ Lindtner, Christian, Adyar/Chennai (Madras) ²2004 (¹1977)

nciku™ Dictionary [Chinese-English], http://ncik.com (Stand: Mai 2018)

Needham, Joseph: Science and Civilisation in China, Vol. 2: History of Scientific Thought, Cambridge 1956

Nielsen, Bent: A Companion to *Yi Jing* Numerology and Cosmology. Chinese Studies of Images and Numbers from Han 漢 (202 BCE-220 CE) to Song 宋 (960-1279 CE), London–New York 2003

Otto, Rudolf: West-östliche Mystik. Vergleich und Unterscheidung zur Wesensdeutung, Gotha ²1929 (ergänzt; ¹1926)

Platon: Werke (gr./dt.), 8 Bde. in 9 Tln., ⟨ed.⟩ Eigler, Gunther, Text der Œuvres complètes (gr./frz.), 14 Bde. in 26 Tln., versch. Editoren der Société d'Édition les Belles Lettres, Paris, unterschiedliche Jahrgänge und Auflagen, ⟨trr.⟩ Schleiermacher, Friedrich / Kurz, Dietrich / Müller, Hieronymus / Schöpsdau, Klaus, verschiedene Bearbeiter, Darmstadt ³1990 (Sonderausgabe von ³1990 der Ausg. Darmstadt 1973)

Platon: Jubiläumsausgabe sämtlicher Werke zum 2400. Geburtstag (Artemis-Paperbackausgabe), 8 Bde., ⟨tr.⟩ Rufener, Rudolf, Zürich–München 1974

Poraj-Zakiej, Alexander: Der Begriff der Ich-Struktur in der Mystik Meister Eckharts und im Zen-Buddhismus. Eine vergleichende Untersuchung, Freiburg/Br. 2006 (Theol. Diss.)

Porkert, Manfred: Untersuchungen einiger philosophisch-wissenschaftlicher Grundbegriffe und Beziehungen im Chinesischen, in: Zeitschrift der Deutschen Morgenländischen Gesellschaft 110 (1961), Neue Folge Bd. 35, Wiesbaden, 422-452

Pregadio, Fabrizio: Index of *Zhengtong Daozang*, PDF-Freeware, 2008

Pregadio, Fabrizio: Index of *Zhonghua Daozang*, Mountain View/CA 2009

Pregadio, Fabrizio: *jindan* 金丹 Golden Elixir, in: ⟨ed.⟩ Idem: The Encyclopedia of Taoism, 2 Vols., London–New York 2008, 551-555

Pregadio, Fabrizio: *xiantian* and *houtian* 先天 · 後天 "before Heaven" and "after Heaven"; "prior to Heaven" and "posterior to Heaven"; precelestial and postcelestial, 1094-1095

Proklos: Commentarius in Parmenidem (lat.), ⟨ed.⟩ Steel, Carlos: Proclus: Commentaire sur le Parménide de Platon. Traduction de Guillaume de Moerbeke, 2 tomes (mit fortlaufender Paginierung), Leuven 1982-1985

Puett, Michael J.: "Nothing Can Overcome Heaven": The Notion of Spirit in the *Zhuangzi*, , in: ⟨ed.⟩ Cook, Scott: Hiding the World in the World. Uneven Discourses on the Zhuangzi, Albany/NY 2003, 248-262

Puett, Michael J.: To become a god. Cosmology, Sacrifice, and Self-Divinization in Early China, Cambridge/MA–London 2002

Qiang Yu: The Philosophies of Laozi and Zhuangzi and the Bamboo-slip Essay *Hengxian*, in: Frontiers of Philosophy in China 4 (2009), Berlin et al., 88-115

Radhakrishnan, Sarvepalli: India and China. Lectures Delivered in China in May 1944, Bombay [3]1954 ([1]1944)

Rai, Ram Kumar: Encyclopedia of Yoga, Varanasi 1975

Raju, P[oolla]. T[irupati].: Idealistic Thought of India. Vedānta and Buddhism in the Light of Western Idealism, New York 1973 (reprint of 1953; with a preface of the reprint edition by the author)

Raju, P[oolla]. T[irupati].: Introduction to Comparative Philosophy, Delhi 1992 ([1]1962)

Raju, P.[oolla]. T.[irupati].: Spirit Being and Self. Studies in Indian and Western Philosophy, New Delhi–Madras 1982

Raju, P.[oolla]. T.[irupati].: Structural Depths of Indian Thought, New Delhi 1985

Rao, K. Bhaskara: Taoism and Buddhism, Vijayawada s.a.

Reding, Jean-Paul: Comparative Essays in Early Greek and Chinese Rational Thinking, Aldershot–Burlington/VT 2004

Reding, Jean-Paul: Les fondements philosophiques de la rhétorique chez les sophistes grecs et chez les sophistes chinois, Berne 1985

Reynolds, Brad: Where's Wilber at? Ken Wilber's Integral Vision in the New Millennium, St. Paul/MN 2006

Ṛg-Veda: ⟨ed.⟩ Aufrecht, Theodor: Die Hymnen des Ṛgveda, 2 Bde., Darmstadt [3]1955 (Nachdr. von [2]1877)

Ṛg-Veda: ⟨edd.⟩ van Nooten, Barend A. / Holland, Gary B.: Rig Veda. A Metrically Restored Text with an Introduction and Notes, Cambridge/MA–London 1994

Ṛg-Veda: ⟨tr.⟩ Geldner, Karl Friedrich: Der Rig-Veda, 4 Bde., Cambridge/MA–London–Leipzig 1951-1957

Ṛg-Veda: ⟨tr.⟩ Grassmann, Hermann: Rig-Veda, 2 Tle., Frankfurt/M. 1990 (Nachdr. d. Ausg. Leipzig 1876-1877)

Richards, Ivor Armstrong: So Much Nearer. Essays Toward a World English, New York 1968

Rickett, W. Allyn: Guanzi, Political, Economic, and Philosophical Essays from Early China. A Study and Translation, 2 Vols., Princeton/NJ 1985-1998; Vol. 1: Chs. 1.1-11.34 & 20.64-21.65-66; Vol. 2: Chs. 12.35-24.86

Riehl, Hans: Ordnung des Geistes. Eine Einführung in die Philosophie anhand der Quellen, Graz 1973 (Nachdr. d. Aufl. Wien [2]1956)

Robinet, Isabelle: Cheng Xuanying 成玄英, in: ⟨ed.⟩ Pregadio, Fabrizio: The Encyclopedia of Taoism, 2 Vols., London–New York 2008, 264-265

Robinet, Isabelle: Chongxuan 重玄 Twofold Mystery, in: ⟨ed.⟩ Pregadio, Fabrizio: The Encyclopedia of Taoism, 2 Vols., London–New York 2008, 274-276

Robinet, Isabelle: Chuang tzu et le taoïsme "religieux", in: Journal of Chinese Religions 11 (1983), Saskatoon/Canada, 59-105

Robinet, Isabelle: Comprendre le Tao, Paris 2002 (= neu paginierte Taschenbuchausgabe von LAO ZI et le Tao)

Robinet, Isabelle: Cosmology and Cosmogony, Cosmogony, 2. Taoist notions, in: ⟨ed.⟩ Pregadio, Fabrizio: The Encyclopedia of Taoism, 2 Vols., London–New York 2008, 48-51

Robinet, Isabelle: *Daode jing* 道德經 Scripture of the Dao and Its Virtue, in: ⟨ed.⟩ Pregadio, Fabrizio: The Encyclopedia of Taoism, 2 Vols., London–New York 2008, 311-315

Robinet, Isabelle: *daojia* 道家 Taoism; "Lineage(s) of the Way", in: ⟨ed.⟩ Pregadio, Fabrizio: The Encyclopedia of Taoism, 2 Vols.,

London–New York 2008, 5-8

Robinet, Isabelle: Genèses. Au début, il n'y a pas d'avant, in: ⟨edd.⟩ Gernet, Jacques / Kalinowski, Marc: En suivant la voie royale. Mélanges offerts en hommage à Léon Vandermeersch, Paris 1997, 121-140

Robinet, Isabelle: Genesis and Pre-cosmic Eras in Daoism, in: ⟨edd.⟩ Lee Cheuk Yin / Chan Man Sing: Daoyuan binfen lu (A Daoist Florilegium. A Festschrift Dedicated to Professor Liu Ts'un-yan), Hong Kong 2002, 144-184

Robinet, Isabelle: Geschichte des Taoismus, München 1995 (frz. Originalausg.: Histoire du taoïsme, Paris 1991)

Robinet, Isabelle: Guo Xiang 郭象 352?-312; *zi*: Zixuan 子玄, in: ⟨ed.⟩ Pregadio, Fabrizio: The Encyclopedia of Taoism, 2 Vols., London–New York 2008, 462-464

Robinet, Isabelle: Guodian manuscripts, in: ⟨ed.⟩ Pregadio, Fabrizio: The Encyclopedia of Taoism, 2 Vols., London–New York 2008, 464-465

Robinet, Isabelle: *hundun* 混沌 Chaos; inchoate state, in: ⟨ed.⟩ Pregadio, Fabrizio: The Encyclopedia of Taoism, 2 Vols., London–New York 2008, 523-525

Robinet, Isabelle: Kouo Siang ou le monde comme absolu, in: T'oung Pao 69 (1983), Leiden et al. (Köln), 73-107

Robinet, Isabelle: L'unité complexe de la pensée chinoise, in: ⟨ed.⟩ Jacob, André: Encyclopédie philosophique universelle, 4 Bde. in 6 Teilen, Paris 1989-1998, 1.1595-1599

Robinet, Isabelle: La «mère» et la «femelle obscure» de Lao zi, in: ⟨ed.⟩ Cazenave, Michel: La face féminine de Dieu, Paris 1998, 137-165

Robinet, Isabelle: La pensée chinoise et la philosophie occidentale, in: ⟨ed.⟩ Jacob, André: Encyclopédie philosophique universelle, 4 Bde. in 6 Teilen, Paris 1989-1998, 4.1268-1287

Robinet, Isabelle: LAO ZI et le Tao, Paris 1996

Robinet, Isabelle: Later Commentaries: Textual Polysemy and Syncretistic Interpretations, in: ⟨edd.⟩ Kohn Livia / Lafargue Michael: Lao-tzu and the Tao-te-ching, Albany/NY 1998, 119-142

Robinet, Isabelle: Le rôle et le sens des nombres dans la cosmologie et l'alchimie taoïstes, in: Extrême-Orient, Extrême-Occident 16 (1994), Lyon, 93-120

Robinet, Isabelle: Les commentaires du Tao to king jusqu'au VIIe

siècle, s.l. 1977

Robinet, Isabelle: Numerolgy, overview, ⟨ed.⟩ Pregadio, Fabrizio: The Encyclopedia of Taoism, 2 Vols., London–New York 2008, 59-60

Robinet, Isabelle: Original Contributions of *Neidan* to Taoism and Chinese Thought, in: Kohn, Livia in Cooperation with Sakade, Yoshinobu: Taoist Meditation and Longevity Techniques, Ann Arbor/MI 1989, 297-330

Robinet, Isabelle: Revelations and sacred texts, in: ⟨ed.⟩ Pregadio, Fabrizio: The Encyclopedia of Taoism, 2 Vols., London–New York 2008, 24-26

Robinet, Isabelle: *Taiji tu* 太極圖 Diagram of the Great Ultimate, in: ⟨ed.⟩ Pregadio, Fabrizio: The Encyclopedia of Taoism, 2 Vols., London–New York 2008, 934-936

Robinet, Isabelle: Taoïsme et mystique, in: Cahiers d'études chinoi ses 8 (1988), Paris, 66-103

Robinet, Isabelle: Taoist Meditation. The Mao-shan Tradition of Great Purity, Albany/NY 1993 (frz. Originalausg.: Méditation taoïste, Paris 1979)

Robinet, Isabelle: The Diverse Interpretations of the *Laozi,* in: ⟨edd.⟩ Csikszentmihalyi, Mark / Ivenhoe, Philip J.: Religious and Philosophical Aspects of the *Laozi,* Albany/NY 1999, 127-159

Robinet, Isabelle: The Place and Meaning of the Notion of Taiji in Taoist Sources Prior to the Ming Dynasty, in: History of Religions 29 (1989/90), Chicago, 373-411

Robinet, Isabelle: *ti* and *yong* 體 · 用 substance and function, in: ⟨ed.⟩ Pregadio, Fabrizio: The Encyclopedia of Taoism, 2 Vols., London–New York 2008, 973-974

Robinet, Isabelle: Un, deux, trois: Les différentes modalités de l'Un et sa dynamique, in: Cahiers d'Extrême-Asie 8 (1995), Lyon, 175-220

Robinet, Isabelle: Une lecture de *Zhuangzi,* in: Études chinoises 15 (1996), Paris, 109-158

Robinet, Isabelle: Visualization and Ecstatic Flight in Shangqing Taoism, in: Kohn, Livia in Cooperation with Sakade, Yoshinobu: Taoist Meditation and Longevity Techniques, Ann Arbor/MI 1989, 159-191

Robinet, Isabelle: Wang Bi 王弼 226-49; zi: Fusi 輔嗣, in: ⟨ed.⟩ Pregadio, Fabrizio: The Encyclopedia of Taoism, 2 Vols., London–

New York 2008, 1005-1006

Robinet, Isabelle: *wuji* and *taiji* 無極 · 太極 Ultimateless and Great Ultimate, in: ⟨ed.⟩ Pregadio, Fabrizio: The Encyclopedia of Taoism, 2 Vols., London–New York 2008, 1057-1059

Robinet, Isabelle: *xuanpin* 玄牝 Mysterious Female, in: ⟨ed.⟩ Pregadio, Fabrizio: The Encyclopedia of Taoism, 2 Vols., London–New York 2008, 1138-1139

Robinet, Isabelle: *zaohua* 造化 "creation", in: ⟨ed.⟩ Pregadio, Fabrizio: The Encyclopedia of Taoism, 2 Vols., London–New York 2008, 1214

Robinson, Thomas M.: [Philolaus] Fr 21 DK and the *Timaeus,* in: ⟨ed.⟩ Boudouris, Konstantine: Pythagorean Philosophy, Athens 1992, 189-194

Roth, Harold D.: Evidence for Stages of Meditation in Early Taoism, in: Bulletin of the School of Oriental and African Studies 60 (1997), Cambridge, 295-314

Roth, Harold D.: Original Tao. Inward Training (nei-yeh) and the Foundations of Taoist Mysticism, New York 1999

Roth, Harold D.: Psychology and Self-Cultivation in Early Taoistic Thought, in: Harvard Journal of Asiatic Studies 51 (1991), Cambridge/MA, 599-650

Roth, Harold D.: The Laozi in the Context of Early Daoist Mystical Praxis, in: ⟨edd.⟩ Csikszentmihalyi, Mark / Ivenhoe, Philip J.: Religious and Philosophical Aspects of the *Laozi,* Albany/NY 1999, 59-96

Roth, Harold D. / Queen, Sarah / Sivin, Nathan: Syncretic Visions of State, Society, and Cosmos, in: ⟨ed.⟩ de Bary, Wm. Theodore / Bloom, Irene: Sources of Chinese Tradition, Vol. 1, New York [2]1999 ([1]1960), 234-282

Ryden, Edmund: The Yellow Emperor's Four Canons. A Literary Study and Edition of the Text from Mawangdui, Taipei 1997

Śaṅkara: Bhagavad-Gītā-Bhāṣya, ⟨tr.⟩ Sastry, Alladi Mahadeva: The Bhagavad Gita with the Commentary of Sri Sankaracharya, Madras 1988 (corr. ed. of [1]1897)

Śaṅkara: Śrīśāṃkaragraṃthāvaliḥ. Complete Works of Sri Sankaracharya, 10 Vols., Samata Edition, Madras 1981-1983 (reviewed; [1]1910)

Saso, Michael R.: Blue Dragon White Tiger. Taoist Rites of Passage, Washington/DC 1990

Saso, Michael R.: Buddhist and Taoist Ideas of Transcendence: A Study in Philosophical Contrast, in: idem / Chappell, David W.: Buddhist and Taoist Studies I, Honolulu/HI 1977, 3-22

Saso, Michael R.: Taoism and the Rite of Cosmic Renewal, Pullman/WA ^{2}1990 (^{1}1989)

Saso, Michael R.: The *Chuang-tzu nei-p'ien*: A Taoist Meditation, in: ⟨ed.⟩ Mair, Victor H.: Experimental Essays on Chuang-tzu, Hawaii 1983, 140-157

Saso, Michael R.: The Teachings of Taoist Master Chuang [Ch'en Teng-yün], New Haven–London 1978

Sauter, Joh.: Die altchinesische Metaphysik und ihre Verbundenheit mit der abendländischen, in: Archiv für Rechts- und Sozialphilosophie 28 (1934-1935), Berlin–Grunewald, 89-105

Schafer, Edward H.: Pacing the Void. T'ang Approaches to the Stars, Berkeley–Los Angeles–London 1977

Schafer, Edward H.: Wu Yün's "Cantos on Pacing the Void", in: Harvard Journal of Asiatic Studies 41 (1981), Cambridge/MA, 377-415

Schelling, Friedrich Wilhelm Joseph von: Schellings Werke, 12 Bde., ⟨ed.⟩ Schröter, Manfred, München 1958 (unveränderter Nachdruck des 1927 erschienenen Münchener Jubiläumsdruckes)

Schipper, Kristofer Marinus: Concordance du Tao-tsang. Titres des ouvrages, Paris 1975

Schopenhauer, Arthur: Arthur Schopenhauers sämtliche Werke, Bde. 1-6, 9-11, 13-16, ⟨edd.⟩ Deussen, Paul et al., München 1911-1942

Schwartz, Benjamin I: The World of Thought in Ancient China, Cambridge/MA–London 1985

(Pseudo-)Śaṅkara: Aparokṣānubhūti or Self-Realization (skr./engl.), ⟨ed./tr.⟩ Vimuktānanda, Svāmī, Calcutta 1982 (6th impr.)

Śaṅkara: Śrīśāṃkaragraṃthāvaliḥ. Complete Works of Sri Sankaracharya, 10 Vols., Samata Edition, Madras $^{rev.}$1981-1983 (^{1}1910)

Shankman, Steven: "These Three Come Forth Together, But are Differently Named": Laozi, Zhuangzi, Plato, in: ⟨edd.⟩ Idem / Durrant, Stephen W.: Early China / Ancient Greece. Thinking through Comparisons, Albany/NY 2002, 93-110

Shankman, Steven / Durrant, Stephen W.: The Siren and the Sage. Knowledge ans wisdom in ancient Greece and China, London–

New York 2000

Sharf, Robert F.: Coming to Terms with Chinese Buddhism. A Reading of the Treasure Store Treatise, Honolulu/HI 2002

Shien Gi-ming: Being and Nothingness in Greek and Ancient Chinese Philosophy, in: Philosophy East and West 1-2 (1951), Dordrecht–Boston, 16-24

Shien Gi-ming: Nothingness in the Philosophy of Lao-tzŭ, in: Philosophy East and West 1-3 (1951), Honolulu/HI, 58-63.

Shih, Joseph: The Ancient Chinese Cosmogony, in: ⟨ed.⟩ Dhavamony, M: The Origin of Cosmos and Man. Naissance du monde et de l'homme, Roma 1969, 111-130

Sì-shū-zuǎn-shū Zhōng-yōng, 3 Vols., ⟨ed.⟩ Sìkù Quánshū, s.l s.a.

Silburn, Lilian: Le Vide, le Rien, l'Abîme, in: ⟨ed.⟩ Eadem: Le Vide. Expérience spirituelle en occident et en orient, Hermès, nouvelle série 2 (1981), Lausanne, 15-62

Smith, Huston: Forgotten Truth. The Common Vision of the World's Religions, San Francisco/CA 1992 (paperback ed. of [1]1967: Forgotten Truth. The Primordial Tradition)

Smith, Huston C.: Nasr's Defense of the Perennial Philosophy, in: ⟨edd.⟩ Hahn, Lewis Edwin / Auxier, Randall E. / Stone, Jr., Lucian W.: The Philosophy of Seyyed Hossein Nasr, Chicago–La Salle/IL 2001, 139-158

Sparham, Gareth: Ocean of Eloquence. Tsong Kha Pa's Commentary ond the Yogācāra Doctrine of Mind, in Collaboration with Shotaro Iida, Albany/NY 1993

Steiner, Rudolf: Gesamtausgabe, 354 Bde., Dornach–Basel 1961-noch andauernd

Stephenson, Gunther: Gottheit und Gott in der spekulativen Mystik Meister Eckharts. Eine Untersuchung zur Phänomenologie und Typologie der Mystik, Bonn 1954 (Diss.)

Steurer, Rita Maria ⟨ed./tr.⟩: Das Alte Testament. Interlinearübersetzung Hebräisch-Deutsch und Transkription des hebräischen Grundtextes nach der Biblia Hebraica Stuttgartensia 1986, Band I, Genesis-Deuteronomium, Neuhausen–Stuttgart [2]1989

Sturgeon, Donald: Chinese Text Project, http://chinese.dsturgeon.net (Stand: Mai 2018)

Sturm, Hans P.: Alt-Akademische Erledigung der okzidentalen Metaphysik. Unter Berücksichtigung des Lykeions und mit Bemerkungen zur Stoa, Widerspiegelung des Geistes II/4, Augsburg 2018

Sturm, Hans P.: Altindische Vierfüßler (चतुष्पात्). Bhārata's antik-philosophische Prinzipienlehre(n) oder Wie man aufrecht auf allen Vieren geht, Widerspiegelung des Geistes II/6, Augsburg 2018

Sturm, Hans P.: Die vier Stadien des Ent–Setzens (ausgehend von) der buddhistischen Mittelweg-Philosophie Ārya Nāgārjuna's, nebst Parallelen aus den »Wissenschaftslehren« von J. G. Fichte. Eine Grundlegung der Strukturtheorie der Re–flexion, Widerspiegelung des Geistes I, Augsburg ²2014 (vollständig überarbeitete, verbesserte, präzisierte und stark erweiterte Auflage mit leicht verändertem Titel von Augsburg ¹2004)

Sturm, Hans P.: Die vier Wissenskonstituenzien (in) der spätantiken westlichen (?) Spekulation oder Philosophie im Dunstkreis des Orients, Widerspiegelung des Geistes II/5, Augsburg 2018

Sturm, Hans P.: Einleitung in die *Strukturphilosophie der Re–flexion* in transkulturaler Anwendung (Transkultural-Philosophie) auf die antike Philosophie Indiens, Griechenlands und Chinas. Von der szientistischen Real-Aporie: Formalien, Ausgangspunkt, Methodik, Rahmenbedingungen, Widerspiegelung des Geistes II/1, Augsburg 2016

Sturm, Hans P.: Prinzipien-Triadik oder Prinzipien-Tetradik? Vom ‚non-missing (non-)link' (in) der Proto-Philosophie Griechenlands und Indiens, Widerspiegelung des Geistes II/2, Augsburg 2016

Sturm, Hans P.: Urteilsenthaltung oder Weisheitsliebe zwischen Welterklärung und Lebenskunst, Freiburg/Br.–München 2002

Sturm, Hans P.: Weder Sein noch Nichtsein. Der Urteilsvierkant (catuṣkoṭi) und seine Korollarien im östlichen und westlichen Denken, Würzburg 1996

Teng Ai-min, On Chu Hsi's Theory of the Great Ultimate, in: ⟨ed.⟩ Chan Wing-tsit: *Chu Hsi and Neo-Confucianism*, Honolulu/HI 1986, 93–115

Thiel, P. Joseph: Das Erkenntnisproblem des Chuang-tzu, in: Sinologica 11 (1970), Basel, 1–89

Thiel, P. Joseph: Schamanismus im alten China, in: Sinologica 10 (1972), Basel, 149–204

Tiwald, Justin: Zhu Xi's Critique of Buddhism. *Selfishness, Salvation, and Self-Cultivation*, in: ⟨ed.⟩ Makeham, John: The Buddhist Roots of Zhu Xi's Philosophical Thought, New York 2018, 122–155

Tominaga, Thomas T.: Taoist and Wittgensteinian Mysticism, in:

Journal of Chinese Philosophy 9 (1982), Dordrecht–Boston, 269–289

Tymieniecka, Anna-Teresa ⟨ed.⟩: Heaven, Earth, and In-Between in the Harmony of Life, Analecta Husserliana 47 (1995), Dordrecht et al. 1995

Upaniṣatsaṃgrahaḥ: ⟨ed.⟩ Shastri, Jagadish Lal, Delhi et al. [2]1980 ([1]1970)

van Els, Paul: The *Wénzǐ*. Creation and Manipulation of a Chinese Philosophical Text, Leiden 2006 (Phil. Diss.)

Васильев, Леонид С., Дао и Брахман: Феномен Изначалной Верховной Всеобщности, ⟨Ответственные редакторы⟩, Л. С. Васильев / Е. Б. Поршнева: Дао и Даосизм в Китае, Москва 1982, 134–158 (Vasiliev, Leonid S.: Dao i Brachman: Fenomen Iznatschal'noj Verchovnoj Vseobschtschnosti, ⟨Otvetstvennye redaktory⟩, L. S. Vasiliev / E .B. Porschneva: Dao i daosizm v Kitae, Moskva 1982, 134–158)

Vaslil'ev, Leonid S.: Dao and Brahman: The Phenomenon of Primordial Supreme Unity, ⟨tr.⟩ Berezkin, Rostislav, in: Sino-Platonic Papers 252 (2014), Philadelphia/PA, 33 pp.

Voltaire (Arouet, François-Marie): Les œvres complètes de Voltaire (The Complete Works of Voltaire), Vol. 120: Correspondence and related documents, Vol. 36, ⟨edd.⟩ Besterman, Theodore / Barber, Giles et al. Banbury/Oxfordshire 1975

Wagner, Rudolf G.: A Chinese Reading of the *Daodejing.* Wang Bi's Commentary on the *Laozi* with Critical Text and Translation, Albany/NY 2003

Walf, Knut: Westliche Taoismus-Bibliographie (WTB). Western Bibliography of Taoism, Essen [5]2003

Wáng Bì: ⟨ed.⟩ Lóu Yǔ-liè: Wáng Bì jí-jiào-shì, 2 Vols. mit durchlaufender Paginierung, Zhong-hua shu-ju, Beijing 1999 ([1]1980)

Wáng Bì → Lǎozǐ / Wáng Bì

Wáng Bì → Wagner

Wáng Bì → Yì-jīng

Wáng Bì: ⟨tr.⟩ Rump, Ariane, in Collaboration with Wing-tsit Chan: Commentary on the *Lao Tzu* by Wang Pi, Hawaii 1979

Wang Zhong-jiang: Daoism Excavated. Cosmos and Humanity in Early Manuscripts, ⟨tr.⟩ Kohn, Livia, St. Petersburg/FL 2015 (chin. [1]2015)

Wang Zhong-jiang: Order in Early Chinese Excavated Texts. Natural, Supernatural, and Legal Approaches, ⟨tr.⟩ Tadd, Misha, Houndmills, Basingstoke–New York 2016 (chin. [1]2015)

Wegmann, Konrad: *Daodejing*, Laozi und Han Fei, in: Mitteilungsblatt der Deutschen China-Gesellschaft 47 (2004), Bochum, 17–28

Wei, Julie Lee: DAO and DE: An Inquiry Into the Linguistic Origins of Some Terms in Chinese Philosophy and Morality, Sino-Platonic Papers 165 (2005), Philadelphia/PA, 51 pp.

Wei, Julie Lee: Huangdi and Huntun (The Yellow Emperor and Wonton): A New Hypothesis on Some Figures in Chinese Mythology, Sino-Platonic Papers 163 (2005), Philadelphia/PA, 44 pp.

Wénzǐ: ⟨ed.⟩ (Zhōu) Jī Zǐ. Qīndìng Sìkù Quànshū. Běn Shū bāokuò shàng, xià juàn chāi fēn chéng 2 cè. Yǐngyìn qīndìng Qīndìng Sìkù Quànshū zǐ bù shísì Dàojiā lèi

Wénzǐ: ⟨ed./tr.⟩ Levi, Jean: Écrits de Maître Wen. Livre de la pénétration du mystère (chin./frz.), Paris 2012

Wénzǐ, ⟨tr.⟩ Cleary, Thomas: Wen-tzu: Understanding the Mysteries. Lao-tzu, Boston–London 1992

Whitehead, Alfred North: Process and Reality. An Essay in Cosmology, ⟨edd.⟩ Griffin, David Ray / Sherburne, Donald W., New York–London 1978 (corrected edition) ([1]1929)

Wieger, Léon: Chinese Characters. Their Origin, Etymology, History, Classification and Signification. A Thorough Study of Chinese Documents, New York 1965 (Nachdr. d. 2. erweit. u. nach d. 4. franz. Aufl. verbesserten Aufl. von 1927)

Wieger, Léon: Histoire des Croyances religieuses et des Opinions philosophiques en Chine depuis l'origine jusque'à nos jours, Hien-hien [3]1927 (Erstausgabe: Paris [1]1917)

Wieger, Léon: Les pères du système taoïste. I Lao-Tzeu. II Lie-Tzeu. III Tchoang-Tzeu, Paris 1950

Wilber, Ken E.: A Theory of Everything. An Integral Vision for Business, Politics, Science, and Spirituality, Boston 2000

Wilde, Mauritius: Das neue Bild vom Gottesbild. Bild und Theologie bei Meister Eckhart, Freiburg/Schweiz 2000

Wilhelm, Hellmut: Heaven, Earth, and Man in the Book of Changes. Seven Eranos Lectures, Seattle–London 1977

Wohlfart, Günter: Der Philosophische Daoismus. Philosophische Untersuchungen zu Grundbegriffen und komparative Studien mit besonderer Berücksichtigung des Laozi (Lao-tse), Köln 2001

Wohlfart, Günter: Zhuangzi (Dschuang Dsi). Meister der Spiritualität, Freiburg/Br.–Basel–Wien 2002

Wohlfart, Günter: Zhuangzi, Stuttgart 2003

Woodroffe, John: Śakti and Śākta. Essays and Addresses, Madras [8]1975 ([1]1918)

Wulff, Kurt: Acht Kapitel des Tao-Tê-King, ⟨ed.⟩ Dantzer, Victor, Det Kgl. Danske Videnskabernes Selskab, Historisk-filologiske Meddelelser 28-4, København 1942

Xing Wen: Early Daoist Thought in Excavated Bamboo Slips, in: ⟨ed.⟩ Liu Xiaogan: Dao Companion to Daoist Philosophy, Dordrecht et al. 2015, 101–126

Xing Wen: Chǔjiǎn ⟨⟨Héng Xiān⟩⟩ Shìwén fēn zhāng (Entzifferung der Chu Bambus-Streifen ›Heng Xian‹ mit Abschnittseinteilung), in: Zhōngguó zhéxuéshǐ (Geschichte der Philosophie Chinas) 2 (2010), Beijing, 51–56

Yang Rur-bin: From “Merging the Body with the Mind” to “Wandering in Unitary *Qi* 氣”: A Discussion of Zhuangzi’s Realm of the True Man and Its Corporeal Basis, in: ⟨ed.⟩ Cook, Scott: Hiding the World in the World. Uneven Discourses on the Zhuangzi, Albany/NY 2003, 88–127

Yates, Robin D. S.: Five Lost Classics: Tao, Huanglao, and Yin-Yang in Han China, New York 1997

Yì-jīng: ⟨tr.⟩ Lynn, Richard John: The Classic of Changes. A New Translation of the *I Ching* as Interpreted by Wang Bi, New York–Chichester/West Sussex 1994

Yì-jīng: ⟨tr.⟩ Schilling, Dennis R.: Yijing. Das Buch der Wandlungen, Frankfurt/M.–Leipzig 2009

Yì-jīng: Zhōu-yì-yǐn-dé, ⟨ed.⟩ Harvard-Yenching Institute: A Concordance to Yi Ching, Sinological Index Series, Supplement No. 10, Taipei 1973 (repr. of [1]1966)

Yu, David C.: The Creation Myth and the Symbolism in Classical Taoism, in: Philosophy East and West 31 (1981), Honolulu/HI, 479–500

Yu, David C.: The Creation Myth of Chaos in the Daoist Canon, in: Journal of Oriental Studies 24 (1986), Hong Kong, 1–24

Yu Shi-yi: Reading the *Chuang-tzu* in the T’ang Dynasty. The Commentary of Ch’eng Hsüan-ying (fl. 631–652), New York et al. 2000

Yún-jí-qī-qiān → Zhāng Jūn-fáng

Zhang Ji: One and Many. A Comparative Study of Plato's Philosophy and Daoism Represented by Ge Hong, Honolulu/HI 2012

Zhāng Jūn-fáng: Yún-jí-qī-qiān, 5 Vols., ⟨ed.⟩ Lǐ Yǒng-shèng, 122 Chapters, Zhōnghuá-shū-jú, Běijīng Shì, 2003

Zhānghéng: Líng-xiàn, in: ⟨ed.⟩ Yán Kě-jūn: Quán-shàng-gǔ-sān-dài-qín-hàn-sān-guó-liù-cháo-wén, 5 Bde., Jingdu 1975, 1.759-779

Zheng Shu-hong, Zhu Xi and Meister Eckhart. Two Intellectual Profiles, London 2014 (Phil. Diss)

Zheng Wan-geng, A brief explanation of the Chu bamboo slips *Heng-xian*, in: Frontiers of Philosophy in China 3 (2006), Berlin et al., 418-431

Zhèng-tǒng-dào-zàng: Hánfēn-lóu-Reprint, 1120 Faszikel, ⟨ed.⟩ Shāngwù Yìnshūguǎn, Shanghai [1]1923-1926 (Reprint-Neuausgaben verschiedener Verlage mit unterschiedlichen Bandzahlen und Paginierungen: 1963, 1977, 1986; 1988→Dào-zàng)

Zhōng-huá-dào-zàng: ⟨edd.⟩ Zhāng Jì-yǔ et al., 49 Bde., ⟨coll.⟩ Chinese Daoist Association, Huá-xià-chū-bǎn-shè, Beijing 2004

Zhōu Dūn-yí: Tàijítú (chin./mandschur./dt.), ⟨ed./tr.⟩ von der Gabelentz, Georg: Thai-Khi-Thu, des Tscheu-Tsï Tafel des Urprinzipes, mit Tschu-Hi's Commentare nach dem Hoh-Phih-Sing-Li, Dresden 1876

Zhōu Dūn-yí: Zhōu-zi-quán-shū, 2 Vols., ⟨ed.⟩ Dōng Róng: Zhōu Dūn-yí-zhuàn, Táiwān Shāng-wù-yìn-shū-guǎn Fā-xíng, Taibei 1978

Zhou Ji-xu, Correspondences of the Basic Words between Old Chinese and Proto-Indo-European, Sino-Platonic Papers 115 (2002), Philadelphia/PA, 8 pp.

Zhōu-yì-yǐn-dé →Yì-jīng

Zhū Xī: ⟨edd.⟩ Zhū Jié-rén / Yán Zuǒ-zhī / Liú Yǒng-xiáng: Zhū-zi-quán-shū, 27 Vols., Shànghǎi gǔjí chūbǎn shè, Shanghai 2002

Zhuāngzǐ: Chuang-tse. Die Welt [= Buch 33 des Zhuangzi]. Chinesisch und deutsch, ⟨edd./trr.⟩ Albert, Karl / Hua Xue, Dettelbach 1996

Zhuāngzǐ: Nán-huá-zhēn-jīng, ⟨tr.⟩ Graham, A. C.: Chuang-Tzǔ. The Inner Chapters, Indianapolis/IL–Cambridge/MA 2001 (Neuausgabe der Ausg. London–Boston [1]1981)

Zhuāngzǐ: Nán-huá-zhēn-jīng, ⟨trr.⟩ Feng Gia-fu / English, Jane:

Chuang Tsu. Inner Chapters, New York 1974

Zhuāngzǐ: Nán-huá-zhēn-jīng, 〈tr.〉 Fung Yu-Lan: Chuang Tzǔ. A New Selected Translation with an Exposition of the Philosophy of Kuo Hsinag, New York [2]1964 (reprint of ed. Shanghai [1]1933)

Zhuāngzǐ: Nán-huá-zhēn-jīng, 〈ed.〉 Harvard-Yenching Institute: Zhuāngzǐ-yǐndé, A Concordance to Chuang Tzu, Sinological Index Series, Supplement No. 20, Taipei 1966 (Reprint von [1]1947)

Zhuāngzǐ: Nán-huá-zhēn-jīng, 〈tr.〉 Mair, Victor H.: Wandering on the Way. Early Taoist Tales and Parables of Chuang Tzu, Honolulu/HI 1998 ([1]1994)

Zhuāngzǐ: Nán-huá-zhēn-jīng, 〈tr.〉 Palmer, Martin, with Elizabeth Breuilly, Chang Wai Ming and Jay Ramsay, London et al. 1996

Zhuāngzǐ: Nán-huá-zhēn-jīng, 〈ed.〉 Sturgeon, Donald: Chinese Text Project, http://ctext.org/zhuangzi (Stand: Mai 2018)

Zhuāngzǐ: Nán-huá-zhēn-jīng, 〈tr.〉 Watson, Burton: The Complete Works of Chuang Tzu, New York–London 1968

Zhuāngzǐ-jí-shì: 〈ed.〉 Guō Qìng-fān, Zēng-bǔ-Zhōngguó-sī-xiǎng-míng-zhù dì 10 cè, Taibei 1962

Zhuāngzǐ-jí-shì: 〈edd.〉 Guō Qìng-fān / Wáng Xiào-yù, 3 Bde. mit durchlaufender Paginierung, Beijing 2010, Zhōng-huá-shū-jú (Reprint d. Ausg. 1961)

Ziporyn, Brook A.: The *Ti-Yong* 體用 Model and Its Discontents. *Models of Ambiguous Priority in Chinese Buddhism and Zhu Xi's Neo-Confucianism*, in: 〈ed.〉 Makeham, John: The Buddhist Roots of Zhu Xi's Philosophical Thought, New York 2018, 193–276

Zōngmì Gūifēng: Yuán-rén-lùn, 〈ed./tr.〉 Gregory, Peter N.: Inquiry into the Origin of Humanity. An Annotated Translation of Tsung-Mi's *Yüan jen lun* with a Modern Commentary, Honolulu/HI 1995

Zōngmì Gūifēng: Yuán-rén-lùn, 〈edd.〉 Takakusu, Junjiro / Watanabe, Kuntaro: Taishō shinshū Daizōkyō, Bd. 45, Nr. 1886, 708–710, Tokyo 1968 (Nachdr. d. Ausg. 1927) = http://21dzk.l.u-tokyo.ac.jp/SAT/index_en.html (Stand: Mai 2018)

Zürcher, Erik: The Buddhist Conquest of China. The Spread and Adaptation of Buddhism in Early Medieval China, 2 Vols. mit durchlaufender Paginierung, Leiden 1972 (Reprint mit Zusätzen und Korrekturen von [1]1959)

Namensregister

Enthält Namen von Autoren, Kompilatoren, Editoren, Übersetzern, historischen und mythischen Persönlichkeiten (nicht von Buch- und Werktiteln) und von ohne Verfassernamen überlieferten Quellenschriften

D

E

F

G

H

I

S

Z

DREI HINWEISE

1. zu
Hans P. Sturm
Urteilsenthaltung oder Weisheitsliebe
zwischen Welterklärung und Lebenskunst
Freiburg–München 2002, 528 Seiten

Von diesem Werk sind zwei geringfügig voneinander abweichende Fassungen im Umlauf. Der vom Autor nicht freigegebene Druck ist (auch satztechnisch) fehlerhaft und wurde nochmals lektoriert und korrigiert. Er ist am leichtesten daran zu erkennen, daß auf Seite 102 die Nummer am Fußnotenanfang, die richtig 70, sowie auf Seite 104 die Nummer am Fußnotenanfang, die richtig 72 lauten müßte, jeweils durch eine 0 dargestellt ist; die Fußnotennummern im Haupttext sind beide richtig. Diese mangelhafte Fassung wurde vom Verlag ohne Autorisierung durch den Verfasser veröffentlicht und entspricht insofern nicht in vollem Umfang seinen wissenschaftlichen Ansprüchen. Auf diesen Umstand wurde bereits in der Corrigenda-Liste von ›Widerspiegelung des Geistes I. Die vier Stadien des Ent–Setzens‹, 2. Auflage 2014, Seite 691, hingewiesen. Leser, die auf Exaktheit bedacht sind, werden gebeten, sich von dem derzeit nicht mehr im Handel befindlichen Buch ein vom Urheber freigegebenes Exemplar zu besorgen.

2. zu
Hans P. Sturm
Weder Sein noch Nichtsein.
Der Urteilsvierkant (catuṣkoṭi)
und seine Korollarien im östlichen und westlichen Denken
Würzburg 1996, 575 Seiten

Zusätzlich zu den Corrigenda dazu in ›Widerspiegelung des Geistes I. Die vier Stadien des Ent–Setzens‹, 2. Auflage 2014, Seiten 690–691, möchte ich darauf hinweisen, daß die Seite 414 falsch eingebunden und dadurch Text abgeschnitten ist. Der Verlag hat vor der Auslieferung deshalb eine lose Korrekturseite eingelegt. Sollten Leser diese nicht mehr vorfinden, was natürlich leicht sein kann, bitte ich schuldlos dafür um Entschuldigung und darum, den Text mit einigem Folgerungsvermögen geistig zu ergänzen.

3. zu
beiden Werken

a) In meinen ersten beiden Hauptwerken, den hier genannten, verwandte ich, der heutigen wissenschaftlichen Gepflogenheit, die das ursprünglich richtige Verhältnis auf den Kopf stellt, folgend, zur Übersetzung der Paronyme von gr. νοῦς (*noũs*) Vernunft und für das Denken im heutigen Verständnis Verstand. Ab der Veröffentlichung der Widerspiegelung des Geistes I. Die vier Stadien des Ent–Setzens, 2. Auflage 2014, habe ich das richtiggestellt. Die exakte Erklärung für die Umstellung meines Wortgebrauchs gemäß der antiken und mittelalterlichen Tradition gab ich darin auf den Seiten 42–45. Auf Exaktheit bedachte Leser bitte ich auch diesbezüglich um Aufmerksamkeit bei der Lektüre und dem Durchdenken dieser meiner früheren Werke und darum, den Sinn an den relevanten Stellen dementsprechend zurechtzulesen:

νοῦς (*noũs*) ≙ *intellectus* ≙ Geist (Verstand);
νοεῖν (*noeĩn*) ≙ *intellegere* ≙ geistig einsehen;
νοητόν (*noētón*) ≙ *intelligibilis* ≙ das geistig Einsehbare/Eingesehene;
διάνοια (*diánoia*) ≙ *ratio* ≙ abstraktes Denken, Re–flektieren, Vernunft;
δόξα (*dóxa*) ≙ *opinio* ≙ objektbezogenes, empirisch-‚rationales' Denken, Meinung, Anschauung, Überzeugung.

Demnach sind die Objektwissenschaften, und dazu gehören auch die Wissenschaften, die rein innerpsychisch gegebene Objekte (Bewußtseinsinhalte) ihrem Wesen, ihrer Washeit nach erforschen, bspw. die Psychologie, nicht einmal rational zu nennen. Allgemein ist zu bemerken, daß der Gradunterschied zwischen den Erkenntnisvermögen in den letzten Jahrhunderten immer weiter nach unten hin eingeebnet wurde.
b) Hier möchte ich ebenso noch einmal darauf aufmerksam machen, daß die beiden genannten frühen Hauptwerke nicht mehr in jeglicher Hinsicht meinem heutigen philosophiewissenschaftlichen Anspruch genügen, cf. Die vier Stadien des Ent–Setzens‹, 2. Auflage 2014, Seiten 11–12. Nach Jahrzehnten weiterer extensiver und vor allem intensiver Forschung ist das kein Wunder. Da es sich jedoch fast ausschließlich um Feinheiten oder Kleinigkeiten handelt, die ich vom heutigen Standpunkt aus verändern oder verbessern würde, stellen die beiden derzeit vergriffenen Bücher dennoch valide Komponenten meiner Erkenntnisbemühung und Korrelate zu meinen neueren Werken dar, bei deren Studium es allerdings empfehlenswert ist, die Einsichten, die in den Bänden der ›Widerspiegelung des Geistes‹ dargelegt wurden, zu berücksichtigen.